普通高等教育"十五"国家级规划教材

现代教育原理

XIANDAI JIAOYU YUANLI

柳海民　主编

人民教育出版社

·北京·

图书在版编目（CIP）数据

现代教育原理/柳海民主编. —北京：人民教育出版社，2006（2020.4 重印）
普通高等教育"十五"国家级规划教材
ISBN 978-7-107-19602-7

Ⅰ.现⋯ Ⅱ.柳⋯ Ⅲ.教育理论—高等学校—教材 Ⅳ.G40

中国版本图书馆 CIP 数据核字（2006）第 055641 号

普通高等教育"十五"国家级规划教材　现代教育原理

出版发行	人民教育出版社
	（北京市海淀区中关村南大街 17 号院 1 号楼　邮编：100081）
网　　址	http://www.pep.com.cn
经　　销	全国新华书店
印　　刷	人民教育出版社印刷厂
版　　次	2006 年 4 月第 1 版
印　　次	2020 年 4 月第 9 次印刷
开　　本	787 毫米 × 1 092 毫米　1/16
印　　张	36.75
字　　数	530 千字
印　　数	31 001～34 000 册
定　　价	41.60 元

版权所有·未经许可不得采用任何方式擅自复制或使用本产品任何部分·违者必究
如发现内容质量问题、印装质量问题，请与本社联系。电话：400-810-5788

前 言

《现代教育原理》是教育部普通高等教育"十五"国家级规划教材。它的直接使用对象是全国高等师范院校教育科学学院或普通大学教育学院教育学类专业的本科生，包括教育学专业、课程与教学论专业、教育与经济管理专业、学前教育专业、小学教育专业等。

"教育概论"或"教育原理"一直是教育学类专业的一门核心课程或专业基础理论课程。

本书主要有以下几个特点。

第一，指导思想明确。教材既不同于学术专著，也不同于普通读物，它是教师教学和学生学习的基本依据。本书的逻辑设想是：通过学习本书，一名经历过十几年教育的反复熏陶，并欲以教育为职业却对教育的专业知识所知甚少的大学生，可以比较全面透彻地了解教育的本体理论，或教育的基础知识与基本理论，包括教育的内涵、教育的本质、教育的构成等。

第二，内容结构清晰。本书的主线是由教育学的两个基本问题或教育的两条基本规律，即教育与人的发展和教育与社会的发展构成的。第一编"教育总论"是为了更清楚地认识教育学的这两个基本问题，更科学地揭示这两条教育的基本规律而作的必要铺垫。我们认为，这是本书所具有的内在逻辑结构，是能够给学习者呈现的最清晰的一个诠释架构或原理架构。在这样一个诠释架构之中更深层次的想法是：对于一个主攻教育专业的学生而言，关注现代教育原理专业知识的学习是必要的，但在学习专业知识的同时，应当更侧重于了解知识的产生过程、知识之间的相互联系以及整个知识体系的框架，从中去理解专业知识本身的思维形式和思维方法。

第三，学科定位明确。我们认为，教育原理研究的是有关教育本体自身源发性的理论，或有关教育的最一般、最基本、元层次的理论。基于这样的

前言

定位,有关教育原理的内容体系,纵向上我们可以吸取历史上洛克的《教育漫话》、沛西·能的《教育原理》、斯宾塞的《教育论》、波特的《教育原理》、桑代克的《现代教育原理》以及我国孟宪承的《教育原理》等研究成果;横向上,一个最简单的办法,就是把教育原理放到德育原理、教学原理、课程原理、学校管理原理等教育学的整体学科体系中,便可以清晰地确定教育原理的内容构成。教育原理应该把主要精力和内容重心放在阐述学科自身的理论上,而不应热衷于去侵犯别的学科领地,执著地去阐述已经作为一门学科或课程而存在的如教学论、德育论、课程论等别的学科的理论。这也是教育原理与教育学原理之间一个很大的区别。

第四,内容的相对稳定性与学术性的统一。本书比较充分而有选择地吸取了20世纪以来为教育学界公认的教育基本理论研究的新成果,补充了大量新材料。这样,既保证了教材的学术价值和理论水平,提升了教材建设的质量,又保证了教材的相对稳定性。在内容上,教材以现代社会以来的现代教育及其研究成果为主。

上述四个特点是我们每一位撰写者想尽可能实现的理想,并在实际的撰写中为此付出了辛勤的劳动。但由于我们的能力所限,可能与大家的要求还有很大的距离,书中不妥之处、未尽之言,敬请学术同仁批评指正。与此同时,为了达到上述目的,在全书撰写中,我们参阅、引用了学术同仁宝贵的研究成果,有的已在书中注明,有的可能由于疏漏未注,在此一并表示衷心的感谢。

参与本书撰写的人员有:东北师范大学柳海民教授(第一、二、三章),南京师范大学冯建军教授(第四、五、六章),西北师范大学刘旭东教授(第七、八章),西南师范大学周鸿教授(第九、十一章),华中师范大学涂艳国教授(第十、十二章)。另外,孙阳春参与了第二、三章的撰写,朱成科参与了第七章的撰写。

人民教育出版社对本书的撰写和出版给予了大力支持,该社吕达、刘立德、邹海燕和张天宝等同志为书稿的编审工作付出了辛勤的劳动。在本书付梓之际,特别表示衷心的感谢。

柳海民

2006年3月

目 录

第一编 教育总论

第一章 教育认识的历史演进 [3]

第一节 教育学学科的形成 [3]
一、教育学概念的创立 [3]
二、教育学学科的形成 [8]
三、教育学的多元化发展 [15]

第二节 教育学在中国的成长 [20]
一、教育学学科的设立（1900～1905 年） [20]
二、教育学著作的译介与编著（1905～1920 年） [21]
三、西方教育学说在我国的传播（1920～1949 年） [22]
四、教育学的"苏化"与改造（1949～1965 年） [23]
五、教育学中国化的探索（1966 年至今） [24]

第三节 教育学的发展趋势 [26]
一、教育学研究基础的扩展 [26]
二、教育学问题领域的扩大 [27]
三、教育学研究范式的转换 [28]
四、教育学研究内容的进一步分化与综合 [28]
五、教育学与教育改革的关系日益密切 [29]
六、教育学的学术交流与合作日益加强 [30]

目 录

第四节　教育学的价值和限度 …………………………………… [31]
　　一、教育学的价值 ……………………………………………… [31]
　　二、教育学的限度 ……………………………………………… [33]
　思考题 …………………………………………………………… [35]

第二章　教育实践的历史发展 ……………………………… [36]

第一节　教育的产生 ……………………………………………… [36]
　　一、生物起源论 ………………………………………………… [36]
　　二、心理起源论 ………………………………………………… [38]
　　三、劳动起源论 ………………………………………………… [38]

第二节　教育的发展 ……………………………………………… [42]
　　一、原始社会的教育 …………………………………………… [42]
　　二、古代社会的教育 …………………………………………… [44]
　　三、现代社会的教育 …………………………………………… [48]

第三节　新中国的教育 …………………………………………… [64]
　　一、对旧教育的接管改造（1949～1956 年）………………… [64]
　　二、教育事业的改革调整（1956～1966 年）………………… [66]
　　三、"文化大革命"时期的教育（1966～1976 年）………… [69]
　　四、改革开放初期的教育（1976～1990 年）………………… [71]
　　五、世纪之交的教育改革（1990 年以后）…………………… [73]

第四节　教育的未来发展趋势 …………………………………… [75]
　　一、新世纪的教育理念 ………………………………………… [75]
　　二、新世纪的教育制度 ………………………………………… [80]
　　三、新世纪的教育行政管理体制改革 ………………………… [82]
　　四、新世纪的教育国际化、民主化与多样化 ………………… [85]
　思考题 …………………………………………………………… [86]

第三章　教育概说 …………………………………………… [87]

第一节　教育的定义 ……………………………………………… [87]

一、教育的字源与字义 …………………………………………… [87]
　　二、教育的定义 …………………………………………………… [90]
　　三、教育的多重内涵 ……………………………………………… [104]
　　四、教育的相关范畴 ……………………………………………… [115]
　第二节　教育的基本构成要素 ………………………………………… [122]
　　一、教育者 ………………………………………………………… [123]
　　二、受教育者 ……………………………………………………… [124]
　　三、教育内容 ……………………………………………………… [128]
　　四、教育手段 ……………………………………………………… [129]
　第三节　教育的必要性、可能性与有限性 …………………………… [131]
　　一、教育的必要性 ………………………………………………… [131]
　　二、教育的可能性 ………………………………………………… [133]
　　三、教育的有限性 ………………………………………………… [136]
　思考题 …………………………………………………………………… [138]

第二编　现代教育与现代人的发展

第四章　教育与人的身心发展 …………………………………………… [141]

　第一节　人的发展的理论基础 ………………………………………… [141]
　　一、哲学基础 ……………………………………………………… [142]
　　二、心理学基础 …………………………………………………… [148]
　　三、社会学基础 …………………………………………………… [157]
　第二节　人的身心发展及其规律 ……………………………………… [162]
　　一、人的身心发展的含义 ………………………………………… [162]
　　二、人的身心发展的动力 ………………………………………… [165]
　　三、人的身心发展的一般规律 …………………………………… [168]
　第三节　影响人的身心发展的主要因素 ……………………………… [171]
　　一、遗传在人的发展中的作用 …………………………………… [172]

目 录

　　二、环境在人的发展中的作用 …………………………………… [177]

　　三、活动在个体发展中的作用 …………………………………… [181]

　　四、学校教育在个体发展中的作用 ……………………………… [183]

思考题 ……………………………………………………………………… [188]

第五章　教师 ……………………………………………………………… [189]

第一节　教师职业的产生与发展 ……………………………………… [189]

　　一、教师的概念 …………………………………………………… [189]

　　二、教师职业的产生与发展 ……………………………………… [191]

第二节　教师职业的特点 ……………………………………………… [196]

　　一、教师的职业性质 ……………………………………………… [196]

　　二、教师的职业角色 ……………………………………………… [198]

　　三、教师职业劳动的特点 ………………………………………… [208]

第三节　教师的专业发展 ……………………………………………… [214]

　　一、教师的专业化和专业发展 …………………………………… [214]

　　二、教师的专业素质结构 ………………………………………… [217]

　　三、教师专业发展的基本阶段 …………………………………… [227]

第四节　教师的专业化与教师教育 …………………………………… [232]

　　一、职前的教师专业教育 ………………………………………… [233]

　　二、新教师的入职教育 …………………………………………… [237]

　　三、在职教师的专业发展教育 …………………………………… [241]

思考题 ……………………………………………………………………… [244]

第六章　学生 ……………………………………………………………… [245]

第一节　科学地认识学生 ……………………………………………… [245]

　　一、学生的本质特点 ……………………………………………… [245]

　　二、作为社会人的学生 …………………………………………… [251]

　　三、当代学生的特点 ……………………………………………… [254]

第二节　学生在教育过程中的地位 …………………………………… [258]

一、两种极端的理论主张 …………………………………… [258]
　　二、科学理解学生在教育过程中的地位 …………………… [262]
　　三、学生在教育过程中主体地位的保障 …………………… [267]
第三节　学生的年龄特征与教育 ………………………………… [270]
　　一、小学生的年龄特征与教育 ……………………………… [271]
　　二、初中生的年龄特征与教育 ……………………………… [275]
　　三、高中生的年龄特征与教育 ……………………………… [280]
思考题 ……………………………………………………………… [284]

第三编　现代教育与现代社会发展

第七章　教育与社会发展 …………………………………… [287]

第一节　教育的社会制约性 ……………………………………… [287]
　　一、生产力对教育发展的制约和影响 ……………………… [288]
　　二、政治、经济制度对教育发展的制约和影响 …………… [290]
　　三、文化对教育发展的制约和影响 ………………………… [292]
　　四、人口因素对教育发展的制约和影响 …………………… [295]
第二节　教育的社会功能 ………………………………………… [297]
　　一、教育功能的结构 ………………………………………… [297]
　　二、教育的本体功能 ………………………………………… [301]
　　三、教育的社会功能 ………………………………………… [305]
第三节　新时期教育社会地位的变化 …………………………… [314]
　　一、党的十二大：教育是社会发展的战略重点之一 ……… [315]
　　二、党的十三大：把教育放在社会发展的首要位置 ……… [316]
　　三、党的十四大：把教育摆在优先发展的战略地位 ……… [316]
　　四、党的十五大：确立科教兴国的基本国策 ……………… [317]
　　五、党的十六大：教育在现代化建设中具有先导性、全局性
　　　　作用 ……………………………………………………… [318]

第四节 教育与现代化 ……………………………………………… [319]
　一、社会现代化 ………………………………………………… [319]
　二、教育现代化的目的 ………………………………………… [324]
　三、教育现代化的内容 ………………………………………… [325]
思考题 ……………………………………………………………… [327]

第八章 教育目的 …………………………………………………… [328]

第一节 教育目的概述 …………………………………………… [328]
　一、教育目的的概念 …………………………………………… [328]
　二、教育目的的作用 …………………………………………… [333]
　三、不同价值取向的教育目的观 ……………………………… [337]
　四、现代教育目的的特征 ……………………………………… [344]
　五、教育目的的确立依据 ……………………………………… [351]
第二节 社会主义教育目的的理论基础 ………………………… [353]
　一、马克思主义关于人的全面发展学说 ……………………… [353]
　二、社会主义的全面发展教育 ………………………………… [362]
第三节 中国现行的教育目的 …………………………………… [363]
　一、新中国成立以来的教育目的 ……………………………… [363]
　二、我国教育目的的精神实质 ………………………………… [366]
　三、贯彻和实施我国教育目的的基本要求 …………………… [370]
　四、我国基础教育的培养目标 ………………………………… [374]
第四节 国外教育目的概览 ……………………………………… [375]
　一、联合国教科文组织提出的教育目的 ……………………… [375]
　二、日本的教育目的 …………………………………………… [378]
　三、英国的教育目的 …………………………………………… [379]
　四、美国的教育目的 …………………………………………… [380]
思考题 ……………………………………………………………… [381]

第九章 教育制度 [382]

第一节 教育制度概述 [382]
一、教育制度的概念 [382]
二、学校教育制度确立的依据 [385]
三、学校教育制度的基本内容 [387]
四、学校教育制度的发展趋势 [392]

第二节 世界主要发达国家的学校教育制度 [394]
一、英国的学校教育制度 [394]
二、德国的学校教育制度 [398]
三、法国的学校教育制度 [401]
四、日本的学校教育制度 [404]
五、美国的学校教育制度 [407]

第三节 中国的学校教育制度 [410]
一、旧中国的学校教育制度 [410]
二、当代中国的学校教育制度 [418]
三、我国目前的学制改革实验 [428]

思考题 [438]

第十章 教育内容 [439]

第一节 教育内容概述 [439]
一、教育内容的概念 [439]
二、教育内容的意义 [442]
三、教育内容的制约因素 [443]
四、教育内容的发展趋势 [445]

第二节 我国教育内容的构成 [450]
一、体育 [450]
二、智育 [454]
三、德育 [456]

四、美育 …………………………………………………… [461]

　　五、教育内容的相互关系 …………………………………… [465]

第三节　教育内容的组织 ……………………………………… [467]

　　一、课程的基本概念 ………………………………………… [467]

　　二、课程的主要类型 ………………………………………… [469]

　　三、课程的规范形式 ………………………………………… [478]

思考题 …………………………………………………………… [481]

第十一章　教育形态 …………………………………………… [483]

第一节　教育形态的分类 ……………………………………… [483]

　　一、正规教育与非正规教育 ………………………………… [483]

　　二、实体教育与虚拟教育 …………………………………… [485]

　　三、家庭教育、学校教育与社会教育 ……………………… [488]

第二节　家庭教育 ……………………………………………… [489]

　　一、家庭教育的含义 ………………………………………… [489]

　　二、家庭教育的性质 ………………………………………… [490]

　　三、家庭教育的特点及其优越性和局限性 ………………… [491]

　　四、家庭教育的作用 ………………………………………… [494]

第三节　学校教育 ……………………………………………… [496]

　　一、学校教育的定义 ………………………………………… [496]

　　二、学校教育的产生 ………………………………………… [497]

　　三、学校教育的类型 ………………………………………… [502]

　　四、学校教育的特点 ………………………………………… [512]

第四节　社会教育 ……………………………………………… [514]

　　一、社会教育的概念 ………………………………………… [514]

　　二、社会教育的形式 ………………………………………… [515]

　　三、社会教育的作用 ………………………………………… [518]

　　四、社会教育的特点 ………………………………………… [519]

第五节　家庭教育、学校教育与社会教育的统合 …………… [520]

一、家庭教育、学校教育与社会教育统合的意义 …………… [520]
　　二、家庭教育、学校教育与社会教育的统合原则 …………… [522]
　　三、实现家庭教育、学校教育与社会教育统合的基本策略 …… [524]
　思考题 ……………………………………………………………… [526]

第十二章　教育途径 ………………………………………………… [527]
　第一节　教育途径概述 …………………………………………… [527]
　　一、教育途径的概念 …………………………………………… [527]
　　二、教育途径的意义 …………………………………………… [528]
　第二节　教学 ……………………………………………………… [530]
　　一、教学的概念 ………………………………………………… [530]
　　二、教学的作用 ………………………………………………… [534]
　　三、教学的形式 ………………………………………………… [536]
　　四、教学的基本步骤及其要求 ………………………………… [546]
　第三节　课外活动 ………………………………………………… [547]
　　一、课外活动的概念 …………………………………………… [548]
　　二、课外活动的作用 …………………………………………… [550]
　　三、课外活动的形式 …………………………………………… [552]
　　四、组织课外活动的基本要求 ………………………………… [553]
　第四节　咨询与辅导 ……………………………………………… [554]
　　一、咨询与辅导的概念 ………………………………………… [555]
　　二、咨询与辅导的意义 ………………………………………… [556]
　　三、咨询与辅导的形式 ………………………………………… [557]
　　四、咨询与辅导的实施途径 …………………………………… [566]
　　五、咨询与辅导的基本要求 …………………………………… [569]
　思考题 ……………………………………………………………… [571]

主要参考文献 ………………………………………………………… [572]

第一编

教育总论

第一章 教育认识的历史演进

教育的历史,既是教育实践的发展史,又是教育认识的发展史。教育认识是教育实践的提升与总结,又引导着一定社会、一定时期教育实践的走向。因此,追溯教育学的历史发展过程,探究其发展特点,借鉴教育学史上不同发展阶段的教育智慧,对推进教育学科的科学化进程,更好地指导教育实践尤为重要。本章主要对中外教育学发展史进行梳理,以实现上述目的。

第一节 教育学学科的形成

教育认识史,也称教育学史,是记述教育学发展过程的历史。教育学史的研究,首先需要界定什么是"教育学"。纵观世界各国教育理论界的研究,对于"教育学"这一概念的称谓、内涵和外延的研究,是随着认识的发展而不断演化和完善的。

一、教育学概念的创立

(一)国外的教育学概念

1. 希腊语伊始的"教育学"

西文中的教育学一词"源于希腊语'儿童(ped)和引导(agogie)'二词",①即"pedagogue"。"pedagogue"的原意是教仆。古希腊把陪送奴隶主子弟来回于学校并帮助他们携带学习材料的奴隶称为教仆。按其语源来说,教

---

① 季诚钧:《教育学学科名称刍议》,《课程·教材·教法》1995年第5期。

育学就是照顾儿童的学问。

2. 斯拉夫国家的"教育学"

在世界上,最早给教育学的内涵以确切表达的应是捷克教育家夸美纽斯。他在1632年出版的《大教学论》的开篇写道:"《大教学论》阐明把一切事物教给一切人类的全部艺术。"① 夸美纽斯进而解释说:"我们敢于应许一种'大教学论',就是一种把一切事物教给一切人类的全部艺术,这是一种教起来准有把握,因而准有结果的艺术;并且它又是一种教起来使人感到愉快的艺术,就是说,它不会使教员感到烦恼,或使学生感到厌恶,它能使教员和学生全都得到最大的快乐;此外,它又是一种教得彻底、不肤浅、不铺张,却能使人获得真实的知识、高尚的行谊和最深刻的虔信的艺术。"②

苏联教育家皮斯库诺夫认为:"教育学是关于专门组织的、有目的的和系统的培养人的活动的科学,关于教育、教养和教学的内容、方式和方法的科学。"③

3. 德语国家的"教育学"

从西方国家看,真正坚持并大量运用本来意义上的"教育学"概念的是德国人。也就是说,在德语系统中基本继承了希腊语的关于"教育学"的内涵和名称,即"pädagogik"。从内涵上讲,无论是康德还是赫尔巴特所讲的教育学,按其德文"pädagogik"本来的含义,只不过是教育技术的理论而已。④

德国教育家赫尔巴特认为:"教育学作为一种科学,是以实践哲学和心理学为基础的。前者说明教育的目的;后者说明教育的途径、手段与障碍。"⑤赫尔巴特还十分明确地指出:"教育学是教育者自身所需要的一门科学,但他

---

①② [捷] 夸美纽斯著,傅任敢译:《大教学论》,人民教育出版社1984年版,第1、3页。

③ 瞿葆奎主编,瞿葆奎、沈剑平选编:《教育学文集·教育与教育学》,人民教育出版社1993年版,第308页。

④ [日] 大河内一男等著,曲程等译:《教育学的理论问题》,教育科学出版社1984年版,第35页。

⑤ [德] 赫尔巴特著,李其龙译:《普通教育学·教育学讲授纲要》,浙江教育出版社2002年版,第207页。

还应当掌握传授知识的科学。"①

随着教育学的不断发展,在朔伊尔和施密特合写的《教育学》中,阐述了教育学四个层面的含义:一是作为教育的行为方式和观念的教育学,"在最广泛的意义上,教育不外乎是正在或企图对所有未成年者的行为和行为规范实施影响的成人生活观的反映。由于没有一个青年人能不受此影响而获得生活能力,教育也就成为人类的一种基本现象";二是作为教育理论的教育学,"教育理论旨在表达某种能自圆其说并提出相应教育总体计划的教育观点。其职能在于:对教育实践进行指导、强化教育技能、树立教育者的自我意识,并提供教育活动的内在保证,由此成为一个统一的整体";三是作为教育科学的教育学,"教育科学借助于确定的方法,力求作出从主要概念到逻辑体系均能经得起检验的结论";四是作为建立在牢固科学基础上的教育学,"建立在科学基础上的教育学的所有论述,其性质和有效程度均经过反复深入的思考……因而可以避免传统教育学在指导实践过程中所表现出来的僵化"。②

4. 英语国家的"教育学"

在英语国家,无论是英国还是美国,最初都沿用希腊语的"pedagogue",并发展成为"pedagogy"来指称"教育学"。1890 年,纽约州立大学建立了教育学院,即"school of pedagogy"。1913 年,美国学者亨德森在《教育百科全书》中认为:"教育学(pedagogy)通常被理解为教的科学和艺术。教育学这个词源于希腊语中的教仆(pedagogue)一词,教仆通常是指照料年幼男孩的奴隶,送孩子上学,接他回家,替他携带学习用品,注意他需要些什么,并管束他。"亨德森进一步论述说,为了确保教育学持久的立足之地,为了使教育学获得平等的学科地位,就有必要修正和扩充教育学的内容,于是出现了用 education 作为学科和教授职位的名称,从此 pedagogy 一词在很大程度上就弃而不用了。新的教育学(education)与旧的教育学(pedagogy)有两

---

① [德]赫尔巴特著,李其龙译:《普通教育学·教育学讲授纲要》,浙江教育出版社 2002 年版,第 13 页。

② 瞿葆奎主编,瞿葆奎、沈剑平选编:《教育学文集·教育与教育学》,人民教育出版社 1993 年版,第 299~306 页。

点不同:"首先,education 涵盖面更广一些,远不止教学方法和学校管理这两方面;第二,education 更科学。"① 现在,在欧洲国家,二者仍有区别,"education"指对儿童的培养教育过程,"pedagogy"则是指研究教育儿童的学问。

5. 法语国家的"教育学"

法国学者贝斯特援引马里翁的定义说:"教育学……既是教育的科学,又是教育的艺术。但是,法国的语言通常不允许用一个词既表示一种艺术,又表示与艺术相对应的科学,我们必须在两者之中作出选择。因此,我直接把教育学定义为教育的科学。为什么教育学是一门科学而不是一门艺术?因为……教育学的本质中更多的是理论分析,而不是活动过程本身,教育学通过理论分析来发现、评价和协调这些过程。"②

6. 日本的"教育学"

日本学者田浦武雄认为:"对教育进行学术性研究并综合成一个理论体系,这就是教育学。"尽管教育学一词的使用并不一致,"但总的来说,多数人倾向于把它作为对教育的学术性研究的总称"。而且,"只要称得上教育学,就不是简单的有关教育的议论或常识,而必然具有某种理论体系"。③

(二) 中国的教育学概念

1. 教育学

什么是教育学?国内比较有代表性的教育学著作都在书中作了界定。

(1) 教育学是研究教育现象和教育问题,揭示教育规律的科学。④

(2) 教育学研究的对象是以教育事实为基础的教育中的一般问题。教育学是研究教育中的一般性问题的科学。⑤

(3) 教育学是整个教育科学体系中的一个组成部分。教育学所研究的是关

---

①②③ 瞿葆奎主编,瞿葆奎、沈剑平选编:《教育学文集·教育与教育学》,人民教育出版社1993年版,第295、297、334、320~321页。

④ 王道俊、王汉澜主编:《教育学》(新编本),人民教育出版社1988年版,第1页。

⑤ 李承武:《现代教育学》,西南师范大学出版社1997年版,第36页。

于教育的本质、目的、制度、内容、组织和方法，教育者和受教育者的活动以及他们之间的相互关系等问题。①

在中国，对教育学研究对象的论述有所不同，但根本观点基本一致，大都沿用《教育大辞典》中的定义：教育学是指"研究人类教育现象及其一般规律的科学"。②也就是说，教育学主要是研究教育现象、揭示教育规律的观点得到了人们的基本认同。

2. 教育科学

教育科学是以教育现象和教育规律为共同研究对象的各门教育学科的总称，是若干个教育类学科构成的学科总体。

教育是个人发展和社会生产延续的手段，它通过培养人为社会生产和社会生活服务。它是同生产力、生产关系、政治制度、社会意识形态以及各种社会实践有密切联系的一种综合性的社会现象。因而，在教育科学的孕育、形成和发展的过程中，既有研究教育一般规律的普通教育学，又出现了研究教育领域某一方面规律的各门教育学科。

普通教育学之所以成为教育学科体系中最早诞生的研究人类教育现象的学科，其原因主要是由当时社会普遍存在的教育现象决定的。人类教育自产生直到近代社会以前，社会中普遍存在的教育活动主要是教人读、写、算等基础知识和基本技能的普通基础教育，与之相应，诞生的教育学自然也主要是普通教育学。近现代社会以后，由于文化科学的长足进步和科学的快速发展，特别是当代社会横断学科、交叉学科和边缘学科的出现，促使教育学科构成了一个庞大的学科体系。

总之，新兴交叉学科都是两个或两个以上学科的相互渗透与结合，并为学科发展作出了新的贡献。这种新学科随着科学的发展而不断产生。

教育原理是教育科学体系中的基本理论学科，它既为各分支学科的研究提供理论框架和依据，同时又从各分支学科的发展中吸收新的材料，充实其

---

① 华中师范学院等五院校合编：《教育学》，人民教育出版社1980年版，第1页。
② 顾明远主编：《教育大辞典》第1卷，上海教育出版社1990年版，第81页。

内容，提高其科学水平。

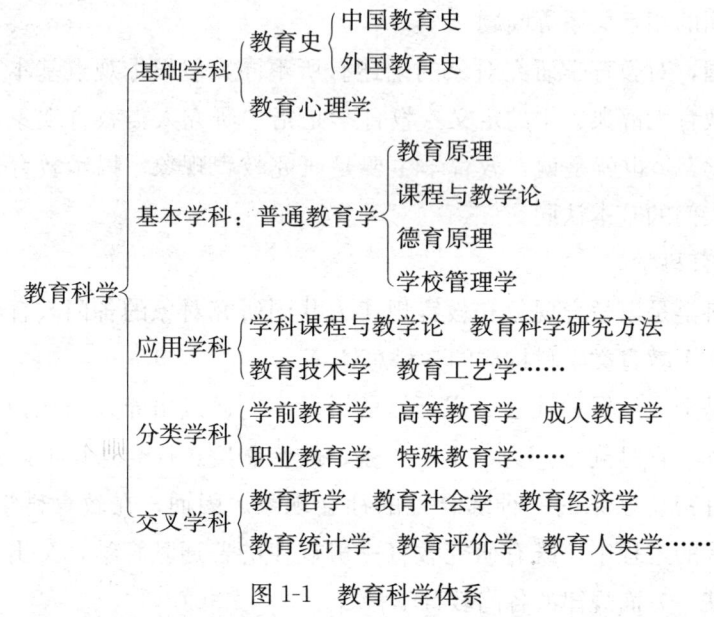

图 1-1　教育科学体系

二、教育学学科的形成

（一）教育学的萌芽

教育学的萌芽是指从教育成为人类社会的独立活动之后，伴随着教育实践的不断发展和教育经验的日益增多，一些哲学家、思想家开始对教育实践经验进行总结和概括，对教育问题进行研究，并在他们的政治、哲学等思想中有了对教育问题的论述和说明。例如中国古代社会的孔子、孟子、荀子、朱熹，西方古代社会的苏格拉底、柏拉图、亚里士多德、昆体良等人，他们在阐述各种社会现象的同时，也阐述了教育现象；在形成其哲学、政治观点的同时，也提出了丰富宝贵的教育思想。

1．古代中国

（1）《论语》。《论语》是我国古代一部记录孔子与其弟子之间相互问答的著作。《论语》共 20 篇，其中论及教、学等方面的教育思想主要有以下几个方面。

第一，关于"学"的教育思想。《论语》开篇即论"学"。孔子对学习方法的论述,一是指出要"学而时习之",不但要学习知识,还常常践履之。二是对"学"与"思"的辩证思考,"学而不思则罔,思而不学则殆",强调学思结合。三是强调学行结合,"君子耻其言而过其行"。四是重视"学"与"用"的联系,强调学以致用,以用促学,"仕而优则学,学而优则仕"。五是重视对知识的温习与总结,"温故而知新,可以为师矣"。

第二,关于"教"的教育思想。孔子主张"有教无类","自行束脩以上,吾未尝无诲焉"。这主要表现在,年龄上没有区分,"有教无类";品行差异性上没有区分,"有教无类"。可见,孔子的"有教无类"具有比较宽泛的教育对象,每个人都可以而且也应该通过教育成为知仁明礼的人。在教育内容上,孔子主张"子以四教:文、行、忠、信"。在教育方法上,孔子主张"启发式"教学,"不愤不启,不悱不发。举一隅不以三隅反,则不复也"。在教育原则上,孔子提出要"因材施教",即针对每个学生的特点和差异,施以不同的教育。正如孔子所说:"中人以上,可以语上也;中人以下,不可以语上也。"

《论语》作为我国古代反映教育思想的代表性著作,其中对于"教"与"学"的诸多论述,对今天的教育教学仍然具有重要的借鉴意义。

(2)《学记》。成书于战国后期的《学记》,是先秦儒家教育思想和理论的总结性著作,也是我国古代乃至世界上最早的一部教育专著。《学记》全文仅有1 200多字,但条理清晰,论述深刻,从教育的意义、任务、途径,教学的原则和方法以及有关"师道"等诸多方面精辟地反映了我国先秦儒家的教育教学思想精华,堪称中华教育瑰宝、经典之作,并有"教育学的雏形"之称。①

《学记》开篇阐述了教育的目的,"建国君民,教学为先","君子如欲化民成俗,其必由学乎"。

《学记》论述了学校教育制度,"古之教者,家有塾,党有庠,术有序,国有学"。大学的教育进程是:"比年入学,中年考校。一年视离经辨志;三年视敬业乐群;五年视博习亲师;七年视论学取友;谓之小成。九年知类通

---

① 毛礼锐主编:《中国教育史简编》,教育科学出版社1984年版,第247页。

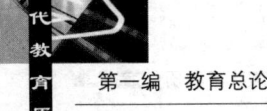

达，强立而不反，谓之大成。夫然后足以化民成俗，近者说服而远者怀之，此大学之道也。"

《学记》概括了教育的基本原则，如教学相长原则、启发诱导原则、预时孙摩原则、长善救失原则和藏息相辅原则。

第一，教学相长原则。"虽有嘉肴，弗食不知其旨也；虽有至道，弗学不知其善也。是故，学然后知不足，教然后知困。知不足，然后能自反也；知困，然后能自强也。故曰：教学相长也。《兑命》曰：'学学半'，其此之谓乎！"

第二，启发诱导原则。"故君子之教喻也：道而弗牵；强而弗抑；开而弗达。道而弗牵则和；强而弗抑则易；开而弗达则思。和易以思，可谓善喻矣。"

第三，预时孙摩原则。"大学之法：禁于未发之谓豫；当其可之谓时；不陵节而施之谓孙；相观而善之谓摩。此四者，教之所由兴也。发然后禁，则扞格而不胜。时过然后学，则勤苦而难成。杂施而不孙，则坏乱而不脩。独学而无友，则孤陋而寡闻。燕朋逆其师，燕辟废其学。此六者，教之所由废也。"

第四，长善救失原则。"学者有四失，教者必知之。人之学也，或失则多，或失则寡，或失则易，或失则止。此四者，心之莫同也。知其心，然后能救其失也。教也者，长善而救其失者也。"

第五，藏息相辅原则。"大学之教也；时教必有正业，退息必有居学。不学操缦，不能安弦；不学博依，不能安诗；不学杂服，不能安礼。不兴其艺，不能乐学。故君子之于学也，藏焉脩焉，息焉游焉。夫然，故安其学而亲其师，乐其友而信其道，是以虽离师辅而不反。"

《学记》还提出了尊师严师的思想。《学记》中说："凡学之道，严师为难。师严然后道尊，道尊然后民知敬学。"这是尊师的思想。"君子知至学之难易而知其美恶，然后能博喻，能博喻然后能为师。""君子既知教之所由兴，又知教之所由废，然后可以为人师也。"这是严师的要求。

2. 古代欧洲

在欧洲，古希腊和古罗马的文化遗产中，也有着丰富的教育思想和教育经验，如苏格拉底的产婆术，通过问答式的教学让学生自己得到答案，是发现法的前身；柏拉图的《理想国》，总结了当时雅典和斯巴达的教育经验，提出了一个比较系统的教育制度，规定了不同阶段的教育内容；亚里士多德是最早提出教育要适应儿童的年龄特点，进行德、智、体多方面和谐发展教育的思想家；昆体良的《雄辩术原理》，更是比较系统地论述了有关儿童教育的问题，被称为世界上第一本研究教学法的著作。

综上所述，无论中国还是外国，古代的思想家、教育家的教育思想，均是作为他们的哲学思想或政治思想中的组成部分而存在的，反映其教育思想的理论观点大多混杂在他们的政治、伦理、哲学等思想当中，对教育经验的大量论述，多是停留在现象的描述和自我经验的总结上，缺少独立的科学命题和理论范畴。这些事实表明，当时的教育学还没有从哲学、伦理学等学科中分化出来，形成自己独立的学科体系，因而在科学分类中没有它的位置，属于教育学发展进程中的萌芽阶段。

（二）教育学的建立

教育学在科学分类中没有独立地位的历史状态一直延续到 17 世纪才宣告结束。1623 年，英国哲学家培根发表了《论学术的价值和发展》一文，首次在科学分类中将教学的艺术作为一个独立的研究领域提了出来，从此标志着教育学在科学体系中有了自己独立的学科地位。

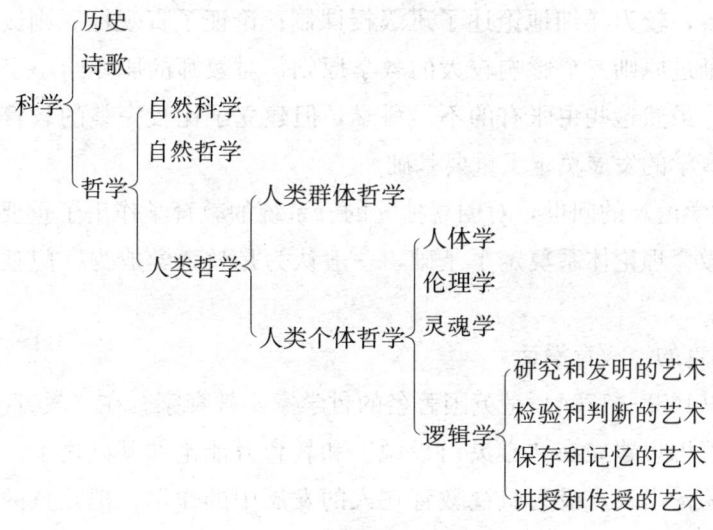

图 1-2　培根的科学分类体系

从欧洲文艺复兴开始，教育学的发展进入了一个新的历史阶段。人文主义思想家与教育家，如意大利的维多利诺（1378—1466）、法国的拉伯雷（1483—1553）等都是当时的代表人物。他们对封建教育进行了猛烈的抨击，批判经院学派那种脱离实际、摧残儿童的教育内容和方法。他们主张热爱学生和尊重学生，提倡采用能够引起学生兴趣和积极性的教育内容和方法，这些都为新兴资产阶级教育的确立开辟了道路。比如拉伯雷在他的小说《巨人传》中，描述了在经院哲学者和新式教师两种不同的教育下，把伽刚丘培养成为前后两种截然不同的人物，以此来批判经院式的旧教育和赞美具有人文主义思想的新教育，对新兴资产阶级教育的发展起了启蒙作用。

1. 夸美纽斯的《大教学论》

夸美纽斯（1592—1670）在人类教育史上享有崇高的地位。他毕生从事教育实践。1632年，他在总结前人教育成果及当时教育教学经验的基础上，撰写了教育学史上具有原创性质的《大教学论》。

夸美纽斯的主要教育思想是：强调把一切知识教给一切人，即普及教育的思想；在"教育要适应自然"的自然适应性原则的基础上，对人的本质和教育的本质进行了新的探索；根据年龄分期确立了一套完整的学校教育制度和教学内容；较为详细地论述了班级授课制；论证了直观性原则、巩固性原则、循序渐进原则三个影响较大的教学原则；对教师的职业给予了很高的评价；等等。虽然这些主张有的不尽科学，但建立了比较完整的教育学理论体系，为教育学的发展奠定了重要基础。

《大教学论》的问世，对创立独立的、系统的教育学作出了重要贡献，为近代西方教育理论体系奠定了基础，一般认为是教育学成为一门独立学科的开始。

2. 洛克的《教育漫话》

洛克（1632—1704）是英国著名的哲学家、教育家。在《教育漫话》中，洛克的教育思想建立在"心灵白板说"和教育万能论的基础之上。他从唯物主义的经验论出发，极为重视教育在人的发展中的作用，把儿童的天性比做没有痕迹的白板，可以任人随意地去涂写和塑造。洛克主张教育万能论。他说："我们日常所见的人中，他们之所以或好或坏，或有用或无用，十分之九都是他们的教育所决定的。人类之所以千差万别，便是由于教育之故。"①

洛克的教育目的是培养绅士，"绅士需要的是事业家的知识，合乎他的地位的举止，同时要能按照自己的身份，使自己成为国内著名的和有益于国家的一个人物"。②绅士必须是身体健康、有德行、有用、能干的人，具有道德、智慧、礼仪和学问四种品质。

在论述教育的内容时，洛克第一次对德、智、体作了明确区分。

洛克是教育史上第一个特别重视体育的人，他在《教育漫话》的开篇写道："健全之精神寓于健康之身体，这是对于人世幸福的一种简短而充分的描绘。"③

德育是洛克教育理论体系中的重要内容，他反对惩罚的德育方法。

洛克的《教育漫话》反映了一种世俗的现实主义教育思想，在近代西方教育理论的形成和发展中占有重要地位。它对形成17~19世纪英国具有特色的传统教育模式，例如新兴私立中学、公学等产生了重要的影响。从教育思想的历史发展来看，以洛克为主要代表的绅士教育思想是18世纪法国唯物主义教育思想、自然主义教育思想和德国理性主义教育思想的重要源泉之一，也是教育学形成时期的重要理论之一。

3. 卢梭的《爱弥儿》

卢梭（1712—1778）是法国著名的启蒙思想家，也是西方历史上最有影响的作家之一，著有《爱弥儿》一书。

《爱弥儿》一书反映了卢梭的自然主义教育思想，其基本观点是：反对中世纪宗教教育和封建教育对儿童个性的压抑，主张教育要遵循儿童的自然本性；教育的目的在于培养适应资本主义生产关系和社会关系需要的身心和谐发展的人；学校应使儿童愉快地生活和学习，根据儿童不同年龄阶段的身心特征进行教育；教育原则和方法应"模仿自然"，反对体罚；德育上实行"自

---

①②③　[英]洛克著，傅任敢译：《教育漫话》，人民教育出版社1985年版，第24、97、24页。

然后果法"。

以卢梭为代表的自然主义教育理论在教育史上具有划时代的伟大意义。与同时期的教育家相比，卢梭的教育思想更深刻地体现了时代精神。他的理论第一次系统地论证了儿童的生理、心理特点在教育中的极端重要地位，并把它作为教育的出发点和根据，要求教育尊重儿童的年龄特征和天性；打破了千年因袭的教育陈规，把儿童从一个被动塑造的客体变为积极主动的学习者，促进了教育理论与实践的科学化，也为后人革新教育提供了指导思想。

4. 斯宾塞的《教育论》

斯宾塞（1820—1903）是英国著名的哲学家、社会学家和教育家，著有《教育论——智育、德育和体育》一书。

"什么知识最有价值？"斯宾塞的回答是：科学。斯宾塞认为教育的目的是"为完满生活做准备"。实现完满生活的科学课程体系包括五个方面的教育，即：准备直接保全自己的教育；准备间接保全自己的教育；准备做父母的教育；准备做公民的教育；准备闲暇生活的教育。

斯宾塞的科学课程体系是对古典人文主义教育内容的一次革命，它扫除了学校教育中的装饰主义的弊病，把教育与现实生活紧密联系起来。斯宾塞的科学主义教育思想直接影响了欧美国家和19世纪下半期出现的科学教育运动，促进了课程和教学方法改革。

5. 赫尔巴特的《普通教育学》

赫尔巴特（1776—1841）是德国哲学家、心理学家、教育家，著有《普通教育学》、《教育学讲授纲要》。

教育学作为一门学科在大学里讲授，最早始于德国哲学家康德。他于1776年在德国柯尼斯堡大学的哲学讲座中讲授了教育学。继康德之后，对教育学作出重大贡献的是赫尔巴特。赫尔巴特是继康德开设教育学讲座之后，最早系统讲授教育学这门课程，破例长期专门从事教育学教学和研究工作的人。

赫尔巴特的《普通教育学》在教育学的发展史上占据着里程碑的地位，被西方认为是世界上第一本系统、科学的教育学著作，它为后来各国教育学体系的建立提供了理论范型。

在这部著作中，赫尔巴特在伦理学的基础上建立了教育目的论，在心理学的基础上建立了教学方法论，根据受教育者的心理活动规律确立了教学过程阶段论——明了、联想、系统、方法，提出了教学的教育性思想，揭示了管理、训育和教学的关系。

赫尔巴特的教育思想经宣传和实践，在当时的世界各国得到广泛的传播，逐渐发展成赫尔巴特学派，即传统教育学派。赫尔巴特创立的传统教育学派，在西方教育史上首先建立了以心理学和哲学为基础的教育理论体系，使教育学在科学化发展的道路上前进了一大步。

三、教育学的多元化发展

自赫尔巴特的《普通教育学》问世以后，围绕着赫尔巴特的教育学理论开展的教育研究开始分化，坚持赫尔巴特教育学理论的人们和一系列反对派开始论争，形成了纷繁复杂的学派纷争局面，教育学的多元化发展时期开始登上历史舞台。

（一）苏联

1. 凯洛夫的《教育学》

凯洛夫（1893—1973）是苏联著名的教育家，20世纪40~50年代苏联教育学的代表人物之一。凯洛夫一生著述颇多，他主编的《教育学》、《教育辞典》、《教育百科全书》影响巨大。《教育学》一书是凯洛夫教育思想的集中体现。

在《教育学》中，凯洛夫阐述了教育的一些基本问题：提出教育起源于劳动；论述了教育的作用，包括教育在促进社会发展中的作用和促进人的发展中的作用；明确提出了教学过程的六个阶段——感知、理解、概括、巩固、熟练、测验；提出了五大教学原则——直观性原则、学生自觉与积极性原则、巩固性原则、系统性和连贯性原则、通俗性和可接受性原则。

在新中国成立后全面学习苏联的一段历史年代里，凯洛夫主编的《教育学》成了我国各级师范院校师生的必读书。

2. 马卡连柯的《教育诗》

马卡连柯（1888—1939）是苏联著名教育家，著有《塔上旗》等。马卡连柯在他的教育论著中总结了劳动教育、纪律教育和集体主义教育的实践经验。其中集体主义教育是其教育体系的基础和核心，也是其理论中最具特色的方面。在集体主义教育思想中，他提出了"明日欢乐论"和"严格要求与尊重信任"、"平行影响"等教育原则，这些原则至今仍是我国德育的重要原则。

苏联十月革命后，马卡连柯卓有成效地实施了"工读教育"，对流浪儿童和少年违法者进行了成功的教育改造工作，并在这种特殊的教育中形成了自己的教育理论体系。

3. 赞科夫的《教学与发展》

赞科夫（1901—1977）是苏联著名教育家、心理学家，毕生从事教学理论研究，长期开展"教学与发展"实验，提出了一系列教育主张。

赞科夫认为，教学的任务是促进儿童的一般发展。所谓一般发展，是指学生的整个身心（包括智力、情感、意志和体力等方面）都得到发展，其中，既包括身体因素又包括心理因素，既包括智力因素又包括非智力因素。促进学生一般发展的五大教学原则是：以高难度进行教学的原则、以高速度进行教学的原则、理论知识起主导作用的原则、使学生理解学习过程的原则、使全体学生包括差生都得到发展的原则。

赞科夫的教学理论揭示了教学与发展的关系，它主张改革教学内容和教学方法，提高教学效果，最有效地促进学生的一般发展。赞科夫的教学理论对苏联的教育实践和教学理论的发展曾起了积极的推动作用，并对其他一些国家的教学论发展也有一定的影响，被视为现代教学理论的三大流派之一。

4. 维果茨基的"最近发展区"理论

维果茨基（1896—1934）是苏联早期一位杰出的教育心理学家、社会文化历史学派的创始人，也是苏联心理科学的奠基人之一。

20世纪30年代初，维果茨基在国内外心理学界首先将"最近发展区"这一概念引入儿童心理学的研究，提出"良好的教学应走在儿童发展的前面"

的著名论断。"最近发展区"又译为"潜在发展区",是指儿童独立解决问题的实际发展水平与在成人指导下或在有能力的同伴合作中解决问题的潜在发展水平之间的差距。

维果茨基的"最近发展区"理论,对于教育教学改革提供了科学的心理学指导,是教育教学发展史上具有重要贡献的理论之一。

(二) 美国

1. 杜威的《民主主义与教育》

杜威(1859—1952)是美国著名的实用主义哲学家、教育家,对世界教育的发展有重大影响,撰写了《民主主义与教育》等多部著作。

在教育性质的判定上,杜威提出三个核心命题:教育即经验的不断改造;教育即生活;教育即生长。这三个命题密切相连,表明了杜威对教育基本问题的看法。教育即生活、学校即社会、做中学是杜威教育理论的重要内容。针对传统教育学派的教师中心、课堂中心、教材中心,杜威提出了儿童中心、活动中心、做中学的教育主张。

以杜威为代表的现代教育学派旨在解决教育与社会生活脱离、教育与儿童生活脱离这两个重大的教育问题,要求加强学校与社会生活的联系,要求尊重儿童的心理发展特点,使教育本身成为有乐趣的、有益于儿童的、富有实效的、有益于国计民生的活动。这些思想具有重大的理论价值与实践意义,适应了20世纪前半期美国社会生活变化的具体需要,推动了现代教育流派的形成,与传统教育学派分庭抗礼,在世界范围内产生了广泛而深刻的影响,是教育学发展史上的重要里程碑。

2. 布鲁纳的《教育过程》

布鲁纳(1915—)是美国教育心理学家、当代认知心理学派的主要代表人物之一。著有《教育过程》一书。

布鲁纳在《教育过程》一书中提出了结构主义的教育思想。关于"教什么",布鲁纳主张学校要教授"学科的基本结构",以适应现代社会知识总量激增、知识更新速度加快的需要。关于"何时教",布鲁纳主张"早期学习"。他开创了儿童认知结构发展的研究,揭示了儿童智力发展的特点。关于"怎样教",他提倡"发现学习",调动学生的积极性,培养儿童独立解决问题的能力。

3. 布卢姆的《教育目标分类学》(第一分册:认知领域)

布卢姆(1913—)是美国当代著名心理学家和教育学家、国际教育成就评价协会(IEA)的创始人之一。主要教育著作有《教育目标分类学》(第一分册:认知领域)、《每个孩子都能学会掌握》等。

布卢姆的教育目标分类理论具有两大特征。一是可测性。认为制定教育目标不是为了表述理想的愿望,而是为便于客观评价。因此,目标陈述应具体,要可测量。二是目标有层次结构。布卢姆把认知领域的目标分为六个主要类别,依次是知识、领会、运用、分析、综合、评价。

布卢姆的教育目标分类学具有便于检查、交流、操作的优点。它一改过去含糊、笼统的教学目的,代之以明确、有序的教学目标,可操作性强是其得以迅速推广的主要原因。同时,布卢姆的教育目标分类学还为教学改革和教学评价增添了活力。该理论传入我国后,不少地方纷纷开展了目标教学改革实验、现代标准化测试等活动。

4. 拉伊的《实验教育学》

拉伊(1862—1926)是德国实验教育学的奠基人之一,也是国际上"实验教育学"的主要代表人物之一。1908年他出版了《实验教育学》,这是第一本系统论述实验教育学的性质、目标、体系和方法的专门著作。

实验教育学是作为赫尔巴特传统教育学说的对立物而出现的。它的一个显著特点就是运用自然科学范式研究教育现象,主张把自然科学实验方法和技术应用于教育问题研究,以数理统计和心理测量等学科的研究成果作为教育统计和测量的基础,从而为教育实验提供科学的手段和方法,形成科学的教育实验模式。

在教育学的历史发展过程中,实验教育学对教育理论和实践以及教育研究产生了深远的影响,成为19世纪末20世纪初教育学多元化进程中兴起的一种崭新的教育理论流派。

（三）中国

1. 蔡元培的"全面发展教育"思想

蔡元培（1868—1940），字鹤卿，号子民，浙江绍兴人。曾任中华民国教育总长、北京大学校长，一生志在民族革命，追求民主自由，是我国近代杰出的教育家。

1912年4月，蔡元培在《对教育方针之意见》中，提出了以"皆今日教育所不可偏废"的军国民教育、实利主义教育、公民道德教育、世界观教育和美感教育为核心的"五育并举"的全面发展教育思想。军国民教育，即体育；实利主义教育，即智育，要向学生传授发展实业的知识与技能，其目的在于富国强兵；公民道德教育，即德育，要向学生传递资产阶级自由、平等、博爱的道德观念和中华民族的传统美德；世界观教育是一种哲理教育，意在培养学生具有高远的目光和高深的见解；美感教育，即美育，目的是陶冶性情，使人具有高尚的情操、美好的情感，最终达到意志的自由——乐观、高超和进取。他还提出以美育代替宗教，具有重要的意义。

1917～1926年任北京大学校长期间，蔡元培提出了"思想自由、兼容并包"的大学理念，使北京大学成为著名的高等学府。

2. 陶行知的"教学做合一"思想

陶行知（1891—1946）是我国近代教育史上伟大的人民教育家，一生经历了从旧民主主义向新民主主义的转变，提出了著名的生活教育理论。

陶行知的生活教育理论的基本主张是"生活即教育"、"社会即学校"、"教学做合一"。他认为，教、学、做是一件事，不是三件事；我们要在做上教，在做上学；先生拿做来教，乃是真教；学生拿做来学，乃是真学。这种"教学做合一"的理论成为南京晓庄师范的校训。在这种思想的指导下，晓庄师范特别强调在实践中获得知识。针对传统的注入法，陶行知提倡从教学合一到教学做合一，这一教学方法的改革，在我国近代教育史上产生了深远的影响。

第二节 教育学在中国的成长

教育学在我国成为一门独立的学科是在清末"废科举、兴学校"以后，随着西方资产阶级教育学传入我国以后才开始的。其沿革的过程大体可概括为，先学日本，后袭美欧，新中国成立后又学苏联，直到粉碎"四人帮"后，才逐渐走上教育学中国化的道路。

一、教育学学科的设立（1900～1905年）①

19世纪末至20世纪初，师范教育在我国出现，诞生了教育学这门学科或课程。

京师大学堂创办于1898年，是戊戌维新运动的产物。《钦定京师大学堂章程》规定京师大学堂附设速成科，"师范馆"为速成科的一门，修业4年。同时规定师范馆设置"教育学"课程，并且分4年规定了相应的教学内容，包括教育宗旨、教育之原理、学校管理法以及实习，还规定了每星期的课时。

清政府于1904年初颁布了《奏定学堂章程》。根据其《初级师范学堂章程》和《优级师范学堂章程》，师范分为"初级"和"优级"两级。初级师范学堂规定学习5年，每年都设有教育学。那时初级师范学堂的教育学，包括教育史、教育原理（含心理学大要）、现行教育宗旨、德育和智育要义、辨学大要、教授法大要、教育法令、学校管理法，以及"实事授业"。优级师范学堂规定教育学在第二、第三年开设，并规定了各年的内容和每星期课时数，主要包括教育理论、教育史、教授法、学校卫生、教育法令，以及"教授实事练习"。

《奏定大学堂章程》规定政法科大学"政治学门"的"主课"中设"教育学"；文学科大学的英、法、俄、德、日文学门的"补助课"中设"教育学"，

---

① 参见郑金洲、瞿葆奎：《中国教育学百年》，教育科学出版社2002年版，第3～5页。

文学科大学的中国史学、万国史学和中国文学门也把"教育学"列为"随意科目"。《奏定进士馆章程》规定第一年、《奏定译学馆章程》规定第五年学习"教育学"。这反映出当年的泱泱大国急需师资以及教育学翻译人才，这种需要催生了中国教育学的出现。

二、教育学著作的译介与编著（1905～1920 年）

中国教育学的起步，首先始自对日本教育学的学习。著名历史学家费正清教授指出，从 1898～1914 年这段时期，人们可以看到日本在中国历史进程中的重大影响。当时，从大量日本教育类书刊涌入中国的历史事实中可以看到这种影响的清晰印痕。据实藤惠秀监修、谭汝谦主编的《中国译日本书综合目录》统计，从 1896～1911 年，中国共翻译日本教育类书 76 种。其中，流行面广、影响大的是 1901 年刊载于《教育世界》，由日本立花铣三郎讲述、王国维翻译的《教育学》。此后，日本其他著名的教育学著作也相继经《教育世界》、《直隶教育杂志》及译书局等介绍到中国来，如《实用新教育学》（加纳布市、上由仲之助）、《教育学教科书》（汝濑五一郎）、《新教育学》（冯世德）、《新教育学释文》（吉田熊次）、《实用教育学》（大濑什太郎）、《大教育学》（熊谷武郎）、《实际的教育学》（柳政太郎）、《教育新论》（天眼铃木力）、《新编教育学讲义》（杜本孝次郎）、《教育学教科书》（小泉又一）等。① 这一时期，我国的学者也编写了一些教育著作，例如蒋维乔的《教授法讲义》、张子和的《大教育学》、张毓聪的《教育学》、王国维的《教育学》、缪文功的《最新教育学教科书》、张继煦的《教育学》和《教育学讲义》、金祝华的《教育学教科书》、季新益的《教育学教科书》、侯鸿鉴的《教育学》、周维城和林壬的《实用教育学》、刘以钟的《新制教育学》、彭清鹏的《实际教育学》，以及宋嘉钊和张沂的《教育学教科书》等二十多种。尽管这些著作不可避免地有对外国教育学内容的迁移，但在编著自己的教育学方面，毕竟迈出了第一

---

① 参见周谷平：《近代西方教育学在中国的传播及其影响》，《华东师范大学学报》（教育科学版）1991 年第 3 期。

步,我国开始有了自己的教育学。

从形式上看,此时介绍过来的教育学基本上是赫尔巴特的教育学体系。

三、西方教育学说在我国的传播 (1920～1949年)

西方教育学说在中国的广泛传播是从杜威来华讲学开始的,从此,中国把学习的对象由日本转向美国。

杜威于1919年经日本来华讲学,前后有两年多时间,足迹遍及沿海11个省市。他在演讲中,着重宣传他的实用主义哲学和教育学。由于他的教育观点与赫尔巴特有明显不同,我国教育界顿时呈现出一种活跃的气氛。"教育即生活"、"学校即社会"成了当时教育界的口头禅。杜威离开中国后,介绍和传播杜威教育思想的学术机构、期刊、专著、小册子如雨后春笋般出现,杜威的代表作《民主主义与教育》开始直接作为教育学或教育哲学教材使用。此外,波特的《教育原理》和《现代教育学说》、克伯屈的《教育方法原理》、桑代克和盖茨的《教育基本原理》,也都成为我国大学教育系的教育学教学参考书。除了美国的译本之外,西方其他国家的一些教育专著也开始翻译过来,如夸美纽斯的《大教学论》、洛克的《教育漫话》、卢梭的《爱弥儿》、裴斯泰洛齐的《贤伉俪》、赫尔巴特的《普通教育学》等。在广泛学习和研究国外教育学的基础上,当时我国学者自编的教育概论、教育哲学、教育原理等专著也日益增多。比较早期出版的有王炽昌的《教育学》以及后来的孟宪承的《教育概论》、吴俊升的《教育哲学大纲》、钱亦石的《现代教育原理》、王壁如的《现代教育概观》、浦漪人的《教育概论》、孙贵定的《教育学原理》、张宗麟的《教育概论》、黄宗明的《教育概论》、范任宇的《教育概论》、莊泽宣的《教育概论》、汪懋祖的《教育学》、倪文宙和陈子明的《教育概论》、孟宪承和陈学恂的《教育通论》、吴俊升和王西微的《教育概论》、邓胥功的《教育通论》、胡忠智的《教育概论》、罗廷光的《教育概论》和《教育科学纲要》、余家菊的《教育原理》,从体系到内容都较之前一阶段更完整、更深入、更系统、更充实,并为后来教育学科的发展奠定了很好的基础。

四、教育学的"苏化"与改造（1949～1965年）

1949～1965年，是我国政治、经济制度发生重大变革的时期，也是对教育学全面"苏化"并进而改造的时期。

早在1945年，毛泽东就提出：苏联创造的新文化，应当成为我们建设人民新文化的范例。1949年10月1日，中华人民共和国宣告成立。《人民日报》于1949年11月14日发表了节译的苏联凯洛夫主编的《教育学》（1948年俄文版）第二十一章"国民教育制度"，之后相继翻译了其他部分，并认为凯洛夫主编的这本《教育学》是理论与实践相结合的"巨著"。这对当时急于了解苏联社会主义教育经验和理论的人来说，乃是"雪中送炭"了。因此，教育界迅速掀起了学习苏联的"教育学热"，尤其是学习凯洛夫主编的《教育学》。这个热潮的主要特征表现为以下几个方面。

一是翻译了许多苏联的教育学著作，如凯洛夫主编的《教育学》、冈察洛夫的《教育学原理》、叶希波夫和冈察洛夫编的《教育学》（上、下册）、申比廖夫和奥哥洛德尼柯夫的《教育学》、凯洛夫总主编的《教育学》等。上述苏联的教育学译本中，以凯洛夫主编的《教育学》影响最大，不少高师院校以其作为教材或主要教学参考书，一些教育行政干部和中学教师也把它作为业务进修读物。教育界满怀学习激情，奉之为教育学的"经典"，它成为衡量与评价我国教育理论和教育实践的主要依据。

二是邀请了不少苏联专家来华讲授教育学，我国学者作辅导性或普及性报告，不断引进苏联教育学研究的最新信息。

三是编辑出版了国内外专家、学者的教育学讲义和报告。例如波波夫的《共产主义教育思想》（人民教育出版社，1953年）、普希金的《教育学讲义》（北京师范大学，1952年）、崔可夫的《教育学讲义》（上册）（人民教育出版社，1954年）、杰普莉茨卡娅的《苏维埃教育学讲义》（华东师范大学，1957年）、安娜斯达西耶娃的《教育学辅导和专题报告记录汇编》（中央教育行政学院，1957年），以及张腾霄的《小学教师业务学习讲座》（大众书店，1951年）、曹孚的《小学教育讲座》（人民教育出版社，1953年；1954年再版时易

名为《教育学通俗讲座》)。

四是国内出版了许多"凯洛夫"版的教育学。1954年,教育部组织编订了《初级师范学校教育学教学大纲》(草案),提出:"新中国的教育学是研究如何对新生一代进行社会主义教育的科学。它是马克思列宁主义教育学说与中国教育实践相结合的产物。""这本教学大纲又是参照苏联教育学的一般体系拟定的。"①1956年组织编订了《师范学校教育学教学大纲》(试用)和《师范学院、师范专科学校教育学试行教学大纲》,都提到它们是参照了1954年苏俄教育部批准的师范学院教育学教学大纲,结合我国过渡时期教育的实际情况制定的。② 这一阶段编写的教育学,除上述中师《教育学》外,不少高师也都编写了《教育学》。例如,北京师范大学教育系教育学教研室编写的《教育学讲义》(上、下册,1955年。其后,北京出版社1957年第一次印刷时,分上、中、下册,同年第二次印刷时,分为上、下册),陈友端、郑其龙编写的《教育学》(上、下册,1954年),东北师范大学教育系教育学教研室编写的《教育学讲义》(上、下册,1956年),开封师范学院教育学教研室编写的《教育学讲义》(湖北人民出版社,1957年),等等。

历史地看,我国当时学习、移植苏联的教育学是有其积极意义的。从教育实践的角度看,苏联的教育学强调制度化教育,这种教育学对稳定新中国成立初期学校的教学秩序、提高教育质量,起了一定的推动作用。从教育学建设的角度看,苏联的教育学帮助我国完成了教育学理论模式的转化,填补了当时社会主义教育理论的空白。当然,苏联的教育学本身也有许多不足,如操作性较强、理论性较差,教条性较强、辩证性较差,等等。

五、教育学中国化的探索（1966年至今）

1966年,"文化大革命"爆发,教育学、心理学被定性为"伪科学"。从

---

① 《初级师范学校教育学教学大纲》(草案),人民教育出版社1954年版,第1页。
② 《师范学校教育学教学大纲》(试用),人民教育出版社1956年版,第1~3页;《师范学院、师范专科学校教育学试行教学大纲》,人民教育出版社1956年版,第1~13页。

此，教育学便从师范院校的课程体系中消失了。粉碎"四人帮"后，教育学教材建设迎来了蓬勃发展的春天。广大教育工作者迅速根据形势的发展和教学的需要，编写出版了各类教育学讲座和教材。从1979～1990年，公开出版的各个类别、各个层次的教育学教材共有111个版本之多。① 近年来，陆续出版的属于教育原理或教育学原理方面的著作主要有：厉以贤的《现代教育原理》（1988年）、孙喜亭的《教育原理》（1993年）、陈桂生的《教育原理》（1993年）和《学校教育原理》（2000年）、叶澜的《教育概论》（1993年）、金一鸣的《教育原理》（1995年）、石佩臣主编的《教育学基础理论》（1996年）、成有信的《现代教育引论》（1992年）和《教育学原理》（1995年）、黄济和王策三主编的《现代教育论》（1996年）、胡德海的《教育学原理》（1998年）、柳海民的《教育原理》（1998年）、柳海民主编的《现代教育原理》（2002年）、郑金洲的《教育通论》（2000年）、冯建军的《现代教育原理》（2001年）等。这些著作，无论是体系还是内容都达到了较高的水平，较之以往同类教材有着明显的历史进步。

与此同时，这一阶段也翻译和介绍了一些苏联、西方的教育学教材和属于教材性质的著作。例如巴拉诺夫等人编写的《教育学》、哈尔拉莫夫的《教育学教程》、奥恩斯坦的《美国教育学基础》、大河内一男等人的《教育学的理论问题》、日本筑波大学教育学研究会编写的《现代教育学基础》、范斯科德的《美国教育基础——社会展望》、巴班斯基主编的《教育学》、布鲁纳的《教育过程》、赞科夫的《教学与发展》等。

今日中国的教育学教材建设正在继承传统、改革创新的道路上不断地进行改造和完善，同时通过学科内部分化，将其研究不断推向深入。

---

① 参见瞿葆奎：《建国以来教育学教材事略》，《华东师范大学学报》（教育科学版）1991年第3期。

第三节 教育学的发展趋势

在当代社会政治、经济和文化转型的背景下，教育学呈现出一些新的发展趋势，表现为研究基础的扩展、问题领域的扩大、研究范式的转换、研究内容的进一步分化与综合、教育学与教育改革的关系日益密切、教育学的学术交流与合作日益加强。

一、教育学研究基础的扩展

一门学科的研究基础是这门学科理论体系的基石，是学科赖以建立的前提条件，在学科理论体系中处于奠基性地位。没有研究基础的支撑，就无法构筑学科理论体系的大厦。

确立一门学科研究基础的依据是什么？这是一个根本性的问题。一般认为是学科的研究对象。也就是说，任何一门学科都有自己独特的研究对象，而特殊的研究对象或研究对象的特殊性，就是学科存在的内在根据，是各门学科之间最根本的区别，"科学研究的区分，就是根据科学对象所具有的特殊的矛盾性。因此，对于某一现象的领域所特有的某一种矛盾的研究，就构成某一门科学的对象"。① 因此，学科的研究对象是确立学科理论基础的唯一依据。

传统教育学的研究基础是以教育现象为研究对象，以哲学和心理学为学科基础。这可以说是教育学作为学科体系"传统阶段"的典型特征。关于教育学的学科基础，赫尔巴特明确指出："教育（学）作为一种科学，是以实践哲学与心理学为基础的。前者指明目的，后者指明途径、手段，以及反对教育成就的阻碍。"②赫尔巴特的教育学体系是教育学史上的里程碑，开启了教

---

① 《毛泽东著作选读》上册，人民出版社1986年版，第148页。
② ［德］赫尔巴特：《教育学讲授纲要》，参见张焕庭主编：《西方资产阶级教育论著选》，人民教育出版社1979年版，第298页。

育学发展的新阶段。后来的诸多教育学体系大多以实践哲学与心理学为研究基础，不断推动了教育学的发展。

随着理论的不断发展，教育学开始由"单数的教育学"发展成为"复数的教育学"，即"大教育学"。起初是心理学、生理学、伦理学，然后是社会学、统计学、经济学、政治学、文化学、人类学、美学等学科的研究成果开始引入教育学，使得教育学的边缘学科、交叉学科开始出现，教育学的体系也不断扩展。这样，教育学的研究基础就不再仅仅局限在哲学、心理学的原始经典阶段了，而是扩展至生理学、伦理学、社会学、统计学、经济学、政治学、文化学、人类学、美学等一系列学科基础。教育学学科基础的扩展是教育学未来发展的必然趋势，教育学也必然越来越多地吸取其他学科的营养，以丰富教育学自身的理论。

二、教育学问题领域的扩大

一般说来，一门学科都有自己特定的问题域。随着时代的发展，新问题可以不断地被发现、被提出，从而不断地扩展自己学科研究的问题域。

众所周知，教育学自产生之日起，就是作为研究教育的宏观原理出现的。1806年赫尔巴特出版的《普通教育学》一书奠定了教育学的科学地位。这本教育学在伦理学基础上说明教育目的，也就是阐明了教育应研究的问题；在心理学基础上构建教育方法论，说明教育工作者应该如何传授知识，提出了教学的几个步骤。当时，教育学主要是把以哲学和心理学等为基础的宏观原理作为自己的研究域。

但是，随着科学技术的进步和教育知识的积累，以及社会学、法学、伦理学、经济学、政治学等学科的兴起，教育学科由一门"教育学"发展到多门教育学，教育学发展到了教育科学（群）的高度。随着教育研究的问题领域的扩大，逐步演变为三个层次的问题：一是从宏观观念上整体地把握教育学原理问题，从而建立新的教育观；二是一般的教育理论；三是教育的交叉应用领域的问题，如教育经济学、教育法学、教育技术学、教育方法学以及师德建设、班主任工作等操作层面的问题。

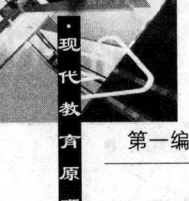

三、教育学研究范式的转换

范式是由美国科学家库恩提出的,是一门学科成熟的标志。其基本含义是学科被科学群体所认同,从学科的内容到研究要素、过程、方法等形成的基本规范和结构式的框架。教育研究的范式也经历了历史的发展,呈现出新的发展趋向。

纵观教育研究范式发展的历史进程,教育学研究范式经历了"经验—描述"阶段、"哲学—思辨"阶段、"科学—实证"阶段、"规范—综合"阶段。① 从中可以看出,20世纪以前,在特定的时期总有一种特定的研究范式在教育研究中占据主导地位,即一元的教育研究范式。自夸美纽斯到18世纪,为"经验—描述"阶段;自康德、赫尔巴特到19世纪中叶以前,为"哲学—思辨"阶段;从19世纪下半叶开始到20世纪初,为"科学—实证"阶段。教育是人类社会中最为复杂的社会现象,对它的全方位理解和把握也就不是一种研究范式可以做得到的,必须倡导一种多元教育研究范式的相互补充和融合。从20世纪中期以后,多种价值取向开始互补、渗透、融合,这就是教育研究的"规范—综合"阶段。

21世纪是一个倡导多元、尊重个性的时代,这为多种教育研究范式的共存提供了大的社会背景,同时也必然要求教育研究范式向多元化发展。历史上存在的各种研究范式之间的关系并非矛盾对立、水火不容,它们之间是可以互为补充、互相支持的,任何一种范式都可以运用不同的研究方法从不同的侧面对其进行研究。唯有如此,才有可能实现对教育完整世界的真实理解与把握,达到对教育本然的事实世界与价值世界的真实"还原"。因此,实现由一元向多元的研究范式的转换,实现多种研究范式的融合,是21世纪教育研究的必然趋势。

四、教育学研究内容的进一步分化与综合

随着科学高度分化与综合的趋势越来越明显,科学发展的趋势是多学科

---

① 王坤庆:《教育学史论纲》,湖北教育出版社2000年版,第317页。

的相互渗透。现代自然科学与社会科学的相互渗透,自然科学内部之间、社会科学内部之间的相互渗透,其结果是大量的交叉性、边缘性学科的出现。教育学亦是如此。科学的突飞猛进,知识的不断更新,信息的多渠道传递,也引起了教育学的巨大变化。其他学科向教育学的渗透,引起教育学的不断分化和综合。

教育学科的分化现象日益明显。教育学的各分支学科日益发展,如教育哲学、教育伦理学、教育技术学、教育社会学、教育经济学、教育信息论、教育控制论、教育系统论等,都是各学科相互渗透的结果。同时,教育学内部各子学科也相继出现,诸如教学论、德育论、学科教学论、教育管理学、课堂教学技能、班主任工作技能、教育实习等,这些都是教育学深入研究的结果。

教育学发展的另一个趋势是在大量的教育学分支学科不断产生的同时,教育学各学科研究成果向教育学不断渗透,教育学开始思考如何在概念、范畴、体系等各个方面对各种理论成果实现更高层次上的综合。未来教育学的发展,"是一种能使古今中外最精华的教育理论融为一体的高度综合的教育学。既注意借鉴相邻学科的最新研究成果,又能使各种研究成果成为教育学理论中的有机组成部分;既能对各分支学科的新成果兼收并蓄,又不失对各分支学科提供理论基础和理论指导的作用;既能为理论发展提供明确的方向,又能为实际运用留下广阔的空间。总之,将各种先进理论综合为一体,将理论指导和实践运用综合为一体,是当今教育学发展的重要趋势"。①

五、教育学与教育改革的关系日益密切

任何教育的变革,既是特定社会政治、经济状况的反映,也是教育理论与教育思想发展的结果,而且二者之间的关系呈现出越来越紧密的状态。

纵观世界教育近百年的发展历史,每一次教育理论的重大发展,都极大

---

① 孙俊三:《教育学研究在当代的发展与教育学逻辑体系的建构》,《高等师范教育研究》2000年第4期。

地推动了教育的改革和调整。同时，教育实践发展的需要，又催生了新的教育理论。赫尔巴特教育学的产生，是教育实践经验的不断积累要求产生系统化教育理论的产物。接着，现代工业革命导致了社会结构、生活方式的变革，也要求教育实现从传统教育向现代教育的转变，要求传统教育的教育内容、教育方式、教育管理形式、师生关系及其培养目标都作出相应的改革。此时，实用主义教育思想的代表人物杜威的教育理论迎合了时代的要求，并成为在这一历史时期占主流地位的教育思想，对后来世界教育的发展和改革产生了深远的影响。之后，各种教育思潮开始不断地推动着教育改革，如布鲁纳的发现学习理论、赞科夫的发展性教学理论等等，尤其是近年来的科学人文主义教育、教育法制化、教育民主化、终身教育、全民教育等思潮不断地涌现，许多国家纷纷对本国的教育制度进行了大刀阔斧的改革，全面调整教育的布局。

教育学的理论发展与教育改革之间关系的日益密切，使得世界各国从未像今天这样更加重视教育、重视教育研究，这是教育研究的大好契机，也是教育学发展责无旁贷的历史重任。

六、教育学的学术交流与合作日益加强

21世纪教育发展的一个基本态势是教育的全球化，教育学研究也呈现出交流与合作日益加强的趋势。

由于现代科技媒体的发展以及多元文化的需求，教育学研究的学术交流与合作日益加强的趋势主要表现在以下几个方面。一是交流的主体多样，有国家政府之间的交流，有学术组织之间的交流，也有个人之间的交流。二是交流的形式多样，有国际教育合作项目、中国学校或科研机构与外国教育基金会的合作项目、中外学校或科研机构之间的合作项目。中国与美国之间这类合作的基金会主要有卡特基金会、卡耐基教学促进基金会、福特基金会、亨利·鲁斯基金会等。再如，参加和举办国际学术会议，也是教育学国际交流的重要形式，有利于各国互相介绍教育研究成果，了解国际教育研究动向，推动教育研究的发展。

第四节 教育学的价值和限度

一、教育学的价值

(一) 对教师的价值

教师是学校教育教学工作的承担者。教育教学理论是教师的必备素质,教育学应该发挥指导教师教育教学工作的功能。

教育理论能够提高教师的理论素质。主要表现在以下几个方面:一是教育理论能够转变教师的教育观念,有助于教师冲破那种封闭式的旧教育思想的束缚,建立起全新的现代教育观念。二是教育理论能够帮助教师掌握教育教学规律,根据学生的认知特点和身心发展规律,确定教学进度和教学重点;根据人的成长规律,从道德认识、能力等方面确定教育的方式方法。三是教育理论能够帮助教师选择优化的教学过程与教育方法。良好的教育,必须优化教学过程,优化学科教学,减轻学生负担。这就要求教师在课前要精心备课,认真设计并优化教学方案,选择优化的教学方法和手段,构建优化的教学结构,从而使学生在教师的指导和帮助下,独立地获取知识,得到良好的发展。同样,也要求教师在选择教学方法时,通过创设解决教学问题的情境,设计出符合学生认知规律的教学过程,安排必要的实践活动,从而在指导学生独立进行探索的过程中,使学生做到既"学会",又"会学"、"善学"。这些都必须以教育理论的学习和掌握为基础才能够做到。

总之,教育理论的学习是教师专业发展的基点,对于教师专业素质的提高具有重要意义。

(二) 对教育决策的价值

教育理论在很大程度上决定着教育决策的正确与否。现实的教育决策大致包括两个层次:一是教育决策所依据的教育理念;二是具体的决策模式。在这两个层次中,前者是灵魂,它规定着教育决策的性质和各个环节的确定。后者则是力图使教育决策走上科学化、程序化和规范化,是操作性的范畴。

这两个层次都离不开教育理论的指导。

在教育决策领域，教育理论可以增强国家行政部门的理性，使之遵循教育发展的客观规律去作出各种正确的决策，按照教育规律办事，而不是按照主观愿望、长官意志办事，从而避免决策失误，提高决策的科学性。对于各级教育主管部门来说，也应该从理性上知道教育是什么，在实践中能够更好地领会上一级教育主管部门的教育决策，并能够很好的在实践中传达决策，实施决策，保持各地的教育特色。对于学校的管理来说，教育理论可以提高管理者的教育理论水平和管理能力，指导校长和学校管理者善于调动学校各方面的力量，以人为本，制定制度，加强监督，提高管理的科学化水平。

(三) 对教育改革发展的价值

教育改革是人们有计划、有目的地变革现存教育的活动，它是一种特殊的教育实践。教育改革是教育领域里的创新，进行教育改革必须要有相应的教育理论作为理性的指导。没有教育理论指导的教育实践是盲目的，而盲目的教育实践必定是要失败的。教育理论作为教育实践的研究结果，既来自于实践，又高于实践，是若干教育实践和教育经验经过抽象概括而总结出来的带有普遍意义的理性精华，因此，它可以对教育改革起到指导作用，帮助人们提出教育改革的理论框架，并对教育改革的背景、动因、目的、条件、过程、模式、策略、方法等进行系统化的说明，从而使得教育改革能够在理性的指导下进行，避免摸石头过河、跟着感觉走带来的种种失误和弯路。

教育理论对于教育改革的推动作用，主要体现在以下三个方面：第一，用理性尺度评价现实、分析现实教育中存在的种种弊端，使人们认清现实教育中的种种不合理因素；第二，对未来教育进行预测、设计和规划，从对现存教育的评价中和对未来社会发展的洞察中提出未来教育的目标、任务、内容、方法、制度、形式等，指明教育改革的方向；第三，通过理论创造的社会舆论力量来呼唤社会，推动教育工作者参与教育改革，并提高其自觉性、积极性和必胜的信心。

(四) 对家长的价值

随着教育现代化水平的不断提高，教育日益成为学校、家长、社会的共同事业，教育理论对于家长的价值和重要性也日益凸显出来。

一是可以帮助家长树立现代教育观念，作出正确的教育选择。学生受什么样的教育，家长发挥着重要的作用。基础教育要适应21世纪的挑战，必须从观念和方法上进行变革，开展理论研究与应用探索，帮助家长克服期望值过高或过低的偏向，防止长期存在的由于家长期望过高而给青少年身心发展带来的负面影响。这就需要家长不断提高自身的教育理论水平。

二是可以帮助家长参与到学校管理中来，共同促进教育的发展。现代教育作为学校、家长、社会的共同事业，要求家长参与的呼声越来越高。但是，由于家长自身教育素养不同，导致他们的参与程度也不同，教育水平高的家长一般参与的程度强，水平高。因此，要通过提高家长的教育理论水平，逐步提高家长参与的广度和深度，形成家校合作，凝聚家庭和学校两股重要的办学力量，最后形成全社会参与学校教育教学和管理的局面。

三是可以给予学生良好的家庭教育环境。众所周知，家庭文化与孩子的学习好坏有着直接的联系，良好的家庭环境和家庭文化能够促进孩子的学习；反之，不良的家庭环境和形同虚设的家庭文化则影响着孩子的教育和成长。因此，家长要努力提高自身的教育理论水平，不断学习，终身学习，为孩子提供一个良好的教育环境。

二、教育学的限度

（一）教育学自身的研究程度

教育学研究受到教育研究主体、研究过程和表达方式等多个方面的限制，使得教育理论的研究水平具有其自身的限度。

首先，从研究主体来看，教育理论是教育主体获得的关于教育实践的理性认识。从主观上讲，人的理性认识能力是有限的，不可能一次性将事物完全认识清楚，人的认识是一个不断发展并逼近真理和规律的过程；从客观上讲，人的认识能力又受到客观实践活动的目的、对象、条件、方法、手段等制约，也不是一蹴而就的，需要一个认识的长期的发展过程。

其次，从研究的过程和环节来看，现代教育研究已经不再是一个人能够完成的，它需要"科学共同体"的集体智慧。这样，经过多个研究环节的综合，会使教育研究的结果失真，在一定程度上不可避免地降低了研究水平。

再次，教育理论的成果最终都要通过语言表达出来，而解释学的研究表明，语言的表达是有限度的，人们理解的东西，并不能够通过语言完全表达出来，"无法言说"的东西总是存在的。

（二）教育学理论应用者的素质

教育学理论指导教育实践、向教育实践的转化需要一系列必需的主客观条件，而应用效果如何，直接取决于教育学理论应用者的素质。

教育学理论应用者的教育观念的限度。教育实践主体对教育观念的认识，是教育学理论与教育实践的桥梁或中介环节，一头为理论，另一头为实践。它的形成，是以对理论的认识为前提，没有理论认识也就无所谓"现实地利用科学知识"。

应用者主体素质的局限。教育活动要受到客观环境和条件的影响，在教育学理论运用于教育实践的过程中，实践者直接面对的总是具体的教育环境条件，实践者对教育环境条件的体认而形成的感性经验（包括直觉判断）成为他们总体经验的一部分。当他们以教育学理论作为教育实践的向导时，教育学理论或理性认识总是与感性经验一道共同参与教育实践，他们不可能完全排除具体教育环境条件下获得的感性经验而纯粹以所掌握的教育学理论去规范自己的实践行为，由此，也构成了教育学的限度。

（三）教育学理论应用对象的复杂性

教育研究要全面地研究人，教育学理论的应用对象也是处于教育过程中的人。乌申斯基说过："如果教育学希望全面地去教育人，那么它就必须首先全面地去了解人。"[①]人的复杂性决定了了解人的难度，教育对象身心特点的复杂性更决定了教育活动的复杂性。

教育的对象是人，人是复杂的。人是自然性和社会性的统一，是能动性

---

① ［俄］乌申斯基著，李子卓等译：《人是教育的对象》第1卷，科学出版社1959年版，第11页。

和受动性的统一，是共性和个性的统一。因此，人本身是复杂的。教育过程中的人，是处于发展期的人，更具有其复杂性，主要表现在，学生是身心等各个方面都不成熟的个体，是处于发展中的个体。每个人的身心特点是有差异的，这些差异决定了同一教育学理论在面对不同的教育对象和教育情境时，也会有不同的结果。

总之，教育学的价值和功能是值得肯定的，同时教育学的理论功能也是有限度的。在教育学的发展过程中，无论社会还是教育自身都要对教育学的功能正确定位，即"有所为，有所不为"、"为所能为，不为其所不能"。

思考题

1. 简要概括各国对"教育学"概念的界定。
2. 以《学记》为代表，说明教育学是如何萌芽的。
3. 简要列举教育学建立时期的代表性人物和著作。
4. 结合事实阐述教育学在中国的成长。
5. 教育学的发展趋势是什么？谈谈你的看法。
6. 简要论述教育学的价值和限度。

第二章　教育实践的历史发展

教育自产生之日起，首先是作为一种实践活动而存在。从某种意义上讲，教育史首先是一部教育实践的发展史。列宁认为："对于用科学眼光分析这个问题来说是最重要的，那就是不要忘记基本的历史联系，考察每个问题都要看某种现象在历史上怎样产生、在发展中经过了哪些主要阶段，并根据它的这种发展去考察这一事物现在是怎样的。"① 因此，要科学、透彻地阐明有关教育的一系列问题，就有必要对教育的产生和发展情况进行历史的考察，从而对教育产生的源流脉络有一个清晰的了解和把握。

第一节　教育的产生

关于教育起源的探讨是教育学和教育史的重要课题之一。科学地解释教育的起源，对于判定教育的本质，厘清教育与其他社会现象的区别以及在人类社会发展中的作用具有重要意义。历史上，关于教育起源历来存在不同的看法，比较有代表性的观点主要有以下几种。

一、生物起源论

生物起源论认为，人类教育起源于动物界中各类动物的生存本能活动。生物起源论的代表人物有法国的勒图尔诺、美国的桑代克、英国的沛西·能等，他们都认为教育是一种生物现象，把教育活动归结为按生物学规律进行

---

① 《列宁选集》第4卷，人民出版社1995年版，第26页。

的本能的传授活动。

法国社会学家勒图尔诺在《动物界的教育》一书中认为，教育是一种生物现象，教育起源于一般的生物活动。他认为："动物尤其是略为高等的动物，完全同人一样，生来就有一种由遗传而得到的潜在的教育，其效果见诸于个体的发展过程。"① 他根据对各种动物生活的观察，认为在动物世界里存在着诸如母隼教幼隼、母鸭带雏鸭等各种禽类的示范与学习，兽类中的母熊教幼熊、雌象教幼象以及老兔教小兔等现象。他甚至认为：在脊椎动物中，人们已经可以确认存在着有意识的教育。② 勒图尔诺通过这些观察坚定地得出结论："从观察得到的、互相有联系的许多事实已无可争辩地向我证实：兽类教育和人类教育在根本上有同样的基础；由人强加的人为的教育，可以动摇甚至改变动物的被称为本能的倾向，并反复教它们具有一些新的倾向；为取得这一结果，通常只要让年幼动物反复地练习并恰当地利用奖励也就够了。由此不难看出，人类教育的进行与动物的差别不大，在低等人种中进行的教育，与许多动物对其孩子进行的教育甚至相差无几。"③

勒图尔诺从生物学的观点出发，把动物界生存竞争和天性本能看成是教育的基础。按照他的看法，动物是基于生存与繁衍的天性本能而产生了把"经验"、"技巧"等传给小动物的行为，这种行为便是教育的最初形式与发端。

1923年，英国教育家沛西·能在不列颠协会教育科学组大会上的主席演说词《人民的教育中》指出，教育从它的起源来说是一个生物学的过程，不仅一切人类社会有教育，不管这个社会如何原始，甚至在高等动物中也有低级形式的教育。之所以把教育称为生物学的过程，意思就是说，教育是与种族需要、种族生活相应的，它是天生的，而不是获得的表现形式；教育既无须周密的考虑使它产生，也无须科学予以指导，它是扎根于本能的不可避免的行为。

---

①②③　瞿葆奎主编，瞿葆奎、沈剑平选编：《教育学文集·教育与教育学》，人民教育出版社1993年版，第159、162、177页。

教育的生物起源论者把教育的起源归之于动物的本能行为，归之于天生的像动物本能那样原本具有的生物行为，认为教育过程是按生物学规律进行的本能过程，这就完全否认了人与动物的区别，否认了教育的社会性。

二、心理起源论

心理起源论认为，教育起源于儿童对成人无意识的模仿。心理起源论的主要代表人物是美国教育家孟禄。孟禄在《教育史教科书》一书中，从心理学的观点出发，根据原始社会没有学校、没有教师、没有教材的原始史实，判定教育起源于儿童对成人无意识的模仿。他在《教育史教科书》中写道："原始社会的教育使用的方法从头至尾都是简单的无意识的模仿。"①

心理起源论提出了模仿是教育起源的新说，有其合理的一面。模仿作为一种心理现象，作为一种学习方式，可视为教育的诸种途径之一。但是，孟禄的错误在于他把全部教育都归之于无意识状态下产生的模仿行为，不懂得人是有意识的存在物这一本质规定，不懂得人的一切活动都是在意识支配下产生的目的性行为，因而，他的这种观点仍然是错误的。

教育的生物起源论和心理起源论从不同角度揭示了教育的起源，但它们的共同缺陷是都否认了教育的社会属性，否认了教育是一种自觉的、有意识的活动，把动物本能和儿童无意识的模仿与有意识的教育混为一谈，因而都是不正确的。

三、劳动起源论

马克思主义教育学在关于教育起源问题上，不是武断地判定上述两种观点的错误，而是在肯定它们的历史贡献的基础上，通过科学分析人类祖先的产生以及开始制造工具前后的历史，认为教育起源于劳动，起源于劳动过程中人的生产需要和发展需要的辩证统一。

---

① 瞿葆奎主编，瞿葆奎、沈剑平选编：《教育学文集·教育与教育学》，人民教育出版社1993年版，第179页。

恩格斯认为："劳动是从制造工具开始的。"①在开始制造工具以前，人类的祖先是类人猿（古猿），属于动物的范畴。开始制造工具以后，人类的祖先是猿人，属于人类的范畴。猿人是人类刚刚从动物界脱离出来的最初的始祖。在原始社会里，社会需要主要是指物质资料生产的需要。马克思认为："任何一个民族，如果停止劳动，不用说一年，就是几个星期，也要灭亡，这是每一个小孩都知道的。"②这句话说明了物质资料的生产活动是人类社会最基本的活动，是人类社会赖以存在和发展的基础这个历史唯物主义的基本原理。对于在人类社会初始阶段刚刚完成由古猿到人的转变的人类来说，尤其如此。这是因为，在人类社会的最初阶段，社会生产力发展水平极为低下，生产没有剩余。在这种情况下，维持自身生存的首要问题就是解决能够使生命得以延续的物质生活资料问题。然而，人之所以为人，最关键的是人对物质生活资料的获取依靠的不是动物式的本能，而是人所独有的全新形式——劳动。人类的劳动与动物的本能完全不同：人类劳动的根本标志是制造工具；人类劳动是一种有目的、有计划的自觉行为；人类劳动从一开始就是在一定的社会关系中进行的，是一种社会性的活动；人类劳动不是对自然界的消极被动的适应，而是对自然界的积极改造。劳动把人从动物界中提升出来，促使人猿揖别的最终完成。为此，恩格斯在《劳动在从猿到人转变过程中的作用》一文中指出：劳动"是整个人类生活的第一个基本条件，而且达到这样的程度，以致我们在某种意义上不得不说：劳动创造了人本身"。③这说明，人类和人类社会是同时起源的。马克思主义关于人类和人类社会起源的原理不仅适用而且也有助于我们说明教育的起源问题。

首先，人类的教育是伴随人类社会的产生而产生的，推动人类教育起源的直接动因是劳动过程中人们传递生产经验和生活经验的实际社会需要。传递社会生产与生活经验的教育对当时的人类之所以必要，主要是因为：（1）人类祖先已经开始制造劳动工具，尽管工具极为简单粗糙，经验也极为有限，但

---

①②③《马克思恩格斯选集》第4卷，人民出版社1995年版，第379、580、373～374页。

要把这些点滴经验和制造方法传递给集体成员和后代,也要由年长者对年轻一代进行指点和传授。否则,制造和使用工具的经验和方法不久就会消失,人类又会回到不会制造工具的动物状态中去;(2)劳动从一开始就是一个复杂的过程,干什么、怎么干、用什么工具、在什么时间、在什么场所等,都要求参与劳动的成员知晓才能进行。为此,掌握必要的有关知识是进行劳动的前提;(3)劳动从一开始就不是人与人之间互不相干的活动,而是一种社会性的活动,需要互相帮助、共同协作,符合集体的利益和要求。这些合作和尊重集体利益的社会性要求不是天赋的,而是通过教育培养出来的。所以,有了劳动,有了人类社会及其社会生活中的各种规则和要求,就需要有教育;(4)劳动从一开始就是一种有意识、有计划、有创造的活动,是对环境的一种改造,而不是盲目的发现和适应。这一点正是人与动物的根本区别。人由古猿的无意识状态发展到猿人的有意识状态,提供了进行教育的基本物质前提。

与此同时,伴随着劳动而产生的语言,可以使经验积累和传递借助于第二信号系统去完成。语言的产生使得进行教育的另一个基本条件也已具备,因此进行教育就成为可能了。根据人类学的有关研究,在原始社会,儿童自幼就生活在父辈经验的陶冶中。成年人在制造器具时,在设陷阱捕兽时,在养护动物时,在播种收割时,儿童通过观察和充当帮手,积累了制造工具、狩猎捕鱼、种植采集、畜养、筑房等知识和经验,慢慢变成了独立的劳动者。不仅如此,从孩提时候起人们就对他们进行社会方面的训练,以使他们能够适应社会生活,例如互助互援、服从禁忌、遵守部落的风俗习惯、懂得个人的责任和义务等。通过上述这些方面的训练,以使他们能够适应所处的社会和自然环境。

其次,教育也起源于人的自身发展的需要。恩格斯认为:"根据唯物主义观点,历史中的决定性因素,归根结底是直接生活的生产和再生产。但是,生产本身又有两种。一方面是生活资料即食物、衣服、住房以及为此所必需的工具的生产;另一方面是人类自身的生产,即种的繁衍。"① 人类自身的生

---

① 《马克思恩格斯选集》第 4 卷,人民出版社 1995 年版,第 2 页。

产,需要以物质资料的生产为基础才能使人类自身得以生活和繁衍,因此,生产经验的传授与学习是第一位的。但是,一个不容忽视的客观事实是:儿童出生来到人类世界,他们最早接触的是社会环境,而后接触的才是生产活动。年轻一代如果不经历人类社会有意识、有目的的教育过程,如果没有长者向他们传授知识和经验,他们就不可能具有社会性这一人的本质规定,他们就难以适应人类社会特有的正常生活,人类世代积累起来的经验、知识、技能、生活规范等精神文明就会因此而终止。

人的成长是一个过程,儿童从出生到成为一个具有劳动能力的社会成员,至少要经历十几年的时间。在此期间,儿童从成人那里得到的知识、经验、技能、社会规范等,虽然从最终目标看是为了将来能够从事社会的物质生产劳动,在客观上促进了社会生活的延续和发展,适应了社会的需要,但从直接结果看则是发展了儿童的身心,实现了精神成长,促使人类远离动物界,趋于社会化与文明化。因此,我们认为,教育的起源不仅有与其他社会现象的共同之处——随人类社会的出现而出现,是人类适应社会生活的需要,而且有其自身的特质——教育也起源于个体发展的需要,是人的社会需要与人的自身发展需要的辩证统一。

在儿童成为具有劳动能力的社会成员之前,其主要任务是学习社会的礼仪规范,掌握各种生活生产知识和经验,发展他们运用这些知识和经验的能力和本领。儿童跟随着家庭、部落中的长者和有经验的人,在他们的示范和口授之下学习打猎、捕鱼、准备食物、建筑房屋、宗教信仰、语言、艺术及习俗等适应社会、适应自然、维护群体关系所必需的内容。儿童在这一过程中学会了祖先创造的文化,掌握了各种生产经验。他们学习使用自己周围的物质,运用通过学习而获得的各种生产方法,一步步走向社会。这样,在他们的经验中,社会需要逐渐占据主导地位;在他们的思想中,社会规范逐渐成为主导观念;在他们的道德中,社会道德逐渐成为主导内容。他们学会了语言,学会了生产,学会了处理人与人之间的关系。直到这时,他们才完成了个体身心的发展而转向服务于社会需要的劳动现场。此后,满足社会生活的需要与实现个体身心发展的需要密切地交织在一起,并同步进行着。所以

第一编 教育总论

说，教育是起源于人的社会需要与人的自身发展需要的辩证统一。

第二节 教育的发展

教育的历史发展是教育史学科的基本内容。教育原理之所以要简述教育的历史沿革过程，其目的主要是从教育与社会的联系中，洞察社会发展对教育发展的影响和制约，洞察教育发展的时代特点和变化，为阐明教育的基本规律奠定基础。

美国人类学家摩尔根在《古代社会》一书中把人类历史的发展分为蒙昧、野蛮、文明三个时代。文明时代包括奴隶社会、封建社会和资本主义社会三个历史发展阶段。空想社会主义者傅立叶把整个人类社会划分为蒙昧、宗法、野蛮、文明四个发展时期，其中，文明时期的三、四阶段相当于资本主义社会。历史证明，各个不同历史阶段，由于各自的社会生产方式不同，其社会面貌，当然也包括教育都各有特点。

一、原始社会的教育

原始社会是人类社会的最初形态，也是一个漫长的历史阶段，它大约经历了百万年之久。恩格斯在《家庭、私有制和国家的起源》中认为摩尔根"给原始社会建立的系统，在基本的要点上，今天仍然有效"。① 根据摩尔根的划分，原始社会包括蒙昧和野蛮两个时代。恩格斯把蒙昧时代概括为"以获取现成的天然产物为主的时期；人工产品主要是用作获取天然产物的辅助工具"。② 人类社会初期的教育活动就是从原始人群的生产和生活开始的。蒙昧时代的人类从打造第一个石器开始，到火的使用、制造弓箭、编织物品、采集野果等各种劳动，在这一过程中对自己的后代进行着劳动技能的传递，这是最初教育的开始。原始社会中劳动经验和劳动技能的传递过程，不仅是

---

①② 《马克思恩格斯选集》第4卷，人民出版社1995年版，第17、24页。

促使生产技术进步的过程，也是人类思维的产生与发展过程，是人类语言的产生和运用过程。

到原始社会晚期，即考古学上所说的新石器时代，人类进入野蛮时代。恩格斯把这一时期概括为"学会畜牧和农耕的时期，是学会靠人的活动来增加天然产物生产的方法的时期"。①

随着社会生产力的提高和社会经济的发展，人们的劳动技能和劳动经验越来越丰富，人们的社会生活领域也越来越广阔，这就更加需要年长一代把积累起来的生产劳动和社会生活经验自觉地传授给广大青年一代。我国古籍中有关神农氏"教民农耕"的各种传说，充分说明了这一点。

马克思主义认为，一定社会的教育是由一定社会的物质生活条件决定的；同时，它又对一定社会的物质生活条件产生重要的影响。我国原始社会的教育是由原始社会的物质生活条件决定的，并对原始社会的物质生活条件产生了重要影响。从这一基本观点出发，我们可以清楚地看到，原始社会的教育有以下几个鲜明的特点。

第一，原始社会的教育没有阶级性。原始社会是一个没有阶级压迫与阶级剥削的社会，这就决定了原始社会的教育是没有阶级性的。所谓没有阶级性，主要表现在两个方面：一是不管什么人都有享受教育的权利，即每个社会成员都可以受到平等的教育；二是用平等的精神教育广大青少年一代，即教育的对象充分体现了平等和团结友爱的精神。

第二，原始社会的教育主要是为生产劳动服务的。原始社会的生产力发展水平很低，人们为了满足最低限度的物质生活，不得不把全部精力用在生产劳动上。这就决定了原始社会的教育活动只能围绕社会生产劳动进行，把传授制造和使用生产工具的技能以及从事渔猎、采集和原始手工业劳动的经验作为基本的教育内容。

第三，原始社会的教育是在整个社会生产和生活中进行的。原始社会的教育不仅没有从生产劳动中分化出来，而且同其他上层建筑如政事、宗教、

---

① 《马克思恩格斯选集》第 4 卷，人民出版社 1995 年版，第 24 页。

艺术等活动也是紧密结合在一起的。因此，年长一代对广大青少年的教育主要是在生产劳动以及政事、宗教和艺术等活动中进行的。

第四，原始社会的教育手段是极端原始的。在原始社会里，由于社会生产力发展水平低下、文化科学落后，教育还处在萌芽状态之中。这一时期的教育，既没有专门的教育机构，也没有专门的教师和教材，主要是靠年长一代的言传身教。

随着社会生产和思想文化的发展，原始社会晚期的教育活动进入了一种新的状态。首先，教育的目的更加明确了。教育的主要任务是把青少年一代培养成为合格的社会成员。基本要求是：能够根据社会分工在某一生产部门内从事一定的劳动；能严格遵守氏族内部的道德规范和风俗习惯；能积极参加氏族内举行的各种活动和对外的军事行动。其次，教育内容更加丰富了。由于社会生产领域的扩大和生产技术的进步，烧制陶器、纺织和编织等方面的工艺都达到了一定水平。因此，对生产技术的学习必然成为当时的重要教育内容之一。由于社会生活的进一步复杂化，宗教、道德和艺术等活动更加丰富多彩。因此，广大青少年一代除了向成年人学习生产劳动技能之外，还必须熟悉氏族内部的信仰和风俗习惯，并积极参加这些方面的活动。另外，由于部落联盟之间经常发生战争，军事训练也成为当时教育的重要内容。再次，教育形式更加多样化。年长一代对广大青少年的教育，除了在各种社会活动实践中进行外，随着语言、思维的发展，口头传授的方式越来越广泛，例如通过各种谚语、歌谣、故事、神话等向广大青少年传授生产劳动知识、宗教知识以及道德知识。

二、古代社会的教育

古代社会包括奴隶社会和封建社会，这两个社会历史阶段的生产力发展水平和政治经济状况虽然各不相同，但相同的剥削阶级社会形态、类似的落后生产工具、手工操作的劳动方式、自给自足的自然经济形态，使得这两个社会的教育存在着一些共同的特征。

奴隶社会的生产方式是以奴隶主占有生产资料并占有生产者——奴隶为基础的社会物质资料的生产方式。奴隶社会是人类历史上第一个人剥削人的社会。

在中国，历史发展到公元前221年，秦统一了六国，建立了历史上第一个君主专制、高度中央集权的封建国家。中国的封建文明是东方封建社会的代表，它的基本特征是：封建地主阶级分散的小农经济占主导地位，土地归地主所有；实行的是专制主义君主集权制，皇权至高无上，并实现了多民族的大一统；严格的宗法家长制度与皇权紧密结合，使封建的家庭、宗族观念极强；重伦理、重等级的文化，与欧洲追求个性发展，追求人的价值，提倡科学、民主、自由、平等、博爱的资产阶级启蒙思想具有明显差异。

在西方，从5世纪末到14世纪上半叶是封建社会形成和发展的时期，史称中世纪。14世纪下半叶以后，资本主义开始萌芽，资本主义生产关系在封建社会内部逐步孕育形成，封建社会趋于解体，这是从封建社会向资本主义社会过渡的时期，历史上称为"文艺复兴"时期。

封建社会的基础是封建的土地所有制，封建主和农奴是两大基本社会阶级。封建统治阶级占有主要生产资料和不完全占有农奴。在封建主阶级内部，以分封土地为基础有着严格而分明的主从关系，从而形成鲜明的等级。教会不仅是社会政治、经济的主要统治力量，宗教神学思想在上层建筑和思想领域也居于主导地位。

中国和西方古代社会在政治、经济、文化上的特征为我们研究古代教育提供了总体背景。总的来看，古代社会的教育具有以下一些基本特点。

(一) 专门的教育机构和执教人员

奴隶社会取代原始社会是社会生产力发展的必然结果，是社会历史的进步。伴随着社会生产力的发展和社会分工，社会上出现了专门从事知识传授活动的知识分子和专门对儿童进行教育的场所——学校，标志着人类教育进入了一个新的阶段。学校是奴隶社会政治经济交互作用、脑体分离、文化知识发展的共同产物。学校是专门的教育场所，需要有固定的场地，专职的教育人员，特定的教育对象，有计划、有组织的教育活动，比较丰富和系统的教育内容，从而促使教育从一般的社会生产生活过程中分化出来而成为一种独立的社会活动形式。

学校教育的产生是人类社会发展到一定历史阶段的产物，也是人类教育发展过程中的重大飞跃。一般认为，在原始社会末期就有了学校的萌芽，但是，作为独立存在的社会实践活动的学校教育，则是在奴隶社会才出现的。学校教育的产生需要具备以下几个条件。

第一，社会生产力水平的提高，为学校的产生提供了必要的物质基础。由于生产力的发展，能够为社会提供相当数量的剩余产品，才能使社会上的一部分人脱离生产劳动而专门从事教与学的活动。

第二，脑力劳动与体力劳动的分离，为学校的产生提供了专门从事教育活动的知识分子。脑力劳动与体力劳动的分离在相当长的历史时期内，具有推动文化教育发展与进步的作用，并且是学校产生的必要条件。

第三，文字的产生和知识的记载与整理达到了一定程度，使人类的间接经验传递成为可能。文字是记载人类总结出来的文化知识经验的重要工具，所以，只有文字产生以后，才有可能建立起专门进行教育活动的主要场所——学校。中国是世界上最早产生文字的国家之一。在国外，巴比伦约在公元前三千年左右产生了象形文字（楔形文字的前身），印度在公元前两千年左右产生了一种图画文字，埃及也在公元前两千年左右产生了文字（最初也是象形文字）。学校正是在这些最古老的文字产生的地方相继出现。同时，知识积累到一定程度，也会强化设置专门机构传授文化知识的社会需求。

第四，国家机器的产生，需要专门的教育机构来培养官吏和知识分子。国家的建立，意味着阶级对立更为激烈，统治者迫切需要培养自己的继承人，强化对被统治者的思想统治。也就是说，不论是"建国军民"，还是"化民成俗"，都要求创建学校。

学校的产生，一般地说是在奴隶社会。自从有了学校，教育便开始成为人类社会实践活动中一个相对独立的专门领域，从而大大提高了教育实践的专门程度，具备了独立的社会职能。据中国古籍记载，中国奴隶社会已有庠、序、校、瞽宗等，后期还出现了政治与教育合一的国学、乡学体系。到了封建社会，学校体制日趋完备。例如，唐代已有相当完备的学校体系，京都的儒学有弘文馆、崇文馆、国子学、太学、四门学，京都的专门学校有律学、书学、算学、易学、天文学以及音乐学校、工艺学校。地方学校有按行政区划分的府、州、县学和由私人办的乡学。在西方，古希腊时期的斯巴达、雅典出现了文法学校、弦琴学校、体操学校以及青年军训团等教育机构。中世纪时期出现了教会学校、世俗封建主的宫廷学校以及后来的城市大学和行会学校等。

（二）鲜明的阶级性与严格的等级性

在阶级社会里，受教育是统治阶级的特权。即使在统治阶级内部，统治阶级的子弟进入何种学校也有严格的等级规定。

奴隶社会的教育具有鲜明的等级性，非统治阶级的子弟不能或无权进入学校接受正规的教育。夏、商、西周时期的"学在官府"，限定只招收王太子、王子、诸侯之子、公卿大夫之嫡子入学，乡学也只收奴隶主贵族子弟学习"六艺"，以培养国家大大小小的官吏。在西方，古希腊时期的斯巴达和雅典的学校专为贵族阶级而设。古埃及的宫廷学校只允许王子、王孙和贵族子弟入学。劳动人民只能在社会生产和生活中，通过长者和师傅的言传身教，接受自然形态的教育。到了封建社会，各国教育在阶级性的基础上又具有了鲜明的等级性和宗教性。等级性表现为统治阶级子弟也要按照家庭出身、父兄官职品阶进入不同等级的学校。学校的等级与出仕授官、权力分配紧紧联系在一起。宗教性主要是指在西方中世纪时期，教育被教会所垄断，世俗教育被扼杀，学校附设在教堂之内，教育的目的是培养僧侣以及为宗教服务的专门人才。

（三）文字的发展和典籍的出现丰富了教育内容

文字、典籍使人类社会的生产和生活经验不只物化在生产工具和生活工具上，而且开始了知识的积累并将知识传给下一代。但是，古代社会的教育内容只注重社会的典章制度，轻视社会生产知识传授。例如古希腊时期雅典的统治者崇尚文化学习，斯巴达统治者崇尚军事训练；古代中国则一直把儒家经典奉为学生的必读教材，例如"四书"、"五经"。

（四）教育与生产劳动分离，学校轻视体力劳动，形成了"劳心者治人，劳力者治于人"的对立

教育从生产实践中分离出来成为统治阶级的特权后，两者便开始由分离

走向对立。读书者把脱离劳动作为他们学习的目的,因而倡导"两耳不闻窗外事,一心只读圣贤书"。劳动者由于生活所迫,失去了进入学校的权利,便与读书无缘。在整个古代社会,脑体的分离,不仅是一种统治阶级倡行的思想和舆论,而且是一种社会制度上的规定。

(五) *教育方法上崇尚书本、死读死记、强迫体罚、棍棒纪律*

在中国古代社会中,读书死、死读书是学校、私塾先生的基本教育方法,这是与当时的社会人才选拔形式直接相关的。对于不能按时完成学业任务或不听从教师训示者,则课以体罚。

(六) *官学和私学并行的教育体制*

在中国古代社会中,官学分为中央和地方两个层次。地方官学是指由地方官府所办的学校,学校经费源于官费。例如西周时期的"乡学"就是地方官学。由封建王朝直接举办和管理,旨在培养各种高级统治人才的学校则是中央官学。中央官学创于汉,盛于唐,衰于清末。与官学并行的民间教育则为私学。私学始于春秋,孔子、少正卯都是私学的创始者。私学贯穿于中国的整个古代社会。

(七) *个别施教或集体个别施教的教学组织形式*

古代社会生产的手工业方式决定了教育的个别施教形式。中国古代孔子的私学和众多的官学、私塾,其教学组织形式大都是个别施教或集体个别施教。至于西方的宫廷学校、文法学校等,也是如此。

三、现代社会的教育

现代教育是与资本主义的兴起联系在一起的。16世纪,西方社会开始进入资本主义时代,人类社会也进入了一个新的历史阶段——现代社会。与之相应,现代教育也随之产生。但是,由于现代社会是一个资本主义与社会主义两种不同社会制度并存的时代,因而便出现了不同社会制度下的两种现代教育体系。这两种现代教育体系,由于各自社会性质的规定性不同,因此也就有着自身不同的特点。

(一) 现代外国教育的特点

自 1640 年英国爆发资产阶级革命开始到 1789 年法国资产阶级革命以前的一百多年，是欧洲（主要是西欧）资产阶级逐渐发展壮大、资产阶级革命酝酿发动的时期。这个时期，在经济上，资本主义原始积累过程在继续，农民、城市小手工业者与生产资料分离的现象已经发生。残酷的殖民掠夺和奴隶贸易，为资本主义经济的发展提供了大量生产资料、大批劳动力和广阔的市场，资本主义工商业得到迅速发展，手工工业也有了较广泛的发展，资产阶级的力量迅速成长。在政治上，绝大多数国家还处于封建专制制度统治之下，但是资产阶级为了摆脱封建专制制度对资本主义经济发展的束缚，带领广大人民群众向封建专制制度展开了夺权斗争。1640～1688 年英国资产阶级革命的胜利，推翻了封建专制制度，建立了资本主义制度。英国资产阶级革命的胜利是一个划时代的里程碑，它为资本主义的迅速发展开辟了广阔的道路，推动了法国以及其他欧洲国家的资产阶级革命运动的发展，加深了欧洲封建专制制度的危机。

在这个时期，各门近代科学相继从哲学中分化出来，成为独立的科学，并且被应用到社会生产领域中来。从 17 世纪中期开始，西欧各国纷纷建立科学院和各种学会，例如 1660 年英国成立的皇家学会，1666 年法国成立的巴黎科学院等，科学活动非常活跃。

以上这些经济、政治、思想文化、科学的发展状况也反映到教育领域中来，引起各国教育制度、学校体制、教学内容和教学方法等方面的发展和变化。虽然各国因其文化传统的不同而有所区别，但其相同之处还是很多的。

1. 从法律上废除了封建教育的等级制，扩大了学校教育的范围

资本主义社会建立初期，资产阶级竭力反对给普通劳动人民以教育，但资本主义生产以及他们赚取利润的需要又促使他们改变了原来的主张，提出扩大教育对象，实施普及义务教育。普及教育既是资本主义生产发展的要求，也是工人阶级争取民主、争取受教育权利斗争胜利的结果。普及教育打破了历史上剥削阶级独占教育的传统状态。

世界上最早颁布义务教育法的国家是德国。早在 16 世纪后半期，少数公

国就颁布了强迫教育法令，例如1559年和1580年威登堡和萨克森先后公布了这样的法令。从17世纪开始，魏玛在1619年、威登堡在1649年、法兰克福在1654年又颁布新的法令，要求对儿童实行普及教育。1619年魏玛颁布的学校法令规定，8～12岁的儿童都要到学校读书。到18世纪，普鲁士邦于1717年和1763年先后两次颁布实施强迫教育的法令，规定5～12岁的儿童必须到学校接受教育，否则对家长要课以罚金。①

英国于1870年颁布《初等教育法》，规定"各学区有权实施5～12岁儿童的强迫教育"。1876年又在修改后的法令中规定，家长送孩子入初等学校是一种义务，凡10岁以下儿童未受过教育不能当童工。1880年正式规定初等教育免费入学，1893年规定凡11岁以下的儿童必须入学等。②

法国于1833年颁布《基佐法案》，规定每个市镇设小学一所。1881年再次颁布法令，规定实施普及义务初等教育。费里出任教育部部长后，主持制定了一系列教育法令，规定初等教育为义务教育，实施初等义务教育的小学实行免费。③

美国在1852年由马萨诸塞州率先颁布强迫义务教育法令，规定该州8～14岁的儿童每年上课12周，违者罚款。到1898年，全国已有32个州实施强迫义务教育。到1920年密西西比州颁布义务教育法令，全美各州都实行了义务教育。④

1872年，日本颁布《学制令》，开始实施普及教育，规定儿童6岁入学，接受8年的普及义务教育。1880年颁布《教育令》，将义务教育年限缩短到4年。

2. 学校教育系统逐步完善

资本主义社会以前，各国的教育基本是单一的普通教育，专门学校虽然产生，但规模很小，类型单一。进入资本主义社会以后，由于初等教育的普及和高等教育的发展，各级各类学校形成了一个统一的教育体系。纵向上，有

---

①②③ 王天一等编著：《外国教育史》（上册），北京师范大学出版社1984年版，第183～184、154、177页。

④ 王承绪等：《比较教育》，人民教育出版社1982年版，第107页；成有信编：《九国普及义务教育》，人民教育出版社1985年版，第233页。

学前教育、初等教育、中等教育、高等教育。横向上，有普通教育、成人教育、职业教育、特殊教育、继续教育、远距离教育等各种各样的教育形式。

3. 创立了新的教学组织形式——班级授课制

班级授课制诞生于16世纪的欧洲。16世纪初，在大西洋沿岸的北欧国家尼德兰，有一些由新教团体"平民生活兄弟会"主办的学校，"这类学校在16世纪初最先按照人文主义教育的原则改革了自己的教育工作。它的特点是数量多，学生人数多，有固定的分班制度，与意大利学校之各自为政、无严密的组织形式的情况不相同"。① 1529年，德国的宗教改革领袖马丁·路德的助手梅兰克吞在一份考察报告中建议各级学校"必须把儿童划分成不同的班级"进行教学。1538年，德国教育家斯图谟在斯特拉斯堡古典文科中学里，"采用了比较严格的分级教学制度，全部中学分为十个年级，每级按固定的课程、固定的教科书进行教学"。② 从这些记载中可以断定，到16世纪，班级授课制的教学组织形式已经出现并开始在实践中采用。17世纪，捷克教育家夸美纽斯在《大教学论》中对班级授课制进行了系统的理论描述和概括，并伴随该书的出版流行，开始为世界各国所了解和采用。在18世纪，以德国教育家赫尔巴特为代表提出的教学过程形式阶段理论以及后来苏联学者提出的课的类型和结构的理论，使之在体系上进一步完善。中国最早于1862年在京师同文馆试行，1901年清政府宣布废科举、兴学堂，全国各地逐步实施。班级授课制创立以来，陆续成为世界各国学校教学的基本组织形式，大大提高了教学效率。

4. 教学内容日益丰富

进入现代社会以后，由于社会生产力的发展和科学技术的进步，学校教育内容逐渐摆脱过去那种以人文科学为主的局面，自然科学知识陆续进入学校的课程之中，特别是由于科学的进步而引起的学科分化为学校课程的丰富提供了条件。数学、物理、化学、生物、天文、地理等自然科学成为学校的重要课程。同时，人文科学的内容也开始分化成各种学科，知识更加系统化。

---

①② 曹孚等编：《外国古代教育史》，人民教育出版社1981年版，第166页。

5. 教学设备和手段不断更新和发展

进入资本主义社会以后，由于科学技术的进步、发展和社会对教育作用的认识逐渐提高，人们开始研究新的教育手段，国家也开始改善教育的硬件条件，以提高人才培养质量。于是，一些新的教学设备和手段开始出现并进入教学领域，如无尘粉笔、移动黑板、各种实验仪器、直观教具以及现代化的声像设备、卫星电视教学等。

6. 教育的阶级性依然存在

资本主义社会虽然是对落后、愚昧的封建专制社会的否定，但并未改变其社会制度的剥削性质。资产阶级在教育机会人人均等的旗帜下实行的实际是双轨学制。每个社会成员由于其社会经济地位的不同，实际决定了他们所受教育和教育机会、程度的不同。因此，资产阶级自我标榜的教育民主在教育实践中实际上是不平等的。

7. 宗教教育在学校中占有一定的地位

资本主义社会是从封建宗教的垄断下挣脱出来的，它虽然在社会总体上摆脱了宗教与政治合一的历史局面，但是宗教在资本主义社会里还一直具有相当的势力和市场。资产阶级登上政治舞台以后，虽然把教育权收归了国家，但由教会开办的学校依然存在。所有这一切都决定了资本主义教育中宗教内容存在的合理性。

8. 民族和种族歧视在移民人口较多的国家里成为一个重要的教育问题

国家是依靠占社会统治地位的民族建立起来的。国家在形成中不断发生人口的流动，外来人口进入这些社会后成为移民。移民与当地居民之间长久存在的歧视与隔离问题反映到教育上，也必然存在教育上的民族与种族歧视。这种现象在那些曾实行种族隔离政策和存在种族历史恩怨的国家尤其如此。

(二) 现代中国教育的特点

进入现代社会以后，中国作为社会主义国家，是以马克思主义为指导，由中国共产党领导，实行无产阶级专政的社会。它建立了以公有制为主体的生产资料所有制，形成了人与人之间平等、互助的合作关系，实行各尽所能、按劳分配的原则。社会主义作为一种全新的社会制度，由于其社会政治、经济、文化各个方面的不同，也给中国的现代教育带来了许多新的特点。

1. 以马克思主义作为指导思想，由代表全体人民利益的政党——中国共产党领导

马克思主义是全世界无产者、被压迫人民和被压迫民族的战斗旗帜和行动指南。马克思主义包括辩证唯物主义和历史唯物主义、政治经济学和科学社会主义学说，它为全世界无产阶级及其政党提供了完整而彻底的世界观，科学地阐明了自然、社会和人类思维的基本规律，为我们指明了社会发展的正确道路。

毛泽东思想是马克思主义在中国的运用和发展，是被实践证明了的关于中国革命和建设的正确的理论原则和经验总结，是中国共产党集体智慧的结晶。毛泽东同志在领导中国人民进行革命和建设的斗争中，根据中国的实际，为我们指出了一条发展社会主义教育的正确道路。在毛泽东思想中，其教育思想是十分丰富的。他所提出的教育方针、教育内容、教育制度、教育方法等思想至今仍是指导我国教育发展的重要财富。

邓小平理论是当代中国的马克思主义，是马克思主义在中国发展的新阶段。改革开放以来的社会发展实践证明，邓小平理论是指导中国进行社会主义现代化建设的正确理论。邓小平理论涵盖经济、政治、科技、教育、文化、民族、军事、外交、党的建设等各个方面，具体包括中国社会主义的发展道路、发展阶段、根本任务、外部条件、政治保证、战略步骤、党的领导、依靠力量、祖国统一等内容。在邓小平理论中，教育理论占有重要位置。邓小平同志从世界主要发达国家走过的成功道路中，从社会发展规律中深刻论述了教育先行、保证投入、提高质量、重视德育、尊重教师、依法治教、加强国际交流等问题，号召全党把教育发展放在实现国家现代化根本大计的位置来加以重视。当代的中国教育因为有了邓小平理论的指导，其社会地位才逐渐提高，发展方向才更加明确，未来使命才更加清楚。邓小平教育理论不仅是今天，也是中国21世纪教育发展的根本指导思想。

2. 以人类先进的教育思想、科学的文化知识和优秀的精神文明教育年轻一代，使他们成为德、智、体等全面发展的社会主义事业的建设者和接班人

社会主义教育的一个根本指导思想是教育每一个受教育者向积极向上、有利于社会发展需要的方向发展，有意识地利用科学、健康的教育内容去塑造每个学生良好的精神世界。为了实现这一目标，社会主义教育对各级各类学校的教育内容及其教师的课程讲授有着基本的要求，并对社会上流行的不利于学生良好品质形成的各种消极影响进行坚决的抵制，严禁其进入学校课堂。与此同时，社会主义教育还积极协调社会和家庭的各种教育因素，以期形成教育的合力，共同促使学生的健康成长。

3. 创造条件，更好地实现教育平等

在社会主义的中国，每个社会公民都享有同等的受教育权利和机会。新中国成立以来，国家为了实现人人受教育的目标，不断采取各种措施为适龄儿童创造受教育的条件，例如调整学校布局、考虑学校布点、改善办学条件、增加教育投入、创设灵活的教学形式、加强教育督导、保证入学率、控制流失率、设立奖学金和助学金等，这些措施对于推进教育民主化的进程起到了积极的作用。改革开放的中国，由于人民生活水平的不断提高和国家相应配套政策的出台，保证了求学者的学习需求，不论是生活在大城市的学生还是地处穷乡僻壤的农家子弟，他们都有机会走进大学学习。

4. 消除了民族和种族歧视，重视少数民族教育的发展

中国是一个民族众多的国家，是一个多民族融和、聚居的大家庭。千百年来，各民族之间形成了互助友爱、平等协作、共同发展的良好传统。新中国成立后，为了促进各民族之间的团结，共同完成建设祖国的伟大事业，国家颁布了许多政策，采取了切实可行的措施，帮助少数民族人民共同走上繁荣富强的道路，教育是其中之一。多年来，国家对少数民族的教育发展给予充分的关注，在教育投入、入学条件、教师培训、工资待遇等方面都给予了倾斜和大力支持。这与资本主义国家的民族和种族歧视形成了鲜明的对比。

5. 教育与宗教分离，不受宗教影响

社会主义教育的一个特点是彻底实现了教育与宗教的分离，教育不受宗教左右。中国有多种宗教存在，有信仰宗教的自由。但是，教育作为传授科学文化知识的阵地，国家不允许科学与迷信同时占领课堂，除极少数以研究

为目的的专业之外,任何学校均不开设宗教课,这是中国社会主义教育的一个突出特色。共产党人是无神论者,社会主义教育与宗教分离是与社会主义政治与宗教分离相一致的。与宗教分离的社会主义教育可以使我们的教育内容更科学,更有利于学生形成正确的人生观和世界观。

(三) 现代教育的基本特点

在现代社会,资本主义社会的教育与社会主义社会的教育除了具有各自的特点之外,还有许多共同之处。这是因为任何一个社会的教育发展,都必须遵循教育的规律。不同的社会之间正是基于对这些规律的遵循而形成了一些共同的特点。

1. 培养全面发展的个人正在由理想走向实践

实现人的全面发展是教育的最高目的,也是一代又一代教育先哲们期盼的共同理想。从两千多年前古希腊哲学家亚里士多德提出身体、德行、智慧的和谐发展,17世纪意大利人文主义教育家维多利诺主张智、德、体、美诸教育的普遍实施,法国启蒙思想家卢梭、狄德罗和爱尔维修倡导以"健全的教育"培养"健全的人格",到早期空想社会主义者莫尔、康帕内拉、傅立叶、欧文等人提倡全面发展的理想,分别从不同的角度、不同的方面阐述了他们关于实现人的全面发展的思想。但是,在很长的历史时期里,这些思想只不过是一种美好的期望而已。由于社会生产力发展水平和社会制度的制约,这种期盼无法变成现实。直到马克思主义诞生后,马克思、恩格斯对人的全面发展进行了科学的论证,才开始使全面发展的思想由理想逐渐走向现实。资本主义大工业兴起后,不论是社会生产领域还是社会工作部门,对人的素质都有着全面的要求。一个人发展得越全面,才越能适应不同社会工作的需求,否则便会在工作过程中遇到种种困难。进入社会主义社会之后,社会主义教育把马克思主义作为指导思想,把培养全面发展的人作为社会主义教育的最终目标,因而在各级各类教育中都要求贯彻德、智、体诸方面全面发展的方针,以使受教育者成为德才兼备的人才。社会的用人部门在考核录用人员时,也把德、智、体的全面发展作为一个基本的标准,这样便在整个社会形成了一种氛围,为实现个人在德、智、体诸方面全面发展而不断努力。总

之，在社会主义条件下，人们把造就全面发展的个人作为培养人才的共同目标，这样就使得马克思主义的全面发展学说不再仅仅是理论上的说明和要求。

2. 教育与生产劳动相结合成为现代教育规律之一

教育与生产劳动相结合是现代社会发展和教育自身发展的必然趋势和必然规律。整个近现代社会的发展历史已经证明，实现教育与生产劳动相结合是社会生产、社会政治发展进步的客观要求。

（1）社会生产、社会经济的发展要求实现教育与生产劳动相结合。马克思、恩格斯曾经指出：教育与生产劳动相结合是提高社会生产的一种方法。他们从不同的方面论述了教育与生产劳动相结合的巨大作用。他们认为，大工业的本性决定了劳动的变换、职能的变化和工人的全面流动性，因而迫切要求用那种把不同社会职能当做相互交替的活动方式的全面发展的个人，来代替只是承担一种社会局部职能的局部个人。马克思还指出，现代大工业的突出特点之一就是生产过程成了科学的应用，而科学反过来成了生产过程的因素。这一现代大工业的特点决定了生产力的提高已不再仅仅取决于劳动时间的延长和劳动数量的增加，而是取决于生产过程当中科学与技术的应用程度，取决于劳动者的教育程度是否符合生产过程的需要。现代生产的实践证明，劳动者的教育程度越高，其劳动熟练程度和工艺水平越高，劳动生产率越高，为社会创造的剩余价值就越多。进入现代社会的许多发达国家正是由于看到了教育与社会生产力提高两者之间的必然联系，因而重视教育的发展，创造了教育与生产劳动相结合的宏观结合形式——教育要适应社会生产力发展的需要。教育与社会之间保持了这种适应，满足了需要，教育与生产劳动的结合就可极大地促进社会生产的发展，提高社会生产水平。这种宏观结合给社会生产带来的巨大利益已为发达国家的成功经验所证明。

（2）社会政治也需要教育与生产劳动相结合。马克思、恩格斯指出：教育与生产劳动相结合是改造旧社会最强有力的手段之一。在资本主义社会，教育与生产劳动相结合，既可保护工人阶级的后代免遭资本主义制度的摧残和毒害，同时，"把有报酬的生产劳动同智育、体育和综合技术教育结合起来，就会把工人阶级提高到比贵族和资产阶级高得多的水平"。① 因此，教育与生产劳动相结合对资本主义社会的改造，不但包括对抗资本主义对工人后代的摧残，而且也包括改造资本主义的生产方式和消灭旧分工以及旧的传统思想意识。在社会主义社会，教育与生产劳动相结合是提高劳动者素质、改造世界观的需要。在中国，"劳心者治人、劳力者治于人"的传统思想根深蒂固，要使全体国民既有一定的文化水平，又有相当的劳动技能、劳动习惯和劳动人民的思想感情，客观上需要实现教育与生产劳动相结合。

（3）实现人的全面发展也需要教育与生产劳动相结合。马克思在《资本论》中指出："未来教育对所有已满一定年龄的儿童来说，就是生产劳动同智育和体育相结合，这不仅是提高社会生产的一种方法，而且是造就全面发展的人的唯一方法。"②马克思所说的个人全面发展，是指个人智力和体力的广泛、充分、自由、统一的发展。但是，在资本主义条件下，生产劳动不仅不是劳动者智力和体力充分发展的手段，反而成为奴役工人的一种异己力量。基于这样的现实，马克思号召工人要争夺受教育权，并要求只有把生产劳动同智育、体育和综合技术教育结合起来，才可能实现个人的全面发展，避免单纯的机械劳动给人的体力、智力造成损害。在社会主义条件下，个人的全面发展包括德、智、体、美、劳等多方面的和谐统一发展。要实现这样的发展目标，教育与生产劳动相结合是一条重要途径。通过教育与生产劳动相结合，不仅可以促进人的智力与体力的发展，也可以提高学生的思想道德觉悟以及把所学知识运用于生产实践的能力。在当代社会，更需要通过教育与生产劳动相结合，培养学生的劳动技能、劳动习惯和劳动人民的思想感情以及珍惜劳动成果的美德。因此，培养全面发展的人，离不开教育与生产劳动相结合的实施。

3. 教育民主化向纵深发展

在奴隶社会和封建社会，学校教育特别是官学始终是统治阶级的特权，为社会统治阶级所垄断。即使是私学，也不是普通劳动人民的子弟所能享受

---

① 《马克思恩格斯全集》第16卷，人民出版社1964年版，第218页。
② 《马克思恩格斯全集》第23卷，人民出版社1972年版，第530页。

的。因此，在古代社会，无论是中国还是西方，均无民主可言。

人类进入资本主义社会以后，伴随着社会政治民主化进程的推进，教育也开始逐步打破为少数人特别是社会统治者垄断、主宰、专制的局面，开始为越来越多的人享受、掌握和利用。在整个近现代社会，教育民主化从开始产生到逐步深化，经历了一个长期的历史过程，它是伴随着社会政治的改善、民众的觉悟、被统治阶级的不懈斗争而逐渐实现的。这主要表现在以下几个方面。

（1）教育普及化的开始。在现代教育孕育初期，西欧许多国家的教育权垄断在教会手中，多数初等学校、城市学校、文科中学、实科中学等都是教会创办。资产阶级登上政治舞台以后，他们从培养本阶级所需要的人才出发，要求把教育权收归国家，从此便有了国家创办学校和以国家法令的形式推行普及初等教育。到18世纪后半期，一些先进的资本主义国家先后通过了向全体国民普及初等教育的法令。普鲁士在1763年、奥地利在1774年、法国在1793年颁布了普及初等教育的法令。在19世纪中叶，美国、英国和日本也都先后颁布了这种法令。普及教育是教育发展史上的一个里程碑，它第一次把只面向统治阶级的教育变成面向全体国民，承认劳动人民可以接受学校教育并将其付诸实践。这种教育虽然从根本上来说是出于资本主义社会化大生产的需要，带有利用教育实现它们各自不同目的的色彩，但它毕竟是人类教育发展史上的一大进步。

进入现代社会以后，伴随社会民主进程的加快和社会民主制度的逐渐完善，原本由少数资产阶级的经济利益主导的普及教育开始演变成提高全体国民素质的国家行为。特别是由于社会生产力和科学技术的发展，一些发达的资本主义国家的普及教育年限逐渐延长，开始由普及小学向普及初中和高中发展。有些国家在普及初中教育的同时，又发展了职业教育系统。到20世纪50年代后，一些发达国家又把普及教育的年限延长到11或12年不等。①

（2）"教育机会均等"口号的提出。进入18世纪以后，不仅在实践上有义务教育的实施，而且在理论上出现了"教育平等"的呼声。从18世纪启蒙思想家基于"天赋人权"的思想赋予"教育平等"以人权意义，经过美国独

---

① 成有信编著：《比较教育教程》，北京师范大学出版社1987年版，第36～39页。

立战争和法国大革命,终于在法律上否定了教育特权,使人人都享有受教育的权利和机会。《联合国人权宣言》第26款对此作了很好的概括。它宣称,不论社会阶层,不论经济条件,也不论父母的居住地,一切儿童都有受教育的权利。[①] 20世纪中期以来,教育机会均等的呼声日益强烈。教育机会均等已由一个教育问题演变成一个社会政治问题,引起世界各国政府的高度重视。

(3) 教育法制化的形成。教育民主化的推进与深化是与教育法制化的形成密切相连的。进入18世纪以后,英、法、德等一些发达的资本主义国家开始陆续把义务教育的实施建立在教育立法的基础上。根据有关法律规定,实施义务教育不仅是国家的责任和义务,也是每个社会公民平等享受教育的权利和义务。在人类教育发展史上,平等受教育的权利和机会只有在教育立法确立之后,才有可能把许多教育先驱为之奋斗的目标和广大社会公民的美好理想真正变成现实。教育立法是现代教育的重要标志,是教育民主化的根本保证,是国家干预和管理教育的一种重要手段。

(4) 教育民主化的质量与水平不断提高。教育民主化是一个历史过程。人类的教育从无民主到有民主,从不民主到比较民主经历了一个漫长的历史发展和进步过程。资本主义兴起之后,教育民主化进程总的发展趋势是:从起点的平等到过程的平等,再到结果的平等;从外部民主的争取到内部民主的发展;推进过程比较缓慢,实现程度不够彻底。这是由资本主义制度决定的。在社会主义制度下,教育民主化的基本特点是:起点、过程、结果平等一以贯之,外部、内部民主协调统一,在教育民主的实现程度上更彻底、更完善。

4. 人文教育与科学教育携手并进

科学教育是以传授科学知识、培养科学精神为主要任务的教育。它以发展学生的认识能力和改造物质世界的能力为目的,通过学习自然科学知识,开发人的智力,促进社会物质财富的增长和社会发展。科学教育要求学生系统学习科学知识,包括基础学科和各有关专业的科学知识,学习和掌握综合

---

① 《国际教育百科全书》第3卷,贵州教育出版社1991年版,第432页。

技术以及有关的专门技术，进行动手和实践能力训练，培养敢于追求真理、探索创新、献身科学、为人类造福的科学精神。其教育方法遵循科学的认识论路线，理论联系实际，重视理论、观察、实验、操作和社会实践。科学教育的学科表现形态主要是数学、物理、天文、化学、地理、生物等。

人文教育是以传授人文知识、培养人文精神为主要任务的教育。它通过人文知识的传授，发展学生认识与处理社会关系、人己关系、物我关系的能力，帮助学生运用一定的价值标准洞察人生，完善心智，净化灵魂，理解人生的价值和意义，确立正确的人生观、道德观、价值观，形成一定的道德情感、审美能力、合作精神等，并指导自己的行为向符合人道、符合人类共同利益的方向发展。人文教育的学科表现形态主要是政治、哲学、伦理、文学、艺术、历史等。

在人类教育发展史上，人文教育与科学教育经历了一个由分离到结合的漫长过程。19世纪以前，世界各国的教育基本上是以人文教育为主。19世纪后，由于科学技术在社会生产中的广泛应用，科学教育开始占据主导地位。20世纪50年代以后，由于人文教育的复兴，人们开始更加理性地认识科学技术所具有的正功能与负作用，从而使得人文教育与科学教育不再互相排斥，而是逐步走向融合。

在中国，漫长的古代社会实行的是以儒学为核心的人文教育，其中虽然不乏自然科学常识性的内容，但所占比例极小，而且地位卑微。儒家文化是中国传统文化的主流，它从人的道德属性来诠释人性，通过格物致知掌握统治之术，通过正心、诚意、修身完成道德修养。因此，中国古代的人文教育表现出强烈的伦理教育的色彩。反映在学科内容上，"四书"、"五经"、"六艺"一直是封建官学和私学的主要课程。封建社会的人文教育是与当时低下的社会生产力和自给自足的自然经济相适应的，也是与当时统治阶级的需要相吻合的。

西方的人文教育经历了古典人文教育、人文主义教育、新人文主义教育，再到现代新人文主义教育等发展阶段。古典人文教育强调把心智的发展当做教育的最终目的，教育的主要任务是进行理性训练和情感陶冶。人文主义教育是针对中世纪崇尚神性泯灭人性、倡行神学遏制人学而出现的,它的目标是恢复人的社会地位和尊严,强调个性自由和个性发展,主张用古希腊、古罗马的文学艺术陶冶人的心性,启迪人的智慧。新人文主义教育的最高原则是发展个体的自由,强调用人类文明的一切成果来陶冶人、教育人。现代新人文主义教育是在现代科学技术给人类社会发展带来负面效应以及现代生产造成人的片面发展的背景下出现的,它主张通过科学精神与人文精神的融合、科学教育与人文教育的结合促进社会实现和谐发展,促进个人获得全面发展。

在高等教育领域,从中世纪的大学开始到英国的牛津大学和剑桥大学,都一直遵循着人文教育的传统,坚持把探求真理、完善人格、培养有教养的人作为学校的主要任务。一直到19世纪初期,虽然科学技术已经渗透到工业生产的各个领域,但是学校中的课程依然是人文教育色彩不减。

19世纪以后,由于科学技术的冲击以及现代生产对人才规格的要求发生了变化,科学教育开始进入学校课程体系之中,并逐步取代了人文教育,在教育中获得了统治地位。这主要是因为:科学教育具有巨大的经济功能,它适应了工业革命和生产力发展的需要,即社会工业化进程迫切需要培养具有一定实用知识的人才;自然科学的发展为科学教育提供了丰富的教育内容;国家对科学技术的需要加速了科学教育的普及进程及其主导地位的确立。

在科学教育占据了学校教育的主导地位,促进了科学技术的发展并为社会带来巨大财富的同时,人们又逐渐发现,片面的科学技术追求和利用虽然可以加速社会生产力的发展和人民生活水平的提高,但同时也带来了严重的负面效应,例如环境污染、资源枯竭、生态失衡、战争灾难、人口危机等。因此,进入20世纪50年代后,科学教育与人文教育的结合成为了西方主要发达国家教育的一个共识和追求,也成为现代教育研究的一个重要课题。

5. **教育普及制度化,教育形式多样化**

进入现代社会以来,世界主要发达国家都把提高国民素质看成是国家发展的重要前提条件,因而把普及教育纳入法制的轨道加以实施。教育普及制度化的具体表现有:(1)通过颁布专门的教育法令,规定国家、家庭和学生个人各自必须履行的义务,从而保证义务教育的普及真正落实到教育实践之中；（2）形成一系列具体的教育规章来督促普及教育的落实，例如制定对不履行义务教育责任的家长的惩戒措施；（3）义务教育的年限确定和延长通过新的法令来规定和推行。

现代社会在致力于义务教育普及的同时，也在不断地发展新的教育形式，以弥补单一教育结构的不足，满足不同求学者的需要。在漫长的古代社会，不论是中国还是西欧，单一的普通教育是当时社会中唯一的教育形式。在中国古代官学中，虽然有数学、算学、律学、医学的存在，但规模小，数量也极为有限。进入现代社会以后，社会生产力的发展和科学技术的进步，既为多种形式教育的产生提供了条件，也向各类人才的培养提出了新的需求，因此，各种各样的教育形式便应运而生。今天，从纵向上看，有学前教育、初等教育、中等教育、高等教育；从横向上看，有普通教育、职业教育、特殊教育、成人教育、远距离教育、卫星电视教育、继续教育等，从而构成了一个纵横交错、形式多样的教育系统。

6. 终身教育成为一种富有生命力和感召力的教育思想

终身教育把教育看成是一个持续不断的过程。根据终身教育的思想，学校教育的结束不是学习的终止，每个社会成员都应在他们的工作中不断进行学习，以满足不断变化的社会对他们的新需求。因此，终身教育认为教育是一个人从出生到生命终止不断进行的过程。

终身教育思想是20世纪60年代联合国教科文组织成人教育局局长、法国的保罗·朗格朗提出的。朗格朗在1965年出版的《终身教育导论》中提出，数百年来，人们把人生分成两半，前半生用于接受教育，后半生用于工作，这是毫无科学根据的。接受教育应当是一个人从生到死永不休止的事情，教育应当在每个人需要的时刻以最好的方式提供必要的知识和技能。

终身教育思想提出以后，在世界各国产生了广泛的影响，并日益成为各国开展继续教育的理念和依据。1972年，埃德加·富尔向联合国教科文组织提交了《学会生存——教育世界的今天和明天》的报告。之后，终身教育更成为人们普遍认同的一种教育思想。埃德加·富尔在这个报告中指出："唯有全面的终身教育才能够培养完善的人。我们再也不能刻苦地一劳永逸地获取知识了，而需要终身学习如何去建立一个不断演进的知识体系——'学会生存'。"①

在《终身教育导论》中，朗格朗提出，终身教育包含了教育所能包含的所有意义，包括了教育的各个方面、各种范围，包括从生命运动一开始到最后结束这一期间的不断发展。

终身教育思想之所以会得到人们的广泛认同，其主要原因是：科学技术的飞速发展迫切要求知识不断更新；人口增多使求学者渴望通过不同的途径来获得知识；现行学校教育的种种限制使终身教育成为一种有效的补充形式；发展中国家致力于智力投资、提高人口素质的需求，使终身教育具有广泛的生长土壤；大众传播媒介的飞速发展和人们闲暇时间的增多，使终身教育成为可能。

今天，终身教育思想正在实践之中，它使不同年龄、不同条件、不同需要的人可以采用不同的形式开展学习，因而成了世界各国普遍倡导的一种教育思想。

7. 实现教育现代化是各国教育的共同追求

1640年，第一次资产阶级革命导致欧洲接连发生政治革命和工业革命，逐步建立起以机器大工业生产为基础的资本主义社会制度，由此开始了社会现代化的历史进程。社会现代化是指人们利用近现代科学技术，全面改造自己生存的物质条件和精神条件的社会发展过程。社会现代化的发展，不仅在不断地改变着社会物质生产的面貌，而且也在不断地改变着人们的价值观念、思想意识、生活方式等等。特别是20世纪50年代以后，由于世界科学技术的飞速发展，以及社会的产业结构、人们的生活条件、全球的信息交流、政治经济制度和人们的生活方式都发生了全方位的变化，社会现代化的程度日益提高。这主要表现在：（1）较高程度的都市化；（2）较高程度的识字率；（3）较高的国民收入；（4）较高的商品化和工业化；（5）较广泛的地域和社

---

① 联合国教科文组织国际教育发展委员会编著，华东师范大学比较教育研究所译：《学会生存——教育世界的今天和明天》，教育科学出版社1996年版，第2页。

会流动；（6）较发达的大众传媒体系；（7）较高程度的国民参政。

社会现代化的总体背景必然带来教育现代化的发展。这是因为社会现代化的根本因素是人的现代化，社会要实现现代化，首先要有人的现代化，而人的现代化则需要通过现代化的教育去完成。为此，世界众多国家在社会现代化的发展过程中，把实现教育的现代化看成是实现社会现代化的一个重要组成部分和必要前提给予格外的关注。尤其是进入21世纪之后，各国更是把实现教育现代化作为21世纪教育的重要内容。在中国，邓小平同志高瞻远瞩，于1983年提出了"教育要面向现代化"的教育思想。此后，教育现代化成为中国教育改革与发展的一个重要指导思想和奋斗目标。

从世界各国教育的基本特征看，教育现代化有两大重要表现：一是教育要尽可能适应现代社会发展对人才的需求；二是要实现教育自身的现代化。

第三节 新中国的教育

一、对旧教育的接管改造（1949～1956年）

（一）改造旧教育的基本方针、政策

1949年9月下旬，中国人民政治协商会议第一次全体会议在北京举行，会议一致通过了《中国人民政治协商会议共同纲领》。这是新中国成立初期的根本大法，具有临时宪法的性质，是当代中国历史上的重要文献。

在《中国人民政治协商会议共同纲领》的第五章"文化教育政策"中规定了新中国教育的性质与任务：中华人民共和国的文化教育为新民主主义的，即民族的、科学的、大众的文化教育。人民政府的文化教育工作，应以提高人民文化水平，培养国家建设人才，肃清封建的、买办的、法西斯主义的思想，发展为人民服务的思想为主要任务。

1949年12月23～31日，中央人民政府教育部在北京召开第一次全国教育会议，讨论全国性的教育问题，决定对老区教育以巩固与提高为主，新区则在维持原有学校的基础上逐步改善。教育部部长马叙伦在开幕词中依据

《中国人民政治协商会议共同纲领》的精神，提出了对旧教育采取"坚决改造、逐步实现"的方针。这次会议确定的中华人民共和国教育建设的总方针是：以老解放区的新教育经验为基础，吸收旧教育的有用经验，借助苏联经验，建设新民主主义教育。

（二）对旧教育体系的改革

1. 接管、整顿旧学校

首先接管的是原来的"公立"学校，这些学校随着国民党政府的垮台，已无经济来源和主管领导部门，必须立即接管。

中央人民政府对私立高等学校的改造始于接管教会大学，继而在1951～1952年的院系调整中最后完成。在这次调整中，教会大学的校名均被撤销，所有私立大学，或并入公立大学，或改为公立大学。私立中小学的接管也紧随私立高等学校的接管之后进行。1952年9月，教育部发出指令，决定自1952年下半年起，全国私立中小学全部由政府接管，改为公立学校。到1956年，接管私立中小学的工作基本完成，除了一些私立补习学校之外，所有全日制正式学校完全实现了国有化。

2. 收回教育主权

新中国成立之前，帝国主义国家在中国开办的各类学校，因大多由宗教团体主持或资助，故又泛称教会学校。它们是鸦片战争以来中国沦为半殖民地社会的产物。新中国成立后，教育部经中央人民政府政务院批准，首先于1950年10月12日将辅仁大学接收自办，继而在1950年底开始着手全面进行。1950年12月29日，中央人民政府政务院发布了《关于处理接受美国津贴的文化教育救济机关及宗教团体的方针决定》。教育部根据这个决定精神，于1951年1月11日发出了《关于接受美国津贴的教会学校及其他教育机关的指示》，总的精神是要求"将这一接收国家教育主权的重大工作做好"。到1951年底，所有教会大学都由中央人民政府接收，或改为公立，或由中国人民自己办理，仍维持私立，政府予以补助。接受外国津贴的中小学则在以后中央人民政府接管私立中小学的过程中全部改为公办。这一行动最终结束了帝国主义对中国长达一个世纪的文化侵略。坚决、彻底、全部收回教育主权，这是一件在中国教育史上具有划时代意义的大事。

3. 学制改革

1951年5月下旬，政务院文教委员会开会研讨教育部草拟的学制方案，10月1日正式颁布《政务院关于改革学制的决定》，产生了新中国第一个学制（详细内容请参见本书第九章）。

4. 院系调整

1950年6月1日，教育部部长马叙伦在第一次全国高等教育会议上明确指出："要在统一的方针下，按照必要和可能，初步地调整全国公私立高等学校或其某些院系，以便更好地配合国家建设的需要。"①这样，正式确定了院系调整的任务，陆续对某些大专院校作了一些调整。

从1951年起，逐渐在全国范围内有计划、有重点地开展了院系调整。院系调整均是跨校进行，以院系的迁移为主要形式。原有高校经过调整后有以下几种结果：一是保留原有校名，但学校性质和学校结构发生了变化，这类学校大多为综合大学；二是原有学校建制被撤销，这类学校大多为私立大学；三是另行建立新校，这类学校主要是专门学院。此外，还有一些专科学校或升格为专门学院，或降格为中等专业学校。

经过从新中国成立伊始到1953年的院系调整，奠定了新中国高等学校的基本格局，即分为综合大学和专门学院、专门学校两大类。

总之，新中国成立后的前七年，在完成了经济上的社会主义改造的同时，也基本上完成了教育上的社会主义改造。

二、教育事业的改革调整（1956～1966年）

从1956年党的第八次全国代表大会召开到1966年"文化大革命"开始这十年，是我国全面进行社会主义建设的十年，全国经济、文化建设等方面的骨干力量大部分是在这个时期培养起来的，文化教育有了很大发展。

---

① 马叙伦：《在第一次全国高等教育会议上的开幕词》，《高等教育文献法令汇编》（1949～1952），高等教育部办公厅1958年，第14页。

同时，这十年也是曲折发展的十年。1957年反右斗争被严重扩大化，1958年的"大跃进"与人民公社运动，使"左"的错误严重泛滥开来，教育领域也出现了同样的问题。虽然1960年冬按照"调整、巩固、充实、提高"的方针对教育领域中的一些问题进行了整顿，1961年9月制定了《中华人民共和国教育部直属高等学校暂行工作条例（草案）》，1963年3月制定了《全日制小学暂行工作条例（草案）》、《全日制中学暂行工作条例（草案）》，稳定了学校秩序，提高了教学质量，但是"左"的错误在政治和思想文化领域还在不断发展，直到后来发展成为"文化大革命"。

（一）社会主义教育方针的提出

1957年2月，毛泽东同志在最高国务会议第十一次（扩大）会议上作了《关于正确处理人民内部矛盾的问题》的讲话，在谈到知识分子问题时提出：我们的教育方针，应该使受教育者在德育、智育、体育几方面都得到发展，成为有社会主义觉悟的有文化的劳动者。这是新中国成立后第一次明确提出的教育方针。

1958年，中共中央、国务院发布的《关于教育工作的指示》中指出：党的教育工作方针，是教育为无产阶级的政治服务，教育与生产劳动相结合；为了实现这个方针，教育工作必须由党来领导。这个指示指出了前一段时期教育发展中存在的一些问题，总结了建设社会主义教育的经验。但是，也反映出一些明显的错误倾向，造成了教育思想上的混乱以及"左"的思潮与做法的泛滥。

（二）教育改革

1. 试验推行半工半读

（1）提倡学校办工厂、农场，工厂、农场办学校。1958年1月，毛泽东同志提出一切学校，凡是可能的，一律试办工厂或农场，学生实行半工半读。同年8月，他又提出：以后要学校办工厂，工厂办学校。①

（2）试验推行两种教育制度、两种劳动制度。刘少奇同志关于两种教育

---

① 《中华人民共和国教育大事记》，教育科学出版社1983年版，第212、229页。

制度、两种劳动制度的设想是在1958年提出来的。1958年5月30日，刘少奇同志在中共中央政治局扩大会议上提出，我们应该实行两种教育制度和两种劳动制度。他认为，我们国家应该有两种主要的学校教育制度和工厂的劳动教育制度：一种是现在的全日制的学校教育制度和现在工厂里、机关里八小时工作的劳动制度，这是主要的。此外，还可以采取一种制度，与这种制度相辅而行，也成为主要制度之一，就是一种半工半读的学校教育制度和一种半工半读的工厂劳动制度。

1964年7～8月，刘少奇同志再次提出这个问题。他认为，两种教育制度、两种劳动制度，从当前看，既能够办学校，有希望普及教育，又能够减轻国家和家庭负担；从长远看，能够培养新人，培养既能从事脑力劳动又能从事体力劳动的人。因此，他建议各省、市、自治区和每个大城市着手进行试验和试办。这样，从1964年下半年起，京、津、沪等大城市开始举办了各种形式的半工半读学校。

2. 学制改革试验

新中国成立以后，我国的学制一直沿用1922年确定下来的"六三三四"学制。1964年，中共中央决定成立学制问题研究小组。同年7月，在调查研究和广泛听取意见的基础上，草拟了《学制改革初步方案（征求意见稿）》。这个方案草拟的新学制规定全国设立全日制、半工（农）半读、业余三类学校。在全日制学校中，小学的基本学制为5年，不分段；中学的基本学制为4年，不分段；设立由高等学校主办的二年制预科和由地方主办的二年制的分科预备学校。但是，这个方案因情况发生变化，并未正式形成文件。

（三）各级学校暂行工作条例的制定

1958年开始的"教育革命"，受"左"的路线影响，违背了教育规律，破坏了学校教学秩序，导致教育教学质量难以保证。为了总结经验，纠正偏差，国家从60年代起陆续制定了各级学校的暂行工作条例。

1. 高等学校暂行工作条例

1961年9月，中共中央批准试行教育部组织起草的《教育部直属高等学校暂行工作条例（草案）》（共六十条，简称《高教六十条》）。《高教六十条》

分总则、教学工作、生产劳动、研究生培养工作、科学研究工作、教师和学生等十章。它主要阐述和明确了高等学校要保证以教学为主，提高教学质量，正确执行党的知识分子政策，团结一切可以团结的知识分子，为社会主义高等教育事业服务，正确执行"百花齐放、百家争鸣"的方针，提高学术水平等内容。

2. 全日制中学暂行工作条例

1963年3月，中共中央批准试行《全日制中学暂行工作条例（草案）》，对中学教育作了原则性的规定，它分为总则、教学工作、思想政治教育、生产劳动等八章。《全日制中学暂行工作条例（草案）》规定了全日制中学教育的培养目标，要求全日制中学必须根据教育部统一规定的教学计划、教学大纲和教科书进行教学，必须以教学为主，加强基础知识的教学和基本技能的训练等内容。

3. 全日制小学暂行工作条例

《全日制小学暂行工作条例（草案）》从1961年7月开始起草，经过广泛讨论和多次修改，于1963年3月由中共中央批转试行。它分为总则、教学工作、思想品德教育、生产劳动等八章。《全日制小学暂行工作条例（草案）》规定了全日制小学教育的任务、培养目标等，要求全日制小学必须贯彻以教学为主的原则，对小学生进行思想品德教育的主要内容是"五爱"教育，小学生要参加适当的生产劳动，从小养成劳动习惯，培养爱劳动、爱劳动人民、爱劳动成果的思想感情，等等。

上述条例的制定，对于稳定教育秩序、提高教育质量起了一定的作用。但是，由于"左"的路线问题未能解决，而且还在继续发展，在教育思想上也存在着种种分歧与混乱。这样，一场历时十年的浩劫首先从教育领域开始了。

三、"文化大革命"时期的教育（1966～1976年）

1966～1976年，中国发生了史无前例的"文化大革命"，整个国家陷入了空前的混乱之中，国民经济到了几乎崩溃的边缘，给中国人民带来了巨大的

灾难和创伤。在"十年动乱"中，中国的教育事业遭到了极大的破坏。归纳起来，主要表现在以下三个方面。

（一）教育事业全面停顿

1967年7月18日，《人民日报》发表了题为《打倒修正主义教育路线的总后台》的文章，全面否定了新中国成立后十七年的教育工作，把十七年的教育说成是封建主义、资本主义、修正主义的教育，大、中、小学工作是"智育第一"，在教育工作中推行的是一条"反革命修正主义路线"，等等。

1971年4月，国务院在北京召开全国教育工作会议。会议在张春桥等人的操纵下出台了《全国教育工作会议纪要》，全面否定了新中国成立后十七年的教育工作成绩，并作出了"两个估计"：一是新中国成立后十七年，毛主席的无产阶级教育路线基本没有得到贯彻执行；二是大多数知识分子的世界观基本上是资产阶级的。同时，《会议纪要》将所谓"天才教学"、"智育第一"、"洋奴哲学"、"知识私有"、"个人奋斗"、"读书无用"等称为十七年资产阶级统治的精神支柱。8月13日，中共中央批转了《会议纪要》。

由于对新中国成立后十七年教育工作的全盘否定，扰乱了人们的思想，制造了混乱，加上社会动荡，致使教育工作无法进行，十年中各级各类教育基本上处于停顿状态。

（二）各级各类学校陷入无政府状态

"文化大革命"开始后，各级教育管理部门普遍受到冲击，大多陷入瘫痪、半瘫痪状态。从1966年6月开始，高教部和教育部的部长、副部长以及一些司局长等陆续被批斗，教育工作先后停顿。从1966年9月到1975年重建教育部，有八年多时间教育事业没有专门的主管部门，各级各类学校管理也陷入瘫痪状态。

1968年，中共中央、国务院、中央军委、中央文革小组在《关于派工人宣传队进驻学校的通知》中提出：大中城市的大、中、小学由工人宣传队管理。从此，全国各地派各种宣传队进驻各级各类学校，并宣布学校的党、政、财大权都归宣传队掌握。军管、军训和派驻宣传队等措施，虽然在当时混乱的情况下对稳定学校局势起了一定的作用，但是，各级各类学校基本上处于一种极端的无政府状态之中。

（三）违反教育规律，教育教学工作混乱

"文化大革命"中，以批判资产阶级教育路线、改革教育为名，违背教育规律，任意缩短学制，改变教学组织形式、教学计划及课程，取消考试、考核及学校的各种规章制度等，造成教育教学工作的极度混乱。高等学校的混乱从改变招生方式开始，即改新中国成立以来以考试选拔人才为基层单位推荐免试。中学教育也废除了高中招生考试，实行推荐与选拔相结合的办法进行招生。

总之，"文化大革命"期间，教育损失除了上面谈到的之外，还包括教师队伍被摧残，学生参加串联、武斗，以及社会上的各种动乱对学校的冲击。所以，"十年动乱"在教育上是一场浩劫，导致我国整整一代人不能得到正常地、健康地成长。

四、改革开放初期的教育（1976～1990年）

1976年10月，"四人帮"反革命集团被粉碎。1978年12月，中国共产党十一届三中全会召开，作出了把工作重点转移到社会主义现代化建设上来的战略决策，党和政府实行了一系列改革开放的政策，国民经济迅速恢复并逐步发展，教育事业也有了长足的进步。

（一）教育上的拨乱反正

1977年8月，邓小平同志主持召开科学和教育工作座谈会，作了《关于科学和教育工作的几点意见》的讲话。他认为，全国教育战线在新中国成立后十七年的工作"主导方面是红线"，"现在差不多各条战线的骨干力量，大都是建国以后我们自己培养的，特别是前十几年培养出来的。如果对十七年不作这样的估计，就无法解释我们所取得的一切成就了"。[①]

此后，教育战线的拨乱反正工作也逐步开展，纠正冤假错案，对被错误打击、迫害的干部和师生员工予以平反昭雪和落实政策，广大教育工作者的

---

① 《邓小平文选》第二卷，人民出版社1994年版，第49页。

积极性被充分调动起来。此外，在恢复学校正常秩序方面也做了很多工作，例如：恢复高等学校统一招生考试制度；从学校撤走宣传队；停止执行中学生一律上山下乡的政策；收回被占校舍和重新调整被关、停、迁、并的学校。这样，学校教育秩序逐步得到恢复。

（二）新时期的教育改革

1. 确立教育在社会主义现代化建设事业中的战略地位

1977 年 5 月，邓小平同志指出："我们要实现现代化，关键是科学技术要能上去。发展科学技术，不抓教育不行。"① 同年 8 月，在科学和教育工作座谈会上，邓小平同志再次指出："我们国家要赶上世界先进水平，从何着手呢？我想，要从科学和教育着手。"② 这样，邓小平同志把教育的作用提到了前所未有的高度，为新时期教育事业的腾飞奠定了思想基础。1982 年 9 月，中国共产党第十二次全国代表大会提出：一定要牢牢抓住农业、能源和交通、教育和科学这几个根本环节，把它们作为经济发展的战略重点。普及教育是建设物质文明和精神文明的重要前提。

2. 提出尊重知识、尊重人才的思想

1977 年 5 月，邓小平同志提出："靠空讲不能实现现代化，必须有知识，有人才。没有知识，没有人才，怎么上得去？"他强调："一定要在党内造成一种空气：尊重知识，尊重人才。"③ 同年 8 月，邓小平同志再次重申了"科研工作、教育工作是脑力劳动，脑力劳动也是劳动"的观点。他强调要特别注意调动教育工作者的积极性，尊重教师。对知识分子除了精神上的鼓劲，还要采取其他鼓励措施，包括改善他们的物质待遇。邓小平同志关于"尊重知识、尊重人才"的思想，构成了新的历史时期党和国家文化教育方针政策的重要基石。

3. 提出"三个面向"的教育发展方针

1983 年国庆前夕，邓小平同志为北京景山学校题词："教育要面向现代化，面向世界，面向未来"（简称"三个面向"），指明了新的历史时期教育发

---

①②③ 《邓小平文选》第二卷，人民出版社 1994 年版，第 40、48、41 页。

展的基本方针和战略方向，对开创教育工作的新局面有着深远的意义。

4. 改革教育体制

1985年5月，发布了《中共中央关于教育体制改革的决定》，提出教育体制改革的根本目的是提高民族素质，多出人才，出好人才；教育必须为社会主义建设服务，社会主义建设必须依靠教育。

《中共中央关于教育体制改革的决定》在教育体制改革方面作出了以下重要决策：(1) 把发展基础教育的责任交给地方，有步骤地实行九年义务教育；(2) 调整中等教育结构，大力发展职业教育，这是教育体制改革的一个重点；(3) 改革高等学校的招生和毕业生的分配制度，扩大高等学校的办学自主权；(4) 加强领导，调动各方面的积极因素，保证教育体制改革的顺利进行。

五、世纪之交的教育改革（1990年以后）

1993年2月，中共中央在总结党的十一届三中全会以来教育改革和发展经验的基础上，颁布了《中国教育改革和发展纲要》，提出了20世纪90年代我国教育改革和发展的目标、方针和措施。《中国教育改革和发展纲要》是指导我国世纪之交教育改革和发展的一个纲领性文献，其主要内容包括以下几个方面。

(1) 明确了20世纪末到21世纪初我国教育改革和发展的基本目标，即"两基"、"两全"和"两重"。"两基"指基本普及九年义务教育，基本扫除青壮年文盲；"两全"指全面贯彻党的教育方针，全面提高教育质量；"两重"指到21世纪初重点建设好一批重点大学和一批重点学科。

(2) 改革办学体制。改变政府包揽办学的格局，逐步建立以政府办学为主体、社会各界共同办学的体制。

(3) 深化中等教育体制改革，继续完善分级办学、分级管理的体制。

(4) 改革高等教育体制和招生与就业制度。高等教育要逐步建立政府宏观管理、学校面向社会自主办学的体制，实行高校收费制度和自主择业制度。

(5) 进一步转变教育思想，改革教学内容和教学方法，克服学校教育中不同程度存在的脱离经济建设和社会发展需要的现象。

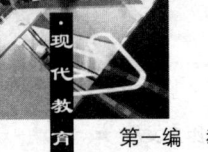

(6) 落实教育经费投入的"六个渠道"、"三个增长"的要求,力争在20世纪末国家财政教育支出占国民生产总值的比例达到4%。

(7) 振兴民族的希望在教育,振兴教育的希望在教师。建设一支具有良好政治业务素质、结构合理、相对稳定的教师队伍是教育改革和发展的根本大计。

(8) 进一步加强和改革德育,把德育工作提高到一个新水平。

(9) 全面推进素质教育。中小学要由"应试教育"转向全面提高国民素质的轨道,面向全体学生,全面提高学生的思想道德、文化科学、劳动技能和身体心理素质,促进学生生动活泼的发展,办出各自的特色。

(10) 对教育方针作出新的表述。教育必须为社会主义现代化建设服务,必须与生产劳动相结合,培养德、智、体等方面全面发展的建设者和接班人。

1999年1月13日,国务院批准了教育部制定的《面向21世纪教育振兴行动计划》,这是在贯彻落实《中华人民共和国教育法》和《中国教育改革和发展纲要》的基础上提出的跨世纪教育改革和发展的宏伟蓝图。《面向21世纪教育振兴行动计划》的主要目标是:到2000年,全国基本普及九年义务教育,基本扫除青壮年文盲;大力推进素质教育;完善职业教育培训和继续教育制度;积极稳步发展高等教育,高等教育入学率达到11%左右;深化改革,建立起教育新体制的基本框架,主动适应经济社会发展。到2010年,城市和经济发达地区有步骤地普及高中阶段的教育,全国人口受教育年限达到发展中国家的先进水平,高等教育规模有较大扩展,入学率接近15%,基本建立起终身学习体系。《面向21世纪教育振兴行动计划》提出了以下12项重大行动。

(1) 实施"跨世纪素质教育工程",提高国民素质。

(2) 实施"跨世纪园丁工程",大力提高教师队伍素质。

(3) 实施"高层次创造性人才工程",加强高等学校科研工作,积极参与国家创新体系建设。

(4) 继续并加快进行"211工程"建设,大力提高高等学校的知识创新能力。

（5）创建若干所具有世界先进水平的一流大学和一流学科。

（6）实施"现代远程教育工程"，形成开放式教育网络，构建终身学习体系。

（7）实施"高新技术产业化工程"，带动国家高新技术产业化的发展，为培养经济新的增长点作出贡献。

（8）贯彻《中华人民共和国高等教育法》，积极稳步发展高等教育，加快高教改革步伐，提高教育质量和办学效益。

（9）积极发展职业教育和成人教育。

（10）深化办学体制改革，调动各方面发展教育事业的积极性。

（11）依法保障教育经费的"三个增长"，切实增加教育投入。

（12）高举邓小平理论伟大旗帜，加强党的建设和思想政治工作。

第四节 教育的未来发展趋势

人类步入21世纪，随着科技的迅猛发展和社会的全面进步，未来的中国和世界将是怎样一种面貌？未来的教育将会呈现怎样的发展趋势？

一、新世纪的教育理念

21世纪，随着经济的转型和科学技术的迅猛发展，世界教育的基本理念正在发生深刻的变化。在社会转型期，我们应该选择和建立何种教育理念，是教育发展必须面对的重大课题。

教育理念是在对教育事实理性认识的基础上形成的教育信念，是人们教育行为的价值取向、指导思想。理念的形成是反思的产物。人们通过对自身及其活动的反思获得自我意识，形成一定的思想观点、理论体系和观念形态。这些思想观点、理论体系和观念形态经过整合与升华，转化为根本的理性信念，称为"理念"。作为思想的最高概括与理论的全部总和，理念蕴涵着追求真的理性精神、憧憬善的价值理想、创造美的审美意境。在这个意义上，理

念是人类生活实践中最为根本的生命精神。然而，理念并不是抽象的，而是真实存在和生成于人类各种生活实践之中。正如政治、经济、文化活动具有各自的理念一样，教育也有其自身的理念。教育理念确立的根本依据是，教育的全部目的是使人成为人。对人的内涵在不同的社会和文化背景下认识的不断扩展，构成了确立和选择教育理念的根本前提。

当今教育发展的基本理念呈现出许多新的特点和趋势。例如终身教育、以人为本、教育民主化、国际理解教育、发展性教育、科学精神与人文精神相结合、可持续发展、尊重教育、自我教育、个性化教育、创新教育等理念，开始深入人心，并被人们广泛认同。

（一）终身教育理念

以埃德加·富尔为首的国际教育发展委员会于1972年5月完成了题为《学会生存——教育世界的今天和明天》的研究报告。该报告指出："终身教育这个概念，从个人和社会的观点来看，已经包括整个教育过程了。""终身教育就变成了由一切形式、一切表达方式和一切阶段的教学行动构成一个循环往复的关系时所使用的工具和表现方法。"①因此，教育的功能不再局限于按照某些预定的组织规划、需要和见解去训练未来社会的领袖，或想一劳永逸地培养一定规格的青年，而是要面向整个社会成员；受教育的时间也不再局限于"某一特定年龄"，而是向着"个人终身的方向发展"。《学会生存——教育世界的今天和明天》还明确提出了"学习化社会"的概念，并把终身教育作为学习化社会的基石。

1996年，21世纪教育委员会向联合国教科文组织提交了题为《教育——财富蕴藏其中》的报告，明确提出教育的四个支柱是"学会认知"、"学会做事"、"学会共同生活"、"学会生存"。这四个支柱的核心是"学会生存"。该报告把"终身教育"列在报告的"原则"部分之中，强调终身教育是打开21世纪光明之门的钥匙。

---

① 联合国教科文组织国际教育发展委员会编著，华东师范大学比较教育研究所译：《学会生存——教育世界的今天和明天》，教育科学出版社1996年版，第180页。

终身教育改变了传统教育的理念。教育的目的不再是训练儿童和青少年，而是针对所有的人；它不只限于学校教育，教育结构的多样化成为主要方面。学生的主体性和主动性正受到越来越多的重视，教师也由原先的知识权威转变为更多的是一种判断学习者的需要、帮助学生改进学习方式的角色。终身教育是对传统教育理念的一种扬弃，并引发了传统教育观念的革命性变革，成为指导当代教育实践的主要理念。

（二）以人为本的理念

以人为本的理念是一种基于人、通过人、为了人的教育思想，是人本主义哲学思想在教育上的体现。

人本主义思想家批判了个人本位论和社会本位论割裂社会与个人之间关系的极端观点，在此基础上提出了自己的主张。他们认为，教育只有与社会发展和个人发展结合起来才是合理的。针对工业社会中被异化了的"人性"，他们通过追溯从古希腊哲人提出的"人是万物的尺度"到文艺复兴时期批判神性、重新确立人性的地位，再到现代社会对工具理性的反思，认为现代社会中科技的高度发展、理性的过度张扬，使得人性中非理性的部分被忽视，人的生存、生活不再是出自自己的内部需要，而是依赖于自身之外的某种力量，这种自身之外的力量成为人的思想和行动的主宰。这样，人的行动的结果成为支配自己的力量，人丧失了自我意识，丧失了自身的主体性，人的存在与其本质发生了背离。而事实上，人是一个有情感、欲望、快乐、悲哀的人，是一个按照自己的内在需要与发展渴望而生活的人。

人本主义教育学家提出了以人为本的教育思想，要求教育应以人的发展为出发点和基石，认为人是教育生成、教育行为存在的前提，教育是促进人的发展的"思想内涵和逻辑内核"。为此，教育必须尊重人，尊重人的生命，尊重人的精神世界，尊重人的个性和差异。教育的最终目的是促进人的发展，只有这样，才能正确处理人与自然、人与社会、人与人之间的关系。

以人为本的教育理念指导之下的教育实践是一种"以学生发展为本"的社会实践活动。这种教育实践必须充分考虑到学生身心发展的需要，遵循他们的生理、心理特点和发展规律，设计适合学生学习的各种课程，在教学过

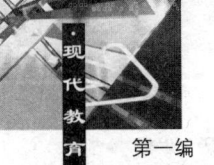

程中以学生为主体，促进学生的全面、和谐发展。

（三）发展性教育理念

发展性教育理念认为，学生是发展中的人。在教育中，学生是一个不成熟的个体，同时又是一个具有巨大发展潜能的个体。教育应该看到学生的未完成性，给学生创造发展的环境和机会，特别是教师对每一位学生的持久期望会给他们一种强大的发展动力。从辩证的视角来看，学生在成长的过程中难免会出现一些失误和错误，这些都是他们必须付出的成长代价。俗话说："三岁看大，七岁知老。"用当今发展与生成的观点来看，这种看法未免有些失之偏颇，这是一种否定学生发展性的观点。重视学生的发展性，意味着教育承认学生在每个成长期都有着自己独特的世界，必须尊重他们在每一个阶段的独特需要和成长方式。同时，学生在成长的某一阶段的表现也并不能表明他以后的发展方向与人生的最终成就。

因此，发展性教育理念要求教育者要善于发现学生的受教育支点，以这个支点为基础，找到教育学生的切入点。当然，这一切都需要建立在发展性学生观的基础上，给予学生热情的关怀和引导，为其指明发展的方向。这是当今社会需要树立的教育理念之一。

（四）尊重教育理念

尊重教育理念是教育实践发展的必然选择。人类教育活动的历史是从"神化"教育转向"物化"教育，进而走向"人化"教育的过程。与此相一致的是，教育的理念也体现为从"崇拜的教育"转向"占有的教育"，进而选择了"尊重教育"理念。

尊重教育理念的内涵十分丰富，主要包括以下一些内容。

第一，尊重教育规律，包括学校发展要适应、促进并超越社会。学校教育要尊重学生的发展特点，尊重教育教学的规律，尊重学校管理的规律，尊重科学研究的规律等。当今教育不再是经验积累、口耳相传的教育模式，教育的发展必须尊重教育规律，根据社会的需要、人的身心发展特点循序渐进地进行；必须重视遗传、环境、教育对人的发展的作用；等等。

第二，尊重教育对象，包括尊重人才的成长规律。学校教育要尊重教育对象的人格、尊严、主体性和个性,对受教育者要做到一视同仁,用平等的眼光去看待每一位受教育者,这是对人的发展的公平对待。教师要尊重受教育者,师生之间应建立起一种平等、自由、关心、宽容、鼓励、帮助的关系,把对方作为一个真实完整的人来对待,实现真实的人格与精神的相遇相融。

第三,尊重教育者的劳动成果,包括尊重教师的劳动、教育管理者的劳动、教育服务者的劳动等。

第四,培养教育者与受教育者的自尊。教育者的自尊包括尊重自己所从事的事业、珍惜自己的工作岗位和职业、尊重自己的社会价值和地位以及自己对尊严的恪守与创造。受教育者的自尊包括自律、自强、自信、自尊、自爱。自尊与合理的严格要求是尊重的底线。

尊重教育理念的核心是以尊重为切入点,重建社会道德伦理,重建学校的师生关系,重建教师的职业道德,重建师生在教育过程中的地位以及学校的整体人文环境和教育精神。

(五)自我教育理念

自我教育是指在教育者的启发和引导下,受教育者对自己的行为表现进行自我认识、自我监督、自我克制和自我改正。

在学校教育中,自我教育的过程包括自我认识、自我设计、自我监督和自我反馈等几个阶段。其中,自我认识是自我教育的基础,学生只有清醒地认识到自己的优缺点,才能为自我教育提供前提。自我设计是学生对所要达到的目标和行动计划的自我设定,这是实现自我教育的保障。自我监督是学生通过自我反省来检查自己的行为,从而不断地对自己的行为进行修正,以便更好地实现预先设定的目标。自我监督水平的高低反映了一个人修养水平的高低。自我反馈是学生对行为结果的自我检查,包括行为过程的检查和最终结果的检查。

学生的自我教育能力的培养是当代教育学要研究的一个重点课题。培养学生的自我教育能力,就是让学生学会反思,形成自我教育的意识和方法。自我教育充分体现了个体的自觉性和能动性,这是学习化社会教育的基本理念之一。

二、新世纪的教育制度

教育制度是指一个国家或地区各级各类教育机构与组织的体系及其管理规则。它包括相互联系的两个方面：一是各级各类教育机构与组织的体系；二是教育机构与组织体系赖以存在和运行的一整套规则。①

我国现行的教育制度是在1995年3月18日颁布的《中华人民共和国教育法》中明确规定的：（1）国家实行学前教育、初等教育、中等教育、高等教育的学校教育制度；（2）国家实行九年义务教育制度；（3）国家实行职业教育和成人教育制度；（4）国家实行国家教育考试制度；（5）国家实行学业证书制度和学位制度；（6）国家实行教育督导制度和学校及其他教育机构教育评估制度。

在教育制度中，学校教育制度是其基本组成部分，处于核心地位，它具有一定的基本内容，并出现了新的发展趋势。

（一）教育社会化与社会教育化

教育社会化，是指教育对象的全民化。现代教育在不断增加教育投入、扩充教育设施、扩大教育规模的基础上，根据社会需要、个人才能和兴趣的需要，把教育的时间扩展到全人生，把教育的空间扩展到全社会，从而使每个社会成员不论其社会成分、经济状况、家庭地位如何，都能够享有受教育的机会。社会教育化，不仅表现在正规学校向社会开放，更主要的是整个社会都将担负起教育的职能。这样，社会就成为一所大学校，向所有有学习能力并有志于学习的人敞开，从而实现社会与教育的一体化。

（二）重视早期教育

最近二三十年来，儿童的早期教育问题成为人们广泛关注的热点，受到各国的重视，具体表现为：（1）一些国家把幼儿教育视为学校教育体系的一部分。例如英国、朝鲜、瑞士等把幼儿教育规定为义务教育的组成部分；美国在20世纪60年代以后幼儿教育发展很快，5岁儿童入园率到70年代已经

---

① 成有信主编：《教育学原理》，广东高等教育出版社1999年版，第125页。

达到 90％以上。由此可见，重视幼儿的早期教育，将其纳入学校教育体系，并与初等教育衔接，已经成为普遍的发展趋势。（2）重视早期智力开发。许多国家积极为智力超常儿童的发展创造条件，在学制上作出了若干弹性规定，允许有特殊才能的儿童提前入学，允许跳级，并设立特殊学校和特殊班级，实行因材施教。例如日本设立了"英才实验学校"，美国制定了《天才教育法》，对超常儿童的教育给予特殊对待。

（三）初等教育入学年龄提前，义务教育年限延长

在当代学制改革中，许多国家规定的儿童入学年龄有所提前。据联合国教科文组织在《1960～1982 年世界教育统计概述》中介绍，世界上绝大多数国家和地区都规定儿童的入学年龄在 5～7 岁之间，规定为 7 岁的占 56.8％，比以前提早 1～2 年。我国近年来实行 7 岁入学，同时试行 6 岁入学，入学年龄也在提前。日本在 1947 年颁布的《教育基本法》中规定实行九年义务教育，并很快普及了九年义务教育，到 1989 年，初中毕业生的升学率为 94.7％，实际上已经普及了高中。[①] 据联合国教科文组织 1990 年的统计，世界发达国家的义务教育年限的基本情况是：美国和英国为 11 年，法国为 10 年，日本为 9 年，意大利为 8 年。义务教育年限的长短，是一个国家教育发展程度的重要标志之一。

（四）寻求普通教育与职业技术教育的最佳结合

中等教育结构改革的核心问题是处理好普通教育与职业技术教育的关系。普通教育与职业技术教育相结合，加强职业技术教育，成为当代中等教育结构改革的基本趋势。各国在学制改革中，处理中等教育阶段普通教育与职业技术教育的关系时采取的措施不尽相同，例如有的注重发展与完善职业技术学校体系，有的则在普通中学增加职业技术课程或设立职业技术班。在普通中学增加职业技术教育内容，为中学毕业生做好就业准备；或者在职业技术学校增加普通教育课程，为学生打下更好的文化科学基础，增强对未来职业

[①] 罗方述：《1989 年日本初等、中等教育基本调查结果》，《外国教育资料》1990 年第 2 期。

的适应能力，实现"职业教育普通化，普通教育职业化"，这是当代教育的基本发展趋势。

(五) 高等教育出现多级层次，高等学校类型逐步多样化

高等教育在当代社会获得空前发展，主要表现为：(1) 高等教育体制的多层次性。大多数国家形成了高等学校的三个层次：初级层次是学习时间为2～3年的初级学院，这类学校，美国称为社区学院，日本称为短期大学，德国称为高等专科学校；中级层次是学习时间为4～5年的综合大学及文、理、工、商、医等各种学院，是高等学校的主体；高级层次是大学的研究生院，主要培养科学研究的高级人才。近年来，一些著名大学设立了高级研究生院，为已经获得博士学位的人员继续开设研究课程，称为"博士后研究"。(2) 高等学校类型日益多样化。除了普通高等学校之外，还出现了广播电视大学、网络大学等多种高等教育形式。这种开放式的大学在高等教育中发挥着越来越大的作用。

(六) 以终身教育思想为指导，实现教育制度一体化，努力发展继续教育

终身教育是指人在一生中所受的各种教育的总和，它改变了传统的教育观念，认为教育应包括学前教育、学校教育、成人教育、继续教育等。其中既有学校教育，又有社会教育；既有正规教育，又有非正规教育。许多国家以终身教育思想为指导，不断调整教育结构，改革学制。例如日本以终身教育思想为指导，规定中小学教育要成为"终身教育的基础"；瑞士、法国等国家则以立法形式努力贯彻终身教育思想。

继续教育是在终身教育思想的推动下逐步发展起来的。继续教育是指在接受完基础教育和职业技术教育之后，为适应知识和技术不断发展的要求而继续进行的教育与训练。现代科学技术突飞猛进，要求人们不断地接受教育和训练，以适应社会进步与发展的需要。瑞典、德国、美国、日本等先后颁布法律，对成人接受继续教育作出了明确的规定，为发展继续教育提供了制度保障。

三、新世纪的教育行政管理体制改革

体制与制度是紧密联系的。制度是社会为人们规定的共同和根本的行为

准则，具有稳定的、普遍的、权威的特点。体制是制度的具体的、外在的表现形式和实施方式，是有关制度主体如政治组织、社会团体以及个人的行为规范的总和。

"教育行政管理体制"简称"教育体制"，它是教育行政机构设置、隶属关系、权限划分等方面的体系和制度的总称，其中最主要的是权限划分和隶属关系。教育体制对全社会的所有教育活动都有非常重大的作用和影响，是所有教育活动存在、延续、发展的基础和条件，是决定教育如何发展的根本原因和决定因素。① 教育体制的内涵包括：教育系统的行政管理机构设置；各级教育行政管理机构职能的规定，包括责任、权力和利益等；各级教育行政管理机构的相互关系及其活动规范；各级教育行政管理的基本方式和方法，包括教育决策、教育行政、教育督导、教育评估的制度等。由于各国的政治、经济、文化等方面的差异，其教育行政管理体制也存在很大区别。根据中央与地方在教育行政权力分配上的不同，大体可以分为三种类型，即中央集权制、地方分权制、中央和地方共同合作制。我国现阶段实行的基本上是一种中央集权式的教育行政管理体制，需要逐步加大地方的自主权，充分发挥地方教育行政部门的积极主动性。

新世纪教育行政管理体制改革的基本发展趋势和特点主要表现在以下几个方面。

（一）实行依法治教

世界各国教育行政管理的主要依据有三个方面：一是宪法；二是法律；三是命令。大部分国家的宪法都对教育行政管理体制作了原则性规定，确立了教育行政管理体制的基本结构。同时，各个国家还制定了一系列的法律，对有关教育行政管理体制方面的具体问题作出了相应的规定。例如英国的《巴特勒教育法》、法国的《高等教育指导法》、美国的《国防教育法》和日本的《教育基本法》等。新世纪的教育行政管理体制改革应进一步加强法治，

---

① 王长乐：《试论"教育体制决定教育"的局限性》，《南京师大学报》（社会科学版）2000年第1期。

依法治教，颁布相应的法律法规作为教育行政管理体制改革的重要依据，这是推动教育行政管理体制改革的重要内容。

（二）健全审议制度

目前，世界各国的教育行政机关都设有审议或咨询机构。设置审议机构的目的在于充分发挥集体智慧的作用，扩大信息源，防止教育决策的重大失误，监督和纠正教育行政机构的偏差，从而能够充分听取各方面的意见，进行民主决策。

审议机构的组成人员，除了教育行政官员和教育专家之外，还包括教职员工和社会各界人士、专业团体代表等。例如美国联邦教育部设置的政府间关系教育顾问委员会的成员包括民众代表、民选地方官员代表、公私立中小学代表、公私立大专院校代表和教育部官员代表；英国的中央审议会的成员包括中小学校、教师协会、企业界、科学界和宗教界的代表；法国的国家教育最高审议会的成员包括国立公立学校教师代表、私立学校教师代表、教育行政机构代表以及其他各阶层代表（政府各部门、家长联合会、雇主联合会、雇员联合会等）；日本的中央教育审议会的成员包括大学教育人员、中小学教育人员、新闻界和企业界的代表。①

（三）明确管理责权，完善监督制约机制

国家在教育行政管理体制中作出的某些规定只是一种政策法规上的、宏观原则上的、粗线条的责权规定，还没有明确将纵向上各级之间和横向上各部门之间的责权等细化，并规定清楚。因此，地方上的各级行政部门，如市县乡各级、各部门的责权需要明确划分，并采取必要的监督机制和有力的督导手段，明确管理的责权，完善监督制约机制。

（四）有效整合教育行政管理系统内部的各要素

在教育行政管理体制方面，部分地区出现了上级管理不力、下级各自为政的现象。因此，一方面，上级政府对下级政府贯彻执行教育方针、政策的

---

① 李帅军：《20世纪发达国家教育行政管理体制改革的特点论析》，《河南师范大学学报》（哲学社会科学版）2003年第2期。

情况要给予有力监督；另一方面，政府或教育行政部门应整合有限的资源，努力解决问题，避免出现"该管的撒手不管"、"想管的管不了"等不正常现象的发生，从而达到有效地整合教育行政管理系统内部的各要素，发挥整体功能的目的。

（五）健全教育经费投入机制

教育经费投入问题是教育行政管理体制改革过程中的一个难题。由于教育资源缺乏，即使在贫困地区给予了很大的自主权，也可能会出现发展不理想的现象。因此，只有在加大教育经费投入、保证教育资金、满足师资需要的情况下，才能够真正实现自主引进师资、广泛招揽人才、促进学校发展的目标。因此，教育经费投入保证是非常重要的。

四、新世纪的教育国际化、民主化与多样化

教育国际化是未来教育发展的一大趋势。在20世纪前半叶，由于政治、经济、科技以及其他种种原因，很多国家或地区之间是孤立的、封闭的，彼此互不沟通、互不联系，也互不了解。进入50年代以后，随着科技的迅速发展、国际政治格局的变化，国家或地区之间的联系日益频繁，特别是经济发展的国际接轨突出了培养国际通用人才的重要性。进入90年代以后，有些国家开始建立国际学校，设立国际课程，并采用先进的教学模式，旨在培养能在未来的国际事务中大显身手的人才。在21世纪，追求教育的国际化、人才的国际化是各国教育发展的一个显著特点。这是因为经济的国际化、商品贸易的国际流通，必然会带来国际间交往的增加，从而产生对通晓国际经济、商贸、法律、金融等各类人才的渴求，促使各类国际性学校的诞生。

教育民主化是整个社会民主化的重要组成部分，是现代教育的一个重要特征，更是未来全球教育变革的一种重要发展趋势。教育民主化主要是指普及教育以及由此所带来的教育机会均等，意味着逐步打破教育由少数人、特别是社会统治者所垄断、主宰、专制的局面，从而使之为越来越多的人所享受、掌握和利用；它还包括学制的民主化、课堂生活的民主化、学习机会的民主化等。教育的民主化还意味着家庭、企业、社区等公共机构最大限度地

参与教育决策。总的说来，实现教育的民主化，其基本的要求是，不同的阶级、不同的民族、不同身心发展程度的受教育者，在教育的起点、过程和结果等各个方面都享有同等的权利和机会。

  教育的单一化问题一直是世界各国的教育改革共同面临的课题。教育的单一化主要表现在办学形式、教育结构、学制、课程、培养模式等趋同或划一；培养目标上强调共性，缺乏个性；教育过程上主张同步化、集中化、标准化，忽视差别和个性。教育的单一化是传统教育的显著特点。教育的多样化是现代社会的发展和人的发展的要求决定的。社会经济所有制形式的多元化，社会行业和部门的多层次与多类别，客观上要求教育的层次和类型必须多种多样。同时，人的价值取向、理想追求和智力发展程度不同，以及工作、生活、年龄等种种客观条件的差异，决定了教育必须面对社会和人的现实需求，从提高全体国民素质出发，对学制、课程、质量标准以及具体的培养方式、教育管理等进行改革，实现教育的多样化。

思考题

1. 关于教育的起源有哪几种有代表性的观点？
2. 古代社会的教育有什么特点？
3. 现代社会的教育有什么特点？
4. 简要论述新中国教育的发展阶段。
5. 新世纪的教育需要什么样的教育理念？谈谈你对终身教育理念的看法。
6. 结合实际论述教育的未来发展趋势。

第三章 教育概说

本章主要是让大家明确教育的定义和本质。定义是构成一门学科内容的基本要素,是对教育中若干问题讨论的起点,也是构成一门学科基础理论的重要内容。定义的科学与否、准确与否,不仅代表着一门学科的成熟程度,而且在很大程度上影响着该学科的发展水平。正因为定义如此重要,千百年来,教育理论家们围绕着教育的定义进行了不懈的探索。这些探索不仅是教育理论发展水平的一种标志,也是我们今天理解教育定义的重要认识阶梯。

第一节 教育的定义

一、教育的字源与字义

(一)中文中"教育"的字源与字义

据考证,早在中国商代的甲骨文中就有了"教"和"育"的象形文字,但在一个相当长的历史时期里,"教"和"育"一直是分开使用的,通常只用其中的一个字来表达教育的现象和活动。在中国古代典籍中,有很多关于"教"的论述,但在不同的语境中,含义不同。概括起来,主要有以下六种。

(1)教育。《孟子·梁惠王上》:"谨庠序之教,申之以孝悌之义。"唐韩愈《祭十二郎文》:"当求数顷之田于伊颍之上,以待余年。教吾子与汝子幸其成,长吾女与汝女待其嫁,如此而已。"清章学诚《文史通义·原学上》:"教也者,教人自知适当其可之准,非教之舍己而从我也。"

(2)教导、指点。汉司马迁《报任少卿书》:"教以顺于接物,推贤进士

87

为务。"宋王安石《答司马谏议书》:"昨日蒙教,窃以为与君实游处相好之日久,而议事每不合,所操之术多异故也。"清蒲松龄《聊斋志异·促织》:"成反复自念,得无教我猎虫所耶?"

(3) 告诉。《吕氏春秋·贵公》:"此大事也,愿仲父之教寡人也。"高诱注:"教犹告也。"唐韩愈《柳州罗池庙碑》:"于是老少相教语,莫违侯令。"

(4) 训练。《论语·子路》:"以不教民战,是谓弃之。"《吕氏春秋·简选》:"统率士民,欲其教也。"高诱注:"教,习也。"宋苏轼《教战守策》:"天下果未能去兵,则其一旦将以不教之民而驱之战。"

(5) 政教、教化。《商君书·更法》:"前世不同教,何古之法?"唐韩愈《原道》:"今也举夷狄之法,而加之先王之教之上,几何其不胥而为夷也。"清纪昀《阅微草堂笔记·滦阳消夏录二》:"圣人之立教,欲人为善而已。"

(6) 效仿。《韩非子·难势》:"尧教于隶属而民不听,至于南面而王天下,令则行,禁则止。"陈奇猷集释:"教,借为效……尧教于隶属而民不听,谓尧与隶属相仿则民不听其令也。"①

以上六种含义,均是"教"的去声用法。"教"的另外一种发音是平声,其含义为:把知识或技能传授给人。《左传·襄公三十一年》:"教其不知,而恤其不足。"《玉台新咏·古诗〈为焦仲卿妻作〉》:"十三教汝织,十四能裁衣。"唐韩愈《曹成王碑》:"王亲教之搏力、勾卒、嬴越之法。"②

与"教"字的含义相关联,"育"字的含义有以下四种。

(1) 生育。《易·渐》:"妇孕不育,失其道也。"宋吴曾《能改斋漫录·记事二》:"虞部员外郎张咸,其妾孕五岁而不育。"明陈继儒《珍珠船》卷一:"供奉官郭垣,在母胎余年不育。"

(2) 抚养。《诗·小雅·蓼莪》:"拊我畜我,长我育我。"郑玄笺:"育,覆育也。"《文选·张华〈鹪鹩赋〉》:"育翩翾之陋体,无玄黄以自贵。"刘良注:"育,养也。"唐韩愈《处士卢君墓志铭》:"母夫人既终,育幼弟与归宗之妹。"清侯方域《太常公家传》:"又三岁,父赠侍郎公卒,育于伯瑀。"

---

①② 罗竹风主编:《汉语大词典》(5),汉语大词典出版社1990年版,第444~445页。

(3) 培养、教育。汉匡衡《祷高祖孝文孝武庙文》:"思育休烈,以章祖宗之盛功。"唐韩愈《顺宗实录五》:"恩翔春风,仁育群品。"王德安《严师》:"三十年心血育英才,芬芳桃李满天下。"

(4) 生长、成长。《礼记·中庸》:"致中和,天地位焉,万物育焉。"朱熹集注:"育者,逆共生也。"《孟子·滕文公上》:"后稷教民稼穑,树艺五谷;五谷熟而民人育。"①

在中国古代社会里,最早把"教"和"育"二字合为一体,连起来使用的人是孟子。他在《孟子·尽心上》中说:"君子有三乐,而王天下不与存焉。父母俱存,兄弟无故,一乐也;仰不愧于天,俯不怍于人,二乐也;得天下英才而教育之,三乐也。"②许慎的《说文解字》将"教"和"育"释义为:"教,上所施,下所效也。"③"育,养子使作善也。"④"上所施"是指在上者如父母、兄长或老师等人的传授、讲解、施教的活动;"下所效"是指在下者如子女、晚辈或学生学习、听讲、模仿、效仿的活动;"养子使作善"即教育子女,使他们向好的方向发展。

如果把"教"和"育"两个字合起来解释,则为:在上者以良好的言行供在下者模仿,使在下者形成善良的品质,这就是教育。教育是一个模仿的过程,模仿的结果是成善,故被模仿者要先行成善,以身作则,率先垂范。荀子认为"以善先人者谓之教",意思是以善来影响别人,这就是教育。

自孟子使用了"教育"二字之后,在中国古代相当长的时间里,善以论教施教闻名的诸多教育家们仍习惯于以单字的"教"或"学"来表达教育之意,这与古汉语的简练、概括特性直接相关。所以,在荀子、董仲舒、扬雄、王充、韩愈等人的诸多教育论述中,"教"字出现的频率相当高,但"教育"二字极为少见,只是在其他的著述中偶尔才见到。例如宋代的《儒林公议》卷下:"今朕建学与善,以尊士大夫之行,而更制革弊,以尽学者之才,其于

---

① 罗竹风主编:《汉语大词典》(6),汉语大词典出版社1990年版,第1186页。
② 杨伯峻:《孟子译著》(下),中华书局1960年版,第309页。
③④ (汉)许慎:《说文解字》,江苏古籍出版社2001年版,第69、310页。

教育之方，勤亦至矣。"《醒世恒言·三孝廉让产立高名》："我当初教育两个兄弟，原要他立身修道，扬名显亲。"①

（二）外文中"教育"的字源与字义

在西方，"教育"一词的英文是 education，法文是 education，二者写法虽然一样，但读音不同。德文是 erziehung。它们都出自拉丁文 educere 一词。educere 是由"e"和"ducere"构成，"e"是指从某个地方出来，"ducere"是指引导，二者合起来就是引导或启发之意。德国教育家约瑟夫·多尔赫针对教育一词的动词词根（ziehung）的含义指出："它表示借助外力而对对象实施影响，从而使其从一种状态或现象向着靠近实施影响者的方向，亦即向着实施影响者所期望的更好的或者更加正确的方向改变。"而"教育"一词的动词前缀（er-），则表示实施影响者的一种"使对象或事物由低层次向高层次发展变化的观念或想法"。②

综合起来，外文中"教育"的含义主要有以下 11 种：（1）教育、教学工作；（2）培养、教养；（3）训练、教导；（4）教育程度、教育水平；（5）正规学校教育；（6）受到的教育；（7）通过教育所获得的知识、学识、学问、才能、才智等；（8）教育学、教授法；③（9）通过学校、学院或大学等教育机构的学习而使人的智力得以发展的过程；（10）连接工作或研究与教学的一般领域；（11）抚养、养育。④

二、教育的定义

同人类迄今为止纷繁复杂的教育实践活动一样，人们对教育内涵的理解也是纷繁多样的，尤其是由于思维方式、认识维度、把握层面、抽象程度等的不同，试图找到一个统一的定义是做不到的。但应该承认的是，任何一

---

① 罗竹风主编：《汉语大词典》(5)，汉语大词典出版社 1990 年版，第 447 页。
② ［德］沃尔夫冈·布列钦卡著，胡劲松译：《教育科学的基本概念》，华东师范大学出版社 2001 年版，第 36~37 页。
③ 李华驹主编：《21 世纪大英汉词典》，中国人民大学出版社 2003 年版，第 760 页。
④ 《牛津当代大辞典》，世界图书出版公司 1997 年版，第 555 页。

种解说和观点都是对学科科学化的一种贡献和努力,都从某一侧面揭示了教育的本质,都对我们认识和界定"教育"这一概念提供了有益的启发和参照。

(一) 外国教育家对"教育"概念的解说

1. 教育是"使人得到改进"

苏格拉底认为,人天生是有区别的,但不管这种区别有多大,教育能够使人得到改进。而且,越是秉赋好的人,越需要接受教育;否则,好的秉赋就会使人变得难以驾驭。在苏格拉底看来,教育的首要任务是培养品德。教人道德就是教人智慧,教人辨别是非、善恶,正确地行事。"智慧就是最大的善……正义和其他一切德行都是智慧,因为正义的事和一切道德行为都是美好的;凡认识这些事的人绝不会愿意选择别的事情,凡不认识这些事的人也绝不可能把它们付诸实践……正义的事和其他一切道德的行为,都是智慧。"① 培养道德的目的是教人学会做人,"把精力用在高尚和善良的事上……努力成为有德行的人。秉赋最优良的、精力最旺盛的、最可能有所成就的人,如果经过教育学会了他们应当怎样做人的话,就能成为最优良最有用的人"。②

2. 教育是"形成人的理性",是"使天性、习惯和理性协调统一"

亚里士多德把人的灵魂分成三部分:植物性灵魂、动物性灵魂和理性灵魂。他认为,只有使灵魂的三个部分在理性的主导下和谐共存,人才能成为人。他认为:"有三种东西能使人善良而有德行,那就是天性、习惯和理性。"但是,"由于天性、习惯和理性不能经常统一,要使它们互相协调并服从于理性,除了通过立法者的力量而外,就寄托于教育"。③亚里士多德关于人的三要素理论,是后来关于遗传、环境、教育三因素理论的雏形。

3. 教育是"使人有效益地从事现世的生活并为未来生活作准备"

捷克教育家夸美纽斯认为:"假如要去形成一个人,那便必须由教育去形

---

①② [古希腊]色诺芬著,吴永泉译:《回忆苏格拉底》,商务印书馆1984年版,第117、139页。

③ 参见吴式颖主编:《外国教育史教程》,人民教育出版社2003年版,第72页。

成。"①他认为，人人具有知识、德行和虔信的种子，但这个种子不能自发地生长，而是需要凭借教育的力量。"只有受过一种合适的教育之后，人才能成为一个人。"②人经过教育所要达到的境界是："经过智慧、德行和虔信的适当的滋润，可以有效益地从事现世的生活并正当地准备未来的生活。"③夸美纽斯还为我们描绘了教育的体系和学校运行的基础。他构想的教育体系是：所有青年都能够接受教育；所有青年可以学到一切能够使人变得有智慧、有德行、能虔信的科目；教育是生活的准备，一个人能够在成年以前完全受到这种教育；实施这种教育的时候尽可能和缓快乐，尽量自然；这种教育不是虚伪的而是真实的，不是表面的而是彻底的；这种教育不是吃力的而是容易的；等等。关于学校运行的基础，他认为应当是一切事物里面适当的秩序。

4. 教育是一种有意识的人类活动

德国教育学家鲁道夫·洛赫纳认为："教育是一种既有一定计划性，也有一定随意性，但无论如何却是有意识的人类活动。它以青年或成人为对象，以提供给个人生活帮助，将个人引入团体生活和传播团体文化为目的。"④洛赫纳把教育定义为以青年或成人为对象，以提供给个人生活帮助为目的的人类活动，这样就把教育与人类的一般活动作了区别，使教育的内涵更具有针对性。

5. 教育是成人对年轻一代所施加的影响

法国教育家涂尔干认为："教育是成人一代对那些不能成熟地应付社会生活的年轻一代所施加的影响。其目的是，在孩童时期为青年一代的身体、智力和道德发展创造条件，并使之在上述方面达到政治社会的统一性和以特殊方式而产生的特殊环境所提出的要求。"涂尔干进一步解释说："这种影响总是当前的和具有普遍性的。在社会生活中，青年一代在任何阶段，甚至无时无刻都不可能脱离与成人一代之间的联系，也不可能不在教育方面受到其哪怕是无意的影响……事实上，一种无意的教育从来就未曾停止过。通过我们

---

①②③ 张焕庭主编：《西方资产阶级教育论著选》，人民教育出版社1979年版，第4、6页。

④ ［德］沃尔夫冈·布列钦卡著，胡劲松译：《教育科学的基本概念》，华东师范大学出版社2001年版，第25页。

所列举的例子,通过那些我们用来表达的词汇,也通过那些我们所实施的行为,我们在不断塑造孩子们的灵魂。"①

6. 教育是为人的完美生活作准备

英国教育家斯宾塞认为,教育是为我们的完美生活作准备,给各种情况下的各方面行为以正确指导,"即如何修身、如何养心、如何处事、如何立家、如何完成公民义务、如何利用天然的资源来增进福利、如何善用我们的才能,达到最高效用,以求人己皆利,要言之,如何经营完美的生活"。②

7. 教育是生活的过程,是经验的改造或改组

美国教育家杜威认为:"教育是生活的过程,而不是将来生活的准备。学校必须呈现现在的生活——即对于儿童来说是真实而生气勃勃的生活。像他们在家庭里、在邻里间、在运动场上所经历的生活那样。"③"学校应当把这些活动呈现给儿童,并且以各种方式把它们再现出来,使儿童逐渐了解它们的意义,并能在其中起着自己的作用。"④杜威在《民主主义与教育》中,由"教育即生长"得出"生长的理想归结为这样的观点,即教育是经验的继续不断的改组或改造"。杜威由此指出:"这样我们就得到一个教育的专门定义:教育就是经验的改造或改组。这种改造或改组,既能增加经验的意义,又能提高指导后来经验进程的能力。"⑤"教育既然是一种社会过程,学校便是社会生活的一种形式。"⑥

8. 教育一词具有多重含义

法国的米亚拉雷认为:"我们发现,摆在我们面前的'教育'一词至少有四种基本的含义:作为一种机构的教育;作为活动的教育;作为内容的教育;作为一种结果的教育。"⑦

---

① [德]沃尔夫冈·布列钦卡著,胡劲松译:《教育科学的基本概念》,华东师范大学出版社2001年版,第25页。

② 张焕庭主编:《西方资产阶级教育论著选》,人民教育出版社1979年版,第419页。

③④⑤⑥ 华东师范大学教育系、杭州大学教育系编译:《现代西方资产阶级教育论著选》,人民教育出版社1981年版,第6、7、33、35页。

⑦ 瞿葆奎主编,瞿葆奎、沈剑平选编:《教育学文集·教育与教育学》,人民教育出版社1993年版,第67页。

(1) 教育是一种机构。教育是一种总体的组织结构，不论是在某一个国家、某几个国家，还是在某一个特定的时期，这种组织机构的目的都是培养学生。这种组织机构的运行要遵守具有一定精确性的各种规则，并在一定历史阶段表现出相当稳定的特点。

(2) 教育是指活动。教育是成年人对那些尚不能熟练应付社会生活的年轻一代所施加的影响，其目的是使儿童具有一定的体力、智力和道德水平。

(3) 教育是指内容。它所表达的含义在观念上远远超出了"课程"这个概念，课程几乎总是指称需要获得的许多知识。尽管科学教育确实具有表示不同领域的知识这一特征，但是它还包括产生和形成一定数量的知识结构和心理过程，这些知识结构和心理过程会改变人的世界观，会改变人理解、运用和掌握知识的方法。

(4) 教育是指结果。它强调的是在作为机构的教育框架中，把作为行为的教育应用于作为内容的教育所产生的结果。18世纪的普通教育旨在培养"绅士"，而20世纪的普通教育旨在培养一种现代人，这种现代人能够迅速使自己适应新的环境，并解决他们所面临的愈来愈多的各种问题。①

9. 教育定义的多种表达

美国学者索尔蒂斯根据谢弗勒的研究成果，认为教育有三种定义：规定性定义、描述性定义和纲领性定义。

规定性定义是创制的定义，是人们为了说明某一问题或展现理论体系而下的定义。比如说，有人认为："我把'教育'这个词只用来表示社会为了通过有目的的教和学来保存某些社会文化，而创造和维持的那种社会制度。"描述性定义旨在确切地描述被解说的对象或使用某术语的方法。上面所说的教育的那个规定性定义，也是一种描述性定义，因为它表示我们把"教育"一词用来描述社会为了通过有目的的教和学来传递某些文化而建立和维护的特殊制度。纲领性定义在于明确地或隐含地表述事物应该怎样。纲领性定义往往包含"是"和"应当"两种成

---

① [法] G. 米亚拉雷等著，思穗、马兰译：《教育科学导论》，教育科学出版社1991年版，第11~13页。

分，是描述性定义和规定性定义的混合。比如，在"教育是社会赖以尽力培养年轻一代认识生活中的善和价值的能力的手段"这一定义里，我们不仅体会到把教育看做社会的一种工具或制度的描述性因素，而且体会到所提出的纲领：教育应当培养人们认识生活中的善和价值的能力，我们应当重视德育和美育。①

10. 教育是对一个人的整个一生所施加的影响的总和

苏联教育家包德列夫等人在1952年撰写的《关于作为社会现象的教育的专门特点的讨论总结》一文中指出："在教育著作中，教育往往被看做对一个人整个一生（从出生到最后死亡）的所有影响的总和，这些影响包括有组织的或无组织的影响，有计划和偶然的影响，自觉的和自发的影响。"②同时进一步指出，教育就其总体而言，不论具体的历史条件如何，都是年轻一代身心发展的工具，也是使年长一代与年轻一代在历史发展过程中保持继承联系的一种手段。该文中还列举了加里宁的观点，对教育的内涵作了进一步的解说。加里宁说："在我看来，教育是对受教育者心理上施加的某种确定的、有目的的和有系统的影响，以便使他们养成教育者所期望的品质。我认为，这样的措辞……大体上包括了我们所列入教育概念中的一切内容，例如培养一定的世界观、道德和人类公共生活的规范，形成一定的性格和意志的特征、习惯和兴趣，发展身体的某些素质等等。"③

11. 教育是使人获得运用知识的艺术

英国哲学家怀特海由于对教育理论具有浓厚的兴趣，发表了许多有关教育的真知灼见，其中关于教育定义的主张就非常独到。他认为："教育就是获得运用知识的艺术。这是一种很难传授的艺术。"④传授的戒律有两条：一条是"不要教过多的学科"；另一条是"凡是你所教的东西，要教得彻底。"⑤教的最好的程序依靠这样几个因素："教师的才能，学生的智力类型，学生的生

---

①②③ 瞿葆奎主编，瞿葆奎、沈剑平选编：《教育学文集·教育与教育学》，人民教育出版社1993年版，第118～119、78、80页。

④⑤ 王承绪等编译：《西方现代教育论著选》，人民教育出版社2001年版，第118、115页。

活前景，学校周围环境所提供的机会。"①

12. 教育是人与人之间的一种交流活动

存在主义哲学家雅斯贝尔斯认为："所谓教育，不过是人对人的主体间灵肉交流活动（尤其是老一代对年轻一代），包括知识内容的传授、生活内涵的领悟、意志行为的规范，并通过文化传递功能，将文化遗产教给年轻一代，使他们自由地生长，并启迪其自由天性。因此，教育的原则，是通过现存世界的全部文化导向人的灵魂觉醒之本源和根基，而不是导向由原初派生出来的东西和平庸的知识。"②他还指出，真正的教育"是让受教育者在实践中自我练习、自我学习和成长，而实践的特性是自由游戏和不断尝试"。③"在我看来，全部教育的关键在于选择完美的教育内容和尽可能使学生之思不误入歧路，而是导向事物的本源。教育活动关注的是，人的潜力如何最大限度地调动起来并加以重视，以及人的内部灵性与可能性如何充分生成。简言之，教育是人的灵魂的教育，而非理智知识和认识的堆积。"④在此基础上，雅斯贝尔斯把教育分成三种类型，即经院式教育、师徒式教育、苏格拉底式教育。经院式教育是一种仅仅限于传授知识，教师只是照本宣科、毫无创新精神的教育。师徒式教育是完全以教师为中心，具有个人崇拜的传统，学生尊敬和爱戴教师，绝对服从教师。苏格拉底式教育是一种"催产式"的教育，教师和学生处于平等地位，通过唤醒学生的潜力，促使学生从内部产生一种自发的力量，进行自由的思索和无止境的追问，从而感到自己对绝对真理是一无所知。

13. 教育是学生在学校里进行的各种各样的活动

英国哲学家丹尼尔·约翰·奥康纳认为，教育的一个含义"是指在学校和大学等机构进行的训练"。而在更广泛的含义中，教育指的是："传递知识、技能和态度的一套技巧；旨在解释或证明这些技巧的运用的一套理论；传递知

---

① 王承绪等编译：《西方现代教育论著选》，人民教育出版社2001年版，第119页。
②③④ ［德］雅斯贝尔斯著，邹进译：《什么是教育》，生活·读书·新知三联书店1991年版，第3、4页。

识、技能和态度的目的中所包含和表达的一套价值观念或理想，用以指导所给训练的多少和类型。"① 奥康纳进一步指出："大多数人会同意，教育本身并不是一种科学。说得恰当一些，教育乃是由一个共同目的联系起来的一整套实际活动。"② 这个共同的目的就是要求教育的方法尽可能的有效。为此，必须使我们对关于人的科学所了解的知识得到应用，以保证提高其效能。"教育，只有当它的规模和复杂性已经增加到这样的程度，以致对明智的观察者很明显的人类本性的规律证明不够作为理论基础，而需要用关于人的科学来补充或替代的时候，才要求有自然科学的基础。"③

（二）我国教育界对"教育"概念的认识

由于东西方思维方式和表达方式的不同，我国教育界对"教育"一词的认识与西方教育家的表述存在着很大的差别。但必须看到，这些差别只是语言表述上的不同，而对其实质内容的揭示则是大致相似的。尤其从历史上看，我国的教育家对"教育"一词的认识远比西方世界要早得多。只是进入近现代社会以后，由于我国社会发展的衰微，导致教育研究停滞不前，特别是原创性的研究成果很少。概括我国古代社会和当代社会的教育研究成果，对于"教育"概念的认识主要有以下一些观点。

孔子认为，教育是一种重要的社会统治手段。他认为："道之以政，齐之以刑，民免而无耻；道之以德，齐之以礼，有耻且格。"这句话的意思是说，用行政命令来诱导百姓，用刑法来约束百姓，老百姓只是勉强克制自己避免犯罪而不知犯罪是可耻的事情；用道德来教育百姓，用礼教来约束百姓，老百姓不但有廉耻，而且人心归服。孔子认为，只有教育才是从根本上提高人的整体素质和社会文明程度的根本手段，它真正能起到政治、法律等其他手段所起不到的作用。因为政治、法律只能征服人的意志，让人屈服，但教育可以征服人心，既能使老百姓守规矩，又能使老百姓形成羞耻之心和内在的自律品德，这样就可以达到维持社会稳定、巩固政权的目的。

---

①②③ 王承绪等编译：《西方现代教育论著选》，人民教育出版社2001年版，第470、478、482页。

荀子认为，教育是以善教人。他认为："以善先人者谓之教，以善和人者谓之顺。以不善先人者谓之谄，以不善和人者谓之谀。"这句话的意思是说，用善的言行引导人叫做教导，用善的言行来附和人叫做顺应；用不良的言行来引导人叫做欺骗误导，用不良的言行来附和人叫做阿谀奉承。荀子认为，懂得了彼此之间的区别叫做良知，不懂得彼此之间的区别叫做愚昧。教育不仅要让受教育者明白前者的道理，而且也要让学生明白后者的不同，从而学习前者，拒绝后者。教育让人效仿善，让人形成善，这是教育的目的，也是教师的责任。

《学记》认为，教育是长善救失。《学记》中说："学者有四失，教者必知之。人之学也，或失则多，或失则寡，或失则易，或失则止。此四者，心之莫同也。知其心，然后能救其失也。教也者，长善而救其失者也。"这句话的意思是说，学生学习存在着四种缺点：有的贪多，过于庞杂；有的过于单一，流于狭窄；有的对学习的艰巨性估计不足，浅学辄止；有的畏难而退，缺乏勇气。教师必须掌握这些具体的心理特点，因势利导。良好的教育是：它既善于发扬学生的优点，又善于克服学生的缺点。

《中庸》认为，教育就是将社会的伦理纲常加以推广和实行。《中庸》中说："天命之谓性，率性之谓道，修道之谓教。"这句话的意思是说，上天所命或赐予的叫做性，顺从或发扬本性叫做道，把道加以推广，并使之实行叫做教。换言之，修道就是教育，教育的作用叫做"率性"。

朱熹认为，教育是让人"明天理，灭人欲"。他提出："圣贤千言万语，只是教人明天理，灭人欲。""学者须是革尽人欲，复尽天理，方始是学。"[①]朱熹认为，教育不是消灭"气质之性"，而是"变化气质"，发挥"气质之性"中先验的"善性"，按照"四德"、"四端"去做，便能使"人心"服从"道心"，使"道心"支配主宰"人心"，这样才能达到"革尽人欲，复尽天理"的作用。

蔡元培认为，教育是发展人的能力和完善人格。1922年，蔡元培在《教

---

① 参见郭齐家：《中国古代教育思想史》，教育科学出版社1987年版，第260页。

育独立议》中指出:"教育是帮助被教育的人,给他能发展自己的能力,完成他的人格,于人类文化上尽一分子的责任,不是把被教育的人,造成一种特别器具,给抱有他种目的的人去应用的。"①

杨贤江从教育起源的角度,提出教育"是帮助人营社会生活的一种手段"。他认为:"自有人生,便有教育。因为自有人生,便有实际生活需要。"所谓生活需要,其中一个重要的方面就是衣食住的获得。这种生活是集体的、社会的,决不是孤立个人的,"所以教育的定义应是社会所需要的劳动领域之一"。②

1928年出版的《中国教育辞典》中对"教育"的定义是:"教育之定义,有广狭两种。从广义而言,凡是影响人类身心之种种活动,俱可称为教育;就狭义而言,则唯用一定方法以实现一定之改善目的者,始可称为教育。"③辞典除了对教育作出广狭的定义之外,还进一步指出,由于教育目的的差异,学者们对教育所下的定义也有不同:有以教育为生活之预备历程者,有以教育为培养德性之活动者,有以教育为扩张经验之事务者。尽管说法不同,但教育作为人类改善生活之一种工具,亦可据此对教育作出界定。为此,辞典将"教育"具体界定为:"教育为改进人类生活之活动历程,目的在培养健全的个人而创造进展的社会,其方法在利用环境(自然环境与社会环境)之刺激,使受教育者活动成染于其中而创造新生活焉。"④

黄梁就明在《教育学 ABC》一书中认为:"教育是培养自立的个人,良好的国民,创造与保存文化的,改进人类的生活的。教育是在各方面发展,要培养身心德育等知识,并且是有负个人与社会责任的。"⑤

1930年出版的《教育大辞书》中对"教育"的定义是:"广而言之,凡足感化身心之影响,俱得云教育。狭而言之,则唯具有目的,出以一定方案者,始云教育。此中亦分两类:对象及期限有定,其功效又可明确表出者。前者指

---

①② 参见郭齐家:《中国古代教育思想史》,教育科学出版社1987年版,第400、411页。

③④ 王克仁等撰:《中国教育辞典》,中华书局1928年版,第642、463页。

⑤ 黄梁就明:《教育学 ABC》,世界书局1928年版,第8页。

学校教育,后者指社会教育。"①

倪文宙、陈子明在《教育概论》一书中,从广义和狭义两方面给"教育"下的定义是:广义的教育"是连续不断的改造经验,使人能更适应环境。一方面个人受社会的协助,而生活有所改进,个人得以发展;一方面个人又力图贡献于社会,使社会得以继续生存发展,以继续充分满足全体或一般人类的需求"。狭义的教育则指学校教育,"即将社会上历代积累下来现在还有效用的遗留物,择其最精要的分子,加以适当的编排,于有限的时期之内,用最经济的方法,在适宜的环境中传之儿童。这种最精要的分子,即通常所谓教材;加以适当的编排之后,即成为课程;有限的时期,即普通所谓学期;最经济的方法,即适合心理的教法;适宜的环境,即我们所指的学校。合言之,即今日之学校教育"。②

胡忠智在《教育概论》一书中给"教育"下的定义是:"(1)广义:吾人与社会接触,所学习或所获得之事物,一方使个人之生活发生变化,一方使社会之生命继续绵延,继续发展,此种教育,是无形的,是无意的,是以宇宙为环境的,称曰广义的教育。(2)狭义:就空间论,中外人类产生的知识无穷;就时间论,古今人类遗传之经验极富。吾人选择最精美之经验与知识,于短期岁月间与适宜环境内,用最经济之方法,以传授于青年子弟,并促其自然生长。此种教育,是有形的,是有意的,是以学校为环境的,称曰狭义的教育。"③

在新中国成立初期,我国主要是学习苏联进行文化重建。教育界最早接触的是苏联凯洛夫主编的《教育学》,但该书并没有对教育作出明确的界定。我国学者更多的是接受了加里宁在《论共产主义教育》一书中提出的教育的定义:教育是对于受教育者心理上所实行的一种确定的、有目的的和有系统的感化作用,以便在受教育者的身心上养成教育者所希望的品质。这一定义

---

① 朱经农等撰:《教育大辞书》,商务印书馆1930年版,第1014页。
② 倪文宙、陈子明编:《教育概论》,中华书局1914年版,第35~36页。
③ 胡忠智编著:《教育概论》,北平文化学社1934年版,第2页。

对我国的教育理论界产生了长期的影响。

(三) 联合国教科文组织对"教育"概念的界定

1976年,联合国教科文组织教育统计局编写了《国际教育标准分类》,确定了基于统计目的、适用于统计分类方法的"教育"范围:"本标准分类所持的'教育'不是广义的一切教育活动,而是认为教育是有组织地和持续不断地传授知识的工作。"[1]在这里,"传授"是指两个或两个以上的人之间建立的一种转让"知识"的关系。这种传授可能是面对面的,也可能是间接的、远距离的。"有组织地"是指有一个组织学习的教育机构和一些聘请来的教师,按一定的模式,有计划地确定目标和课程,有目的地组织传授工作。"持续不断"是指学习的过程要经常和连续。"知识"是指人的行为、见闻、学识、理解力和态度、技能,以及人的能力中任何一种可以长久保持(非先天或遗传)的东西。

在《国际教育标准分类》中所讲的教育,也包括那些在有些国家中称为培训式"文化发展"的教育活动,但是并不包括那些不是为学习而进行的传授活动或是没有目标、没有一定模式和顺序的传授活动,例如娱乐、运动、无组织的自学、家庭或者社会上进行的辅导。因为这些活动既没有有组织的机构或教师,也不是连续地进行的。

《国际教育标准分类》适用于正规教育,即从学前教育、小学、中学直到大学所形成的一个"发展阶梯"。这种正规教育不论是公立还是私立,都包括在内。它也适用于非正规教育,包括成人扫盲教育以及对农民、手工艺者、产业工人、家庭主妇开办的长期的和有组织的培训班。这些教育活动可以在各种场合(教室、讨论、实习、函授)通过任何适当媒介(书本、教育器材、广播、电影或电视)来进行。

《国际教育标准分类》也适用于各种类型的学生和各个年龄组的人,包括儿童(含特殊儿童)、青年和成人。在该标准分类中所规定的教育层次、学科

---

[1] 联合国教科文组织教育统计局编,国家教育委员会教育发展与政策研究中心译:《国际教育标准分类》,人民教育出版社1988年版,第2页。

领域和课程计划中,对成年人和儿童提供的程度相同的教育,都纳入同一层次。例如,对成年人进行的扫盲教育和向在校儿童提供的启蒙教育可以归入同一教育层次。

为了便于理解《国际教育标准分类》所确定的教育范围及其在整个人类学习中的地位,可以简单列表如下。

表 3-1　人类的学习活动分类

	无目的的学习			
在家庭和社会辅导下进行学习	《国际教育标准分类》中确定的"教育"范围			自学
	正规的学校教育和大学（正式的）	成人教育		
		正式的	非正式的	
	特殊教育	特殊教育		

(四) 本书对"教育"概念的界定

按照逻辑学关于下定义的一般原理要求,概念＝属＋种差。如上所述,中外教育学者关于"教育"的界定虽然表述各不相同,但其实质大同小异,均把教育归之于人类社会的一种活动。也就是说,一方面,教育的"属"是活动,是与人类的社会生产、社会政治、科学研究、文学艺术等属于同一层次的社会实践活动；另一方面,教育活动与社会生产活动、政治活动、科技活动、文学艺术活动等相比较存在的种类差别（种差）是人的培养,即教育与上述各种活动的根本区别在于教育是一种培养人的社会实践活动。换言之,教育与其他社会现象,如政治、经济、军事、科学研究等之间的根本区别在于：教育是通过培养人的活动而作用于社会,它的特定功能或基本职能是通过人类已有文明的传递,促使受教育者从无知到有知,从知之不多到知之较多,从智力的沉睡状态到激活状态,从能力较低到能力较高,从一个出生时软弱无知的个体到逐渐成为一名合格的社会成员。因此,教育要通过自身特定的活动形式——教学,特定的活动场所——学校,特定的活动人员——教师,把人类千百年来积累起来的社会生产和社会生活的理论、技术、经验转化为受教育者的内在素质,促进他们的身心得到发展,最终成为一个适应社会需要的人。虽然其他社会现象也是发生在人与人之间的，也能够影响人、陶冶人，或这样或那样地影响人的身心发展，但一般来说不如教育对人的发展的作用那样直接和显著。对此，国内外许多教育学者的看法接近一致。

苏联教育家巴班斯基认为："教育是老一代向新一代传递社会历史经验的过程，其目的在于培养他们参加生活和从事为保证社会进一步发展所必需的劳动。"①

《美国教育百科全书》认为："作为一个活动或过程，教育可能是正式的或非正式的，私人的或公共的，个人的或社会的，但是它总是在于用一定的方法培养各种倾向（能力、技能、知识、信仰、态度、价值及其品格特征）。"②

《中国大百科全书·教育》从两个方面表述了什么是教育："从广义上说，凡是增进人们的知识和技能，影响人们的思想品德的活动，都是教育。狭义的教育，主要指学校教育，其含义是指教育者根据一定社会（或阶级）的要求，有目的、有计划、有组织地对受教育者的身心施加影响，把他们培养成为一定社会（或阶级）所需要的人的活动。"③

《教育大辞典》对教育的解释是："传递社会生活经验并培养人的社会活动。通常认为：广义的教育，泛指影响人们知识、技能、身心健康、思想品德的形成和发展的各种活动。狭义的教育，主要指学校教育，即根据一定的社会要求和受教育者的发展需要，有目的、有计划、有组织地对受教育者施加影响，以培养一定社会（或阶级）所需要的人的活动。"④

《中国大百科全书·教育》和《教育大辞典》分别从广义和狭义两个方面阐明了教育的特殊性，即教育是一种培养人的活动，是由专职人员和专门机构施行的以发展受教育者的身心为直接目标的社会活动。以人的身心发展为

---

① ［苏］巴班斯基主编，李子卓等译：《教育学》，人民教育出版社1986年版，第7页。
② ［美］法兰肯纳著，张家祥译：《美国教育百科全书》第7卷，《外国教育资料》1981年第2期。
③ 《中国大百科全书·教育》，中国大百科全书出版社1985年版，第1页。
④ 顾明远主编：《教育大辞典》（增订合编本·上），上海教育出版社1998年版，第725页。

目标和内容的活动规定性就把教育活动与其他社会活动区别了开来，从而也就使我们能够科学地理解教育的本质和教育的定义。

近年来，一些教育理论工作者认为，为了能够科学地理解"教育"这一概念，有必要把教育的概念作相对的区分，分成广义的教育与狭义的教育。

广义的教育是指自从人类产生以来就已产生的教育，这种教育存在于各种社会生产和社会生活之中。其定义一般为：教育是人类特有的一种社会现象，是培养人的一种社会实践活动。广泛地说，凡是有目的地增进人的知识技能，影响人的思想品德的活动，不管是有组织的或是无组织的、系统的或零碎的，都是教育。

狭义的教育是人类社会发展到一定历史阶段的产物。当人类经历了较长时期的社会生产劳动和其他各种社会实践活动之后，人们的物质生活和精神生活日渐多样，积累的各方面经验日渐丰富。这时，仅仅依靠社会生产劳动中的简单模仿和口耳相传来传授知识和经验已不能适应社会的需要。于是，教育逐渐从社会生产劳动中分离出来，出现了专门进行人才培养的机构——学校。学校教育与其他社会活动的区别是：学校教育是通过人的培养而服务于一定的社会，促进社会能够更好地延续和发展。它的具体过程是：一部分人以某种特定的影响作用于另一部分人的身心。它的直接目的是：促使人的身心发生预期的发展和变化，获得预期要求的品质和特征。

因此，我们把狭义的教育（即学校教育）定义为：教育是教育者根据一定社会的要求和年轻一代身心发展的规律，对受教育者所进行的一种有目的、有计划、有组织地传授知识技能，培养思想品德，发展智力和体力的活动，通过这种活动把受教育者培养成为一定社会服务的人。

三、教育的多重内涵

对教育的定义作进一步分析，不仅可以加深我们对教育这一概念的认识，而且有助于我们明确教育的本质。前面有关教育定义的种种阐说和介绍，其目的是为了能够清晰地回答"什么是教育"，进而深入剖析教育的内涵，进一步回答"教育是什么"，即教育的本质——教育活动与其他社会活动之间的根本区别。对教育本质的科学认识和准确把握属于教育观的问题。

在分析教育本质问题时，必须首先确定教育的范围和本质的含义，这样才能避免一些不必要的争执，使人们有共同的论域。我们在这里讨论的教育是"教育一般"，它的外延是古今中外、现在和未来的各级各类教育，而不是某一国家或某一种形式、某一阶段的教育；我们这里讨论的本质是指事物的根本性质，是组成事物基本要素的内在联系。事物的本质是由它本身固有的特殊矛盾所决定的。一种事物的根本性质，对于该事物来说，就是它的特殊本质；对于其他事物来说，就是它们之间的本质区别。本质和必然性、规律性是具有密切联系的范畴，但比较起来，本质的含义要更宽泛一些，它是事物内部所包含的一系列必然性、规律性的综合。因此不能把事物的各种属性和功能混为本质。

本质是相对于现象而言的。现象是指一种事物的外在表现。教育有着多种多样的外部表现形式。从原始社会的教育到当代社会的教育，从家庭教育到学校教育，从观察模仿到言传身教，千百年来，教育的内容、形式、方法不断地更替、发展，其外部表现可谓多种多样。如果我们能够透过这些多种多样的外部现象，从纷繁复杂的矛盾中找到潜藏在这些现象中的普遍的、稳定的东西，也就找到了教育的本质，找到了教育与其他社会活动根本区别的特殊规定性。

我们认为，人类社会从古至今纷繁复杂的各种教育现象中具有普遍的、稳定的，而且又是与其他社会活动根本区别的特性是：有目的、有计划、有组织地培养人的社会实践活动，即根据一定社会需要而进行的培养人的活动或培养人的过程。

透过现象看本质，不论强加给教育多少种属性、多少种性质，这都无碍于教育作为一种培养人的社会活动的本质规定。这个本质规定，不论社会发展、时代变迁还是教育自身的逐渐完善，都决定了教育是一种有意识地以影响人的身心发展为直接目的的社会实践活动。教育作为一种有意识地培养人的社会实践活动，其活动的具体形式也处处体现着它的本质，体现着它与其他社会活动的根本区别。

(一) 教育的本体内涵

1. 教育是一种社会活动

教育只存在于人类社会之中,动物界是不存在教育现象的。尽管在动物界,尤其是在高等动物界的代与代之间虽然也存在着类似于人类的"教育"或"教"与"学"的现象,但是这两种表面类似的现象在本质上是不同的。

第一,动物界中的"教育"和"教学"完全是一种基于生存本能的自发行为,而不是后天的习得行为。它的产生与动物的生理需求直接相关,其内容也紧紧围绕生存本能。无论是鸟会飞、鸭游水,还是猫捉老鼠、动物表演等,都是建立在本能的基础之上的,而不是教育的结果。人类的教育活动与动物界相比,最大的区别在其社会性上。人类的教育需要不是直接产生于生物本能,而是产生于社会延续与发展的需要。

第二,动物没有语言,不具备将个体经验积累起来向同类传递的能力。"动物不能把同类的不同特征汇集起来,它们不能为同类的共同利益和方便作出任何贡献。"①因此,所谓动物的"教育"只能停留在第一信号系统的水平上,它不可能有"类"的经验,也不可能进行个体之间的经验交流和传递,因而也就不可能通过"教育"使动物一代胜过一代。尽管一代代的老猫都在"教"小猫捕鼠,但猫的本领始终不过是捕鼠而已。但是,"人则不同,各种各样的才能和活动方式可以相互利用,因为人能够把各自不同的产品汇集成一个共同的资源"。②人类通过语言和其他的自己创造的物质形式(如工具、产品),把个体的经验保存和积累起来,成为"类"经验。人类教育传递的正是人类社会共同体积累起来的类经验,而不只是个体的直接经验。这些经验不是本能的产物,而是人类智慧的结晶。

第三,动物界"教育"的结果无非是动物适应环境,维持生命,并独立生存,而人类教育的结果远远不止于此。人类教育不但可以使受教育者获得适应环境的经验,而且培养了人们进一步改造环境、参与社会生活、创造财富、推动社会发展的能力,培养了人们创造新经验的能力。这也是人类社会迅

---

①② 《马克思恩格斯全集》第12卷,人民出版社1995年版,第147页。

速发展的重要原因。

由此可见，教育是一种人类社会特有的活动。正像社会性是人与其他动物的本质区别一样，社会性也是人的教育与动物界的所谓"教育"的本质区别，因此需要用"教育"这个概念把人的培养活动与动物的亲子本能活动区别开来。

2. 教育是一种有意识的活动

马克思主义哲学和当代心理学的研究成果证明，动物只拥有生命最基本的反映形式——刺激感应性和动物的心理，只有人才是有意识的。动物对客观存在的反映依靠的是特定的感觉器官和结构简单的大脑，而人不但通过特定的感官反映外在的刺激，更为重要的是，人能够通过抽象的理性思维反映事物的本质和规律。动物即使经过训练也达不到这一点，它们的一切行为都是在本能的支配下产生的；而人却不同，即使年龄很小的幼儿，当他把自己与他人区别开来时，便具有了自我意识，随之产生的一切活动都有意识的参与。因此，在人类教育中，无论是生产经验的传授还是社会行为规范的教导，都是在明确意识的驱动下产生的有目的的行为。

3. 教育是人类特有的传递经验的形式

动物在其种系发展和后天生活中也有信息和经验的传递，但这种信息和经验不是以教育和学习的方式传递的。在高等动物中，除了本能之外，也有熟练和智力活动的存在，在年长的动物中也有对付同类和人类的丰富的经验和教训。但是，这些后天获得的生存本领和经验，由于没有自我意识和复杂的语言，因此不能以教育这种传授方式为其他动物所掌握或进行历史性的存留，只能作为个体的经验，随着个体的死亡而消失。

人在长期的种系发展过程中形成的经验和智力，也在遗传素质中有所表现。但是对于人来说，遗传不是经验获得和智力发展的主要形式，人对经验和智力的获得主要是通过后天的教育和学习来进行的。人之所以能够做到这一点，主要是因为人类有意识。同时，人类还有语言和文字，借助语言和文字的信息载体功能，不仅可以使人类社会的经验存在于个体系统之中，也可以存在于个体意识之外，脱离每个个体而独立存在；不仅可以使人类了解感

官所及范围之内的经验，而且可以超越时间限制和空间地域的阻隔，从过去到现在，从宏观到微观，全社会、全人类的所有财富都可以为人类所掌握。

4. 教育是以影响人的身心发展为目的的社会活动

人类社会活动的方方面面，有从事物质产品生产的工业、农业、建筑、冶金、医药、水产、林业等，也有进行精神产品生产的文学、艺术、科学、宗教等。教育是一种有意识的以人为直接对象的社会活动，它不同于其他以物质产品或精神产品的生产为直接对象的社会生产活动。同时，教育与其他有意识的以人为直接对象的活动也有区别，教育是以对人的身心发展产生影响为直接目的的，这样就把教育与以保护人的身心健康、抵御疾病对人的身心危害的医疗活动，以及以满足人的各种需要为目的的社会服务活动区别开来了。

5. 教育对人的身心发展的影响以真、善、美为目标

教育不仅是一个"成人"的过程，而且以"成人"为目的。捷克教育家夸美纽斯很早就说过，人虽然生来就有"学问"、"道德"和"信仰"的种子，就有接受教育的基础，但是，"要形成一个人，就必须经由教育去形成"，"实际上，只有受过恰当的教育之后，人才能成为一个人。"① 英国教育家洛克认为："我们日常所见的人中，他们之所以或好与坏，或有用与无用，十分之九都是由他们的教育所决定的。""国家的幸福与繁荣也靠儿童具有良好的教育。"②法国教育家卢梭在《爱弥儿》一书中认为："植物经由培育而生长，人经由教育而成人。"③ 这些论述说明的都是一个道理：人必须经过教育才能成为人。换言之，人要成为人，就必须接受教育，教育应以培养人作为专门职能。教育必须以培养学生积极、向上、健康的品质以及促进学生的全面发展为宗旨，通过促进人的发展来推动社会的进步，这已成为世界教育的共同特征。为此，教育应以人类社会文化的精华为主要内容，以真、善、美的崇高

---

① ［捷］夸美纽斯著，傅任敢译：《大教学论》，人民教育出版社1984年版，第61页。
② ［英］洛克著，傅任敢译：《教育漫话》，人民教育出版社1985年版，第24、23页。
③ ［法］卢梭著，李平沤译：《爱弥儿》上卷，人民教育出版社2002年版，第2页。

境界为目标，以人类社会的一切积极因素去教育学生、陶冶学生，并以正面的教育去抵制反面的教育，以积极的影响去消解消极的影响，必要时以制度的形式去禁止任何有碍学生健康成长、有碍社会进步等各种不良教育的存在和扩展。

（二）教育的社会内涵

1. 教育是人类认识世界的独特方式

独特方式是相对于一般方式而言的。关于人类认识世界的一般方式，列宁曾有过精辟的论述。他认为："从生动的直观到抽象的思维，并从抽象的思维到实践，这就是人类认识世界的一般方式。"[①]关于认识过程中生动的直观与抽象的思维，毛泽东同志认为，客观外界的现象通过人的眼、耳、鼻、舌、身反映到自己的头脑中来，开始是感性认识。这种感性认识的材料积累多了，就会产生一个飞跃，变成了理性认识，这就是思想。这是一个认识过程。关于人类认识过程的完整表述，毛泽东同志的精辟概括是：从感性认识而能动地发展到理性认识，又从理性认识而能动地指导革命实践。实践、认识、再实践、再认识，这种形式，循环往复，而实践和认识的每一循环的内容，都达到了高一级的程度。这就是辩证唯物论的知行统一观。

学生在教育过程中所形成的每一种认识，在宏观上遵循着人类认识世界的一般方式，同时，又由于学生是在教师的引导下和特定的过程中去认识客观世界的，因此，学生的认识过程便具有了自己独特的特点，走着一条与人类总体不完全相同的认识路线：从理性认识到感性直观再到教学实践，或从抽象的理论入手到感性理解再到教学实践。如果学生在教育过程中形成的任何一种认识都要遵循人类认识世界的一般过程，事事从感性、从生动的直观入手，那么，要让学生在有限的时间内获得人类认识的全部精神财富是不可能的，也是不必要的。因此，学生只有走一条与人类总体认识不同的道路，只有站在人类认识的阶梯上，才有可能在较短的时间使他们的认识达到当代社会认识的最高水平。

---

① 列宁：《哲学笔记》，人民出版社1974年版，第181页。

2. 教育是人类社会存在的条件

人类社会的存在和发展有赖于两种生产——物的生产和人的生产。物的生产是人类社会存在的物质前提，人要生存，首先要解决吃、喝、住的问题；教育要发展，同样离不开一定的生产力所提供的物质条件。人的生产包括种的繁衍和精神生产。种的繁衍既要有合适的数量，更要有人口的质量。一个社会要保证人口数量合理、人口质量较高，就离不开教育的作用。因为教育是控制人口数量的一种手段，是提高人口质量的重要途径。精神生产包括人类社会经验的总结和传递、人类政治伦理的继承和传播。没有精神生产，人类就会陷于愚昧，陷于愚昧的人类又会使物质生产变得极其贫乏。原始社会虽然没有剥削、没有压迫，但是物质的极度贫乏不会使任何人向往原始社会的生活。因此，人类社会要进步，社会物质生产要变得丰富，人类自身的生产要变得优化，都离不开教育对人的培养。教育可以提高人的素质，可以加速精神生产，创造新的科学技术，从而全面提高人类社会的物质丰富程度。

3. 教育是人类文明进步的根本途径

文明是人类在改造世界的社会实践活动中所创造的成果的总和。"文明"这一概念在中国古代文献中最早见于《易·乾·文言》和《尚书·舜典》中，是"文采光明"和"文德辉耀"的意思。美国人类学家摩尔根在《古代社会》中把人类社会历史的发展分为蒙昧、野蛮和文明三个时代，空想社会主义者傅立叶则把整个人类社会分为蒙昧、宗法、野蛮和文明四个发展时期。马克思、恩格斯在其著作中，把文明看成是人类改造世界的社会实践活动的成果，它包括物质和精神两个方面。

教育不仅是人类文明进步的一个重要标志，更是人类文明进步的根本途径。人类社会的不断进步是生产力发展的最终结果。教育在人类社会发展的各个历史阶段，由于其所具有的精神生产和人才培养的独特功能，它不仅承担着传播、继承人类文明的重任，而且通过传授知识和经验的方法促使社会文化为一代代受教育者所接受，从而改善人类自身的蒙昧与野蛮状态，推动人类社会走向更高一级的文明阶段。教育不仅是代际文明传递的桥梁，也是国家之间文明借鉴的有效途径。一个社会的教育越是发达，就越能够提高人口素质，提高社会的文明进步程度；反之，教育越是落后，人口的素质就越低，社会的文明进步程度也就越差。

4. 教育是人类社会生活质量的重要尺度

生活质量是一个多维的概念，它不仅包括生活的物质层面，还包括生活的非物质层面，甚至包括基本的生活结构。1958年，加尔布雷什在《丰裕社会》一书中首先提出了生活质量的概念。我国关于生活质量的研究始于20世纪80年代。综观国内学者的有关研究，通常把生活质量定义为：建立在一定的物质条件基础之上，社会提高国民生活的充分程度和国民生活需要的满足程度，以及社会全体成员对自身及其生存环境的认同感。目前，一些权威的国际组织以及有关发达国家和地区都制定了生活质量指标体系，其内容一般包括健康、教育、经济状况，生活环境等要素。

表 3-2　国际上生活质量指标体系的基本内容①

指标类型	指　标　内　容
联合国人类发展指数	寿命（人均预期寿命）、知识（成人文盲率和人均受教育年限）、生活标准（人均GDP）
国际生活指数（ILI）	经济、健康、文化、基础设施、生活花费、自由、环境
亚洲开发银行	人均GDP、受教育年限、不同阶段入学率、成人文盲率、每位医生的服务人数
北　欧	教育、就业、住房条件、经济状况、交通与通讯、娱乐、健康、生活环境、社会关系、社会流动、政治参与
德　国	人口、社会经济地位、劳动市场和工作环境、交通、收入与收入分配、物品和服务供给与消费、住房、公共安全与犯罪、休闲与大众传媒、健康、教育、环境、参与

我国国内从政策角度研究生活质量所确定的生活质量指标体系主要有以

---

① 参见周长城等著：《中国生活质量：现状与评价》，社会科学文献出版社2003年版，第9页。

下内容。

表 3-3 国内主要生活质量指标体系①

指 标 类 型	指 标 内 容
全国小康水平（6项指标）	1. 家庭人均生活费收入 2. 人均居住面积 3. 人均日生活用电量 4. 每百万人口拥有电话数 5. 每万人口拥有商饮服务人数 6. 人均储蓄额
天津市计委（12项指标）	1. 人均生活费收入 2. 年均工资 3. 就业人口负担 4. 消费物价指数 5. 人均储蓄余额 6. 人均居住面积 7. 人均日生活用电量 8. 人均日生活用水量 9. 燃气气化率 10. 每万人口家庭电话拥有量 11. 恩格尔系数 12. 人均文化娱乐消费支出
上海市计委（6项指标）	1. 恩格尔系数 2. 人均居住面积 3. 零售物价上涨指数 4. 人均收入 5. 人均生活能源消费数量 6. 每百户居民电脑拥有量

我国有学者综合上述研究成果，同时结合我国社会实际，提出我国的生活质量指标应由六个方面构成，即物质保障、教育、居住与生活条件、健康、

---

① 参见周长城等著：《中国生活质量：现状与评价》，社会科学文献出版社 2003 年版，第 10 页。

社会保障和环境。①

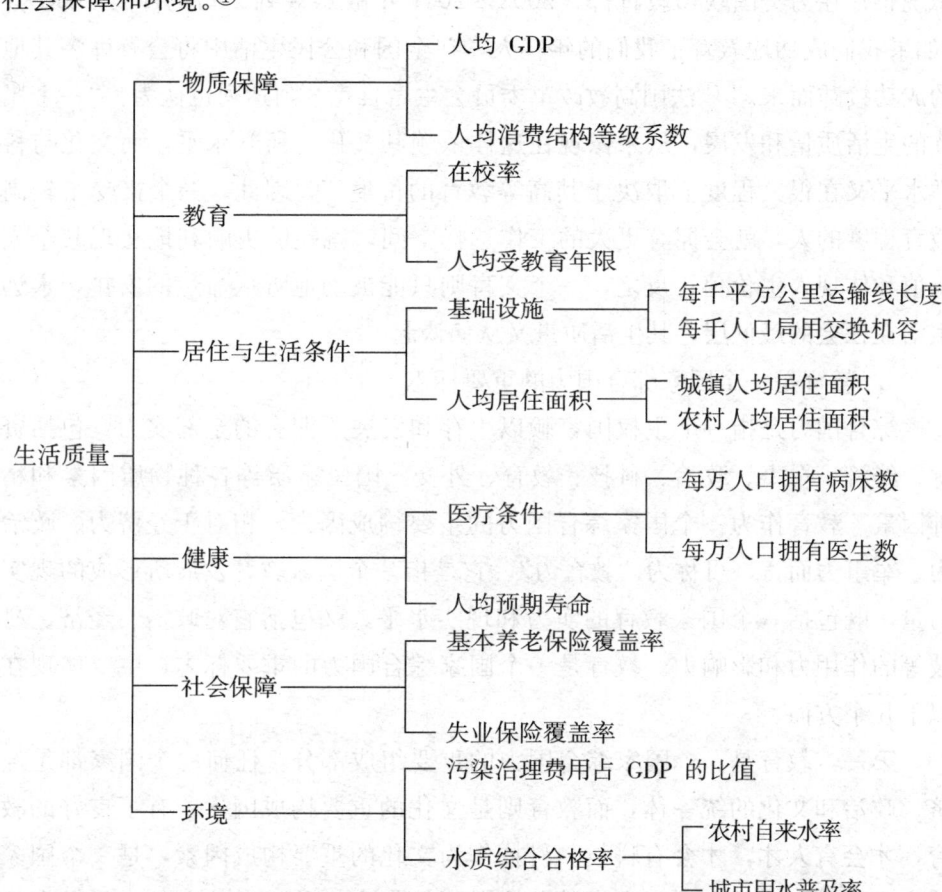

图 3-1 我国的生活质量指标的基本构成

在一个文明社会中，教育已经成为衡量一个社会或一个人生活质量的重要尺度，因为能否接受教育或接受教育的程度已在相当大的程度上影响到个人获取社会资源和改善生活质量状况的能力，影响到个体的就业、职位、晋升的可能性以及发展潜能，从而影响到个人的社会地位和经济收入等。美国

---

① 参见周长城等著：《中国生活质量：现状与评价》，社会科学文献出版社 2003 年版，第 17 页。

总统布什在为美国联邦教育部《2002～2007年战略规划》写的序言中认为："如果我们成功地教育了我们的年轻人，在全国和公民生活中将会有许多其他的成功接踵而来。"①法国高教改革委员会主席雅克·阿达列也认为："一个民族的生活质量和发展，从未像现在这样依赖其文化与科学水平，而文化与科学水平又在很大程度上取决于其高等教育的价值。"②因此，一个接受了较高教育程度的人，就会拥有更大的工作选择空间，就能够更顺利地实现其个人价值和体现人生价值；反之，一个文盲则只能被动地听从命运的安排，永远生活在社会的最低层，其生活质量又从何谈起。

5. 教育是一个国家综合国力的重要标志

综合国力是指一个主权国家赖以生存和发展所拥有的全部实力，包括资源、经济、军事、政治、科技、教育、外交、国民素质等各种物质因素和精神因素。教育作为一个国家综合国力的重要构成因素，相对于经济力、政治力、军事力而言，可称为"教育力"，它是指一个国家教育发展所形成的现实力量，既包括一个国家教育的实力和现实水平，又包括它对政治、经济、科技等的作用力和影响力。教育是一个国家综合国力的重要标志，主要体现在以下几个方面。

第一，教育是一个国家综合国力的重要组成部分。任何一个国家都是经济、政治和文化的统一体，而教育则是文化的重要构成因素。有了良好的教育，才会有人才，才会有科技。科技作为文化的重要构成因素，是一个国家综合国力最突出的表现。当代科学技术不仅作为一种相对独立的力量在发挥作用，而且能够从质的方面改善和强化一个国家综合国力的其他因素，但其根本在教育。与此同时，教育所传播的理想、信念、道德等文化内容在振奋民族精神，增强民族凝聚力、意志力和协同力等方面也发挥着极为重要的作用。

第二，教育是反映一个国家综合国力的重要标志。在一个科技日益发达、

---

①② 国家教育发展研究中心：《发达国家教育改革的动向和趋势》第七集，人民教育出版社2004年版，第73、322页。

知识在经济发展中的作用日益重要的时代里,教育投入、教育普及率以及人力资本的数量对于社会发展的作用越来越重要。美国社会学家丹尼森·贝尔认为,在传统的农业社会里,社会文明的标志是劳动力的密集;在工业社会里,社会文明的标志是资本的密集;而在后工业社会里,社会文明的标志已经变成智力和技术的密集。然而,无论是智力的发展还是技术的获得都离不开教育,因此,教育已经成为当今社会发展的重要支撑力量。

第三,教育是推动一个国家综合国力增强的重要力量。无论是政治文明的进步还是社会经济的持续发展,都离不开教育的作用。人类社会中的任何活动最终都需要通过人去完成。教育的根本作用是通过改变人的素质,从而改变人所进行的一切活动的质量和效率,为推动社会的整体发展作出贡献。俄罗斯联邦教育部指出:"在俄罗斯目前的发展阶段,与科学有着密切的本质的联系的教育成为确保经济增长、提高国家经济效率和竞争力的最强的推动力,成为民族安全、国家富强、公民幸福的重要因素之一。"①

四、教育的相关范畴

教育学是由若干基本理论范畴构成的。除了"教育"这个基本概念之外,还有若干由"教育"派生出的具有元层次性质的基本范畴,这些基本范畴是学习后续内容的基础,也是构成本书的一些基本"细胞"。明确这些基本范畴,对于我们深入分析和讨论教育的一系列问题是十分必要的。

(一)教育与教育学

教育是一种社会活动,教育学是一门科学。

如前所述,教育的概念有广义与狭义之分。广泛地说,凡是有目的地增进人的知识、技能,影响人的思想品德的活动,都是教育。狭义的教育专指学校教育。广义的教育包括学校以及社会和家庭中的各种教育。从历史的观点看,人类并不是先有学校,才有教育。在人类社会的始初阶段,人们是在

---

① 国家教育发展研究中心:《发达国家教育改革的动向和趋势》第七集,人民教育出版社2004年版,第384页。

生产和生活的现场，自发地向富有生产和生活经验的人学习或模仿，从而获得一些生产与生活技能。因此，原始社会的教育没有专门的教师、专门的场所以及专门的教育内容，它是一种非制度化的教育。学校是在人类进入奴隶社会之后才产生的，尤其是文字发明以后，才逐渐出现了学校。

学校的主要特征是有专门的教师、特定的内容和固定的场所。因此，学校教育是一种有计划的教育。与此同时，学校出现以后，对什么人可以进入学校学习就有了规定或条件的限制，而且成为学习者的一种渴望和家庭身份的象征。从此，人类社会便有了制度化的教育。

教育学是研究教育现象、揭示教育规律的一门科学。教育学是在人类教育诞生了一段时间以后，伴随着人类认识的提高和对教育经验的总结概括，才渐渐有了专门研究如何培养人的教育学。因此，从时间上看，教育活动在先，教育学在后；从内容上看，教育是一种有意识地以影响人的身心发展为直接目的的社会实践活动，教育学是研究如何更有效地影响人的身心发展的一门科学。

关于教育与教育学之间的区别，国外的一些教育家作了明确的论述。美国教育学者亨德森认为："教育学通常被理解为教的科学和艺术。"[1]在他看来，教育是教育活动过程本身，而教育学则是对教育活动过程的研究，两者的区别是明显的。所以他提出："几百年来，对教育过程的研究，就被叫做'教育学。'"[2]苏联教育学者皮斯库诺夫认为："教育学是关于专门组织的、有目的的和系统的培养人的活动的科学，关于教育、教养和教学的内容、方式和方法的科学。"教育则是"社会和家庭为培养全面发展的人而进行的有目的的活动（主要在社会专门建立的机构和组织中进行）"。[3]日本教育学者田浦武雄认为："对教育进行学术性研究并综合成一个理论体系，这就是教育学。"在他看来，虽然"教育学一词的使用并不是一致的，但总的来说，多数人倾向于把它作为对教育的学术性研究的总称"。[4]他指出："如果广义地把教育看

---

[1][2][3][4] 瞿葆奎主编，瞿葆奎、沈剑平选编：《教育学文集·教育与教育学》，人民教育出版社1993年版，第295、308、320~321页。

做社会生活所本来就具有的基本职能之一,那么教育是自人类产生就有的现象。而关于如何进行教育才能取得更好的效果的问题,则认为需要通过成功和失败的尝试,积累而形成各种看法或经验来解决。"① 这些看法经过整理成为教育理论或教育思想而得到传播,并形成有体系的学术研究成果,就称作教育学了。

(二)教育科学与教育学科

教育科学是以教育现象为其共同研究对象的相关学科的总称,是由若干门教育学构成的学科总体。它包括属于基本学科的教育原理、德育原理、教学原理、教育管理学原理;属于分类学科的学前教育学、普通教育学、职业教育学、高等教育学、成人教育学、特殊教育学、比较教育学;属于交叉学科的教育人类学、教育经济学、教育政治学、教育社会学;属于应用学科的各学科课程与教学论;等等。

关于教育学科,人们通常有三个层次的理解。在宏观层次上,将作为一个学科门类而存在的教育学统称为教育学科;在中观层次上,教育学科是对研究教育领域某一方面规律的各门教育学的统称;在微观层次上,教育学科主要是指我国师范或教育院校所开设的教育类课程,尤其是培养教师教学技能的教育学、教学论、教育科学研究方法和学科教学论等。

(三)教育现象与教育问题

教育现象是以培养人为主要内容的社会实践活动的外在表现形式。从哲学的观点看,现象是通过感官可以认识到的事物的外部特性或特征,也可以说,现象是事物的外部联系,是事物本质的外部表现。

教育现象有三种基本内涵:(1)教育现象是一种客观存在,它是可感知到的、可认识的;(2)教育现象是教育实践的表现物,或人们正在从事着的教育实践,它包括各种形式、各种类型的教育事实;(3)教育现象是以教与学为主体形式的客观存在。社会中的观察、模仿等学习形式,虽然也可以获

---

① 瞿葆奎主编,瞿葆奎、沈剑平选编:《教育学文集·教育与教育学》,人民教育出版社1993年版,第321页。

得零星的知识和技能，但不属于教育现象的范畴。

教育问题是指当某种教育现象成为人们关注的焦点，被人们广泛地议论、评说或要求予以解决时，这种教育现象便成了教育问题。有些教育现象可能永远停留在现象的性质上，有的则可能由现象发展成为问题，如缴费上学。

人类社会的教育活动发展至今，有各种各样的外在形式。概括地说，可以从两个维度加以说明。从纵向上看，有原始教育现象、古代教育现象、近代教育现象、现代教育现象和当代教育现象。从横向上看，其主要形式有：（1）学校教育，即在学校中进行的各级各类教育。它的主要特点是有固定的场所、专门的教师和一定数量的学生，有一定的培养目标、管理制度和规定的教育内容。（2）家庭教育，即家庭成员之间的相互教育，通常多指父母或其他年长者对家庭成员进行的教育。家庭教育是整个社会教育事业的重要组成部分，具有不可替代的特点和作用——奠基性、感染性、针对性、长期性、灵活性和社会性。（3）社会教育。广义的社会教育是指有意识地培养人的社会实践活动；狭义的社会教育是指家庭和学校以外的社会文化教育机构实施的教育。现代社会教育机构主要有两大类型：一是校外儿童文化教育机构；二是校外成人文化教育机构。（4）自我教育，是指人们自我组织的自学活动以及自省、自修行为。（5）自然形态的教育，是指渗透在生产、生活过程中的口授身传生产、生活经验的现象。①

（四）教育活动与教育事业

教育活动有广义与狭义之分。广义的教育活动泛指影响人的身心发展的各种教育活动；狭义的教育活动主要是指学校教育活动。学校教育活动有各种类型。从形式上看，有教学活动、课外活动、实践活动；从活动主体上看，有管理者的活动、教师的活动、学生的活动；从内容上看，有课内外进行的德育、智育、体育、美育、劳动技术教育等各种活动。

不论是广义还是狭义的教育活动，其宗旨都是进行人的培养和训练。当教育活动从其他社会活动中分离出来，成为一个独立的社会部门以后，这种

---

① 参见顾明远主编：《教育大辞典》第1卷，上海教育出版社1990年版，第16页。

活动便成了一种事业，即教育事业。当教育活动成为一种事业以后，它就有了完善的组织机构、规章制度以及明确的人员职责等，从而使教育活动具有了组织的严密性、活动的系统性、评价的制度性等特点。

（五）教育经验与教育规律

教育经验是指符合教育规律的有效做法。教育经验是对教育实践的较低层次的反映，它具有工作的程序性、作用的有限性、产生的偶然性等特点。

教育规律是教育现象与其他社会现象或教育现象内部各个要素之间本质的、内在的、必然的联系或关系。教育规律是在众多教育经验的基础上，通过抽象概括总结出来的反映了事物的本质特点或教育发展趋势的内容。教育规律是对教育实践的深层次和本质联系的反映，它摆脱了教育实践的具体形式、地点、时间、类别等种种限制，从而具有了普遍性、客观性和永恒性的特点。普遍性是指教育规律存在于一切教育现象、教育活动之中，并对一切教育活动发生作用；客观性是指教育规律是一种客观存在，不是人为创造的产物；永恒性是指教育规律是反复起作用的，只要有教育行为发生，教育规律就制约和影响着教育活动的进行。

教育规律按层次可以分为以下几种类型：（1）一般规律或普遍规律，是指存在于一切教育现象之中，并贯穿于教育发展整个过程的规律，如教育要适应社会需要并促进社会的发展、教育要适应人的身心发展需要并促进人的身心发展；（2）特殊规律或具体规律，是指反映不同时期、不同领域或教育过程的不同侧面、不同阶段的特殊性。例如，德育的知、情、意、行相结合，智育的传授知识与培养能力相结合，学校工作必须以教学为主，课堂教学必须以间接经验为主，等等。

教育经验与教育规律之间是相辅相成的。成功的教育经验必定反映了教育规律，教育经验积累多了，就可以从中发现并概括出教育规律；教育规律潜藏于教育经验之中，教育活动只有遵循教育规律，才能形成成功的教育经验；教育经验是教育规律的实践形态并使教育规律具有操作性，教育规律是教育经验的理论形态并使教育经验具有普遍的推广性和指导性。

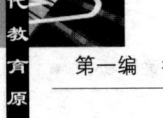

（六）教育思想与教育理论

教育思想是指人们对教育现象的认识，是人们通过直接或间接的教育实践而形成的对教育现象和教育问题的认识、观点和看法。教育思想的核心内容集中在三个方面：培养什么人，为什么培养这样的人，怎样培养人。围绕这三个方面，人们形成了关于培养目标、教育的性质和方向等一系列观点和看法。由于人们对这些问题的看法、主张、观点不同，便形成了不同的教育思想，例如强调以传授系统的科学知识为主要内容的传统教育思想和强调以学生的活动为主要内容的现代教育思想。

教育思想大致可以分为两个层次：一是零星的、不太系统的教育思想；二是比较系统和严密的教育思想，它具体包括教育指导思想、教育观念和教育理论三个部分，这三者之间既相互渗透，又各有区别。

教育指导思想是指直接指导教育实践的带有方向性、指针性、政策性的教育思想，它是一个社会或国家占主导地位的教育思想的集中表现，反映了一个社会或国家的教育的根本方向、性质、目的和任务。教育指导思想可以分为四个层次：一是关于国家教育改革和发展的总体走向与导向，指导着国家教育改革和发展全局与总体态势的纲领性思想，它具有方向性、全局性、长远性等特点；二是教育工作的基本指导思想，即对全国各级各类教育工作的总体指导思想，其表现形态是某一时期国家对教育工作的重大决策；三是某一类或某一方面教育工作的指导思想，例如小学、中学以及各级各类职业教育、成人教育、高等教育的培养目标和主要任务等；四是学校工作的指导思想，主要是指一所学校确立的办学指导思想以及学校的各项具体工作必须坚持的指导思想。

教育观念是指以观念的形式存在于教育工作者和其他社会成员头脑中的、直接影响人们的教育行为的各种教育主张、教育观点和教育评价标准等，如人才观、质量观、教师观、学生观、方法观、评价观等。

教育理论是指人们在教育实践经验的基础上抽象概括出来、由感性上升为理性、由一系列理论范畴所构成的较为系统和严密的教育思想。例如我国教育家陶行知先生提出的"生活即教育"、"社会即学校"、"教学做合一"的生活教育理论。教育理论是对教育实践的较高层次的反映，具有间接性、深刻性、全面性、稳定性等特点，在形式上具体表现为一系列具有逻辑联系的概念、命题和推论等。教育理论不仅要回答"是什么"，更要回答"为什么"。

教育指导思想、教育观念、教育理论都属于教育思想的范畴，它们具有共同的本质属性，即它们都是来源于一定社会的教育实践，都是为了表明人们对于教育的认识和看法，都要指导教育实践。但是，它们各自的表现形式是不同的，各自形成的途径也是不同的。教育指导思想主要是通过国家教育行政部门以及教育决策机构按照规定的程序来制定，可以适时地加以调整；教育观念是人们在长期的教育实践中逐步形成的；教育理论则是通过长期的教育实践，并进行系统的教育科学研究才可能形成和发展。

（七）教育流派与教育思潮

教育流派是指各种教育理论的源流、沿革和派别，它产生于教育理论的发展过程之中。在教育实践中，人们提出了关于教育的不同看法和主张，逐渐形成了各自的理论体系，并进一步发展为不同的教育流派。各种教育流派之间的学术争鸣，对于繁荣教育科学研究、促进教育理论发展具有积极的作用。一种教育流派一般具有以下特点：（1）有自己独特的教育主张、教育思想和理论体系；（2）有创始人或代表人物及其代表作；（3）有产生的社会根源以及发展、演变的过程；（4）有实际成效和思想影响。[①]

教育思潮是指在某个历史时期内集中地反映了一定社会的教育意愿、教育要求和教育思想，流传较广、影响较大的一种思想倾向或思想潮流。在一定的历史时期内，由于政治、经济、科技、文化等原因，某种教育主张或教育理论在人们的思想上引起广泛的共鸣并得以普遍流行时，便会演化成为一种教育思潮。教育思潮作为一种社会意识，具有鲜明的时代性、流行的普遍性、明确的倾向性和迅速的演变性。其特点主要有：（1）有一定的见解和主张；（2）有较大的声势和影响；（3）有产生、发展和衰落的过程；（4）有盛衰的社会原因。

---

① 顾明远主编：《教育大辞典》（简编本），上海教育出版社1999年版，第232页。

教育流派与教育思潮的区别主要在于：教育流派必须具有被人们广泛认同的代表人物以及系统的理论体系，并在社会上产生了较大的影响；而教育思潮则是某种教育主张与社会需求或公众心理产生共鸣，并由某种教育主张转变成一种流行的社会实践，如终身教育、学习型社会等，有的并无系统的理论，也能够在社会上广泛地流行。

（八）教育方针与教育政策

教育方针是指一个国家教育政策的总概括，是全国各级各类教育活动必须遵循的准则和宗旨。确切地说，教育方针是由国家或政党根据一定社会的政治、经济要求而提出的带有法律效力的关于教育工作的方向、目的、道路的总体规定。教育方针作为国家教育发展的总政策，它具有阶级性、法令性、历史性、实践性等特点。教育方针的结构通常由三个部分构成：一是教育的性质与方向，如教育必须为社会主义现代化建设服务，必须与生产劳动相结合；二是培养人的质量规格和标准，如《中华人民共和国教育法》规定的"培养德智体等方面全面发展的社会主义事业的建设者和接班人"；三是培养人的根本途径和根本原则，如《中国教育改革和发展纲要》提出的"教育必须与生产劳动相结合"。

教育政策是指一个国家的政府或政党制定的有关教育的行政措施，是人们为了规范教育行为而以政府或政党的名义颁布的教育行为指南。教育政策是教育方针的具体化。教育科学研究对于教育政策，一是给予科学的论证，使反映客观需要而又有实践依据的政策得到科学的解释，并推动教育实践；二是使错误的政策能够及时得到纠正，从而避免教育实践给社会和人的发展造成不必要的损失。

第二节　教育的基本构成要素

要素是指构成活动必不可少的、最基本的成分。研究教育的基本构成要素是认识教育内部结构的基础。

教育活动作为人类社会活动的基本方式之一，与生产活动有着密切的联系。但是生产活动的结果是物质产品，而教育活动的结果则是精神产品和人的发展，这又使两者有了根本性的区别。两者的区别决定了人们对于教育活动结构的研究，绝不能机械套用马克思主义的劳动过程理论，而应该从当代教育基本理论研究的最新成果中，特别是从教育活动本身的客观实际出发，通过静态与动态、横向与纵向的多角度深层分析来得出比较客观、比较科学的结论。

由于教育是一种复杂的社会现象，加之人们在分析教育活动的结构时往往从不同的视角出发，因此，对教育的基本构成要素的概括也不完全一样。从宏观角度看，教育活动由教育主体、教育目标、教育内容、教育手段、教育环境、教育途径六个基本要素构成；从微观角度看，教育活动由教育者、受教育者、教育内容和教育手段四个基本要素构成。本书主要是从微观角度来分析教育的基本构成要素。

一、教育者

我们知道，在教育活动中存在着"教"和"学"两种活动，确切地说，是"教"与"学"两种活动构成了教育。虽然参与教育活动的所有人都有"教"与"学"的责任或义务，但是各自的职责重点有所不同，一部分人主要以"教"为职责，一部分人则主要以"学"为职责。

在教育活动中，以"教"为职责的人是教育者。教育者是指直接对求教者的素质发展起影响作用的人，包括学校教师、教育管理人员、兼职教师、家庭教师和家长。其中，学校教师是教育者的主体和代表。

在教育活动中，教育者是教育实践活动的主体。他们把受教育者作为"教"的对象，以教育影响为手段，以引导和促进受教育者身心的发展变化为目的，努力促使受教育者的身心得到全面、充分和自由的发展。

教育者在教育活动中的主体性主要表现在以下几个方面。

第一，教育者是社会文化和价值取向的传播者。在教育活动中，教育者在传道、授业、解惑的过程中，必然要给学生以特定社会文化和价值取向的陶冶。教育者作为社会的代表,他们承担着社会所赋予的教书育人的任务。在教育者的知识结构中,包含着他们所处社会的文化传统、社会习俗、生活方式、价值观念和行为模式等内容。这一切都会在教育活动中有意或无意地表现出来,对学生的身心发展产生一定的影响。

第二,教育者是科学知识和社会文明的传授者。教育者作为经过专门训练、以育人为职责的人,他们必须按照课程计划和课程标准的要求,将学科的基础知识、基本理论和基本技能传授给学生,并对学生进行悉心的指导,从而高质量地完成教育的任务。

第三,教育者是教育活动的设计者、组织者和实施者,对整个教育活动的展开起领导作用。教育者为了保证教育活动的高质量和学生发展的高水平,他们会在教育活动进行之前,借助自己和他人的成功教育经验,结合教育对象的身心发展特点,根据传授的教育内容,对教育和教学过程进行总体设计和安排,以期获得良好的教育效果。

第四,教育者是学生学习与发展的指导者。在学生的学习过程中,教育者会根据培养目标的要求,激发学生的学习兴趣,帮助他们选择学习方法,给学生以咨询和指导,并与学生建立良好的互动关系。

第五,教育者也是一个具有自我教育能力的学习者。他们必须根据社会的发展变化,根据学生求知、求异、创造的需要,不断地丰富和完善自己。学生代表着社会发展的未来,他们思想活跃,具有强烈的求知欲和进取意识,思想观念富有鲜明的时代特征。在教育活动中,教师是知识的传授者,同时也是新知识的学习者。教师在用自己的智慧照亮学生的同时,也在学生的激励下不断地发展和完善着自己,从而实现教学相长。

二、受教育者

在教育过程中,以"学"为职责的人被称为受教育者。在广义的教育中,所有为提高自身素质而进行学习的人都是受教育者;在狭义的教育中,受教育者特指学校中的学生。随着当代终身教育和全民教育的实行,教育对象的范围已经扩展到一个人从生命形成(胎教)到死亡的整个一生以及全社会不分种族、性别、宗教、民族和阶级的所有人,其中学校中的学生是受教育者的主体和代表。

(一) 历史上的不同观点

历史上,关于教育对象在教育过程中的地位,许多教育家有过不同的论述。这些论述大致可以概括为两种不同的观点:教师中心论和儿童中心论。教师中心论突出强调了教师在教育过程中的地位和作用,儿童中心论则突出强调了学生在教育过程中的地位和作用。

我国古代教育家孔子虽然为学生设定了"自行束脩以上,吾未尝无诲焉"①的入学条件,但是他更加注重"有教无类"。②他还认为:"后生可畏,焉知来者之不如今也。"③"当仁不让于师。"④所有这些论述,都是孔子对学生的肯定。

荀子十分强调教师的尊严,认为教师具有绝对的权威。他认为:"言而不称师,谓之畔;教而不称师,谓之倍。倍畔之人,明君不内,朝士大夫遇诸涂不与言。"⑤他还认为,教师是礼义的化身,人们必须绝对服从,如有非议,当以刑法问罪。在荀子看来,教师在教育过程中起着主导作用,"人有师法而知,则速通"。⑥因此,他要求学生隆师、言师、近师、尊师、忠师。

德国教育家赫尔巴特倡导师道尊严的思想。赫尔巴特认为,教育的目的是培养道德性格的力量。实现教育目的的手段有三种:管理、教育性教学和训练。他认为:"如果不坚强而温和地抓住管理的缰绳,任何功课的教学都是不可能的。"⑦管理的目的是克服儿童不驯服的烈性,维持教学与教育的秩序,为实施教学活动创造条件。管理的主要措施有威胁、监督、命令、禁止、惩

---

① 《论语·述而》。
②④ 《论语·卫灵公》。
③ 《论语·子罕》。
⑤ 《荀子·大略》。
⑥ 《荀子·儒效》。
⑦ 张焕庭主编:《西方资产阶级教育论著选》,人民教育出版社 1979 年版,第 267 页。

罚、权威和爱。

美国教育家杜威一反传统教育的教师中心论，主张儿童中心论。杜威认为："学校科目相互联系的真正中心，不是科学，不是文学，不是历史，不是地理，而是儿童本身的社会活动。"① 在这里，儿童就是太阳，学校里的一切活动都要围绕着儿童转。

意大利教育家蒙台梭利倡导对儿童的尊重。她大声疾呼："整个社会必须关心儿童，注意到儿童的重要性。必须为儿童建设世界，并承认儿童的社会权利。社会所犯的最大罪过就是浪费了它应该花在儿童身上的金钱，毁灭了儿童，也毁灭了社会本身。"②

(二) 现代教育的观点

1. 学生是教育的对象，是教育的客体

在教育过程中，受教育者首先是作为一个教育的对象、教育的客体存在于教育活动之中。

(1) 在教育过程中，受教育者首先是一个求知的个体。他们从无知到有知，从知之不多到知之较多，需要教师的教授和引导。在教师的引导下，他们可以逐渐认识客观自然和人类自身，可以逐渐使自己的认识由个体的认识水平过渡到人类总体的认识水平。

(2) 受教育者是一个不成熟的个体。在教师的教育和引导下，受教育者逐渐获得品德的完善和行为的养成，逐渐实现由个体的生物人向社会人的转变。

(3) 受教育者是一个缺乏技能的个体。只有通过教师的培养，受教育者才能逐渐掌握各种生产和生活的技能，实现由消费性的个体向生产性的社会成员的转变。

(4) 受教育者也是一个可塑性很强的个体。中小学生正处在身心发展的关键阶段，他们的身体处于生长的高峰期，他们的心理处于知识积累、道德

---

①② 王承绪等编译：《西方现代教育论著选》，人民教育出版社2001年版，第10、90页。

形成、个性完善的阶段，其身心的健康发展有赖于教师的正确指导和教育的积极影响。

2. 学生是学习的主人，是教育的主体

主体性是主体的本性或属性。人的主体性是人作为活动主体的质的规定性，即人所具有的独立性、自觉性、能动性、选择性、创造性等特性。在教育过程中，受教育者的主体地位主要体现在以下几个方面。

（1）受教育者是完成教育任务的主体。在教育过程中，教育任务是否完成，不是看教师应讲授的内容讲完了没有，其衡量的主要标准是受教育者对教育内容的内化、理解和熟练应用程度。

（2）受教育者的身心发展特点制约着教师的教。任何年龄阶段的学生都有着不同的身心发展特征和个性特点。教育者在面对不同年龄的教育对象时，必须从教育对象的身心发展实际出发，有针对性地确定内容的组织、讲授方式、教育方法等，才能保证教育活动的成功。

（3）受教育者及其活动是学校职能部门及其管理的中心。学校的正常运行需要多个职能部门的密切配合，它们都是为保证学生的"学"和教师的"教"而设立的。在这里，学生的学习和发展以及为促进学生的学习和发展而进行的教育活动是学校管理的中心。

（4）受教育者是评价学校和教师的主体。对学校办学质量和教师教育质量有多种评价方式，如学校的教学指导委员会、教务处、各学科的听课与评课以及学生对教师的评价。在这些评价中，最有说服力的评价结果来自学生。因为学生是教育服务的对象，教育活动的质量高低、优劣，学生有着最直接的体验，因而也最有发言权。因此，学生的学习和发展状况是衡量学校办学质量和教师教育质量的最重要的依据。

（5）受教育者具有能动性、独立性、选择性和创造性。受教育者的这些主体性特征，影响和制约着教师教育活动的质量。在教育过程中，受教育者除了积极地聆听、接受、理解之外，还具有选择、评价、重组、创新的能力。在一般情况下，受教育者对教师的教育和指导会积极地配合，但有时也会出现抵制现象。只有当教育内容和传授方式符合受教育者的学习需求、兴趣并

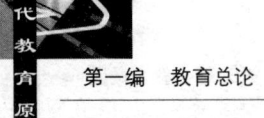

易于理解时，他们才会积极主动地参与教育活动，保证教育任务顺利完成。

三、教育内容

教育内容是学校基于一定社会生产力和科学技术的发展水平，向学生传授的知识和技能、灌输的思想和观点、培养的行为和习惯的总和。教育内容在学校中的具体表现形式是课程标准和教科书。

教育内容的组成丰富多彩。从其涉及的范围来说，它包括人类社会各个领域的知识、经验和技能技巧；从其价值来说，它具有发展人的智慧、品德、体力、审美能力和劳动能力的重要作用；从其表现形态来说，它有物质的、符号的、精神的、行为的等不同类型。因此，我们不能把教育内容与学校的课程内容等同起来，也不能把教育内容看做教材。实际上，课程内容和教材包含在教育内容之中，教育内容的内涵和外延要比课程内容和教材丰富得多。

首先，教育内容是联系教育者和受教育者的中介。教育活动的基本矛盾是一定社会所提出的教育要求与受教育者身心发展现有水平之间的差距，这是教育活动得以存在和进行的基础。人类社会文明的延续一般是以两种方式进行的：一种是以一定的物质载体的形式记录下来，如图书、音像、光盘等；另一种则是以人脑的形式记录下来。其中，后者是人类社会文明继承和发扬的一种能动的形式，其特点在于不仅能够保存人类社会长期积累起来的文明成果，而且能够在原有社会文明的基础上不断创新、不断发展。教育内容作为一种特殊的中介形式把教育者和受教育者联系起来，在教育者的教育和引导下，促使受教育者由不知到知、由知之较少到知之较多、由继承到创新、由个体认识水平上升到人类总体认识水平，从而最终把人类的过去和未来联系起来，实现教育的目的。

其次，最佳的教育内容是目的性与对象性的统一。教育内容作为联系教育者和受教育者的中介，能否真正解决教育活动的基本矛盾，关键在于教育内容的科学性。制约教育内容的科学性的因素主要有两个方面。一是一定社会发展的要求。对于国家来说，这种发展的要求主要是通过教育目的的形式表达出来，它包括素质的全面性与教育内容的先进性和逻辑性；二是个体的身心发展规律。个体的身心发展规律既有共性又有个性。因此，教育者必须根据受教育者的实际情况，有针对性地安排教育的进程，确定教育内容的难度，增减教育内容的分量，发掘教育内容的价值，最终达到目的性与对象性的统一。

2001年6月教育部颁布的《基础教育课程改革纲要（试行）》规定，整体设置九年一贯的义务教育课程。小学阶段以综合课程为主。小学低年级开设品德与生活、语文、数学、体育、艺术（或音乐、美术）等课程；小学中高年级开设品德与社会、语文、数学、科学、外语、综合实践活动、体育、艺术（或音乐、美术）等课程。

初中阶段设置分科与综合相结合的课程，主要包括思想品德、语文、数学、外语、科学（或物理、化学、生物）、历史与社会（或历史、地理）、体育与健康、艺术（或音乐、美术）以及综合实践活动。积极倡导各地选择综合课程。学校应努力创造条件开设选修课程。在义务教育阶段的语文、艺术、美术课中要加强写字教学。

高中阶段以分科课程为主。为使学生在普遍达到基本要求的前提下实现有个性的发展，课程标准应有不同水平的要求，在开设必修课的同时，设置丰富多样的选修课程，开设技术类课程。积极试行学分制管理。

教育内容包括教育目标，因为教育目标规定了教育活动所要达到的预期结果，这是衡量教育活动效果的标准，也是教育内容传授的出发点和归宿。教育活动是人类的一种有意识的活动，在活动之前都有明确的活动目标，这是人的活动与动物的活动的一个本质区别。在教育活动中，教育目标与教育内容的一体化表现为：教育目标主导着教育内容的选择、安排、设计、传授以及实现的结果等。

四、教育手段

教育手段是指教育者将教育内容传授给受教育者所借助的各种形式和条件的总和，它主要包括物质手段和精神手段。

(一)物质手段

物质手段主要是指进行教育活动时所需要的一切物质条件，可以分为教育的活动场所和设施、教育媒体以及教育辅助手段三大类。

教育的活动场所和设施在学校中主要是指校舍、教室、操场、实验室、校办工厂、农场等以及内部的设备装置。

教育媒体是指教育活动中教育者与受教育者之间传递信息的工具。教育媒体是教育内容的载体，也是教育活动中其他信息的载体。同样的教育内容，可以使用不同的教育媒体。随着教育媒体的发展，教育活动的组织形式、方法、效果等都会发生变化。教育媒体包括多种形式，从最简单的实物、口头语言到图片、书面印刷物、录音磁带、录像带、电影、电视、多媒体教学课件等。教育媒体的形式随着人类科学技术的发展以及教育活动的日趋普及化、个别化而越来越丰富多彩和综合化。

(二)精神手段

精神手段包括教育方法、教育途径。教育方法包括教育者的教法和受教育者的学法。就教育者的教法而言，有语言的方法、直观的方法和实践的方法；就受教育者的学法而言，有接受式学习和发现式学习两大类。

从以上我们对教育活动构成要素及其作用的分析中可以看出，教育者、受教育者、教育内容和教育手段是开展教育活动所必不可少的基本要素。其中，教育者和受教育者是影响教育活动成效大小的决定性因素。对于教育者而言，他在教育活动中必须认真分析和研究三个客体：学生、教育内容和教育手段。教育者的任务是将既定的教育内容通过一定的教育手段传授给学生。对于受教育者而言，他认识的客体主要是教育内容，他的任务是在教师的指导下，学习和掌握既定的教育内容，也就是将外在的客体转化为内在的精神财富。

在这四个基本构成要素中，教育者与受教育者之间的关系是最基本的关系，它在教育活动中主要表现为教与学的关系。教包含两层含义：传授知识、思想与教会学生如何学习；学也包含两层含义：掌握人类积累起来的精神财富与学会学习。教与学之间的矛盾是教育活动的基本矛盾。教育者代表社会所提出的教育要求与受教育者的身心发展水平之间的差距，是推动受教育者身心发展的基本动力。

第三节 教育的必要性、可能性与有限性

教育活动作为人类的基本社会活动之一，它具有独特的职能，并因其职能的正常履行而产生相应的社会功能，同时，教育的职能和功能的正常发挥又受到多方面条件的制约，任何超出了教育自身"能为"范畴的要求，都会令教育难以胜任。因此，为了使教育能够更好地发挥其应有的功能和作用，我们应该对教育的可能性和有限性进行深入分析，从而对教育的功能和作用有一个正确、科学的认识。

一、教育的必要性

（一）人的身心的加速发展需要教育

人的身心可以在自然状态下获得缓慢的发展。在原始社会中，婴儿出生来到人世，在大自然阳光雨露的滋润下，他们的身体可以得到正常的发育，但是由于缺少文化的熏陶或有意识的教育，他们的智力往往得不到开发。

人的身心可以在家庭中获得有限的发展。家庭是人生活的重要场所，家庭教育是人类教育的重要形态之一，也是人类教育的一种初级形式。从内容上说，多数家庭是以陶冶的方式进行伦理教育、人格教育、人生理想教育以及良好的个性修养教育，一部分家庭能够进行一些科目的有限的文化知识教育，极个别的家庭能够进行系统的科学文化知识教育。因此，家庭教育对于人的身心发展的作用是有限的。

人的身心可以在学校教育中获得加速的发展。学校教育之所以能够加速人的身心发展进程，提高身心发展的效率和质量，主要是因为学校是一个培养人的专门场所。学校教育具有明确的目的性和方向性、系统的计划性和组织性、严密的过程设计和环节安排以及科学的教育方法和组织形式，并且拥

有经过专门训练的教师和精选的教育内容,从而可以促使学习者在教师的指导下,站在前人的认识阶梯上去高效地获得人类社会大量的间接经验。学校教育把人类诞生以来出现的社会教育、家庭教育、自我教育等多种可以促进人的身心发展的随意形式发展成了一种育人的专业形式,通过创设良好的育人环境和设计科学的育人过程,遵循人的身心发展的一般规律,在此基础上实现促进人的身心发展的特定目标。学校教育从诞生至今,由于其在育人上的突出优势,成为了世界各国实现促进人的身心加速发展的最佳形式。

(二) 社会的加速发展也离不开教育

社会的加速发展离不开教育。根据历史唯物主义的基本原理,社会发展是生产力和生产关系之间的矛盾运动,其中,生产力决定生产关系,社会的经济基础决定上层建筑。社会的基本构成要素包括自然环境、人口和社会生产方式。自古以来,人类生存于其中的自然环境虽有变化,但总体来说是一种客观存在,不会有太大的变化。但是,不同的社会在不同的历史阶段之所以发展的速度不同,主要是因为它与人口素质和社会生产方式的性质有着直接的关系。人口素质的变化决定了生产力的变化,进而决定了生产关系的变化,最终决定了整个社会发展进程的快慢。在长期的封建社会中,受教育是统治者的特权,人口的整体素质低下导致了生产力发展水平的低下,因而社会的发展进程也极为缓慢。进入资本主义社会以来,生产的社会化促进了教育的普及和人口素质的提高,同时,教育的不断发展和人口素质的提高又进一步加速了社会的发展进程。

社会的高质量发展也离不开教育。一个高质量社会的共同特点主要有:物质财富的不断丰富,人民生活水平的不断提高,社会民主进程的不断推进,公民整体素质的不断提高,从而形成一个物质丰富、社会安定、民主祥和、人际和谐、环境优良的社会。高质量社会的基础是生产力的发达,生产力的发达取决于科学技术的发展状况,科学技术的发展状况取决于人才的质量和数量,从根本上取决于教育的质量和水平。因此,一个国家的教育质量与其社会发展质量是一种相互促进和相辅相成的关系。在一个教育落后、文盲充斥的国家里,既不会有先进的科学技术,也不会有高质量的社会生活。

二、教育的可能性

（一）教育"能为"的范围

1. 教育能够为个体的身心发展提供专业化、系统化的指导

学校教育能够根据儿童的身心发展特点和认知规律，对人类社会的知识经验进行精心的安排和设计，并由受过专门训练的教师进行指导和帮助，促使儿童从无知到有知、从幼稚到成熟、从个体化到社会化。同时，学校教育能够把人类社会最优秀的科学文化传授给每个儿童，培养他们的学习兴趣、个性特长和理想志向，使他们成为社会需要的全面发展的人才。教育能够在儿童可塑性的范围内发挥其积极的影响和促进作用。对于儿童而言，优良的教育可以引导他们向好的方向发展，不良的影响和引诱也可能导致他们向相反的方向发展。在这一方面，学校教育可以帮助儿童确定正确的发展方向，促进他们朝着健康的方向发展。

2. 教育能够为家长提供科学、正确的家庭教育导向

家庭教育是一种正确与不正确、健康与不健康等各种教育影响相互交织的教育，同时，由于家长的文化层次不同，对儿童教育的方法也未必正确。这些都需要学校根据科学、正确的教育理论对家长进行指导，引导他们积极配合学校对儿童进行教育，从而形成一种合力，促进儿童的健康发展。

3. 教育能够为社会发展提供各种人才

教育不仅具有不同的层次，而且具有不同的类别。分层的教育可以为社会提供不同学历水平的人才，分类的教育则可以为社会提供不同专业和类型的人才。

（二）教育"能为"的性质

从性质上看，教育对于人的身心发展和社会发展具有积极或消极的影响，这些差异概括地说主要有以下三种类型。

1. 教育的正功能或正效应

教育的正功能或正效应是指教育对于人的身心发展和社会发展的积极作用。教育的类型多种多样，凡是对于人的身心发展和社会发展能够产生积极

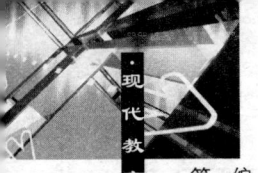

的影响，都属于正功能的范畴。教育作为一种有组织、有计划的活动，其功能和作用的主流是正向的，但是教育本身又是一种极为复杂的活动，它在追求正向功能和作用的同时，无法保证其可以百分之百地达到预期的目的。

2. 教育的零功能或零效应

教育的零功能或零效应是指教育劳动的付出获得的回报是零，或者说没有回报。在日常的教育实践中，零功能或零效应的现象屡见不鲜，如传授知识、思想品德教育、体育技能训练等都可能存在着"劳而无功"的结果。零功能或零效应的原因是复杂的，既有教师的教育方法不当、脱离了学生的接受能力等因素，也有学生的学习努力程度、学习兴趣以及情感意志品质等方面的因素。

3. 教育的负功能或负效应

教育的负功能或负效应是指教育对于人的身心发展和社会发展所产生的消极影响或事与愿违的反作用。有意识的教育的负功能或负效应是不存在的，但是人们在强化教育的正功能时出现了教育的负功能或负效应的现象却是随处可见的，例如布置家庭作业的初衷是为了巩固知识，但超负荷的作业往往带来的是学生负担的加重，严重影响了学生身心的健康发展；家庭教育、社会教育中与学校教育相矛盾的一些影响，也可能产生教育的负功能或负效应。日本学者紫野昌山在20世纪70年代发表的《学校的负功能》一文中，把学校的功能划分为四类，即显性正功能、显性负功能、隐性正功能与隐性负功能。

（三）教育"能为"的程度

从程度上看，教育对于人的身心发展和社会发展的作用存在水平上的不同。对于这个问题，人们的认识和观点并不一致。

教育万能论认为，教育的本体作用和社会作用是万能的。英国教育家洛克认为："我敢说我们日常所见的人中，他们之所以或好或坏，或有用或无用，十分之九都是由他们的教育所决定的。人类之所以千差万别，便是由于教育之故。"① 德国哲学家康德认为："人只有靠教育才能成为人。人完全是教

---

① [英]洛克著，傅任敢译：《教育漫话》，教育科学出版社2000年版，第1页。

育的结果。"①法国哲学家爱尔维修认为:"人果然只是他的教育的产物,那就毫无疑问是向各国昭示了一项重大的真理。""教育对于天才,对于个人的性格和民族的性格有意想不到的影响。""他们性格上的这种区别,乃是这两种不同的环境下所受教育的不同的结果。"因此,人只是他们的教育的产物,"波斯人根本没有自由的观念,野蛮人根本没有为奴的观念,那是他们的教育不同所致"。②

教育无能论则认为,人的发展不是取决于教育,而是取决于天赋。美国心理学家桑代克认为:人的智慧80%决定于基因,17%决定于训练,3%决定于偶然因素。美国学者斯坦莱·霍尔也认为:一两遗传胜于一吨的教育。

我们认为,教育万能论和教育无能论都没有对教育的功能和作用作出科学的分析。根据有关的研究成果,我们认为教育的功能和作用具有以下几个特点。

第一,教育的迟效性,即教育的作用不是立即可以显现的,而是需要经过一个长期的过程才能慢慢地体现出来。"十年树木,百年树人",说的就是教育的迟效性。事实上,任何一种教育投资都要经过一个培养和转化的过程,才能形成受教育者服务社会的工作能力,也才能发挥其培养人的功能和作用。

第二,教育的长效性和增殖性,即教育的作用不仅是持久的,而且是扩展的。对于接受过教育的人而言,教育的功能和作用不仅体现在他们的工作过程中,而且也体现在他们的生命结束之后,其智慧仍然可以通过文字等载体影响后人,影响社会;不仅体现在个人的发展之中,而且也可以影响到与之有关联的所有人,如家庭成员、亲友、同事等。

第三,教育的即时性,即教育的功能和作用是立竿见影的。有些教育也具有即时性的特点,例如各类在职培训、实用技术技能培养等,都可以产生即时性的作用。在教育中,学生学习的基础知识、基本理论的作用大多具有

---

① 林克编,瞿菊农译:《康德论教育》,商务印书馆1926年版,第1页。
② 张焕庭主编:《西方资产阶级教育论著选》,人民教育出版社1979年版,第148、157页。

迟效性和长效性，应用类、开发类技术层面的训练则大多具有即时性。一般地说，即时性的教育起作用快，消退得也快；长效性的教育起作用慢，消退得也慢。

（四）教育"能为"的前提

教育的"能为"或"无为"是指向人的，教育只对人起作用。德国哲学家康德在《教育论》中认为：只有人是需要教育的。人在刚刚出生时，不及动物，但是人之所以能够在后来的发展中拥有比动物更强的生存能力，这主要是教育的结果。人能够接受教育而动物则不能，主要是因为人具有任何动物都不具有的特质。德国哲学家恩斯特·卡西尔认为，人与动物相区别的根本特质是，人是符号的动物。动物只能反映信号，只有人才能学习符号。"信号与符号属于两个不同的论域：信号是物理的存在世界之一部分，符号则是人类意义世界之一部分。信号是操作者，而符号则是指称者。"[1] 他还指出："动物具有实践的想象力和智慧，而只有人才发展了一种新的形式，符号化的想象力和智慧。"[2] 也就是说，动物只能对刺激进行直接的、机械的物理反应，人类则能够依据符号进行复杂的应对。人类具有学习符号、操作符号、发明符号的能力，而教育主要是一种学习符号或操作符号的活动，因此，只有人类才有教育的可能。

三、教育的有限性

教育既不是无能的，也不是万能的。它只能在有限的范围内发挥作用。

（一）教育能够促进但不能决定人的发展

1. 人的身体发展的差异性决定了教育的有限性

人所具有的正常的生理条件是人的发展的必要物质前提，如果没有这个物质前提，人就难以甚至不能得到应有的发展。正常的生理条件，包括正常的生理机能、神经系统、身体结构和健康的身体素质。对于某些领域而言，

---

[1][2] ［德］恩斯特·卡西尔著，甘阳译：《人论》，上海译文出版社1985年版，第50、52页。

缺少必要的生理条件，同样是个体发展的障碍，例如音乐、绘画、体育、航空等领域都对人的身体素质有着特殊的要求，从而使不具备这些生理素质的人的发展在这些方面受到限制。

2. 人的心理发展的差异性决定了教育的有限性

人的心理发展包括智力、记忆、思维、想象、情感、意志等方面的发展。一个不具有正常智商的人，教育也是无能为力的，因为他们缺少了获得正常发展的心理前提。例如智商太低的儿童，可能无法理解教师的言语符号，也无法对学习要求作出必要的反应。这种情况不是教育的无能，而是教育的功能和作用受到了限制。

3. 人的主观能动性决定了教育的有限性

人是一个极其复杂的个体。在教育过程中，任何一种教育要求都需要有受教育者的积极配合，才能获得相应的教育效能。否则，如果受教育者缺乏积极性和主动性，即使教师付出了艰辛的努力，也可能会劳而无功。因此，教育的作用与受教育者的主观能动性是相辅相成、相互制约的。这种现象，不论是学校教育还是社会教育、家庭教育，都是共有的、相通的。

4. 教育活动的复杂性决定了教育的有限性

教育活动是由多种要素构成的，如教育者、受教育者、教育内容、教育手段。不仅这些构成要素之间关系的不同会导致教育结果的不同，而且教育活动面向的对象、发生的地点和发生的情境的不同，也可能会产生不同的教育效果。例如，同一个教师使用同一种教育方法，面对不同的教育对象时，可能会产生不同的效果。

（二）教育能够促进但不能决定社会的发展

1. 教育的本质决定了教育的有限性

教育的本质决定了教育的职能是培养人，教育对人的作用是直接的，对社会的作用却是间接的，即教育→教育对象→社会。也就是说，教育是通过直接作用于教育对象，然后由教育对象去作用于社会，从而产生促进社会发展的作用。这样，教育对象对于社会发展作用的大小，几乎是学校无法控制的。除了由教育对象作用于社会之外，虽然教育也有直接作用于社会的成分，

但毕竟不是教育的主流，况且，教育科研、教育论著、教育演说等都要受到社会政治、经济、文化因素的制约。

2. 教育的属性决定了教育的有限性

从属性上看，教育是社会的意识形态之一，是社会的上层建筑。然而，任何上层建筑对于社会的反作用都要受到经济基础的影响，所以，教育对社会的作用也是间接的、有限的。其实，世界上没有哪一个国家的教育能够脱离生产关系的制约而独立地发挥作用。由于教育的发展和作用受到多种因素、多种条件的制约，因此我们不应该把社会中出现的种种问题都归结到教育上。例如流浪儿的教育问题，它首先是一个社会问题，然后才是教育的责任；义务教育的实现，如果没有社会投入的保证，儿童因经济原因而辍学，这同样首先是一个社会对教育的投入问题，然后才是教育部门的努力；等等。

思考题

1. 名词解释：教育与教育学、教育科学与教育学科、教育经验与教育规律、教育思想与教育理论。
2. 简述中外教育家及联合国教科文组织关于教育的界定。
3. 简述教育的本体内涵。
4. 论述教育的社会内涵。
5. 论述教师在教育过程中的地位。
6. 论述学生在教育过程中的地位。
7. 论述教育的可能性与有限性。

第二编

现代教育与现代人的发展

第四章 教育与人的身心发展

教育学是"人"学,不仅因为教育的对象是人,而且因为"成人"(即促进人的发展)是教育的直接目的。正如俄国教育家乌申斯基所说:"如果教育学希望从一切方面去教育人,那么就必须首先也从一切方面去了解人。"①了解人的特性,了解人的身心发展的规律和教育对人的身心发展的影响,是教育工作的前提。因此,这些问题也成为教育学研究的最基本问题之一。

第一节 人的发展的理论基础

人的发展通常有两种含义:其一是指作为物种的人的发展,指人类在地球上的出现过程;其二是指个体的发展,是随着时间的推进个体身心所发生的变化。第一种含义通常为历史学、人类学所采用;教育学采用的是第二种含义,因为教育面对的是个体的、现实的、具体的人。

关于人的发展可以通过多个学科进行研究,不过,它们从各自学科的特点出发,对人的研究的侧重点不同。哲学偏重于研究人的本质和特性,带有整体的、本质的性质;心理学偏重于研究个体心理的发展,通常是对某一心理过程和心理特性作局部的分析;社会学对人的研究着眼于个体的社会化,研究作为生物体的人怎样成为社会人的过程;教育学把人看做一个复杂的整体系统,既要对人的内在品质及其关系进行研究,也要对人的整体特性进行把握。为了实现这一目标,教育学应整合哲学、心理学、社会学等学科关于

---

① 张焕庭主编:《西方资产阶级教育论著选》,人民教育出版社1979年版,第502页。

人的研究成果，构建对人的完整认识的基础。

一、哲学基础

人是哲学的永恒主题，是哲学的奥秘。哲学对人的追问是整体性的，它探问"人是什么"，试图回答人的特性和人的本质问题。

（一）人的特性

生命首先是一个自然的物质存在，这是人的存在的物质基础。脱离了这个基础，就没有人的存在，而只能异化为想象中的"上帝"和"神灵"。人首先是一个肉身，这是最基本的。但人又不只是肉身，因为他有思想，他的生命具有意义，这就是马克思所说的"人能够有意识地支配自己的生命活动"。生命是一个精神性存在，既包含着真理，又包含着激情、直觉、意志、信念，是认知与情感、理性与非理性的统一。但人的精神并不是自发地从人的肉体生命中产生出来的，它之所以对人的肉体生命具有某种超越，是因为它是在人的社会性生产和交往活动中，作为自然与文化、个体与族类的矛盾关系的交叉而出现的。精神生命的出现离不开社会活动和社会交往。换言之，生命不是单个人的抽象物，而是社会关系的总和。人是社会的人，人的生命是一个社会生命。因此，在静态上看本体生命的存在，人实际上有三重生命：一是自然生理性的肉体生命；二是关联而又超越自然生理特性的精神生命；三是关联人的肉体和精神而又赋予某种客观普遍性的社会生命。精神生命作为一个中介，将肉体的自然生命和社会生命紧密地连接在一起。① 人就是由这三重生命构成的具体而完整的生命存在。人的这三重生命是一个互为前提、互为因果、循环往复的生命流程，实现着人与自然、人与自我、人与社会的交换和协调。

1. 自然属性

马克思和恩格斯通过对人的考察，首先肯定了"人是自然界的一部分"、"人直接是自然的存在物"。② 自然的生命是人作为人的前提和基础，因为只

---

① 张曙光：《生存哲学——走向本真的存在》，云南人民出版社 2001 年版，第 199 页。
② 《马克思恩格斯全集》第 42 卷，人民出版社 1979 年版，第 95、167 页。

有首先是一个活的生物体，成为肉体组织的主体，才有可能成为人。马克思解释了人作为有生命的自然存在的内涵："一方面具有自然力、生命力，是能动的自然存在物。这些力量作为天赋和才能、作为欲望存在于人身上；另一方面，人作为自然的、肉体的、感性的、对象性的存在，和动植物一样，是受动的、受制约的和受限制的存在物，也就是说，他的欲望的对象是作为不依赖于他的对象而存在于他之外的。"①如果一个存在物在自身之外没有自己的自然界，就不是自然存在物，就不能参加自然界的生活。

人作为一种自然存在物，其意义是有局限性的。在生物学意义上，自然性是生命的一种属性。在哲学意义上，反对把人看做无人身的灵魂、精神或自我意识的精神主体。如果只把人作为自然的存在物，有把高贵的"人"低看的嫌疑。因为人不是一般的自然存在物。马克思在首先肯定人是自然存在物之后，进一步指出人是"人的自然存在物"。人是自然存在物，但与动物等其他自然存在物相比，同样的自然存在已经打上了人的烙印，具有了"属人性"。

生物人类学的研究揭示了这一点。首先，"人的外表甚至也是特殊的人类的外表。对客观论的思想来说，这似乎是显而易见的，但是，依赖于这一点的理性人类学和旧的进化论，倾向于把人的生命基础实际上看成是动物性的，认为真正属人的一面仅仅始于理智的上层结构。然而，深化了的认识现在已发现，我们的生物性甚至在总体上也是属人的。根据一种综合性的结构原理，人从最初不同于动物，这个原理也包括了人的生理属性，并认为在生理属性中也表现出了人性。人不能划分为属人的和非人的层次"。② 其次，"人的生理和精神特质彼此并非没有联系……它们各自以另一方面为目的，彼此制约对方"。③人类生物学家阿道夫·波特曼认为，正是心灵本身才形成了人的肉体，肉体已被重要的精神原则所决定，并且只能根据精神来理解。人的许多生

---

① 《马克思恩格斯全集》第42卷，人民出版社1979年版，第167页。
②③ [德] M. 兰德曼著，阎嘉译：《哲学人类学》，贵州人民出版社1988年版，第203～204页。

理属性的分类,应该有别于动物,因为它们必须与精神实在共存。这就是说,人作为自然的存在物,也具有属人的本性。因此,人是人的自然存在物。

2. 精神属性

人不仅和动物共有着生命的自然属性,而且具有人所特有的意识、思维、理性、文化性、超越性等精神属性。正因为有精神属性,才使人扬弃了动物自在的本能,成为自为的存在。因此,哲学家把精神生命看做人的根本特性。美籍犹太教哲学家和神学家赫舍尔指出,精神的缺失就是人性的缺失。他说:"我们所面临的最可怕的前景是,这个地球住满一种'存在物'——虽然从生物学上说,他们属于人类,但缺少从精神上把人同其他动物区别开来的性质。"① 美国心理学家马斯洛也指出:"精神生命是人的本质的一部分,从而它是确定人的本性的特征,没有这一部分,人的本性就不完满。"②

意识是人的精神属性的首要表现。马克思指出,人之所以区别动物,在于他的生命是有意识的,有意识的生命活动把人同动物的生命活动直接区别开来。人作为有意识的存在物,在社会活动中通过他的各种意识活动的展开和渗透,不仅使人的各种社会活动成为有意识的活动,而且还进行着思想、观念、意识等精神生产,形成和发展着自己的精神世界。

文化是人的精神世界的原料,因此,文化性也成为人的精神属性的重要表现。文化是人类的自为行为,因而也是人类特有的活动。不仅动物不具有文化行为,即便是"人"在进行文化活动之前,也还不能说他(们)是人,而是从属于自然界的物种。人因为从事文化活动而成为人,因此,德国哲学人类学家兰德曼把人类学的未来说成是"文化人类学",并认为文化是人的"第二天性"。人作为文化的存在,借助人类特有的符号,内化人类积累的经验,使人成为有思想的存在。帕斯卡认为,人不过是一根脆弱的芦苇,但他是一根能思想的芦苇,这就足以使他成为宇宙中最伟大的存在。

---

① [美]赫舍尔著,隗仁莲译:《人是谁》,贵州人民出版社1995年版,第27页。

② [美]马斯洛等著,林方主编:《人的潜能和价值》,华夏出版社1987年版,第223页。

人的精神属性还表现为能动性和自由性。人是环境的存在物，但人不是消极的环境存在物。人作为有意识的存在物，能够借助于文化的中介，在认识外部客观世界的基础上，能动地改造外部世界，使自己的本质力量对象化。一方面在自己创造的对象中直观自身；另一方面使客观的世界获得了属人的特性，从而更好地为人类服务。因为人的能动性，使得人不可能被环境所钳制，人在自我意识的支配下，能够反映自己的意志，使人的精神生命表现出自由性。马克思把自由作为人的类本质。

3. 社会属性

人总是处于社会关系之中，并承担一定的社会角色。人的社会性存在方式既与人的内在意识相关，又具有超越人的内在意识的感性对象性、客观普遍性。忽视人的生命及其生活的社会性，看不到社会存在、社会生命对人的自然生命和精神生命的某种决定作用，就不可能正确地认识自然生命的本能冲动和释放，也不可能正确地认识人的自由。不考虑人的社会性及其与他人的关系，单纯地强调精神生命的自由，就会破坏人与人之间的协调关系，最终使每个人都走向不自由。所以，对体现精神生命之本的自由而言，只能是关系中的相对自由，自由是与控制及秩序同在的。民主是社会人自由的保障。只有从个人领域进入到公共领域，在民主的空间和公正的制度指导下，人才能从一个自然的生物人、个体人变成社会人、契约人，人才能通过自己的社会角色以及相应的权利和义务，意识到自己的社会存在、社会生命，并从而开掘、充实和引领自己的精神生命和自然肉体生命。

人的自然属性、精神属性和社会属性是人的生命之三维，其中每一维都是全息的，它们相互关联、相互影响、相互包容、相互融通，共同构成人的完满的生命。

(二) 人的本质

人是什么？人既不是物，又不是神。其实，人既是物，因为他具有新陈代谢的自然生命体，又不是物，因为他具有超越现实、追求自由的愿望；人既是神，因为他具有神的内在超越性，又不是神，因为神没有自然的躯体，而人以自然生命作根基。人就是这样一个特殊体：说他是什么，又不是什么；

说他不是什么，又是什么。

马克思认识到了把人归结为某种非他自身的危险，认识到了人自身的独特性，提出"人是人的最高本质"、"人的根本就是人本身"，① 把人归结为人自身。

对于动物，说"狗就是狗"、"猫就是猫"，只能是一种同语反复，因为它们可以找到它们的上位概念，找到它们在上位概念中不同于一般的特殊种差，从而定义自身。但对人来说就不同了。人不能归结为人以外的某物，人只能从自身来理解，去认识他的特有内涵。任何把人理解为人以外的事物的观点，都容易把人抽象化而理解为"非人"。

人是一个特殊的存在，这一特殊性就在于人的生命的二重性。人是一个双重的生命体，而任何一个其他的存在都是一种单一的生命体。对人的本质的认识，只能从其生命的二重性中去寻找，"人的本质表现为多种二重性矛盾关系的辩证统一"。②

1. 自然性与超自然性的统一

人来源于自然，人的生命直接是一个自然生命，因此，自然性是人的生命内涵中的应有之义。同时，人又不只具有自然性，他还以自然性为基础去创造超自然的精神世界和社会生活，表现出精神性和社会性。因此，超自然性也是人的生命中极为重要的内容。

2. 现实性与可能性的统一

人从"过去"和"历史"中走来，生活在"现实"之中。人首先是一个现实性的存在。但与此同时，人又生活在"未来"，生活在"理想"的世界，总是要超越现实状态，朝着理想的"可能性"行进。"思考着未来，生活在未来，这乃是人的本性的一个必要成分。"③因此，"可能性"或者说"未来性"、"理想性"也是人的生命的重要内容。

---

① 《马克思恩格斯全集》第1卷，人民出版社1956年版，第460~461页。

② 高清海、胡海波、贺来：《人的"类生命"与"类哲学"》，吉林人民出版社1998年版，第40页。

③ [德]恩斯特·卡西尔著，甘阳译：《人论》，上海译文出版社1985年版，第68页。

3. 有限性与无限性的统一

人是一个现实的存在,现实性本身规定了生命的有限性。无论是人的肉体,还是人已获得的社会经验,或是人已经达到的身心发展水平,都是有限的。但是,人的追求却是无限的,人永不满足于他的现实,对现实永远说"不"。他没有确定的追求目标,追求本身就是他的目标。人生的过程就是一个阶段性目标的达到,又追求新的目标的无限的过程。所以,直至生命终结,人总是带着遗憾而去,但同时也是带着希望而来。"人是一个能意识到无限的有限者。"①意识使人超越有限,走向无限。无限是神的本性,但人不是神,人能意识到自己的有限性。无限对有限的超越,意味着进入无限必须以有限为根基,有限是通达无限的前提和根基。人虽然身处有限,但总是在进行着无限超越的努力。

4. 社会性与个性的统一

社会是人与人交往的产物。所以,社会是人创造的,但一旦创造了社会,社会本身就会制约个体的发展,个体就必须约束他的自由天性而社会化,使自然的个体成为社会的个体。但是,个体的发展,最终还是要打破社会性的约束,追求个体的个性化。社会化和个性化在交互矛盾中,推动个体生命的发展,使人既具有社会性,又具有个性。社会性要求个体必须适应社会生活的要求,包括内化社会政治、经济的要求,掌握人类的社会文化经验;个性要求他必须具有内在的独特性,包括独立的自我意识、自我选择和独特的个性,反映个体的主体性。社会性表现为人对社会的适应,反映了人的发展与社会要求的一致性;个性表现为人对社会的超越,反映了人的发展对社会要求的反思,以及在此基础上个体自我发展的理想。

由此不难看出,自然性与超自然性、现实性与可能性、有限性与无限性、社会性与个性等这些互相对立的矛盾关系在人的身上同时存在,共同构成了人的生命。就生命性质的两极而言,自然性、现实性、有限性与社会性等构成了生命中的"实然",超自然性、可能性、无限性与个性等构成了生命中的

---

① 车玲玉:《总体性与人的存在》,黑龙江人民出版社2001年版,第50页。

"应然"。"人性的本质既在现存的实然中,又在超越现存的应然中,存在于上述两重性的否定性统一之中。"①实现这种否定性统一的就是人的超越精神。所以,超越性是人的生命的本质特性。

二、心理学基础

人的发展包括生理发展和心理发展两个方面。生理发展一般表现为生理器官的发育和生理机能的完善,它是一个随着时间(年龄)的增加而自然成熟的过程。心理发展是在生理发展的基础上,受后天环境的影响,个体所发生的心理变化的过程。心理的发展不是一个自在的过程,它受许多因素影响,是一个可以塑造的自为的过程。关于心理发展的理论,主要有以下几种观点。

(一)认知发展理论

认知发展是整个心理发展的基础,是人接受外界影响、获取知识经验的手段和途径。人通过感知觉了解事物的外在特性,获取感性知识;通过思维把握事物的内在特性,获取理性知识。离开了认知,人就切断了与外界的联系,失去了发展的基础。认知的直接结果就是获取外部事物的知识,同时改造和重组个体的认知结构。

认知发展包括感知、记忆、想象、思维等方面,它们的发展是由低级到高级,沿着深刻性和自觉性两条路线前进的。② 从深刻性来说,人出生以后只有感觉、知觉,随着言语的发生、发展,开始出现了主要受外部事物和本身行为制约的直觉动作思维以及受表象调节的具体形象思维,以后发展了受言语和词语调节的抽象逻辑思维,才产生了最初的辩证思维。从自觉性来说,人最初只有一些无意识的感觉和知觉,随着言语的发展,才逐步出现有意识的心理过程,而且意识的发展也经历了一个从对外部事物的意识到自我意识的过程。

以上概括的只是认知发展的总体趋势,西方心理学的研究还从不同的角

---

① 鲁洁:《超越与创新》,人民教育出版社2001年版,第374页。
② 华红琴等编著:《人生发展心理学》,上海大学出版社2000年版,第6页。

度提出了不同的认知发展理论，揭示了具体的认知发展的过程和阶段。这里主要介绍皮亚杰和布鲁纳的认知发展理论。

皮亚杰是瑞士著名的儿童心理学家和发生认识论专家。他的发生认识论不仅揭示了个体认知的发展过程，而且提出了儿童认知发展的四个阶段。他认为，认知是在个体与环境交互作用的过程中逐渐建构的，其结果是形成一个图式。图式是个体对世界的知觉、理解和思考的方式，是心理结构的框架或组织结构。这种框架和结构具有概括性的特点，它可以进行迁移。皮亚杰把图式看做认知结构的起点和核心，因此，认知的过程实际上是一个图式的变化过程，这一过程包括同化、顺应和平衡。（1）同化（assimilation）。它在生物学意义上是指有机体把外部的要素整合进自身结构中的过程。皮亚杰把这一观念运用到认知发展中，指主体将外界的刺激有效地整合进自己原有的认知结构中，成为自身的一部分。（2）顺应（accommodation）。它是指当外界刺激不能被已有图式同化时，有机体通过调节自己的内部结构以适应特定刺激情境，它可以改变原有的认知图式，也可以建立一个新的图式，其目的都是为了接纳新的刺激。（3）平衡（equilibration）。个体原有的认知图式通过同化和顺应的调整，建立了适应新的环境的新的认知图式，这一过程就是平衡。平衡是指个体通过自我调节，使认知发展从一种平衡状态向另一种较高平衡状态过渡的过程。

皮亚杰的认知发展理论的焦点是个体从出生到成年的认知发展。他把认知发展分为以下四个阶段。（1）感知运动阶段（0～2岁）。在这个阶段，儿童主要靠感觉和动作来认识周围世界，适应外部环境，形成了动作图式的认知结构。（2）前运算阶段（2～7岁）。在这个阶段，儿童的认知不再依赖于动作，而是以语言符号为中介，凭借象征性图式在头脑中进行"表象性思维"。（3）具体运算阶段（7～12岁）。在这个阶段，儿童的思维具有了"守恒性"和"可逆性"，掌握了群集运算、空间关系、分类与排序等逻辑运算能力。但是，这种运算离不开具体事物的支持。（4）形式运算阶段（12～15岁）。在这个阶段，儿童不再依靠具体的事物来运算，而是能够对抽象的和表征性的材料进行逻辑运算，依靠假设进行逻辑推理。

布鲁纳是当代美国研究儿童认知发展和认知学习的心理学家。布鲁纳在儿童智力发展方面的研究深受皮亚杰的认知发展阶段论的影响。他以儿童的再现表象作为认知发展的测量指标，把儿童的认知发展分为三个阶段，即动作式再现表象阶段、映象式再现表象阶段和符号式再现表象阶段。动作式再现是指人们用"动作"来表达他关于世界的知识和经验，这相当于皮亚杰的感知运动阶段。映象式再现是指用意象、图形或表象来再现知识经验的一种方式，这相当于皮亚杰的具体运算阶段。符号式再现是指用人为设计的特征或符号再现知识，这种再现模式的认知水平已经脱离了动作和具体的事物，达到了高度的概括化和抽象化的水平。布鲁纳把它视为认知发展的最高水平，这相当于皮亚杰的形式运算阶段。

（二）智力发展理论

智力属于认识能力，是保证人们成功地进行认识活动的各种稳定心理特点的总和。我国心理学界一般认为，智力由观察力、记忆力、思维力、想象力和注意力等五个基本因素组成，其中，思维力是核心。智力是由上述五个因素组成的一个完整的、独特的心理结构。西方心理学家也认为智力是多种因素的综合体。但具体有哪些因素，他们的看法是不同的，主要有以下几种观点。

1. 双因素说

在20世纪20年代，英国的斯皮尔曼提出了智力的双因素说，认为智力由一般因素（G）与特殊因素（S）构成。一般因素是个人的基本能力，是完成认识活动共同需要的因素；特殊因素是个人完成特殊活动所必须具备的能力。人完成任何一项活动都是由一般因素和特殊因素决定的。

2. 群因素说

1938年，美国心理学家塞斯顿提出了智力结构的群因素说。他认为，智力包含七种主要因素，即词语的理解能力、推理能力、词语的流畅程度、计算能力、记忆能力、空间能力、知觉速度。

3. 三维结构说

1967年，美国心理学家吉尔福特提出了智力三维结构说。他认为，智力包含三个维度，即内容、操作、产品。其中，内容是智力活动的材料，包括视觉的、听觉的、符号的、语义的、行为的五种类型的材料；操作是智力对材料的加工活动，包括认知、记忆、发散思维、聚合思维和评价五类活动；产品是智力加工的结果，这些结果可以按单位计算，可以分类处理，也可以表现为关系、系统、转换和含义，一共有六种结果的表现形式。根据这些维度的组合，人的智力可以区分为 5×5×6＝150 种。

人的智力也有一个发展的进程，这个进程与年龄的变化有关。在 20 世纪 30 年代，桑代克曾绘制了学习能力与年龄的关系曲线。他指出，学习能力在 23 岁左右达到高峰，一直到 45 岁，45 岁以后学习能力就显著下降。1964 年，布卢姆根据自己对 1 000 名被试的跟踪研究，提出了个体智力发展的几个关键年龄阶段。他认为，如果把一个人的 17 岁的智力水平作为 100%，那么，5 岁以前可以达到 50%，5～8 岁又增长 30%，剩余的 20% 是在 8～17 岁获得的。贝利用三种智力量表，对同一组被试进行了 36 年的跟踪研究。1968 年，他绘制了智力年龄曲线：13 岁以前智力是直线上升的发展，以后开始缓慢发展，到 25 岁达到高峰，26～36 岁保持高原水平，36 岁有下降趋势。

由此可见，智力与年龄的关系总体上呈负加速度增长的趋势。不过，不同成分的智力，其发展和衰退的速度还是有差异的。不同的人的智力变化的情况也不同，它明显地与受教育程度有关。一般来说，受教育程度高，智力发展也较快，而且衰退的年龄推迟，衰退的速度也较缓慢。

（三）道德发展理论

关于道德发展，可以分为道德认知的发展、道德情感的发展和道德行为的发展。这里主要介绍皮亚杰和柯尔伯格关于道德认知的发展理论。

皮亚杰运用对偶故事，通过与儿童进行临床谈话，从研究儿童道德判断出发，深入研究了儿童道德发展的过程。他将儿童的道德发展分为以下三个阶段。①（1）前道德阶段（0～4 岁）。儿童还不能把自己与外界区分开来，将自己与外界混为一谈，以为自己等同于外界，没有和外界共处的规则意识。(2) 他律阶段（4～8 岁）。在这一阶段，儿童的道德判断是依据外在规则作出

---

① 有人认为皮亚杰关于道德发展的阶段只有他律和自律两个阶段。实际上，这种认识是从一个人"有道德"开始的，忽视了儿童早期出现的"前道德阶段"。

的,他们的道德标准只取决于是否服从这些成人给予的外在规则,道德判断只注意外在的行为结果,而不关注内在的动机,受自身之外的道德规则所支配,具有被动性和客体性。(3)自律阶段(8~12岁)。这一阶段的道德判断已经从外在的客体性转向内在的主体性,不再简单地服从外部的道德规则,而是用公正、平等、责任去进行判断,认识到规则是共同约定的,要反映共同的利益,而不是成人的权威或霸权。皮亚杰认为,只有当儿童的道德判断达到了自律水平时,才称得上是真正的道德。

受皮亚杰道德发展研究的启示,柯尔伯格运用道德两难故事法(即通过两难故事,使儿童在道德冲突中作出判断,从而发展儿童的道德判断能力的一种方法)研究儿童在30个道德观念(维度)上的发展。他将个体的道德发展分为三种水平,每种水平又包括两个阶段,这就是柯尔伯格提出的三种水平、六个阶段的个体道德发展理论。①

水平Ⅰ:前习俗水平。处于这一水平的儿童,对是非的判断取决于行为的后果,或服从权威和他人的意见。这一水平包括两个阶段:(1)奖励与惩罚的道德定向阶段。儿童只根据后果来判断行为的好坏,支配他们行为的是奖励和惩罚。他们为了免遭惩罚而听从权威人物的命令,尚未具有真正意义上的规则概念;(2)个人的工具性目的与交换阶段。在这一阶段,儿童认为正确的行为能满足自己的需要,也能对别人有好处,按具体交换原则作公平的交易。这一阶段奉行的道德原则是"你对我好,我就对你好"。

水平Ⅱ:习俗水平。这一水平的主要特点是个体着眼于家庭、社会的期望,认为道德的价值在于为他人和社会尽义务,以遵循规则为依据,维护现行的社会秩序。这一水平包括两个阶段:(1)相互性的人际期望、人际协调阶段或者好孩子、好公民的定向阶段。以家庭或社会的期望来评价自己的行为,凡是讨人喜欢或者帮助别人而被他们称赞的行为就是好行为,不考虑行

---

① 在柯尔伯格提出的三种水平之前,也有一个"前道德阶段"。这一阶段既不理解规则,也不能用规则和权威判断好坏,往往认为使他愉快的或兴奋的就是好的,使他痛苦的或害怕的就是坏的。

为本身的正确与否;(2) 尊重权威和维护社会秩序定向的阶段。在这一阶段,儿童判断道德行为的标准在于对社会尽职尽责,恪守社会秩序,维护社会秩序,强调对法律和权威的服从。

水平Ⅲ:后习俗水平。这一水平的主要特点是个体超越对社会秩序和权威的服从,开始在人类的正义、公正、个人的尊严等层面反思这些规则的合理性,从而建立一个超越个人或集团利益的普遍原则。这一水平包括两个阶段:(1) 社会契约定向阶段。这一阶段的个体不再把规则当做死板的、必须遵守的,而是认为它是人为的、可变的。规则只有符合多数人的利益,是民主的、公平的时候,它才可以被接受,因为这种规则是一种人与人共同达成的社会契约;(2) 良心或普遍的伦理原则定向阶段。这一阶段的个体开始基于自己的良心或人类普遍的价值标准判断道德行为,这些原则就是普遍的公正原则、互惠原则、人权平等和尊重个人尊严的原则。

柯尔伯格认为,这六个阶段依照次序进行,不能超越,但并不是所有的人都能达到最高的水平。

(四)人格发展理论

人格是一个人的稳定的行为模式。这些稳定而异于他人的行为模式,给人的行为以一定的倾向性,它表现了一个由表及里的、包括身心在内的真实的个人。[①] 关于人格的发展,精神分析理论和人本主义心理学都提出了自己的观点。这里主要介绍弗洛伊德和埃里克森的人格发展理论。

弗洛伊德是奥地利心理学家。弗洛伊德的人格发展理论建立在他的性心理发展理论的基础上,因此也称为"心理性欲发展理论"。弗洛伊德认为,儿童从出生到成年要经历几个先后有序的发展阶段,每个阶段都有一个特殊的区域成为力比多兴奋和满足的中心,这个区域称为性感区。据此,他把心理性欲划分为以下五个时期。(1) 口唇期(0~1岁)。婴儿的活动大部分以口唇为主,诸如吮吸、咬、吞咽等,口唇区域成为快感的中心。婴儿的口唇活动如果受到限制,成年后就会表现出贪吃、酗酒、接吻、讽刺、指责等相当于

---

① 陈仲庚、张雨新编著:《人格心理学》,辽宁人民出版社1986年版,第3页。

口唇的动作。(2) 肛门期 (1~2岁)。这一阶段的快感中心在肛门，儿童通过排泄解除压力而感到快感。在这一时期，儿童必须学会控制生理排泄的过程，以适应社会的要求。也就是说，他们必须接受父母的卫生习惯的训练。排泄对儿童的人格发展有很大的影响。肛门排泄活动若不加以限制，儿童就会养成肛门排泄者的特征：慷慨、肮脏、浪费、无秩序；若肛门排泄活动受到限制，出现便秘，儿童就会养成吝啬、极度节省、忍耐、洁癖、强迫性。(3) 性器期 (3~5岁)。这一时期力比多集中在生殖器上，性器官成为儿童获得快感的中心。此时，儿童以异性父母为"性恋"的对象，男孩依恋母亲，女孩依恋父亲。如果这种对异性的本能之爱受到压制，在男孩心理上就会形成恋母情结，女孩则会出现恋父情结。如果这两种情结获得正当的解决，儿童就会认同父母的价值观，导致超我的逐步形成和发展，形成与年龄、性别相适应的许多人格特征。(4) 潜伏期 (6~12岁)。在这一时期，力比多处于休眠状态，儿童将上一阶段对父母的异性之爱转移到环境中的其他事情上，如学习、体育、同伴活动等。这个时期进入学校学习的儿童，其注意力不在父母，而是在同伴，但总是躲避着异性，在活动中以同性为伴。这种情况持续到青春期才有所改变。(5) 生殖期 (12~20岁)。这是性心理发展的最后阶段，它发生于青春期。这一阶段儿童的性发育日趋成熟，异性恋的行为明显。前生殖期儿童的自我恋 (autotraticism) 兴趣被成人的异性恋兴趣所取代，儿童从一个自私的、追求快感的、幼稚的孩子转变成为一个具有异性兴趣和异性爱的社会化了的、成熟的成人。

埃里克森的理论受到弗洛伊德的影响，但他不像弗洛伊德那样把一切活动和人格发展的动力都归结为"性"，而是强调社会文化背景的作用，认为人格的发展受文化的制约。因此，他的人格发展理论称为"心理社会发展理论"。他把人格发展分为八个阶段：(1) 基本信任对基本不信任 (0~1岁)。相当于弗洛伊德的口唇期。这个阶段的儿童非常软弱，对成人的依赖性很大，需要成人的照顾。若父母能够爱抚儿童，给儿童以适当的照料，就能满足他们的需要，使儿童对成人和周围的世界产生一种信任感。反之，如果儿童得不到成人的关心和爱护，甚至对儿童的态度恶劣，就会出现儿童对成人和周围世界的不信任和恐惧。(2) 自主对羞怯和怀疑 (1~3岁)。相当于弗洛伊德的肛门期。这个阶段的儿童学会了走、爬、推、拉和说话等,而且什么都想自己动手,不愿他人干涉,因而使儿童陷入自己的意愿与父母的意愿冲突的危机之中。如果父母允许儿童去做他们力所能及的事情,儿童就能够逐步认识到自己的能力,养成自主的性格;反之,如果父母对儿童纵容保护,或者惩罚严厉、不公正,儿童就会怀疑并感到害羞。(3)主动对内疚(4~5岁)。相当于弗洛伊德的性器期。这个阶段的儿童的动作更加精细、灵活,语言更为精练,想象更为丰富,这些能力的发展使儿童能主动地思维、行动、幻想和提出未来计划。如果父母肯定和鼓励儿童的主动行为和想象,他们就会具有主动性和创新精神;如果父母经常限制儿童的主动性,讥笑他们异想天开,儿童在这个阶段就会缺乏主动性,不敢越雷池一步,并且感到内疚。(4)勤奋对自卑(6~11岁)。相当于弗洛伊德的潜伏期。这一阶段的儿童大多数进入了小学,他们在学校里学习必需的生活技能,学习社会生活的规范,以适应他们以后的工作和生活。在这一阶段,儿童主要通过集中精力和刻苦努力,在圆满完成学习时感到愉快。儿童在这样的活动中养成勤奋感,勤奋使他们广泛地获取知识、技能,成为对社会有用的人,满怀信心地在社会上寻找工作。如果儿童缺乏勤奋感,就会使他们对自己能否成为对社会有用的人、能否找到工作缺乏信心,从而产生自卑感。(5)同一性对角色混乱(12~20岁)。相当于弗洛伊德的生殖期。这个阶段是儿童向成人转变的过渡阶段。儿童通过前面几个阶段的学习,知道了他们是什么、他们能做什么,了解了适合于他们的不同角色。在这个阶段,儿童必须思考他们所有已经掌握的信息,包括对自己的和社会的,从而为自己确定生活的策略。如果儿童做到了这一点,就获得了自我同一性。如果儿童在这一阶段不能获得自我同一性,就会产生角色混乱和消极的同一性。角色混乱是指个体不能正确地选择生活中的角色,或者表面上承担一种角色,但很快又变化角色;消极的同一性是指取得了一定社会文化不认可的角色。(6)亲密对孤独(21~24岁)。这一阶段属于成年初期。埃里克森认为,只有建立了自我同一性的人才能与他人发生爱的关系,追求与他人发生亲密的关系。与他人发生亲密的关系就是要把自己的同一性和他人的同一性融为一体,这里包含着自我牺牲。一个没有建立自我同一性的人，就不可能发展出与他人共同工作以及与他人亲密的能力，就会退回到自己的小天地里，不与别人发生密切的联系，从而产生孤独感。（7）繁殖对停滞（25～65岁）。这个阶段属于中年期。如果一个人顺利地度过了自我同一性时期，又在以后的岁月中过上了幸福而充实的生活，他将试图把所有这一切传授给下一代。这一任务可以通过与儿童直接地相互作用，或生产和创造下一代所需要的物质和精神财富来完成。这样一类人，埃里克森称为有"繁殖感"的人。这里的繁殖不仅有生育的意思，更主要指关心、指导下一代的成长。一个人即便没有孩子，他也可以关心和指导下一代获得"繁殖感"。如果一个人不能关心下一代，即便他有孩子，也是一个自我关注的人，其特征是停滞和人际关系贫乏。（8）自我整合对失望（65岁到生命结束）。这个阶段属于成年晚期，从65岁开始一直到生命结束。埃里克森认为，只有顺利通过前七个阶段的人，才是一个有充实幸福的生活和对社会有所贡献的人，他们有充实感和完善感，回顾过去时，自我是整合的。这种人怀着充实的感情告别人间，不惧怕死亡。那种在以往的经历中有挫折的人，回顾过去则会失望，因为他们生活中的某一个或某些主要目标尚未达到，可他们感到已经走到人生的尽头，一切都晚了。

表4-1是对埃里克森提出的人格发展的八个阶段和相应品质的概括。①

表4-1 人格发展的八个阶段及其品质

阶段	危机	年龄（岁）	品质	
			危机的积极解决	危机解决的失败
1	基本信任对基本不信任	0～1	希望	恐惧
2	自主对羞怯和怀疑	1～3	自我控制和意志	自我怀疑
3	主动对内疚	4～5	方向和目的	无价值感
4	勤奋对自卑	6～11	能力	无能

---

① ［美］赫根汉著，文一、郑雪等编译：《现代人格心理学历史导引》，河北人民出版社1988年版，第80页。

续表

阶段	危　　机	年龄（岁）	品　　质	
			危机的积极解决	危机解决的失败
5	同一性对角色混乱	12～20	忠诚	不确定感
6	亲密对孤独	21～24	爱	淡漠
7	繁殖对停滞	25～65	关心他人	自私
8	自我整合对失望	65岁至死亡	智慧	失望和无意义感

三、社会学基础

（一）社会化的含义

人生活在社会之中，是社会的存在物，具有社会的属性。马克思批判了抽象的人性观，把社会性看做人的本质属性。然而，人的社会性并不是与生俱来的，而是后天获得的。一个人降生于世界时，只不过是一个无知无识的生物体，是一个自然人。他要成为一个社会的成员，就必须学习他所处的社会和群体的规范，掌握作为一个社会成员应具备的知识、技能和观念，取得社会生活的资格，这就是一个社会化的过程。正是这样一个过程，使一个自然人完成了到社会人的转变。所以，社会化是指个人学习知识、技能、规范，取得社会生活资格，发展个体社会性的过程。它是一个自然人转变成适应一定的社会文化、参与社会生活、承担一定的角色、履行一定责任的社会人的过程。如果说生理性的存在使我们来到了人间，是我们的第一次出生，那么，社会化的过程则使我们来到了社会，成为我们的第二次出生，它使我们获得了社会人的资格。因此，社会化对每个个体来说都具有重要的意义。同时，个体的社会化也是社会的基础，因为社会化的过程是个体增加共性的过程，这是社会成为有机整体、实现共同目标的必要条件。

社会化一般是指社会文化环境对个体发展的影响，但个体接受这种影响不是消极被动的，而是通过参与社会生活，将社会的影响和规范主动内化为个体社会性的过程。因此，个体的社会化不是对社会规范和社会影响的被动接受，个体还要发挥主体性，对社会规范进行主动的选择，表现出自己独特的个性。所以，社会化不是造就同一模式的人，相反，社会化的过程中也孕育着人的个性，"社会化既造就了人的社会共性，又塑造了人的独特个性，它是人的社会共性与独特个性的有机统一过程"。①

社会化的内容有广义和狭义之分。从广义上说，凡是作为一个社会人生活所需要的知识、技能、行为方式、生活习惯、思想观念等都属于社会化的内容，因为它们都是社会人的需要。实际上，任何生活在社会中的人都是社会人，如果把成为社会人的一切要求都归结为社会化的内容，无疑等于把成为人的一切内容都包含其中。这样理解社会化的内容，显然过于宽泛。所以，一般所说的社会化内容是就人的社会性发展而言，包括形成群体意识、发展社会交往能力、培养社会规范性行为、承担社会角色，其途径是政治社会化、道德社会化、法律社会化、性别社会化、再社会化等。

（二）社会化的过程

社会化的本质是角色承担。由于个体在不同的时期所承担的主导角色不同，使得个体的社会化成为一个持续终生的过程。个体从生命伊始，经过儿童期、青少年期、成年期和老年期，始终都在不断地进行社会化。儿童时期的社会化主要在家庭中进行，通过获得思维、情感、语言和最初的行为方式，掌握一些基本的生存能力。青少年时期，个体从家庭这个小天地投入到更广阔的社会天地中，逐渐掌握了独立生存的能力，能以社会行为规范来约束自己，适应社会的要求，为进一步深入社会、改造社会打下基础，其社会化的场所主要是学校。步入成年以后，由于开始独立承担社会角色，独立进行社会生活和创造，所以，要适应工作和生活中不断变化的社会性要求，要不断地进行新的社会化。即便进入老年期，还有生活的调适过程。从儿童期到老年期，社会化贯穿人的生命全程。其中，青少年时期是人的社会化的重要时期。因为作为社会化核心的世界观、人生观的形成基本上是在这段时间完成的。

---

① 吴增基、吴鹏森、苏振芳主编：《现代社会学》，上海人民出版社2001年版，第129页。

社会心理学家哈维特斯按年龄把人生分为六个阶段,并具体描述了不同年龄阶段社会化的任务(参见表 4-2)。①

表 4-2 不同年龄阶段社会化的主要任务

年龄阶段	社会化的主要任务
幼儿期	(1) 学习走路;(2) 学习吃固体食物;(3) 学习说话;(4) 学习大小便的方法;(5) 懂得脾气的好坏,学习控制自己的脾气;(6) 获得生理上的满足;(7) 形成有关社会与事物的简单概念;(8) 与父母、兄弟姐妹建立情感;(9) 学习区分善恶。
儿童期	(1) 学习一般性游戏中必要的动作技能;(2) 培养对于自身有机体健康的态度;(3) 和同伴建立良好的关系;(4) 学习男孩、女孩的角色和标准;(5) 发展读、写、算的基本能力;(6) 发展日常生活中必要的概念;(7) 发展道德性及价值判断的态度;(8) 发展对于社会各群体的态度。
青年期	(1) 学习与同龄男女的新的交际;(2) 学习男性或女性的社会角色;(3) 认识自己的生理结构,有效地保护自己的肌体;(4) 从父母和其他成人那里独立地体验情绪;(5) 有信心实现经济独立;(6) 准备选择职业;(7) 作结婚和组织家庭的准备;(8) 发展作为一个市民的必要的知识和态度;(9) 追求并实现有社会价值的行为;(10) 学习作为行为指南的道德和价值标准。
壮年期	(1) 选择配偶;(2) 学习与配偶一起生活;(3) 家庭中添了第一个孩子;(4) 教养孩子;(5) 管理家庭;(6) 就职;(7) 担负起市民的职责;(8) 寻找合适的归属群体。
中年期	(1) 形成作为市民的社会责任;(2) 保持一定的生活、经济水平,并维护之;(3) 帮助十几岁的孩子成为一个能被人信赖的幸福的成人;(4) 充实成人的业余生活;(5) 接受并适应中年期生理的变化;(6) 照顾年老的双亲。
老年期	(1) 适应体力和健康的衰退;(2) 适应退休和收入的减少;(3) 适应配偶的死亡;(4) 与年龄相近的人建立快活而亲密的关系;(5) 承担市民的社会义务;(6) 对于物质生活的要求降低。

---

① 时蓉华:《社会心理学》,上海人民出版社 1986 年版,第 49~50 页。

（三）影响社会化的因素

个体的社会化是在社会生活中进行的，所以，个体生活面临的所有环境都构成影响社会化的因素。这些因素大到社会的政治经济制度、传统文化，小到个体所交往的对象、生活的社区、家庭等。这些因素对不同年龄阶段的人，影响的程度不同。一般来说，年龄越小，受个体生活的直接环境影响越大；相反，年龄越大，受社会环境的影响越小。影响社会化的这些因素归纳起来主要有：家庭、学校、同伴群体、社区和工作岗位、大众传媒。

1. 家庭的影响

几乎对每个人来说，家庭都是影响他们社会化的最初场所。儿童在家庭中的生活时间，约占其全部生活时间的三分之二，所以，家庭对个体早期的社会化具有重要的影响，也为一生的社会化，尤其是个性的发展奠定了基础。家庭的环境因素，包括父母的职业、收入、文化教养、为人处世的方式、夫妇关系，以及家庭在社会阶层、家族中所处的地位，都通过日常的家庭生活对儿童的社会性发展起着潜移默化的作用。有研究表明，家庭中父母的教养方式和教养态度对子女人格的形成影响极大。有学者把父母的教养方式分为专制型、溺爱型、放任型、民主型。不同的教养方式会对儿童的人格产生不同的影响，其中民主型的方式适宜于儿童良好人格的形成。

2. 学校的影响

随着年龄的增大，儿童走出家庭，进入学校。于是，学校成为影响儿童社会化的重要因素。学校作为教育机构，它代表社会的意志或要求，有目的、有计划、有组织地对儿童施加社会影响，它在儿童社会化中起着引导性、决定性的作用。学校教育与家庭影响不同，家庭对人的社会化影响是基于亲情的耳濡目染和潜移默化的形式，而学校的社会化影响是有目的的，带有一定的强制性。教师是社会的代言人，他们代表着社会而行使教育的权利，支配着青少年儿童的社会化；教学内容是基于社会选择的法定文化，反映着主流社会的意志。学校通过系统的社会化影响，决定着青少年儿童的社会化方向和性质，对青少年儿童的社会化起着关键性的作用。

3. 同伴群体的影响

随着儿童年龄的增长，尤其是自我意识的增强，儿童逐步摆脱家长和教师的影响，同伴成为他们最乐意交往的对象。因此，同伴群体对儿童的社会化也起着重要的作用。同伴群体既包括学校中出现的正式的小组群体，也包括非正式的群体，还包括社区邻里间小伙伴的群体。在同伴群体中，他们由于在年龄、经验、兴趣、爱好等方面都比较相似，容易聚在一起，他们在平等的基础上，彼此之间发生互动和产生共鸣，形成他们独特的群体亚文化，包括共同的观念、价值标准、兴趣爱好、服饰发型、话语方式、行为举止等，这些都是个体社会化的重要因素。不同性质的同伴群体对儿童社会化有不同的影响，正所谓"近朱者赤，近墨者黑"，所以，对不良的同伴群体需要正确地进行引导。

4. 社区和工作岗位的影响

社区和工作岗位都是个体的生活环境，它们都对个体社会化产生影响。一般来说，社区的影响大多在儿童阶段，因为儿童尤其是入学之前的儿童，社区和家庭是他们重要的两个活动场所。"孟母三迁"的故事讲述的就是社区环境对儿童社会化的影响。这种影响在范围上是全方位的，在形式上是潜移默化的。步入成年后，工作单位以及工作岗位是进行职业社会化的重要场所。在岗位上，一个人学习职业技能和专门的知识，遵守职业道德，形成职业意识，确定职业身份和角色。一个人从学校走上工作岗位，才是真正地步入社会。步入社会后，社会的要求可能与在学校学习的社会化成果发生冲突，因此，也需要他们调整自己的价值标准和行为方式，达到真正适应社会生活的目的。

5. 大众传媒的影响

在当代信息社会，大众传媒是一个不可忽视的社会化的重要手段，主要包括书刊、报纸、广播、电影、电视、网络、手机短信等。当前随着大众传媒的日益发达，其重要性在不断地增强，但其复杂性和不可控制性也在增加。大众传媒如报纸、广播等作为社会主流文化的传播渠道，为广大社会成员理解和接受社会提倡的价值规范、行为方式，提供着广泛的社会环境条件。同

时，电视、网络以及手机短信对青少年社会化的影响愈来愈大，也愈来愈难以控制。它们对儿童社会化的消极影响必须引起我们的高度注意。

第二节 人的身心发展及其规律

一、人的身心发展的含义

教育活动的对象是人，它面对的是个体。个体是以活生生的生命形态存在的，是以个体的身心发展状态来表征的。所以，教育学对人的发展的考察，主要考察的是个体的身心发展。

发展既是一种状态，又是一个过程。作为状态，发展是指个体生命发展的阶段性完成；作为过程，它是对已经完成的发展状态的不断否定和超越，追求新的发展。对发展而言，状态是相对的，运动是绝对的。因此，个体生命的发展，我们可以从静止的状态和运动的状态两个方面来考察它的含义。

从静态的角度看，个体的生命是一个有机的整体，具有复杂的生命结构，所以，对生命结构的分析，首先应树立复杂性的观点。任何的分析都不是一种割裂，生命不是多种成分的"拼凑"，而是它们的交互渗透、相互融合。个体的生命究竟包括哪些方面？不同的研究略有差异，但也基本一致。哲学研究把人性分为自然性和社会性两大方面。自然性是指基于生命有机体的器官及其机能先天的发展所表现出来的遗传素质和本能。社会性是人在后天的社会环境中所形成的各种能力与特性。自然性不一定只是生理机能的发展，而且还包括心理机能的成熟和人的天性。我们在前面提出了人的生命的三重属性：自然属性、精神属性和社会属性。在人们的常识中，一般都认同个体生命包括身体和心理两大部分。

个体是一个活的有机体，他有血有肉，机体中进行着生命所不可缺少的新陈代谢。他有大脑和神经，才能进行思维。所以，生理是个体发展的基础。人首先是一种生物性存在，脱离了这一点，谈论生命的意义追求，谈论人的生命体验，谈论人的自我意识，无异于试图拔着自己的头发离开地球。心理学的研究已经表明，任何心理机能的出现都有其生理基础，脑是心理的器官，心理是脑的机能。

人不仅是一个躯体，更在于躯体内部所发生的心理活动，构成人的心理结构。"现代心理学的一种流行观点把人的心理看做复杂的系统。"① 这个复杂的系统有共性的心理过程，但这个共性的过程发生在每个个体身上，又形成了个性心理结构。

人的心理过程发生在每个个体身上，都是相同的，包括认识（认知）、情绪和意志三个方面。认识过程是通过对事物的感知，获取知识经验和加工、运用知识经验的过程。情绪过程是伴随着认识过程发生的，是人对自己所认识的事物、所做的事情的态度体验。意志过程是为了实现有目的的认识过程，不断地排除困难和障碍，克服自己的消极情绪，将认识坚持到底的心理过程。认识、情绪和意志过程简称为知、情、意，是任何心理过程都具有的三种成分。

一个人对事物的长期认识，会表现出相对稳定的心理状态，这些心理状态的长期积淀，又会转化为稳定的心理特征。心理特征总是以个人特点的形态而固定下来，成为一个人总的精神面貌。个性结构可以划分为三个主要的子系统：个性心理特征、个性心理倾向性和自我意识。个性心理特征是知、情、意在个体身上的综合反映，它标示着人的精神面貌的类型差异，表现为每个个体独特的能力、气质和性格类型。个性心理倾向性是个体活动的动力系统，它决定着个体对事物的选择和发展方向，包括需要、动机和价值观。自我意识是个体对自己的知觉和反思，它在认识、情绪和意志过程中分别表现为自我认识、自我体验和自我控制。

以上所谈到的共性的心理过程和体现在个体身上的个性心理特征，都是局限在意识的范围内，其实，人的心理现象，除了意识，还有无意识和潜意识。当然，人与其他生物的不同，就在于人的意识与自我意识，这是人的生命的独特体现。意识在人的心理结构中占据主导地位，但并不是唯一地位。

---

① 黄希庭：《心理学导论》，人民教育出版社1991年版，第1页。

人的心理结构，根据意识水平，可以表现为无意识（或潜意识）、前意识和意识。意识是对自己的身心状态和外部环境、事物的综合觉察和认识，具有明确的目的性和能动性。无意识（或潜意识）是指潜隐在意识层面之下，不能清晰知觉的情感、欲望等，它对人的心理活动发生影响。此外，还有介于意识和无意识之间的前意识。前意识是指瞬间未被意识到、可以自动作出的反应，但这种反应不是无意识，而是很快可以意识到的。

我们在研究时，虽然可以对人的心理进行条块分割，但实际发生的心理，或者更广泛地说，人的生命都是以整合的状态存在的。人的生理机能是心理活动的基础，对心理的发生具有不可或缺的意义。心理结构也是一个有机的整体，包括意识的和无意识的、前意识的，包括共同的心理过程和个性心理特征。因此，从静态的角度看，个体的生命是身与心交织的复杂结构和系统。

从动态的角度看，生命具有非终极性，"生命的特性永远处于实现之中，决不会完全实现"，"在生命进化的前方，未来的大门一直敞开着，生命的进化实质上是起始运动永不停息的创造"。① 生命哲学家柏格森的观点说明了生命生生不息的变化的特性。但应该看到，生命的变化不是无休止的，死亡是生命的终结。这正如叔本华所说，一切生的目标就是死亡。死亡是必然的，是任何人都躲避不了的。人真正的存在是"向死存在"。所以，在动态意义上，个体的发展是从生命的孕育和形成到生命死亡、终结的不断变化的全过程，是"随时间的推进在人身上发生的变化"。②发展是一种变化，个体在生命的有限期内不断地变化，不断地发展，发展贯穿于生命的全程。发展不等同于成长，成长多指身心的成熟等积极的变化，而发展不仅包括身心成熟等积极的变化，而且也包括随着年龄的增长所出现的身心机能衰退的消极变化。不过，学校教育面对的是青少年儿童，它把发展视为个体身心的积极变化，限制在人生发展的一段时期。终身教育则把发展看做贯穿生命全程的身心发

---

① 参见李文阁、王金宝：《生命冲动：重读柏格森》，四川人民出版社1998年版，第113页。

② 中央教育科学研究所比较教育研究室编译：《简明国际教育百科全书·人的发展》，教育科学出版社1989年版，第2页。

展的一切变化。

综合关于个体发展的静态和动态的解释，我们认为，个体生命的发展是指个体从生命开始到生命结束过程中生理、心理及其身心整体所发生的一系列变化。它是把个体发展的潜在力量变成现实个性的过程。发展在方向上既有积极的、正向的生长，也有消极的衰退；在形式上，既有自觉的、自为的发展，也有自发的、强制的变化。在生命发展的历程中，发展不仅有量的增加，而且有质的变化。量积累到一定程度就会发生质变，促使个体的发展进入一个新的阶段。因此，发展的过程呈现出连续性和阶段性的统一。

二、人的身心发展的动力

人的身心发展，尤其是心理的发展，不完全是自然成熟的过程，而是一个自为的、自觉的过程。那么，推动人的身心发展的动力是什么？对此，人们存在不同的认识。

（一）内发论

内发论认为，身心发展的动力来自于个体自身的内在需要，身心发展是自然而然的成熟和完善过程。从历史上看，性善论、遗传决定论、成熟论、人本主义心理学一般都强调身心发展的内在因素。

孟子是中国古代内发论的代表。他是性善论者，认为人的本性是善的，万物皆备我心，人的本性中包含"恻隐之心"、"羞恶之心"、"恭敬之心"、"是非之心"，这是仁、义、礼、智四种基本品质的根源，"仁义礼智，非由外铄我也，我固有之也"。[①] 他认为，教育在于遵循人性的自然发展，为其提供有利的外在条件，唤醒人对自己善良本性的自觉。中国古代的道家也是内发论的代表。道家哲学的本体论就是"道法自然"的思想。老子说："人法地，地法天，天法道，道法自然。"[②] 道作为宇宙的最高法则是自然而然、自然无

---

① 《孟子·告子上》。
② 《老子》第二十五章。

为的。老子说:"辅万物之自然而弗敢为。"①也就是说,"道"是万物所遵循的自然,不要人为限制。

西方的教育也具有内发论的传统。古希腊的教育思想家认为,知识的种子存在于每个人的心灵之中,教师的作用就是帮助学生自己发现真理,帮助心灵走向光明。所以,苏格拉底提倡运用"产婆术",柏拉图认为真正的教育就是将存在于学生身上的潜在能力引发出来,亚里士多德把教育看成一个内在发展的过程,是自我展开和自我实现的过程。也就是说,教育的过程是一个身心自然运动的过程,他们反对外在的强制。柏拉图指出:"对自由人来说,学习中不能有任何奴役的成分。规定的锻炼对身体无害,但强制的学习是不能记在心里的,所以,要避免强制。"②卢梭也认为,人天性本善,出自造物主之手的东西都是好的,因此,他提出了自然主义的教育主张。精神分析学派的创始人弗洛伊德认为,人的性本能是最原始的自然本能,它是推动人的发展的潜在的、无意识的、最根本的动因。美国心理学家格塞尔强调成熟对于人的发展的决定作用。他认为,人的发展受特定的顺序支配,这一顺序是由基因决定的。格塞尔用同卵双生子爬梯子的比较实验③证明,抢在成熟时间之前的教育是低效的,甚至是徒劳的。当代人本主义心理学家也认为,生长和发展是人的本能。马斯洛指出,人有使自己趋向于更健康、更道德、更智慧、更美好和更幸福的自我实现的潜能和需要,这种需要存在于人的机体内,是在人的生物性本能残余的基础上进化的一种新的本能,即"似本能"。罗杰斯也认为,自我实现的倾向是唯一的、根本的人类动机。正如郁金香会本能地逐步生长得茁壮一样,人类也趋向于其生长、完善和实现人的发展的

---

① 《老子》第六十四章。

② 参见〔英〕伊丽莎白·劳伦斯著,纪晓林译:《现代教育的起源和发展》,北京语言学院出版社1992年版,第8页。

③ 实验的基本情况是:一对同卵双生子在满46周时,其中之一开始作爬梯训练,每天持续10分钟。另一个不作训练。6周后,测量他们爬同一梯子所需的时间,结果为受训儿童用26秒钟,未受训儿童用45秒钟。接着,对原先未受训儿童作同样的训练两周,两周后测量,该儿童爬同样的梯子只用了10秒钟。

最高境界。

（二）外铄论

外铄论认为，人的发展主要依靠外铄力量的推动，包括环境的刺激和要求、他人的影响、学校的教育和训练等。外铄论者一般忽视个体的内在需要，或者认为，外在力量可以支配内在的需要。性恶论、环境决定论、教育万能论、行为主义心理学都持外铄论的观点。我国古代思想家荀子是性恶论者。他认为："今人之性，生而有好利焉，顺是，故争夺生而辞让亡焉。"① 也就是说，人生性好利、好斗，若顺其本性发展，必将使社会陷入混乱、抢夺之中，是十分有害的。西方中世纪宗教哲学也认为，人生而有罪，故需要惩罚、奴役。近代的一些哲学家如社会生物论者也把战争、丑恶归于人性的攻击和自私、贪婪，主张社会的良好发展必须改造人性。英国哲学家、教育家洛克是教育万能论者，他认为，人的心灵如同白板，它本身没有内容，可以任意涂抹、刻画，一切发展都来自后天。他尤其重视教育对个体发展的作用，认为人类之所以千差万别，主要由于教育之故。行为主义心理学家华生更是典型的外铄论者，他认为，个体可以用特殊的方法任意加以改变，或者使他们成为医生、领袖、银行家，或者使他们成为乞丐、盗贼，全然不顾个体的内在需要。据此，行为主义心理学认为刺激直接引起反应，有什么刺激就能引起什么反应。由于外铄论认为人的发展来自外在的力量，所以它比内发论更加强调教育对个体发展的重要性，更加注重教育的价值。

（三）差距论

辩证唯物主义认为，人的发展既不是纯粹的外界刺激造成的，也不是纯粹内在的自发的需要造成的，发展是内因和外因的矛盾统一，是主体反映外因，通过内部矛盾的对立统一而实现的。在影响个体发展的因素中，社会环境包括教育对个体发展的要求是外因，外因通过个体的实践活动，成为个体发展的一种需要，这一由外部要求转化而成的新的需要代表着个体发展的"应然"水平，是尚未达到、但可能实现的水平，它与个体已有的素质、已达

---

① 《荀子·性恶》。

到的"实然"水平之间存在着差距,这种差距是一种矛盾,矛盾的统一,即"应然"的水平变成"实然"水平,这意味着发展的一个阶段性完成。个体在外界环境的要求下再形成新的"应然",进而再推动个体的发展,这是一个无限的过程。所以,在实践活动中,外部环境对个体发展的要求所引起的新的需要与个体已有发展水平之间的差距是个体发展的动力。

对个体来讲,发展的动力只能来自于内部,它是个体发展的可能水平与现实水平之间的差距所构成的矛盾。但是,个体可能的发展水平不是自发的,而是来自于外部环境所提出的要求,这种要求只有转化为个体发展的一种需要,才能与已有的发展水平构成矛盾。对个体发展而言,这种差距和矛盾应该在"最近发展区"①内,过大或过小都不利于个体的发展。因此,外部环境的要求应该是适宜的,是个体经过努力可以达到的水平,而不是越高越好。

三、人的身心发展的一般规律

人作为个体,他的活动和意识具有自主性,因此也表现出巨大的差异性。但是,人作为生物有机体,从有机体整体的角度看,其身心的发展也表现出共同性,这就是身心发展的一般规律。教育要有效地促进人的发展,必须要遵循其身心发展的一般规律。

(一) 身心发展的阶段性

人的身心发展是一个不断地从量变到质变的过程,量的积累和质的飞跃,使发展过程既有连续性又有阶段性。连续性是指后一阶段的发展总是建立在前一阶段发展的基础上,而且后一阶段既包含着前一阶段发展的结果,又萌发着后一阶段发展的新质。阶段性是指在个体发展的不同年龄阶段所表现出来的总体特征及主要的矛盾,以及面临不同的发展任务。连续性反映着个体发展的量变,阶段性反映着个体发展的质变。人的整个的发展过程就表现出

---

① 维果茨基认为,儿童的发展有两种水平:一种是已经达到的发展水平,表现为儿童能够独立解决的智力任务;另一种是可能达到的发展水平,表现为儿童在成人的帮助、指导下可能解决的智力任务。这两种水平之间的差距就是"最近发展区"。有效的教学目标应该落在"最近发展区"里。

若干连续的阶段，不同的阶段表现出区别于其他阶段的典型的、本质的特征，这就是"发展的年龄特征"。具体说来，年龄特征是指个体在发展的不同年龄阶段中所形成的一般的、典型的、本质的特征。

关于人的身心发展的阶段，人们划分的标准不同。我国通常根据生理年龄划分为新生儿、乳儿期、婴儿期、幼儿期、儿童期、少年期、青年期、成年期。发展心理学的研究，大多从研究者关注的不同方面加以分析，如我们前面介绍的，皮亚杰以智慧或认知结构的变化为依据，把婴儿到少年的认知发展分为四个阶段；柯尔伯格把道德认知发展分为三种水平、六个阶段；埃里克森把人格的发展分为八个阶段；等等。

个体身心发展的年龄特征是在一定社会和教育条件下形成的相对稳定的反映人的认知、情感和活动等方面以及生理发展水平的综合指标体系。儿童身心发展的年龄特征是教育工作的一个出发点。教学内容的安排、教学方法的设计都要考虑到受教育者的发展水平和年龄特征。各个年龄阶段，其认知、情感的发展具有不同的特点，在教育措施上不能"一刀切"，也不能"凌节而施"——把小学生当做中学生，把儿童当做成人。教育的措施要适应不同阶段年龄特征的要求，适应他们的接受能力。由于儿童身心发展的阶段及年龄特征既有稳定性，又有连续性，因此，教育工作在一个阶段向另一个阶段过渡时必须做好衔接工作。

（二）身心发展的顺序性

个体的身心发展有一定的顺序性，不仅从整体上看身心发展具有一定的顺序性，而且身心发展的个别过程和特征的出现也具有一定的顺序性。身心发展的顺序具有矢量的正向性、不可逆性，也不可逾越。

在总体上看，儿童身体和运动机能的发展是按照两条法则进行的：一是自上而下（头尾法则）；二是从中心到边缘（远近法则）。心理机能的发展顺序是：感知—运动—情绪—动机—社会能力—抽象思维。身体和心理机能的每一方面的发展也都呈现出一定的顺序。例如，肌肉群的发育是先大肌肉群，而后小肌肉群；大脑的发育是先枕叶，依次是颞叶、顶叶、额叶；思维的发展经历着一个从直觉行动思维到具体形象思维再到抽象逻辑思维的过程；注意的发展是从无意注意到有意注意；记忆的发展是从机械记忆到意义记忆；情感的发展是从低级的情绪到高级的理智感、道德感；等等。

个体身心发展的顺序性决定了教育教学工作的顺序性，在不同的发展阶段开展不同的教育活动，同时应该按照发展的序列来施教，做到循序渐进。不过，强调循序渐进，并不意味着教学要成为发展的尾巴，教学与发展的关系是相互适应、相互促进的，适当地让学生"跳一跳，摘桃子"，把教学落实在"最近发展区内"是最佳的、切实可行的选择。

（三）身心发展的不平衡性

身心发展的不平衡性主要表现在以下三个方面。一是从总体发展来看，个体从出生到成熟的进程不是匀速的，而是呈波浪形向前推进的。大约在幼儿前期出现第一个加速期，在儿童期处于平稳过渡，一直到青春发育期又出现第二个加速期，青春期之后身心趋于成熟，各方面机能完善，所以成年期身心变化不大。直到进入老年期，开始出现明显的下降。二是不同的系统在发展的速度、发展的起讫时间和达到成熟的程度是不平衡的。以神经系统和生殖系统为例，神经系统的发展是先快后慢，幼儿期以前，脑的重量就已发展到成熟期的75％，9岁左右就接近成人水平；而生殖系统的发展则是前慢后快，在童年期几乎没有什么发展，到了青春发育期以后才大幅度地增快。三是同一方面的发展，在不同的年龄阶段中发展速度是不平衡的。例如身高和体重，有两个高峰，第一次高峰是在出生后的第一、二年，第二次高峰是在青春发育期。在这两个高峰期，儿童的身高和体重比其他阶段增长都要快。

人的身心发展的不平衡性，要求教育工作要抓住身心发展的"关键期"，及时而教。所谓"关键期"，是指身心某一方面的发展最快的时期。例如，2～3岁是儿童学习口头语言的关键期，4～5岁是学习书面语言的关键期。在关键期内，相应的方面对来自环境和教育的刺激特别敏感，过了这个关键期，同样的刺激便不会再有同样的效果。正如《学记》中所说："当其可之谓时，时过而后学，则勤苦而难成。"所以，教育只有抓住关键期，及时而教，才能收到事半功倍的效果。

（四）身心发展的个别差异性

人的发展既有共同规律，又有个别差异；既有一般的、共同的特征，又有独特的个性。一般来说，一个正常的儿童发展总是要经历一些共同的顺序和发展阶段，但是在个体发展上存在着不可忽视的差异，既有生理上遗传天赋的差异，也有心理上后天形成的差异。这些差异表现在身心发展的速度、水平、表现方式等诸多方面。例如，在发展速度上，有的儿童早慧，有的大器晚成；在发展水平上，同一年龄的人在心理发展上可能存在差异；在表现方式上，气质有内向和外向之分，兴趣、爱好、价值观也各不相同。美国心理学家加德纳的多元智能理论，也揭示了智能发展上的个别差异。[①]

身心发展的个别差异不仅表现在个体身上，也表现在群体身上。例如，由于社区生活环境不同，造成群体的发展水平和生活方式不同；男女性别不同导致自然性和社会性的差异；等等。

教育工作面对的是活生生的、具体的人，如果只强调个体身心发展的共同特征，有可能使教育者面对的是一个模糊的整体印象。教育者只有注重每个学生的个别差异，才能有的放矢，真正做到因材施教，使具有各种个别差异的学生都能够"长善救失"，最大限度地得到发展。

第三节 影响人的身心发展的主要因素

人是一个复杂的生物体，人的发展也是一个复杂多变的过程，任何因素只要与人发生作用，被人所意识，都可能影响人的发展。因此，全面地预测影响人的身心发展的因素几乎是不大可能的。我们这里只讨论影响人的身心发展

---

① 到目前为止，加德纳提出了经过验证的九种智能：言语—语言智能、逻辑—数理智能、视觉—空间智能、音乐—节奏智能、身体—动觉智能、交往—交流智能、自知—自省智能、自然观察者智能和存在智能。他认为，每个人都同时拥有这九种相对独立的智能领域。但是，每个人都是以各自独特的方式把各种智能组合在一起，形成自己的智能结构。在他看来，人与人的差别，主要在于人与人所具有的不同智能的组合。

的几个主要因素——遗传、环境、活动和学校教育。这四个因素并非完全在同一个层面,遗传和环境给人的发展提供着可能性,它属于影响人的身心发展的可能性因素;活动不是一个单独的因素,作为一种行为方式,它不可能脱离内容而存在,它把人与环境结合起来,使二者相互作用,推动着人的发展,它属于影响人的发展的现实性、决定性因素;学校教育作为遗传、环境、活动的综合,对人的身心发展的影响具有相对独立性和独特性,虽然与其他因素不构成并列关系,但其作用的独特性需要单独讨论。

一、遗传在人的发展中的作用

遗传是一种生物现象,是个体从双亲的基因结构中继承的生理解剖上的特点,表现为子女继承了双亲生理上的许多相似性,如身高、体形、肤色、血型、气质等。这些由于遗传而得来的生理特点,称为遗传素质。在遗传下来的生理解剖特点中,生理特点是指功能或机能特点,如出生后感觉的灵敏度、知觉的广度、注意的持久性、记忆的强度、思维的灵活性等;解剖特点是指结构特点。

人与人之间的遗传素质是有差异的。遗传学的研究表明,一个独特的生物体是在父方的精子与母方的卵子相结合形成受精卵之后产生的。父母亲各给予受精卵23对遗传信息单位——染色体。在这些染色体中,每1对都含有2万个基因,它们是决定和影响个体特征的载体。染色体与染色体的结合、基因与基因的组合,可以组合成16 777 216种不同的形式。因此,两个人要具有相同的基因组合是很难的。只有一种情况,同卵双生子是由同一受精卵发育而来,具有相同的染色体和基因,因而遗传素质相同。

遗传素质对人的发展是有影响的。无论是遗传学、心理学的研究成果,还是我们的日常生活观察,都证明了这样一个事实。问题是如何看待这一影响作用的大小。有人认为,遗传对人的发展起决定作用。例如,英国学者高尔顿运用家谱分析法,选择了英国977位政治家、法官、科学家、艺术家等,分析了他们的直系亲属,结果发现他们的直系亲属中有332人享有同样显赫的权威;而选择同样数量的普通人进行调查,发现他们的直系亲属中只有1

人成名。他由此得出结论：个人的能力是由遗传得来，其受遗传决定的程度，如同一切有机体的形态及躯体组织受遗传决定一样。高尔顿的研究已经受到了质疑，即便他的调查是真实的，也不能说明这些人的差异都是由遗传所决定的，更可能是名人家庭和普通人家庭的生活环境，以及他们直系亲属受教育程度的差异所致。美国心理学家桑代克运用测验统计的方法，得出双生子的智力相关系数大于一般的同胞兄弟，试图以此来证明遗传的决定作用。其实，这一研究也只能说明，遗传效应在人的智力发展中具有重要作用。而且有研究也证明，遗传与智力发展的相关系数，最高达 0.93，最低为 0.41，平均为 0.62~0.65，遗传对于智力影响的比重稍大于环境的影响。① 但是，这并不能证明遗传素质对人的智力发展起决定作用。遗传素质对人的发展是否起决定作用，不可一概而论，它与个体发展是否处于常态有关。从统计学的规律看，人的发展在正态分布内，大部分人的智力等各方面发展处于常态，只有在正态分布的两端处于非常态状态，尤其是表现在智力差异上的先天的智力缺陷者和超常儿童，但这两部分所占的比例很小。对于大部分处于常态的人来说，遗传素质对人的发展不起决定作用。然而，对于非常态的智力缺陷者来说，遗传素质由于没有为个体的发展奠定正常的基础，常常具有决定作用。可以这样认为，再好的环境、再好的教育，也很难使先天的低能儿有良好的发展。对于非常态中的智力优异者，固然具有超越一般人的优异遗传素质，为他们的发展提供了很好的条件，但能否使这一优势潜能充分展现，则要受到后天其他条件的限制。可以说，先天的智力优异者并不一定保证能够有杰出的发展和成就。所以，我们要反对过分夸大遗传作用的"遗传决定论"，正确地认识遗传在人的发展中的作用及其限度。

（一）遗传素质是人的身心发展的生理基础和前提，为人的身心发展提供了可能性

人虽然是身心发展的统一体，但是，人首先是一个生物体，人的心理的发展建立在正常的解剖生理特点和生理机能之上。没有正常的生理发展，也

---

① 李丹主编：《儿童发展心理学》，华东师范大学出版社 1987 年版，第 56 页。

难以有正常的心理发展以及整体的发展。比如说，一个先天的盲人，不可能有正常人的知觉，更不可能成为一名画家；一个先天的聋哑人，不可能有正常的听觉，更不可能成为一个音乐家。智力优异的人，记忆力强，对事物观察细致，有强烈的求知欲，并且富有想象力，他们有独立的、独创的、幽默的、机敏的、稳重的、充满活力的人格特征；智力缺陷者，不仅智力因素比较差，而且社会适应性也比一般人差，多数人适应不良，甚至有的完全不能参加社会生活。由此可见，没有正常的遗传素质，个体的发展便无法实现。从这个意义上说，遗传为个体发展提供着生理基础和前提，是个体发展的必要条件。对于缺乏这个条件的个体来说，发展就受到了极大的限制，甚至在许多方面不可能得到发展。但是，对于具备这一发展条件的个体来说，这只是提供了可能性，发展的方向如何，发展的状况如何，取决于后天的环境、教育和实践。人与人之间遗传素质的差异，影响着他们发展的方向和可能发展的状态。例如，人与人之间的差异在感知觉发展上，有的人反应快，有的人反应慢；在智力上，有的人聪明，有的人迟钝；在气质上，有的人外向，有的人内向；在才能上，有的人在这一方面突出，有的人在那一方面突出。这些都使人选择了不同的发展方向，有的并不影响人的发展成就，有的却直接影响着人的可能发展成就。

（二）遗传素质的生理成熟程度制约着人的身心发展的过程及其阶段

生理成熟是指个体受遗传素质的生理机能和构造的变化在一定的年龄阶段所达到的一般程度。换言之，按照正常的发展，个体到了某一年龄阶段就会出现该年龄阶段应出现的年龄特征，例如婴儿期、童年期、少年期、青年期都各自具有不同的生理发展程度。这个生理发展程度决定了人的身心发展的过程和阶段。人的身心发展是一个渐进的成熟过程，是一个连续不断的变化过程，是从缓慢的量变到质变的过程。由于新质的出现，人的发展就从前一个阶段达到另一个新的阶段，并表现出一定的阶段性。这种阶段性的形成是与人的年龄相关的，并在一定程度上要受到遗传素质的生理成熟水平的制约。

同一年龄阶段的儿童的身心发展不仅有共同的表现，同时彼此之间又可能有一定的区别。这些区别因个人之间生理成熟的程度不同而导致超前发展或延后表现，许多超常儿童表现出一般儿童所不具有的早熟或少年早慧，而另一些儿童又可能有许多行为表现与其年龄不十分相称。这些都是生理成熟的不同程度的具体表现。①

（三）遗传素质对不同机能发展的影响作用不同，随着机能的复杂度增大而呈递减的趋势

人的身心发展的机能按照复杂程度，可以分出不同的水平。在整体上，生理机能比心理机能发展程度低。在身心发展的不同方面，又可以区分出低级的生理机能、高级的生理机能和低级的心理机能、高级的心理机能。从整体来看，遗传素质对于低级的生理、心理机能的影响程度和作用大些，对于高级的生理、心理机能的影响作用相对小些，甚至一些高级的心理机能，如理智感、道德感、审美感的发展与遗传素质的关系不大。德国心理学家斯特恩和美国心理学家武德沃斯都认为，个体的发展受环境和遗传两个方面的影响，对不同的机能而言，各自所起的作用不同。对于有些机能而言，遗传素质的影响作用大些；对于有些机能而言，环境的作用大些。人的低级机能主要基于生理的发展，所以受遗传素质的影响大些；高级的机能主要是后天发展的结果，所以，受环境的影响大些。

（四）遗传素质在个体发展的不同阶段，作用的大小不同，随着个体不断地发展，遗传的作用日益减弱

遗传素质是人的发展的原动力，一切起始的发展都不可能离开遗传素质。但随着影响人的发展因素的增多、人的发展的生理方面的减弱和社会性方面的增加，遗传素质的影响越来越小，社会性的影响因素所起的作用越来越大。遗传因素在人生的起步阶段，如胎儿期和婴儿期发挥着比较突出的作用。精子和卵子一旦结合成为受精卵，个体的遗传素质就确定下来，并遵循遗传法则自然发展。苏联心理学家鲁利亚认为，在学龄中期，在人的复杂的心理活动方式面前，遗传素质对它几乎没有影响。不论这一年龄界限的划分是否合

---

① 柳海民：《教育原理》，东北师范大学出版社 2000 年版，第 229 页。

适,但有一点可以肯定,随着个体生理发育成熟,随着个体生活经验的日益丰富,人的高级的、复杂的心理机能的发展占据了主导地位,遗传因素的影响逐渐降低。个体后天获得的知识经验、身心已有的发展水平以及个体的自我意识的增强,逐渐代替了遗传、成熟的主导地位,成为支配人生后期发展的主要因素,对个体发展的影响越来越明显、越来越重要。①

(五)遗传素质的差异性对人的发展有一定影响

世界上没有完全相同的事物,人的遗传素质也是有个别差异的。即使是同卵双生子,在机体的构造和机能上也都有不尽相同的特点,如感觉器官、神经系统等的构造和机能都会具有不同的素质差异。巴甫洛夫利用条件反射的方法揭示了人的神经过程的强度、灵活性和平衡性等的差别。有实验证明,在思维活动方面,神经过程灵活性高的人比神经过程不灵活的人,在解决问题上可以快2~3倍;在知觉广度方面,神经过程强而灵活的人比较大,反之,神经过程弱而不灵活的人则比较小;在注意分配方面,神经过程平稳的人较好,兴奋占优势的人有困难,抑制占优势的人较差。在每个人的身上表现出来的不同特点,如智力水平、才能、特长等,都在一定程度上受到遗传素质的影响。由于遗传素质上的差异,有的人易于成为一个善于思辨的科学家,有的人易于成为一个有才能的音乐家,有的人易于成为一个优秀的体育运动员。由于遗传素质的差异,不同的民族、种族、性别之间产生的区别通常不是靠简单的后天努力可以补救的,这主要通过遗传的缓慢进化才能实现。②

(六)遗传素质对人的发展影响的大小与其本身是否符合常态有关

人的遗传素质大部分处于常态。对于遗传素质处于常态的人来说,遗传素质在人的身心发展中不起决定性作用。然而,对于处在常态两端的各占3%~5%的个体来说,常常具有决定性的作用。先天的生理缺陷或弱智决定了一个儿童终生处于低能状态。对超常儿童来说,则因他具备一般人不具备

---

① 冯建军等:《现代教育原理》,南京师范大学出版社2001年版,第109~110页。
② 柳海民:《教育原理》,东北师范大学出版社2000年版,第230页。

的极优越的天资，从而使其处于发展的先天优势地位。当然，这一优势要受到相应条件的限制。

二、环境在人的发展中的作用

任何生物体，只要是现实的、具体的，都生活在一定的环境中，动物和人也不例外。从生物进化的角度看，环境对人和动物的发展都产生着影响，人和动物也在不断地适应环境中逐步地进化。就个体发展而言，由于动物发展的特性化和完善性，使得环境对动物的发展不起作用，或短期内看不到它的作用。但人不是这样，人的未特性化、发展的未完成性，为后天的发展留有巨大的空间。人的发展受到后天环境的影响，因此，环境成为人的身心发展的第二大影响因素。

作为影响人的发展的因素，环境指的是个体生活于其中的所有外部条件的总和。个体生活在环境中，只要与个体相互接触和发生作用的环境，都会对个体的发展产生影响。那些不被个体所认识、不被个体所接触的环境，则不会对个体产生任何影响。所以，作为影响人的发展因素的环境并非是个体之外的一切外部条件，而是个体生活于其中的外部条件的总和。

环境可以分成不同的类别，不同类别的环境对人的发展的影响大小、影响方式以及影响方面不同。

按照环境的性质，可以分为自然环境和社会环境。自然环境是指人所处的地理位置、自然条件等。例如，我们生活在城市，还是农村；生活在平原，还是高原、山区；生活在南方，还是北方；等等。这些都会给人的身心发展带来不同的影响。例如，江浙人的精明、能干，北方人的豪爽、憨厚，生活在黄土高原上的西部人的粗犷、坚毅，等等。这些不同地域的人的个性差异大多与自然环境有关。必须指出的是，人所生活的自然不是纯粹的自然环境，已经打下了人的意志的烙印和文明的痕迹。这是人生活的自然环境与动物生活的自然环境的不同。然而，人所特有的社会性的发展，主要不是由这种环境影响的。如果一个人一出生就生活在纯粹的自然环境中，完全不接触人类的社会环境，那么，这个人就只可能具有动物心理，不可能有人的心理。对于人的发展起根本作用的是人所生活的社会环境。社会环境是人与人的交往所形成的一切社会关系,是影响个体发展的社会因素,包括经济的、政治的、文化的以及与个体相关的其他社会关系。人出生只是一个生物体,从一个生物体转变成一个社会人,社会环境起着重要作用。在一定意义上说,社会环境对人的发展的影响就是促进个体社会化的过程。

按照环境的范围,可以分为大环境和小环境。大环境是个体生活的总体的自然环境和社会环境,如某一国家(地区)的自然地理条件、政治经济制度、经济发展水平、意识形态、社会风俗以及所处历史发展的不同阶段等,都属于大环境。小环境是与个体的生活直接发生联系的自然环境和社会环境,如自己的家庭、所在的社区、学校、单位以及个人居住地的自然条件、自然环境等。对于生活在同一时代的同一国家的人来说,大环境是相同或相似的,但小环境可能有比较大的差异。对人的发展起直接影响的是人所生活的小环境,但对于社会转型时期而言,社会的巨变、观念的转变对个体的精神发展提出了与原先不同的要求,要求人们必须适应新的社会大环境,此时,社会大环境对个体发展起着方向性的作用。另外,大环境、小环境在不同的年龄阶段,其影响也不同。幼年和童年阶段,儿童的生活范围有限,小环境对个体的发展影响大些;随着年龄的增长、个体活动范围的拓宽,大环境对个体的影响大些。

按照环境的载体,可以分为家庭、学校和社会。家庭是人生的第一个生活环境,幼年的生活主要在家庭中度过。家庭的经济状况、社会关系、家长的职业、对孩子的教养方式、家庭的气氛都对儿童的早期发展具有重要的影响。随着儿童年龄的增长,儿童入学后,学校成为其主要的生活环境。学校作为有目的、有计划设计的教育环境,对青少年的成长起着重要的引导和促进作用。个体成人后进入社会,社会成为影响个体发展的重要因素。不同的环境在个体发展的不同阶段,影响作用的大小不同,而且影响的方式也不同。家庭和社会的影响具有弥散性、随意性,学校的影响具有目的性和针对性。

通过上面的初步分析,我们可以看到,环境影响人的发展,这是毫无疑问的。但问题的关键在于,这一影响作用有多大。环境决定论者把人看做环境的消极、被动的产物,片面夸大环境对个体发展的影响作用。例如,中国古代的思想家墨子认为,人的发展犹如白布放进染料缸中,"染于苍则苍,染于黄则黄,所入者变,其色亦变"。① 荀子也有类似的观点,他说:"蓬生麻中,不扶而直;白沙在涅,与之俱黑。"② 西方行为主义心理学家提出的刺激—反应学说,认为人的发展就是环境刺激的结果,有什么样的刺激就会有什么样的反应,完全无视有机体内部的条件。人不同于动物,就在于人是有意识的、有主观能动性的存在,环境的影响作用不可能不通过人的选择和认同,只有被人所认同和接受的环境刺激,才能真正成为人的发展的影响因素。所以,我们反对过分夸大环境作用的"环境决定论",应正确地认识环境在人的发展中的作用及其限度。

(一)环境是个体发展的资源,为个体的发展提供了可能性与限制

人生存于世界之中,人的生存受到世界的制约。整个有机的客观世界是制约人的发展的外部条件。这种外部条件不是生命可以选择和可以抛弃的,而是生命不可回避、必须适应的。适应包括两个环节:消极的适应和积极的适应。"有生命材料要使环境变得有利,它除了先使自己消极适应环境之外,别无他途。要指挥运动,必先从适应它入手。生命是从迂回屈就开始的。""积极的适应就是从环境中吸收可以据为己有的益处。大自然……往往开始于消极适应,而后来,它才会建立起一种积极反应的机制。"③ 环境作为人的发展资源,个体在适应环境中,通过对环境资源的开发、占有、利用、消化和吸收,实现内在生命和外在自然力的能量转换,使生命不断地从环境中吸收自己发展所需要的养料,从而使个体发展壮大。

其实,环境作为一种客观的存在,它只是提供了个体发展的一种可能的资源,这种资源对人的发展会起什么影响,取决于人对待环境的态度。对于抱有消极态度的人来说,环境是其发展的一种限制,因为要生存,不得不被

---

① 《墨子·所染》。
② 《荀子·劝学》。
③ [法]柏格森著,肖聿译:《创造进化论》,华夏出版社2000年版,第62页。

动地听从环境的摆布，消极地适应环境。对于抱有积极态度的人来说，环境的限制固然要适应，但不能完全听从环境的摆布，在适应的基础上要主动地改造环境，变被动适应为主动适应，这样的环境就为人的发展提供了多种可能。所以，同样的环境对不同的人会产生不同的效果。有的人在逆境中奋进，有的人在逆境中消沉。有的人在顺境中如鱼得水，得到很好的发展。有的人在顺境中虚度光阴，浪费人生。同样的环境对有的人是限制，是拦路虎，但对有的人来说则是发展的希望和可能。

（二）环境对人的影响既取决于环境自身，也取决于个体的发展水平

环境在性质上有自然环境和社会环境，在范围上有大环境和小环境，在实施的载体上有家庭、学校、社会等。不同的环境成分影响人的发展的不同方面，在个体发展的不同阶段具有不同的作用。例如，在儿童发展的早期，自然环境、小环境、家庭对他们的发展影响较大；当他们进入青年期后，社会环境、大环境、学校对他们发展的影响相对增强。在儿童发展的早期，环境主要影响人的智力和生理、心理机能的成熟和完善；进入青年期后，环境的影响主要集中在人的高级社会情感，如人生观、世界观、爱国主义情感等。而且随着年龄的增长，人的自觉意识、主体意识日益增强，人从消极地适应环境到积极地改变环境，从做环境的"奴隶"到做环境的"主人"。前者属于"近朱者赤，近墨者黑"；后者属于"出淤泥而不染"。

（三）环境对人的发展的影响，最终取决于个体主观能动性的发挥

环境如果只作为一个静态的场景，不为人所认识、所利用，就不会对人发生任何影响。环境只有被人主动选择、吸收后，才可能对个体发生影响。这一影响在性质上可能是积极的，也可能是消极的；在方式上，可能是限制、阻碍，也可能是希望和动力。所有种种可能，究竟变成什么样的现实，根本上不是取决于环境，而是取决于人对待环境的态度，取决于人的主观能动性的发挥。具有主观能动性的人，能够战胜恶劣的环境，为自己的发展创造条件；相反，意志薄弱、缺乏理想者，不仅战胜不了困难，而且面对良好的环境，也会错失良机，失去发展的可能。所以，对于教育者来说，既要看到环境对人的限制，更要激发人的主观能动性。

三、活动在个体发展中的作用

个体先天的遗传素质和外部的环境资源都是影响个体身心发展的可能性因素，为个体身心的发展提供着支撑。个体的遗传素质和外部的环境因素，只有通过活动的结合，才能将外部的资源因素转化为个体身心发展需要的能量。所以，活动是内因和外因对个体身心发展综合作用的汇合点，也是推动个体发展的直接的、现实的力量。人是活动的主体，没有个体积极的参与和实践，个体的发展是不可能实现的。

活动有个人活动、群体活动、社会活动。这里分析影响人的发展的因素，特指现实的个人活动，因为群体活动和社会活动也是由个体活动组成的，是个体活动的缩影。个体的活动分为三种不同的水平：生理活动、心理活动和社会实践活动。这三种水平的活动是共时、交融的，人的生理活动、心理活动是渗透在社会实践活动中的。个体的实践活动是个体自觉地与活动对象发生相互作用，以满足某种需要的过程。人的活动不同于动物的本能反应，它是一种能动地、积极地、有目的地作用于外部世界的方式。人只有通过活动，才能对外部的客观世界发生作用，才能主动地在认识和改造客观世界的过程中满足自己的需要，发展、完善人自身。可以说，活动是个体存在和发展的基本方式，"历史不过是追求着自己目的的人的活动而已"。[①] 人就是通过"积极地活动，通过活动来取得外界物，从而满足自己需要的"。[②]

20世纪心理学的研究说明了活动对人的心理发展的作用机制。皮亚杰认为，个体的认识，既不是起因于一个有自我意识的主体，也不是起因于业已形成的（从主体的角度看）、会把自己烙印在主体之上的客体，而是起因于主客体之间的相互作用，这种相互作用是通过一定的中介物而实现的，其中介物就是主体自身的活动。[③] 列昂捷夫认为，活动和心理是不可分的。他批判

[①] 《马克思恩格斯全集》第2卷，人民出版社1957年版，第118~119页。
[②] 《马克思恩格斯全集》第19卷，人民出版社1963年版，第405页。
[③] ［瑞士］皮亚杰著，王宪钿等译：《发生认识论原理》，商务印书馆1985年版，第21~22页。

旧的心理学把主体从研究的视野中排除了，强调活动不论其形式如何，乃是心理科学的研究对象。他还批判心理学只关注人的内部活动的片面倾向，认为"外部的感性—实践活动，从发生上来说，是人类活动的原始的和基本的形式，这种情况对于心理学具有特殊的意义"。① 根据列昂捷夫的观点，外部实践活动是进入内部心理活动的先导，人的心理是在其完成某种外部活动的过程中产生的，人是在活动中通过掌握社会历史文化经验促进心理发展的。加里培林对外部活动内化为内部心理活动的具体过程进行了实验研究，提出了"智力活动按阶段形成"的理论。他认为，外部活动是经过五个阶段内化为智力活动的，这五个阶段是：（1）活动的定向阶段；（2）物质或物质化活动阶段；（3）出声的外部言语活动阶段；（4）不出声的外部言语活动阶段；（5）内部言语活动阶段。可以说，在心理学的研究中，目前人们逐步认识到，活动是研究人的个性、意识发生规律的基石。

教育学界也日益认识到活动的意义。苏联学者休金娜指出："教育学离开了活动问题，就不可能解决任何一项教育、教学、发展的任务。"② 活动对个体发展的作用和价值主要表现在以下几个方面。

第一，活动是影响人的发展的现实性因素，对人的发展起决定作用。在静态的意义上，个体的遗传素质和个体所处的环境，都是影响个体发展的一种可能性因素。在动态的意义上，个体与环境都是活动的要素，活动把人的内在的遗传因素与外部的环境联系起来，使两者由潜在状态转化为现实状态，使个体在遗传素质和环境的相互作用中获得发展。只有通过活动，影响人的发展的潜在因素才能转化为现实，人的发展才能得以实现。所以，在这个意义上，我们把活动看做影响人的发展的决定性因素。

第二，活动是个体的各种潜能和需要展开、生成的动力。活动的过程是一个内化和外化相统一的过程。个体通过活动，可以不断地接受外部的要求，

---

① ［苏］列昂捷夫著，李沂等译：《活动·意识·个性》，上海译文出版社1980年版，第57页。

② ［苏］休金娜：《活动——教育过程的基础》，参见瞿葆奎主编，吴慧珠等选编：《教育学文集·课外校外活动》，人民教育出版社1991年版，第3页。

主动地选择和吸收这些要求，产生新的需要，这是个体潜能的贮存形式。随着活动的深入，个体的潜在力量会逐步被开掘，由萌芽、发展到成熟，从而成为个体的现实力量，通过循环不断的活动的进行，不断地产生新的需要，从而推动自身的不断发展。因此，活动是个体潜能和力量的转换器，也是新的需要和新的能力的再生器。

第三，活动是人的主体性生成的机制，体现着人的主观能动性。一方面，活动是主体的活动。在活动过程中，个体对活动目的的确定，对活动客体、活动手段、活动方式的选择，对活动过程的控制，都是个体发挥自己的主动性、能动性和创造性的过程。另一方面，个体发展的动力来自个体自身某种发展状态的需要，这种需要就是自身从事某种活动的需要，因为只有通过活动，个体才能从活动的结果或过程中满足自身的需要。

四、学校教育在个体发展中的作用

我们可以肯定地说，一个没有受过学校教育的人，其身心也能得到发展，这从古代、近代劳动人民及其子女的教育中，以及我们身边可以看到的因种种原因而没能上学的儿童身上，都可以得到证明。对这些人来说，虽然他们没有受到学校教育，但他们在日常生活、生产中受到了质朴的、自发的生活教育。既然如此，这不得不使我们发问：既然不接受学校教育也能得到发展，那么，为什么还要上学？学校教育还有什么必要呢？换言之，学校教育对个体身心发展有什么独特的价值呢？

（一）学校教育的特殊性

从前面的分析我们可以看出，影响人的发展的因素有三个：遗传、环境和实践活动。在实践活动中，个体（包括先天的遗传素质、后天发展的水平和意向）与环境相互作用，进而生成了人自身，促进了人的发展。学校教育是上述三个因素的特殊综合，它是一种包括特殊个体和特殊环境的特殊活动，其特殊性表现在以下几个方面。

1. 教师和学生是学校教育中的特殊主体

教师闻道在先，术业有专攻，掌握教育教学的规律，了解儿童身心发展的特点，在教育过程中具有明确的教育责任，代表一定社会的要求，有目的地引导学生的发展。学生是处于人生发展的某一阶段、身心需要得到扶持和发展的人，有明确的发展要求和学习愿望，期望得到教师的指导。他们在教育过程中组成多重的、独特的关系，并在学校活动中发生着交互影响。

2. 学校教育是一种特殊的环境影响

教育作为一种影响因素，来源于文化。尽管文化是教育影响的源泉，但各种文化成分在构成教育影响时都是经过选择与提炼的，这种经过选择和提炼的文化以系统化的方式影响着学生。教育影响的特殊性在于：（1）它能对各种文化因素加以选择和控制，选择其中符合社会需求和适合教育过程的文化，排除那些不符合需要的文化因素；（2）这种影响是由教师引导的，是有目的、有意识地进行的；（3）这种影响是有组织的、系统化的，它符合儿童的身心发展规律，因此易于为他们所吸收和内化。所以，学校的教育影响与自发的教育影响不同，它是本着为学生发展服务的目的而进行有意识地选择和设计，其最大的特点是蕴藏着富有生命气息的个体发展需要的资源。

3. 学校教育是一种特殊的实践活动

教育影响只是一种外因，它要通过各种活动才能反映到人的头脑中，形成人的各种认知特征和个性心理特征。学校进行的教育教学活动，是在人为设计的特殊环境中进行的，具有明确的目的性。同时，这些活动又是在教师的组织与指导下进行的，它可以通过有效的活动方式促进学生的学习。青少年学生以学习为主要任务，学校精心设计了有利于学生发展的各种活动，教育者通过对学生学习活动的指导，影响着受教育者的发展。

（二）学校教育的独特价值

教育活动的主体具有明确的意识和责任，具有学习和发展的强烈愿望；教育影响与自发的环境影响相比，是一种特殊的个体发展资源；与一般的活动（认识活动、实践活动、交往活动）相比，教育活动又是教育者精心设计的特殊活动，它既反映了教育者的指导作用，又符合儿童身心发展的规律。教育活动作为三个独特要素的综合，决定了它对人的发展具有独特的优化价值。这就犹如一块贫瘠荒芜的土地也可以生长庄稼一样，但它生长出的庄稼一定是矮小的。同样这块土地，经过辛勤的耕耘、锄草、施肥，土地会变得肥沃，一定会结出又大又好的果实。教育活动以其目的的明确性、内容的简约性、方式的引导性、环境的特殊性、活动的自主性，能够自觉、有效地促进人的发展。因此，教育是促进个体有效发展的途径，这也是教育的独特价值。

我们说，正常人缺少学校教育也可以得到发展，但决不会以有效的方式得到完满的发展。没有教育，个体可以得到发展。有了教育，个体可以得到更好的发展。所以，学校教育虽然不是个体发展的必要条件，但它是充分条件。与一般的发展资源相比，它是经过有意识筛选的，符合儿童的身心发展水平。这些资源在教育者的指导下，通过有目的的教育教学活动，可以对个体身心发展起到强化和加速的作用。具体说来，学校教育对个体生命发展的独特价值表现在以下几个方面。

1. 引导个体发展的方向

教育对个体发展的引导作用，主要表现在对后天发展方向的定位。人是未完成的，具有极大的可塑性。如果任其发展，就像荒山上的树丛，杂乱无章，东倒西歪，最终也成不了参天大树。人如何发展，教育承担着引领发展方向的作用。教育是一种有目的地培养人的活动，培养什么样的人，决定着个体身心发展的方向。这个方向既取决于个人，也取决于社会。作为社会的分子或细胞，个人的发展要符合社会的需要，或者说要反映社会发展对人的要求。同时，这一要求不能违背人的天性，不能违背个体身心发展的规律，而是必须反映个体的发展意向。所以，人的发展方向既要合目的（社会的目的和个人的意向），又要合规律（社会的发展规律和个体的发展规律），教育的价值就在于为个体身心的发展确立合适的方向。

2. 提供个体发展的动力

人的身心发展是一个持续不断的过程。在这个过程中，最初的发展主要是人的先天遗传因素与环境资源相互作用的结果，而后，这一结果就构成新一阶段个体发展的影响因素，成为影响人的发展的重要动力资源。所以，个体发展到一定阶段以后，起作用的不再是生理上的遗传素质和身心成熟，而是个体后天在该阶段所达到的发展水平。这包括两个方面的因素：一是个体知识、经验的积累水平和结构以及智慧、情感、意志、行为的发展水平;二是个体自我意识和主体性的发展水平。知识、经验的质量和数量是制约个体进一步发展的因素。知识、经验丰富的人,他的发展就会有一个宽广的视野和坚实的基础,显然有利于他的发展;反之,知识、经验贫乏,就不利于他的发展。但是,个体的身心发展不只是表现为知识的增加、智力的发展、人格的成熟,更重要的是还应当表现为建立在这种发展基础之上的"发展动因"的发展,这是发展的根本。这一直接的"发展动因"就是自我意识和主体性的增强。当人的发展水平达到具有良好的自我意识和较强的主体性时,就能够有目的地、自觉地促进自己的发展。主体性的增强,可以使人的发展不为外力所迫,成为一种内在的要求、内在的需要,成为主体自身的建构过程。教育作为一种专门的育人活动,对知识经验的获得、自我意识的培养和主体性的激发以及对人的整体发展水平的提升,承担着重要的责任。

3. 唤醒个体发展的意识,挖掘发展的潜能

潜能是发展的前提,没有潜能,就谈不上发展。人的发展过程,在一定意义上就是潜能的不断开发。潜能如同地下丰富的石油资源,没有开采,石油不可能自然流出,因此,它需要工人钻出一口井,石油才会涌出。对于人的发展来说,这口井就是人的意识。意识照亮了人与环境之间巨大的缺口,照亮了人的无意识领域,不断地将人的潜能挖掘出来。认识到意识对潜能的挖掘,进而对人的发展的重要意义,教育就必须着眼于个体发展意识的唤醒。长期以来,我们的教育过分强调外在的影响和要求,忽视了人的内心世界、自我意识的唤醒,导致个体的发展失去了自主的力量和可能。德国教育家雅斯贝尔斯认为,教育的根本原则,是通过文化的传授导向人的灵魂觉醒之本原和根基,而不是导向由原初派生出来的东西和平庸的知识。所以,他认为,真正的教育绝不允许死记硬背,不是理智知识和认知的堆积,而是人的灵魂的教育,"教育活动关注的是人的潜力如何最大限度地调动起来并加以实现,以及人的内部灵性与可能如何充分生成"。① 德国文化教育学的代表人物斯普

---

① [德]雅斯贝尔斯著,邹进译:《什么是教育》,生活·读书·新知三联书店1991年版,第4页。

朗格也指出，教育之为教育，正因为它是人格心灵的"唤醒"，这是教育的核心所在。教育的最终目的不是传授和接纳已有的东西，而是从人的生命深处唤起他沉睡的自我意识，将人的创造力、生命感、价值感唤醒。

4. 发展人的个性

世界上没有两片完全相同的树叶，也没有两个完全相同的个人。即便是孪生兄弟，不同的环境，不同的活动，不同的人生经历，也会使他们成为不同的人，甚至表现出相当大的差异。这种现象表明，每个人都具有独特的个性，不管愿意不愿意，个性都属于每个个体的生命。所以，从通俗意义上讲，个性是人性在个体身上的具体反映或表现，它是个体在身心方面，包括知、情、意方面所形成的稳定特征。个性的差异是客观存在的，教育首先不是"打造"或"塑造"个性，而是要尊重个性，给个性创造一个施展和张扬的空间和机会。在目前班级集体教学的状况下，提供适合个性差异的个性教育还不完全可能，但可以给学生创设相对宽松的环境，使他们在学习内容、学习方式、学习进度的选择上，多一点自由的空间，少一点划一的要求，使个性得到表现和发展。

当然，教育对个体发展的独特价值的发挥，不是没有条件的，这个条件来自于教育的外部和内部，是诸多条件的综合。首先，教育不能超越特定的社会条件，而是要求社会的发展为个体的发展提供相应的前提。例如主体性的发展，只有在"以物的依赖性为基础"的商品经济的背景下才有可能。其次，在具备相应的社会条件的情况下，还要注意教育系统内部的条件。例如，教育应遵循儿童的身心发展规律，激发儿童发展的能动性；应积极协调各方面的教育影响，使之成为一种适合儿童需要的合力。再次，提高教育者的素质，保证必要的办学条件。不过，无论我们怎样肯定教育对人的身心发展的有效性、主导性，但教育对人的身心发展来讲绝对不是万能的，人的身心发展是多种因素综合作用的结果。教育作为一种按照社会的要求，由教育者精心设计的、符合儿童发展需要的特殊环境和活动，对人的发展只能起到一种自觉、有效的促进作用。因此，教育对人的发展的作用，我们既要重视，也不能过分夸大，要看到它的有限性和作用发挥的制约性。

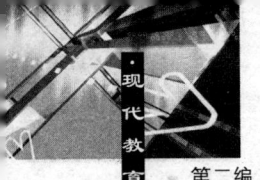

思考题

1. 为什么教育要以人的发展理论为基础？哲学、心理学、社会学关于人的发展理论对教育学研究人的发展有什么意义？
2. 评析各种个体身心发展理论。
3. 什么是人的身心发展？其发展规律有哪些？教育如何遵循这些规律？
4. 分析有关影响人的身心发展因素的理论，并作简要的述评。
5. 论述遗传、环境和活动对人的身心发展的影响作用。
6. 学校教育在个体发展中有什么独特的价值？实现这些价值需要什么条件？

第五章　教师

教育活动是一个人与人之间相互作用的社会系统，教师和学生是相互作用的两极，是教育活动中两个必不可少的基本要素。人类有教育，就应该有教师的存在，只不过不同历史时期的人们对教师的认识以及对教师的作用、职责和素质的要求各不相同。但有一点可以肯定，教师是有效地促进学生发展的"工具"，学生的发展需要教师，教师的素质是决定教育质量的关键。人类发展重视教育，不能不重视教师，正所谓"国将兴，必贵师而重傅"。

第一节　教师职业的产生与发展

一、教师的概念

有教育就有教师，但历史上对教师的称谓和定位不同。我国商、周时期称教师为"师"，或"子"、"夫子"，秦汉称教师为"博士"，唐代以后称"教授"、"直讲"、"助教"，清末称新式学堂的教师为"教习"、"教员"，新中国成立后称"人民教师"。其实，称呼的变化只是一个代号而已，最重要的是对教师认识的变化。古今中外的教育家曾经对教师下过不同的定义，有着不同的界说。就我国而言，主要有以下几种理解：（1）"师者，教人以道者之称也。"① （2）"师者，所以正礼也。""教之以事，而喻诸德者也。"② （3）"智如

---

① 《周礼·地官司传序》。
② 《荀子·修身》。

泉源，行可以为仪表者，人之师也。"①（4）"师者，人之楷模也。"②（5）"师者，所以传道、授业、解惑也。"③（6）《辞源》把教师解释为"传授学业"之人，《辞海》把教师解释为"向学生传授知识，执行教学任务的人员"。上述这些对教师的定义，有的是按照教师的功能和作用作出界定的，如（1）（2）（5）（6）；有的是按照教师的品质和要求作出界定的，如（3）（4）。但是，不管角度如何，它们都从特定的方面揭示了教师的某些基本特征，具有一定的价值。

上述这些认识，带有时代的局限性。古代的教师偏重于"德"，要求"正礼"、"示德"；近代的教师偏重于"知识"，要求"授业"；当代的教师则"越来越少地传递知识，而越来越多地激励思考"。④ 由此可见，教师的职责和素质要求随着时代的变化而变化。所以，我们对教师的定义，还必须基于特定的时代背景，放在特定的时代要求中，全面地考察教师所扮演的社会角色、承担的社会职责以及自身专业化的要求。

我们在日常生活中所使用的教师概念，有两种情况：广义上的教师和作为一种职业的狭义的教师。对此必须加以区分。虽然有教育出现就有教师，但最初的教师并不是作为一种职业。作为一种职业的教师是学校产生之后，部分人从直接生产劳动中脱离出来，从事专门的培养人的活动，这才有狭义教师的出现。在广义上，如同孔子所言"三人行，必有我师"，人"无常师"，通常把人格比自己高尚的、有威望的、有知识的"能者"当做自己的老师，这也就是我们常说的"能者为师"。这些人通常基于他们的学识、人格、能力，会对其他人发生影响，是实实在在的教师，但他们未必都有为师的意识，更没有担当教师的义务。狭义的教师是学校产生之后，以培养学生为己任的专门人员。尤其是当代，教师从近代的有学问的"知识人"发展为专业化的

---

① 《韩诗外传》。
② 扬雄：《法言·学行》。
③ 韩愈：《师说》。
④ 联合国教科文组织国际教育发展委员会编著，华东师范大学比较教育研究所译：《学会生存——教育世界的今天和明天》，教育科学出版社1996年版，第108页。

教师，教师职业成为一种专门职业，教师是履行教育教学职责的专业人员，他们根据一定社会的要求，有目的、有计划地对学生施加影响，旨在把学生培养成为一定社会所需要的公民。

狭义的教师与广义的教师相比，它把教师看做一个职业，从事专门的培养人的活动。而且教师对学生的培养不同于家长基于亲情对孩子的培养，教师代表一定社会的意志，根据统治阶级的要求向学生传授人类的文化知识，规范他们的行为品质，塑造他们的价值观念，促进他们的社会化。本章所讨论的正是这种狭义的教师概念。

二、教师职业的产生与发展

（一）教师职业的产生

教师是一个古老的职业，在原始社会就有"伏羲之世，天下多兽，故教民以猎"、"神农氏作耒，教民耕种"的传说。据《尚书·舜典》记载，在尧、舜时代，我国就有了专司教育的学官。一为"司徒"，主持"五教"（父义、母慈、兄友、弟恭、子孝），以契为之长；二为"秩宗"，主持"三礼"（祭天神、祭地祇、祭人鬼），以伯夷为之长；三为"典乐"，专掌乐教之类，以夔为之长。他们既是管理行政的首领或长老，也是社会教育的承担者。[①] 原始社会的这些能者或首领，未必以教师为业，但实际上已经发挥了教师的职责。

教师职业的产生是有一定的历史条件的。它是和学校的出现相联系的，有了独立的教育机构——学校，才会有独立的教师职业。最初出现的学校，一方面是统治阶级维护政治统治的需要，受（学校）教育是统治阶级的特权；另一方面，教育的内容比较简单，职能没有分化。此时的教师虽然从生产劳动中分离出来，但他们所承担的教育任务与其所从事的政治活动、宗教活动是紧密结合在一起的。例如在我国的奴隶社会，学校教育就呈现出政教合一的特征，教师由官吏兼任，表现为"官师合一"、"以吏为师"。在西欧各国，奴隶社会的教师大多由僧侣充任，或由其他劳动者兼任。教师并不是这些人

---

① 臧乐源主编：《教师学》，天津人民出版社1987年版，第24页。

所具有的独立身份，而是他们众多身份中的一种。虽然如此，与原始社会相比，这个阶段的教师相对固定，从教的意识和责任相对明确，因此，可以视为专门的从事教育的人，即狭义的教师。

由此我们可以看出，教师作为一种职业的出现，其中的促成因素主要有以下几个方面。

1. 人类教育活动，尤其是学校的出现，是教师职业产生的基础

教育的最初形态就是人与人之间经验的传递，一方把经验传递给另一方，传递经验的一方就承担了教师的职责。这种传递随着教育的产生而产生，教师也随着教育而出现，教师成为教育活动的承担者。原始社会传递生产和生活经验的主要是部落、氏族的一些首领，以及经验丰富的老人和能人，他们是最初的教师。但原始社会的教师还不是今天意义上的专门以从事教育活动为职业的教师，只是教师职业的萌芽。专门意义上的教师的出现，是学校产生以后的要求。随着生产力的发展、剩余产品的出现，一部分人可以脱离直接的生产劳动，体力劳动和脑力劳动出现了分离，于是教育从生产劳动和社会生活中分离出来，出现了专门的教育机构——学校和专门的教育者——教师，他们以"教"为业，教师成为他们的职业或职业中的重要部分。

2. 社会生产力的发展是教师职业产生的根本原因

在原始社会，由于生产力水平比较低下，人们为了维持生存，必须共同劳动、共同消费、共同生活，教育只是结合生产劳动、社会生活，由长者、能者把生产经验、劳动技能、社会礼仪、风俗和道德传授给年轻一代，或者通过生产劳动和社会生活的过程模仿而得。教育活动的承担者都是劳动者，没有产生专门的教师职业的物质条件。随着生产力的发展，人类社会由石器手工工具进入到金属手工工具时代，劳动产品有了剩余，于是，脑力劳动从体力劳动中分离出来，产生了古代的知识分子。教育活动也开始从社会生产、生活中独立出来，产生了专门的学校，出现了专门从事教育的教师。所以，教师职业的出现，是生产力发展到体力劳动和脑力劳动分工后的结果。同时，随着社会生产力的发展、文字的出现，人类创造了初期的科学技术，特别是天文学、几何学、算学、诗歌、文学等文化发展，不可能通过直接的生产劳

动和生活过程学习，也需要专业的教师从事专门的教育。

3. 统治阶级的要求也是教师职业出现的促成因素

学校的出现是维护和巩固统治阶级的利益、培养统治阶级政治人才的需要。教师作为学校教育的实施者，直接为统治阶级的利益服务，成为统治阶级实施教化、愚弄百姓的工具。当人类进入阶级社会后，脑力劳动成为剥削者的特权。他们为了维护、巩固其统治，培养本阶级的继承人，在宫廷和官府由国家办学堂，任用一些官吏承担教育工作。这样，从事脑力劳动的剥削阶级中出现了教师，这种教师通常的身份是官师合一，教育只是他们职责的一部分，而且多是附带的部分，他们还不是以从事教育活动为职业的专门教师，教师职业也只能说是刚刚萌芽。我国春秋时期，打破了官守学业的桎梏，私学兴盛，教育不再为官府所垄断，教师不再是官职而成为一种独立的职业，是专门从事教育的职业工作者。春秋时期的孔子，为了推行自己的政治主张，率先办起了私学，并提出了"有教无类"，打破了贵族对受教育权的垄断，把受教育的对象扩大到一般的平民，出现了以"教"为业并把"教"当做自己主要的生活方式的教师和教师职业。

（二）教师职业的发展

教师职业伴随教育的出现而产生。人类教育由简单到复杂的发展，不断地对教师的社会功能、职业素质、职业角色等提出要求，使教师职业变得越来越复杂、越来越专业化。教师职业由最初的"能者为师"、"长者为师"、"以吏为师"，转变为只有受过专业化训练的人才可以充当教师。教师职业的发展过程是一个逐步专业化的过程。这一过程大体上可以分为以下三个阶段。

1. 教师职业的非专门化阶段

在非形式化教育阶段，教师没有专门培养的必要。因为教育内容就是生产和生活中的经验，教师对教育内容的掌握无须借助于外在的方式，他们生活经验的累积，足以使他们成为教师。而且教育的内容过于简单，也不存在运用复杂的教学方法，所谓的教学主要是年轻一代在社会生产、生活中对年长一代的模仿和自己参加的实践活动。因而，这一时期的教师不需要专门的培养。教育进入形式化阶段以后，官学和私学得到发展，教师从非形式化阶段中的"能者"和"经验丰富者"转变为具有明确意识的专门从业者，这就存在教师的从业资格问题。官学中的教师，在我国首先是官吏，在西方首先是僧侣。官吏和僧侣之所以能够充当教师，是因为他们掌握了较多的文化知识。西方中世纪的大学就是以"学术水平"作为遴选教师的标准。由于这一阶段的教学在形式上属于个别化教学，比较简单，容易进行，所以，对教师较少有从教的专业技能要求。即便是有所要求，也可以通过自我探索解决。孔子提出的教育教学原则就属于自我探索的行之有效的经验。可以说，在非形式化教育和形式化教育的最初阶段，教师职业都没有专门化的要求。

2. 教师职业专门化的初级阶段

随着班级授课制和义务教育的实施，教师的职业培训被提上了日程。一方面，因为班级授课制使教师之间出现了分工，教学活动变得复杂，人们开始认识到，一个有知识的人虽然可以做教师，但如果没有或缺少从教的技能，就会直接影响教育的质量和效果，这样的人也很难成为一个好教师。另一方面，义务教育的实施需要大量的教师。于是，这些要求直接推动了培养教师尤其是培养初等学校教师的师范教育的出现。师范教育的出现，以专门的教育机构、专门的教育内容和形式来培养教师，标志着教师职业经验化、随意化的结束，这是教师职业专门化的发轫。

从世界范围看，师范教育最早出现在法国。1681年，法国"基督教兄弟会"神甫拉萨尔在兰斯创立了世界上第一所师资培训学校，成为世界师范教育的开端。1695年，德国的法兰克在哈雷创办了一所师资养成所，实施师范教育，成为德国师范教育的先驱。这些早期的师资培训机构培训时间很短，主要采用"学徒制"的方法，学生获得的只是一些感性的认识和教学经验，教育理论知识的学习尚未进入正式的课堂，教师的培训也仅仅是一种职业训练而非专业训练。到18世纪中下叶，随着发达资本主义国家初等义务教育的普及，再加上教育理论界和教育实践界所推进的教育科学化运动，现代教学方法渐成体系，教育理论有了长足的进展，师资培训也积累了一定的经验，为教师从事职业训练提供了理论上的指导和实践中的依据。① 在这个基础上，欧美各国相继出现了师范学校并颁布了师范教育的法规。1794年，法国在巴黎设立公立师范学校。1810年，设立高等师范学校。1832年，法国颁布统一的师范学校系统。1833年，通过了《基佐法》，明确规定各省均设师范学校一所。德国在18世纪30年代建立了一批师范学校，到19世纪20年代，小学教师必须由师范学校培养，这已经成为规定。美国马萨诸塞州于1839年建立了美国第一所州立师范学校，随后各州也相继建立了师范学校。英国于1840年创办了教师训练学校，1890年在大学或学院设立师范部，培养小学师资。我国借鉴欧美国家的学校教育制度，1897年盛宣怀在上海创办南洋公学，特设"师范院"。1902年张謇创办通州师范学校，这是我国第一所民办的、独立的师范学校。1904年初，《奏定学堂章程》颁布，规定师范教育分设初级师范学堂和优级师范学堂。

师范教育的兴起，揭开了教师职业发展的新的一页，教师的职业活动从此得到专门研究，教师的知识、技能得到系统的训练和提高，教师队伍的补充得到了质和量的保证。

3. 教师职业专门化的深入发展

20世纪60年代以后，教育面临着一系列挑战。首先，世界上一些国家的人口出生率开始下降，对教师的需求量下降；其次，由于经济上的困难，世界各国开始削减教育经费，又因为教师需求量的下降，师范教育成为削弱的对象；再次，由于公众对教育的不满，引发了对教师素质低下的批评，要求提高教师的素质。于是，教师的素质问题受到空前的关注，促使教师的发展从最初的满足于数量转变为提高质量，这成为进一步推动教师专业化的动力。

1966年，联合国教科文组织与国际劳工组织在《关于教师地位的建议》中提出：应当把教师的职业视为专门的职业，这种职业要求教师经过严格的、持续的学习，获得并保持专门的知识和专门的技能。《世界教育年鉴》在1963

---

① 教育部师范教育司编：《教师专业化的理论与实践》，人民教育出版社2001年版，第4页。

年和1980年两度以教师和教师教育为主题——1963年的主题为"教师与教师培训",1980年的主题为"教师的专业发展"。1996年,第45届世界教育大会以"加强在变化着的世界中的教师的作用之教育"为主题,提出在提高教师地位的整体策略中,专业化是最有前途的中长期战略。这些国际性文件和会议都有力地推动了世界各国教师专业化的进程。

  1986年,美国的卡内基工作小组、霍姆斯小组相继发表了《国家为培养21世纪的教师作准备》、《明日的教师》两个重要报告,都强调以确立教师专业性为教师教育改革和教师职业发展的目标。卡内基基金组织还专门编制了《教师专业标准大纲》。日本中央教育审议会1977年通过了《关于今后学校教育的综合扩充与调整的基本措施》,指出教师职业需要极高的专门性,强调应该确认、加强教师的专业化。英国20世纪80年代末建立了旨在促进教师专业化的校本培训模式,1998年教育与就业部颁布了新的教师教育专业性认可标准。我国在1993年颁布的《中华人民共和国教师法》中明确指出,教师是履行教育教学职责的专业人员,从而明确认定了教师职业的专业性质。1995年颁布的《中华人民共和国教育法》提出"国家实行教师资格制度"。随后又颁布了《教师资格条例》和《〈教师资格条例〉实施办法》,这标志着我国对教师职业专业性的认识和实践也在不断地深化。

第二节 教师职业的特点

一、教师的职业性质

  传统的教师是知识的传递者。韩愈把教师的职责确定为"传道、授业、解惑"。"道"和"业"都是固定的、不变的,"解惑"是解释、解决学生学习"道"和"业"中的疑惑,目的还是为了掌握"道"和"业"。这是典型的知识本位观念下的教师角色。这种角色在近代西方也是如此。西方第一本写给教师的教育学著作——夸美纽斯的《大教学论》的目标就是阐明把一切事物教给一切人类的全部艺术。作为传统教育代言人的德国教育家赫尔巴特强调知识在教育中的本体地位，把教育目的等同于文化知识的传授，强调教师中心和书本中心。所以，近代以来，教师是知识的保管员和传递者，"教师作为无可争辩的知识权威和知识源泉，把知识存放在学生那里，就像投资者把钱放在银行里一样。"① 教师的知识传递者的角色适合于近代缓慢发展的社会，这时的人类知识有限，掌握几乎全部的知识可以成为教育的目的。但是，现代社会是一个科技迅猛发展的社会，知识陈旧率在加快，信息量在迅速扩大，决定了人们不可能掌握全部的知识。虽然现代教育不否定知识的重要性，认为知识的传递依然是教师的重要工作，但不能把此视为教师工作的全部和唯一的目标。这时，知识对于人不再具有本体的价值，而只具有工具的价值，它是人的发展的养料，生命的和谐、整体发展才是教育的目的。这正如存在主义教育家雅斯贝尔斯所说，教育并非理智知识的堆积，而是人的心灵的教育。与爱智慧和寻找精神之根相比，知识学习是次要的。所以，教育不是"知者"带动"无知者"，教师不是学生知识的最大提供者，而是用一个智慧的生命照亮其他的生命，用一个心灵去唤醒其他的心灵。教师的角色必须跳出和超越传统的知识传递者的角色，强调教师的职责不在于"教书"，而在于"育人"，在于创造新的精神生命。

从"知识的传递者"到"生命的创造者"，教师的职业性质发生了根本的变化。

教师是以育人为职业的专业工作者。我们通常说，教师的任务是教书育人。其实，在"教书"和"育人"的关系上，教书是手段，育人是根本。教书所传授的知识，是为了促进学生的发展。教书不是为了使学生取得高分，而在于是否真正有效地促进了学生的发展。教育应该关注学生的发展，而且要全方位关注学生的发展。不仅通过教学，而且通过课外活动、日常生活等途径。当然，家长和其他社会工作者在一定意义上也可以以他们的行为影响学生，但教师与他们的区别在于教师是以育人为专门职业的，教师是专业的

---

① 联合国教科文组织国际教育发展委员会编著，华东师范大学比较教育研究所译：《学会生存——教育世界的今天和明天》，教育科学出版社1996年版，第90页。

育人工作者，他们有其特定的目的，有行之有效的影响方式，而且具备专业素质。

教师的职业性质决定了教师的劳动是一种精神劳动。教师运用他人和自己的精神产品，把社会历史的精神财富内化为自己的精神财富，去启迪、引导、培养和造就学生的完美人格，即促进学生的智力、情感、道德、价值观、个性品质的发展，这些因素都属于人的精神世界。教师的劳动是一种以精神的手段促进学生精神世界发展的劳动，在本质上是一种精神劳动。教师精神劳动的资料是人类积淀的历史文化经验；教师精神劳动的过程是学生精神世界的建构过程；教师精神劳动的结果是学生精神生命的发展；教师精神劳动的效应是一种增殖效应，是人类文化通过学生内化后得以延续和创造的增殖效应。

二、教师的职业角色

职业的性质决定着教师所扮演的角色。角色是一个人在某种特定生活中的行为模式。教师的职业角色是教师在学校、在课堂以及职业生活中所采取的行为表现。不同的学科对教师的角色从不同的角度进行了分析。

（一）教育社会学的研究

教育社会学从执行社会规范、维护课堂秩序的角度分析了教师的角色。美国教育社会学家杰克逊描述了教师在教室中实际扮演的角色，他将这些角色形象地比喻为交通警察、法官、供需长、公共计时员。

1. 交通警察

教师在课堂中就像交通警察，一会走到这儿，一会走到那儿，他要谈话，进行课堂对话。当一个学生发言时，教师还要意识到学生的愿望，并引导他评论。

2. 法官

课堂上常常出现几个学生同时想参加活动或回答问题，教师要决定谁来发言、发言的顺序，并对发言的质量作出裁判。

3. 供需长

教师掌握着分配有限的教育资源的权力，他必须审慎地分配教室的物质资源和空间。与发放物品相关的问题是向某些学生授予特权，分配人人都渴望的任务，如发放器械、作业等。

4. 公共计时员

课堂教学的时间是有限的，教师要合理地分配每段时间，保证按时开始、按时结束；决定什么时候讲述、什么时候讨论、什么时候活动的合理时机。①

美国学者雷德和华顿保认为，现实中的教师兼具十种角色：社会的代表、知识的源泉、裁判员或法官、辅导者、学生行为优劣的观察者、认同的对象、父母的替身、团体的领导者、朋友、情感发泄的对象。②

（二）教育心理学的研究

教育心理学从有效地给学生施加心理影响的角度分析了教师的角色。美国心理学家林格伦在《课堂教育心理学》一书中分析了课堂中教师的三大类角色：教学与行政的角色、心理定向的角色、自我实现的角色。其中又包含若干具体角色（参见表5-1）。③

表 5-1 课堂中教师的角色

	教员
	榜样
教学与行政的角色	课堂的管理员
	办事员
	青年团体工作者
	公共关系人员

---

① 杰克逊：《教室里的组织压力》，参见厉以贤等主编：《西方教育社会学基本文选》，台湾五南图书出版公司1993年版，第559～560页。

② 全国十二所重点师范大学联合编写：《教育学基础》，教育科学出版社2002年版，第122页。

③ [美]林格伦著，章志光等译：《课堂教育心理学》，云南人民出版社1983年版，第660～677页。

续表

心理定向的角色	人的关系的艺术家 社会心理学家 心理催化剂 临床医师
自我表现的角色	助人的需要 学习者和学者 父母的形象 寻求权力者 寻求安全者

也有心理学研究者根据教师的情感因素，将教师的作用分为消极的、权威的、支持的，以此来分析教师在发挥不同作用时所代表的不同角色（参见表 5-2）。①

表 5-2　课堂中教师的作用和角色

消极的作用	替罪羊 侦探和纪律的执行者
权威的作用	家长的代理人 知识的传授者 模范的公民
支持的作用	心理治疗者 朋友与知己

（三）**教育学的研究**

教育学综合其他学科的研究成果，围绕着如何有效地培养学生，分析了

---

① J. W. 索里、C. W. 特尔福德著，高觉敷等译：《教育心理学》，人民教育出版社 1982 年版，第 83 页。

教师应当具备的角色和履行的职责，诸如"传道者"、"授业和解惑者"、示范者、管理者、父母与朋友、研究者,① 或者"学习者和学者"、"知识的传授者"、"学生心灵的培育者"、"教学活动的设计者、组织者和管理者"、"学生学习的榜样"、"学生的朋友",② 等等。

我们认为，教师的角色是作为教师的人与其他职业人的区别，它应该全面地反映教师职业活动的行为规范和教师的作用。其作用的对象不只是学生，而且包括社会、文化和自身。教师的角色全面地表现在他对于社会、文化、学生和自身的作用。这些作用是基于时代的要求对教师的一种合理期望，即教师应该是什么角色，这有利于引导教师充分发挥自己的作用。

1. 教师是社会的代言人

任何的教育都是一定社会的教育，脱离社会要求的教育是不存在的，也是不可能的。作为教育承担者的教师，就是受一定社会的委托，代表一定社会的意志和要求，为一定的社会培养人才。教师的职责之一是通过教育的手段，将社会的规范和要求内化为学生的思想、道德素质，实现个体的社会化。所以，教师所承担的社会责任规定了教师是"社会的代言人"。

教师作为社会的代言人，是指他是某个时代和国家的社会文化规范的解释者和执行者。一方面，教师在教育过程中要向学生传授符合社会要求的"道"和"业"，所传授的内容、所进行的教育要具有思想性。尽管教师可能会有自己的思想、情感和态度，但作为教育者在面对学生时，必须代表社会的利益，满足社会的需要，不能传授和宣扬违背社会要求的思想，这是由社会代言人的角色所规定的。另一方面，教师自身也必须成为社会文化的认同者和操作者，以保证对学生进行有效的规范和引导。否则，极易形成教师的双重人格，在学生面前代表社会的正统要求，内心却在排斥社会的要求，这样的教师虽然在教育中宣传社会的要求，但是缺乏对社会要求的接受、认同

---

① 袁振国主编：《当代教育学》（修订版），教育科学出版社1999年版，第80～81页。

② 全国十二所重点师范大学联合编写：《教育学基础》，教育科学出版社2002年版，第123～124页。

和情感，不可能很好地对学生进行社会化的教育。为此，教师必须增强自己的社会责任感，以社会的要求规范自己的言行，维护社会的利益，成为社会要求的执行者和代言人。

2. 教师是文化的传播者

人类社会之所以能够由野蛮到文明，人之所以能够从生物体到社会人，文化起着重要的中介作用。教育是文化传播的有效渠道，教师是人类文化的传播者。教师可以通过文化的传播来促进学生的认识和发展，进而促进文化和社会的延续和发展。教师在人类文化的继承和发展中起着桥梁和纽带的作用。

教师的文化传播作用，主要表现为教师把人类的文化知识直接传授给学习者，使文化为更多人所知，扩大文化的效应。这是文化传播的外在表现。其实，文化传播的另一个深层表现是，教师通过文化的传递，将人类所积累的文化知识转化为学生个体的精神财富，使他们短时间内达到人类认识的一般水平，同时，以此为基础，创造新的文化。这是教师的文化传播不同于其他文化传播的重要体现。

教师的文化传播者角色表现在教学中就是知识的传授者。这是教师最传统的、最基本的角色。任何时代都不可能否认知识对人的发展的价值，只不过在不同的时代，传授什么知识、怎么传授知识有所区别。古代社会相对封闭，知识不发达，教师的任务就是传授人类所有的知识，传播的方式是灌输。在现代社会，知识迅速增加，教师已不可能传授人类所有的知识，因此，教师在指导学生学习与促进学习的策略上的作用有日益增强的趋势。教师越来越少地传授知识，而越来越多地激励学生思考。这并不意味着要取消知识的传授，而是对以前灌输式教学的一种否定。

3. 教师是学生成长的引导者

教师无论是作为"社会的代言人"对学生进行"传道"，还是作为"文化的传播者"对学生进行"授业"，其目的都是"育人"。培养人，促进学生的发展，才是教师的根本职责。因此，放弃了对学生成长的关注，就等于放弃了教育，前两者也不能很好地实现。

古代社会封闭、专制，个人缺乏主体性，教育和教学表现为强制和灌输，教师是知识的权威和价值的法官，学生只能唯命是从。学生被当做教师塑造的产品，任凭教师的意志来塑造，也难以很好地促进他们的发展。现代社会不断地走向民主和开放，社会价值日益多元，学生主体性日益增强，这意味着教师的职责必须由强制转变为引导学生成长。

（1）教师是学生自主学习、自我建构知识的引导者。在传统教育中，教师是知识的唯一拥有者，容易成为知识的权威，造成学生被动学习的局面。现代社会的学生处在一个开放的环境中，他们日益增强的自主意识，促使学生的学习由传统被动的接受式学习转变为自主选择、自主建构知识体系的主动式学习。所以，教师的文化灌输者的角色逐渐淡化，教师的作用主要表现为指导和激励，激励学生的学习热情，教会他们学会学习、学会选择的策略，帮助他们自主建构、自我发展。这种转变正如联合国教科文组织在《学会生存——教育世界的今天和明天》一书中所指出的那样："除了他的正式职能以外，他将越来越成为一位顾问，一位交换意见的参加者，一位帮助发现矛盾论点而不是拿出现成真理的人。他必须集中更多的时间和精力去从事那些有效果的和有创造性的活动：互相影响、讨论、激励、了解、鼓舞。"[①]

（2）教师是学生的人格健康成长的促进者和治疗者。人的发展不仅表现在知识的掌握、智力的发展上，更表现在人格的成熟和完善上。教师不仅要引导学生建构知识，而且还要促进学生人格的发展。我们通常说，一流的教师是教"人"的，二流的教师是教"书"的。这说明，只做传授知识的"经师"是不够的，教师必须培育学生的心灵，只有这样的教师才配得上"人类灵魂的工程师"的称号。

教师对学生人格成长的引导作用，主要表现在以下几个方面。第一，解决学生的人生方向和世界观问题。教师作为一定社会的代言人，必须通过教育实现个体的社会化，使学生成为社会的接班人和合格的公民。第二，对学生德性发展的影响。学生品德的发展不是一个自发的过程，尤其是青少年学

---

① 联合国教科文组织国际教育发展委员会编著，华东师范大学比较教育研究所译：《学会生存——教育世界的今天和明天》，教育科学出版社1996年版，第108页。

生处于复杂的社会环境中,他们辨别是非的能力有限,很容易受到不正确思想的侵袭,教师必须正确地引导学生,使他们辨别是非、学会判断、学会选择。第三,引导学生的心理健康成长。教师在教育教学中要满足学生正常的心理需要,减轻他们的心理紧张和压力,同时,对于心理出现问题的学生,要积极地予以治疗。教师的"心理医生"、"咨询家"的角色,在今天显得越来越重要。

(3) 教师是学生的榜样。教师对学生人格的影响,不仅表现在教师的"说"上,更表现在教师的"行"中,所以,教师要"言传身教"。"身教"需要教师成为学生的榜样。"行可以为表仪者,人师也。"① 教师的榜样示范,是一种不可缺少的教育力量。孔子认为:"其身正,不令而行;其身不正,虽令不从。"② 车尔尼雪夫斯基也认为:"教师把学生造成一种什么人,自己就应当是这种人。"③ 所以,作为学生的榜样,教师必须以身作则。

4. 教师是教育活动的主持人

教育活动是教师的职业活动,也是教师最基本的活动。教师的其他角色和职责,包括知识的传授、人格的引导、榜样的示范等,都是在教育活动中实现的。教师在教育活动中的角色,传统的研究提出了诸如"交通警察"、"法官"、"办事员"、"侦探和纪律的执行者"、"课堂管理员"等观点。我们认为,这些研究反映了传统教育中教师的角色,因为它们把学生当做被动的客体。现代教育是主体教育,学生是教育过程的主体,是课堂的主人。在这种以学生为主体的教育活动中,教师必须促进学生主体地位的实现。同时,为达到集体活动的活而不乱、有条不紊,教师必须成为教育活动的"主持人"。教师的主持人的角色主要表现在以下几个方面。

(1) 教师是教育活动的设计者。教育是一种有目的的活动,实现特定目的的教育教学活动,必须要有设计。教师对教学的设计要全面把握教学的任

---

① 韩愈:《韩诗外传》。
② 《论语·子路》。
③ 参见郑金洲:《教育通论》,华东师范大学出版社 2000 年版,第 325 页。

务、教材的特点、学生的情况以及自己的教学风格等。教学设计还必须注意如何有效地传授知识，如何有效地调动学生的积极性，如何有效地协调集体的活动，使教学有序进行，全面完成教学任务。我们主张教学要有设计，但反对在不了解学生的情况下，以教师的意志代替学生想法的"教学预设"。计划有必要，但全盘计划必然带来危害。教学设计要给学生主体性的发挥留有余地，要在教学计划中生成教学过程。

（2）教师是教育活动的组织者。教师在教育活动中应公正地分配教育资源、合理地分配活动时间、调控教育活动的进程，激发学生学习的积极性，协调集体的关系，使教育在宽松、愉快的环境中进行。

（3）教师是教育活动的管理者。教师对教育活动的管理包括确定目标、建立班集体、制定并执行规章制度、维持班级纪律、组织班级活动，以及对教育活动过程的监控、对学生成绩的评价等。

5. 教师是专业发展的自我促进者

教师的专业发展，虽然职前教育有重要作用，但更重要的是在职后完成的。职后的学习和研究是决定一个教师能否尽快地提高专业化成熟度、从新手到专家的关键。促进教师的职后专业发展有两个基本途径：一是学习、实践；二是反思、研究。

教师是终身的学习者。今日的教师已经不能满足于"一桶水"和"一杯水"的关系，要给学生"一杯水"，自己必须是一个潺潺不断的溪流。教师必须成为一个终身学习者，既包括更新学科知识，也包括更新教育理论知识；既包括向书本学习，也包括通过教学相长，向学生学习。在一个知识迅速更新的时代，教师只有终身学习、实践，才能适应时代的要求。

教师是实践的反思者和研究者。教育的对象是充满活力、千差万别的学生，教学内容是不断更新的，教学场景是不断变化的，这决定了教学不能成为一种机械的技术，而必须成为一种创造活动；教师不能千篇一律地对待教学，而必须以一种变化发展的态度不断地研究教学、研究学生。不研究教学的教师，不反思自己教学实践的教师，不可能是教学成功的教师。教师只有通过不断地学习、实践、反思和研究，才能使自己很快地成长起来。

(四) 教师角色的冲突

教师职业的最大特点就是角色的多样化。教师同时要承担多种角色，每种角色都对教师的行为提出了不同的要求，这些要求之间难免会产生矛盾，这就导致了教师角色的冲突。教师的角色冲突主要表现在以下几个方面。

1. 对教师角色的定位不同，导致教师角色的冲突

对教师角色的界定大致有两种情况：一种观点认为，教师角色就是教师的实际行为表现，是一种"实然"的写照；另一种观点认为，教师角色是人们对教师行为的期望，包括社会公众、学生、家长、学校领导对教师的期望以及教师自身的期望，反映的是教师的"应然"行为。"实然"与"应然"之间，有些"实然"的状态符合"应然"的要求，有的却违背了"应然"的要求。例如按照"实然"的情况，警察、法官、家长的代理人、侦探和纪律的执行者、替罪羊是教师的角色，而按照"应然"的要求，恰恰是要反对教师的霸权，教师应成为学生的引导者、合作者、知己与朋友。不同的研究者对教师角色的不同界定，会对教师提出不同的要求。教师面对不同的甚至相反的角色要求，导致无所适从，产生角色混乱。

2. 不同的人对教师的期望不同，导致教师角色的冲突

如果我们把教师的角色定义为对教师行为的期望，这些期望来自于不同的团体、不同的人，他们对教师应该做什么、应该怎么做，都有自己的看法，也就是说，不同的团体、不同的人对教师的期望是有差别的。"对教师的期望越是多样，那么他必须扮演的角色就越多。在这种情况下，不可避免地是在角色与期望之间必然产生冲突。"① 比如教师假期给学生补课，教育行政部门认为这是侵犯了学生的节假日，应该予以制止；然而，有的家长和学生认为，教师补课是为了提高学生的学习成绩，不应该予以制止；也有的学生认为，假日应该还给他们，他们需要休息，需要利用假期发展自己的兴趣、爱好。在这种情况下，教师就会面对各种相互冲突的期望，在自己应该扮演什么样

---

① [美] 林格伦著，章志光等译：《课堂教育心理学》，云南人民出版社 1983 年版，第 681 页。

的角色上犹豫不决，甚至不知所措。

3. 他人对教师的期望与教师的自我期望不同，导致教师角色的冲突

教师负载着他人的期望，例如社会期望教师献身教育事业，家长期望好的教师教自己的孩子、期望教师对自己的孩子能够多加照顾等。这种期望常常与教师的自我期望产生矛盾。例如，教师期望自己能够具有较高的社会地位和经济收入，具有实现自我价值的机会，如果这些得不到满足，教师就会与社会期望的"忠诚教育事业"产生冲突。再如，家长对教师的期望与教师的自我期望之间也会产生冲突。一般来说，人们对教师的期望大多是为他人的利益考虑，教师的自我期望大多是为自己考虑，二者之间会产生利益的冲突，陷入矛盾状态。

4. 对作为一般的人与作为教师的期望不同，导致教师角色的冲突

作为人，教师具有与普通人一样的需求，具有一般人的境界。但是，社会对教师的角色期待往往是希望教师成为一个"特殊的人"，具有很高的境界。而且他们往往把在学校、课堂中履行教育职责的教师与生活中的"教师"等同起来，以教师的职业角色来要求生活中的"教师"。作为教师，如果他在生活中没有达到教师的境界，人们就会对他产生不满，导致教师威信的下降。这样，"作为一般的人"与"作为一个教师"的角色经常会发生冲突，从而陷入混乱状态。

5. 教师的受制约性与自主性之间的对立，导致教师角色的冲突

教师是社会的代言人，他的言行举止受制于一定的社会，必须符合特定社会的利益和要求。然而，教育活动作为一个专门化的活动，要求教师具有相应的专业自主性，具有一定的专业自主权。无论是对教育目标的确定，还是对教育内容的选择、教育活动的设计，都要反映教师的独特理念，反映教师的意志。因此，在社会的要求和教师的意志之间，常常会产生这样或那样的冲突，也会出现教师为争取更大的自主权而展开的斗争。此外，学校作为一个正式的社会组织，学校管理的科层化和官僚化，也强化了教师的受制约性，这与教师的自主性之间有时也会产生冲突。

三、教师职业劳动的特点

教师的职业角色通过职业劳动体现出来。教师的劳动是创造学生精神生命的独特的精神劳动。教师的劳动具有复杂性、创造性、示范性、长期性和合作性的特点。

（一）教师劳动的复杂性

1. 教师的劳动对象是复杂的

教师的劳动对象不是固定的、无生命的物体，而是有思想、有情感、有个性的活生生的人。教师劳动的对象之所以是复杂的，就在于对象的千差万别。在一个班级中，具有不同性别、不同的家庭出身、不同的社会背景的学生，他们的发展受他们各自的遗传素质、后天生活的影响，造成他们的性格、情感、需要、意志品质等也不完全相同。同时，每个学生的个性又是发展变化的。教师面对的是这些不断变化而又独特的精神世界，不可能用统一的方法要求所有的学生，而是必须根据个体的差异，采取不同的方法，区别对待。只有这样，才能有的放矢。

2. 教师的劳动任务是复杂的

教师既要教书，又要育人；既要传授知识、培养技能，又要发展智力、培养能力；既要帮助他们树立正确的人生观、世界观，培养良好的道德品质，形成文明的行为习惯，又要陶冶健康的情感，锻炼坚强的意志和性格；既要关心学生的思想、学习，又要关心他们的身心健康；既要面向全体，又要照顾个别差异。教育的目的就是使每个学生得到全面、和谐而独特的发展。

3. 教师的劳动过程是复杂的

教师的劳动是以文化资料为中介的精神劳动。教师的劳动过程是一个运用智力的过程，是一个综合使用、消化、传递、发现科学知识和技能的复杂的脑力劳动过程。教师的劳动与一般的精神劳动不同。一般的精神劳动虽然也要运用智力，但它完全受劳动者自己意志的控制。而教师的劳动不同，它不能完全以教师的意志为转移。这是因为学生虽然是教育的对象，但在教育过程中学生是主体，教师不能以自己的意志代替学生的意志。教育过程虽然由教师来设计，但教师要了解学生的需要，反映他们的学习需求，激励他们的学习积极性和自觉性。教师劳动对象的这种双重性，增加了教师的工作难度，从而使他们的工作过程具有特殊的复杂性和艰巨性。

4. 教师的劳动手段是复杂的

教师对学生的影响不仅有知识因素，而且有人格、品行等因素，具有影响的全面性；不是个别教师的影响，而是教师集体的影响，具有影响的全员性；不仅有学校的影响，而且有来自社会、家庭的影响，具有影响的全方位性。教育要有效地促进学生的全面发展，必须保持教育影响的一致性，优化组合各种影响，使之发挥最佳的合力。然而，要把这些复杂多样的影响有效地组织到教育过程中，使来自各方面的影响协调一致，这是一种复杂的工作。

总之，教师的劳动对象的复杂性，决定了教师的劳动任务是复杂的，劳动的手段、劳动的过程等都是复杂的。以前人们往往认为有知识的人都可以做教师，从事教育工作，这是对教师劳动复杂性的估计不足。正因为教师的劳动是复杂的，所以，只有专业化的人员才能从事教育工作。

(二) 教师劳动的创造性

教师劳动的创造性与复杂性密切相关，可以说，创造性是复杂性的必然要求。苏霍姆林斯基说过，教师的创造性最主要的特征之一就是他的工作对象——儿童在经常地变化，永远是新的。教师虽然是教同一个科目，但每一届、每个班的学生不同。即便是一直在教同一个班级，好像学生没有变化，但学生在受教育的过程中已经得到了发展，他们今天的知识、能力、个性、思想、观念已经不同于昨天，教师实际上面对的是一个"新"的个体。教育对象的发展变化，决定了教师的劳动不可能重复进行，而必须根据变化了的学生和教育情境，一切从实际出发，创造性地灵活运用教学规律和原则。这就是所谓的"教学有法，但无定法"、"运用之妙，存乎于心"。教育是一种创造活动，是一门不断创造的艺术。

1. 教师劳动的创造性首先表现在因材施教上

虽然教师是在面对同一年龄的学生进行集体教学，但是，不同学生之间的生活背景、知识结构、兴趣爱好、能力发展、气质性格、思想观念、动机态度等都不会相同,而且这种不同还在不断地变化。面对不同的教育对象,成功的教育不仅要面向集体,符合其年龄阶段特征的要求,更要照顾到他们的个别差异,根据他们的个别特点进行教育。通俗地说,就是教育必须一把钥匙开一把锁,切忌"一刀切"、"一锅煮"。

2. 教师劳动的创造性表现在对教材内容的处理、教学方法的选择和运用上

教育的对象是复杂多变的,在什么时候、什么情况下运用什么原则以及怎样运用,在很大程度上取决于教师工作的创造性。同样的教材内容,怎样传授给不同的学生,需要教师对教材内容进行加工处理。就像导演要对剧本进行再创造一样,教师对教材也需要进行再创造。没有考虑学生的特点,简单地照本宣科,必然会使教学陷入失败。同样的教学方法在一种情况下是适用的,而在另一种情况下就可能不适用。对于某个教师来说的好方法,对于另一个教师来说就未必。简单照搬或模仿别人的经验,只能是"东施效颦",通常是不能达到目的的。因此,教师必须根据不同的情况创造性地选择和运用教学方法,并根据变化了的教育对象、教育内容、教育情境创造新的方法。

3. 教师劳动的创造性还表现在教育机智上

教育活动虽然有计划、有组织,但由于学生的内心世界是不断变化的,所以,教育过程、教育情境是难以控制的,事先没有预料的情况随时都可能发生,这就需要教师具备教育机智。教育机智是指对没有预料到的教育问题保持高度的敏感性,对突发性教育事件能够迅速作出反应并及时进行恰当处理。乌申斯基指出:不论教育者怎样研究了教育理论,如果他没有教育机智,他也不可能成为一个优秀的教育实践者。教育机智不是一种简单的技能,它是教师灵活处理问题的一门高超艺术,是教师对教育理论的创造性运用,体现着教师高度的创造性。

4. 教师劳动的创造性要求教师必须具备教育智慧

教师的教育智慧在教育教学实践中的表现是:他具有敏锐的感受性以及准确判断生成和变动过程中可能出现的新情况和新问题的能力;具有把握教育时机、转化教育矛盾和冲突的机智;具有根据对象实际和面临的情境及时

作出决策和选择、调节教育行为的魄力；具有使学生积极投入学习生活，热爱学习和创造，愿意与他人进行心灵对话的魅力。① 教师的教育智慧使他的工作充分展示出创造性，形成自己独特的教育教学风格。

（三）教师劳动的示范性

师者，人之楷模也。教师的"楷模"、"榜样"、"引路人"的角色，都充分说明了教师的劳动具有示范性。

1. 教师劳动工具的主体性决定了教师的劳动具有示范性

教师的劳动和其他劳动在劳动工具上有所不同。一般的劳动都是借助于特定的工具，工具和劳动者是分离的。教师的劳动虽然也借助于一些与自身分离的工具，如教材、教学方法、教学手段等，但教师劳动的另一种重要的工具是自己的思想、学识、能力、人格、言行等，这些作为教育手段和影响的工具本身为教师所独有。即便是教材、教法这些与自身分离的工具，经过教师的加工、选择也已经打上了教师的"烙印"，深受教师的知识、人格的影响。所以，教师劳动的特殊性就在于劳动者和劳动工具具有一体性和相关性。对学生的影响，一方面是教师代表社会的影响，另一方面是教师本身人格的影响。正因为如此，很多教育家都高度重视教师的示范作用。第斯多惠认为，教师本人是学校里最重要的师表，是最直观的、最有教益的模范，是学生活生生的榜样。乌申斯基也认为，在教育工作中，一切都应以教育者的人格为依据，任何章程、任何纲领和任何管理机构，不论它们设想得多么精妙，都不能代替人格在教育中的作用。正因为教师对学生的成长直接或间接地发生着影响，所以教师必须以身作则。

2. 学生的向师性和模仿性决定了教师的劳动具有示范性

在学生的眼里，教师通常是智慧的化身、人格完美者，青少年学生对教师有一种特殊的信任和依赖，特别是小学生，教师的一言一行在他们的心目中具有绝对的权威，甚至认为教师说的都是对的，对教师的信任远在父母和

---

① 叶澜、白益民等：《教师角色与教师专业发展新探》，教育科学出版社2001年版，第26页。

朋友之上。他们经常用教师的言行作为依据衡量其他人的言行。所以，在许多场合，教师本身的学识、人格或教师所倡导的思想、行为、品质、榜样等都会成为学生学习模仿的对象，而且教师对学生人格的影响是深远的。鲁迅在《藤野先生》一文中是这样描写老师对他的影响的：他的性格，在我的眼里和心里是伟大的……每当夜间疲倦正想偷懒时，仰面在灯光中瞥见他黑瘦的面孔，似乎正要说出抑扬顿挫的话来，便使我忽又良心发现，而且增加勇气了，于是点上一支烟，再继续写些为正人君子之流所深恶痛绝的文字。藤野先生是鲁迅在日本学习时的解剖学老师，鲁迅虽然最后没有从事医学和解剖学研究，藤野先生的人格却深深地影响着他从事文学创作和革命活动。

教师劳动的示范性体现在教育活动的方方面面。教师的人格、学识、行为方式和思维方式等都在潜移默化地影响着学生，成为学生学习的榜样。例如，教师是开拓进取，还是因循守旧；是提倡民主，还是独断专行；是盲目顺从，还是独立思考。这些虽然属于教师"自身"的事情，但都对学生的发展起着潜移默化的影响。所以，教师的言行"无小事"，它们要受到最严厉的监督，也是学生直接学习的榜样。但必须明确的是，教师的示范性，只能是引导学生的成长，给学生做一个表率，而不是把自己的行为方式"复制"或"强加"到学生身上。教师应该鼓励学生独立思考，发展主体性和创新性，而不是让学生盲目崇拜和顺从自己。

（四）教师劳动的长期性

教师的劳动对象是人，教师劳动的成果是人的成长或精神生命的变化。人的成长与其他生物的成长不同，它是一个长期的过程。正如我国古代思想家管仲所说：一年之计，莫如树谷；十年之计，莫如树木；终身之计，莫如树人。人才成长的周期长，意味着教师的一节课、一个学期的工作，不可能收到立竿见影的效果。教师的劳动见效缓慢，具有长期性的特点。中小学教育是为人生发展打基础的教育，教育的成果不是以学生的分数和升学率来衡量，而是看是否为学生的发展奠定了可持续发展的基础，是否为学生的发展提供了持续的动力。教师对学生的影响不可能立即以显性的形式呈现出来，往往要到学生升入高一级学校或者走上工作岗位以后才能表现出来。

认识到教师劳动的长期性，意味着教师必须避免短期行为或只从眼前出发，而是要着眼于未来，着眼于学生长期的发展。杜威认为，学校教育的目的在于组织保证生长的各种力量，以保证教育得以继续进行。评判学校教育的价值，它的标准，就是看它创造继续生长的愿望到什么程度，看它为实现这种愿望提供方法到什么程度。① 教育是一个长期的过程，我们不能以功利的标准或量化的方法来评判教师的工作。

(五) 教师劳动的合作性

教师的劳动表面上是以个体的形式进行的，但它不是孤立的，教师的劳动必须在合作的前提下以个体的方式呈现。这种合作包括两个方面：一是教师与学生的合作；二是教师之间的合作。

1. 在师生双边的共同活动中体现出合作性

传统教育把教师当做主体，学生成为教师随意支配的对象，教育活动是对学生的知识灌输和说教，这实际上是一种教师的"独白"活动。现代教育认为，学生也是教育活动的主体，教育活动是师生双边的共同活动，他们通过交往、对话、合作，共同研究教育内容。教师不再是知识的灌输者，而是学生的合作者、顾问、引导者。通过师生合作中的教师引导，促进学生的自我建构。没有师生的合作，不可能有真正的教育，也不可能有学生的发展。

2. 在教师之间的分工中体现出合作性

古代的教育内容、职能都相对简单，教育以个别的形式进行，通常表现为单个的教师教一个或几个学生。近代以来，教育活动逐渐复杂化，教育内容大量增加，出现了教育职能的分化（如教学、德育、管理）和教师之间的分工（按年级分工和按学科分工）。教育对学生的影响不再取决于教师个人的素质，而是取决于教师集体。每个学生的发展不是某一个教师劳动的成果，而是教师集体合作的成果。由于这个特点，教师个体的劳动必须置于集体合作的背景之下，自觉树立集体合作的观念，保持教育影响的一致性，通力合

---

① ［美］杜威著，王承绪译：《民主主义与教育》，人民教育出版社1990年版，第57、55页。

作，协调各个教师、各种教育影响的力量，共同促进学生的成长。每个教师的劳动只有置身于良好的教育集体之中，才能最大限度地发挥自己的教育才能，取得良好的教育效果。

第三节　教师的专业发展

从古代的"能者"为师、近代的"知者"为师到当代的教师专业化，教师越来越被视为一个专门的职业，这在客观上要求教师的培养也越来越追求内在的专业发展。

一、教师的专业化和专业发展

教师的专业发展是以"教师的职业是一个专业"为逻辑前提的。如果没有对教师职业专业化的认识，就不会有教师专业发展的要求。那么，如何判断教师职业的专业化呢？这首先要明确什么是专业，具备什么标准的职业才能称得上专业。对此，国内外学者提出了他们的看法。

美国学者凯尔·桑德斯认为，专业是指一群人在从事一种需要专门技术的职业，这种职业需要特殊的智力来完成，其目的在于提供专门性的社会服务。①

日本学者石村善助认为，专门职业是指通过特殊的教育和训练掌握了业经证实的认识（科学或高深的知识），具有一定的基础理论的特殊技能，从而按照来自非特定的大多数公民自发表达出来的每个委托者的具体要求，从事具体的服务工作，借以为全社会利益效力的职业。②

在对专业认识的基础上，人们又进一步揭示了专业的特质。1948年，美

---

① 参见教育部师范教育司编：《教师专业化的理论与实践》，人民教育出版社2001年版，第13页。

② ［日］筑波大学教育学研究会编，钟启泉译：《现代教育学基础》，上海教育出版社1986年版，第441页。

国教育协会提出了专业的八条标准：（1）含有基本的心智活动；（2）拥有一套专门化的知识体系；（3）需要长时间的专门训练；（4）需要持续的在职成长；（5）提供终身从事的职业生涯和永久的成员资格；（6）建立自身的专业标准；（7）置服务于个人利益之上；（8）拥有强大的、严密的专业团体。①

1956年，利伯曼分析了社会公认的成熟专业后，总结了专业的八个特征：（1）范围明确，垄断地从事社会不可缺少的工作；（2）运用高度的理智性技术；（3）需要长期的专业训练；（4）从业者无论个人、集体均具有广泛的自律性；（5）在专业的自律性范围内，直接负有作出判断、采取行为的责任；（6）非营利，以服务为动机；（7）形成了综合性的自治组织；（8）拥有应用方式具体化了的伦理纲领。②

我国学者的研究认为，专业是由专门人士从事的职业，专业要求从业人员受过长期的专门训练，具备专精化的知识和技能，有自己的专业团体和明确的职业道德，工作上具有权威性及独立自主权，具有为公众服务第一位的信念、高度自律和自我提高的精神，以及专家管理和严格的专业选拔。③

人们对专业特征的认识还有很多，不论研究者提出多少具体的标准，但大体上都可以归结为三个方面：（1）专门化的知识和技能，从业人员需要接受长期的专门的训练；（2）具有高度的专业自主权，能够在专业范围内自主决策、判断和处理问题，不受行政的干预；（3）向社会提供具有一定独特性的公共服务。

依据专业的标准来对照教师的职业，有人认为，教师的职业不完全具备专业的标准或专业的成熟度不够。例如教师的职业受外部的干预和控制，教师是作为"社会代言人"或"公仆"存在，而不是作为"专家"存在，未取得高度的专业自主权；教师的职业知识缺乏独特性；教师的专门培训时间比其他专门职业时间短；教师向社会提供的公共服务缺少鲜明的独特性；教师的职业资格容易获得。因此，教师只能是一个"准专业"或"半专业"。

---

①② 参见教育部师范教育司编：《教师专业化的理论与实践》，人民教育出版社2001年版，第14～15页。

③ 瞿葆奎主编：《中国教育研究新进展·2000》，华东师范大学出版社2001年版，第343页。

其实，把教师职业作为专业是一个理想，教师专业化是一个不断逼近理想的过程。尽管今天受条件的限制，教师的专业成熟度还不高，但我们需要的是首先肯定教师职业的专业性，不断推进专业化的进程和教师的专业发展。

20世纪60年代以后，随着社会对教师的需求从数量转向质量，教师的专业化逐渐提上议程。1966年，在联合国教科文组织与国际劳工组织通过的《关于教师地位的建议》中提出，教师的职业应被视为专门职业，这种职业是一种要求教师具备经过严格而持续不断的学习才能获得并保持专业知识及专门技能的公共业务，它要求对所辖学生的教育和福利具有个人的及公共的责任感。1996年，第45届世界教育大会以"加强在变化着的世界中的教师的作用之教育"为主题，再次强调教师在社会变革中的作用，并提出建议落实教师的专业地位，包括通过给予教师更多的自主权和责任，提高教师的专业地位；在教师的专业实践中运用新的信息和通信技术；通过鉴定个人素质和在职培训，提高其专业性；保证参与教育变革以及与社会各界保持合作关系。

20世纪80年代以后，教师专业化已经成为世界各国提高教师专业水平的主导运动，成为世界教师教育的潮流。我国1986年在国家统计局和国家标准局发布的《中华人民共和国国家职业标准分类与代码》中将所有的职业分为八大类，教师属于"专业技术人员"一类，定义为"从事各级各类教育教学工作的专业人员"。2000年颁布的《中华人民共和国职业分类大典》再次重申了这一分类。1994年1月1日实施的《中华人民共和国教师法》规定，教师是履行教育教学职责的专业人员，这是我国第一次以法律的形式确认了教师的专业地位。1995年颁布的《中华人民共和国教育法》提出国家实行教师资格、职务、聘任制度，通过考核、奖励、培养和培训，提高教师素质，加强师资队伍建设。同年，国务院颁布的《教师资格条例》明确规定：中国公民在各级各类学校和其他教育机构中专门从事教育教学工作，应当依法取得教师资格。2000年，教育部颁发了《〈教师资格条例〉实施办法》。2001年4月1日，国家首次开展教师资格认证工作，使我国教师的专业化进入了实施阶段。

只有认定教师的职业是一个专门的职业，国家才能采取措施，推进教师的专业化运动。教师专业化的目的是把教师培养和培训成为专业人员。教师成为专业人员,除了具备外在的资格(如学历)外,重要的是教师内在的专业发展。

教师的专业发展是教师的专业成长或教师内在专业结构不断更新、演进和丰富的过程,是教师的专业性逐步成熟的过程。从横向上看,教师的专业发展是多侧面的,包括观念、知识、能力、情意等;从纵向上看,教师的专业发展是一个多等级层次的发展过程,专业的成熟具有阶段性。前者构成了教师专业素质的结构,后者构成了教师专业发展的阶段。

二、教师的专业素质结构

教师作为一种职业,并非任何人都能胜任,因此,必须研究什么样的人才能够当教师。这就是教师素质问题。我国关于教师素质的讨论很多,大体上可以分为两个阶段:在教师专业化讨论之前和专业化讨论之后。专业化讨论之前,国内关于教师素质的认识大致统一,认为主要包括思想政治素质、道德素质、科学文化素质、能力素质、身心素质、风度仪表等。这一阶段的讨论按照人的素质来要求教师,在此基础上提出教师应具有哪些特殊的要求。专业化讨论之后,人们把教师的素质置于专业化的视野中,试图阐明教师的专业素质与一般素质的不同,从而提炼教师的专业素质。关于这方面的研究,人们提出了一些具有代表性的观点(参见表5-3)。

表5-3 教师的专业素质结构

研究者	教师的专业素质结构
艾 伦	(1)学科知识;(2)行为技能;(3)人格技能
林瑞钦	(1)所教学科的知识(能教);(2)教育专业的知能(会教);(3)教育专业精神(愿教)
曾荣光	(1)专业知识;(2)服务理想
叶 澜	(1)专业理念;(2)知识结构;(3)能力结构
林崇德	(1)师德与师魂;(2)教师的知识;(3)教师的能力
白益民	(1)教育信念;(2)知识;(3)能力;(4)专业态度与动机;(5)自我专业发展的需要和意识

其实，对教师的专业素质很难全面概括，这里只讨论教师主要的几种专业素质：专业信念、专业人格、专业知识、专业能力。

(一) 教师的专业信念

信念是在认识的基础上通过积极的情感体验而纳入生命中的坚定不移的思想、理念、意义、方向。教师的专业信念是教师基于对教育活动和教师职业理解的基础上形成的关于教育和教师职业的观念和理性信仰。教师的专业信念纳入教师的职业生命，把教师的工作不再仅仅看做谋生的一种职业，而是终身奋斗的事业。教师的专业信念是支配教师行为和教师成长的内驱力。教师的专业认识、观念一旦上升到专业信念，就会成为教师工作、学习的内在动力。是否具有对自己所从事职业的信念，是专业化教师和非专业化教师、专家型教师和新手的重要区别。

教师的专业信念包括教师对教育的信念和对自身专业发展的信念。

1. 关于教育的信念

不同的时代会对教师的教育信念有不同的要求，不同层次的教师也会形成不同的教育信念。中小学教师应在正确认识基础教育性质的基础上，形成时代要求的教育观、学生观、教育活动观。

对于基础教育的"基础性"的理解，我们长期以来局限于制度化教育的框架之中，把它理解为整个教育事业的基础。在这种观念中，小学教育成为中学教育的预备，中学教育又是大学教育的预备，因此，小学教育是大学教育的基础的基础。这些年来，日益激烈的"应试教育"正在从中学蔓延到小学，已经说明了这个问题。

中小学教育不是升学教育的基础，而是素质教育的基础。在当今学习化社会中，它是终身教育的奠基阶段，应为人的一生的发展奠定基础。基础教育应为人生的发展打好基础，基础的东西应该具有可持续发展的本性，它必须有助于儿童的终身发展。

对基础教育的"基础性"的重新理解，使我们看到，中小学教育的任务主要不再是基础知识、基本技能和技巧的训练和掌握，而是必须把每个学生潜能的开发、健康个性的发展以及为适应未来社会的发展变化所需要的自我教育、终身学习的愿望和能力的初步形成作为重要的任务。中小学教育应该教会儿童学会做人、学会做事、学会学习、学会与其他人共同生活,为儿童的终身发展提供动力,奠定一生持续发展的基础。"立足于未来,为了未来来确定今日之'基础'的含义与基础教育的任务,成了当代基础教育与以往的不同特征。"①

(1) 教育观。长期以来,我们过分强调教育的社会性,按照社会的要求,尤其是按照现实社会的需要来改造教育和改造人,忽视甚至无视教育对象作为一个活生生的人的存在、作为一个独特的生命体的存在,从而也忽视了教育的生命性。在新的时代,社会的发展以人的发展为根本,适应"以人为本"的时代要求,教育必须关注人、关注生命,凸显其生命性。生命是教育的原点,教育因生命而产生,教育源于生命,促进生命的发展是教育之本。教育从本质上讲就是生命的教育。生命的教育必须尊重生命,遵循生命的特点和规律,在生命的对话与交流中,通过生命的体验而达于生命,从而提升生命的质量。教育是一种直面生命、关怀生命、提升生命的事业。这就是新时代的教师应该树立的教育观。

(2) 学生观。传统教育把教育的主动权交给了社会,社会向学生提出要求,学生被动地接受要求,忽视了教育的根本在于人的发展,在于学生独特生命的成长。教育的生命性把教育的主动权还给了学生。今天我们不再把学生当做社会的工具,而是当做一个活生生的、现实的、具体的生命。每个生命都是全面的、自由的、独特的,具有强烈的发展需要和可能,具有发展的能动性和自觉性,是一个不可替代的独特的学习主体、发展主体。

(3) 教育活动观。走出传统教育忽视人和忽视学生主体性的误区,把学生看做鲜活的生命,教育必须致力于促进学生生命全面而和谐、自由而充分、独特而富有个性地发展。这种教育观和学生观,要求教师具有生命的教育活动观,这就是把精神发展的主动权还给儿童,让教育凸显生命的灵动,让课

---

① 叶澜、白益民等:《教师角色与教师专业发展新探》,教育科学出版社2001年版,第21页。

堂焕发出生命的活力,让班级充满生命的气息,挖掘生命的潜能。为此,教师应满足学生生命发展的需要,为他们生命的发展提供可能,创造条件,并给予指导。

2. 关于教师专业发展的信念

(1) 教师的专业理想。专业理想是教师对成为一名成熟的教育教学专业工作者的向往和追求,它为教师提供了奋斗的目标,是推动教师专业发展的巨大动力。具有专业理想的教师,能够牢固树立"教师的职业是一门专业"的信念,对教师职业产生强烈的认同,把教育作为终身从事的幸福的事业,乐于献身。具有专业理想的教师对教育工作具有强烈的责任感,具有自我发展意识,他们能够不断地学习,努力提高教育教学能力,保持专业的自我更新,维护自己的专业形象和声誉。

(2) 教师专业发展的自我意识。专业化的教师对自己的发展有明确的意识,能够对自己的专业发展保持一种自觉的状态,反思自己专业发展的历史和现状,规划自己专业发展的未来,追求理想的专业发展目标,及时地调整自己的专业发展行为方式和活动安排,不断地提高自己的专业发展水平。具有专业发展意识的教师,能够保持经常的、系统的自我反思,经常研究自己的专业生活史,与自我保持专业发展对话,在自我专业发展的反思与对话中,获得对自己专业发展的全面认识,及时地解决存在的问题,促进专业发展的自我更新和持续发展。

(3) 终身学习的意识。现代社会是一个知识迅猛发展的时代,个人要跟上时代的发展,必须成为一个终身学习者。对于以知识为工具而进行生命创造的教师而言,更要成为终身的学习者。一名教师即便职前受到过良好的教师教育,能够成为一名合格甚至优秀的教师,他仍然需要终身学习,以适应教育的变革及其新的要求。同时,作为发展中的个体,教师自身的成长是教师专业发展的基础,教师只有不断地学习,努力提高自己的知识水平和教育教学能力,才能满足教师自身专业成长的需要,促进教师的专业发展。

(4) 教育研究的意识。专业化的教师不是一名教书匠,而是一个实践的反思者和研究者。没有对自己实践的不断反思,没有对教育教学问题的研究,不可能有教师的专业发展。教师成为研究者，是教师提高专业化水平的最直接、最适切的方式。

（二）教师的专业人格

人格是人的思想、品德、情感、个性品质的统一体，是人的社会性的集中表现。不同的职业有不同的人格特质和模式要求，表现为职业所要求的人格。教师的职业是一个专业，教师的专业人格是教师在教育教学中必须具备的适合教育要求的道德修养和个性品质，它包括教师的专业伦理（或职业道德）和专业人格品质。

1. 教师的专业伦理（或职业道德）

人们常常把教师看做高尚的道德家，以"红烛"、"春蚕"来比喻，其实，这不是对教师的道德要求，而是对教师的道德期望，它表达的是一种道德理想。教师的职业道德作为一种专业伦理，是对教师最低的道德要求，它是以道德指令或道德禁令表达的师德规则。

对教师的专业伦理，国外大多是以道德禁令来表达。例如，美国教育协会1975年提出了以下几个方面的教育伦理规范。

在对待学生上：（1）不得无故压制学生求学活动中的独立活动；（2）不得无故阻止学生接触各种不同的观点；（3）不得故意隐瞒或歪曲与学生进步有关的材料；（4）必须作出合理的努力，以保护学生不受对于学习或健康和安全有害的环境的影响；（5）不得有意为难或者贬低学生；（6）不得根据种族、肤色、信条、性别、原有国籍、婚姻状况、政治或宗教信仰、家庭、社会或文化背景或者性别的取向，不公正地排斥任何一个学生参加任何课程、剥夺任何一个学生的任何利益，而应给予任何一个学生以任何有利的条件；（7）不得利用与学生的专业关系谋取私利；（8）如果不是出于令人信服的专业目的，或者出于法律的要求，不得泄露专业服务过程中获得的有关学生的信息。

在对待自己所从事的专业上：（1）不得在申请某一专业职位时故意作虚假的陈述，或者隐瞒与能力和资格有关的重要事实；（2）不得出具不符合事实的专业资格证明；（3）不得帮助明知在品格、教育或其他有关品质上不合格者混入教育专业；(4) 不得在有关某一专业职位候选人的资格的陈述上故意弄虚作假；(5) 如果不是出于令人信服的专业目的或者出于法律的要求，不得泄露专业服务过程中获得的有关同事的信息；(6) 不得造谣中伤或诽谤同事。

我国的教师专业伦理通常称为教师职业道德，大多以道德指令或者道德倡议来表达。1984年，国家教育部和全国教育工会联合颁布了《中小学职业道德要求（试行草案）》，正式提出了六条师德规范，就热爱教育事业、教书育人、钻研业务、团结协作以及衣着、言行和举止等作出了规定。1991年，国家教委和全国教育工会进一步将此草案修订为《中小学教师职业道德规范》，在与原来六条规范基本一致的前提下，增加了"发扬奉献精神"、"实事求是，勇于探索"、"保护学生身心健康"等要求。1997年9月1日，国家教委、全国教育工会发出《关于重新颁发〈中小学教师职业道德规范〉的通知》，强调了教师职业道德在新形势下的紧迫性，对教师的职业道德提出了新的要求。新的职业道德规范包括八个方面：依法治教；爱岗敬业；热爱学生；严谨治学；团结协作；尊重家长；廉洁从教；为人师表。

尽管美国和我国表达教师专业伦理的方式有所不同，但专业伦理所涉及的范围大致相同，都包括这样几个方面：对待教育事业的道德——爱岗敬业；对待学生的道德——热爱学生；对待教师集体的道德——团结协作；对待教育中自我的道德——以身作则；对待专业发展中自我的道德——严谨治学，锐意进取；等等。

2. 教师的专业人格品质

教育不只是知识的传授，更是心灵的交流。因此，教师的人格品质对学生的发展具有重要的影响。有研究表明，年级越低，学生对教师人格品质的要求比专业素质的要求更高。但无论年级高低，教师的人格品质都直接影响着学生个性的发展，影响着教育教学的方式和成效。

国内外有很多调查分析了受学生欢迎的和不受学生欢迎的教师的人格品质。例如，美国心理学家威蒂等人曾对1~12年级的47 000名学生进行调查，发现最受学生欢迎的教师的人格品质主要有：合作；民主；仁慈；体谅；忍耐；兴趣广泛；和蔼可亲；公正无私；有幽默感；言行一致；对学生的问题有研究的兴趣；处理事情具有弹性；了解学生，给予鼓励；精通教学技能。不受学生欢迎的教师的人格品质主要有：脾气暴戾，没有耐心；不公正，偏爱某些学生；不愿意帮助学生；狭隘，对学生要求不合理；抑郁，不友善；讽刺、挖苦学生；外表讨厌；顽固，缺乏耐心；啰唆，言行霸道；骄傲自负；无幽默感。

我国广东教育学院的研究者通过对广州24所中学的4 415名学生的调查，归纳出最受学生欢迎的教师的五种品质是：热爱、同情和尊重学生；知识广博，愿意教人，耐心温和，容易接近；对学生实事求是；严格要求；教学方法好。最不受学生欢迎的教师的五种品质是：经常骂人，讨厌学生，对学生没有同情心，把学生看死；上课拖延时间，上完课不理睬学生；偏爱；不公正；教学方法枯燥。[①] 1988年，查有梁通过对1 025名学生的调查，也归纳出优秀教师的十种品质：有责任感；不刺伤学生的自尊心；对学生一视同仁；教法生动有趣；敢于承认自己的失误；愿意和学生接触；重视学生能力的培养；理解当代学生的思想；有组织能力；对学生有耐心。

国内外对教师人格品质的研究表明，一个专业化的教师需要具备健康的心理品质和良好的个性特征。其中，最主要的是爱心、责任感和公正。

（1）爱心。爱心是一个优秀教师的基础条件，没有对学生的爱，就不会有对教育事业的投入，就不会有对教育事业的热爱、对教师职业的热爱。我国近代教育家夏丏尊认为，教育没有情感、没有爱，如同池塘没有水。没有水，就没有池塘；没有爱，就没有教育。教师的爱，是教师工作的动力，是开启学生心灵的钥匙。教师的爱心表现为教师对学生的热爱、尊重、悦纳和期待。

（2）责任感。责任感是指教师能自觉地认同和承担相应的职责，完成相应的任务。教书育人是教师的天职，也是教师的任务，对此，教师必须切实

---

① 张志越编著：《教师专业发展与专业素质》，山西科学技术出版社2001年版，第218~219页。

负起责任。有责任感的教师，把学生的事情当做自己的事情，关心学生的学习生活，处处为学生着想，对学生的全面发展负责，能够为人师表，成为学生的榜样。

（3）公正。公正是教师对学生的态度和行为上的公平相待，对学生一视同仁，不偏心，不袒护。每个学生都有平等享受教育资源的权利和机会，教师要平等地对待每个学生，不能因某个学生的家庭背景、学习成绩等影响师生之间的亲疏关系。教师要满腔热情地关怀所有的学生，尤其是对于智力或成绩落后的学生，不仅不能放弃、嫌弃，更应该多关心和照顾。

（三）教师的专业知识

教师在教育过程中无疑要运用各种知识，我们无法描述和预测具体有哪些知识，但我们可以根据对教师专业性质的认识，研究教师知识结构的构成。教师的职业是一个"双专业性"或"边际性"（marginal-professional）的专业，教师不只是知识的传递者，他是以知识的传递为载体，达到育人的目的。对教师"双专业性"的认定，成为研究教师的知识结构的一个共识性前提。

根据教师的"双专业性"，教师既要知道"教什么"，掌握所教学科及其相关的内容，又要知道"怎么教"，掌握教育教学的方法，二者缺一不可。对于"教什么"的知识，即所教学科的专业知识，显然是第一位的。但是，知识不是孤立的，既要精通所教学科的专业知识，还要具备广博的一般文化知识和相关学科的知识。"教什么"的知识与"怎么教"的知识在性质上有所不同。"教什么"的知识在于掌握，在于知道"它是什么"，可以通过传递的方式而掌握。但"怎么教"的知识，不在于掌握"它是什么"，而在于能够运用它，因此，"怎么教"的知识不是教育学所传授的"应该怎么教的理论"，而是教师所体会、理解和实际拥有的经验和信念。"应该怎么教的理论"是教育学科所要传授的知识，而"实际拥有和使用的知识"是教师个人的实践知识，它基于教师的个人经验和个性特征，包含着自己的教育信念，体现在日常的教育教学行为中。就决定教师的教学行为而言，个人的实践知识显然比教育理论知识更重要，因为它支配着教师的日常教学行为，影响着教师对理论知识的选择和理解，因此，它是教师专业化的主要知识基础。承认这一点，并不是要否认教育理论知识的重要性,相反,教师个人有效的实践知识来自于对教育理论的科学认识和正确的教育观念,它以对教育理论的学习为基础,二者都是教师专业化不可缺少的必要条件。

着眼于教师的"双专业性",可以提出教师的知识结构的四个组成部分:学科专业知识;通识文化知识;教育理论知识;教师个人的实践知识。前两者属于"教什么"的知识,后两者属于"怎么教"的知识。

1. 学科专业知识

学科专业知识,也有学者称为本体性知识,是教师所任教学科的知识,如语文知识、数学知识等,这是教师胜任岗位的基本保证。有研究表明,教师对其所教内容的熟悉程度是决定其教学质量的关键因素。所以,对学科专业知识的掌握程度,是区别专业和非专业的教师的一个重要因素。专业化的教师在学科专业知识上应该做到以下几点。第一,对学科的基础知识、基本技能有广泛而准确的理解,熟练掌握相关的技能、技巧,达到"熟、透、化"的程度;第二,懂得本学科的历史和发展趋势,了解学科发展的动因和该学科的社会价值;第三,了解学科的相关知识,尤其是学科知识的背景和研究的方法论、相关学科知识之间的连接点以及学科之间的联系等;第四,对学科知识要有一定的深度把握,了解该学科研究的最新成果,能够把学科知识变成自己的一种学术造诣清楚地表达出来。

2. 通识文化知识

教师的工作,有点像蜜蜂酿蜜,需要博采众长,尤其是课程日趋综合化的今天,更是如此。所以,教师需要有宽广的知识面,需要拥有广博的通识文化知识。通识文化知识包括当代的科学技术知识和人文社会科学知识以及工具性学科知识和熟练运用的技能,如计算机、外语的知识和技能。

3. 教育理论知识

"学者未必是良师",一个教师不仅要具有所教学科的知识,而且还要能够教授学科知识。所以,在这个意义上,有学者把教育理论知识称为条件性知识,它是一个教师进行成功教学的重要保障。教育理论知识在于帮助教师认识教育的对象、进行教育教学活动和开展教育研究,所以,这种知识包括四种类型：一是基础理论知识，包括教育教学的一般理论、儿童发展的一般理论，它主要帮助教师掌握教育教学的规律，形成正确的教育理念；二是学科教育知识，主要帮助教师认识所教学科的性质以及学科教育的目标、原则、方法等，具有学科教育的正确理念，掌握该学科的教育教学方法；三是教育技能、技术，包括从事教育教学所需要的"三字一话"技能、班主任工作的技能、指导少先队工作的技能、心理咨询与教育的技能、特殊儿童的教育技能、现代教育技术、多媒体课件制作技术等；四是教育研究的知识，它主要帮助教师掌握教育研究的基本程序和方法，培养研究能力。

4. 教师个人的实践知识

教师个人的实践知识是一种临床性知识，是基于教师个人的经验积累，在对待和处理教育问题时体现出的个人特征和教育智慧。个人的实践知识不同于教育理论知识，它具有明显的情境性，是教师对复杂的和不断变化的教育情境的一种判断和处理，它受个人的经历、意识、风格及行为方式的影响。对于实践知识，有的是可以明确意识的，是经过深思的；有的是无意识的或潜意识的，是一种非反思的缄默知识。我们以前忽视了教师的个人实践知识，其实，真正支配教师行为的是个人的实践知识。"教师从新手成为一个成熟的专业人员，这一过程基本上是在学校发生，教师的实践性知识在其中起了决定性作用。"①

（四）教师的专业能力

教师的专业能力是反映教师专业活动的要求，在教育教学活动中形成的直接影响活动的实施和活动成效的各种能力的结合。教师的专业能力是教师有效开展专业活动的重要保证，也是衡量教师专业化水平的重要标志。

教师的专业能力是一个有机的体系，它由多个层次构成，任何单一的能力都不可能有效地完成教师的专业活动。教师的专业能力主要由基础能力、职业能力和拓展能力构成。

---

① 陈向明：《实践性知识：教师专业发展的知识基础》，《北京大学教育评论》2003年第1期。

1. 基础能力（一般能力）

基础能力是从事教师工作所需要的一般的、最基本的智力和能力，是成为一名教师所必需的能力。它主要包括：（1）正常智力，包括观察力、记忆力、注意力、想象力、思维力；（2）表达能力，包括口头表达能力、书面表达能力和体态表达能力；（3）交往能力，包括与他人沟通和对话的能力、理解和接纳的能力、亲和力。

2. 职业能力

职业能力是教师必须具备的带有职业特点和专业特征的能力。职业能力也可以分为一般能力和特殊能力。一般能力是所有教师从事职业活动所必需的教育教学能力。一般的教学能力是适应各学科教学活动要求的能力，包括教学设计能力、课堂教学能力、教学管理能力、教学的自我监控能力、教学测量与评价能力等。一般的教育能力是教师从事育人工作的能力，包括心理沟通能力、行为辅导能力、班级管理能力。特殊能力是各个特定学科的教师必须具备的在学科教学中具有重要作用的能力，如语文教师的朗读能力和作文指导能力、科学教师的实验演示能力；或者教师从事某一专业活动所必需的能力，如心理咨询能力、教育科研能力、运用多媒体技术的能力等。当然，随着这些专业活动的普及化，这些特殊能力将逐步提升为一般能力。

3. 拓展能力

拓展能力是教师改变原有状态、扩大和开辟新途径的能力，其本质是开拓进取、不断创新，是教师自我发展、自我更新的动力。它主要包括自学能力、反思能力、创新能力等。

教师的能力有很多种，随着时代的发展、教师职业活动的变化，还会提出许许多多的能力。我们的主要目的不在于研究完整的能力分类体系，而在于研究不同时期对教师能力的新要求。教师的自我反思能力、教育研究能力、教育创新能力、心理健康教育能力、运用现代教育技术的能力等都是当前应该加以强调的。

三、教师专业发展的基本阶段

从一个新手到专家，不是一蹴而就的，它需要经过一定的阶段。每个阶段都有其特定的发展核心、特征表现和问题，每个核心问题的解决与否、解决程度如何，对后一个阶段有很大影响，它决定着后一个阶段能否得到发展、得到怎样的发展。教师正是通过每个阶段的专业活动，不断地获得专业发展的。

教师的专业发展是教师的人格、社会性、教育教学专长等诸方面综合发展的过程，不同的研究者由于关注的方面不同，提出了不同的教师专业发展阶段，例如富勒等人提出的"关注发展阶段论"、伯顿等人提出的"教师职业生命周期阶段论"、利思伍德提出的"教师心理发展阶段论"、莱赛提出的"教师社会化发展阶段论"以及利思伍德、贝尔等人提出的多维教师专业发展的阶段论等。① 我们认为，对于教师而言，最为重要的是发展教育教学能力。因此，我们这里着重介绍国内外关于以教师的教育教学能力为核心的专业发展阶段的研究。

（一）关注发展阶段论

富勒和布朗根据教师关注的焦点问题，把教师的发展分为四个阶段：任教前的关注阶段、关注生存阶段、关注情境阶段、关注学生阶段。每个阶段都有其不同的发展特征。

1. 任教前的关注阶段（pre-teaching concerns）

处于职前阶段的教师只是想象中的教师，仅仅关注自己。

2. 关注生存阶段（concerns about survival）

处于这一阶段的教师非常关注自己的生存适应性。他们经常关心的问题是：学生喜欢我吗？同事怎么看我？领导是否觉得我干的不错？等等。由于这种生存的忧虑，新教师会把大量的时间花费在与学生搞好关系上，而不是教他们。有些教师可能想方设法控制学生，而不是让学生获得学习上的进步，教师非常注重对课堂的控制和管理。

---

① 参见教育部师范教育司编：《教师专业化的理论与实践》，人民教育出版社2001年版，第48～51页；叶澜、白益民等：《教师角色与教师专业发展新探》，教育科学出版社2001年版，第242～265页。

3. 关注情境阶段（concerns about teaching situation）

当教师感到自己完全能够生存时，他们将越来越关注学生的成绩而进入关注情境阶段。在这一阶段，教师所关注的是如何教好每一堂课的内容，他们总是关心诸如班级大小、时间压力以及对教学材料的准备是否充分等与教学情境有关的问题。

4. 关注学生阶段（concerns about pupils）

当教师顺利地适应了前面几个阶段后，将进入关注学生阶段。在这一阶段，教师将考虑学生的个别差异，认识到不同的儿童有不同的情感和社会需要，从而关注他们不同的需要以及如何通过教学更好地影响他们的成绩和表现。事实上，在实践中有些教师从来就没有进入到这一阶段。

（二）教学专长阶段论

伯林纳认为，教学专长的发展过程包括以下五个阶段。

1. 新手（novice）

新手是指刚刚从事教学工作的教师，他们处理问题时常常刻板地按照特定的规则、规范和计划，非常理性，但缺乏灵活性。对于新手来说，他们需要了解与教学有关的一些实际情况和具体复杂的教学情境，通过现实的亲身实践来积累经验比学习理论知识更重要。

2. 进步的新手（advanced beginner）

在这一阶段，教师将自己的实践经验与所学的知识逐步联系起来，并找出不同情境中的一些相似性，而且有关的情境知识也在增加。实践经验对教学行为的指导作用在提高，教师可以忽略或打破一些僵死的规则，灵活性增强。但是，教师不能很好地区分教学情境中的重要信息和无关信息，对自己的教学行为还缺乏一定的责任感。

3. 胜任型教师（competent teacher）

处于这一阶段的教师，能够按个人的想法处理事件，选择信息，并能够对所做的事情承担更多的责任。因此，与前两个阶段相比，他们有更强烈的成功与失败的体验。但是，胜任型教师的教学行为还没有达到快捷、流畅和灵敏的程度。

4. 能手（proficient）

处于这一阶段的教师，教学技能接近了认知自动化的水平，而且具有较强的直觉判断能力，他们能从积累的丰富经验中，综合地识别出情境的相似性，甚至能从截然不同的事件中看到它们之间的联系。这种直觉判断使教师能够更准确地预测事件。

5. 专家（expert）

如果说新手、进步的新手和胜任型教师处理教学问题都是理性化的，能手处理问题是直觉的，那么我们可以说，专家处理问题则是非理性的。他们对教学情境的判断不仅靠直觉把握，而且能以非分析性的方式，凭借他们的经验准确地发现问题，并采取合适的解决方法。他们的行为流畅、有灵性，不需要刻意的思维加工和理性分析，知道在什么时间和什么地方该做什么，能够灵活地采用多种多样的方法。

（三）自我更新阶段论

我国学者叶澜等人在参考国外教师专业发展研究成果的基础上，提出了以教师专业的自我更新为取向的五个发展阶段，即"非关注"阶段、"虚拟关注"阶段、"生存关注"阶段、"任务关注"阶段和"自我更新关注"阶段。

1. "非关注"阶段

这是指进入正式的教师教育之前的阶段。在这一阶段，立志从教者在无意识之中以非教师职业定向的形式形成了较为稳固的教育信念，具备了一些"直觉式"的"前科学"知识，这只是一种从教的可能性，谈不上什么专业发展。但是与教师专业相关的一般性能力很大一部分是在这一阶段形成的。

2. "虚拟关注"阶段

这一阶段反映的主要是职前学习阶段师范生的发展状况。职前师范生的学习阶段，虽然有意识要做教师，也学习做教师必须具备的知识，但是他们不接触中小学实际，不真正从事教师的工作，使其教师专业的学习带有某种虚拟性。师范生缺少专业教师的体验，加上"虚拟"的专业学习环境，使得师范生的专业意识和自我专业发展意识淡漠。

3. "生存关注"阶段

这是正式做教师的最初阶段。这一阶段要由师范生转换成正式教师的角色，而且面临教学的压力，自己对教学尚不熟练，因此，"剧变与适应"是这一阶段突出的特点。这种环境的剧变从反面激起了初任教师强烈的自我专业发展的忧患意识，迫使他们特别关注教师专业发展中的最低要求——专业活动的"生存"技能，尚谈不上对"自我更新"能力的关注及其发展。

4. "任务关注"阶段

在度过了初任期之后，决定留任的教师逐渐步入了"任务关注"阶段。随着教学基本"生存"知识、技能的掌握，教师的自信心也日渐增强，由关注自我的生存转变到更多地关注教学上来。这一阶段的专业发展由仅仅关注"生存"技能，转变到更广阔的专业发展上来。但是，这一阶段教师的专业受职称的晋升、他人的评价影响较大，自我发展的意识还比较薄弱，发展尚不成熟。

5. "自我更新关注"阶段

在经过了"任务关注"阶段之后，教师已经完全掌握了教学机制和课堂管理策略，更加关注课堂内部的活动及其实效，关注学生是否真的在学习，关注教学内容是否真的适合学生，关注学生的差异。这一阶段的教学由关注情境转变为关注学生。随着专业技能的日渐成熟，教师有了更多的时间和机会对自己的专业发展进行反思，也有了较明确的自我专业发展意识。这一意识不是在外在的压力下被动产生的，而是一种自觉的意识，它指向教师内在专业结构的改进和提高。

上述教师专业发展的自我更新阶段与富勒和布朗提出的关注发展阶段大致相同，只不过强调的侧重点略有差异。前者侧重于教师的发展动力，后者侧重于教学能力的发展。

另外，依据对教师成长的大量观察，我们通常把教师的成长划分为职前期、模仿期、独立期、成熟期和创造期，这反映的也是教师专业发展的阶段。

教师的成长是有阶段的，这些阶段必须是依次渐进的，但并不是所有的教师都能达到最后一个高度发展的阶段。有的教师可能终身都只能处于初任教师的专业化水平,有的教师专业成长的年限要短些,有的可能要长些,但是,成长为一个高度专业化的教师一般需要8～10年。

第四节 教师的专业化与教师教育

从教师专业发展的阶段来看,影响教师专业发展的因素,既有进入师范教育之前的影响因素,也有进入师范教育之后的影响因素,还有从事教师职业之后的影响因素。一项关于教师专业能力发展的研究说明了这个问题(参见表5-4)。

表5-4 中学优秀教师各种特殊能力在不同时间的分布情况[①]

各种特殊能力	师范大学前(%)	师范大学期间(%)	职后(%)
对教育内容的处理能力	18.95	12.63	68.42
运用教学方法和手段的能力	21.65	12.37	65.98
教学组织和管理能力	19.58	11.34	69.08
语言表达能力	34.69	20.41	44.90
教育科研能力	18.18	11.11	70.71
教育机智	19.19	11.11	69.70
与学生交往的能力	21.42	10.21	68.37
平　　均	21.95	12.74	65.31

由此可见,教师教育是一个持续的过程,它并非仅仅职前教育所能完成。三个阶段对教师的专业化发展都有不同的影响。由于对进入教师教育之前的这一阶段较难控制,我们不可能对所有有意向或者没意向的儿童的发展给予

[①] 王邦佐等主编:《中学优秀教师的成长与高师教改之探索》,人民教育出版社1994年版,第46页。

影响，充其量我们在他们进入教师教育之前实施教师意向性测验或面试，考察他们是否具有当教师的潜在素质，进而决定是否让他们转入教师职业的学习。一旦他们进入教师职业的学习，则是教师教育所能控制的。教师教育就是对选择教师职业的人的培养和培训的总称，是他们由非专业人员经过有组织、专门的序列化培养和训练成为专业教师的过程，是一个连续的、一体化的、终身的过程。它包括职前的教师专业教育、新教师的入职教育和在职教师的专业发展教育三个阶段。

一、职前的教师专业教育

（一）职前教师教育的机构

学校的建立，并不意味着教师教育体制的诞生。在古代社会，学校教师的工作是由低级的教徒或能读会写的一般人承担。近代社会以后，随着学校教育的普及、教育内容的标准化和教学方法的体系化，使得有计划地培养大量教师的制度变得必要了。大规模培养教师是初等小学普及的要求，所以，最初出现的师范学校是为了培养小学教师的，中等学校的教师则由大学来培养。中学教师的培养因放在大学而强调学术性，小学教师的培养主要强调初等教育内容的掌握、教学方法的领会以及教育伦理。20世纪以后，由于义务教育年限的延长、教学理论的发展、学校体系的单轨化，师范学校被纳入高等教育的范畴，出现了师范学校与大学的合作。一方面，为了克服师范院校出身的教师训练过偏过狭的弊端，采取在大学办教育学院的方式，提升教师的学术性；另一方面，仍然维持特设师范院校的形式，二者同时并存。[①]

我国的教师培养，职前部分一直由师范院校承担，职后部分由教育学院承担，职前和职后分离。在职前培养中，师范院校根据培养教师的层次不同，分为三级：中等师范学校主要培养小学教师，师范专科学校培养初中教师，师范学院、师范大学培养高中教师。自20世纪末，中国教师教育发生了变

---

① ［日］筑波大学教育学研究会编，钟启泉译：《现代教育学基础》，上海教育出版社1986年版，第452～453页。

化，主要表现为以下几个方面。

1. 推进教师教育的一体化，建立教师终身教育体系

教师专业发展的规律，决定了教师教育应该是涵盖职前、职后教育在内的一体化的教育。一体化的教师教育要求打破职前和职后的分离，教师的职前培养和职后培训经过整合将成为连续的整体。为此，可以调整或合并普通高等师范院校与教育学院、教师进修学校等成人院校，使之兼有教师职前培养和职后培训的功能，实现职前培养与在职培训的一体化。通过开展教师教育的职前培养与职后培训一体化的改革，建立教师终身教育的协调机制，逐步改变把教师教育当做教师职业生涯中某一阶段的"终结性教育"的局面，切实推进教师终身教育体系的形成与完善。

2. 推进教师教育的开放化，鼓励综合性高校等教育机构参与教师教育工作

仅靠师范院校培养教师的封闭性的、定向性的教师教育体系被打破，国家开始鼓励综合性大学和非师范类高校参与到教师教育体系中来，吸收非师范教育资源，形成多样化的教师培养体系，使"定向型"与"开放型"教师培养模式并存。在开放、多元的教师教育体系中，传统的师范院校既可以在现有的基础上加强教师的专业教育，也可以逐步过渡到综合性大学，在综合性中凸显教师教育的特色。

3. 提高教师的学历层次，形成以本科和本科后教育为主体的学历教育格局

在原先师范院校的三级体系中，中等师范学校正在逐步萎缩，最终要取消，师范专科学校在合并中逐步"转型"为综合性学院或升格为师范学院。随着以教育硕士为主体的研究生层次的教师教育需求的逐步扩大，三级师范正逐步向一级教师教育本科院校过渡，这样的教师教育机构以本科为主体，同时提供部分专科层次和研究生层次（以教育硕士为主）的教师教育。

(二) 职前教师教育的课程

教师的知识结构是决定教师教育课程结构的主要因素。根据教师的专业素质结构，教师教育课程应由四大块组成：普通教育课程、学科专业课程、教育专业课程、教育实践课程。

1. 普通教育课程

普通教育课程又称为通识教育课程，最初是由西欧的博雅教育发展而来，旨在对学生进行人文学科教育，使学生具有深厚的文化底蕴和高雅的人文气质。在今天，培养学生的人文素养仍然是普通教育课程的主要任务之一，但除此之外，普通教育课程还是使学生具有广博知识、开阔视野的保证，也是对当前知识相互渗透、相互综合和中小学课程日益综合化的反映。所以，今天的普通教育课程已经超出了纯粹人文学科的范围，涉及人文科学、社会科学和自然科学三大领域，而且普通教育课程本身也呈现出较强的综合性。就教师教育课程发展趋势来看，各国普遍重视和加大了普通教育课程的比重。例如，在美国，普通教育课程占课程总数的比例为40%，日本和俄罗斯为37%，德国为33.3%。相比发达国家而言，我国的普通教育课程不仅门类少，占总课程的比例小，而且内容主要偏重于工具学科和政治学科，缺乏人文性，不能为学生提供宽广的知识背景，尤其是综合性的交叉课程更少，无法适应中小学课程日益综合化的要求。改革普通教育课程，一是要加大分量；二是要调整课程设置，使普通教育课程涉及自然、社会、人文各个方面，加强综合课程的建设。

2. 学科专业课程

学科专业课程是教师具备所教学科知识的保证，因此，它是教师教育课程的核心和基础。长期以来，我们有一个错误的认识，以为教师具备的学科知识越多、越深刻，教学水平就越高。所以，师范院校不顾师范性，盲目向综合性大学靠齐。其实，这是对教师职业的错误理解。教师的职业是一个"双专业"，教师具备的学科知识是为育人服务的，但是，教师的职业不仅仅是授受知识的职业，而是一个育人和创造精神生命的职业。育人离不开学科知识，但并不是学科知识越多，教学质量就越好。研究表明，在一定限度内，教师所掌握的学科专业知识与教学质量是呈正相关的，但超出了一定的水平后，学科专业知识与教学质量之间就不再具有统计学意义上的相关性了。[1]

---

[1] 李其龙、陈永明等：《教师教育课程的国际比较》，教育科学出版社2002年版，第392页。

也就是说，教师的教育理论素养也与教学质量存在着高度的正相关。

我国的基本情况是学科专业课程在整个课程中所占的比重过大，一般在60%以上，远远超过了世界其他各国。学科专业课程比重过大，挤掉了普通教育课程和教育专业课程的课时，致使二者所占比例过小。另外，学科专业课程还存在着分化过细，门类多，过于注重学科知识的纵深发展，忽视学科之间的横向联合，使各门学科专业课程缺乏内在的联系，综合性不强，主干课程不突出。为此，学科专业课程必须按照"少而精、博而通"的原则加以改造，调整整个课程结构，压缩学科专业课程的比例。同时，调整学科专业课程内部的比例，整合课程内容，开设学科综合课程，突出学科主干课程。

3. 教育专业课程

教师作为教书育人的职业，教育专业课程的内容和教学时间就成为教师专业化程度的重要反映。世界各国都非常重视教育专业课程的开设，一方面，开设的课程门类众多，有教育理论课程，也有教育技能和方法、教育技术的课程；另一方面，教育专业课程在整个课程结构中占有较大的比例。例如德国的教育专业课程占总课程的33%，日本占30%，英国占25%，美国占20%，法国占20%。发达国家取消了独立设置的师范院校，教师由综合性大学的教育学院来培养，即学生学习完综合性大学的基础课程和专业课程后，再进入教育学院学习教育专业课程，显然这更加强了教育专业课程在教师培养中的分量。

由于我国的教师教育一直重视学科专业课程，所以，教育专业课程并没有受到应有的重视。教育专业课程不仅课程门类少，内容过分学科化，缺乏实用性，而且在整个课程结构中的比例过低，授课时数过少，严重地影响了教师专业化的程度。为此，要增加教育专业课程，包括开设教育基础理论课程、学科教育课程、教育技能课程和教育研究方法课程等。教育专业课程的建设应该淡化学科性，增强实用性，突出实践性，以教育问题为核心组织课程，如教师发展研究、有效教学研究、校本课程开发、班主任工作等。

4. 教育实践课程

教师的教育教学能力主要是通过教育实践而形成的，正因为如此，教师专业发展的成熟是发生在职后的一定时间，而不是职前的教师教育中。换言之，单纯职前的教育理论课程是不可能有效地促进教师专业发展的。正是因为教育实践的重要性，所以，在职前教师教育课程中设置教育实践课程尤为必要。

在发达国家，不仅教育实践的时间长，而且形式灵活。例如，美国在第一学年就安排学生进入中小学充当课堂教师的助理，帮助辅导学生和批改作业，使职前教师体会教师职业，获得实际经验。职前教师在获得了实际经验和修完一定学分的教学法课程后，在大学三年级时就可以提出申请，接受面试，获得实习教师的资格，在实习期内，担当起一个教师的全部责任。德国除了在理论学习阶段要参加一定的分散教育见习外，还要参加两年的教育实习，之后经过考核才能获得教师资格。英国采用小学和大学合作的制度，使实习制度化、系统化。葡萄牙建立了以中小学为基地的教师教育模式。我国的教育实践课程形式比较单一，通常是在最后一学期中见习和实习6～8周。由于时间短，人数多，形式单一，不能收到很好的效果。改革教师教育课程，要重视教育实践课程，看到它在教师培养中的重要作用，加大教育实践课程的比重。教育实践课程可以采用分散和集中相结合、见习和实习相结合、校内和校外相结合、模拟和实践相结合的形式，使教师在职前受到多层次、多方面的实践锻炼。

二、新教师的入职教育

我国封闭式的师范教育虽然有实习，但实习时间很短，而且由于种种原因，没有很好达到入职前实地锻炼的目的。除了实习之外，师范生的四年教师教育中很少有机会接触中小学。师范生大学毕业到中小学工作后，虽有一年的见习期，但大多徒有虚名，只是工资待遇上有所差别，刚毕业的师范生几乎完全承担了正式教师的任务。目前，人们开始注意新教师的上岗培训，但只是短期的理论学习，这些理论多是他们在大学中已经学习过的，并没有达到入职实地锻炼的目的。随着教师资格证书的实施，越来越多的社会人员将报考教师，从目前的情况看，仅凭教育学、心理学的考试，根本解决不了教师专业化的问题。有的人不具备教学技能，缺少教学实践，却获得了教师资格证书，这种所谓"合格"的教师，一旦正式从事教师工作，会是一个什么结果，不敢过于乐观。在这个意义上，加强新教师的入职教育，把其作为成为一个正式教师的必要环节，非常重要，也非常急需。

　　教师的入职教育是由师范生转变为正式教师的一个过渡环节，这个环节对师范生尽快成为一个专业化的教师非常关键。有学者建议在开放的教师教育体系中，可以采用"3+1"模式、"4+1"模式或"4+2"模式，对接受完普通本科教育的大学生在一定的时间内进行专业教育，包括一定量的教育实践。这是他们倡导的入职教育的基本内涵。我们认为，这种方式实际上师范生也并没有真正"入职"。入职教育是从事教师职业后最初一段时间的教育，目的是形成新教师对岗位的认同，并尽快掌握教学技能，度过教师专业化的"生存期"、"过渡期"。

　　入职教育的内容和方式主要有以下几个方面。

（一）新教师入职仪式教育

　　在一些重大事件，如18岁成年、入党、结婚等，举办隆重仪式，一是对举办者来说表明该活动的重要；二是对当事人来说留下深刻的印象，增强他们的责任感和使命感。举行新教师的入职仪式，使即将成为教师的人有一种神圣感，使他们明确责任，并愿意为之奋斗终身。新教师的入职仪式教育是加强教师伦理道德的重要方面。美国每年对新教师举行宣誓入职仪式，其誓词如下：

美国"教育者誓词"

　　我在此宣誓，我将把我的一生贡献给教育事业。我将履行作为教育者的全部义务，不断改善这一公共福利事业，增进人类的理解和能力，并向一切为教育和学习作出努力的作为和人表示敬意。我将这些义务当做我自己的事，并时刻准备着，责无旁贷地鼓励我的同事做到这一点。

　　我将时刻注意到我的责任——通过严格的对知识的追求来提高学生的智力。即使非常辛苦，即使受到放弃这一责任的外界的诱惑，即使遇到失败等障碍而使之更加困难，我也将坚定不移地执行这一许诺。我将坚持不懈地维护这一信念——鼓励并尊重终身学习和平等对待所有的学生。

为了忠实地完成这一职业义务，我保证做到努力钻研所教内容，不断改善我的教育实践，并使在我教导下的学生能够不断进步。我保证寻求和支持提高教育和教学质量的政策，并提供所有热爱教育的人一切机会，去帮助他们达到至善。我决心不断努力，以赶上或超过我希望培养的素质，并坚持和永远尊重一个有纪律的、文明的以及自由的民主生活方式。

我认识到有时我的努力可能会冒犯特权和有地位的人，我也认识到我将会受到偏见和等级捍卫者们的反对，我还认识到我将不得不遇到那些有意使我感到灰心、使我丧失希望的争论。但是，我将仍然忠于这一信念——这些努力和对目标的追求使我坚信它与我的职业是相称的，这一职业也是与使人民自由相称的。

在这次大会的所有人面前，我庄严宣誓，我将恪守这一誓言。

（二）教师专业发展学校

教师专业发展学校和后面要提到的师徒结对都是尽快使新教师掌握教学技能，缩短"生存期"的专业化策略。教师专业发展学校需要大学与中小学的合作，将新教师的发展列入大学的教育范围，经考核合格者发给教师资格证书，成为正式教师。师徒结对是在中小学内部进行的，由优秀教师和新教师结对子，通过他们的互动，使新教师尽快适应教育工作的方法。

教师专业发展学校（Professional Development School，简称PDS）源于美国。1986年，美国霍姆斯小组发表了《明天的教师》，首先提出这一概念，以后经过更多学者的充实变得丰富和明晰起来。1990年，霍姆斯小组在《明天的学校——建立PDS学校的原则》报告中指出，教师专业发展学校是大学与公立学校之间形成伙伴关系的一种新型机构，它不仅是与大学合作进行教育研究的实验学校或示范学校，而且是培养新的教育专业人员的学校和促进有经验的教育专业人员继续发展的学校。

教师专业发展学校是改进教育实习的重要方式，它可以把修完普通教育课程并有从教意向的学生安排在教师发展学校里进行锻炼。教师发展学校由大学和中小学合作,它通常以工作组的形式开展教育理论的学习和新教师的培训,工作组由大学教师、中小学教师、教育专业的研究生和师范生组成。工作组是根据要解决的问题而组建的,不是固定的,也不是永久的。工作组的主要任务是:收集信息,制定行动计划,实施计划,评估所采取的行动。他们开展的活动主要有:以现场为基础的学校改进活动,课程理论培训,短期研讨,专题研究,等等。在教师专业发展学校中,大学派出的教师具有双重身份,他既是一名教育专家和研究人员,又以一个普通教师的身份参与中小学的工作。通过大学教师和中小学教师在教育实践中的合作,实现教师的专业发展。教师专业发展学校中的大学教师不是用自己的理论来实验或者要求中小学教师按自己的理论来做,而是在新教师的教学实践中,帮助他们分析教学、发现问题、解决问题。当然,新教师的教学工作还需要优秀中小学教师的引导。

(三) 师徒结对的方式

教师专业发展学校目前在我国已有一些尝试,但要成为新教师入职教育的一种普遍实施形式,还需要一个过程,它涉及教师教育体系、教育专业课程改革以及教师资格的认证时间和方式等一系列问题。目前,比较可行的方式是新教师入职后在工作岗位上的师徒结对活动,新教师跟随优秀教师听课,学习他们的教学行为,在他们的指导下,实现自己的专业成长。

教师的知识有两类:一类是显性知识;另一类是缄默知识。显性知识是可以用言语表达的知识,缄默知识是不能用言语清晰表达的知识,具有情境性和非反思性,但它影响着教师的教学行为。显性知识可以通过教育理论的学习、通过教师的传授而获得。但是,缄默知识的学习不可能通过知识传授获得,也不可能通过清晰的批判反思获得,它是能手教师和专家教师处理教育问题时的自动反应,具有直觉性和非理性。对于新教师而言,缄默知识的获得只能通过对能手教师和专家教师的模仿,在观察他们处理问题时不知不觉地获得启发和积累经验。因此,学校要重视师徒结对的方式,通过新教师对能手教师和专家教师的课堂教学的观察和模仿,尽快帮助新教师成长。

三、在职教师的专业发展教育

在以往，教师的职后教育大多是由教育学院、教师进修学校承担，加之过去教师的学历合格率不高，所以，职后教育主要是学历补偿教育，即通过对那些学历未达标的教师进行培训，使其学历达到国家规定的要求。目前，中小学教师的学历达标问题已经基本解决。据统计，到2003年，我国有小学专任教师570.28万人，学历合格率为97.85%；初中专任教师349.75万人，学历合格率为91.98%；高中专任教师107.06万人，学历合格率为75.71%。[①] 在学历问题基本解决之后，教师的职后教育必须转向教师的专业发展教育，着眼于知识更新、教学研究和提高业务能力，真正建立教师的终身教育体系。

教师的职后教育，根据实施的主体不同，可以分为三个方面：以国家为主体的教师继续教育；以学校为主体的校本培训；以教师个人为主体的自主专业发展。

（一）教师继续教育

与职前培养相衔接的中小学教师的继续教育，日益成为促进教师专业化的重要途径，也是教师适应当代社会知识更新的必然选择。在美国、英国、法国、德国、日本、俄罗斯等国家，中小学教师的继续教育不但被看做造就适应时代和社会发展需要的师资队伍的重要举措，而且逐渐成为推进终身教育发展的典范。各国政府都制定了教师教育的法规，设置了教师继续教育机构，专门下拨经费，有计划地实施教师的继续教育。有的国家的教师继续教育主要由大学承担，如美国大学教师培养的职前和职后一体化；有的国家设置专门的教师教育机构，如英国的"教师中心"；有的则借助于专业团体来实施，如日本教职员工会举办的各种研修活动。此外，基于现代网络技术的远

---

① 参见2004年5月27日《中国教育报》。这里的合格学历是指《中华人民共和国教师法》规定的小学教师具有中师学历，初中教师具有专科学历，高中教师具有大学本科学历。

程教育，也越来越成为教师继续教育的重要形式。

我国也十分重视教师的继续教育，单独设立了各级教师进修学校，这些进修学校对教师的学历补偿教育作出了重要贡献。随着学历补偿工作的基本结束，适应建立教师终身教育体系的需要，我国一方面调整了职后教育机构的设置，努力实现职前培养与职后培训的一体化；另一方面把教师继续教育制度化。1999年，教育部正式颁布了《中小学教师继续教育的规定》，明确指出：参加继续教育是中小学教师的权利和义务，各级人民政府教育行政部门管理中小学教师继续教育工作，应当采取措施，依法保障中小学教师继续教育的实施。并且详细规定了中小学教师继续教育的内容，主要包括：思想政治教育和师德修养；专业知识更新与扩展；现代教育理论与实践；教育科学研究；教育教学技能训练和现代教育技术；现代科技与人文社会科学知识；等等。教师的继续教育，一方面指向教学内容，力求更新知识；另一方面指向教育理念和教学方法，帮助教师反思自己的教学生活，提升其专业化水平。两者中以后者为重点，这也是职后培训与职前教育侧重点的不同。因此，继续教育要打破单一的知识传授模式，做到多种教学模式的综合运用，包括专题讲授、案例研讨、课题研究、导师指导、学术沙龙、课题答辩等。

(二) 校本培训

校本培训是一种以教育现场为基地，以教师的教育教学问题的解决为核心，促进教师专业发展的在职培训策略。20世纪70年代中期，西方国家因教师教育院校的培训中出现脱离中小学教育教学实际的倾向，校本培训开始受到人们的关注。20世纪80年代中期以后，随着各国教师专业化运动的不断发展，美国、英国、德国、荷兰等国开始广泛实施教师的校本培训计划。20世纪80~90年代期间，这一计划还被推广到东南亚以及非洲、拉丁美洲的一些国家。我国于20世纪90年代开始对教师校本培训进行了有计划的试点和系统的理论研究。

校本培训是针对以高等教育机构为中心的培训而提出的。长期以来，教师培训都是把中小学教师集中起来，在大学或高等教育机构中统一进行。这种培训有许多弊端，例如，进修的课程与中小学实际有很大的距离；进修计划只考虑共性而不完全适合特殊需要；教师进修后形成的新思想、新策略在回到学校后因得不到周围环境和同事的默契配合而难以推行；进修脱离了学校的特定条件，教师即使收获很大，也往往不能发挥效果。这种培训因效果不理想，日益受到人们的批评。于是，各国开始重视学校在教师专业发展中的作用，形成了以中小学校为中心的教师在职培训模式。校本培训具有以下一些基本特点。

1. 培训主体是中小学校

传统的教师培训以高等教育机构为基地，完全在大学或教育学院进行，由它们决定培训计划并组织实施。校本培训则要求从学校的实际出发，培训计划取决于学校和教师的需求意向，因此，校本培训是以学校为基地进行的有针对性的培训。当然，校本培训以学校为主体，并不意味着排斥大学给予的指导，相反，有效的校本培训需要大学提供理论和专业上的引领，需要中小学与大学的有效合作。

2. 培训的理念强调以本校全体教师的专业发展为本

校本培训以本校教师专业发展中的实际问题和需求为出发点，按照学校的总体改革发展计划，对本校教师的发展进行系统的、具有弹性的设计，有针对性地进行符合他们需要的培训，使他们不必脱离工作岗位，既节省了时间，减少了工学矛盾，又使培训内容与工作相结合，解决了他们工作中的实际问题，避免了传统培训中的大学培训和工作实际两张皮的现象。

3. 培训的内容强调理论联系实际，主要以学校和教师发展中迫切需要解决的实际问题为中心

校本培训的内容通常通过对教师的需求意向调查和学生对教师的反馈意见以及学校的发展规划而确定，既包括方法、技能方面，也包括理念方面。

4. 培训方式贴近本校教育现场

校本培训大多采用经验交流、问题研讨、专家咨询、现场诊断、案例评析、行动研究、课堂教学展示等方法，强调个体自主研究与小组研讨相结合，实行师徒结对的方式。

（三）教师的自主专业发展

无论是政府提供的教师继续教育，还是学校提供的校本培训，对教师个人的发展来说，都是外在的因素。这些外在的因素提供了教师发展的便利条件和可能性，但这些因素要起作用，根本上取决于教师对待专业发展的态度。是被动应付，还是主动需要，对教师的专业发展具有不同的影响。专家型的教师具有主动发展的意向，能够不断地学习、实践、反思、研究，从而促进其自我更新。

因此，教师的自主专业发展是教师职后教育的根本，它解决了发展的动力问题。教师的自主专业发展需要做到：（1）保证自我反思经常化、系统化；（2）利用多种检测手段，了解自己专业发展的起点；（3）记录关键事件，经常与自我保持专业发展对话；（4）与其他教师相互合作、交流。①

思考题

1. 教师的职业是否是一个专业？谈谈你的看法。
2. 现代教师的职业角色有哪些？为什么要求教师承担这些角色？
3. 批判种种对教师职业劳动不正确的看法，说明教师职业劳动的特点。
4. 教师的专业素质有哪些？试列举并说明。
5. 教师的专业发展有哪些阶段？
6. 通过对中小学教师的访谈，特别是特级教师的访谈，了解他们专业发展的基本过程和影响他们专业发展的因素。
7. 为什么要从"师范教育"转变到"教师教育"？二者有什么不同？

---

① 叶澜、白益民等：《教师角色与教师专业发展新探》，教育科学出版社2001年版，第318~320页。

第六章 学 生

学生是教育工作的对象，离开了学生，就没有教育，也没有教师。教育和教师的工作都是指向学生、为学生发展服务的。学生是教育存在之本，促进学生的发展是教育的根本目标。有效的教育工作离不开对学生的认识和了解。因此，了解和研究学生的本质特点、地位和发展特征是教育工作的出发点。

第一节 科学地认识学生

从广义上说，所有学习的人都可以称为"学生"。当然，这里有两种情况：一种是自学者或生活经验的学习者；另一种是纳入学校教育系统，在教师的指导下从事有目的、有计划的学习的人。二者具有不同的特征。我们这里所论及的"学生"是指在学校教育系统中从事学习的人，尤其指在校的儿童和青少年。

树立科学的学生观，就是要科学地认识学生的本质特点、学生的权利和当代学生的特征。教师只有建立在对学生科学认识的基础上，采取合理有效的方法，才能促进学生的发展，实现教育的目的。

一、学生的本质特点

（一）学生是人

说学生是人，几乎不会有任何争议，甚至在一些人看来，这样的判断是无聊的。但一旦我们把学生置于教育过程中具体来考察时，就会发现原本

"人"的特性在学生身上并没有得到很好的体现，或者说教育过程没有把本是"人"的学生当做"人"，反而时常违背"人"的特性。因此，提出"学生是人"的命题非常有必要。

承认学生是人，就要使教育过程中的学生表现出人的特性。那么，学生应该具备人的哪些特性呢？

1. 学生是完整的人

任何生活在现实中的人都是完整的人，他不仅具有进行新陈代谢的生理生命，而且具有精神、意识和社会性的价值生命。前者是后者存在的前提和物质基础，后者是前者的灵魂和提升。生命的完整性要求教育必须促进学生的全面发展，在内容上包括智力、体力、品德、美感的全面发展，在形式上包括人的知、情、意的发展。教师应充分认识到生命的整体性与发展的全面性，用全面、整体的教育发展学生丰富的潜能。但是，我们的教育面对完整的生命时常常以分裂的面目出现，例如重智育，轻德育，忽视体育、美育；重认知的发展，轻情感的体验和态度的养成；重知识的掌握，轻实践能力的培养；等等。分裂的教育造成了学生人格的分裂和生命的缺损，因此，追寻完整生命的意义是对当代教育、当代教师的一种挑战。素质教育对"全面性"的强调，就是为了促进学生的全面、完整的发展。

2. 学生是具有能动性、主体性的人

人的生命与动物的生命不同，动物只有本能的生理生命，但人的生理生命只是人生存的生物前提，人的生命更在于他的精神文化追求的应然性。这说明人不是动物般的被动性存在，人在应然向度的驱动下，不断地超越自己。这正如德国哲学家马克斯·舍勒所说，人"从不满足周围现实，始终渴望打破他之此时——此地——如此存在的界限，不断追求超越环绕他的现实——其中包括他自己的当下的现实"。① 人的超越性说明了人具有自我发展的动力，他能够以人特有的能动性，创造和满足自己的物质需要与精神需要，并

---

① ［德］马克斯·舍勒著，陈泽环译：《人在宇宙中的地位》，上海文化出版社1989年版，第43页。

用以发展自己的身心。人的能动性、主体性要求教育不能把学生当做消极被动地接受教育影响的客体,而是把他们当做认识的主体、发展的主体、学习的主体。教育不是压制他们的主体性,而是为他们主体性的发挥创造条件,从而使他们自觉参与到教育过程中来,促进他们精神的主动发展。

3. 学生是具有生命独特性的人

世界上没有两片完全相同的树叶,也没有两个绝对完全相同的人。即便是孪生兄弟,相同的基因遗传也因后天生活环境、教育、实践活动的不同而出现不同的发展,形成不同的个性。所以,"在时间和空间的纵横扩展中,每个人都以其独立的个性存在着","都是作为无可替代的独立个性存在着"。[①]他们具有不可重复和不可取代的唯一性,都有其对社会独特的感受和经验,有自我独特价值的认识、自我的价值和尊严。教育培养人,就是要承认和尊重生命的独特性,为生命独特性的实现创造条件。教育应在每一个个体独特生命的基础上去促进他们的成长、发展和完善,而不是去遏制、压抑和抹杀这种个性和独特性。"教育的目的在于使人成为他自己,'变成他自己'。"[②]

(二) 学生是儿童

说"学生是儿童",就是要把儿童与成人区别开来,不能以成人的标准来要求学生。学生作为儿童,有其独特的发展价值和特点。

1. 学生具有与成人不同的身心特点

我们总是把教育看做儿童为未来生活的准备,从而以成人的标准来要求儿童,忽视了儿童的自身生活,把儿童的成长看做填补未成熟的人和成熟的人之间的空缺。在教育工作中,无视儿童的独特性,把他们当做"小大人"对待。卢梭在《爱弥儿》中早就批评过这种现象。他说:"我们对儿童是一点也不理解的,对他们的观念错了,所以愈走就愈入歧途。""我们从来没有设

---

① [日] 香山健一著,刘晓民译:《为了自由的教育改革——从划一主义到多样化的选择》,高等教育出版社 1990 年版,第 16、100 页。

② 联合国教科文组织国际教育发展委员会编著,华东师范大学比较教育研究所译:《学会生存——教育世界的今天和明天》,教育科学出版社 1996 年版,第 14 页。

身处地地揣摩过孩子的心理，我们不了解他们的思想。"① 卢梭的自然主义教育观的核心就是强调把儿童当做儿童。他指出："在人生的秩序中，童年有它的地位；应该把成人看做成人，把孩子看做孩子。""儿童是有他们特有的看法、想法和感情的，如果想用我们的看法、想法和感情去代替他们的看法、想法和感情，那简直是最愚蠢的事情了。"② 杜威也指出，不要以成人的要求强制儿童，教育要尊重儿童，尊重他们的天性和发展的需要。现代生理学和心理学研究都表明，儿童的身心发展有其自身的特点，无论是认知领域、情感领域还是动作技能领域，都表现出与成人不同的特点。认识并尊重这些特点，是开展教育工作的前提。同时，教育必须重视儿童生活本身的价值，把儿童的生活当做儿童成长过程中的重要组成部分。

2. 学生处于发展的过程中

学生是儿童，儿童是成长中的人，处于发展的过程中。因此，我们的教育必须以发展的、动态的眼光来看待学生，不能给学生贴标签和过早下定论。即便是处于落后状态的学生，我们也要看到，落后是暂时的，是可以改变的。教育就是要引导学生的发展，使积极的品质得到进一步的发扬，消极的品质得以转变。以发展的眼光看待学生，学生具有发展的潜在可能性。他们的身心没有成熟和定型，具有很大的可塑性和发展空间，这就为教育留有充分的余地。在这一时期，他们容易接受外部的影响，而且身心的品质易于改变。学生正处在发展之中，发展中的错误是难免的。所以，对待学生，尽管我们引导他们不断地走向完善，但在发展过程中却不能以完人的标准来评价他们，要注意他们的发展方向和发展过程中的点滴进步，及时给予引导、鼓励和肯定。即便他们的身心发展中出现某些不足和思想行为上的缺点或错误，也是成长的代价，应以教育为主。

3. 学生需要得到成人的教育和关怀

我们提倡尊重儿童，并不是纵容儿童，放任儿童。恰恰相反，青少年儿童由于身心发展的不成熟，他们判断是非的能力还比较差，因此，得到成人

---

①② 参见杨孔炽：《论卢梭的儿童观及其现代意义》，《教育研究》1998年第1期。

的关怀和教育,成为他们发展过程中的必然要求。教育如同种树,我们虽然让小树自由成长,但小树在成长中遇到了灾害和人为的损坏,需要我们扶持,这不是限制小树的生长,而是为了它更好地生长。同样,尊重儿童与教育儿童并不矛盾。放任儿童成长,让儿童处在一种自发的生长状态,那是教育的失职。只有在教育的关怀、帮助、引导下,儿童的发展才是自觉的。我们必须要充分地认识到这一点,以一种负责任的态度对待学生,积极发挥教育的作用。

(三) 学生是学生

学生是一个特定的社会角色,有其特定的角色规范,只有遵循并践行这些规范,才能被认定为该角色。作为学生,应该履行的角色规范主要有以下几个方面。

1. 学生以学习为主要任务

以学习为主,这是学生的质的规定性。虽然学生在生活中可能承担多种角色,但作为学校中的学生,是一个受教育者,学习是他的主要任务,这种特点区别于日常生活和工作中的学习,也是学生区别于社会上其他人的特点。无视这一特点,就会从根本上取消学生这一角色。以学习为主的特点,规定了学生的行为方式,赋予了他接受教育的社会义务,以及不断地促进自身发展的愿望和责任。

2. 学生的学习是在教师的指导下进行的

从心理学的角度看,学习是经验和行为的变化。人一生的不断变化,都可以归为学习的结果,人时时处处都是一个学习者。但学生这个学习者有其特殊性,他是在学校里由教师指导进行学习的人,这是学生与日常生活中从事学习活动的其他学习者的区别。虽然一个人可以无师自通,可以自学成才,但教师的指导可以使学生少走弯路,最大限度地排除人们在探索知识的过程中可能出现的一些偶然性和盲目性。教师对教学内容的加工、组织,对教学活动的设计、实施,都可以大大缩短学生认识的进程,加快学习的速度,提高学习的效率。尤其是当代,知识量激增,并日益复杂,在有限的学校教育期间要获得系统的知识,更需要教师的指导。教师的指导是学生进行有效学

习的保证。

3. 学生的学习以间接经验为主

知识的获得有两种途径：一种是直接的探索，获得直接经验；另一种是对人类积累的文化知识的学习，是一种间接的学习。学生在有限的时间内要想获得系统的、尽可能多的知识，间接学习是其有效途径。以间接经验为主要内容的学习，可以使学生不受个体的时间和空间的限制，从而大大提高了认识的起点，缩短了对客观世界的认识过程。教学是解决个体经验和人类文化知识之间矛盾的强有力的工具。教学作为专门传递人类知识经验的活动，可以快捷高效地将人类的文化知识转化为学生个体的精神财富，缩短两者的差距，使学生在短时间内达到人类已有的认识水平。

4. 学生的学习是一种规范化的学习

学生的学习不是无目的的，学什么、怎么学都是在教师的引导下进行的，而且学习的方向还要符合社会的要求。所以，学生的学习是有目的、有计划、有组织的，它是由一定的计划、制度作保障的。在学校教育中，学生和教师都是相对稳定的，有固定的教育场所，有精心设计的一系列教育活动。在教育过程中，师生还担负着制度所规定的权利和义务。所有这一切，都是为了使学生的学习规范化，为了有效地促进他们的发展。

5. 学生具有"学生感"

"学生感"是学生独特的心理特征。"学生感"有很多表现，例如，知道学习是其主要任务，知道学生必须遵守纪律、认真完成作业，等等，这些都是作为学生应该具有的责任感和义务感。"学生感"作为一种心理特征，具有两个方面的特点：向师性和独立性。① 学生尤其是小学生，对教师怀有特殊的信赖感，充满着对教师的敬佩、爱戴和崇敬，愿意听从教师的教导，这就是学生天然的向师性。同时，学生不仅具有向师性，还具有独立性，尤其是随着他们的成长、成熟，独立性越来越强，越来越显示出自己的主动性、自

---

① 人民教育出版社教育室组编：《小学教育学教程》，人民教育出版社 2000 年版，第 120 页。

主性和创造性。向师性和独立性是相互转化的，又是辩证统一的。学生的学习离不开教师的指导，教师指导的目的是为了发展学生的独立性，即"教是为了不教"。

二、作为社会人的学生

把学生作为学校中的一个成员，考察其地位和权利、义务，也是教师认识学生的重要任务。学生作为一个社会成员，他是权利的主体，应该享有自己的权利，履行其相应的义务。

（一）学生是权利的主体

生活在社会中的人，不论其知识经验的多寡、能力的大小，都应该是平等的人，享有自己的权利。儿童也是如此。对儿童的权利和地位的争取，是一个漫长的过程。古代社会中"人与人之间的依附关系"，使得儿童在家庭中成为父母的隶属物，在学校中成为教师的附属物，家长把他们当成"不懂事的孩子"，教师把他们当做"教训和管制的对象"，随意地支配他们，他们没有自己独立的地位和尊严。这种情况至今在一些家长和教师的观念中依然存在。

人类教育的发展是对儿童的不断解放。19世纪的卢梭提出了"把儿童当做儿童"，首次吹响了解放儿童的号角。瑞士教育家爱伦·凯呼唤20世纪是一个"儿童的世纪"。20世纪美国教育家杜威的进步主义教育把解放儿童的步伐大大推进了一步。社会发展的要求和教育家的呼唤，使儿童的权利终于在20世纪被成人社会所承认。

1924年，《日内瓦儿童宣言》是成人社会第一次在世界范围内对儿童权利的正式确认。1959年11月20日，联合国大会通过了《儿童权利宣言》，这是人类历史上国际组织第一次对儿童权利的肯定。1989年11月20日，联合国第44届大会通过了《儿童权利公约》，这是国际社会第一个肯定儿童权利的法律文件。我国于1990年8月29日在《儿童权利公约》上签字，并于1992年4月1日在我国生效。

儿童权利的核心是"儿童优先"。《儿童权利公约》旨在保护儿童的合法

权利不受侵害,规定缔约国应采取一切适当的措施确保儿童得到保护,涉及儿童的一切行为,均应以儿童的最大利益为首要的考虑。《儿童权利公约》提出了以下保护儿童权利的原则:(1)儿童利益最佳原则;(2)尊重儿童尊严原则;(3)尊重儿童观点和意见原则;(4)无歧视原则。《中华人民共和国未成年人保护法》也提出了保护未成年人应该遵循的四个原则:(1)保障未成年人的合法权益;(2)尊重未成年人的人格尊严;(3)适应未成年人身心发展的特点;(4)教育与保护相结合。

(二) 学生享有的权利

学生是权利的主体,享有法律所规定的各项社会权利。国际社会及许多国家都对未成年学生所享有的权利作出了具体的规定。我国作为《儿童权利公约》的缔约国之一,把儿童权利保护的原则体现在相关的法律规定中,包括《中华人民共和国宪法》、《中华人民共和国教育法》、《中华人民共和国未成年人保护法》、《中国儿童发展纲要(2001~2010)》等,这些法律或规定提出了许多受法律保护的权利,其中有的是作为学生的权利,有的是作为儿童的一般权利。这里择要论述学生享有的几种权利。

1. 受教育的权利

受教育的权利是公民的一项基本权利。《中华人民共和国宪法》和《中华人民共和国教育法》都明确指出:公民有受教育的权利和义务。《中华人民共和国义务教育法》规定,国家、社会、学校和家庭要依法保障适龄儿童、少年接受义务教育的权利。《中华人民共和国未成年人保护法》规定:学校应当尊重未成年学生的受教育权,不得随意开除未成年学生。保护学生的受教育权,就是要保护学生具有平等的受教育权、受教育的选择权和上课权,杜绝对学生上述权利的剥夺。

2. 受尊重的权利

公民的人格尊严是受法律保护的,禁止用任何方式对公民人格的侮辱和诽谤。学生虽然是未成年的公民,但其人格尊严同样受法律的保护。《中华人民共和国未成年人保护法》第15条规定:学校、幼儿园的教职员应当尊重未成年人的人格尊严,不得对未成年学生和儿童实施体罚、变相体罚或其他侮辱人格尊严的行为。《〈中华人民共和国义务教育法〉实施细则》第23条规定：学校和教师不得对学生实施侮辱人格尊严的行为，不得歧视品行有缺陷、学习有困难的儿童、少年。《中华人民共和国教师法》在教师的义务中规定，教师应关心、爱护全体学生，尊重学生人格，促进学生在品德、智力、体质等方面全面发展。当然，保护学生的受尊重的权利，除了尊重其人格尊严外，还包括不得侵犯学生的隐私权、通讯自由权、名誉权等。

3. 身心健康权

身心健康权包括未成年学生的生命健康、人身安全、心理健康等。《中华人民共和国教育法》第44条规定：学校和其他教育机构应当完善体育、卫生保健设施，保护学生的身心健康。《中华人民共和国未成年人保护法》第16条规定：学校不得使未成年学生在危及人身安全、健康的校舍和其他教育教学设施中活动。第17条规定：学校和幼儿园安排未成年学生和儿童参加集会、文化娱乐、社会实践等集体活动，应当有利于未成年人的健康成长，防止发生人身安全事故。在教育过程中，体罚也会危及学生的安全，不仅影响生命的健康，更会对心理造成伤害。所以，我国法律明令禁止体罚和变相体罚。

4. 人身自由权

《中华人民共和国宪法》第37条规定：公民人身自由不受侵犯。学生的人身自由是指学生有支配自己人身和行动的自由。任何组织和个人不经法定程序，不得被拘禁、搜查和逮捕。禁止非法拘禁和以其他方法非法剥夺或限制公民的人身自由以及非法搜查公民的身体。因此，教师不得因为各种理由对学生进行搜查，不得对学生实行关禁闭。

(三) 学生的义务

未成年学生作为法律的主体，在享有法律规定的各项权利的同时，也必须履行法律规定的各项义务。权利和义务是统一的，没有对义务的履行，就不能很好地享受权利。"一个人权利的享受不是无条件的，如果一个人不履行法定的义务、侵犯他人合法权益，其某种或某些权利就不再受保护。"[①] 所

---

① 褚宏启主编：《教育法制基础》，北京师范大学出版社2002年版，第84页。

以，权利的享受是以履行义务为前提的。

那么，学生应该履行什么义务呢？《中华人民共和国教育法》第43条规定，受教育者应当履行以下义务：（1）遵守法律、法规；（2）遵守学生行为规范，尊敬师长，养成良好的思想品德和行为习惯；（3）努力学习，完成规定的学习任务；（4）遵守所在学校或者其他教育机构的管理制度。

三、当代学生的特点

生活在不同时代的人，都会打上时代的烙印，使这个时代的人的发展区别于那个时代的人的发展。学生也是如此。生活在当今开放、民主、信息化、全球化和物质条件极大改善时代的青少年学生，表现出了与过去时代不同的特点。

根据全国少工委办公室和中国青少年研究中心发布的《新发现——当代中国少年儿童报告》，20世纪90年代以来，我国少年儿童的发展明显表现出以下特点。①

（一）身体素质得到改善，生理成熟提前

进入20世纪90年代，我国少年儿童的主要生理、心理发展指数呈正态分布，身体形态和素质有明显提高。由国家教育部、国家体育总局、国家卫生部等领导和组织的"中国学生体质、健康调查研究"的结果表明，我国中小学生在1985~1995年这十年间，身体形态生长发育水平明显提高，发育速度处于快速增长阶段，生长发育过程也有明显提前的趋势。另有研究者1995年的抽样调查表明，少年儿童的性成熟以及第二性征的出现明显提前，女生初潮最早在11岁，平均为13.06岁。男生首次遗精最早在12岁，平均为14.02岁。高中生的身高、体重都接近成人的标准，性机能已日渐成熟。②

少年儿童身体发育过程中的问题也不容忽视。首先，肥胖儿童增多。据

---

① 全国少工委办公室、中国青少年研究中心编：《新发现——当代中国少年儿童报告》，中国少年儿童出版社2000年版，第13~35页。

② 张景焕、李慎力：《中学生性心理、性生理发展及其相关因素研究》，《教育研究》1996年第5期。

北京市的一项调查表明，北京市小学生中肥胖儿童已超过20%的警戒线。上海市一项针对5 488名6～14岁儿童的调查显示，上海市儿童单纯性肥胖症发病率达到6.21%。其次，少年儿童的近视率上升。1995年的一项权威调查显示，我国学生中视力不良（主要是近视）问题严重，其中7～12岁的小学生视力不良患病率为20.6%，13～15岁的初中生为49.8%。再次，中小学生，尤其是中学生睡眠不足，严重影响了他们的身心健康。

（二）注重个人发展，追求自我完善

随着社会民主化的推进，青少年儿童的权益得到了维护和尊重，他们的主体性也日益增强，主要表现在以下几个方面。第一，对自我发展充满信心，对自己的发展状况比较满意，自我接纳程度较高。1996年对中国城市独生子女人格发展的一项调查表明，自我接纳程度较高的少年儿童占调查总数的75.4%。第二，敢于维护自己的权利。有61.4%的城市初中生和55.6%的农村初中生认为父母或老师翻看自己的日记或拆看信件是一种侵权行为。第三，在社会生活中展示个人的价值。66%的少年儿童认为"自己在各处都能起作用"，他们对自身的价值给予了肯定；50%的少年儿童认为，自己的事情自己拿主意。这说明当代少年儿童的独立意识增强，他们愿意在社会生活中发挥个人的价值，实现自己的想法，而不再是教师和家长眼中"听话"的学生、"乖巧"的孩子。同时，主体意识的增强还使他们表现出相当强的社会责任感。第四，学历和职业期望水平高。40.9%的少年儿童都希望自己完成博士学业。职业期望比较靠前的是"军人"、"警察"、"教师"、"医生"、"科学家"，很少有人选择"工人"、"个体户"和"农民"。实际上，社会大量需要的是中等技术专业人才，大多数人要成为工人、农民和个体工商业者。所以，正确引导少年儿童合理地规划未来，引导他们确立符合实际的理想，非常重要。

少年儿童在确立自己的独立意识、凸显个人主体性和实现个人价值的时候，容易出现一些负面的价值影响。例如个人比较自私、冷漠，容易把自己的想法强加给他人，以个人的好恶代替规则意识，等等。这些需要引起教育工作者的注意，既要肯定学生的自我独立意识，又要把自我意识和公共意识结合起来，及时引导和纠正个人意识的不正确发展。

（三）平等意识增强，富有宽容精神

一是奉行平等相处的交往原则。今天的少年儿童有较强的平等意识，他们要求自己的人格能够得到尊重，要求教师能够平等待人，要求与家长平等相处，要求与同伴有相同的参与集体活动的机会。

二是富有宽容精神。在一个多元社会中，价值取向的多元是必然的存在，多元社会的民主要求尊重每个人，消除霸权。因此，宽容成为这个时代的一个突出要求。1998年，一项关于"我国中小学生学习与发展状况的研究"发现，今天的少年儿童在与他人交往中日益争取平等，同时也富有宽容精神，表现为能够尊重不同意见，不排斥异己，甚至能够原谅欺负或伤害过自己的人。

（四）关心国家大事，具有较强的社会责任感

现在的青少年儿童已经不再是"两耳不闻窗外事，一心只读圣贤书"，他们经常看报、看电视，对国内外的大事积极关注。在观念层面上，多数少年儿童能够以国家利益为重，把自己的学习定位在"为国家和人民的利益"，55.7%的城市少年儿童和62%的农村少年儿童表示，只要是符合国家和人民利益的事情，他们都会当做自己的事情一样做好。在学校，他们能够积极参加学校组织的各种政治活动；在假期和课外，他们能够主动利用社会实践的机会参加公益活动，为社会贡献自己的力量。

（五）喜欢具有探索性和操作性的学习方式

有调查表明，中小学生喜欢物理、化学这些操作性、探索性强的课程，对其他课程喜欢的比例随年级的升高呈下降的趋势。喜欢语文和数学的学生的比例分别由小学一年级的65.31%和60.77%降到初中三年级的39.04%和42.9%。① 一项对7 474名中小学生的调查表明，他们最喜欢的学习方式依次是：实验、用电脑和读课外书。中小学生对纯粹的教科书的学习、对教师的照本宣科有很大的排斥。因此，学生的学习兴趣不高，在一定意义上与教师

---

① 中国儿童中心：《中国少年儿童素质状况抽样调查报告（摘要）》，《父母世界》2001年第9期。

的教学方式有关。

有调查显示,为数众多的少年儿童不是因为喜欢读书而努力学习,他们学习的外在动机比较强,缺乏内在的动机。1998年的一项关于"我国中小学生学习与发展状况研究"的调查表明,只有8.4%的小学生、11%的初中生和4.3%的高中生因为喜欢读书而学习。这说明,很多孩子尽管有很好的学习成绩,但他们并不热爱学习,甚至厌恶学习。他们之所以努力学习,纯粹是为了一个工具性目标的实现,比如考大学,一旦这个目标实现了,学习的动力也随之消失。

(六)心理问题增多

由于时代的急速变化以及学习压力的增大,中小学生的心理问题日益增多,成为当今必须重视的一个问题。据中国科学院王极盛等人对近万名中学生的心理状况的调查表明,在心理平衡性方面存在心理问题的学生占33.4%,在学习压力方面存在心理问题的占36.7%,在人际关系方面存在心理问题的占31.4%,在情绪方面存在心理问题的占35%。心理问题有的是轻度的,有的是重度的。伴随着心理问题严重程度的增大,甚至一些学生出现了轻生、自杀等现象。有资料表明,在我国每年有28.5万人因自杀而死亡,另外还有200万自杀未遂者。自杀已经成为15~35岁人群非正常死亡的第一位原因,而且有明显的低龄化趋势。因此,加强中小学生的心理教育和生命教育,已经成为当务之急。

(七)传播媒介对儿童的不良影响增多

传播技术和媒介的改进,一方面给儿童的学习带来了便利,丰富了他们的学习生活;另一方面也对儿童发展带来了不良的影响,例如电视迷恋、游戏机迷恋和网络迷恋。电视迷恋与游戏机迷恋、网络迷恋不同的是,电视迷恋完全是被动地受电视的影响,而游戏机迷恋和网络迷恋则是玩者主动、积极地投入,因而更容易深陷,不能自拔。适度地使用电视、游戏、网络,包括用于休闲,都是有益的,但一旦发展至迷恋,就会严重影响儿童的学习、生活和身心健康。因此,我们要合理地引导儿童对媒介的运用,同时开展丰富多彩的课外生活,引导儿童在丰富的生活中健康发展。

第二节 学生在教育过程中的地位

一、两种极端的理论主张

教师和学生是教育过程中的两个基本要素，教育活动是师生共同活动的过程。因此，学生在教育过程中的地位，是与教师的地位相对而言的，它反映的是一种师生关系中学生的地位。对此，历史上曾经出现过两种极端的理论：教师中心论和儿童中心论。

（一）教师中心论

历史地看，师生之间的关系是社会关系的反映。最初的社会关系是马克思所说的"人的依附关系"阶段，每一个"我"没有独立存在的意义和价值，"我"只存在于他人的隶属关系中，只是君主的臣属、主人的奴才。自从奴隶社会出现了学校，教师和学生的关系首先呈现的就是这种支配和从属的关系，在这种关系中必然表现为教师对学生在教育内容上的灌输和管理上的惩罚，包括最严厉的体罚，因为教育所追求的是培养一种服从、驯服、恪守本分的奴才人格。我国古代社会把教师与"天、地、君、亲"并列，享有"天、地、君、亲"的支配权。因此，相对来说，古代学校中教师中心论的倾向比较明显。

古代社会中的师生关系以教师为中心属于社会要求使然，不属于人的认识问题。但是，在近代社会中，个体主体性逐渐增强，人与人之间的关系日益民主化，师生之间仍然以教师为中心，这实为认识上的问题。近代的教师中心论以赫尔巴特为代表。

18世纪是"个人本位"的时代，产生了卢梭的自然主义教育思想，强调教育要顺从儿童的天性，让其自然发展。赫尔巴特在《普通教育学》中尖锐地批判了这一思想，他认为，把人交给自然，甚至把人引向自然，并在自然中锻炼只是一种蠢事。他形象地把人的自然本性比做一只大船，教师好比舵手，大船要经得起风浪变化的考验，有目的地达到彼岸，只能靠舵手把握航向，决定航程，不可能由大船自由航行。对于学生来说，教师就是他们正确成长的舵手。他认为，学生的成长全依赖于教师对教学形式、阶段和方法的设计和定位，因此，"按照方法培养心智的艰巨任务，从总体上讲应该留给教师"，"学生对教师必须保持一种被动的状态"。① 赫尔巴特以教师作用的发挥为中心设计了教学的四个步骤——明了、联想、系统、方法，以保证教师对课堂教学的引导和控制，使学生能够获得系统的知识。凯洛夫的教育学也受其影响，强调课堂教学永远是在教师的领导下进行的，教师讲授知识，学生学习知识，不负有发现真理的责任。

巴西教育家保罗·弗莱雷在《被压迫者教育学》中全面描述了教师控制下学生被压迫的面貌：(1) 教师教，学生被教；(2) 教师无所不知，学生一无所知；(3) 教师思考，学生被考虑；(4) 教师讲，学生听——温顺地听；(5) 教师制定纪律，学生遵守纪律；(6) 教师作出选择并将选择强加给学生，学生唯命是从；(7) 教师作出行动，学生则幻想通过教师的行动而行动；(8) 教师选择学习内容，学生（没有征求其意见）适应学习内容；(9) 教师把自己作为学生自由的对立面而建立起的专业权威与知识权威混为一谈；(10) 教师是学习过程的主体，而学生只纯粹是客体。②

在教师中心论的视野中，强调教师的权威，学生被教师控制，保持对教师的服从。它只把学生看做教育过程的客体，无视学生的主体地位和主体性的发挥。

(二) 儿童中心论

近代以来，产业革命和市场经济逐渐兴起，促使个体走出狭隘的依附关系，随着交往的不断扩大，在政治上确立了人身独立和公民平等的原则，以物的依赖性为基础的个人的独立性开始确立。相应地，古代社会中教师至高无上的权威以及对学生的控制开始遭到了质疑和抨击，人们主张儿童在教育

---

① 张焕庭主编：《西方资产阶级教育论著选》，人民教育出版社1979年版，第275、294页。

② [巴西] 保罗·弗莱雷著，顾建新等译：《被压迫者教育学》，华东师范大学出版社2001年版，第25～26页。

过程中的自由发展。

14～17世纪的文艺复兴，是一个以大写的"人"为特征的时代。人文主义教育者维多利诺、拉伯雷、伊拉斯谟、蒙田等人都抨击对儿童体罚、鞭打和恫吓等做法，提出了积极的、快乐的教育方法。伊拉斯谟把当时的教会学校比做"监狱"、"教养院"，认为它是儿童德性和智慧的屠宰场，教育者充当了刽子手。他主张对儿童"首先要爱"，决不能使他们感到畏惧。即便使用批评、惩罚等消极手段，也要以一个自由人可以接受的方式进行。他认为，学校的纪律要温和而不是惩罚的，使用惩罚也要以尊重学生的方式进行。维多利诺创办了一所新式学校，他把这所学校命名为"快乐之家"，提出学校应当是接近自然和充满欢乐的地方。维多利诺认为："在合理的试验之后，他拒绝强迫不愿意学习的人去学习。因为苍天没有赐给每个人学习的爱好和能力。"① 他认为应尊重每个学生的兴趣和特长，经常根据学生的实际需要调整学习科目和教学方法。为了使学生在愉悦中学习，他还提出上课与游戏应交替进行。伊拉斯谟提倡按照儿童的本性进行教学。他说："和其他任何生物一样，孩子都擅长真正属于他本性的活动……因此，要按照大自然的规律办事，在学校中清除过重的劳累现象，要尽量使学习能够自由和愉快。"② 拉伯雷在《巨人传》中通过主人公高康大对儿子的教育表达了他的教育思想，高康大对儿子的一个教育准则就是"做你想做的事情"。蒙田也告诫人们："决不要揽起你的孩子天性的责任，让他们凭运气按自然和人类的规律发展吧。"③ 人文主义教育学者都强调对儿童天性的尊重，要求顺应儿童的天性，实施自然的人性化的教育。

近代西方的儿童中心论来源于卢梭。卢梭的自然主义教育从批判封建专制主义制度入手，在他看来，人天性善良，但封建主义制度是腐败堕落的，因此，不可能在没落的社会制度中发展人的善良天性。于是，卢梭提出了培

---

①② 参见［英］伊丽莎白·劳伦斯著，纪晓林译：《现代教育的起源和发展》，北京语言学院出版社1992年版，第36、45页。

③ ［法］蒙田著，辛见、沈晖译：《我知道什么呢——蒙田随笔集》，上海三联书店1988年版，第142页。

养"自然人"的主张，强调依据人的天性培养自然人，并由此提出了适应儿童天性的自然主义教育原则。在卢梭看来，儿童的发展是一个自然的过程，是一个主动的过程，不是教师能左右的过程。教师应为儿童的发展提供服务，是儿童的"仆人"，不能对儿童的发展横加干涉。

杜威作为儿童中心论的代表人物，他批判赫尔巴特的塑造论没有注意到儿童具有自己的天性，没有认识到儿童是充满活力的。他又批评了卢梭，认为他所做的事，有许多是愚蠢的。但同时他又认为卢梭尊重儿童的天赋，强调教育不是把外面的东西强迫让儿童接受，而是要使人类与生俱来的能力得以生长，这是十分正确的。所以，他认为教育就是生长，"生长并不是从外面加到活动的东西，而是活动自己做的东西"。① 也就是说，教育是通过儿童自己的活动实现的人的经验的改组和改造，教育应该为儿童着想，以儿童的活动为中心。他批判了教师中心论，认为教育应该围绕儿童转，儿童是中心，教育的一切措施应围绕着儿童组织。他提出，教师不要站在学生面前的讲台上，而应该站到学生的背后去。教师不是儿童学习的主宰者，而是他们学习的看守者和助理。

儿童中心论的思想也体现在当代人本主义教育和存在主义教育中。人本主义教育批判行为主义的学习是一种外在的学习，学习目标是外在于人自身的。与之不同，人本主义的教育是一种"内在的教育"、"内在的学习"。在这种教育中，一个人可以学习他想学习的任何东西，学习对他来说不是强制的，而是自愿的。存在主义教育认为，教育纯粹是个人的事情，其目的是使每个学生认识到自己的存在，并形成一套不同于他人的独特的生活方式。教师不是真理的化身或一个绝对的价值"法官"，学生无须模仿教师的形象，对教师的要求也不能亦步亦趋，教育的方法应建立在自由选择的基础上，教材内容、教师的观点等都是学生选择的范围。

儿童中心论把教育等同于自然的发展或生长，强调引导学生通过亲自的

---

① ［美］杜威著，王承绪译：《民主主义与教育》，人民教育出版社1990年版，第46页。

实践来获得经验，虽然注重了儿童的主体性的发挥，却放弃了教师的主导作用，从而弱化了教育活动的目的性。这是显而易见的缺陷。

二、科学理解学生在教育过程中的地位

上述两种观点截然相反。那么，应该怎样正确认识学生在教育过程中的地位呢？

（一）教育活动的双重结构

教育活动是一种以变革学生的身心为目标的实践活动，是一种有目的的而不是盲目的活动，其目的性就在于教师要以学生为变革对象。所以，教育实践活动在总体上表现为一种"主体—客体"的关系结构。教师是教育活动的启动者、调控者，是教育活动的主体；学生作为接受教育影响的人，是教育活动的对象，因而是教育活动的承受者或客体。

从总体上说，在教育过程中，教师是主体，学生是客体。但是，这种主客体关系只能表现在意向性上。教师作为专门的教育者，其作用是试图改变学生的身心结构，引导其向预期的方向发展。在教育活动的实际进行和操作中，由于人不同于物，具有主观能动性，所以，教育不是对学生的随意改造，学生也不是被动接受教育影响的，而是教师和学生之间以教育内容为中介的一种交往。交往实践是诸主体（或多极主体）之间通过改造相互联系的中介客体而结成社会关系的活动，它是一种"主体—客体—主体"的实践模式。教师和学生都是交往的主体，教育内容是他们共同作用的客体。

所以，教育过程的结构是一种复杂的双重结构。一是在总体上，教育者是教育主体，受教育者是教育客体，这种结构只具有意向性意义；二是在具体的操作过程中，存在着这样一个次级结构：教育主体—教育客体—教育主体。

从教育活动的结构可以看出，学生在教育过程中既是教育的对象，又是教育活动的主体。①

---

① 冯建军等：《现代教育原理》，南京师范大学出版社2001年版，第21～24页。

(二) 学生是教育的对象，是教育的客体

教育作为一种有目的的活动，是以促进学生的发展为直接目标的，学生是教育过程中被改造、被加工的对象，处于客体地位。否认学生在教育过程中的客体地位，把学生当做教育过程中的主体，把教师置于从属地位，实际上是把教育过程与学生自发的学习过程相混同，其实质是否定了教育，否定了这种人类有目的、有计划的实践活动。学校教育与日常生活中个体自发的学习不同，它是在教师的主导下，有目的、有计划地进行的。学生的学习是在教师指导下进行的，学生在整个教育过程中处于客体的地位，这是由学校教育的本质特点决定的。

教师和学生是教育过程中的两个基本要素，二者之间的矛盾是教育过程的主要矛盾。在这个矛盾转化中，教师处于主导方面，引导学生的发展。

从教育是一种社会活动来看，教师代表着社会的意志，体现着社会的要求，给学生提出发展的方向，使学生的发展必须和社会的要求相一致。也就是说，教师引导或调控学生的发展方向，学生处于客体地位。

从教育是一种有目的、有计划、有组织的活动来看，教师是这一活动的组织者和领导者，学生学习什么、怎么学习，都由教师进行设计，尤其是在班级授课制的集体教学中，教师的领导者角色更为重要。

从教育是一种知识授受活动来看，教师是传授者，学生是接受者。在这种"知与不知"的矛盾中，教师处于矛盾的主要方面，教师不仅有比学生多的知识，而且有责任通过知识的传授，把教师所掌握的知识转化为学生的素质。

承认学生是教育过程中的客体，并不是把学生当做教师随意改造的对象，把教育影响强制灌输给学生。学生作为客体，是"人"作为客体，他不同于"物"作为客体，物可以按照人的意志进行随意改造，但对学生不能这样。人的发展只能通过自己的主动活动来完成。学生作为客体，首先表现在教师活动的意识性上，即教师在与学生相互作用的过程中，其活动都是为了改变学生而发生的，由教师发出的影响都是为了改变学生的身心，使其朝着教师所预期的方面发展。其次，教师和学生之间的主客体关系是一种认识关系，教

师把学生作为认识的客体，通过对学生的认识，使自己对教学内容的组织、教学方法的选择更适合学生的需要。再次，肯定学生在教育过程中的客体地位，就是要充分发挥教师在教育过程中的主导作用，有目的地、高效地促进学生的发展。

科学地理解学生在总体教育过程中的客体地位，这与学生在具体的教育过程中的主体地位并不冲突。相反，学生的客体地位恰恰要求教师发挥主导作用，教师主导作用的发挥就表现在是否能够有效地调动学生学习的积极性、能动性，使学生成为教育过程中的学习主体。

（三）学生是教育过程中的主体

在具体的教育过程中，师生之间是一种"主体（教师）—客体（教育内容）—主体（学生）"的结构。学生作为主体有两个方面的表现：与教育内容构成"主体—客体"关系，是教育内容的主体；与教师构成"主体—主体"关系，是师生关系中的主体。二者的不同是，前者体现的是学生的主体性，后者体现的是主体间性。

1. 作为占有和消化教育内容的主体及其主体性

主体和客体是不可能分开的，主体是相对于客体而言的，脱离了客体，也就谈不上主体。马克思指出：主体是人，客体是自然。在自然面前，人是理所当然的主体，自然是人认识和改造的对象和客体。主体性是在"主体—客体"关系中的主体属性，是人作为活动的主体在认识和改造客体中所表现出来的积极能动的功能特性。

教育过程虽然是在教师引导下学生的认识和实践过程，但教师的引导只是外因，外因必须要通过内因才能起作用。教师不可能把教育内容灌输到学生的头脑中，而必须通过学生的自我生成、自主建构。教育活动是教师引导下的学生对教学内容的主动选择、吸收和内化的活动。学生在这一活动中的主体性主要表现为自主性、选择性、能动性和创造性。

（1）自主性。自主性是个人成为主体的前提，一个人在活动中不能独立自主，只会成为其他人支配的工具，从而丧失其主体性。学生虽然是在教师的引导下进行学习，但引导不等于强制干预，而且教师的引导必须根据学生的需要进行。学生的自主也不是随心所欲,随心所欲表现出来的只能是盲动。学生在教育活动中的自主性表现为有明确的学习意识,具有自我教育的能力,能够对自己的学习活动进行自我支配、自我控制和调节,能够独立思考问题,具有独立分析和判断能力。

(2)选择性。世界是多样的,而人的认识和精力都是有限的,人只能有选择地认识世界。人认识世界的什么,怎么认识,是一个选择的过程,也是人的主体性的表现。在学校教育中,虽然有教师对课堂学习内容的组织,但学生的学习并不局限于课堂,还有大量的课外、校外甚至日常生活中的学习,这都需要学生作出选择,而且随着学生年级的升高,选修课的比重日益加大,对于课堂学习的内容也需要学生作出选择。学生总是根据自己的意愿,选择符合自己需要的内容作为学习的客体。学生不仅选择学习内容,而且还要选择学习方式、学习手段,甚至不同的学习目标、学习进程。学生选择的正确与否,直接影响着他们的身心发展。因此,教会学生选择,是教师发挥主导作用的重要体现。

(3)能动性。有主体性的人,不是被动地适应和应付客体,而是积极、自觉、主动地认识和改造世界。人是能动的自然存在物,这是人与一般自然物的不同。学生在教育活动中的能动性,表现为对教育内容具有浓厚的兴趣,具有强烈的求知欲和较强的学习动机,能够积极投入到学习活动中,以自己已有的知识经验和认知结构去主动同化外界的教育影响,进行过滤、吸收,生成新的认知结构。具有学习能动性的人,有不懈的学习动力,能够战胜学习过程中的困难,使学习充满着智慧的挑战和乐趣。

(4)创造性。创造性是主体性发展的最高表现。学生的创造性与科学家的创造性不同,科学家的创造是要制造出人类前所未有的新颖的、有价值的产品。学生的创造是相对于自己已有的认识而言的,是对自己已有认识的超越。对学生而言,创造性不仅表现在他们有自己的小制作、小发明,有较强的动手和实践能力,更表现在他们具有强烈的创新意识和探究精神,有独特的思维方法、较强的求异思维能力和批判能力。例如,在学习上能够举一反三,喜欢出新点子,爱标新立异,发表与别人不同的见解,等等。

2. 作为教育交往的主体及其主体间性

主体性与主体间性是不同的概念。主体性是在"主体—客体"关系中的主体属性，它适合于处理人与物之间的关系，但不适合于处理人与人之间的关系。因为"主体—客体"框架的根本缺陷就在于它是单主体，忽视、忘却了多极主体的共在以及他们之间的交往关系。主体间性超越了主客体关系，进入了主体与主体之间关系的模式，只有在主体间关系中，主体之间才能成为一种共在，主体才能成为一种共主体。也就是说，主体性生成于"主体—客体"关系中的对象化活动，主体间性生成于"主体—主体"关系中的交往活动。

学生与教育内容之间构成一种主客体关系，学生以"我"为中心主动地吸收、占有、消化教育内容；学生与教师之间、学生与学生之间则是一种平等的交往关系，反映的是主体与主体之间的相互尊重、理解、融合的关系。主体间性不是外在于主体的某种性质，它实际上是主体性在人与人之间关系中的一种表现。"真正的主体只有在主体间的交往关系中，即在主体与主体相互承认和尊重对方的主体身份时才可能存在。"①

学生作为教育交往的主体，其主体间性主要表现在以下几个方面。

（1）交互性。哈贝马斯认为，人类的存在并不是以一个独立的个人为基础，而是以"双向理解"的交往作为起点。主体与主体之间的交往，在形式上是双向交互的。不管是在教育交往的形式上还是内容上，交互性都是主体间性的一个重要特点。在形式上，交往主体双方总是不停地相互影响。比如在对话中，有时教师说学生听，有时学生说教师听。在内容上，交往主体双方的情感、认识、思想、知识，都在交往中相互传递着。正是由于这种全方位的交往，使得交往主体双方都在这种相互作用、相互影响、相互认可、相互理解的关系中不断重构自己已有的知识、经验、情感、观点。在这个意义上，教师和学生以教育内容作为交往的中介，学生通过和教师共同改造教育内容，从而主动吸收、内化教育内容，达到自主建构。这不仅发挥了学生对教育内容的主体作用，也体现了师生之间的主体间性关系。

---

① 郭湛：《主体性哲学》，云南人民出版社2002年版，第253页。

(2) 平等性。每个主体在交往的机会上应该是均等的，每个教育主体都应该作为完整的、平等的主体参与教育活动，教育活动中的每个主体在对话上也应该是平等的，尤其是在教师主体与学生主体之间。传统的教育观认为，教师是教育活动的操纵者和权威，师生平等会抹杀教师的威信，使教育失去应有的等级和秩序。这是极其错误的。那种控制与被控制、操纵与被操纵的不平等的师生关系忽视了学生主体性的存在，导致主体之间失去了平等性，最终抹杀了主体间性的合理性。

(3) 宽容性。主体与主体之间进行交流和对话，首先必须怀着宽容的心态接纳或理解对方。只有在宽容的心态下，主体之间的交流才能求同存异，彼此之间的思想才能在融洽的环境中实现碰撞和提升，从而做到"和而不同"，促进教育的不断发展和创新。

(4) 合作性。主体与主体之间在平等、宽容的氛围下进行交流时，合作关系是他们得以共处的条件之一。没有主体与主体之间的合作，主体只能孤立地成为单子式的主体，个人的主体性就会膨胀、扩大而最终失去主体间性存在的本来意义。

(5) 约束性。约束性也可以称为受制性。主体与主体之间的关系不是孤立存在的二人世界或多人世界，而是以他们共有的客观世界为前提的。没有客观世界，人与人之间的交往就会缺乏必要的物质基础，也就谈不上主体间性。同时，客观世界还制约着主体与主体之间的交往。人的主体性无论发展到何种程度，作为主体的人永远也不可能摆脱来自客体的自然、社会和主体自身的限制。在教育活动中，不管是教师之间、师生之间还是生生之间的活动，都必然在客观世界这一大背景中进行，所以，主体与主体之间的交往活动是受特定的社会、特定的文化背景制约的。

三、学生在教育过程中主体地位的保障

学生在教育过程中的地位受到主客观两方面因素的制约。客观因素是社会发展的程度。古代社会中人与人之间的依附关系，使教育过程中的学生不可能有主体间性，充其量在学习过程中体现其主体性。近代社会的发展为个

人独立性的出现提供了前提和要求，但这并不意味着学生在教育活动中必然成为主体。此时，把学生看做主体，还是看做客体，以及形成什么样的主体和主体性，关键在于教育者的认识和行为。所以，在这个意义上说，学生在教育过程中的地位不是自在的，而是自为的，是需要条件作为保障的。

在教育过程中，一方面，学生是教育的对象，是教育的客体，需要接受来自教师的教育影响；另一方面，学生是认识活动的主体，是自我发展的主体，学生的发展并非教师所能代替的，学生的发展必须通过其主动参与才能实现。学生在学习过程中表现出主体性，教师的作用就是要激发和调动学生的主体性，使其合理地、最大限度地得以发挥。同时，还要正确处理师生之间的关系，这也是学生主体性发挥的重要保证。

（一）坚持"教师主导、学生主体"的教育理念

在知识方面，教师知之较多，学生知之较少，教师对知识的理解和掌握具有明显的优势，教育就是要求教师发挥这种优势，帮助学生迅速掌握知识、发展智力、丰富社会经验。但是，这一过程不是单向的灌输，它需要有学生积极主动的参与，需要发挥学生的主体性。只有通过学生的主动内化，教学内容和教师的要求才能真正转化为学生的精神财富，成为学生发展的重要组成部分。

学生是教育的对象，需要教师的教育，但学生不是被动地接受教育影响，教师也不能强制地施加教育影响。教育活动的成功，取决于教师对学生主体性的调动。"学生的主体性是构成教师主导作用的主要任务、内容和衡量这种主导作用的重要标志。离开了学生的主体性，教师的主导作用就失去了它的主要内涵，失去了它的对象和归宿。"① 以学生是教育的对象为借口，否定学生学习主体性的"教师中心论"是错误的。

在教育过程中，学生的主体地位能否得到实现，主体性能否得到发挥，取决于教师的行为。首先，教师应正确认识到其主导作用的发挥就是激发学生的主体性，认识到发挥学生学习的主体性对于完成学习任务、对于个体发展的重要性，树立"教是为了不教"的观念，认识到教师对学生的引导、指

---

① 南京师范大学教育系编：《教育学》，人民教育出版社1984年版，第103页。

导是为了培养学生的主体性，促进学生的主动发展。其次，教师要为学生创设发挥主体性的机会、条件和空间，把精神发展的主动权还给学生，给他们以精神的自由。同时，在课堂上提供自主学习的时间、自由探索的空间、自我表达的机会，使课堂充满生命的活力。再次，教师要培养学生的自我教育能力。苏霍姆林斯基认为，教育只有转化为自我教育才能真正发挥作用，没有自我教育就没有真正的教育。自我教育的能力不是先天的，它需要教师的培养。自我教育能力既是学生主体性的表现，也是教育成功的条件。培养学生的自我教育能力，也是教师发挥主导作用的重要体现。

（二）确立教育交往中的民主平等、相互促进的关系

由于"主体—客体"关系中的主体性不同于"主体—主体"关系中的主体间性，因此，在"主体—主体"关系中建构的主体间性原则不同于在"主体—客体"关系中建构的主体性原则。在学生与教育内容结成的主客体关系中，强调的是学生对知识的占有，但师生之间的关系强调的不是占有，而是平等的交往原则。长期以来，我们把师生之间的"主体—主体"关系异化为了"主体—客体"关系。实际上，师生关系是一种平等的交往、对话、理解的"我与你"的关系。

1. 师生在人格上是一种平等的关系

师生之间关系中的主体性是一种双向的、平等的主体性。在主客体关系中，人与物或主体与客体之间谈不上平等，甚至在古代社会中人与人之间也是如此。在现代社会，尽管不同的人在性别、职业、职务、知识、能力等方面都有差别，但无论有多大的差别，每个人都有自己的价值和尊严。人的价值和尊严只有在相互尊重的主体间关系中才能形成，主体也只有具备平等的人格尊严才能形成主体间关系。在教育过程中，师生的知识、能力、思想、品德是有差别的，但他们都具有独立的人格价值和尊严，只有在平等的交往中，才能体现他们平等的、独立的人格和尊严。所以，师生之间的关系是一种平等、双向的交往关系。教师和学生在人格上的关系应该是一种相互尊重、民主平等的关系。

2. 师生在教育中共同分享知识、智慧、情感、精神，相互促进，共同

成长

主体之间的交往是心灵的沟通、情感的共鸣、知识的交流、思想的碰撞、智慧的体悟、人格的敬仰,而不是有知者带动无知者,更不是强者对弱者的控制。教师与学生以真诚的态度相互沟通和理解,相互尊重对方、接纳对方,相互促进,共同建构人生的意义。这才是真正的教学相长。

现实教育中的师生关系并不理想,无论是教师中心论中的"对立型"、"依赖型"关系,还是学生中心论中的"自由放任型"、"盲目冲动型"关系,都没有从主体间性的角度来合理地理解师生关系。师生之间的关系在本质上是一种平等的交往关系、相互促进的关系。

第三节 学生的年龄特征与教育

人的身心发展是一个连续不断的变化过程。这种变化,既有量的,也有质的。量的累积使人的身心发展呈现出连续性,量变引起的质变,使人的身心发展又呈现出阶段性。人的身心发展是连续性与阶段性的统一。

综合考虑人的身心发展、社会性发展的程度,通常把人生的发展分为婴儿期、幼儿期、儿童期、少年期、青年期、成年期、老年期。每个阶段的身心发展与其他阶段都具有显著的不同,显示着该阶段独有的特征,这就是个体身心发展的年龄特征。

考察人的身心发展的年龄特征,需要双重的维度:一个维度是该年龄阶段与其他年龄阶段的区别,显示出该年龄阶段特有的身心发展特征;另一个维度是该年龄阶段中个体共有的特征。在一个年龄阶段中,个体的差异是必然存在的,但一个年龄阶段的个体身心发展还具有共同性。年龄特征就是指该年龄阶段内个体共同具有的一般的、典型的特征。这一特征既包括生理的发展,也包括心理和社会性的发展,是人的发展的综合体现。所以,年龄特征是个体在不同的年龄阶段表现出来的该阶段所特有的、本质的、典型的身心发展特征。

学生是制度化教育中的特有概念（在终身教育的视野中称为学习者），它是指从小学到大学期间从事学习的人。学校教育涵盖了人生发展中的最重要的三个阶段——童年期、少年期和青年期，分别对应着小学生、初中生和高中生、大学生。因此，学生的年龄特征也是分阶段的，它分别是指处于童年期、少年期和青年期的学生所表现出的一般的、典型的、本质的身心发展特征以及身心发展所达到的水平。

学生的年龄特征是在一定的社会影响和教育条件下形成的，它既是教育的结果，又是下一阶段教育的前提。只有正确认识和把握了学生的年龄特征，才能有的放矢，提出适合该年龄阶段的教育策略。

这里着重论述小学生、初中生、高中生的年龄特征，并提出相应的教育任务以及教育中应注意的问题。

一、小学生的年龄特征与教育

小学阶段是人生发展的童年期。小学儿童与学前儿童相比，最大的变化在于他们从以游戏为主导活动的"幼儿"成为以学习为主导活动的"小学生"，从此，他们开始接受正规的学校教育。儿童主导活动的变化、角色的变化和社会期望的变化，伴随着年龄增长而发生的生理机能的成熟，使小学生的心理发展进入了一个新的阶段。在这个阶段，小学生的身心发展表现出的典型特征，就是小学生的年龄特征。

小学生的身心发展特征，从总体上看，在发展的速度上，相对平稳，各方面缓慢前进，没有出现发展的高峰或形成尖锐的冲突。在发展的形式上，由幼儿阶段通过游戏而促进的自在发展，转变为通过有目的、有意识的学习而促进的自觉发展。在发展的性质上，小学生的身心发展还不完善，无论是认知方面还是情意、社会性方面，都具有较大的可塑性。所以，这个阶段是儿童接受教育的关键期，也是一个黄金时期。因此，小学阶段的教育不能忽视。

小学生的身体发育较平缓。身高和体重都在缓慢地增长，骨骼比学前儿童更加结实，但仍有许多软骨组织，骨骼富有弹性，容易变形，因此，要保护小学生的身体健康，避免参加过重的体力劳动，养成良好的坐立习惯。小学生的大脑发育基本成熟，9岁儿童的脑重为1 350克，12岁儿童的脑重为1 400克，已接近成人。随着大脑皮层的发育，儿童脑的兴奋和抑制过程逐渐趋于平衡，同时心理的稳定性逐渐增强。但必须指出的是，小学低年级儿童的身体发育与幼儿还有许多的连续性，在连接阶段，不可能有质的跨越，因此，面对主导活动的突然转变，低年级小学生在身体上有许多不适应，因此，要做好"幼小衔接"的工作，避免劳累过度，不要布置过多的作业，以免占用他们自由活动的时间。

小学生的发展主要是在心理方面。与幼儿相比，小学生在认知方面，不仅表现为认知量的扩大，而且表现为有意性和深刻性日益增强。从认知结果的表现来看，幼儿大多运用口头语言和借助实物形象思维的外部有声语言，小学生则逐步转变为运用书面语言和借助概念的内部语言，虽然它们的发展程度还有限。在认知过程中，心理活动的有意性和自觉性不断发展。幼儿的活动大多是在自然情景下的游戏，但到了小学阶段，这种自然情景下的学习被教师有意识、有目的创设的专门的学习活动所代替，这就要求小学生为完成教师提出的任务，必须使自己集中注意，克服认识活动中的困难，增强活动的有意性。小学生的思维也逐渐从具体形象思维过渡到抽象逻辑思维。小学低年级儿童的形象思维成分居多，他们需要运用"具体实例"的形式来理解概念，随着年级的升高，儿童的抽象概括水平有了较大的发展，其转折点发生在四年级左右。小学高年级儿童的抽象思维成分居多，但这种抽象仍以具体形象为支柱，常常通过"实际功用"这种非直观的认识来掌握概念。

在学习活动中，小学生的情感也日益丰富和深刻。幼儿的情绪主要产生在日常生活中，与生理需要的满足有关，而小学生的情感主要产生在与学习相联系的理智活动中，他们会因学习结果的成败、自己在学习过程中是否被教师和同学所重视、教师是否给予了积极的评价而产生不同的情绪体验。小学生对教师的评价十分敏感，小学教师应该注意用积极的语言和举动，引起儿童快乐的体验，进而培养学习的兴趣。小学生的情绪比较单纯，易外露，易激动，缺少深沉，也缺少理解沟通，他们可能会因为不理解教师的约束而感到不满，但随着儿童高级情感的发展，情感的深刻性不断增强，这种情况就消失了。另外，儿童的情感不稳定，容易随情境的变化而变化，他们可能会因某件事情而与某个同学闹情绪，但时间不长，又会和好如初。高年级儿童的高级情感逐渐发展起来，他们会因为掌握知识而获得成功和愉悦的体验（理智感）。在班级活动中，同学之间的交往产生了友谊感，集体的活动使他们增强了责任感、集体荣誉感，辨别是非的能力也逐渐增强。与此同时，他们的道德感也得到了较快的发展。

小学生的学习活动与幼儿的游戏活动相比，对他们的意志提出了很高的要求。低年级儿童会因为缺乏意志而发生课堂分心、违反纪律等情况，但随着学习活动的深入，要求小学生为完成学习任务付出意志努力，从维持注意到按时完成作业，从遵守纪律到克服学习困难，从学习感兴趣的内容到学习不感兴趣的内容，从"我行我素"的个人活动到"有规则、有约束"的集体活动，这一切都促使儿童的意志品质得到迅速的发展。因此，小学阶段是锻炼意志的最佳阶段。但相比成人来讲，小学生的一些意志品质，如自觉性、果断性还比较差，需要教师积极的引导和帮助。

小学阶段是个性发展的重要时期，特别是个性中具有代表性的心理品质，如自我意识都是在这个阶段发展起来的。我国学者韩进之等人研究表明，小学生的自我意识在一年级到二年级处于上升时期，从三年级到五年级是平稳发展时期，从五年级到六年级又处于第二个上升时期。儿童的自我意识最初是与他人的评价相连的，他们还不会独立地评价自己，教师、家长的评价对他们树立自信心影响很大。到了高年级，他们才把外部的评价转化为自我评价、自我期待，同时，他们的评价原则也从具体行为、外部表现初步转变为社会的道德规范。

随着自我评价能力的逐渐形成，小学生的道德认知也得到了极大的发展。他们逐渐理解社会的道德规范，用这个规范来评价别人的思想和行为。道德判断也从受外部情境的制约逐步过渡到受内心的道德法则的制约。但是，小学生对道德法则的理解还带有情绪色彩，没有达到高度抽象的水平。

在人生发展中，小学生如同刚刚萌发的幼芽，身心的一切发展都处在一个"强势期",所以,教师一定要抓住这个黄金时期,促进学生健康和谐的发展。但是,必须明确的是,小学生的教育不应该有任何功利目的,教育应适应其身心发展的规律,为他们进一步的学习、做人打下良好的基础。小学阶段是人生重要的发展阶段,也是打基础的阶段,只有基础打好了,才能预示着希望,预示着未来。所以,小学阶段必须注重发展学生的基础性学力,包括培养学生的学习兴趣和良好的学习习惯,掌握基础知识和基本技能,增强学习的自觉性,发展初步的抽象和逻辑思维能力,形成对自己、对他人、对集体、对社会的良好态度和积极乐观的人生态度。

所以,小学生的教育要注意以下几点。

第一,避免过重的负担,减轻小学生的心理压力,保护他们的身心不受摧残。小学生的身心尽管都处在发展阶段,但离成熟还有较大的差距,如果布置较多的作业,不仅减少了他们自由活动的时间,不利于他们的自由发展,而且容易使他们对学习产生畏惧感,甚至抵制。一旦小学生产生厌学情绪,就会为他们后天的学习带来极大的困难。因此,教师应适当布置作业,尊重学生的兴趣和选择。

第二,教师要关爱每个学生。小学生具有强烈的向师性,他们热爱教师,但又害怕教师,他们的一切行为都希望得到教师的表扬。如果他们得到了教师的表扬和爱抚,就会受到鼓舞,产生自信。如果他们长期得不到教师的肯定,就会产生自卑情绪。所以,在小学阶段,教师对学生进步的关心和鼓励显得比什么都重要。教师关爱儿童,必须走进儿童的世界,以一颗童心理解儿童的所作所为,只有这样,才能尊重儿童,而不是以强者的姿态压制或包办代替。

第三,养成好的学习习惯。这些学习习惯不是以前推崇的"守纪律"、"听话",而是创新人才的核心品质——自主性和独特的个性。课堂纪律是必要的,但它不应该限制学生的创造性。我们需要的不是"鸦雀无声"、"死气沉沉"的课堂,而是一个充满争议和讨论的、勃勃生机的课堂;我们需要的不是唯命是听的学生,而是善于独立思考、有自己见解的学生。

第四,开展丰富多彩的实践活动,发挥班集体在儿童品德和社会性发展中的作用。小学生认知和思维发展的概括性和抽象程度都不高,所以,一些抽象的道理不一定为他们所理解。小学生的社会性认知、情感都要通过生活中的活动来产生,即便是进行理想教育,也应该有具体的、生动的榜样。因此,为了培养小学生的社会性,应组织丰富多彩的活动,使儿童在活动中学会交往,在活动中学会探究,在活动中经受意志品质的锻炼,促使其个性得到完善的发展。

第五,协调家庭和学校的教育影响。小学生主要的生活、活动场所是家庭和学校,二者几乎占用了他们全部的活动时间。所以,必须注意家庭和学校影响的一致性。当今的小学生大都是独生子女,父母对他们的一些要求可能与学校的要求发生冲突,例如学校要求"减负",父母却购买更多的教辅材料,请家教,反而加重了他们的学习负担;学校强调培养他们的独立性,父母却过度保护;学校要求他们进行一些必要的锻炼,而父母却过分溺爱;等等。如果这些冲突不解决,必然会妨碍儿童人格的和谐发展。所以,家长对孩子的成长必须抱有正确的心态,配合学校的工作,形成符合儿童发展的教育合力,共同对儿童的发展起到有效的促进作用。

二、初中生的年龄特征与教育

初中生处在少年期,它是儿童期向青年期过渡的时期。进入这一时期的少年,其身心发展迅猛,身体和心理的发展出现了一些显著的变化。这一时期的学生虽不成熟,但有较强的独立意识,试图摆脱成人的照顾,这常常使得他们的想法与他们所能做的难以统一,身心发展处于矛盾之中。因此,有心理学家称这一时期为"心理断乳期",他们既想摆脱成人的保护,但又不得不依靠成人的帮助。正是由于这个矛盾,初中生更需要引导,否则,这个阶段极易成为"事故多发期",成为心理学家所说的"危险期"。

初中生开始进入青春发育期,他们的身体发育异常显著,身高、体重、胸围、肩宽、上下肢体的长短、粗细等都迅速增长,肌肉的力量也增强了。尤其是身高出现了第二个生长高峰,有些初中生的身高已经接近成人。初中生在外形上与成人接近,使得他们在心理上觉得自己不再是"小孩子",也不想让成人把他们当孩子对待。

初中生的身体发育虽然迅速，但并不匀称，各部分之间的发展出现暂时性的失衡。尤其是当代初中生，这一特点更加明显。我们通常以维尔维克指数［（体重＋胸围）/身高×100％］来反映人体发育匀称的指标。1985～1995年间，我国7～14岁城市男童的维尔维克指数平均增长2.99％，乡村男童的维尔维克指数则有增有减，而10岁之前均为负增长。这种匀称度反映的体形特点为单向、瘦弱，表明在生长发育过程中，人体的纵向生长相对快于横向生长。[1]

初中生大脑的重量和体积的增加已经不如童年期明显，但其内部的结构变化比较大，主要是各部分的树突逐渐增加，神经联系的网络更加复杂，日臻完善。有研究表明，少年期是脑神经成熟的关键期，大脑皮层的a波频率在11～14岁出现了第二个显著加速阶段，它标志着脑的成熟在少年期接近完成，这为他们从事比较复杂的脑力劳动打下了基础。因此，初中阶段的课程难度增大，学习内容的抽象和概括程度更高。

初中生生理上的另一个显著变化是性成熟和性意识的萌生。在性激素的作用下，身体发育出现了第二性征，例如男生的声音变得粗而低沉，喉结开始增大，出现胡须；女生的乳房开始发育，骨盆变宽，月经初潮。加之人们的物质生活条件的日益改善，以及社会生活中一些性刺激的增加，初中生的性成熟有所提前。由于性的成熟，使初中生的发育进入青春期，性意识萌生，易兴奋、冲动，开始关注自己的内心世界，甚至对性的变化表现得惊慌失措。因此，在这一时期，青春期的性教育显得非常必要。

随着生理上的成熟、社会活动范围的扩大，初中生的心理水平也有了较大幅度的提高，他们不仅个子高了，人结实了，而且也更懂事了。心理的变化在认知、情感、意志、人格和社会性发展等方面都有体现。

在认知方面，初中生的理性更强了，具体表现为：在感知方面，感知的有意性、精确性、概括性、稳定性以及感知的深度在加强；在注意方面，有

---

[1] 全国少工委办公室、中国青少年研究中心编：《新发现——当代中国少年儿童报告》，中国少年儿童出版社2000年版，第45页。

意注意的发展极为显著，不仅注意的时间长，而且注意的稳定性和集中性增强了；在记忆方面，有意识记取代了无意识记，识记更多的是基于对内容的理解；在思维方面，从小学生的以具体形象思维为主过渡到以抽象思维为主。进入中学后，课程增多，内容的难度和抽象程度增大，加之物理、化学、几何等课程的开设，要求初中生发展逻辑、抽象思维能力，同时，这些课程的学习也促使他们的逻辑、抽象思维能力得到了提高。逻辑和抽象思维能力的发展，客观上又促进了初中生整个认识的理性化，他们逐渐具有了全面地、客观地、独立地分析和解决问题的能力，减少了行为的盲目性和随意性，增强了行为的自觉性。

初中生在心理上的一个显著变化是独立性增强。童年期的小学生，一般都听家长和教师的话，按照他们的要求去做，把教师的话当做无可怀疑的、永远正确的真理。但到了初中，由于生理上的成熟，他们产生了"成人感"，希望摆脱成人的束缚，开始"闹独立"，对教师和家长不再百依百顺，教师也不再是心中的"上帝"。他们开始审视家长和教师，要求家长和教师给他们更大的自由，把他们当大人看待，让他们独立地做事。他们讨厌别人对其行为的干预，甚至教师和家长的善意的劝解和必要的指导，也为他们所不理解，被视为啰唆和管束。这个时期的初中生，一方面由于知识经验和阅历不丰富，他们的独立性不完全是理性的，而是带有一定的盲目和冲动；另一方面由于他们在经济和生活方面不能独立，需要成人的帮助，这又给他们的独立意识以打击，成人甚至以此来压制其独立性，常常导致因尊严被侵犯而产生恼怒式反应。

在情感方面，初中生开始注重自己的内心体验，情感变得丰富，但不稳定，具有很大的两极性，易受外部刺激的影响。不同于小学生情感的开放性，初中生的情感具有一定的隐蔽性和伪装性。对别人的评价，表面上装作满不在乎，似乎别人怎么评论都无所谓，但内心有很多想法。他们对自己的情感体验总是秘而不宣，有的甚至对自己的好朋友都不说。初中生情感的这一发展特点，给教育增加了难度。因此，有心理学家认为少年期是情感发展最困难、最令教育者操心的时期。

在意志方面，初中生的自我控制能力有所增强，但还很不完善。他们有理想，有计划，对自己的情绪也有所控制。但是，他们的理想又频繁变动，正所谓"少年多志"；他们的计划有时会"朝令夕改"，有始无终；他们的情绪易受外部影响，喜怒无常，甚至有失控的现象发生。初中生的意志不坚强，极易受到外部的影响，尤其是受到不良影响时，很容易误入歧途，染上恶习或走上违法犯罪的道路，被心理学家称为"危险期"。

在社会性方面，随着初中生独立意识的增强，他们的活动范围逐渐扩大，交往能力逐步提高。他们的交往范围不再局限于学校，交往的对象也不再局限于教师和同学。与小学生相比，学校教育的影响力相对减弱，社会环境对学生的影响开始增大。他们有时甚至排斥教师，寻找自己的"小哥们"、"小集团"，在他们内部形成"亲密"的友谊。他们虽然排斥来自教师、家长的指导，但又极易接受亲密团伙的束缚，导致他们的社会性的发展表现出一定的幼稚性。

总之，初中生所处的少年期是一个特殊的时期，这一时期发展快（身心发展处于变化状态）、矛盾多（闭锁性与开放性、依附性与独立性并存）、影响大（具有较强的可塑性，影响人一生的发展）。因此，教师必须高度重视初中生的特点，做好引导，帮助他们度过人生发展的关键期和困难期，顺利实现人生的"起飞"。

1. 针对生理发生的变化，加强青春期教育

青春期是人生的突变期，也被认为是一个"困扰期"。加强青春期教育，其意义已超越了单纯的身体健康范围，更重要的是教育学生面对青春期的生理变化，有正确的认识，保持心理平静，同时鼓励他们自尊、自爱、自主、自强。

《新发现——当代中国少年儿童报告》指出，对性问题的关注，出现在初中时期。城市少年儿童集中在13岁（24.9%）和14岁（21.4%），农村男孩关心性问题的平均年龄为13.5岁，女孩为13.05岁。不过，与以往不同，改革开放中成长起来的一代，他们对青春期性问题的认识已经不再躲躲闪闪，对青春期自身的变化也十分坦然，表现出较强的心理接受能力和积极的接纳态度。他们已经知晓部分青春期的生理现象，掌握了一些生理保健的知识。但是，对于青春期出现的大量心理、社会问题，可以说有喜有忧。一方面，他们对性的心理、社会问题能够坦然正视，较少束缚和禁锢，大部分初中生

能够正确地确立与异性交往的方式,能够对性的问题有正确的认识,包括性知识、性伦理、性道德;另一方面,他们对性的认识不严肃,如当代少年对于"婚外恋"的态度更为宽容,甚至对身边一些不符合社会公德的"婚前性行为",持"无可指责"和"可以理解"态度的高达 40.4%;对于"班上同学谈恋爱",选择"让他们自己解决"的占 67%,选择教师应该批评的只占 9.7%。因此,对初中生进行青春期教育,一方面要讲授必要的生理卫生知识,使他们破除对性的神秘感;另一方面要对他们及早进行性伦理、性道德的教育,使他们树立正确的性道德观。这不仅关系到他们现在的心理发展,更关系到他们成人之后的行为。

2. 创设独立探索的机会和空间,加强引导

初中生的自我意识发展处于矛盾之中。一方面,他们有强烈的独立意识,渴望被承认是一个成人;另一方面,他们还是孩子或者像孩子一样需要依赖成人。初中生的独立性与依赖性并存,使他们处于半成熟、半幼稚的状态。所以,对于初中生的教育,成人的强制和唠叨都不会有成效,有时会适得其反,造成他们的逆反心理。对待他们,既要"放权",又不"放任",加强必要的指导。教师要尊重他们,满足他们渴望独立的要求,给他们一些权利,让他们自己去选择;给他们一些机会,让他们自己去把握;给他们一些困难,让他们自己去面对;给他们一些问题,让他们自己去解决;给他们一些条件,让他们自己去创造。同时,还要不失时机地注意他们的动向,及时提出各种合理的要求,使他们充分地发挥自己的独立行动的能力,防止他们因经验和判断是非的能力不足而莽撞行事,促使他们在自我教育、自我锻炼中走向心理的成熟。

3. 为他们创设丰富、健康、良好的文化环境

初中生具有丰富的精神生活和独特的内心世界,他们精力充沛,渴望知识,乐于交往;他们开始勾画人生,有自己朦胧的理想和崇拜的偶像。教师要充分抓住这一有利时机,利用他们积极向上的特点,为他们提供健康、丰富的精神文化食粮。一方面,积极引导学生投入到学习当中、探索当中,学习文化科学知识,打好人生发展的基础;另一方面,要求他们积极参与自己感兴趣的活动,为他们发展个性、展示特长提供舞台。少年期是品德和正确

人生观确立的关键期,加之初中生意志薄弱,辨别是非的能力有限,易受不良刺激的诱惑,所以,教师应为他们创造一块精神的净土,给他们提供模范和榜样,陶冶他们的道德情操。

4. 培养他们的自我教育能力

少年期是培养人的自我教育能力的重要阶段。初中生随着知识的增多、思维的理性化,自我意识、自我评价、自我控制能力都开始增强。初中生往往是通过别人的评价来认识自己的。另外,他们还通过阅读文学作品,将自己与文学作品中的人物进行比较,从而认识自己、评价自己。在这一阶段,教师应以欣赏的态度对待他们,积极与他们进行沟通;引导他们阅读文学作品,与文学作品中的人物对话;要求他们通过写日记的形式来经常反思自我。这样,一方面可以强化他们的自我形象,另一方面可以促使他们进一步完善自己,达到正确认识自己的目的。

初中生的自我控制能力也得到了发展,开始通过自我反省进行自我监督和自我控制。对初中生的自控能力的培养,一方面要激发他们的自省意识,另一方面可以利用一些名言警句来鞭策他们,从而实现自我调控。

三、高中生的年龄特征与教育

青年期不仅是一个人的生理发育成熟的时期,而且其认知水平、情感发展和自我教育能力都达到了较高的水平,同时也是一个人的世界观、人生观、价值观形成的时期。所以,青年期是人生发展的定型期。青年期始于性的迅速发育期,止于社会、心理的成熟。青年期一般分为三个阶段:青年初期,相当于高中学习阶段;青年中期,相当于大学阶段;青年后期,身心发展和社会经验方面均趋于成熟,并逐渐进入成年期。

高中阶段是青年期的开始,它是人生发展经过了少年期的迅速变化后,进入的一个相对平稳的时期。从整体上看,高中生的身心发展基本达到成熟,人的社会化基本完成,18岁高中毕业意味着成人,取得了正式的公民资格。他们对自己的未来、对人生都有较为稳定的想法,不像少年期那样,可以因或喜或悲而轻易改变自己的想法。高中生一般来说变得深沉、稳重,他们虽充满活力，但不张狂，而是具有内心的激情和强烈的上进心。

高中生的生理发展，正处于青春发育末期。在这个时期，人体的生长发育在经过青春期的迅速发育后，进入了相对稳定阶段，人体内的组织与器官的功能逐步达到成熟水平。少年期所特有的生理发展的一些不平衡状态消失，身体发育重新达到了平衡。所以，高中生身体不仅结实，而且匀称，透出一种青春美，男生形成了肩宽粗壮的"男子汉"形象，女生则显露出婀娜的丰姿。高中生都比较重视自己的仪表、形象，开始注重打扮，并追求自己的独特美。

高中阶段随着性机能和第二性征的成熟，性意识的心理变化成为这一阶段重要的心理特征。有学者将青少年性意识的变化分为三个阶段：疏远期、爱慕期和恋爱期。高中生处于性意识发展的第二个阶段和第三个阶段的开始。高中生与异性接近的愿望逐渐明朗，他们喜欢在异性面前表现自己，以引起对方的注意，希望得到异性对自己的肯定。在这一阶段，一些高中生出现了早恋现象，而且早恋的比例在今天不断上升。

高中生的身心发展趋于成熟，社会接触面更广，社会交往更频繁，学习内容比初中生更复杂、更深刻。这种情况对高中生的认知发展提出了新的要求，也促进了他们认知的发展。高中教育使他们具有丰富的知识和独立的判断能力，形成了自己的基本知识结构以及对世界的基本观点。高中生的各种能力不断完善，认知的核心成分——思维能力更加成熟，基本上完成了向理论思维的转化，抽象思维占优势地位，辩证思维和逻辑思维有了很大的发展，思维的综合性、独立性、批判性也达到了较高的水平。高中生的思维发展水平，已经使他们能够从事比较抽象的、难度较大的学习。高中生的认知发展还表现在社会认知的发展上。从初中到高中，他们经历了第一次人生选择——是上普通高中还是上职业学校。这次选择对高中生的社会认知的发展影响深远。他们开始关注社会，注重对人生意义的认识与思考，意识到社会对个人的要求和期望，意识到自己作为青年在社会中应该承担的责任，努力把他们的理想与社会的要求结合起来，按照社会的要求构建理想的自我。他们考虑问题不再盲目，不再自以为是，而是更实际，更讲究在社会中与成人交往的策略。在此基础上，他们的人生观、价值观也逐步发展和定型。

在情感方面，高中生也有很大的发展，其总体趋势是：在情感的表现形式上，由以外显为主向以内隐为主发展；在情绪的控制上，由以冲动为主向以自制为主发展。与初中生相比，高中生的情感不再"写"在脸上，暴露无遗，而是更深沉，他们能够控制并进而掩饰自己的情感；在情感的内容上，由以低级的情绪为主向以高级的情感为主发展，他们已经表现出高级的道德感、理智感和美感；在情绪体验的内容上，也开始由以生理需要为主向以社会性需要为主转变。

在意志方面，高中生不仅具有较强的主动性、计划性和自我控制能力，而且具有坚强的毅力。高中生在遇到困难时，能够经受考验，意志行为具有更大的自制性和坚持性，表现出惊人的意志力。

高中生的自我意识不断发展。他们关注自我，不仅关注自己的形象，而且也非常在乎自己的认识、观点，常常表现出标新立异，甚至有时哗众取宠。高中生对自我的关注，促使他们具有强烈而敏感的自尊心，他们最怕别人看不起，处处争强好胜。一旦超越不了别人，他们又会表现出强烈的自卑感。

高中生是最富有理想的时期。初中生虽然也向往未来，但他们对个人前途的认识还比较模糊。高中生是立足于现在，更着眼于未来。高中生对人生、事业、爱情、未来的发展都有美好的理想，正是这些美好的理想，使高中阶段成为人生中最有动力、最浪漫、最富有锐气的时期。对理想的追求，是高中生向往未来的主要表现。对于中国大多数高中生而言，他们最直接的理想就是实现自己的"大学梦"。

高中生的自我意识、自我教育的能力以及独立判断、独立生活的能力日臻完善，因此，高中生的教育与以前阶段的最大区别是给他们充分的自主权，放手让他们自己去选择、思考、创造，教师在把握方向的前提下，作必要的、适时的引导。与以前相比，高中阶段面临着多重选择，首当其冲的是升学与就业的选择，还有确立个人理想时遇到的个人与社会以及友谊、恋爱与学习之间的选择等。高中生的心理看似平静、稳定的发展，其实并不平静，而是充满着冲突、斗争和选择。高中生的教育应引导学生学会正确地选择。

1. 全面地安排高中生的学习生活，做到学习与休息、课内与课外的有机

结合

高中阶段是学习负担最重的时期，他们对未来的美好期望，可能会使他们更加努力地学习，从而又加重了他们的学习负担。但是，高中生的身心发育仍然没有成熟，处于成长阶段，依然需要保护他们的身心健康。高中生对学习的极大投入，可能会剥夺或减少他们的锻炼和娱乐时间。而且，单一的学习生活容易造成疲劳和厌倦，导致他们对学习产生厌恶情绪。高中生普遍感觉学习压力大，睡眠不足，更缺少自主自由支配的闲暇时间，这不仅会影响他们的身体健康，出现近视以及头疼等神经和脑血管疾病，而且会带来严重的心理问题。在"应试教育"的背景下，有的学生不堪忍受沉重的学习压力，甚至走上了轻生的道路。高中教育依然属于基础教育，基础教育是为人的终身发展打基础的教育。在我们从"应试教育"向素质教育的转轨过程中，教师必须从有利于学生终身发展的角度，全面安排他们的学习和生活，做到学习与娱乐、生活相结合，课内与课外相结合，书本知识的学习与社会实践相结合，促进他们健康、全面的发展。

2. 引导高中生树立远大的理想，增强学习的动力，正确处理升学和就业之间的关系

青年期是人生富有追求和理想的时期，也是人生最有奋斗动力的时期。对人生目标的追求，树立远大的理想，是他们奋斗不息的强大动力。一般的高中生，都把升大学作为他们人生的理想和追求，成为他们学习的最大动力。这本身无可非议。但问题是，高等教育作为一种非义务教育，即使得到了较大的发展，也不可能普遍满足高中生升大学的愿望，这是我国的现实国情决定的。教师要引导学生正视这一现实，在升学与就业之间作出正确的选择。

3. 引导高中生正确地认识和处理个人与社会之间的关系，走好人生之路

高中生对自身价值的认识，已经超越了个体而融入到社会之中。为此，要引导他们正确地处理个人与社会之间的关系，这是他们走好人生之路的重要条件。高中生对个人与社会之间关系的认识和处理上往往表现出一些片面性，例如在认识层面上，他们可能过分欣赏自己，只看到自己的长处，看不到自己的缺点，对自己的认识脱离现实。相反，他们对社会的认识过于苛刻，

往往以理想化的标准来衡量社会、要求社会，把社会的问题严重化，导致自己的失望。在价值观上，他们把个人的价值看得至高无上，自己的行动只对自己负责，缺乏社会责任感。心理学研究表明，自我的分化到高中阶段表现得更加明显，它使高中生长久地沉浸在自己的内心世界中，对周围的事物不屑一顾。① 针对高中生极易出现的"自我膨胀"，教师要引导他们正确地认识人与人之间、个体与社会之间的关系，树立"我为人人、人人为我"的思想，把个人的理想与社会的要求结合起来，增强自己的社会责任感，通过自己的创造，实现人生的价值，也推动社会的发展。

4. 引导高中生学会与异性交往，珍惜同学之间的友谊，正确地处理恋爱与学习之间的关系

高中生正处于豆蔻年华，是一生中的黄金时期。他们好交往、重友情，在交往中发展起来的友谊感，比小学和初中阶段更加深刻、稳定。同时，高中生与初中生相比，与异性朋友的交往增加，产生了友谊。在这一阶段，与异性的友谊是很难与朦胧的初恋相区别的，初恋只不过是友谊的加深。因此，高中生出现初恋，并非什么大逆不道，更不等同于堕落。因此，教师和家长对早恋的学生要有正确的态度，要教育他们珍惜纯真的情感和友谊，帮助他们分析早恋可能会带来的负面影响或危害；教育他们认识到高中生的主要任务是学习，应把主要的精力投入到学习中；教育他们树立正确的友谊观，珍惜与每个同学的友谊。

思考题

1. 教师应该树立什么样的学生观？
2. 怎样正确地认识学生在教育过程中的地位？
3. 教师如何保证学生在教育过程中主体地位的实现？
4. 分析小学生、初中生和高中生年龄特征的不同，说明各阶段教育的重点。

---

① 郑和钧、邓京华等：《高中生心理学》，浙江教育出版社1993年版，第173页。

第三编

现代教育与现代社会发展

第七章 教育与社会发展

第一节 教育的社会制约性

教育以培养人为己任，要受到社会方方面面因素的制约和影响。正如马克思所指出的那样："物质生活的生产方式制约着整个社会生活、政治生活和精神生活的过程。"① 教育的社会制约性是指教育发展与社会密切相关，受其制约。其中，社会是上位范畴，教育是下位范畴。为此，一定的教育必须立足于社会发展的现状及趋势，立足于人的发展的客观需要和将来自己可能选择的发展道路。

历史唯物主义把社会定义为："以共同的物质活动为基础而相互联系的人们的总体。"② 马克思说："社会——不管其形式如何——究竟是什么呢？是人们交互作用的产物。"③ "生产关系总合起来就构成所谓社会关系，构成所谓社会，并且是构成一个处于一定历史发展阶段上的社会，具有独特的特征的社会。"④

社会的基础是物质生产。物质生产不仅是使人类从自然界中分化出来的根本条件，也是人类赖以生存和发展的基础。物质资料的生产方式是构成社

---

① 《马克思恩格斯选集》第2卷，人民出版社1995年版，第32页。
② 《辞海·哲学分册》，上海辞书出版社1980年版，第89页。
③ 《马克思恩格斯选集》第4卷，人民出版社1995年版，第532页。
④ 《马克思恩格斯选集》第1卷，人民出版社1995年版，第345页。

会形态的基础,决定着社会历史进程。一个社会的基本制度、社会结构、阶级关系以及政治、法律、道德等观点,归根结底是由物质资料生产方式决定的。恩格斯说:"直接的物质的生活资料的生产,因而一个民族或一个时代的一定的经济发展阶段,便构成为基础。人们的国家制度、法的观点、艺术以至宗教观念,就是从这个基础上发展起来的。"①

社会的本质是生产关系。生产关系是指人们在物质资料生产过程中相互结成的社会关系。为了进行生产,人们便发生了一定的、必然的联系或关系。这些关系包括生产资料所有制形式、生产主体在生产中的地位和相互关系、产品分配形式等。生产关系是人们的一切社会关系中最基本的关系,政治、文化等其他方面的社会关系都是在生产关系的基础上产生和建立起来的。社会是由自然环境、人口和物质生活资料的生产方式三个基本要素构成的。要形成一个社会,这三者是缺一不可的。其中对社会发展起决定作用的是物质生活资料的生产方式。

一、生产力对教育发展的制约和影响

历史唯物主义认为,社会存在决定社会意识。物质资料的生产是人类社会存在和发展的前提和基础。正如马克思所说,物质生活的生产方式制约着整个社会生活、政治生活和精神生活的过程。在物质资料的生产中,生产力是最活跃、最革命的因素,它的发展变化必定会影响到生产关系的发展变化,从而也必定会对教育发展产生影响。生产力的发展对教育发展的制约和影响作用主要表现在以下几方面。

(一) 生产力的发展制约着人才的质量和规格

教育的根本任务是培养人,而人的质量和规格是受多重因素制约的,其中最为重要的因素是生产力的发展水平。"个人是什么样的,这取决于他们进行生产的物质条件。"② 从本质上说,生产力的发展过程实质上是人的素质不

---

① 《马克思恩格斯选集》第3卷,人民出版社1995年版,第776页。
② 《马克思恩格斯全集》第3卷,人民出版社1960年版,第24页。

断提高、潜能不断被发掘的过程。生产力的发展在客观上必然要求教育培养出来的人能够适应其发展的需要，能够掌握与之相适应的知识和技术，具有与之相适应的素质。生产力的发展对人的这种要求必定带来教育在人才培养的质量和规格上的变化。

社会生产是建立在分工的基础上的，而"就个人自身来考察个人，个人就是受分工支配的"。① 个人发展的历史，实际上就是一部"分工史"。生产力的发展要求教育能够满足由于劳动分工带来的对不同层次、不同类型的劳动者的需要。为此，教育必须依照生产力发展带来的劳动分工结构的变化来确定教育目标、设置学科专业、调整课程结构。

（二）生产力的发展制约着教育事业发展的规模和速度

教育事业必须建立在一定的物质基础之上。显然，办教育必须要具有一定的人力、物力、财力，而社会能够给教育发展提供的物质条件是由生产力水平决定的。一定社会的生产力发展水平，决定着社会剩余劳动产品的多少、自由劳动时间的多少，而剩余劳动产品、自由劳动时间的多少又直接关系到社会财富的积累和允许多少人脱离或暂时脱离物质生产过程。在生产力发展给教育提供一定的物质条件的同时，也对教育事业的规模和速度产生制约和影响作用，要求它的发展与之相适应。例如，生产力发展水平直接制约着一个国家在教育经费方面的支付能力，这种支付能力不仅表现在教育经费的绝对数值上，也表现在国民总收入中教育经费所占的比重上。一般来说，生产力发展水平较高的国家，公共教育经费在整个国民收入中所占的比重也较高，反之则较低。

（三）生产力的发展制约着课程设置及教学内容的选择

生产力的发展促进着科学技术的发展与更新，也必然影响到学校课程的设置与教学内容的选择。在古代社会，学校设置的课程门类大多为哲学、政治、道德、宗教等人文学科以及语言、文字等工具课程，而与生产劳动直接相联系的自然科学和技术课程很少。近代社会以后，在算术、几何、天文学

---

① 《马克思恩格斯全集》第3卷，人民出版社1960年版，第514页。

等传统课程的基础上，代数学、植物学、动物学、物理学、化学等相继进入到课程中。究其原因，除了政治、经济制度和文化等的发展变化外，古代社会学校课程的设置与当时落后的、自给自足的生产力发展状况是息息相关的；而近代以来学校课程的发展，与近代社会生产力的迅猛发展状况是相一致的。在古代社会，由于生产力发展缓慢、水平低，直接从事生产的劳动者不需要经过专门的训练和教育，学校也不承担培养劳动者的任务。随着生产力的发展，到了近代社会以后，形成了较为完备的学科门类，教育目标也发生了变化，迅猛提高的生产力发展水平对人才的培养提出了新的要求。上述内容表明，学校课程设置及教学内容的选择是以社会生产力的发展水平为基础的。

（四）生产力的发展制约着教育教学方法、手段及其组织形式

学校的物质设备、教学实验仪器、学校组织管理所使用的某些工具和技术，都是一定的生产工具和科学技术在教育领域的应用，它们反映了社会生产力的发展水平。例如，理化实验、幻灯、电影乃至多媒体教学等，无不与生产力水平的不断提高有关。此外，教学组织形式的演变也与生产力发展有关。在古代，个别教学是主要的教学组织形式，而近代社会以后，则以班级授课制为基本的教学组织形式。到20世纪中后叶，个别化教学呈现出良好的发展势头，这一切无不与生产力的发展相关。换言之，它们是生产力发展的必然要求。

二、政治、经济制度对教育发展的制约和影响

在阶级社会里，掌握生产资料的阶级一定要通过政治组织和机构、法律制度、思想意识以及其他行政手段来控制教育，对教育的性质、目的、制度、内容乃至方法、手段等都给予一定的制约和影响，使其能够更好地为本阶级的利益服务。一定的政治、经济制度对教育发展的制约和影响主要表现在以下几个方面。

（一）政治、经济制度的性质决定教育的社会性质

一定的教育具有什么性质，这是由那个社会的政治、经济制度的性质直接决定的。教育的发展历史证明，有什么样的社会关系就有什么样的教育。

欧洲中世纪教育的神学性是由于宗教僧侣对教育的垄断；近代资本主义教育的阶级性，则是由资本主义的物质生产方式所决定。这是马克思、恩格斯在《共产党宣言》中所揭示的教育的普遍特征。列宁根据俄国当时的实际也指出，俄国教育的等级性完全是由俄国社会制度的封建等级决定的。资产阶级的社会关系性质，决定了学校完全变成了资产阶级统治的工具。

教育的性质不仅决定于社会政治、经济制度的性质，教育的发展变革也直接决定于社会政治、经济制度的发展变化。当新的社会关系代替旧的社会关系时，就必然产生与之相适应的新教育。因此，阶级社会的教育都反映着统治阶级的需要，从属于社会关系的性质，成为一定社会进行统治的重要工具。

(二) 政治、经济制度决定着教育的宗旨和目的

教育的根本任务是培养人。在一定社会中，培养什么样的人，具有什么样的政治方向和思想意识，为谁服务，这是由一定社会的政治、经济制度决定的。教育目的是一个社会的政治、经济制度对教育所提出的主观要求的集中体现，它直接反映着统治阶级的利益和需要。因而，在政治、经济制度不同的社会里，便有着不同的教育目的。社会中占统治地位的阶级，为了确保教育能够培养出他们所需要的人才，总是利用他们掌握的国家机器，直接控制教育，为教育确定培养人才的规格标准，选择教育内容，提出道德要求等，使教育为特定的社会关系服务。

(三) 政治、经济制度决定着教育的领导权

教育的领导权是判断和确定教育性质的最主要标志。政治上、经济上的统治者同时也是教育上的统治者，统治阶级依靠其掌握的政治、经济权力，掌握了教育的领导权。统治阶级对教育的控制是通过国家机器实现的，他们通过国家政权颁布法律、政策、法令，规定办学宗旨、方针，以强制的手段监督执行，并通过任命教育机构的领导人等有效手段掌握教育的领导权。另外，统治阶级还利用经济的力量来掌握教育的领导权，他们掌握着教育经费和大量财富，通过国家拨款和个人捐献等办法，实际上左右着教育发展的方向。统治阶级利用其统治思想作为指导来编写或审定教科书、教学参考书和各种课外读物等，来保证思想上的统治地位。

（四）政治、经济制度决定着受教育权

受教育权是判断和确定教育性质的重要标志，它是由政治、经济制度决定的，即由国家政权的法律规定，或由受教育者和其他各种条件决定。诸如谁有接受学校教育的权利、谁没有接受学校教育的权利、谁有接受什么样的学校教育的权利、学校教育以什么内容和方法来培养人才，都是由一定的政治、经济制度决定的。

（五）政治、经济制度决定着教育的管理体制

教育的管理体制直接受制于社会关系。在教育的发展历史上，不同的社会政治、经济制度历来决定着不同的教育体制。法国、日本等国家高度的中央集权制，决定了学校管理体制的集中统一；美国地方分权的政治、经济制度同样决定了美国教育的分权制，各州有权根据各州实际颁布各种教育法规，而不是由中央一统到底。中国强调发挥中央和地方两个方面的积极性，因而在教育上实行大政方针上的集中统一、具体实施上的地方分级管理，既有中央的集中，又有地方的灵活。这些都是不同社会关系的反映。

三、文化对教育发展的制约和影响

文化，是一个内涵极为丰富的范畴。它来源于拉丁语 cultura，意为耕作、培养、教育、发展、尊重，最初是指人对自然界有目的的影响以及人自身的培养和训练。古希腊人认为，"有教养"是他们与"无文化"的野蛮人的主要区别。从罗马时代后期一直到中世纪，"文化"一词开始与城市生活发展相联系。由于享受城市生活的人普遍有较高的"教养"水平，因而文化被理解为较高的个人修养。到了欧洲文艺复兴时期，人们开始把文化与理性联系起来，"文化"一词增添了人道主义理想的色彩。直到18世纪，文化概念才开始被人们科学地加以界定，并注意到文化现象与自然现象有所不同。康德认为，文化是在公民社会形成过程中产生和形成的，文化标志着人类从自然状态向社会状态的转变。黑格尔指出，文化始终与人类劳动相联系，在人类劳动的基础上产生了实践文化与理论文化。19世纪90年代以后，文化概念正式成为人类学家的研究范畴。1952年，美国学者克鲁伯和克拉克洪发现，人们对文

化的理解有164种之多。在众多观点中，英国学者爱德华·泰勒的看法无疑具有经典意义。他认为："'文化'是社会成员在社会所学得的复合整体，它包括知识、信仰、艺术、道德、法律、风俗等等，以及其他能力与习惯。"[1] 这一定义表明文化至少有两个特点：（1）它是共享的，不是某个人独有的；（2）对个体来说，它是后天习得的，而不是先验的。据此，文化可分为广义文化与狭义文化。广义文化是指与"自然"相对应的概念，是由人所创造的、非自然所提供的、社会性的人适应环境的超生物手段与机制的总和，包括物质文化、制度文化、精神文化。狭义文化仅指精神的或观念性文化，主要是指人类以社会成员的身份所习得的整体经验，包括知识、信仰、艺术、道德、法律、风俗以及其他一切能力和习惯。我们这里要阐释的文化与教育的关系，是狭义的文化概念。狭义的文化与教育有着直接的关系，因为狭义的文化是人类必须以社会成员的身份才能获得的，它具有复合性、整体性等特征。

　　文化的形态是多样的，大体可以将其分为物质形态文化、制度形态文化、观念形态文化、活动形态文化和心理形态文化。物质形态文化是指科学、艺术、技术等创造发明物化在物质产品上的文化，如历史文物、工艺制品等。制度形态文化是指人类为满足或适应某种需要而建立的各种规章制度及法则，如政治制度、经济制度、教育制度以及法律、军事、家庭、婚姻制度等。观念形态文化是指人类创造的各种语言文字、数学抽象符号以及各种科学著作和文化作品，即各种文化的物质载体。活动形态文化是指各种文化创造和传播活动，以及文化团体和设施，如各种学术活动、文娱活动、文化出版机构、学术机构等。心理形态文化是指不同民族的心理素质、价值取向、精神风貌、思维和生活方式，以及文化传统和行为习惯等。

　　文化对于人的发展价值是无以取代的，它一经形成，就成为超越个体的客观力量存在并影响和维系着社会及其历史活动。作为与人的本质最为贴近的力量，它也是社会和个体发展的价值取向所在。文化对教育发展的制约和

---

[1] ［英］爱德华·泰勒著，连树声译：《原始文化》，上海文艺出版社1992年版，第1页。

影响作用主要表现在以下几方面。

（一）一定的民族文化传统影响着教育观念

每个民族都有自己特定的文化传统，即民族思想信念、道德观念、价值取向、风俗习惯以及思维和生活方式等。这些民族文化传统，对现代教育具有强烈的影响作用。因为民族文化传统，特别是优秀的文化传统，需要通过教育进行传递，这样就必然影响社会的教育观念和对教育内容的选择。因此，民族文化传统对教育观念、教育内容具有制约和影响作用。同时，民族文化传统的核心，即价值观念和取向，极大地影响着人们对教育目的的确定、教育地位的认识以及教育内容和方法的选择。世界是多民族的，各民族的教育体系、教育结构和教育形式多种多样，即使在政治、经济制度以及生产力发展水平基本相同的国家里，由于其文化传统各异，反映在教育上也会不尽相同。

（二）一定的民族文化传统影响着教育内容的选择

教育总是在一定的社会文化背景下进行。由于民族文化传统的特定内涵需要通过教育来传递给下一代，因此，民族文化传统影响着人们对教育内容的选择。例如，各民族都把本民族语言作为教育内容中一个不可忽略的重要方面，各民族特有的礼仪习惯、文学、音乐、美术、舞蹈、书法以及民族工艺在教育内容中也占据着相当重要的地位。社会文化的丰富和发展，必然促进学校教育内容的丰富和课程结构的变化。虽然教育内容的变化相对于文化发展来说，具有相对的稳定性，但在社会文化大发展，特别是科学技术突飞猛进的条件下，可以打破教育内容的稳定格局，促进教育内容的发展和课程结构的变化。现代科学，特别是自然科学的迅猛发展，带动了学校课程的更新与内容的增加，也促进了学校课程结构的变化，出现了选修课程比重增加的趋势。

（三）一定的民族文化传统影响着对教育的需求

一般来说，一个社会或国家的人民文化水平越高，对受教育的需求程度就越高。在文化高度发展的社会里，其各级各类教育必然是十分发达的。同时，文化的社会背景也对学校教育发生影响。特别是文化得到发展后，受教育的层次和范围将大大拓展，教育体系和办学形式将会多样化。多种多样的教育体系和办学形式,扩展了教育与各种不同层次、不同类型、不同行业人员的联系,使现代教育与社会生活各方面加强了联系,从而推动了教育事业的发展。

(四) 一定的民族文化传统影响着教育管理体制

教育管理体制固然在很大程度上取决于一定的生产力发展水平,但这并不是唯一的决定因素,除此之外,一定的文化对其也有制约和影响作用。文化及其价值观对于教育管理体制的建立和选择产生很大的影响作用,主要表现在无论选择什么样的教育管理体制,都要能够被自己的文化及其价值观所接受。因此,即使在政治、经济制度和生产力发展水平基本相近的国家中,由于文化的差异,教育管理体制也存在这样或那样的差异。比较教育学者康德尔在《英美教育与民族性比较》一文中指出:"英国人不相信全国性的教育设计是良策,而宁愿信赖个人或团体办学的自主活动……英国人不愿依赖政府的积极性,怀疑政府采取行动所依据的理论与计划。"① "美国人从建国初期起,在鼓励利己主义和对政府干涉拓荒环境抱怀疑态度的影响下,也逐渐地养成了为谋求地方公益而合作,为社会有用而服务的思想。在别国由中央政府统筹主办的公共事业,在美国则利用地方当局和社会团体的积极性与事业心,利用为个人与团体'服务'的口号来取代中央政府的集中管理。"② 美国在教育管理体制上实行分权制,赋予学校很大的办学自主权,学术权威在学校管理中的作用较大。而法国则与之相反,它采取的是高度集中的管理模式。这无不与美国、法国各自的文化传统有关。

四、人口因素对教育发展的制约和影响

人类生产分为物质再生产和人的再生产。前者是指处于一定社会关系中的人,在生产劳动过程中借助生产工具不断地从自然获得其生存所必需的物质生活资料。后者则是指以前者为前提和基础,通过一定形式的婚姻制度所

---

①② 朱勃编译:《比较教育——名著与评论》,吉林教育出版社1988年版,第87、92~93页。

进行的人类自身的繁衍。就人类自身的再生产来看，它是生活在一定时间、地点内的社会总人口的繁衍、代代延续的过程。这个过程，既有数量的再生产，也有质量的再生产，进而对教育的发展产生影响。

人口是指居住在一定地区内或一个单位内的人的总称。其具体状况通常包括人口的数量、人口的质量。人口的质量一般由人口的年龄结构、就业结构、文化结构等来反映。一定的人口对教育发展的制约和影响主要表现在以下几方面。

（一）人口数量对教育发展的制约和影响

首先，一定的人口数量及增长率影响着教育事业发展的规模和速度。一定数量的人口是构成教育事业及其活动的前提和基础，特别是学龄人口数量直接制约着教育事业的规模和发展速度。此外，人口的不同增长率也影响着教育的发展。有学者指出，在人类社会中，人口增长率的变化有三种类型：第一种是高出生和高死亡构成的低增长；第二种是高出生和低死亡构成的高增长；第三种是低出生和低死亡构成的低增长。① 其中，第一种类型的人口增长率在现代社会已经很少见到，比较理想的类型是第三种。低出生和低死亡构成的低增长对教育的规模和速度的影响是稳定的，只要有适度的经济力量的支持，教育就能够很好地满足人口接受教育的需要。第二种类型比较复杂，对教育的影响更大。这主要体现在随着人口的高增长，必然要求不断扩大教育规模，以满足人口的教育需要。但是，如果采取诸如计划生育等措施和手段，人口数量就会逐步下降。此时，又会出现诸如学校资源过剩、班额过小等问题，因此，这时就需要进行教育布局调整，以应对所面临的问题。

其次，人口增长还制约和影响着教育发展战略目标的实现和战略重点的选择。教育发展在一段时期内所要达到的总要求和水平是受到诸多因素的制约和影响的，其中，人口增长速度是一个重要因素。在一段时期内，在其他各方面条件都具备的情况下，若人口增长过快，就必然要求教育的规模有大的发展，其难度也必然会随之提高。教育事业发展的战略重点是指在教育发

---

① 叶澜：《教育概论》，人民教育出版社1991年版，第105页。

展过程中，对于实现战略目标具有关键作用的环节和部分。教育发展战略重点的选择不仅要按照经济、社会以及教育自身发展的法则和需要，而且还应依据人口因素。例如，在人口增长速度比较快的地区，教育发展应以扩大规模、增加数量为战略重点；而在人口增长速度较为平缓且经济发展又比较好的地区，教育发展则应以提高教育质量为战略重点。

（二）人口质量对教育发展的制约和影响

1. 人口年龄结构制约着教育发展

不同的人口年龄结构对教育发展提出的要求是不尽相同的。一般来说，有什么样的人口年龄结构，就会有什么样的教育结构。例如，在人口的年龄结构中，学龄人口的基数多、比重大，基础教育在教育体系中的比重就必然会提高；相反，如果成人人口比重大，教育的重心就会转移到成人教育上。

2. 人口就业结构制约着教育发展

人口的就业状况取决于一定地区的生产力发展水平，特别是产业结构和技术结构，它必然会对教育发展产生影响。例如，如果生产力发展水平低，大多数劳动者集中在第一产业、第二产业就业，此时教育的发展水平就十分有限，教育的类型结构也比较单一；相反，如果生产中的科技含量加大，劳动人口流向第三产业，教育的发展就必然有良好的环境和条件，教育的类型和结构也必然呈现出多样化的特点。

第二节 教育的社会功能

一、教育功能的结构

（一）教育功能的概念

功能是指事物或方法所发挥的有利的作用。[①] 许多学科都在一定的意义

---

① 中国社科院语言研究所词典编辑室编：《现代汉语词典》，商务印书馆2002年版，第438页。

上使用这个概念。在哲学上，功能是指"有特定结构的事物或系统在内部和外部的联系和关系中表现出来的特征和能力"。① 在经济学上，它是指社会经济活动所表现出来的职能。在社会学上，它是指某一活动或社会系统所具有的价值。尽管不同学科对于功能的理解有一定的差异，但对它的理解应把握以下几点。

第一，功能是事物得以存在的最重要的标志。不同事物的结构是不尽相同的，其性能、作用也有区别，因此，事物之间的区别（或者说事物的质的规定性）是通过功能实现的。它在该事物及其活动中具有特定的作用，而这个作用是由其结构来决定的。在这个意义上，讨论事物的功能，无论在理论上还是实践上都是有价值的。

第二，事物演进、变化和发展的过程，实质上就是其功能的演进、变化和发展。

第三，事物的功能是在与其他事物的交互作用和联系中实现的。换言之，就事物本身而言，功能是潜在的。它要得以展现出来并得以演进、变化和发展，就只能在与其他事物的相互联系中实现。

一般来说，教育功能是指教育作为独特的社会实践活动，在与人及周围环境相互作用和影响过程中所表现出来的作用和能力。对于教育功能，可以从宏观和微观两个层面来考察。

从宏观层面上看，作为社会结构的一个不可或缺的组成部分，教育与政治、经济、文化、人口、地理环境等社会结构中的其他组成部分之间存在着千丝万缕的联系，教育功能就是在它们之间的相互联系中展现出来的，表现为教育对社会结构的各个组成部分有着这样或那样的影响作用。

从微观层面上看，教育活动是由多种因素构成的一个复杂体，其中最主要的因素是教育者、受教育者、教育内容和教育手段等，它们之间的相互影响和作用形成了教育功能，表现为教育者对受教育者发展所起的作用。

教育功能是客观的，它源于教育自身具有的潜在特性，同时，它既受制

---

① 冯契主编：《哲学大辞典》，上海辞书出版社1992年版，第317页。

于社会结构,也受制于教育自身的结构,与教育价值是有区别的。教育价值是教育主体与教育客体之间相互作用的产物,是在教育主体需要和教育客体得以满足的过程中产生和发展起来的。它所揭示的是教育能够满足主体的一定需要的属性,也就是教育对主体的意义。因此,教育价值表达的是人们对教育"应该是什么"或对"好"的教育的期待。教育功能则是指教育的客观结果,即"实然"的教育。教育价值总是体现着对教育的某种价值向往和期待,而教育功能则是教育的实际作用。因此,教育价值总是对"好"的教育的追求,而教育功能则有正负之别。在某种条件下,教育是促进社会进步、人的发展的有价值的社会活动;而在某种条件下,它则会阻碍社会的进步和人的发展。

(二)教育功能的分类

正如有学者所指出的那样:"功能本来就是一个中性的概念。"[①] 对于教育功能,可以依据不同标准对其进行分类。

1. 从作用的对象看,教育功能可分为个体功能和社会功能

长期以来,关于教育的社会本位和个人本位问题争论不休,究其原因,就在于教育功能的复杂性。这表现在,一方面,教育发展一定会对社会的进步和发展产生影响,具体体现在它对经济、政治、文化、宗教、人口等社会现象的影响上。另一方面,教育又必然会对人的生存与发展产生重要影响。

教育的个体功能和社会功能是相互制约和相互影响的。在历史上,曾出现过以卢梭为代表的个体功能论者,也有以赫尔巴特为代表的社会功能论者。纵观教育发展史,这两种观点实际上是割裂了教育的功能。从社会历史的进程来看,社会进步与个人发展是一个事物的两个方面,互为条件、互为因果、密切相关,而不是截然对立的。因此,总的来说,教育的个体功能与社会功能是统一的。当然,在某种具体的历史条件中,它们两者之间可能存在矛盾,但它们在一定的历史条件下是以独特的、具体的形式整合的。

2. 从结构上看,教育功能可分为基本功能和衍生功能

[①] 胡德海:《教育学原理》,甘肃教育出版社 1998 年版,第 301 页。

教育的基本功能是指源于教育自身的结构而产生的、根本的且具有稳定性的功能。通常认为，教育的基本功能是指促进人的发展的功能。这是教育所具有的其他功能的基础。教育的衍生功能是由教育的基本功能派生出来的，是由社会结构决定的。教育的衍生功能主要是指教育的政治功能、经济功能、文化功能、科学功能等，它是以教育培养人和促进人的发展为前提条件的。

教育的基本功能与衍生功能是相互制约和相互影响的，其中，前者是基本，后者是前者的拓展和延伸。在理论和实践上，不能颠倒两者的关系，否则将对人的发展和教育的社会功能的实现产生诸多的负面影响。

3. 从作用的方向看，教育功能可分为正向功能和负向功能

最早提出教育的正负功能的是美国社会学家默顿。他在20世纪50年代末提出："社会功能指可见的客观结果，而不是主观意向（目标、动机、目的），若不能区分客观社会后果与主观意向，则必然导致功能分析上的混乱。"① 在他看来，社会功能是客观的，它本身无所谓好坏之别，但是由于"主观意向"的原因，使之具有了正向、负向之别。基于上述理解，教育的正向功能是指教育的效果是良好的，对人的发展和社会进步的影响是积极的。教育的负向功能则是指教育的效果是消极的，对人的发展和社会进步的影响是负向的。

教育的正向功能与负向功能是一个比较复杂的问题，其复杂性主要表现在两个方面：一是对教育功能的评判具有主观性，使本来"客观"的问题变得"不客观"了；二是教育的正向功能与负向功能有时是能够被人清楚地感知和反省的，但有时是觉察不到的。因此，日本学者柴野昌山提出了教育功能的理论分析框架（参见表7-1）。

---

① [美]默顿著，何兴凡等译：《论理论社会学》，华夏出版社1990年版，第104～105页。

表 7-1　柴野昌山关于教育功能的分析

		主观意向	
		显性	隐性
客观结果	正向	A	B
	负向	C	D

在这一框架中，教育功能被分为 A、B、C、D 四类。其中，A 代表正向显性功能，B 代表正向隐性功能，C 代表负向显性功能，D 代表负向隐性功能。

二、教育的本体功能

教育在本质上是以培养人、促进人的发展为己任的活动，这是教育与其他各种社会活动的根本区别之所在。因此，尽管我们可以以不同标准为尺度对教育功能进行分类，但毋庸置疑的是教育的基本功能或本体功能应是促进人的发展。促进人的发展，包括两方面的含义：一是使个体社会化；二是使个体个性化。对教育来说，它的本体功能一方面是把人类在历史发展中所积累下来的文明传递给年轻一代，使人类文明得以延续、发展，个体得以在社会中生存和发展；另一方面是把每个个体所具有的生物学可能性转变为现实性。

（一）教育的个体社会化功能

1. 个体社会化的含义

每个个体都是从自然实体转变为社会实体，这表现在每个刚出生的婴儿只具有自然意义，他要能够在社会中生存和发展，就必须适应并超越社会。这个适应与超越社会的过程，是个体成为适应一定的社会规范要求、参与社会生活、履行一定社会角色的社会人的过程。

社会化有广义、狭义之别。广义的社会化是指个体不仅掌握和内化一定的社会价值、规范、态度、信念，也掌握一定的学术性知识和技能，从而扮演特定的社会角色。狭义的社会化是指使个体获得一定社会的价值、规则、态度和信念。它们虽然存在着一定差别，但其共同之处在于社会规范的习得是个体社会化的核心。因此，社会化是指个体接受文化规范，成为一个社会成员的过程。换言之，社会化是个体学习的过程，是从自然人通过学习适应社会生活、成为社会人的过程。就其具体内容来讲，大体包括四个方面：（1）获得文化价值与社会规范；（2）使个人追求的目标与社会要求相一致；（3）掌握个体取得社会成员资格所必需的技能；（4）学会认同身份以及知道在每一场合下自己所处的角色。

需要特别强调的是，个体的社会化并非仅指其生命历程的某一段，而是指其生命历程的全部。换言之，社会化是一个持续终身的过程。因此，一个人的一生始终处于社会化的过程之中。

个体实现社会化的途径和方式是多样的，大致可以包括家庭、学校、同伴群体、大众传媒、职业组织、社区等，其中，教育是基本途径。教育通过将已有的社会文化行为规范传递给年轻一代，使他们获得能够在未来社会中安身立命的角色，以维持社会运行机制的正常运转和使社会结构得以延续。这正如社会学创始人涂尔干所说："教育就是一种使年轻一代系统地社会化的过程。"①

2. 教育促进个体社会化的表现形态

教育在促进个体社会化的过程中，其功能主要表现在以下几个方面。

（1）使学生获得和掌握一定的社会文化。人类社会代代延续，从本质上讲，不仅是种族的繁衍，而且是文化的传承。文化不仅是人类实践的创造物，也是人类赖以生存和创造的条件，离开文化的滋养，生存和创造就无从谈起。因此，每一代人为了生存和发展，都存在必须获得和掌握既有的人类文明成果的问题。然而，迄今为止的人类文化遗产极其博大、不可尽数，而一个个体的生命只有几十年时间，试图在生命的有限时间里掌握所有的人类文化遗产，这几乎是不可能的。因此，教育特别是学校教育的作用就显得特别重要。通过教育把人类已有的文化遗产精选浓缩为教育内容，使之成为能够使学习

---

① 瞿葆奎主编，陈桂生等选编：《教育学文集·教育与社会发展》，人民教育出版社1989年版，第19页。

者在有限时间里走向未来的文化"起跑线",同时促进个体的情感态度价值观、知识技能等都得到应有的发展。在这个过程中,关键是要解决社会文化(环境)与学习者,即社会历史认识与个人认识、知与不知之间的矛盾。为此要通过教育使学习者认识世界,积极主动地作用于世界,认识自己,提高自己,解决社会文化(环境)与学习者之间的矛盾,促使两者实现统一。

教育向年轻一代传递社会文化的途径主要有三个。一是把已有的文化遗产浓缩为教育内容,使之以显性和隐性两种方式影响并转化到学生身上。二是通过学校和班级这样的组织使学生得以社会化。三是通过学校教育机构的专门人员、社会的代言人——教师使学生得以社会化。

(2)使学生学会扮演一定的社会角色。每个人在社会生活中都必须扮演多种社会角色,诸如父母—子女、教师—学生、领导—下属、同学—朋友,等等。在这个意义上,社会文化的习得包括学习扮演社会角色。学生所要扮演的角色类型大体包括理想角色与现实角色、支配角色与群体角色等。它们之间往往存在着矛盾,教育的功能在于以其独有的方式来消除它们之间的矛盾。例如,学校在使学生学习一定的社会文化知识的同时,还通过常规教育,使学生在相互交往的过程中逐步学会协调人际关系、遵守规则、合作竞争、分工协作等,为以后社会角色的扮演打下基础。

一般来说,教育是通过以下途径帮助学生扮演社会角色的。其一,通过传授文化知识、培养学生的情感态度和价值观,使之形成一定的角色意识。其二,通过创设情境和角色模拟,将角色知识与需要扮演的特定角色联系起来,使之在其中得以逐步地体验和习得角色互换的能力。其三,通过实践环节,扮演真实的社会角色。

(二)教育的个体个性化功能

1. 个体个性化的含义

社会化固然是每个个体发展的必然和必需,但个性化也是个体发展的必然和必需,它们是一个问题的两个方面。个性是指一个人在人生舞台上扮演的角色的种种心理活动。正如阿尔波特所说,个性是决定人的独特的行为和思想的个人内部身心系统的动力组织。这就是说,作为身心倾向、特性和反应的统一体的个性是人的本性，是植根于人的社会性的。它是在一个人的生理素质的基础上，在一定社会历史条件下，通过社会实践活动形成和发展起来的。

个性化是个性形成和发展、其固有特征不断彰显的过程。个性化的过程在本质上也是社会化的过程，是与社会化交替进行、相互作用的。社会化表现为个体对社会的适应，而个性化则是在适应和继承基础上的发展、变革和创造，其核心是通过实践促进个体的自主性、独特性和创造性的形成。人的社会化过程必然伴随着个性化，同时也必然趋于个性化。但是，无论是社会化的过程还是个性的形成与发展过程，都要通过教育才能实现。

2. 教育促进个体个性化的表现形态

教育促进个体个性化的功能，主要表现在以下几方面。

（1）教育促进个体主体意识的形成与发展。主体意识是人作为认识和实践活动的主体的自觉意识，包括主体的自我意识和对象意识。简言之，主体意识是个体对主观能动性的自我认识。从个体的生存与发展来看，他不会始终处于被动地、消极地受摆布和受支配的状态，相反，他具有能动的、超越现实的愿望和能力，能够主动、积极地作用于外界。人的这种适应现实但又超越现实的特性就是人的主体意识的体现。

人的主体意识不是与生俱来的，而是通过后天的实践活动获得的。教育是其中重要的内容之一。显然，对于个体的发展而言，教育过程是一个不断提升自我的过程，也是主体意识不断形成和发展的过程。个体通过接受教育，获得一定的道德观念、价值意识、增进知识、能力，形成强健的体魄，进而达到变革客观世界和主观世界的目的。

（2）教育促进个体有差异的发展。个体的行为动机、理想、信念、世界观、能力、气质和性格等存在着显著的差异，这种差异首先源于个体的生物学特性。当然，个体的生物学特性并不能预定个体未来的发展方向，但它是个体发展、个性差异的基础或先决条件，影响着个性发展的未来。除此之外，个体差异的形成和发展更多地取决于后天，特别是教育。个体由于后天生活环境、社会地位的不同，其发展途径、方式及结果是大相径庭的。尤其是教育影响，作为有目的的活动，它是依据学生的个别差异来进行的，力求做到因材施教，使每个学生能够充分地发挥潜力，扬长避短，形成自身独特的个性特征。

(3) 教育促进人的价值的提升。每个个体在未来的社会生活中都具有潜在价值，它的展现过程就是个体生命价值不断提升的过程。个体的生命价值是相对于人对社会的贡献和作用而言的，取决于他在社会生活中所发挥作用的大小。每个个体要做到这一点，一方面取决于他个人的整体素质获得了什么程度的培养和提高，另一方面取决于他赖以生存的社会环境。前者直接与教育相关，后者与教育间接相关。因此，在促进人的价值的提升中，教育的作用是极为重要的。

教育的个体社会化功能与个体个性化功能是相互关联的。没有社会化就不可能有个性化，反之亦然。社会化是个性化的前提，个性化是更高层次的社会化。

三、教育的社会功能

(一) 教育的经济功能

随着科学技术的迅猛发展和当代经济发展中科技含量的大幅度提高，当代经济的增长方式开始发生显著变化。当代经济增长已由依靠物质、资金、资源的粗放型增长模式转变为依靠技术、知识和人力资本的集约型增长模式。经济增长模式的转变使教育的重要性日益明显。

1. 教育通过提高劳动者素质促进经济发展

马克思曾指出："劳动生产力是由多种情况决定的，其中包括：工人的平均熟练程度，科学的发展水平和它在工艺上应用的程度，生产过程的社会结合，生产资料的规模和效能，以及自然条件。"[①] 这五个因素都与人的发展有关。教育担负着培养劳动力的任务，是社会再生产的必要条件，也是经济增长的必要条件。在经济发展中，教育具有举足轻重的作用。这主要表现在以

---

① 《马克思恩格斯全集》第23卷，人民出版社1972年版，第53页。

下几个方面。

第一，教育可以把潜在的劳动力转化为现实的劳动力。劳动能力是劳动者体力和智力的总和。它不是自然形成的，而是通过教育才得以形成，并适应一定的生产劳动需要。当人还不具有任何生产劳动知识和技能时，他只拥有自然力，是一种可能的劳动力。要把这种可能的劳动力转化为现实的劳动力，必须通过教育。因此，马克思说："教育会生产劳动能力。"① "要改变一般的人的本性，使它获得一定劳动部门的技能和技巧，成为发达的和专门的劳动力，就要有一定的教育或训练。"② 不仅如此，教育还可以使劳动能力改变形态。劳动者的劳动能力的形成是通过教育实现的，已经形成的劳动能力要随着生产发展发生适应性转变，也必须通过教育来完成。只有如此，才能提高科学知识的物化程度。

第二，教育可以改变劳动能力的形态，提高生产者对生产过程的理解程度和劳动技能技巧的熟练程度，从而提高工作效率。据苏联的一些经济学家统计，一个熟练工人接受一年的科技文化教育，比工人在工厂工作一年提高工作效率1.6倍。

首先，教育能够提高劳动者学习知识和技能的能力，缩短学习新技术所需要的时间。通过教育，劳动者获得的不只是具体的知识、技能、技巧，而且提高了他们的一般学习能力。在当代社会，提高人的一般学习能力尤为重要，它能使人较快地掌握新技术、新工艺，以适应生产高速发展变化带来的职业或工种变换的需要。

其次，教育能够提高劳动者的创新意识和创新能力。据国外一些企业统计，劳动者受教育年限每增加一年，合理化建议就平均增加6%。受过完全中等教育的工人在技术创造上的积极性，比没有受过同等教育而工龄相同的工人要高四五倍。

再次，教育能够提高劳动者加强生产管理的愿望与能力。现代社会生产

---

① 《马克思恩格斯全集》第26卷，人民出版社1972年版，第210页。
② 《马克思恩格斯全集》第23卷，人民出版社1972年版，第195页。

效率的提高需要劳动者对管理的参与。教育程度的提高，能使人们对自己的力量更有信心，希望劳动安排得更合理、更科学，能够参与生产管理。

2. 教育是促进经济发展的重要因素

教育是以培养人为己任的社会活动，在生产力三要素中，人是最关键也是最能动的因素。教育通过自身独有的功能提高劳动者的劳动熟练程度，进而提高劳动生产率，促进经济的发展。据有关资料，在机械化的初级阶段，生产中体力劳动与脑力劳动的比例是 9∶1；在中等机械化程度阶段，生产中体力劳动与脑力劳动的比例是 6∶4；在自动化生产阶段，生产中体力劳动与脑力劳动的比例是 1∶9。许多国家经济发展的经验表明，采用先进的生产工具和提高劳动者的素质，对于提高劳动生产率具有重要作用。1960 年，美国经济学家、诺贝尔奖获得者舒尔茨提出的"人力资本"成为当今经济学、教育理论中的重要范畴。人力资本是指体现在人身上的资本，以人的劳动能力的高低和可使用程度作为衡量依据。舒尔茨提出了人力资本收益率测算法：（本阶段毕业生与前阶段毕业生的工资差/本阶段的教育费用）×100％＝本阶段教育收益率。运用这一公式，舒尔茨测算出美国各级教育的收益率为：初等教育为 35％，中等教育为 10％，高等教育为 11％。同时，他进一步推算出美国在 1929～1957 年的国民经济增长额中，约有 33％ 是教育投资作出的贡献。此外，他通过对美国二战后农业生产的增长进行测算，发现只有 20％ 是由物力资本投资带来的，其余 80％ 则主要是教育与科学技术的作用。

3. 教育可以生产新的科学知识、新的生产力

学校，特别是高等学校不仅是传授知识的教育单位，承担着再生产科学知识的任务，同时也是从事科学研究的重要基地，担负着生产新的科学知识、新的生产力的任务。通过科学研究，一方面生产出新的科学知识，发挥精神生产方面的作用；另一方面形成科学—技术—生产体系，在实验室里研制出许多新的生产工艺，直接参与物质生产过程，推动生产力的发展。

高等学校是教学与科研的统一体。通过教学，可以实现高效率的科学知识再生产，完成培养人的光荣任务和使命。

由学校教育进行的科学知识再生产是一种无限的、永恒的再生产。只要

人类社会存在一天，只要人类需要进行劳动力的培养和训练，需要对年轻一代进行知识的武装，开发智力、培养能力、发展创造性思维，需要向全体社会成员进行科学知识普及，以提高全体公民的科学文化素质，就需要学校教育进行科学文化知识的传播，需要把科学理论传授给新的一代。

由学校教育进行的科学知识再生产也是一种高效率的再生产。学校教育中的知识传授是在教师的精心安排下，对浩如烟海的科学知识进行了反复筛选，从中挑选出人类经验的精华，通过有效的教学形式、科学的教学方法和先进的教学手段，在特定的教学过程中完成这种科学知识再生产的任务。它避免了人类在获得这些知识时所经历的漫长而曲折的道路，以最短的时间、最高的效率、最佳的途径促使年轻一代完成认识的任务。可以说，由学校教育所进行的科学知识再生产的效率是任何其他活动形式都无可比拟的。这正如马克思所说："再生产科学所必要的劳动时间，同最初生产科学所需要的劳动时间是无法相比的。例如学生在一小时内就能学会二项式定理。"①

学校教育不仅可以通过教学实现科学知识的再生产，而且通过科学研究，也能生产新的科学知识、新的生产力。

高等学校承担着教学和科研的双重任务。通过承担科研课题、进行技术革新，不仅可以创造发明新的生产工具、生产工艺，而且还可以发现新的科学规律，建立新的科学理论。高等学校集中了一大批一流的专家教授，又有大量的博士、硕士研究生作为人才梯队，这就使大学有条件进行一些高水平的研究，尤其是对于基础理论的研究，可望在科学前沿取得重大突破。高等学校学科全、设备齐、力量强，拥有科学研究得天独厚的有利条件和优势，能够不断在科学研究中获得新的成就。截至 1995 年，国家发明奖共授奖 2 586 项，高等学校获 821 项，占获奖总数的 31.75%；国家自然科学奖 522 项，高等学校获 259 项，占获奖总数的 49.62%；国家科技进步奖 6 124 项，高等学校获 1 367 项，占获奖总数的 22.32%。2003 年，全国高校获国家自然科学奖 13 项，占 68.42%；获国家发明奖 11 项，占 57.89%；获国家科技进步

---

① 《马克思恩格斯全集》第 26 卷，人民出版社 1972 年版，第 377 页。

奖 91 项，占 59.1%。由此可见，高等学校在促进科学发展中的作用是十分明显的。

(二) 教育的政治功能

政治属于上层建筑范畴，建立在一定的经济基础之上，是一种复杂的社会现象。一般来说，政治的表现形态分为三种：政治的管理、机构形态；政治的活动形态；政治的观念形态。国家的政治制度、法律制度和各级政府机构、各个党派等是政治的管理和机构形态；各阶级、各党派所进行的各种活动，是政治的活动形态；反映政权、政党、各阶级利益的路线、方针、政策以及与之相关的理论与学说，是政治的观念形态。

政治的本义是对"各种城市生活的处理，特别是公共事务的管理"。① 但在阶级社会中，政治最鲜明的特征是阶级性。只有到了阶级被彻底消灭的社会中，政治才能回归到"对公共事务的管理"这一本来状态。教育对于政治具有强烈的影响作用。

1. 教育具有维护社会政治稳定和促进社会变革的功能

作为社会现象，教育的政治功能首先表现在它对维护社会政治稳定发挥着十分重要的作用。《学记》中曾明确提出："古之王者，建国君民，教学为先。"也就是说教育乃是治国安邦的关键，可以"化民成俗"，这是教育的基本功能之所在。从历史来看，即便是通过法治的手段实现对社会的政治控制，也是借助教育的力量达成的，法的控制在本质上也是通过法治思想的教化实现的。因此，自古以来，任何国家或政权都无一例外是以教育作为维护政治稳定的基本途径。

2. 教育通过培养一定社会所需要的合格公民和政治人才去实现教育的政治功能

教育是培养人的工具。人不仅是生产力的重要因素，而且是社会的一员。在阶级社会里，无论哪个时代，无论哪个国家，掌握政权的阶级总是利用他

---

① 瞿葆奎主编，陈桂生等选编：《教育学文集·教育与社会发展》，人民教育出版社 1989 年版，第 335 页。

们手中的权力掌握支配教育的优先权,利用社会占统治地位的思想和道德去培养年轻的一代,以使他们具有统治阶级所需要的思想品德和知识技能,具备统治阶级所期望的政治观、世界观和人生观。这是一条自古以来不变的法则。

3. 教育通过传播思想、制造舆论来影响社会政治生活

教育特别是学校教育,历来是知识分子和青少年集中的领域,他们思想敏锐,有见解、有学识,是新思想、新文化的发源地。此外,通过教育者和受教育者的言论、行动、讲演、文章以及学校的教材、书刊等,也能起到宣传思想、制造舆论、动员民众、影响政治生活的作用。在现代社会,教育发挥着弘扬社会政治、思想、道德及文化领域中的正面因素,抑制与抵御腐朽、落后的消极因素,进而推进政治民主化的作用。

4. 教育推进着政治民主化

政治民主化是现代社会政治发展的必然趋势。一个国家的政治是否民主,取决于该国的政体,但同时也与人民的文化素质、教育水平密切相关。一个国家的教育普及程度越高,公民素质就越高,就越具有公民意识,重视民主的价值,推崇民主的措施,同时在政治生活和社会生活中积极履行民主的权利,承担相应的义务。因此,国民教育的发展和全体国民素质的不断提高,是推进政治民主化的重要前提和保证。

(三)教育的文化功能

文化是人类的创造物,文化的创造过程本身就是教育的过程。教育在文化发展中的作用主要体现在以下几方面。

1. 教育的文化传承功能

人类文化的传承大体有两个途径。一是以物的载体为手段实现的延续,如实物保存、运用各种符号(文字)记录等,即通过物质或借助于物质载体将精神文化客观化、物质化。二是以人为载体实现的延续,即通过人的活动形式、心理行为方式等保存文化。文化的这两种传承途径都与教育有关。学校教育由于其在传承文化过程中的系统性、集中性、高效性和普及性等特性,使其成为文化传承中最基本、最重要的途径。教育对人类文化的传承是通过教育对它的选择、整理实现的。教育通过对人类文化的选择和整理,使之成

为与学生发展相一致的力量——教育内容与教育方法，从而传递给年轻一代，实现文化的代际延续。

2. 教育的文化选择和整理功能

文化是构成教育活动的背景和内容，但并非所有的人类文化都能够进入到教育活动中。只有符合真、善、美标准的文化，才有可能进入到教育活动中。这就意味着教育需要对文化进行选择与整理。文化选择是文化变迁和文化演进的起始环节，表现为对某种文化的自动选择或排斥。教育虽然是文化传递的手段，但教育又不等同于文化传递，它不是对所有文化的传递，而是有所选择地进行文化传递。教育的文化选择通常有两个尺度：一是它要与主流文化相一致；二是它要符合人的身心发展规律。根据以上两个尺度，教育的文化选择功能主要表现为吸取和排斥。通过选择，使文化成为更有助于人发展的力量。

3. 教育的文化交流功能

文化是一定时期特定地域的人们的共同创造物，具有时代性和地域性，各个民族、各个国家或地区都有自己的文化特质。随着社会的发展，特别是日新月异的科学技术的影响，文化的时代性、地域性已被打破，文化的开放性是大势所趋，它也使文化交流成为必然。因此，文化交流实际上是指在一定社会价值体系下，不同文化之间相互影响、吸收和融合的过程。文化的交流主要通过两条途径得以实现。一是以教育活动本身为交流的手段，例如学者之间的学术交流等，实现文化交流。二是通过教育的内容、方法等，实现文化交流。

4. 教育的文化创新功能

交流是文化的生命力之所在。实际上，交流本身就是一个综合创造的过程，不可能是简单的复制或拷贝。教育的文化交流功能表明它具有文化创新功能，通过教育，使各种文化要素不断得以丰富和发展，重建新文化。教育的文化创新功能主要是通过两条途径实现的。一是教育本身固有的文化选择、批判功能使文化创新成为可能。二是教育自身也通过其活动创造新文化。依照知识社会学理论，一名教师在课堂上不会像录音机一样叙述有关内容，而是

或多或少地会对教学内容进行再加工和再创造,从而丰富、完善教学内容。

(四) 教育的人口功能

1. 教育是控制人口增长的手段之一

控制人口增长的手段很多,发展教育是其中之一,而且被认为是长期起作用的手段。一些人口学家研究得出的结论是:全体国民受教育程度的高低与人口出生率的高低成反比。有人在拉丁美洲的有关调查表明:有工作的妇女生育率低于家庭妇女;有专业知识的妇女生育率低于一般农村妇女;受过中等程度教育的妇女的婴儿死亡率低于文盲妇女。在我国的有关调查资料中也反映出同样的倾向,即人口的平均文化程度越高,人口出生率就越低,反之亦然。

一系列资料表明,受教育程度不同的人有着不同的生育观:受教育水平较低的群体或个人倾向于不加节制的高数量的生育;受教育水平较高的群体或个人倾向于有所节制的比较合理的生育。据统计,20世纪70年代中期,苏联、美国和欧洲发达国家成年人口的文盲率不足1%,其人口平均增长率约为0.72%;而非洲大多数国家的成人文盲率在70%以上(例如埃塞俄比亚为85%,尼日尔高达92%),其人口平均增长率为2.6%,1980~1984年又进一步提高到2.9%。另据统计,在美国,每百名受过中等以下教育的母亲,一生生育的子女数约为124.1个,受过中等教育的约为118个,受过高等教育的约为96.9个。

由此可见,教育具有控制人口增长的社会功能。为了更有效地发挥这一功能,不仅要普遍提高整个民族的文化水平,而且应对成人和青少年进行专门的人口教育。对成人的教育可通过大众传播媒介进行,使人们懂得控制人口与国家发展、家庭幸福的关系,懂得怎样实现计划生育和优生优育。对青少年的教育主要通过学校来实现。在学校中增设人口教育课程,主要内容是揭示人口变化、人口状况、人口发展与基本生活质量方面的相互关系。此外,这门课程还应包括我国的人口政策及青春期生理卫生等内容。

2. 教育可以改善人口素质,是提高人口质量的手段之一

人口素质是由人口的身体素质、科学文化素质和思想品德素质三个方面

的内容构成的,它们都与教育息息相关。

人口身体素质是指人的身体健康状况和大脑的功能状况。它取决于两个因素:一是先天遗传;二是后天的营养、保健和锻炼。一般说来,受过教育的人,一般都懂得优生学和遗传学,懂得近亲结婚以及各类遗传病对新生一代的危害,能有意识地注意妇女孕期的保健卫生,尽量避免因用药不慎、疲劳过度、神经紧张等对胎儿带来的不利影响,从而大大减少了先天愚型儿和先天残疾儿的出生。

教育对人口科学文化素质的影响更为明显和直接,人口科学文化素质的高低主要取决于教育的好坏。世界上通常用下列指标来衡量人口的科学文化素质:文盲率或识字率;义务教育普及程度和提高程度;就业人口的平均受教育年限;每万人口中科技人员数等。

人口思想品德素质的形成也有赖于教育,可以说,有什么样的教育环境就会培养出什么品质的人。马卡连柯说过:没有健全的教育环境而能养成真正可贵的品质的例子,我连一个也没有见过,或者反过来说,有了正确的教育工作而会产生堕落的性质,也是不会有的。因此,一个科学文化素质较高、文化氛围较浓的家庭以及良好的学校教育和社会教育的环境,对提高人口思想品德素质的作用是不容忽视和低估的。

3. 教育可以使人口结构合理化

人口结构包括人口的自然结构和社会结构。自然结构是指人口的年龄、性别等方面的比例。社会结构是指人口的阶级、文化、职业、地域、民族等方面的比例。人口结构的合理化是指人口结构有利于社会生产和人口的自然平衡。

(1) 教育与人口的性别结构。受过一定教育的妇女,随着其生育观的改变,她们摆脱了"重男轻女"的传统观念,从而降低了女胎流产率,进而调整着新生儿的性别结构。

(2) 教育与人口的城乡结构。人口的城乡结构实际上就是城镇人口的比重。城镇人口比重的大小是衡量一个国家经济发展水平特别是工业发展水平高低的重要标志。从1983年城市人口占总人口的比例来看,全世界平均为

39%，发达国家和地区为70%，发展中国家和地区仅为29%。我国有史以来就一直是一个农业大国，新中国成立以来，随着社会主义经济建设的进展，城镇人口比重有所上升，城镇人口的比重在1964年全国人口普查时达到18.4%，1982年上升到20.8%，但仍低于世界平均水平。因此，我们要赶超世界发达国家，必须加快从农业国向工业国的转变。改变城乡人口比例，有赖于大力发展教育，提高农村人口的素质。

4. 教育有利于人口的迁移

人口迁移是指人口从一个地点向另一个地点的迁居活动。人口有计划的合理迁移，对促进生产力发展和资源开发，促进地区之间科学文化技术的交流、合作与发展，都具有积极意义。影响人口迁移的因素很多，其中教育对人口迁移的影响主要表现在以下几个方面。

（1）受过教育的人口更容易进行远距离迁移。受过较好教育的人不易受本土观念的束缚，他们更想到最适合发挥自己才能的地方去工作。另外，由于迁入城市大多是以资本密集型和知识密集型产业，或是第二、第三产业为经济主体的城市，这就决定了迁入这些城市的人必然是一些具有一定专业技术水平的人。

（2）教育本身实现着人口的迁移。现代教育，特别是现代高等教育如同一个人才集散地，它把各地区的人才集中起来，加以培养，然后根据社会发展的需要、学习者的志愿和特长，再把他们输送出去，从而实现跨区域的人才流动。这种由教育本身所实现的人口迁移，最显著的优点在于可以使各个地区有计划地输入经过专门训练的技术人员和熟练工人，有利于各地区的经济增长和社会发展。

第三节 新时期教育社会地位的变化

改革开放以前，我国的教育一直被人们视为一项消费事业。改革开放以后，国家的工作重点转向经济建设，教育的社会地位发生了重大变化。

一、党的十二大：教育是社会发展的战略重点之一

党的十二大提出党在新的历史时期的总任务是：团结全国各族人民，自力更生，艰苦奋斗，逐步实现工业、农业、国防和科学技术的现代化，把我国建设成为高度文明、高度民主的社会主义国家。在党的十二大上，邓小平同志提出："把马克思主义的普遍真理同我国的具体实际结合起来，走自己的道路，建设有中国特色的社会主义，这就是我们总结长期历史经验得出的基本结论。"① 邓小平同志不仅提出了建设有中国特色的社会主义的历史任务，而且在理论方面作出了突出的贡献。他说："我们总结了几十年搞社会主义的经验。社会主义是什么，我们并没有完全搞清楚……社会主义的任务很多，但根本的一条就是发展生产力，为共产主义创造物质基础。""从1958年到1978年这20年的经验告诉我们：贫穷不是社会主义，社会主义要消灭贫穷。不发展生产力，不提高人民的生活水平，不能说是符合社会主义要求的。"②

党的十二大报告提出："在今后二十年内，一定要牢牢抓住农业、能源和交通、教育和科学这几个根本环节，把它们作为经济发展的战略重点。"③ 这在我党历史上还是第一次。邓小平同志说："搞好教育和科学的工作，我看这是关键。没有人才不行，没有知识不行，'文化大革命'的一个大错误就是耽误了十年人才的培养。现在要抓紧发展教育事业。"④ 党的十二大也十分关注精神文明建设，认识到教育也是精神文明建设的重要方面。1986年9月通过的《中共中央关于社会主义精神文明建设指导方针的决议》中规定，精神文明建设的根本任务是：适应社会主义现代化建设的需要，培养有理想、有道德、有文化、有纪律的社会主义公民，提高整个中华民族的思想道德素质和

---

① 《邓小平文选》第三卷，人民出版社1993年版，第3页。
② 《建设有中国特色的社会主义》（增订本），人民出版社1984年版，第115~116、104页。
③ 《十一届三中全会以来党的历次全国代表大会中央全会重要文件选编》（上），中央文献出版社1998年版，第236页。
④ 《邓小平论教育》，人民教育出版社1990年版，第146页。

科学文化素质。教育发展的方向是邓小平同志提出的"三个面向",即"教育要面向现代化,面向世界,面向未来"。

二、党的十三大:把教育放在社会发展的首要位置

党的十三大明确提出,我国正处在社会主义初级阶段。在社会主义初级阶段,我们党的建设有中国特色的社会主义的基本路线是:领导和团结全国各族人民,以经济建设为中心,坚持四项基本原则,坚持改革开放,自力更生,艰苦创业,为把我国建设成为富强、民主、文明的社会主义现代化国家而奋斗。要发展社会主义经济,最根本的是要发展社会生产力。人是生产力诸要素中最重要的因素,需要依靠教育来培养。我国的资源丰富,还远远没有开发和利用,引进来的新的生产设备还不能充分运用,绝大部分产品在国际上还缺乏竞争力,关键问题就在于目前我国许多企业生产技术和经营管理落后,大批职工缺乏必要的科学文化知识和操作技能,熟练工人和科学技术人员严重不足。因此,我们必须把发展科学技术和教育事业放在首要位置,使经济建设转移到依靠科技进步和提高劳动者素质的轨道上来。党的十三大报告指出:从根本上说,科技的发展,经济的振兴,乃至整个社会进步,都取决于劳动者素质的提高和大量合格人才的培养。百年大计,教育为本,必须坚持把发展教育事业放在突出的战略地位,加强智力开发。

三、党的十四大:把教育摆在优先发展的战略地位

1991年7月1日,江泽民同志在纪念中国共产党成立70周年大会上的报告,从经济、政治、文化几个方面,全面阐述了有中国特色的社会主义理论。随后,在1992年10月12日党的十四大报告《加快改革开放和现代化建设步伐,夺取有中国特色社会主义事业的更大胜利》中,再次对建设有中国特色社会主义理论的主要内容作了概括。

江泽民同志在报告中提出,我们必须把教育摆在优先发展的战略地位,努力提高全民族的思想道德和科学文化水平,这是实现我国现代化的根本大计。坚持把教育摆在优先发展的战略地位,是我国现代化建设指导思想上的

一个重大转变。当今世界,教育发展状况如何,在很大程度上影响着一个国家和民族发展的进程。我国是在一个人口众多、资源相对不足、经济建设比较落后的国家里进行社会主义现代化建设的。要实现现代化的目标,进一步解放和发展生产力,就必须优先发展教育,提高劳动者的素质,把沉重的人口负担转化为人才资源优势,除此之外别无选择。现在各国都面临着激烈的国际竞争和新技术革命的挑战,国际竞争、综合国力的竞争,在很大程度上是科学技术的竞争、民族素质的竞争,归根结底是教育的竞争。因此,优先发展教育,是民族振兴、国家繁荣富强、人民富裕幸福、实现"四化"的根本大计。

四、党的十五大:确立科教兴国的基本国策

在世纪之交,中国共产党于1997年9月召开了第十五次全国代表大会。江泽民同志在大会上作了《高举邓小平理论伟大旗帜,把建设有中国特色社会主义事业全面推向二十一世纪》的报告。报告提出了经济体制改革、政治体制改革和民主法制建设、有中国特色社会主义教育和文化建设等方面的任务。

党的十五大十分重视教育问题。在经济发展战略中提出了"科教兴国"的国策。科学技术是第一生产力,科技进步是经济发展的决定性因素。要充分估计未来科学技术特别是高科技发展对综合国力、社会经济结构和人民生活的巨大影响,把加速科技进步放在经济社会发展的关键地位,使经济建设真正转到依靠科技进步和提高劳动者素质的轨道上来。深化科技和教育体制改革,促进科技、教育同经济的结合。会议强调,社会主义文化建设,建设有中国特色社会主义文化,就是以马克思主义为指导,以培养有理想、有道德、有文化、有纪律的公民为目标,发展面向现代化、面向世界、面向未来的,民族的、科学的、大众的社会主义文化。发展教育和科学,是文化建设的基础工程。培养同现代化要求相适应的数以亿计的高素质的劳动者和数以千万计的专门人才,发挥我国巨大人才资源的优势,关系到21世纪社会主义事业的全局,要切实把教育摆在优先发展的战略地位。

五、党的十六大：教育在现代化建设中具有先导性、全局性作用

党的十六大报告根据全面建设小康社会的基本要求，明确了新时期教育改革发展的宏伟目标。党的十六大报告在论述全面建设小康社会目标中明确指出：全民族的思想道德素质、科学文化素质和健康素质明显提高，形成比较完善的现代国民教育体系、科技和文化创新体系、全民健身和医疗卫生体系。人民享有接受良好教育的机会，基本普及高中阶段教育，消除文盲，形成全民学习、终身学习的学习型社会，促进人的全面发展。这就是要求在21世纪头20年的重要战略机遇期，要大力发展教育和科学事业。教育是发展科学技术和培养人才的基础，在现代化建设中具有先导性、全局性作用，必须摆在优先发展的战略地位。进一步推进教育创新，深化教育改革，加快教育发展步伐，为全面建设小康社会提供充分的人才与智力支持。形成比较完善的现代国民教育体系和构建终身教育体系，进而形成学习型社会，是新时期我国教育改革与发展宏伟目标的集中概括。这一宏伟目标既反映了我国全面建设小康社会的基本要求，也符合国际教育改革与发展的普遍趋势，具有丰富的理论内涵和深刻的实践意义。第一，教育水平是全面建设小康社会的重要内容和重要标志，对全面建设小康社会具有先导性、全局性的重要作用。第二，教育必须为21世纪进一步解放和发展生产力提供充分的人才与智力支持。第三，教育必须促进新时期社会主义政治文明建设的全面进步。第四，教育必须为21世纪全民族思想道德、科学文化和健康素质的明显提高作出积极贡献。第五，教育必须促进新时期我国社会可持续发展能力的不断提高。

总的来说，党的十三届四中全会以来，以江泽民同志为核心的党中央，高举邓小平理论伟大旗帜，准确把握时代发展的本质特征，坚定不移地实施科教兴国战略，落实教育优先发展战略地位，我国教育事业进入了最快最好的发展时期，取得了历史性成就。这集中体现在：（1）基础教育特别是"两基"工作成就巨大，全民受教育水平大大提高；（2）大力发展职业和成人教育，基本建成结构较完整、专业门类齐全的职业、成人教育体系；（3）深化

教育教学改革，全面推进素质教育；（4）高等教育发展加快，专业结构调整力度加大，出现了崭新的局面；（5）高等教育各项改革取得突破性进展；（6）教育信息化水平大大提高，推动了教育现代化进程；（7）教师的待遇和社会地位显著提高，教师队伍建设不断加强；（8）民办教育快速发展，多形式的办学体制初步形成；（9）教育国际合作与交流活跃，我国教育国际竞争力逐步提高；（10）大力推进依法治教，教育法制建设不断加强。

党的十三届四中全会以来，我国教育改革与发展的基本经验是：（1）邓小平理论和"三个代表"重要思想是我国教育改革与发展的根本指针；（2）党中央全面实施科教兴国战略，确立教育优先发展战略地位，是加快教育改革与发展的根本保证；（3）坚持发展是硬道理，抓住机遇，加快发展，是推动我国教育事业不断跃上新台阶的关键；（4）坚持改革创新，不断增强教育的生机和活力，是教育发展的不竭动力；（5）从实际出发，以积极进取的精神状态，不断研究新情况，解决新问题，是做好新时期教育工作的根本要求；（6）正确处理改革、发展、稳定的关系，是顺利推进教育改革与发展的重要保障。①

第四节 教育与现代化

一、社会现代化

（一）现代化的兴起

"现代化"是一个充满歧义的字眼。由于中外学者对历史分期的看法不同，对现代的看法也不尽相同。中国学者一般把历史大致分为古代（1840年以前）、近代（1840~1919年）和现代（1919年以后）；西方学者一般把历史

---

① 陈至立同志在2002年9月24日中宣部等五部委联合举办的"党的十三届四中全会以来改革开放和现代化建设成就"系列报告会上的报告，参见2002年10月17日《中国教育报》。

大致分为古代、中世纪和现代,中世纪的大致时间为公元 600~1500 年。所以,按照中国学者的分期,中国的现代化是从近代社会(1840 年)开始的。而按照西方学者的看法,西方的现代化是从文艺复兴开始的。

社会现代化是 16~17 世纪首先从西欧和北美开始的,然后逐步向东欧、南美、亚洲、非洲、大洋洲扩展,是一个从西向东、由北向南的运动过程。在众说纷纭的现代化理论中,"早发内生型"(或称"早发原生型")、"晚发外生型"(或称"晚发次生型"、"后发外生型")理论具有代表性。该理论认为,英、法、美等国家是前者的典型,这些国家的现代化早在 16~17 世纪就已开始启动,其最初的启动因素都源自本社会内部,是其自身内在发展的必然结果;后者的代表有德、俄、日等国家,它们的现代化大都在 19 世纪才开始起步,最初的诱发和刺激因素主要是源自外部世界的生存挑战和现代化的示范效应。

(二)现代化的概念

在 20 世纪 30 年代,"现代化"一词在我国开始出现。现代化一词的英文是 modernization。modernization 产生于 18 世纪,是由 modernize 和 modern 衍生出来的。在英语中,modern 是形容词,它是 1585 年发明的单词,其基本含义是:(1)现代的、新近的、时髦的;(2)现代的(从大约公元 1500 年到当前这段历史时间)。modernize 是动词,它是 1748 年发明的单词,其基本含义是:(1)使现代化(成为具有现代特点的,成为现代的);(2)使适合现代需要。modernization 则是名词,它是 1770 年发明的单词,其基本含义是:(1)现代化过程;(2)现代化状态。由此推论,"现代化"具有两个基本含义:(1)成为现代的,适合现代需要;(2)大约公元 1500 年以来出现的新特点、新变化。这就表明,"现代化"的内涵很丰富,不仅包括自公元 1500 年以来出现的新特点,还包括将来发生的新变化。新变化是多种多样的,可以是进步的,也可以是退步的。一般而言,现代化是指进步的变化。它既可以表达一个历史过程(发展过程),又可以表达一种最新特点(发展状态)。

现代化是指一个国家(或地区)由落后的农业国家(或地区)发展成为先进的工业国家(或地区)的历史过程。一般认为,现代化的最基本内容是工业化,而工业化的发展结果之一是城市化。因此,现代化的重要标志是工业化与城市化的实现与完成，这实际上也是由传统社会向现代社会演进的社会变迁过程。这个过程不仅是经济结构的调整和转变过程，也是社会结构的演进过程，不仅化物，而且化人。这就意味着，除了工业化与城市化，现代化还包括人们的思想观念、行为方式、生活方式等内容的现代化过程。因此，在现代化的指标体系中，既有有关工业化水平指数、信息化水平指数、竞争力水平指数、集约化水平指数、全球化水平指数、生态化水平指数、城市化水平指数、公平性水平指数等方面的内容，也有衡量人们思想观念和行为方式的变化的内容。

现代化理论一方面被用来解释发达国家自文艺复兴时期开始的发展变化，另一方面被用来指导发展中国家的发展。这就必然涉及发达国家与发展中国家的关系问题，由此引发了关于现代化的争论，使其具有强烈的歧义性。对于发达国家而言，对现代化的认识主要表现在对物质、经济发展的关注上，因此，淡化了冷战时期两种意识形态的直接对立。对于发展中国家而言，现代化包括现代化战略和途径、与发达国家的关系、如何对待传统文化等多方面问题。这个争论概括起来，大致有五种观点。（1）现代化是落后国家赶上世界先进水平的过程。（2）现代化就是实现工业化和城市化，保持经济持续增长。（3）现代化主要是价值观念和生活方式的改变，即普及教育，传播科学，提倡理性、民主与自由，实现从农业文明向工业文明、从传统人向现代人的转变。（4）现代化就是西方化、欧洲化或美国化。为此，发展中国家要全面引进西方的现代思想、科学文化、民主政治、现代体制、现代管理和先进技术等。（5）现代化就是第一次现代化，即从农业时代向工业时代、农业经济向工业经济、农业社会向工业社会、农业文明向工业文明的转变过程，是国家在政治、经济、社会、文化和个人等各个方面实现从农业文明向工业文明的转型，例如，政治民主化、经济工业化、社会城市化、文化理性化、普及义务教育等。但是，近年来又有人提出第二次现代化的概念。如果说第一次现代化是以工业化、城市化和民主化为主要特征，那么，第二次现代化则是以知识化、网络化（信息化）和全球化为主要特征。第二次现代化已经发生在发达国家，并同时向发展中国家扩展。

对于现代化的理解，美国学者英克尔斯提出了以下标准（参见表7-2）。①

表7-2 英克尔斯提出的现代化标准

序号	指标	标准	美国（对照）
1	人均国民生产总值	3 000 美元以上	2 816 美元（1960 年）
2	农业产值占国内生产总值的比例	15%以下	11%（1929 年）
3	服务业产值占国内生产总值的比例	45%以上	48%（1929 年）
4	农业劳动力占总劳动力的比例	30%以下	21%（1929 年）
5	成人识字率	80%以上	
6	在校大学生占20～24岁人口的比例	10%～15%	16%（1945 年）
7	每名医生服务的人数	1 000 人以下	780 人（1960 年）
8	婴儿死亡率	3%以下	2.6%（1960 年）
9	人口自然增长率	1%以下	1%（1965 年）
10	平均预期寿命	70 岁以上	70 岁（1960 年）
11	城市人口占总人口的比例	50%以上	66%（1960 年）

（三）中国现代化的历程

1840年，第一次鸦片战争爆发。当世界性的现代化浪潮席卷而来的时候，中国也不可避免地被卷入。先进的中国人为了寻找救国救民的真理，开展了一场从不自觉到自觉地向西方学习、引进西学的运动。为了挽救民族危亡，先进的中国人从"借以其人之道还治其人之身"的古训中，提出了"师夷长技以制夷"的思想，中国的现代化也由此发端。洋务运动发生在第二次鸦片战争之后，甲午战争成为戊戌变法的导火线，八国联军的入侵促使清王朝推行"新政"，就清楚地说明了这种因果关系。因此，西方的冲击和中国的回应，是中国现代化的突出特征。

中国现代化的历程，大致分为以下几个主要时期。

---

① 孙立平：《社会现代化》，华夏出版社1998年版，第24～25页。

1. 第一个时期：从 1852 年著名数学家李善兰到上海墨海书馆译书起，到甲午战争失败

这一时期引进的西学主要是西方现代自然科学和技术，即西方文化的物质层面，同时有宗教、史事、法政等内容。引进活动主要由清政府的洋务派要员主持，通过官方和民间（包括教会组织）两条渠道，采取翻译西书、请人讲学、留学等形式引进西学，史称洋务运动时期。这时，最普遍、最可行的引进形式是翻译西书。上至朝廷下至地方，相继成立翻译馆和教育机构，大量译书。所译书籍总数约一百八十余种，可以反映出当时引进的自然科学和应用技术的门类和一般水平。洋务运动时期引进西学的另外一种形式是请外籍教员任教、派遣学生出国留学。

综观这一时期，在自然科学和应用技术两个领域内，西学被不同程度地引入和吸收。在自然科学的几个重要分支内，如数学、物理、化学、天文、生物、医学，西学引进活动卓有成效。

除此以外，应用技术的引进也很有声势。不同于自然科学书籍的翻译出版，应用技术的引进需要得到当权者政策上的提倡和保护。两次鸦片战争失败的教训，迫使清政府放松了过去的闭关政策，洋务派掌握了中央和地方的部分大权，使他们有可能把兴办洋务作为一项基本国策在全国推行。这不仅推动了西方科学知识在中国的传播，而且伴随着大量官办、官督商办企业的建立，各种应用科学和技术成果也开始得以广泛引进。西方科学和技术的引进和传播，在观念上打破了儒学的传统价值取向和思维习惯，为中国人提供了科学的世界观和方法论；在经济上打破了农业经济的一统天下，为新的生产关系和生产力奠定了物质基础。

2. 第二个时期：从甲午战争失败到辛亥革命前夕

这一时期，除继续引进西方科学技术以外，大量的西方社会科学也开始传入中国。逐渐崛起的中国民族资产阶级成为这一时期西学东渐的阶级基础和领导力量。引进西学的主要形式有：编译西书，掀起留学风潮，创办新型杂志刊物。甲午战争失败，这一严酷现实为中国民族资产阶级提供了一面镜子，它使中国民族资产阶级逐渐认识到：必须改变洋务派"中体西用"的论

调，不仅要学习西方的科学技术，而且应研究效法西方的政治制度，要像日本那样全方位地吸收西方文化，否则，中国的落后局面便不能改变。在亡国灭种危机的刺激之下，中国资产阶级自觉地掀起了引进、学习西方政治哲学的热潮。值得一提的是严复，他第一次比较系统地将西方资产阶级的政治、经济等各方面的学术思想介绍到中国来，此后，西学的传播才开始具有明确的理论形式和思想内容。

3. 第三个时期：从改革开放到现在

党的十一届三中全会以后，以邓小平同志为代表的中国共产党人从解放思想、实事求是的思想路线出发，对中国的现代化战略进行了全面的审视和分析，提出了全新的现代化战略。这一战略最突出的特点，是基于对国情的清醒分析，提出了分三步走的战略。这一稳妥渐进的现代化战略，是中国共产党人深刻反思中国现代化历程，全面审视各国现代化道路，科学分析中国现代化现状而制定的，是切实可行的。1983年，邓小平同志向全国教育界发出了"教育要面向现代化，面向世界，面向未来"的号召，从此，中国的教育开始步入现代化的轨道。

综上所述，中国一百多年的现代化历程表明，中国现代化的动力既来自世界现代化浪潮的冲击，也源于中国社会内部现代化因素的萌动和成长。中国的现代化经历了从被动跟进到主动推进、从上下层对立到上下层统一、从以社会革命为主导到以经济建设为中心、从急进到渐进、从资本主义现代化到社会主义现代化转变的过程。这种转变的时间有先有后，速度有快有慢，但总的趋势是向健康、良性的方向发展，其最终的结果是有中国特色的社会主义现代化的理论和实践。这是历史发展的必然结果，也是中国人民的正确选择。

二、教育现代化的目的

教育现代化不仅仅是指教育设施、设备等硬件建设的现代化，更是指教育思想、观念、制度、内容、方法、评价标准建设的现代化。教育现代化是一项系统工程，它需要的是对教育的"重建"，而不是对教育某一方面、某一部分的改变。还要看到，教育现代化是一项长期的工作，今日的现代化便是明日的传统，现代化工作需要与时俱进，面向未来。教育现代化并不是让教育跟在社会后面亦步亦趋，盲目地适应现时社会，而是应确立自己的主体地位，在适应社会的同时，引导社会，规范社会的需求，并前瞻性地探讨社会的未来发展，按未来的需求来规划、发展教育。教育现代化需要植根于系统和科学的研究，探讨社会未来的发展形态，而且需要进行价值判断，确定追求的目标。

三、教育现代化的内容

教育现代化的内涵是十分广泛的，涉及教育民主化、教育普及化、教育终身化、教育多样化（包括教育发展方式的多样化和教育教学方法的多样化）以及与教育终身化相一致的教育社会化和社会教育化、教育个体化等方面。具体说来，教育现代化的主要内容如下。

（一）教育观念现代化

教育观念是人们对教育现实的一种具有价值取向的理性认识，是指导教育行为的一种思想意识，它对教育实践起着巨大的指导作用。适应社会发展的先进的教育观念，对社会和教育发展起着积极的促进作用；消极、落后、不适应社会发展的陈旧观念，则对社会和教育发展起着消极、阻碍的作用。实现教育观念现代化，就是摒弃与时代和社会发展相背离的陈旧、落后的教育观念，如灌输注入、教师权威以及片面的质量观、人才观、评价观等，树立与现代社会发展需要相一致的教育观念，如终身教育观、教育主体观、教育民主观、和谐发展观、整体优化观、效益效率观等。认识是行动的先导，确立和形成现代教育观念是保证教育现代化实现的一个重要前提。

（二）教育内容现代化

教育内容是学校向学生传授的人类优秀经验的总和，它包括学校的课程、教材和教学辅助资料所含有的一切内容。各国在推进教育现代化的过程中，为了实现预定的教育目标，都十分重视教育内容的改革。改革的总体特点是：（1）注重课程的时代性与稳定性的统一，稳定中有变革，变革中求稳定；（2）注重课程的结构性与系统性的统一，即在注重课程的理论化，重视基本概念、基本原理、基本规律、基本理论的同时，强调知识构成的逻辑系统性、知识排列的科学性；(3)注重各门学科之间的相互渗透，打破旧的学科界限，把相关课程内容融合成一体，建设综合课程；(4)注重必修课程与选修课程的结合，在强调培养学生必备的基本素质的同时，开设有利于学生个性发展的多种选修课程，以达到加强基础、增强适应性的目的。在传授学科内容时，注重按照时代的需要和特点，把知识传授与智力发展、学会学习与学会生存、获得知识与实际应用、思想品德与智能形成尽可能统一在一起。这是与古代社会的呆读死记根本不同的。

(三) 教育手段现代化

现代科学技术的发展为学校教育手段的现代化创造了条件。古代社会的言传口授、个别施教是当时落后的生产力水平决定的。进入现代社会以后，学校教育手段的进步与社会生产设备的进步是一脉相承的。特别是20世纪50年代以后，各种现代化的教育手段不断产生，幻灯、投影、录音、录像、闭路电视、计算机多媒体教学、计算机模拟实验等各种先进的教育手段纷纷进入学校教育活动之中。

(四) 教育管理现代化

教育管理现代化包括三个方面的内容。一是在教育管理体制上，既考虑与社会政治体制、经济体制的需要相适应，又使其符合教育自身的规律和特点，使现代教育的管理体制尽可能有利于教育的高质与高效运行，促进教育的发展。二是在教育管理的思想原则上，反对古代社会的封闭、专制与家长作风，提倡与实行开放的管理、民主的管理以及依靠大家的智慧和力量，提高决策的民主化和教职员工的参与程度；反对长官意志和盲目、盲从行为，强调依据和参照有关的法令、法规，依法行事，或按国家的有关政策进行。三是在管理的手段与方法上，善于运用现代管理技术提高管理工作的效率和科学性。

(五) 教师素质现代化

教育现代化的关键是教师素质现代化。教师素质的现代化，首先是其思想观念的现代化,现代教师应具有符合时代需要和历史发展潮流的科学教育观,如全面的质量观和评价观、学生主体观、和谐发展观、整体优化观、终身教育观等。其次是职业道德素质的现代化。职业道德素质的现代化既包括继承历史上优秀的职业道德,如传道授业上的无私奉献、青出于蓝而胜于蓝等思想,也包括具有与现代社会发展相一致的民主意识、法制意识、竞争意识以及时间观念、效率观念、国家观念、民族精神、合作精神、敬业精神等。再次是知识结构的现代化。教师不仅应具有获取新知识的愿望,而且能够使获取知识的过程始终是一个吐故纳新的过程,富有时代性。最后是能力素质的现代化。教师应具有一个完善的能力结构,包括教学语言的运用能力,教学活动的科学组织能力,学校与班级的管理能力,新的教学技术与手段的操作能力,探索求知、发现问题的教育科研能力以及敏锐的学术意识和宽广的学术视野等。总之,教师素质的现代化是现代社会对现代人的总体要求在教师职业上的特殊反映。

教育现代化是一个过程。现代教育既享受着现代化,又建设和发展着现代化。

思考题

1. 名词解释:教育功能、教育现代化。
2. 教育发展受到哪些因素的制约和影响?
3. 生产力对教育发展的制约和影响表现在哪些方面?
4. 政治、经济制度对教育发展的制约和影响表现在哪些方面?
5. 文化对教育发展的制约和影响表现在哪些方面?
6. 教育功能的内涵是什么?教育功能是如何分类的?
7. 教育的本体功能是什么?
8. 教育的个体社会化功能是什么?
9. 教育的社会功能有哪些?
10. 进入新时期以来,教育在社会主义现代化建设中的地位发生了哪些变化?
11. 党的十三届四中全会以来,我国教育改革与发展的基本经验是什么?

第八章 教育目的

人为什么要接受教育？这是教育的核心问题。在教育理论中，对这一关乎教育本质属性的问题是通过对教育目的的阐释来回答的。由于这一问题的重要性，它历来是教育理论中的重大论题。准确地理解和把握教育目的，对于教育活动和教育理论来说是极为重要的。

第一节 教育目的概述

一、教育目的的概念

（一）教育目的的含义

人的活动都是有目的、有意识的活动，目的是构成人类实践活动的一个基本要素，也是人类实践活动的一个重要特征。在人类的生存和发展中，通过有意识的实践活动，不仅能够认识自然、社会、他人与自己，而且还能凭借所获得的认识，提出活动的任务，并对未来作出期待。正如马克思所指出的那样："蜘蛛的活动与织工的活动相似，蜜蜂建筑蜂房的本领使人间的许多建筑师感到惭愧。但是，最蹩脚的建筑师一开始就比最灵巧的蜜蜂高明的地方，是他在用蜂蜡建筑蜂房以前，已经在自己的头脑中把它建成了。劳动过程结束时得到的结果，在这个过程开始时就已经在劳动者的表象中存在着，即已经观念地存在着。他不仅使自然物发生形式变化，同时他还在自然物中实现自己的目的，这个目的是他所知道的，是作为规律决定着他的活动方式和方法的,他必须使他的意志服从这个目的。"① 也就是说,目的是在实践过程开始时就存在于人的头脑中的关于实践活动过程及其结果的表象或观念。

教育目的是把受教育者培养成为一定社会需要的人的质量规格或标准。换言之,教育目的是对人才质量和规格的期待。目的是被意识到了的人的需要,是主体对于价值的自觉追求。教育目的反映的是教育者的教育需求,反映的是对受教育者的身心素质的期待。

教育目的是根据一定社会的政治、经济、生产、科学技术、文化等多重因素的要求和受教育者身心发展的年龄特征确定的,它反映了一定社会对受教育者的要求。一切教育活动过程都是实现一定教育目的的过程,过程在目的的支配下展开,目的在展开的过程中实现。教育目的既是教育活动的出发点,也是教育活动的结果;它既是确定教育内容、选择教育方法的依据,也是检查和评价教育效果的标准。显然,在任何教育活动中,教育者都是带着一定的目的和期待,运用各种教育手段、方法去影响受教育者的身心发展。促进受教育者的身心发展,既是教育者开展一切教育活动的原因,又是教育者开展一切教育活动的结果。正是教育目的有如此之重要性,所以,"教育当然是一种有所指向、有目的的事业,它怎么可能没有目的呢?"②

教育目的有广义、狭义之别。广义的教育目的是指人们对受教育者在接受教育后所产生的结果和所发生的积极变化的期待,即它是人们对受教育者达成状态的期待,是人们希望受教育者通过教育在身心诸方面发生了何种变化,或者产生怎样的结果。狭义的教育目的是各级各类学校培养人的规格或标准,以及各级各类学校在课程或教学方面对所培养的人的特殊要求。换言之,狭义的教育目的是指各级各类学校的培养目标,它是广义的教育目的的具体化。它们之间是有内在联系的。"前者是指人们为什么要办教育事业,后者则指人们进行的教育活动要培养出什么样的人;前者以社会为背景、以教

---

① 《马克思恩格斯全集》第23卷,人民出版社1995年版,第202页。
② [英] 约翰·怀特著,李永宏等译:《再论教育目的》,教育科学出版社1992年版,第7页。

育事业为对象，后者以社会和教育事业为背景、直接以人为对象；前者从宏观上着眼，后者则在宏观的基础上，从微观即从作为教育活动对象的人着眼……教育活动的培养目标，要服务于总的教育目的的实现，而教育事业的目的也只有通过教育目标的具体落实才能得以实现。"①

（二）教育目的体系

教育目的与人类社会、国家、学校乃至政治、经济、科技、文化等存在着多方面的联系，因此，教育目的不是单向度的，而是多元的，由此构成了教育目的体系。由于这个问题的复杂性，导致人们对于教育目的的体系结构有不同的见解。

"五分说"是其中较有代表性的观点，它认为根据教育目的的主体差异，可以将教育目的划分为五个层次。②

1. 理想的教育目的

这是由思想家、学术研究组织依据自己的教育理念而提出的教育目的。由于它是研究者依据自己的教育理念提出的，因而带有强烈的"应该"色彩。例如，我国先秦时期，教育目的是使人"明人伦"；柏拉图以理念论为指导，提出教育目的在于使人接近善的观念；夸美纽斯提出"泛智论"，主张要把一切知识教给一切人；洛克提出教育以培养绅士为目的；卢梭提出教育应顺应儿童的自然本性；斯宾塞提出教育为"完满的生活作准备"；等等。理想的教育目的具有很强的学术性，它与教育实际之间有相当的距离，它能否对教育实践产生影响，受制于诸多的中介因素。

2. 正式的教育目的

它是由国家以法令、法规、条例、文件等形式规定的教育目的。这种形式的教育目的对教育活动有强烈的规范和导向作用，也是教育活动的主要依据。除了法令、法规、条例、文件等形式规定外，正式的教育目的有时也以执政党领导人讲话的形式作出规定。尽管此时它是以个人讲话的形式体现出

---

① 胡德海：《教育学原理》，甘肃教育出版社1998年版，第501页。
② 冯建军等：《现代教育原理》，南京师范大学出版社2001年版，第168～169页。

来的，但反映的是国家或权力机关的意志，所以，它也是正式的教育目的形式之一。正式的教育目的具有极强的政策导向和约束性，内含着国家的意志和政治、经济、文化、生产、科技等方面发展的需求，与国家利益密切相关，综合反映了国家发展对受教育者的要求，是国家检查、评价教育发展及人才质量规格的根本依据，对于教育具有重要的作用。

3. 教育者理解的教育目的

由于正式的教育目的具有高度的概括性和抽象性，加之对其的理解深受理解者本人知识背景的影响和教育实际的千差万别，教育者实际理解的教育目的与正式的教育目的之间往往会存在差别。这种差别是客观存在的，它一方面可能会对正式的教育目的的实现产生一定的消极影响或减弱其预期效应；但另一方面，它又可能给予教育者展现自身主观能动性的空间，使其有可能创造性地理解并实践正式的教育目的。

4. 教育者操作的教育目的

由于各地、各个学校的情况、条件不同，加之每个人的理解能力、实践能力和教育期待的差异，教育者实际操作的教育目的与他们理解的教育目的仍然存在着差别。例如，某个教育者（如校长）谈教育理念时是一套，但实际做的过程可能是另一套。这说明教育目的在由观念（文本）形态转变为实施形态的过程中，更容易受到社会现实、个人因素乃至某些功利因素的影响。

5. 实现的教育目的

任何教育目的，无论是观念的还是操作的，无论是合理的还是不合理的，它最终都必须落实到受教育者身上，能够在其身上实现。我们把最后落实在受教育者身上（无论他本人意识到还是没有意识到，只要能够对他现在或将来产生影响）的教育目的，称为实现的教育目的。

上述五个层次的教育目的，"理想的教育目的—正式的教育目的—教育者理解的教育目的—教育者操作的教育目的—实现的教育目的"大体上是一种递进关系。不过，应该指出的是，这种递进关系是在理论上描述的，在实际的教育中未必有这样的关联。但是，如果一个教育者能够从现实开始溯源，穷极其理，必将有助于其教育理念的提升和对教育价值的追问。

对于教育目的的体系，还有三分说。① 这种观点认为，教育目的分为教育目的（国家的或思想家理想中的）、培养目标（各级各类学校的）、教学目标（课程或教学的）三个层次。

国家的或思想家理想中的教育目的是国家或思想家对培养什么样的人才的质量和规格的规定，它处于教育目的结构的上位，当然应被各级各类教育所遵循。但是，由于这个层面的教育目的是高度概括化、抽象化的，与教育实践之间还存在较大差距，还不能代替各级各类学校对培养人才的特殊要求，还必须把它具体化。

培养目标是教育目的在各级各类学校教育中的具体化。它是"由特定的社会领域（如教育工作领域、化学工业生产领域、医疗卫生工作领域等）和特定的社会层次（如普通劳动、熟练技术工作、管理人员、高级行政人员、专家等）的需要所决定的，也因受教育对象所处的学校级别（如初等、中等、高等学校）而变化"。②

各级各类教育是为了满足社会各行各业、各个层次对人才的需求和不同年龄层次的受教育者的发展需求而创建的，因此，较之于一般意义上的教育目的，培养目标具有了明确的特指性，它们之间是一般与特殊、共性与个性的关系。

教学目标是将培养目标再次具体化，使之成为某个教学阶段、某门学科或某项活动的结果，即"教学目标是教育者在教育教学的过程中，在完成某一阶段（如一节课、一个单元或一个学期）工作时，希望受教育者达到的要求或产生的变化的结果"。③ 这就是说，学生发展是一个长远目标，而发展的实现是通过诸如一节课、一个单元或一个学期的工作等这样一些具体目标的实现达到的。一般来说，教学目标越明确、越具体，就越容易操作，也就越便于进行评估和改进。

对于教育目的的体系，还有"二分说"。这种观点认为，从其作用的特点看，有价值性目的与操作性目的之分；从其要求的特点看,有终极性目的与发展

---

①②③　袁振国主编：《当代教育学》，教育科学出版社1999年版，第70页。

性目的之分；从被重视的程度看，有正式决策的目的与非正式决策的目的之分。此外，杜威关于教育目的的观点也属于"二分说"。杜威把教育目的区分为教育过程本身的目的和教育过程以外的目的。前者是活动里面的目的，后者是从外面强加给教育活动的目的。他认为，教育本身并无目的，只是人，即家长和教师才有目的。我们探索教育目的时，并不是要到教育过程以外去寻找一个目的，使教育服从这个目的。杜威反对从教育之外强加给教育活动以某种目的，认为这样的目的是"一般的和终极的教育目的"，将目的和手段割裂开来，并使手段上升为目的。他指出，这种外在的目的是固定的、呆板的和遥远的，它不能在特定情境下激发智慧，不能直接和现在的活动发生联系，不能启发一个更自由、更平衡的活动，反而会阻碍活动的进行。因此，他提出教育目的应该是"具体的目的"，认为"一个教育目的必须能转化为与受教育者的活动进行合作的方法"。①

由上述内容可以看出，教育目的是一个庞大的、复杂的范畴体系。对于教育者来说，要使教育目的的价值得以充分展现，就必须最大限度地考虑到教育目的体系的复杂性、多样性，使自己的教育活动更趋于科学性和价值性的统一，进而更有助于理想的教育目的的达成。

二、教育目的的作用

作为教育活动的核心部分，教育目的不仅对教育者和受教育者个人产生影响，而且也对学校及社会产生影响。它的作用主要表现在以下几个方面。

（一）规范作用

任何教育目的，都是教育者对教育过程和结果的期待，是对人才质量和规格的期待。因此，任何教育目的都必然受一定的教育价值观的引导，不仅包含对全部教育活动过程的指向性，而且包含对全部教育活动结果的要求。此外，作为对结果的期待，它还具有一种规范的力量，包含对具体教育活动

---

① 赵祥麟、王承绪编译：《杜威教育论著选》，华东师范大学出版社1981年版，第126页。

及其每个环节的规定性，以使教育活动过程得以全部指向目标。教育目的的这种规范作用主要体现在以下几方面。

首先，它对教育的社会功能予以规范，引导教育沿着"教育是什么"、"教育能干什么"的方向来展现其功能。换言之，教育的功能既可能是正向的，也可能是负向的。为了能够依照教育者的期待使教育最大程度地实现其正向功能，教育目的对准确地把握教育的职能有重要的规范作用。它的存在，使教育活动的所有作为都有明确的边界，避免了教育活动的盲目性，也防止教育活动偏离它应走的轨道。

其次，它对人的培养方向予以规范，使人的发展与预期的结果相一致。人的发展是在多种因素复合作用下实现的，而且人必须在真实的情境中才能获得发展。在这个过程中，各种因素本身的功能以及由其相互作用所形成的合力的价值属性、功能的差异，会使人的发展方向出现较大的差异，有时甚至在同一环境下成长的人，发展方向也相去甚远。教育目的的作用，一方面可以避免和减少人的发展的盲目性，规范人的发展及其影响其发展的各种力量；另一方面可以对不符合教育目的要求的影响进行正确的引导，规范与之相关的各方面因素，使其符合教育目的的规定。

再次，它对课程与教学活动予以规范，使之能够更好地服务于学生的发展。在某种意义上，课程与教学是对人类历史经验的选择。但是，课程主体对其可能产生"误读"，课程与其所反映的世界图景之间可能会有偏差。为了避免这种现象的出现，就必须通过教育目的来规范课程内容、教学方法、教学手段等的选择，使其与学生发展的需要、社会对教育的期待相一致。

最后，它对教师的工作予以规范，使教更好地服务于学。教师以"教书育人"为天职。苏联教育家苏霍姆林斯基曾明确指出，教师"不仅是自己学科的教员，而且是学生的教育者、生活的导师和道德的引路人"。① 教师的职责表明，在教育过程中，务必对学生的发展和社会承担更多的责任，他应当

---

① [苏]苏霍姆林斯基著，杜殿坤编译：《给教师的建议》，教育科学出版社1984年版，第96页。

有"对人类的热爱和博大的胸怀、对学生成长的关怀和敬业、奉献的崇高精神、良好的文化素养、复合的知识结构、富有时代精神和科学性的教育理念、创造性的教育实践能力和研究能力、在踏上教师岗位后经多年实践凝聚而生成的教育智慧"。① 教师社会职责的实现需要教师不断地奋进,并能够抵御各种功利性利益的诱惑,在对学生发展的帮助与支持上不偏不倚。要做到这一切,就意味着他的工作始终需要一种高远的价值目标的规范,使其排除一切不必要的干扰,趋向于教育目的的实现。

(二) 期待作用

教育目的是对教育所要培养的人的质量规格的设计,它具体回答教育应该培养什么样的人的问题。因此,教育实际上是人类为了实现某种理想追求而产生的途径和手段,在本质上是为了实现一定的目的而进行的活动。这种期待主要表现在以下几个方面。

首先,对于通过教育改造社会、完善人性的期待。教育是社会现象之一,它不能游离于社会之外,教育的终极目的与社会的终极目的是一致的。之所以如此,主要是因为教育对于社会发展有特殊的功能,是其他社会现象所不能取代的。否则,它在社会历史进程中就不会有存在的价值。教育之于社会历史的独特性主要表现在它通过培养人、塑造人性来实现自身的价值,故而才有"建国君民,教学为先"一说。

其次,对于教育活动过程的期待。教育目的是教育活动的依据,支配和引导着整个教育过程。教育目的本身所拥有的价值属性和对未来的指向性,要求教育活动过程与其旨趣相一致,以期待教育活动过程能够更好地符合其价值属性,达成预期的目标。

再次,对于课程与教学活动的期待。任何教育目的都必须通过具体的课程与教学活动才能实现,在这个意义上,过程比结果更重要。为此,教育目的中蕴涵着对课程与教学活动的价值属性、具体目标、活动方式等的期待,要求其与教育目的的规定相一致。

---

① 叶澜等:《教育理论与学校实践》,高等教育出版社2000年版,第16~17页。

（三）标准作用

作为对人的质量规格的期待，教育目的总是包含着对"培养什么样的人"的标准要求，它犹如贯穿在教育活动中的一根红线，对教育活动起着评判作用。教育目的的这种标准作用主要表现在以下几方面。

首先，它对教育活动的价值取向具有标准作用。价值认识是教育活动的基本方式，在其中始终伴随着对教育的方向和质量的价值判断。这种价值判断在教育活动开始时就已经存在，是评判教育活动效果的重要尺度。例如，在社会生活中，各个利益主体，诸如个人、群体、社会等在诸多层面上都会发生矛盾以及利益、需要、旨趣等方面的冲突，并反映在教育中，导致教育上的许多矛盾和冲突。这就使得教育活动总会由于利益、需要、目的的矛盾和冲突受到多种多样的教育价值取向和不确定因素的影响与干扰，而不是完全按照事先预设好的行动方案亦步亦趋地达成目标。这些影响非常复杂，以致在某种特定的条件下难以对其作出准确的判断，有时它还可能会蒙蔽我们，误导教育活动。为此，需要依据教育目的及其所蕴涵的价值取向，对其进行评价和校正。

其次，它对衡量教育活动的结果具有标准作用。教育目的是分层次的，它既有终极的目的，也有具体化的目标，具体化的目标与教育活动的具体情境和问题相关联，是评价具体教育活动效果达成程度的直接尺度，对教育活动的结果有评判、衡量作用。换言之，评判教育活动效果的标准实质上在教育目的中已经蕴涵了。

（四）依据作用

教育是一种有明确的价值属性及其目的的活动。教育目的本身具有较高的概括性，它要得以达成，就必须能够被具体化、操作化。此外，教育内容、教育方法、教育手段的选择也都需要有一定的依据和条件，这个依据就是教育目的本身和人们对它的解读。

首先，它是教育活动的依据。教育的目的性表现为教育活动总是以实现一定的蓝图为追求，同时，它通过将教育目的转化为教育者的行动目标，使教育成为有坚实依据的活动，避免盲目性。同时，由于它具有坚实的依据，使教育活动有了明确的价值属性。当人们由于利益、需要及目的的差异产生纷争并难以取舍时，教育目的便具有标准仲裁的作用。教育是一个多因素参与的复杂的社会活动，复杂多样的各种因素总会对教育及其活动过程产生这样或那样的影响。要确保教育目的的实现，防止不必要的影响和干扰，教育目的便成为制定各种标准、规范的最终依据。

其次，它是评判和衡量教学内容、教学方法等合适与否以及教育结果的依据。对教学内容的选择、教学方法的运用以及对教育结果的评判都会受到来自方方面面的因素的影响，从而也会形成多种多样的选择和评判依据。但是，无论何种选择和评判依据，都必须以教育目的作为最重要的依据。

（五）激励作用

需要是激发人的各种活动的直接原因，是形成各种目的的主观基础。它作为心理活动，是多层次、多类型的，并且不同的人对它的反映也不一样。但是，它一旦被人意识和反映，就会转化成为人的内驱力，驱使其朝这个需要引导的方向努力。教育目的在本质上是人的某种需要的反映，它对教育者和受教育者都具有驱力作用。此外，由于教育目的具有标准和依据作用，对于不同的人来说，它具有比较性，而比较本身就具有激励性。

三、不同价值取向的教育目的观

教育目的的提出和制定，一方面它要反映一定社会的政治、经济文化发展的需要，另一方面它又必然反映这个时代的精神及其思想文化。换言之，不同的人会在各自不同的利益和需要的立场上来选择和确定教育目的，在其中体现出其不同的价值追求。因此，任何教育目的都离不开一定的世界观和方法论，都反映着一定的价值取向。

价值取向是一定的利益主体在实践活动中根据自身的利益和需要进行价值选择时所表现出来的倾向性，或者说，它是指同时存在若干种可供选择的方案或意向时，一定的利益主体从其个人特定的背景和立场出发，对某一方案或意向的倾向性，以求能够实现自己所追求和向往的价值理念与目标。

由于教育需要和教育利益的差异，曾出现过多种旨趣相异的教育价值取

向，由此形成的教育目的也大相径庭。有代表性的不同价值取向的教育目的观主要有：个人本位论、社会本位论、文化本位论、生活本位论。

（一）个人本位论

这种观点认为，教育目的应从个人利益出发、根据人的发展需要来确定，教育目的应使受教育者的本性、本能得到自然的发展。它反对不顾儿童特点、强制儿童接受违背其天性的教育，把促进人的完善、发展作为教育的最终目的。持这种观点的教育家主要有卢梭、福禄培尔、裴斯泰洛齐等人。其中，最有代表性的是卢梭的教育思想。

卢梭倡导高扬人性，呼吁关注人、尊重人。在教育目的上，他把个人与社会对立起来，以培养"自然人"作为教育目的。他认为，不能同时把人培养成"人"与"公民"，并对此作了区分："自然人完全是为他自己而生活的；他是数的单位，是绝对的统一体，只同他自己和他的同胞才有关系。公民只不过是一个分数的单位，是依赖于分母的，他的价值在于他同总体即同社会的关系。"① 他激进地认为："出自造物主之手的东西，都是好的，而一到了人的手里，就全变坏了。"② 并据此提出，在人的心灵中根本没有什么生来就有的邪恶。因此，教育的目的就是要顺从儿童的自然本性，使人的天赋才能得到和谐发展。在他看来，尊重自然的教育必然是自由的教育，自然的教育必然保护儿童善良的天性，使人的身心得到自由的发展。

卢梭的自然主义教育目的观对后世的影响是巨大的，瑞士教育家裴斯泰洛齐、德国教育家福禄培尔和第斯多惠等人都深受卢梭思想的影响。裴斯泰洛齐站在自然主义教育观的立场上，认为教育应适应人的自然本性，发展人的一切天赋和力量，使每个人的各种内在力量和能力得到最大限度的发展。他认为："为人在世，可贵者在于发展，在于发展每个人天赋的内在力量，使其经过锻炼，使人能尽其才能，能在社会上达到他应有的地位，这就是教

---

①② ［法］卢梭著，李平沤译：《爱弥儿》上卷，人民教育出版社 2001 年版，第 5～6、1 页。

育的最终目的。"① 福禄培尔认为，在每个儿童的身上潜伏着"自动"的本能，教育的目的就在于为儿童这种"自动"的本能提供使其得以流露的、自由的、自动的和自觉的条件。他提出，教育是一种内在本性向外展开的活动，它必须顺应儿童发展本性，适应儿童的性格、能力和生活的情景，保护和引导儿童柔弱的力量。在他看来，除了自然赋予人的那些本能外，教育是不可能再有什么新东西的。所以，教育只能以个人的天赋力量和能力为目的，以游戏、作业等方法促进儿童自由发展。第斯多惠认为，教育的任务在于发展人的自动性，使每个人都能成为自己生活的主人和指导者。教育的任务不是使人去适应现存的状况，而是激励人们去改革现存状况。

综上所述，个人本位论的教育目的观有以下基本特点。

第一，倡导人性本位，强调教育的价值。持个人本位论的学者都认为人性本善，这样就为教育价值的展现留下了空间，使人接受后天的教育有了可能。同时，人性本善论也为诸如教育目的的确定、教育内容的取舍、教育方法的选择等方面的认识提供了价值取向的引领。

第二，尊重人的自然本性。作为对中世纪哲学及其文化思想的反叛，个人本位论的教育目的观以尊重人的自然本性为主要旨趣，认为教育目的不能指向于个人之外的某个因素，而是要关注人的自然本性的和谐、健康的发展。在这个过程中，要努力地使它不受后天因素的干扰和影响。

第三，关注个人的价值和地位。个人本位论的教育目的观普遍重视个人的价值和地位，认为个人价值高于社会价值，评价教育的价值也应当以其对个人的发展所起的作用来衡量。

个人本位论突出了个人的独立性与能动性，强调了个体的自然属性的价值，这对于正确地认识教育的功能和价值是有意义的。同时，它也揭露了封建教育的落后、腐朽，批判了封建社会对人的发展的束缚和摧残，要求尊重人的价值，给人以发展的自由。个人本位论的教育目的观对于我们认识教育的价值和功能、促进人的发展有重要的启示作用。

---

① 张焕庭主编：《西方资产阶级教育论著选》，人民教育出版社1964年版，第173页。

（二）社会本位论

社会本位论主张教育目的应当根据社会的要求来确定，把满足社会需要作为教育的出发点。这种观点认为，个人的发展依赖于社会、受社会制约。人是社会的产物，真正的个人是不存在的，教育的目的就是要使受教育者成为社会需要的人。为此，要通过教育使受教育者掌握社会规范和已有的人类文化遗产。除此之外，教育不再有别的目的。这一观点的鼎盛时期是在19世纪到20世纪初期，代表人物主要有德国的那笃普和凯兴斯泰纳、法国的孔德和涂尔干等人。其中，有代表性的是凯兴斯泰纳的思想。

凯兴斯泰纳对以培养个人主义为目标的教育进行了批判。他主张："我以为国家公立学校的目的——也就是一切教育的目的——是教育有用的公民。"① 在他看来，个人是绝对属于国家的，每个人都要作为国家的公民而存在，无论其政治信念、宗教信仰和道德观念如何。为此，公民教育由两方面构成，即性格陶冶和职业训练。他认为，国家是引导人们进入道德生活的一种人类团体。理想的国家既要保持独立，以增进国民的幸福，也要充当道义的团体。

那笃普、孔德、涂尔干持与凯兴斯泰纳一样或相近的观点，强调社会本位。那笃普坚定地认为："在教育目的的决定方面，个人不具任何的价值；个人不过是教育的原料；个人不能成为教育的目的。""教育的目的只是社会化，因为社会化而使一个民族的整个生活道德化。"② 在他看来，个人的发展需要依赖于社会，除了社会目的以外，教育再也没有其他的目的。涂尔干则指出："教育对社会而言只是一种手段，只是社会为了在儿童内心形成自身存在所必需的基本条件而采取的手段。""社会应当在刚产生的利己主义和不适应社会生活的人格中，通过最快的途径，添上能够适应道德生活和社会生活的另一

---

① ［德］凯兴斯泰纳著，刘钧译：《工作学校要义》，商务印书馆1935年版，第12页。

② 参见张人杰主编：《国外教育社会学基本文选》，华东师范大学出版社1989年版，第1~13页。

种人格。这就是教育的使命。""塑造社会化，这就是教育的目的。"① 他认为，追求个体的和谐发展在一定程度上是令人向往的，却是无法实现的。因为它与人的一生必须献身于某一项特定而有限的任务的行动准则相矛盾。

社会本位论的教育目的观是一种"外铄"观，主张人的价值是通过后天的社会和教育获得并在社会中展现的。它有以下几个基本特点。

第一，重视教育的社会价值。社会本位论站在社会的立场，强调社会价值与利益的至高无上，重视每个人所承担的社会角色和义务，并以此来规定教育的目的和教育的功能。因此，在它的视野中，教育承担着重大的社会职责，适应现实社会是教育得以存在的重要前提。

第二，重视培养公民及其所承担的社会责任。社会本位论者大多是国家主义者，重视公民教育。他们普遍认为，作为国家公民，必须承担社会责任，扮演不同的社会角色，服务于国家利益。

社会本位论的教育目的观重视教育的社会价值，强调教育目的要指向于国家利益和公民培养，并据此来满足社会需要，有一定的历史合理性。但是，它的不足也是明显的，主要在于它过分夸大了社会的地位和作用，并把教育的社会目的绝对化，完全割裂了人与社会的关系，使人工具化，这是不足取的。

（三）文化本位论

文化本位论的教育目的观强调教育目的要围绕文化来展开，用文化来统整教育、社会、人三者之间的关系，最终目的在于唤醒人们的意识，使其能够自觉地追求理想价值，创造新文化。

文化本位论的教育目的观产生于20世纪20年代，是德国文化教育学（又称为精神科学的教育学）的主张。它的代表人物有李特、斯普朗格等人。文化教育学力图从文化和精神科学的角度探讨人和人的教育问题。在他们看来，只要是文化就必然有价值，而与价值相关联的事实，就是被称为"文化"的那种东西。文化是历史创造的各种遗产之总和，文化的价值实现于文化遗

---

① 参见张人杰主编：《国外教育社会学基本文选》，华东师范大学出版社1989年版，第1～13页。

产之中。文化教育学的"文化"概念整合了个人与社会、自我历史、主观精神（人）与客观精神（世界）的多重关系。斯普朗格认为，个人是文化生命的关键，个人的主观精神是通过其创造活动来发展和创造文化的。教育也是一种文化活动，这种文化活动的功能是从社会中选择有价值的文化来让学生学习，目的在于把人的创造力量诱发、引导出来，将人的生命感、价值感"唤醒"，使教育还原到它真正的本义上去。文化教育学认为："教育绝非单纯的文化传递，教育之为教育，正在于它是一个人格心灵的'唤醒'，这是教育的核心所在。"[1] 在这个意义上，教育是一种从客观文化价值到个人的主观精神生活转化的过程。李特对此这样解释：在个体与具有陶冶价值的文化的接触过程中，体验到文化创造的历史积淀的厚度和个体心灵的转化，从而激发出参与文化创造的欲望，并由此达到人格陶冶的目的。

文化教育学试图从人文科学和文化哲学的高度，综合教育思想中形式训练与实质陶冶、强制与自由、训练与放任、努力与兴趣、教师传授与儿童活动等因素，以文化去陶冶学生，探讨教育与陶冶的真正目标、价值和意义，从而达到生成完整的人。它的教育目的论有以下几个主要特点。

第一，崇尚精神，关注生命价值。文化教育学在讨论教育目的的过程中，对工业社会使人异化为没有精神和情感的现象进行了深刻的批判，主张文化教育是从危机中实现自我拯救的手段，通过精神的"唤醒"，成长为具有内在精神价值的、真正的人。在这个意义上，文化教育学的教育目的论实际上是一种新的教育目的观、新的生命观。

第二，强调文化，倡导人与精神文化的融合。文化教育学在论述教育目的时，希望通过文化陶冶和文化理解来促进人的和谐发展，即通过文化来说明人，通过人去界定文化。他们认为，只有通过文化的体验、理解、解释和人的自我陶冶、唤醒等文化教育活动，才能把人塑造成为"文化的人"。文化教育学的这些观点突出了文化在人的成长中，特别是在人的精神培育方面的独到价值，强调了教育与文化的不可区分性。

---

[1] 邹进：《现代德国文化教育学》，山西教育出版社1992年版，第73页。

（四）生活本位论

生活本位论的教育目的观认为教育要为未来的生活作准备，关注受教育者将来如何生活。斯宾塞和杜威是这种观点的主要代表人物。

斯宾塞是英国哲学家和教育思想家。在西方教育史上，他第一次明确提出了"教育生活准备说"，对教育的作用提出了自己的见解。他明确提出，教育的目的是"为完满的生活作准备"，是教会人们怎样生活。他说："怎样生活？这是我们的主要问题。不只是单纯从物质意义上，而是从最广泛的意义上来看待怎样生活……总之，怎样运用我们的一切能力使之对人最为有益，怎样去完满地生活，这个既是我们需要学的大事，当然也是教育中应当教的大事。为我们的完满生活作准备是教育应尽的职责，而评判一门教学科目的唯一合理办法就是看它对这个职责尽到什么程度。"① 在斯宾塞看来，教育的目的就是教导一个人怎样生活，使他获得生活所需要的各种科学知识，为他的完满生活作准备。

杜威的教育目的也可归属于生活本位论，但是，在价值取向、内容以及思考问题的方法方面却与斯宾塞大相径庭。杜威反对教育为未来生活作准备的观点。在他看来，如果教育是为未来的生活作准备，就势必会将外在于儿童之物——成人的经验、责任、权利等强加给他们，从而置儿童的兴趣与爱好于不顾，因此，教育应"使个人特性与社会目的和价值协调起来"。② 他提出要把教育理解为生活。他说："生活就是发展，而不断发展，不断生长，就是生活。用教育术语来说就是：（1）教育过程在它自身以外无目的；它就是它自己的目的。（2）教育过程是一个不断改组、不断改造和不断转化的过程。"③ "没有教育即不能生活。所以我们可以说，教育即生活。"④ 在他看来，最好的教育就是"从生活中学习"、"从经验中学习"。

在以往，有人以为杜威是教育无目的论者，但是，如果对杜威的思想

---

① ［英］斯宾塞著，胡毅译：《教育论》，人民教育出版社1962年版，第7页。
②③④ 赵祥麟、王承绪编译：《杜威教育论著选》，华东师范大学出版社1981年版，第320、154、158页。

加以详尽的考察就可以看到，杜威并非是教育无目的论者，只不过他所论述的教育目的并不是传统的教育生活准备说所描述的具有宏大色彩的教育目的，也不是个人本位论所论述的具有反社会色彩的教育目的，而是以生活为焦点，突出生活的价值，这是其特色之所在。他站在经验自然主义的立场上，没有把教育目的静态化，而是以动态的思维方式，认为教育目的是指向于生活，并随生活的流动而变化。

四、现代教育目的的特征

教育目的是全部教育活动的核心。人类社会进入到 20 世纪以来，教育发展的各方面条件发生了显著的变化，影响教育发展的因素更加复杂多样。在这种情形下，现代教育目的呈现出以下特征。

（一）主观性与客观性的统一

目的是人们在头脑中对自己的实践活动所要达到结果的预先规定，是人们按自身需要和对象本身固有的属性预先设计出来的关于对象未来的理想模型。作为对所培养人才的质量和规格的规定，教育目的必然带有主观色彩，以反映教育者的教育期待。例如，教育目的通常是由国家、政府以方针政策的形式，或是由党团、学术机构、学者等提出的。但是，无论教育目的的提出者是谁，他都不可能是臆想的，而是必须依据一定的社会历史条件、时代背景来形成和提出自己的教育目的。依据唯物史观，社会存在决定社会意识，即使教育目的的提出者在主观上要摆脱社会历史条件、时代背景的制约，也是做不到的。因此，教育目的必然会具有客观性。[①] 其中，不仅包含某种必要性的规定，也包含某种必然性的规定。显然，人的目的总是包含着人的主观需要的某种必要性规定，但是人的需要并不单方面地属于人的主观自生之物，而是人反映自身存在与其生活环境之间相互关系的产物。

---

① 这并不是说教育目的都准确、客观地反映了社会历史条件和时代背景的要求，而只是强调它不能完全是主观之物。至于教育目的是否准确、客观地反映了现实，则是另一个话题。

然而，以往在对教育目的的把握中，存在着将其主观性与客观性割裂开来的现象，要么把教育目的超然化、神秘化，要么把教育目的宿命化、机械化。20世纪以来，随着教育认识和实践水平的不断提高，将主观性与客观性分而论之的观点已很少见，更多的是将两者相统一，以整合的视野看待它们之间的关系。

教育目的的主观性与客观性相统一，主要表现在以下两个方面。

第一，随着教育认识能力的不断提高，特别是教育思维能力的提高，人们对教育目的中的必要性方面的思考在深化，力求更好地反映人的内在的教育需要。例如，杜威的教育目的论和20世纪后半叶对"现代性"教育、对"完人"教育目的的批判，都反映了今天的人们对教育目的的把握更加趋近人性的真实、教育的真实，具有强烈的思想解放价值。与此同时，教育目的也与20世纪经济、社会、文化、发展的现实相一致，以更好地反映时代特点。例如，在教育目的中，更加关注国家利益、关注科学技术等。以上表明，20世纪的教育目的在主观性、客观性方面，都超越了以往的认识水平。

第二，主观性与客观性寻求在更高层面上的统一。目的是人的主观世界与客观世界之间相互作用的产物。在20世纪，由于社会与人的发展对教育的需要更加强烈，因此，教育目的的主观性与客观性在更高层面上实现着统一。例如，20世纪中后期的教育目的，力求反映科学技术高度发达的后工业时代的经济、社会、文化等对教育提出的要求，也力求反映这样一个时代对人文精神的向往。这恰恰是一个问题的两个方面，反映出教育目的的主观性与客观性的统一。

（二）抽象性与具体性的统一

目的是对未来的主观设计，而且由于教育现象的复杂，为了能够说明各种教育现象与其教育期待之间的因果性，需要对其进行必要的抽象，并以简约的语言予以表述，这样，它才有可能对教育活动进行指导。特别需要强调的是，对于需要用高远的理念来指导自己的实践并赋予其灵魂的教育活动来说，教育目的的抽象性是其所必需的。好的、抽象的教育目的能够赋予教育活动以空间和期待。但是，教育活动又是历史的、具体的，是在特定的时空条件下展开的与人类的生存状态息息相关的活动,它在实施的过程中需要有明确的、清晰的、可操作的目标进行引导、调控、监控,只有这样,才能有助于教育活动的开展。不过,教育目的的具体性统摄于教育目的的抽象性,而具体性又给予抽象性以展开、运作的可能。

  以往,在对教育目的的论述中,存在把抽象性与具体性割裂开来的现象,要么一味强调教育目的的终极价值或普遍性,要么一味认可教育目的的实践作用,强调教育目的在活动中的价值。例如,在我国,以往的教育目的大多由国家和政府来作统一规定,其优点在于从国家全局出发提出的教育目的,同整个国家的发展战略相联系,这样的教育目的具有权威性,具有普遍指导意义,容易被社会各方面所广泛接受。但是,因为它要对各级各类教育具有普适性,就不可避免地带有抽象性,致使在教育实践中不易被检查和评价,也因此而降低了其指导意义。又如,目的性是教育的固有属性,没有无目的的教育活动。但是,有些观点反对具有普适性、抽象性的教育目的,认为教育目的是具体的。"如果问美国人或英国人:'教育目的'是什么?他们的回答或许是:'教育意图的综合说法,通常表示教师为学习者所作的打算。'"①在其看来,教育目的是"实然的"而不是"想当然"的。

  在20世纪,对教育目的的认识不再是抽象性和具体性两极分化,而是试图超越它们之间的简单对峙,把它们统一起来,使抽象的表述具体化。例如,美国教育协会教育政策委员会1938年发表的《美国民主教育之目的》就具有代表性。② 他们将民主主义的教育目的分为四个目标,其中每个目标又包括具体细目和说明。(1) 自我实现的目标——求知欲、说话、阅读、书写、计算、视听能力、保健知识、保健习惯、公共卫生、娱乐、理智兴趣、审美兴趣、品格;(2) 人际关系的目标——尊重人道、友谊、合作、礼节、重视家庭、爱护家庭、家事处理、家庭中民主;(3) 经济效率的目标——工作、职

---

  ① 陈桂生:《"教育学"视界辨析》,华东师范大学出版社1997年版,第26页。
  ② [日]筑波大学教育学研究会编,钟启泉译:《现代教育学基础》,上海教育出版社1985年版,第129页。

业知识、职业选择、职业效率、职业赏识、个人经济、消费者的判断、购买效率、消费利益的维护；（4）公民责任的目标——社会正义、社会活动、社会理解、审慎的判断、宽容、保护公共资源、科学的社会应用、世界公民、遵守法律、经济知识、政治责任、笃信民主。

（三）现实需要性与实现可能性的统一

教育目的是各级各类教育必须遵循的总要求，属于理想和观念的范畴，与政治理想、社会理想以及对人性的理解有关，它既要关注未来，也要立足于现实，因而在现实需要性与实现可能性两方面需要获得某种统一。一方面，教育目的要能够对当下的教育需要作出反映，这样，它才能产生理想和期待；另一方面，任何教育需要的满足、教育理想的实现都需要条件，否则，只能是一厢情愿。因此，需要与可能应该是统一的。

但是，以往在对教育目的的认识中，存在着把现实需要性与实现可能性分而论之的现象，割裂了两者的内在关联。例如，某些具有浪漫主义情结的教育目的观，站在人本的立场上，视人格完善为教育目的，为此，将社会看做人的发展的窠臼，认为自然本性才是最有价值和值得教育关注的，无视教育目的实现的可能性，卢梭的自然主义教育目的观便是一例。同时，也存在着另外一种情形，即只谈实现的可能性而不谈现实需要性。教育目的在本质上是一种价值判断。有些观点由此出发，对教育目的的可能性给予了很高的关注，而对现实需要却不加理睬，诸如各种具有浓重人本色彩的教育目的观便是如此。这种在教育目的的实现可能性与现实需要性两方面各执一端的现象是值得注意的。

近百年来，在对教育目的的现实需要性与实现可能性的把握上，出现了两方面统一的趋势，表现在人们对教育的公共性质的认识更加清晰和准确。例如，美国教育协会教育政策委员会在1944年发表了题为《美国青年所需要的教育》的报告，认为应对美国青年进行七方面的教育。它的主要内容是：（1）当今所有美国青年均为美国公民，在未来均有选举权，需要接受有关公民职责与能力之教育；（2）当今所有美国青年均为家庭团体的一分子，并且未来亦将变为另外家庭团体的一员，故需要了解家庭的关系；（3）当今所有美国青年均生活在美国文化之中，并且未来亦将继续生活其中，故需要了解此种文化之主要的要素；（4）现在及今后所有美国青年需要维持身心之健康，并培养其健康生活之习惯，需要了解有益于健康之条件，以及预防疾病、避免伤害与利用医药治病之知识及方法；（5）期望所有美国青年能从事有益的工作，以维持其个人及他人之生活，因此，需要作职业之指导与训练，以及了解当前经济之情况；（6）所有美国青年应有其合理的思考能力，故需要培养此种能力，且运用之，以认识真理之意义；（7）所有美国青年必须决定并实践其"价值的抉择"，因此需要了解道德的价值，尤其是使其了解民主的基本意义——个人的价值是胜过一切的。①

这个报告是对美国教育协会教育政策委员会于1938年发表的《美国民主教育之目的》报告的阐发。在这份报告中，既有对个人发展方面的关注，也有对社会民主及文化发展和公民责任方面的关注；既有对青年人当前生活状态及其需要的关注，也有对其未来的关注。

（四）理性规定性与实践操作性的统一

作为对未来的预期和对当下教育活动的调控，教育目的显然具有强烈的理性规定性，人们为了教育目的的实现而对活动过程进行强有力的调控和干预。这主要体现在无论何种价值取向的教育目的，往往都是用严格、规范、抽象且富有逻辑的语言表述出来的，其中，既要有理念，以使人们有拓展的可能；也要有理论，以使人们明白无误地依此行事。但是，教育目的还需要有能够付诸实施、付诸实践操作的特性。为此，有人将教育目的与教育目标加以区别。布卢姆认为，阐述教育目标，就是以一种较特定的方式描述在单元或课程完成之后，学生应能做（或生产）些什么，或者学生应具备哪些特征。教育目标实际上是指教师所预期的学生变化。因此，在理性规定性与实践操作性之间存在着一定的层级，必须使教育目的从理性规定转化为实践操作之物。

---

① 参见瞿葆奎主编，丁证霖等选编：《教育学文集·教育目的》，人民教育出版社1989年版，第671页。

然而，以往存在着将教育目的的理性规定性与实践操作性相分离的现象。例如，在对教育目的的论述中，只谈其理性规定性，在语义、逻辑、哲学基础等方面有较多的讨论，但对其如何转化为能够被付诸实践的方面却几乎不加论述，致使其无法与真实的教育情境相一致。也有另外一种现象，即不谈教育目的的理性规定性而只谈实践操作性。例如，在讨论教育目的时，完全以行为主义心理学、工业科学管理原理为理论基础，认为教育目的应该是价值中立，而且可以像生产过程那样被分解为一个个相对独立的部分逐个进行分析。这种观点的可取之处在于其精细化、可操作性，但问题也是明显的。其中，最使人感到忧虑的是它可能会破坏教育目的及人的完整性，使教育及人沦为由一个个孤立的原子构成之物。

到20世纪中后叶，上述将教育目的的理性规定性与实践操作性分割开来的观点已很少见，走向综合是大势所趋。此时，由于对教育实践活动进行更有价值、更准确的指导的需要，教育目的在理性规定性与实践操作性相结合方面有了长足的进展，这主要表现在传统的科学主义教育目的与人文主义教育目的、社会本位的教育目的与个人本位的教育目的不再是简单地对立，而是呈现出了相互融合的趋势——走向"科学的人道主义"。对此，《学会生存——教育世界的今天和明天》认为，科学的人道主义"是人道主义的，因为它的目的主要是关心人和他的福利；它又是科学的，因为它的人道主义的内容还要通过科学对人与世界的知识领域继续不断地作出新贡献而加以规定和充实"。[1] 可以看出，这种教育目的以科学为基础和手段，以人的完善为旨趣和目标，实现了理性规定性与实践操作性的有机结合。

（五）权威性与效仿性的统一

作为对教育活动有重大影响作用的教育目的，它在立论基础、制定、颁布及实施等方面，都鲜明地具有时代政治、经济的烙印，加之其对教育活动过程的重大影响作用，使之具有了权威性。这主要表现在以下几个方面：（1）任

---

[1] 联合国教科文组织国际教育发展委员会编著，华东师范大学比较教育研究所译：《学会生存——教育世界的今天和明天》，教育科学出版社1996年版，第8页。

何教育目的的制定和提出都必然具有一定的哲学基础，它必须反映一定的时代精神；（2）任何教育目的都必须与一个时代的生产力发展水平、这个时代占主导地位的政治经济制度相一致；（3）它还必须要与人的发展的年龄特征、一定时代的教育发展要求等相一致。正是由于以上几方面的原因，教育目的一经提出，要么带有政策制度意义上的权威性，要么带有学术意义上的权威性，给予教育活动以强有力的影响。但是也应当看到，作为文化现象的教育的发展，如同文化本身一样，它只能在交流中获得生机。在不同的民族、社会阶层、地域、年龄、性别、群体、宗教等文化圈中，存在着不同的教育目的或对教育目的的不同理解，它们之间不会绝对地相互隔绝，而是应相互借鉴、相互效仿，以求扬长避短，获得发展。教育目的的效仿性特征使得教育目的的内涵得到了拓展和丰富。

不过，以往在有关教育目的的权威性与效仿性的讨论中，存在着各执一端的现象。要么一味强调教育目的的权威性而抑制效仿性，把教育目的视为不可逾越的规定，只能依此行事而不能有所借鉴、有所创新；要么持虚无主义的态度，反对教育目的的权威性，以相对主义的、多元的目光来看待教育目的。前者的弊端在于有可能使教育目的僵化、机械，甚至有可能抹杀教育活动过程的丰富多彩。后者的弊端则在于它可能会陷入虚无主义的泥潭而不能自拔。

20世纪以来，对于教育目的的认识和把握逐步摆脱了绝对与相对、权威性与效仿性之间的对立和冲突，走向融合。这表现在20世纪的社会生活方式发生了巨大变革，人们的价值观念也发生了重大变化，价值选择的差异性已远远大于一致性，一元的价值观已不复存在，取而代之的是多元化的价值观。在这种情形下，多元文化教育成为教育理论研究的显学。多元文化教育是在尊重不同文化并且依据不同的文化背景、文化特征的条件下实施的，其目的并不仅仅在于促使文化的多样化，而是使"多"与"一"之间协调起来，在遵循文化差异性的前提下，将"个体文化"与"共同文化"有机协调起来。

五、教育目的的确立依据

教育目的是一种指向未来、超越现实的人才培养要求。它所规定的是当前进行的活动，要培养的却是以后参与社会生活的人。教育目的的确立既有主观性，又有客观性。从其提出的主体来看，教育目的总是由人制定，体现着人的主观意志。但就其确定的最终依据来看，必须根据社会发展的客观需要和受教育者身心发展的客观规律。历史上不同的国家、不同的社会之所以有不同的教育目的，其原因就在于历史总是向前发展的，因而产生了不同的社会需求。因此，教育目的归根结底来自客观世界，来自社会对培养人的基本要求，是由一定社会的生产方式决定的。

（一）教育目的的确立首先要符合社会政治、经济的需要

教育目的属于社会意识形态范畴，与社会政治、经济有着直接的联系。教育目的作为统治阶级人才标准的集中体现，一个社会需要什么样的人，具有什么样的政治倾向和思想意识，需要哪些类型和规格的劳动力，都集中地反映在所制定的教育目的上。在阶级社会中，统治阶级的教育目的首先表现为要符合统治阶级或执政党的利益和需要。由此可以说，有什么性质的社会政治、经济制度，便会有什么性质的教育目的。不同社会、不同阶级、不同政党的人才标准不同，教育目的便会有所不同。奴隶社会、封建社会的教育目的，其内容和要求可能因时代和国家的不同而有所不同，但它们都有着共同的特点：专制的社会决定了教育的专制，统治阶级通过对教育的独享来培养本阶级的继承人，剥夺了被统治阶级子弟的受教育权，以达到愚民的目的。资本主义社会虽然倡导教育的民主与公平，但也明显地体现为教育要培养为资本主义发展服务的人才。所有这些都是社会政治、经济需要对教育目的直接制约的结果。

（二）教育目的的确立还要反映生产力和科学技术发展对人才的需求

教育目的的确立直接受制于统治阶级的主观意志，但从根本上看，则必须反映生产力和科学技术发展的实际需要，这是生产关系必须适应生产力发展的基本原理在教育目的上的具体体现。在不同社会、不同时代，生产力和

科学技术发展的水平不同,对人才规格、类型和标准的需要不同,教育目的的具体内容便有所不同。在封建社会,生产力和科学技术发展水平很低,教育目的主要指向社会的统治人才。资本主义是生产力和科学技术迅速发展的时代,科学技术在生产中的广泛应用使得社会对劳动者的要求越来越高。同时,社会化的大生产也要求人们加强协作。因此,资本主义的教育目的不仅仅是培养统治阶级的继承人,还包括培养大批的合格劳动力。例如日本基于社会的改革开放,在教育目的中提出要培养"国际事务中的日本人"。中国改革开放以来,教育目的的具体内容在表述上不断变化,但贯穿在教育目的中的主导思想是始终如一的,即"教育必须为社会主义现代化建设服务,培养社会主义事业的建设者和接班人"。中国目前最大的任务是社会主义现代化建设,我们的教育目的就是要培养社会主义现代化建设所需要的各类人才。

(三) 教育目的的确立还要符合受教育者身心发展的需要

从教育的基本规律来说,一个国家的教育目的,一是要符合社会发展的需要和可能,二是要符合人的身心发展的需要和可能,它应是上述两种需要与可能的有机统一。教育目的之所以必须符合人的身心发展的需要和可能,是因为教育服务的直接对象是受教育者,教育是通过培养人而服务社会的。这正如俄国著名教育家乌申斯基所说的那样,如果教育学希望从一切方面去教育人,那么就必须首先从一切方面去了解人。

教育目的的确立要符合教育对象的身心发展规律,具体体现在:(1)要符合教育对象的身心发展程度。教育目的作为一种发展指向,必须考虑教育对象能够实现的可能性;(2)要符合教育对象的身心发展变化。科学技术发展的不同时代给予了学生不同的信息量和发展程度,今天的学生与改革开放之前的学生相比,其发展潜能就有着很大的区别;(3)要符合不同类别的教育对象的不同需要。小学生、中学生、大学生的需要不同,教育目的便应有所区别。

总之,教育目的的确立,既要把握时代,把握社会,还要与教育对象的需要相适应。

第二节 社会主义教育目的的理论基础

社会主义教育目的的确立,一方面要受到我国现有政治、经济的需要,生产力和科学技术发展水平及年轻一代的身心发展规律的制约;另一方面,其理论依据则来自马克思主义关于人的全面发展学说。换言之,社会主义的全面发展教育是以马克思主义关于人的全面发展学说为理论基础的。

一、马克思主义关于人的全面发展学说

(一) 马克思主义关于人的全面发展学说的思想渊源

在马克思主义关于人的全面发展学说提出以前,历史上就曾有一些思想家和教育家提出过关于人的全面发展的思想。

古希腊哲学家亚里士多德早在两千多年前就提出了身体、德行、智慧和谐发展的思想。17世纪意大利人文主义教育家维多利诺倡导通过智、德、体、美诸育的普遍实施,使儿童的身心得到和谐发展。法国启蒙思想家卢梭、狄德罗和爱尔维修都主张要注重儿童智力和道德的发展,以期通过"健全的教育"培养"健全的人格"。瑞士著名教育家裴斯泰洛齐基于适应自然的原则,主张教育的目的在于发展人的天性和形成完善的人,在于使人的天赋才能得到充分的、和谐的发展,使之成为有智慧、有德行、身体强健、能劳动的人。在《天鹅之歌》中他这样写道:"依照自然法则,发展儿童道德、智慧、身体各方面的能力,而这些能力的发展又必须照顾到它们的完全平衡。"[①] 所谓平衡,即各种能力的协调与和谐发展。

特别值得一提的是早期空想社会主义者莫尔、康帕内拉、欧文、傅立叶等人的全面发展思想。他们主张消灭私有制,实行公有制,建立乌托邦式的社会主义。在莫尔的《乌托邦》里,他设想,在新乌托邦岛上和"太阳城"

---

① 张焕庭主编:《西方资产阶级教育论著选》,人民教育出版社1979年版,第206页。

中，实行公共教育制度，所有儿童入校接受智育、体育、道德教育和劳动教育，实行教育与生产劳动相结合，消灭体力与智力的差别。① 到19世纪，欧文和傅立叶明确提出了人的全面发展的思想。傅立叶把人的智力和体力的全面发展作为理想社会中协作教育的主要目的。欧文在设想未来理想社会的儿童教育时明确要求：培养他们的智、德、体、行方面的品质，把他们培养成全面发展的人。在欧文看来，未来社会的新人，从出生到成熟，都应生活在优良的社会环境之中，接受合理的教育，并一直参加劳动，成长为理性与道德力量充分发展的人。

马克思批判地吸取了历史先哲们关于人的全面发展的思想，尤其是直接吸收了欧文关于教育与生产劳动相结合的思想精华，使人的全面发展由空想变成科学，从而创立了马克思主义关于人的全面发展学说。

马克思主义关于人的全面发展学说，与它之前的人的全面发展的思想的根本区别在于：它是建立在马克思主义关于人的本质论和人的发展论的科学基础之上的。马克思认为："人的本质，并不是单个人所固有的抽象物，在其现实性上，它是一切社会关系的总和。"② 人是自然动物，又是社会动物。人的本质属性是由社会关系决定的。因为人的发展是由社会生活条件决定的，是由生产力和生产关系决定的，归根到底，是由社会的物质生活条件决定的。只有根据马克思主义关于人的全面发展学说，我们才可能深刻地认识人的全面发展的客观依据和历史必然性，明确实现人的全面发展的根本方法和社会条件。因此，它是制定社会主义教育目的必须遵循的科学理论基础。第一，马克思主义揭示了人的全面发展的含义，为社会主义国家确立全面发展的教育目的指明了方向；第二，马克思主义揭示了人的全面发展的社会历史进程，为社会主义国家确立全面发展的教育目的提供了有力证据；第三，马克思主义提出了实现人的全面发展的条件和途径，为实现社会主义的教育目的提供

---

① 参见王天一等编著：《外国教育史》上册，北京师范大学出版社1984年版，第108～110页。

② 《马克思恩格斯选集》第1卷，人民出版社1995年版，第56页。

(二) 人的全面发展的含义

马克思对于人的全面发展的内涵并没有给出一个经典的定义。要避免界说上的片面性，就需要抛弃主观随意性，从马克思主义关于人的全面发展的完整体系中去寻求其客观的答案，从马克思和恩格斯在不同场合对人的全面发展的不同论述中去寻找符合实际的理解。作为科学的人的全面发展的概念，既是多维的，又是历史的。

1844年，马克思在《经济学—哲学手稿》中，从作为生产力的要素的人的角度论述了人的全面发展，认为人的全面发展是人的劳动能力的发展。什么是人的劳动能力呢？马克思指出："我们把劳动力或劳动能力，理解为人的身体即活的人体中存在的、每当人生产某种使用价值时就运用的体力和智力的总和。"①

1845年，恩格斯在《在爱北斐特的演说》中提出了"每一个人都无可争辩地有权全面发展自己的才能"的主张。

1845～1846年，马克思、恩格斯在《德意志意识形态》中第一次提出"个人全面发展"这一概念时指出：个人全面发展实际上就是"全面发展其才能"，就是全面地发展自己的一切能力。

1847年，恩格斯在《共产主义原理》中把全面发展的个人叫做"一种全新的人"。这种全新的人是能够"根据社会的需要或他们自己的爱好，轮流从一个生产部门转到另一个生产部门"，是"各方面都有能力的人，即通晓整个生产系统的人"。②

1867年，马克思在《资本论》中指出，大工业通过它的灾难本身使下面这一点成为生死攸关的问题：承认劳动的变换，从而承认工人尽可能多方面的发展是社会生产的普遍规律。

1878年，恩格斯在《反杜林论》中进一步指出：通过社会生产，不仅可

---

① 《马克思恩格斯全集》第23卷，人民出版社1972年版，第190页。
② 《马克思恩格斯全集》第4卷，人民出版社1958年版，第370页。

能保证一切社会成员的富足和一天比一天充裕的物质生活，而且还可能保证他们的体力和智力获得充分的、自由的发展和运用。

综合以上马克思、恩格斯在众多著作里所阐述的关于个人全面发展的一贯思想，可以认为，所谓人的全面发展，就是每个社会成员的智力和体力都获得尽可能多方面的、充分的、自由的和统一的发展。

"尽可能多方面"表明了个人智力和体力发展的广度。在他们看来，人的全面发展首先要达到的第一个标准是智力与体力发展的尽可能多方面性。"多方面"就是欲求广泛和全面；"尽可能"就是在考虑社会条件、自身实际以及与他人的差异等情况下，充分发挥个人的主观努力，尽其所能地去达到多方面的发展。每个人只有首先实现了智力和体力的多方面发展，才有可能以此为基础去实现不同生产部门之间的自由流动和变换，满足个人的兴趣和需要。

充分的发展是指个人智力与体力两方面在各自的领域内得到最大限度的发展。充分的发展表明了马克思、恩格斯对个人智力与体力发展的深度、程度的设想和要求。在他们看来，个人智力与体力的发展必须是量与质的统一，是广度与深度的结合。如果仅有发展范围上的要求而没有发展程度上的规定，还不足以说明是否达到了全面发展的境界。对此，马克思曾指出，人的体力和智力也曾有过"原始的丰富"，但这并不是真正的全面发展。他认为，谁若是留恋原始社会里那种"原始的丰富"是可笑的。因此，全面发展的智力和体力不仅要求范围上是广泛的，还要求发展程度上是充分的。

自由的发展，一是指每个人的发展不屈从于任何其他的活动和条件；二是指个人的发展能为个人所驾驭。自由的发展既是充分发展的前提，又是它的必然结果。因为只有有了自由，摆脱了种种条件的干扰和限制，人才有可能达到充分发展的程度。反之，只有达到了充分发展的状态，个体才能最终摆脱"自我贫困"的羁绊与束缚，使自己由必然王国走向自由王国，全面发展自己的才能。

统一的发展，一是指统一于个体；二是指统一于物质生产过程。是否实现了智力和体力在个体身上的统一及其与物质生产过程的统一，这是划分发展性质的临界点，是区别发展性质的根本标志。马克思、恩格斯根据分工的历史指出，人的片面发展的基本特征，就是智力与体力的分离。因而，人的全面发展，从根本上说也就是智力与体力的统一。人的全面发展的实现与否，除了要看智力与体力的发展范围、程度及其与个体的结合与统一外，还要看智力和体力是否与物质生产过程也达到了结合与统一。如果二者的发展在个体身上是分离的，与物质生产过程也是分离的，那么这都不是真正的全面发展。智力与体力作为统一的劳动能力，之所以会被分离在生产过程之外，都是由于资本的作用。在资本主义社会里，资本把智力作为特权，从劳动者身上分离出来，劳动者在生产过程中只剩肢体的作用，作为头脑作用的智力则被资本所掌握。因此，人的全面发展、智力与体力的统一发展，除上述量与质两个方面的规定和要求外，还必须加上智力和体力与个体、与生产过程的双重统一这一点，即智力和体力既要统一于个体，又要统一于物质生产过程中，这才是人的全面发展的本质特征。

（三）实现人的全面发展的社会条件

1. 人的片面发展的社会根源

马克思主义关于人的全面发展学说是相对于片面发展而言的。人的发展是一个历史过程，是与生产力发展水平、社会分工状况、生产关系的性质和受教育程度相关联，并为它们所决定的。造成人的片面发展以及人与人之间发展的不平衡的根本原因是随着生产力发展出现的社会分工，以及由此而产生的生产资料私有制以及阶级剥削与对立。

（1）"原始的丰富"。在原始社会，生产力发展水平极其低下，人对自然的驾驭能力非常有限，人的智力还处于"自然的无知"状态，在劳动过程中主要是发挥简单的体力作用，脑力劳动与体力劳动原始地"混合"在一起，因而，还未造成人的片面发展。

（2）旧式分工造成了人的片面发展。由原始社会发展到奴隶社会和封建社会，随着生产力的发展，有了剩余产品，产生了私有制和阶级，出现了城乡分离以及脑力劳动与体力劳动的分离和对立。同时，教育也从生产劳动中分离出来，作为专门教育机构的学校成为剥削阶级垄断的事业，劳动人民及其子女被排斥在学校大门之外。学校的产生在人类文明史和教育发展史上是一大进步,但同时也造成了人的片面发展。

第一,"城市和乡村的分离,立即使农村人口陷入数千年的愚昧状况,使城市居民受到各自的专门手艺的奴役。它破坏了农村居民的精神发展的基础和城市居民的体力发展的基础。"① 如果说农民占有土地,城市居民占有手艺,那么,土地也就同样地占有了农民,手艺同样地占有了手工业者。

第二,教育为统治阶级所垄断。统治阶级的子弟独享教育,"两耳不闻窗外事,一心只读圣贤书"。在劳心者治人、劳力者治于人的社会思想主导下,统治阶级的子弟成为四体不勤、五谷不分的书呆子,片面发展了他们的精神世界。而普通劳动群众的子弟则由于被剥夺了受教育权,结果使他们陷于文盲与愚昧,片面发展了他们的体力,这是由社会生产关系导致的人的片面发展。

(3) 工场手工业加剧了人的片面发展。在资本主义社会,人的片面发展在资本主义初期的工场手工业里达到了最严重的程度。马克思认为:"工场手工业分工的产物,就是物质生产过程的智力作为别人的财产和统治工人的力量同工人相对立。"② 这样,劳动者不仅智力得不到发展,机体的发展也日益畸形化。这是因为,工场手工业把一种工艺分成各种精细的工序,把每个工序又分给个别工人,作为他们终生的职业,使他们一生束缚在单一的操作和单一的工具之上。由于劳动被分成几部分,劳动者自身也就被分成几部分,为了训练某种单一的活动,就必须牺牲其他方面能力的发展。劳动分工在工场手工业中的高度发展,使人的发展也因此而走向片面、畸形的境地。

2. 人的全面发展是现代生产的客观要求

当社会生产力由手工工具生产发展到大工业生产时,人的全面发展就成了现代生产的客观要求。现代机器大工业生产与终身不变的工场手工业生产是根本对立的,"大工业的本性决定了劳动的变换、职能的更动和工人的全面流动性",③"从而承认工人尽可能多方面的发展是社会生产的普遍规律"。④

---

① 《马克思恩格斯选集》第 3 卷,人民出版社 1995 年版,第 642 页。
②③④ 《马克思恩格斯全集》第 23 卷,人民出版社 1972 年版,第 400、534 页。

因此，现代生产必然要求"用那种把不同社会职能当做互相交替的活动方式的全面发展的个人，来代替只是承担一种社会局部职能的局部个人"。① 在大机器大工业生产的条件下，如果工人不能得到全面发展，不能成为"各种能力得到自由发展的个人"，不仅自身不能适应现代生产的"交替变换职能"和"极其不同的劳动需要"，而且整个现代生产就会中断。所以，马克思把人的全面发展看成是关系到现代生产"生死攸关"的大事。

大工业的机器生产是以现代科学技术作为基础的，而现代科学技术的飞速发展使资本主义的生产过程发生不断的变革，它从不把某一生产过程当成是生产的理想状态。追求工艺的不断改进、产品类型的推陈出新、产品质量的不断提高是现代生产竞争的客观规律。生产过程的不断完善和不断革新，使得以往凭借经验劳动的情况成为历史。从业者要适应现代大工业的机器生产，就必须不断学习和掌握科学技术，通晓生产过程的基本原理，这就必然要求体力劳动和脑力劳动结合起来，促进人的智力和体力统一地、和谐地发展。而且，随着生产现代化水平的提高，知识技术、智力在生产中的作用更加突出。

现代大工业的机器生产不仅提出了人的全面发展的客观必然性，而且提供了可能性。

（1）大工业生产依靠的是先进的科学技术。为了促进大工业生产的顺利进行，涌现出一系列工艺操作等新兴学科。这些新学科的出现和综合技术教育的实施，使劳动者可以通过相关学科的学习掌握生产过程的基本原理和基本技能，了解整个生产系统，从而使人的全面发展成为可能。

（2）大工业生产的发展，促进了劳动生产率的提高。劳动生产率的提高可以缩短劳动时间，丰富物质生活条件，使劳动者有充分的闲暇时间去学技术、学文化，发展自己的兴趣、爱好和特长，以适应大工业生产发展的需要。

3. 资本主义制度对人的全面发展的阻碍和限制

现代大工业生产的发展以及由此引起的社会文明的不断进步是实现人的

---

① 《马克思恩格斯全集》第23卷，人民出版社1972年版，第535页。

全面发展的根本动力。换言之，社会生产现代化的程度和社会文明的进步程度越高，对人的全面发展的要求也越高。但是，人的全面发展的实现是一个渐进的历史过程，它不仅受到社会生产力发展水平的制约，也受到生产关系以及由此决定的社会政治、经济制度的制约。

　　在资本主义社会里，虽然大工业生产从技术上消灭了那种使人终生固定于某种操作的工场手工业分工，先进的资本主义社会化大生产向人的全面发展提出了客观要求，尤其是当代资本主义社会生产力和科学技术的迅猛发展，促进了教育与生产劳动的结合，生产过程中智力劳动的比重增大，劳动时间缩短，为人的全面发展提供了良好的物质基础和实现人的全面发展的可能条件。但是，大工业生产的资本主义形式使旧的分工制度依然保持了下来，大工业生产对于人的全面发展的可能性无法变成现实性。正如马克思所说，劳动者"不能把劳动当做他自己体力和智力的活动来享受"。① 这是因为资本主义的物质再生产，同时也是资本主义生产关系的再生产。科学技术与生产资料，对工人来说，始终是一种受资本家控制的奴役工人的异己力量，工人实际上变成了活的劳动工具，变成了机器有意识的附属品。过去是终生专门使用一种工具，现在则是终生专门服侍一台局部的机器；过去工人是机器的"主人"，现在工人则成了机器的"奴隶"。机器大工业生产本来能缩短劳动时间，但机器的资本主义应用却延长了工作日；机器大工业生产能减轻劳动强度，但机器的资本主义应用却提高了劳动强度；机器大工业生产标志着人对自然力的胜利，但机器的资本主义应用却使人受到自然力的奴役；机器大工业生产能够增加生产者的财富，但机器的资本主义应用却使生产者变成贫民。本来，生产劳动是人类区别于动物的根本特征，但是在私有制条件下，劳动发生了异化。异化劳动表现为：劳动者同他自己的劳动产品相异化，劳动者同他的劳动本身相异化，劳动者同人的类主体相异化，以及人同人相异化。马克思指出，劳动为富人生产了奇迹般的东西，但为工人生产了赤贫；劳动创造了宫殿，但给工人创造了贫民窟；劳动创造了美，但使工人变成了畸形；

---

① 《马克思恩格斯全集》第23卷，人民出版社1972年版，第202页。

劳动用机器代替了手工劳动，但又使一部分工人返回到野蛮的劳动，并使另一部分工人变成机器；劳动产生了智慧，但给工人生产了愚钝和痴呆。总之，这种由资本主义制度造成的异化劳动，使劳动者得到的不是自己劳动带来的财富和幸福，相反却遭受到自己生产出来的产品的统治和奴役。劳动不再是发展人的体力和智力的一种力量，相反，却导致人走向片面、畸形发展的状态。所以，由资本主义制度衍生出来的异化劳动，人为造成了劳动者智力的荒废、身体的摧残和道德的堕落，使人成为片面的人、畸形的人。对此，马克思指出："不仅是工人，而且直接或间接剥削工人的阶级，也都因分工而被自己活动的工具所奴役；精神空虚的资产者为他自己的资本和利润欲所奴役；律师为他的僵化的法律观念所奴役，这种观念作为独立的力量支配着他。"①

4. 人的全面发展的实现条件

（1）社会生产力的高度发展是实现人的全面发展的必要物质前提。人的发展受生产力发展水平的制约。在生产力极为低下的原始社会，人的发展极为有限。因为低下的生产力既不可能向人提出全面发展的要求，也不可能提供充分发展智力和体力的条件。社会生产采用先进的机器大生产以后，高度发达的生产力和科学技术，大大丰富了人的物质需求和精神需要，从而使人的全面发展成为可能。

（2）社会主义生产关系促进了人的全面发展，共产主义社会将使人的全面发展成为现实。社会主义制度消灭了阶级剥削，人民成了国家的主人，在政治、经济、教育上享有民主平等的权利，脑力劳动与体力劳动的对立已经不复存在，并有以共产主义思想为主导的意识形态和道德标准，有正确的教育方针和目标的指导，这就为实现人的全面发展指出了明确的方向和无限广阔的前景。但是，人的全面发展必须有充分的物质基础、很高的文化素质和教育水平。处在社会主义初级阶段的我国，生产力水平还很低，生产社会化、现代化的程度还不高，教育、科学、文化还比较落后，社会主义上层建筑也还有许多不完善的地方，有许多不利于人的全面发展的弊端还有待于在改革

---

① 《马克思恩格斯选集》第3卷，人民出版社1995年版，第642页。

中去克服。因此，现阶段我们还不具备实现人的全面发展的充分条件。但是，我国社会主义教育必须以培养全面发展的人作为努力奋斗的目标和教育活动的追求。

人的真正的全面发展，即马克思说的"对人的本质的真正占有"，只有到了共产主义社会才能彻底实现。到了共产主义社会，消灭了一切阶级和剥削，消除了城乡之间、工农之间、脑力劳动和体力劳动之间的差别。生产力水平的提高，物质财富的丰富，人的思想道德觉悟的提高以及各类教育的普及，为一切社会成员满足自己的学习需要、全面发展自己的志趣才能创造了条件，每个社会成员能够"根据社会的需要和他们自己的爱好，轮流从一个生产部门转移到另一个生产部门"，成为智力与体力全面发展的人。对此，马克思曾经指出："共产主义是私有财产即人的自我异化的积极的扬弃，因而是通过人并且为了人而对人的本质的真正占有；因此，它是人向自身、向社会的（即人的）人的复归，这种复归是完全的、自觉的而且保存了以往发展的全部财富。"① 所谓人的自我异化的积极的扬弃，人对人的本质的真正占有，人向人自身、向社会的人的复归，也就是人的全面发展，即人的彻底解放。

（3）教育与生产劳动相结合是造就全面发展的人的最佳途径和方法。马克思非常重视教育与生产劳动相结合的意义和作用。他在《资本论》中指出："从工厂制度中萌发出了未来教育的幼芽，未来教育对所有已满一定年龄的儿童来说，就是生产劳动同智育和体育相结合，它不仅是提高社会生产的一种方法，而且是造就全面发展的人的唯一方法。"② 因为实行教育与生产劳动相结合，才能把体力劳动与脑力劳动结合起来，使人的体力与智力协调地统一发展，所以，马克思把它视为"造就全面发展的人的唯一方法"。

二、社会主义的全面发展教育

人的全面发展的教育目的是通过全面发展教育实现的。全面发展教育是

---

① 《马克思恩格斯全集》第42卷，人民出版社1979年版，第120页。
② 《马克思恩格斯全集》第23卷，人民出版社1972年版，第530页。

指教育者根据社会主义社会的政治、经济要求以及人的身心发展的规律和特点，有目的、有计划、有组织地对受教育者实施的旨在促进人的素质结构全面、和谐、充分发展的系统教育。社会主义的全面发展教育是由德育、智育、体育、美育和劳动技术教育等部分构成的。

社会主义的全面发展教育是一个全面反映了社会生产发展和社会生活需要对人才规格需求的教育结构，五个部分的紧密联系与相互作用为全面人格的形成提供了良好的运行机制。这是因为这五个部分中的任何一育不仅有其特定的任务、内容和功能，而且对其他各育也起着影响、促进的作用。例如，德育对其他各育起着保证方向和保持动力的作用，它体现了社会主义教育的无产阶级政治方向；同时，其他各育则为德育的实施提供了条件，任何一种思想品德的形成只有将其寓于各育的实施中才有可能。智育为其他各育的实施提供了认识基础，成为实施其他各育不可缺少的手段。体育是实施各育的物质保证，没有健康的身体保证，任何一种教育的任务都不可能顺利完成。美育和劳动技术教育是德、智、体的具体运用和实施。正确的审美观点反映了一个人的知识水平，又体现着一个人的思想素质状况。劳动技术教育更离不开必要的知识基础和技能，离不开良好的思想品德修养。因此，德育、智育、体育、美育和劳动技术教育是密切联系的，它们互为条件，互相促进，相辅相成，构成统一的整体，从各个方面保证教育目的的实现。

第三节 中国现行的教育目的

一、新中国成立以来的教育目的

自1949年10月新中国成立以来，伴随着国家建设，教育事业获得了从未有过的空前发展，教育目的也随之有一个演变的过程。

1949年9月，《中国人民政治协商会议共同纲领》规定：人民政府的文化教育工作，应以提高人民文化水平，培养国家建设人才，肃清封建的、买办的、法西斯主义的思想，发展为人民服务的思想为主要任务。这是新中国成立初期对全国教育工作有指导作用的教育宗旨,各级各类学校以此来确定自己的培养目标。例如,高等学校的培养目标是培养具有高级文化水平,掌握现代科学和技术的成就,全心全意为人民服务的高级建设人才;专科学校的培养目标是培养能掌握现代科学和技术的成就,全心全意为新民主主义建设服务的专门技术人才;中学的培养目标是促进身心获得全面的发展,以便为升入高等学校或参加建设工作打好基础;小学的培养目标是给儿童以全面的基础教育,使他们成为新民主主义社会热爱祖国和人民的、自觉的、积极的成员。① 上述各级各类学校的培养目标都反映了《中国人民政治协商会议共同纲领》的要求。

1957年2月,毛泽东同志在最高国务会议上提出:我们的教育方针,应该使受教育者在德育、智育、体育几方面都得到发展,成为有社会主义觉悟的有文化的劳动者。1958年9月19日,中共中央、国务院在《关于教育工作的指示》中肯定了这一教育目的,并提出:党的教育工作方针,是教育为无产阶级的政治服务,教育与生产劳动相结合。共产主义社会的全面发展的新人,就是既有政治觉悟又有文化的、既能从事脑力劳动又能从事体力劳动的人。

在1978年通过的《中华人民共和国宪法》中指出:我国的教育方针是教育必须为无产阶级政治服务,教育必须同生产劳动相结合,使受教育者在德育、智育、体育几方面都得到发展,成为有社会主义觉悟的有文化的劳动者。这再一次重申了毛泽东同志关于教育方针的思想。其间虽然受到"左"的思想的歪曲和干扰,但它的基本内涵是符合马克思主义教育原理及我国的基本国情的。

1981年,在《关于建国以来党的若干历史问题的决议》中,对于新中国成立以来的教育目的作了深刻、全面的反思,提出了坚持德智体全面发展、又红又专、知识分子和工人农民相结合、脑力劳动和体力劳动相结合的教育

---

① 参见瞿葆奎主编,雷尧珠等选编:《教育学文集·中国教育改革》,人民教育出版社1991年版,第378页。

方针。在同年 11 月召开的全国五届人大的政府工作报告中，对教育目的作了以下表述：使受教育者在德育、智育、体育几方面都得到发展，成为有社会主义觉悟的有文化的劳动者和又红又专的人才，坚持脑力劳动和体力劳动相结合、知识分子和工人农民相结合。

1982 年通过的《中华人民共和国宪法》第 46 条规定：国家培养青年、少年、儿童在品德、智力、体质等方面全面发展。这是我国首次从法律上对教育目的作出规定。

1985 年，在《中共中央关于教育体制改革的决定》中提出：教育要为国家培养成千上万的各级各类人才，这些人才都应该有理想、有道德、有文化、有纪律，热爱社会主义祖国和社会主义事业，具有为国家富强和人民富裕而艰苦奋斗的献身精神，都应该不断追求新知，具有实事求是、独立思考、勇于创造的科学精神。

1986 年通过的《中华人民共和国义务教育法》提出了我国义务教育阶段的教育任务，要求义务教育必须贯彻国家的教育方针，努力提高教育质量，使儿童、少年在品德、智力、体质等方面全面发展，为提高全民族的素质，培养有理想、有道德、有文化、有纪律的社会主义的建设人才奠定基础。

我国新时期的教育目的在 1990 年通过的《中共中央关于制定国民经济和社会发展十年规划和"八五"计划的建议》中初次作了表述，随后又在 1993 年颁布的《中国教育改革和发展纲要》中得以重申。这一方针的主要内容是：教育必须为社会主义现代化建设服务，必须与生产劳动相结合，培养德、智、体全面发展的建设者和接班人。

中共中央、国务院于 1993 年 2 月 13 日印发的《中国教育改革和发展纲要》中，总结了新中国成立四十多年来教育改革和发展的经验，以建设现代化的有中国特色的社会主义理论为指导，提出了 20 世纪 90 年代乃至 21 世纪我国教育改革和发展的目标、方针、政策和措施，其中有关教育目的的规定是：教育改革和发展的根本目的是提高民族素质，多出人才，出好人才。各级各类学校要认真贯彻教育必须为社会主义现代化建设服务，必须与生产劳动相结合，培养德、智、体全面发展的建设者和接班人的方针，努力使教育质量在 90 年代上一个新台阶。在这里，不但明确提出了"两个必须"的任务，还提出了培养德、智、体全面发展的建设者和接班人的目标，具有重要的指导价值。

1999 年 6 月召开的第三次全国教育工作会议，根据素质教育的精神，对这一目的又作了细化，提出素质教育就是全面贯彻党的教育方针，以培养学生的创新精神和实践能力为重点，造就有理想、有道德、有文化、有纪律的，德智体等方面全面发展的社会主义事业的建设者和接班人。

2001 年 6 月，《国务院关于基础教育改革与发展的决定》明确提出：要高举邓小平理论伟大旗帜，以邓小平同志"教育要面向现代化，面向世界，面向未来"和江泽民同志"三个代表"重要思想为指导，坚持教育必须为社会主义现代化建设服务、为人民服务，必须与生产劳动和社会实践相结合，培养德、智、体、美等方面全面发展的社会主义事业的建设者和接班人。

2002 年，党的十六大报告中提出了全面建设小康社会的教育方针，即坚持教育为社会主义现代化建设服务，为人民服务，与生产劳动和社会实践相结合，培养德、智、体、美等全面发展的社会主义事业的建设者和接班人。这一新的表述赋予教育方针新的时代内涵，成为指导全面建设小康社会教育工作的根本指导思想和行动纲领。这一方针与《中华人民共和国教育法》所规定的国家教育方针在本质上是一致的，同时又体现了我们党对现代教育的本质及其职能认识的新发展，具有鲜明的时代特征。

二、我国教育目的的精神实质

（一）培养"劳动者"是社会主义教育目的的总要求

社会主义的教育目的是培养劳动者。这里所说的劳动者，既包括以体力劳动为主的劳动者，也包括以脑力劳动为主的劳动者。在社会主义条件下，体力劳动者和脑力劳动者都是劳动者。把劳动者仅仅理解为体力劳动者是一种片面的理解。

社会主义的劳动者应该是一种新型的劳动者。"劳动人民要知识化，知识分子要劳动化",① 社会主义理想的劳动者是脑力劳动与体力劳动相结合的劳动者,是"全面发展的一代生产者"。② 造就这种新型劳动者是社会主义教育的理想追求。

我国现行教育方针提出的是培养建设者和接班人,其实这是对"劳动者"的具体提法。社会主义事业的建设者和接班人都是劳动者,它们是从不同角度提出的具体化要求。建设者和接班人不应理解为培养两种人,而是对社会主义劳动者两种职能的统一要求。也就是说,社会主义劳动者在社会主义物质文明和精神文明建设上是合格的"建设者",在社会主义建设事业上又应当是"接班人"。这是对社会主义新人的统一要求,而不应把二者分割开来、对立起来。把培养建设者和接班人的要求分割开来、对立起来,就会从根本上违背了社会主义教育目的的基本精神。

(二) 德、智、体等方面全面发展是社会主义的教育质量标准

教育目的的另一构成部分是培养规格问题,即人才的素质结构和质量标准。

社会主义的教育目的是培养全面发展的新型劳动者。马克思主义认为,全面发展是智力和体力的广泛、充分、统一、自由的发展。因此,社会主义教育必须广泛地、充分地发展受教育者的智力和体力,使他们不仅具有现代科学文化知识和从事社会主义现代化建设的真正本领,同时还要具有健康的体魄和良好的身体素质。智力和体力是劳动能力的基础,是同自然交往的主要条件。只有智力和体力实现了广泛而充分的统一发展,才能成为一个全面发展的新型劳动者。

德、智、体是人的素质构成的主体,因而教育目的强调三者应统一发展。现代社会中人的素质除了德、智、体之外,还包括审美素质和劳动技术素质。

马克思主义指出,社会主义的劳动者不只是生产者,而且是享受者。"因

---

① 《毛泽东周恩来刘少奇邓小平论教育》,人民教育出版社1994年版,第37页。
② 《马克思恩格斯选集》第3卷,人民出版社1995年版,第647页。

为要多方面享受,他就必须有享受的能力。"① 美的欣赏、美的评价、美的创造,是重要的美的享受能力。所以,现代人的素质结构还包括审美素质。

现代大工业生产表明,劳动生产率的提高已不再主要依靠劳动者数量和劳动时间,而是现代科学技术。科学知识只有通过技术的应用才能转化为生产力。所以,劳动技术素质也是现代人不可缺少的素质。

由此可见,社会主义的新型劳动者的素质构成,除德、智、体作为主体构成要素之外,还要有审美素质和劳动技术素质。

(三)坚持教育目的的"两个服务"方向,是我国教育目的的根本特点

教育为社会主义现代化建设服务,教育为人民服务,实际上概括了发展教育的目的。教育为现代化建设服务,既包括为经济建设服务的目标,也包括为文化建设服务的目标,这是教育功能的全面体现。把教育为人民服务作为党的教育方针是贯彻"三个代表"重要思想,适应时代新要求,坚持执政为民、与时俱进,对教育方针的进一步丰富和发展。教育目的实际上是对教育功能的认识定位,在不同历史阶段有不同的特点。在这个问题上,我们经历了从侧重政治需要到强调经济功能,再到重视文化建设和人的全面发展的认识过程。

教育既要为社会主义现代化建设服务,也要为人民服务,这是我们党运用"三个代表"重要思想对新时期教育的社会功能的科学概括。党的十三届四中全会以来,我国经济持续发展,社会全面进步,随着物质条件的明显改善,人们对精神文化的热切需求不断高涨。世界范围内科技进步日新月异,知识经济正在兴起。实施科教兴国战略,发展生产力,更多地依靠科技进步和劳动者素质的提高。人事、分配、就业制度的深化改革,极大地激发了人民群众接受教育的愿望和需求。教育事业在努力适应现代化建设需要的同时,如何给人民群众提供良好的教育机会,更好地满足社会日益增长的教育需求和愿望,已经成为必须从全局上加以重视和解决的重大课题。党和政府及时采取了一系列重大举措,例如积极发展高等教育、大力发展高中阶段教育、

---

① 《马克思恩格斯全集》第46卷(上册),人民出版社1979年版,第392页。

大力发展职业教育、发展教育服务业等。这些都充分体现了教育为人民服务的目的，受到广大人民群众的热烈拥护，也推动了教育事业的持续发展。

（四）教育与生产劳动和社会实践相结合，是我国教育目的一直坚持的原则

教育与生产劳动相结合，源于马克思主义教育理论，源于人的全面发展思想，被视为培养全面发展的人的唯一方法。我党在新民主主义革命时期就强调教育与生产劳动相结合，并将"教育与劳动联系起来"写入苏维埃文化教育总方针。新中国成立后，1958年中共中央、国务院发布了《关于教育工作的指示》，教育与生产劳动相结合得到明确，成为社会主义教育方针的重要组成部分。多年来，我们一直坚持这一原则，并贯彻于教育实践之中，为落实党的教育方针、培养新时期的人才作出了重要贡献。但是，由于我们的认识局限和社会生产力的发展水平，在实施过程中也走过不少弯路。例如，把教育与生产劳动相结合简单地等同于教育与农业生产劳动相结合；把教育与生产劳动相结合单向地归结为劳动教育；把教育与生产劳动相结合的价值片面地归结为改造思想、增强劳动观念和端正劳动态度，忽视提高劳动技术和职业技能；把教育与生产劳动相结合片面地归结为直接参加生产劳动，重视直接经验的学习，忽视系统科学知识的学习。改革开放以来，教育与生产劳动相结合的科学本质开始得到尊重，并在实践中得到了新的发展，我们对教育与生产劳动相结合的丰富内容和多种形式，也有了更加全面和更加深刻的认识。

教育与社会实践相结合是教育与生产劳动相结合的拓展和深化，顺应了现代社会经济和教育发展的必然趋势，也是实施教育方针和培养人才的有效途径和必由之路。我们的教育不仅要与生产劳动相结合，而且要与现实社会和现实生活有机结合，把社会实践作为知识创新和发展的源泉，作为认识和检验真理的试金石，作为造就高素质的劳动者和专门人才、拔尖创新人才的有效途径。在新中国成立以后的长期实践中，我们经历了一个从单纯的"开门办学"到闭门教学，再到加强教育与社会有机联系的过程。在科技日新月异的新世纪，更加需要加强社会实践，加强实践能力的培养，坚持"请进来"、"走出去",提倡教育为社区服务、社区支持教育发展,从而增强教育的社会适应性,努力实践江泽民同志在北京大学百年校庆讲话中提出的"坚持学习书本知识与投身社会实践的统一"的要求。

三、贯彻和实施我国教育目的的基本要求

教育目的是全部教育工作的灵魂。为了充分发挥教育目的对教育工作的导向、调控和评价的功能,教育工作者应认真地研究如何贯彻、实施教育目的。当前,需要着重讨论和明确以下几个原则问题。

(一)端正教育思想,明确教育目的

教育思想是人们在一定的社会和时代中,通过教育实践活动直接或间接形成的对教育现象、教育问题的认识、观点或看法。简单地说,就是对教育的认识或看法,是关于教育问题的一种社会意识形态。它的主要表现形态是教育指导思想(如教育方针、办学思想等)和各种教育观念(如人才观、质量观等)。教育思想来自于一定社会和时代的教育实践,所以,不同社会、不同时代的教育家都会有不同的教育思想,任何教育实践活动也都是在一定的教育思想支配下进行的。对于实际教育工作者来说,教育思想并不是看不见、摸不着、可有可无的一些抽象的观念,它渗透在教育制度和教育活动的各个环节、各个方面。无论自觉或不自觉,教育工作者总是在用一定的教育思想指导自己的工作。

教育思想的核心内容集中体现在为谁培养人、培养什么人和如何培养人的问题上。因此,明确教育目的是端正教育思想的关键。端正教育思想,就是要确立正确的办学方向,本着为国家、民族负责的高度责任感,本着为学生发展负责的事业心,以正确的办学指导思想和人才观、质量观去指导学校的教育实践,使我们的学校真正成为造就人才的摇篮。

(二)全面贯彻党的教育方针,全面提高教育质量

"两全"是对我国各级各类教育活动的统一要求,是对一切教育行为提出的基本规定。全面贯彻党的教育方针,就是要求各级各类学校必须以培养德、智、体等方面全面发展的建设者和接班人作为育人的理想目标,任何偏离全

面发展的教育行为、管理行为、评价行为等都是对党的教育方针的背离。全面贯彻党的教育方针，要求我们把党的教育方针全面贯彻到学校教育过程的各个环节之中，从课程计划、内容讲授到质量考评、学校管理、教育督导，都要时刻把握教育方针的要求。全面提高教育质量，就是要把学校教育质量放在全面提高的基点上。全面是相对于片面而言的，全面提高不是单方面或某个方面的提高，而是教育方针要求的各个方面都要提高；全面提高不是"应试教育"所追求的应试能力的单方面提高或仅仅是升学率的提高，而是知识、技能、思想、行为、能力等各方面的全面提高和入学率、合格率、优秀率、升学率等各项指标的全面提高。"两全"为我国各级各类教育的发展提供了方向和基本要求。

（三）深化教育改革，实施素质教育

为了全面提高教育质量，培养合格人才，我们的教育必须进行改革。《中国教育改革和发展纲要》提出：中小学要由"应试教育"转向全面提高国民素质的轨道，面向全体学生，全面提高学生的思想道德、文化科学、劳动技能和身体心理素质，促进学生生动活泼的发展，办出各自特色。《中华人民共和国教育法》也把提高民族素质作为其立法宗旨。由此可见，实施素质教育已经成为基础教育乃至各级各类教育的迫切任务。那么，什么是素质教育呢？

素质教育中的"素质"一词，指的是个体在先天素质的基础上，通过后天的环境影响和教育训练而形成的顺利从事某种活动的基本品质或基础条件。素质是先天素质条件和后天习得的"合金"。素质教育与"应试教育"相对。如果说"应试教育"是学校中以培养学生单方面的应试能力为根本目的的教育活动，那么，素质教育则是学校教育以"两全"为指导思想，以发展人的多方面素质为根本目的的教育活动。

1999年6月，第三次全国教育工作会议召开，发布了《中共中央国务院关于深化教育改革全面推进素质教育的决定》（以下简称《决定》）。《决定》对素质教育的一系列理论和实践问题作出了解释，成为当前我国各级各类教育全面推进素质教育的基本依据。

1. 关于素质教育的基本内涵

《决定》指出：实施素质教育，就是全面贯彻党的教育方针，以提高国民素质为根本宗旨，以培养学生的创新精神和实践能力为重点，造就"有理想、有道德、有文化、有纪律"的、德智体美等方面全面发展的社会主义事业的建设者和接班人。

2. 关于素质教育的目标

《决定》指出：全面推进素质教育，要面向现代化，面向世界，面向未来，使受教育者坚持学习科学文化与加强思想修养的统一，坚持学习书本知识与投身社会实践的统一，坚持实现自身价值与服务祖国人民的统一，坚持树立远大理想与进行艰苦奋斗的统一。

3. 关于素质教育的要求

《决定》指出：全面推进素质教育，要坚持面向全体学生，为学生的全面发展创造相应的条件，依法保障适龄儿童和青少年学生的基本权利，尊重学生身心发展特点和教育规律，使学生生动活泼、积极主动地得到发展。实施素质教育应当贯穿于幼儿教育、中小学教育、职业教育、成人教育和高等教育等各级各类教育，应当贯穿于学校教育、家庭教育和社会教育等各个方面。

4. 关于素质教育的内容结构

《决定》指出：必须把德育、智育、体育、美育等有机地统一在教育活动的各个环节中。根据《决定》的基本精神，素质教育的内容主要有五个方面。

（1）政治思想素质教育。它具体包括政治素质教育、思想素质教育、道德素质教育和民主法制素质教育。

政治素质教育，是指以马克思列宁主义、毛泽东思想和邓小平理论为指导，对学生进行民族、阶级、政党、国家、政权、社会制度和国际关系等方面的立场、情感和态度的教育。我国目前进行的四项基本原则教育、爱国主义与社会主义教育以及党的基本路线教育等都属于政治素质教育的范畴。

思想素质教育，是指通过辩证唯物主义、历史唯物主义教育，集体主义、中华民族优秀文化传统和革命传统教育，中国近现代史、基本国情、国内外形势教育等，使学生形成正确的观察、分析与解决问题的能力，形成正确的世界观和思想方法，确立正确的思想信仰、理想动机、信念追求、民族精神等。

道德素质教育，是指按照德育总目标和学生成长规律，教育学生遵守社会行为规范，正确处理个人与群体、与他人、与国家的关系，养成良好的道德修养和文明行为习惯。

民主法制素质教育，是指引导学生知晓中国的民主法制理论与内容，知法懂法，依法行事，具有较强的民主法制观念和意识。

（2）科学文化素质教育。它着重进行基础知识和基本技能的教育和训练，包括基础文化知识、基础科学知识，以及识字阅读能力、写作能力、思维能力、计算能力、基本实验操作能力和基本的劳动技能等，为适应自身的发展和现代社会生活、职业岗位选择以及科技发展的需要，奠定坚实的科学文化基础。

（3）审美素质教育。它主要是使学生具有正确的审美观点，形成感受美、鉴赏美、创造美的能力，能够在工作、生活中分辨真善美与假恶丑，善于以美的心灵去面对社会和人生，以美的思想去进行生产和创造生活。

（4）身体素质教育。它一方面是运用各种适当的方式，锻炼学生的体魄，增强学生的体质，使其掌握基本的体育锻炼的方法；另一方面，还要对学生进行健康教育和普及各种常见病、传染病的防治知识，保证他们健康成长。

（5）心理素质教育。心理素质主要是指良好个性品质的发展，包括顽强的意志力，积极的情感，健康的兴趣、爱好、需要、友谊、交往、成就感、荣誉感，面对困难、失败的承受能力等各种正常心态的发展，以及心理失衡、心理矛盾、心理疾病的自我调整与自我矫治。心理素质教育就是要使学生形成健康的心理，具有控制、把握自己的能力以及调整心理冲突的能力。

素质教育的实质是通过教育改革，真正实现"两全"的教育目标，即全面贯彻党的教育方针，全面提高教育质量。素质教育的基点是通过学科教学提高学生素质，核心是学生创新精神和实践能力的培养。

四、我国基础教育的培养目标

（一）小学教育的培养目标

小学教育是基础教育和义务教育的起始阶段，是一个人接受学校教育的开始。1992年，国家教育委员会颁布了《九年义务教育全日制小学、初级中学课程计划》，规定了小学教育的培养目标。

1. 初步具有爱祖国、爱人民、爱劳动、爱科学、爱社会主义的思想感情，初步养成关心他人、关心集体、认真负责、诚实、勤俭、勇敢正直、合群、活泼向上等良好品德和个性品质，养成讲文明、讲礼貌、守纪律的行为习惯，初步具有自我管理以及分辨是非的能力。

2. 具有阅读、书写、表达、计算的基本知识和基本技能，了解一些生活、自然的社会常识，初步具有基本的观察、思维、动手操作和自学的能力，养成良好的学习习惯。

3. 初步养成锻炼身体和讲究卫生的习惯，具有健康的身体，具有较广泛的兴趣和健康的审美情趣。

4. 初步学会生活自理，会使用简单的劳动工具，养成爱劳动的习惯。

（二）中学教育的培养目标

中学教育下接小学教育，上连中学后的各级各类学校教育和社会就业，是整个学校系统中的重要一环。我国初中阶段教育的培养目标如下。

（1）热爱集体、热爱家长、热爱中国共产党、热爱社会主义祖国；讲究文明，遵纪守法，了解公民的权利、义务和基本的国情、国策。

（2）具有语文、数学、外语和其他文化科学的基础知识，有阅读、表达、计算的能力和初步的实验、自学能力；努力学习，善于提出问题，有良好的学习习惯和学习方法。

（3）具有健康的体质和良好的卫生习惯，有一定的兴趣、爱好和审美能力，初步具有自制、自理能力，有积极进步的精神。

（4）具有正确的劳动态度，养成良好的劳动习惯，掌握简单的劳动技能，初步了解社会职业分工和择业知识。

普通高中教育是在九年义务教育基础上进一步提高国民素质、面向大众的基础教育，普通高中教育应为学生的终身发展奠定基础。普通高中教育应全面落实《国务院关于基础教育改革与发展的决定》，全面实现《基础教育课程改革纲要（试行）》所确定的培养目标。高中阶段的培养目标特别强调了以下几点。

（1）初步形成正确的世界观、人生观、价值观。

（2）热爱社会主义祖国，热爱中国共产党，自觉维护国家尊严和利益，继承中华民族的优秀传统，弘扬民族精神，有为民族振兴和社会进步作贡献的强烈愿望。

（3）具有民主与法制意识，遵守国家法律和社会公德，维护社会正义，自觉行使公民的权利，履行公民的义务，对自己的行为负责，并具有强烈的社会责任感。

（4）具有终身学习的愿望和能力，掌握适应时代发展需要的基础知识和基本技能，形成收集、判断和处理信息的能力，具有基本的科学与人文素养、环境意识、创新精神与实践能力。

（5）具有强健的体魄、顽强的意志，形成积极健康的生活方式和审美情趣，初步具有独立生活的能力、职业意识、创业精神和人生规划能力。

（6）正确认识自己，尊重他人，学会交流与合作，具有团队精神，理解文化的多样性，初步具有国际视野和参与国际交往的能力。

第四节　国外教育目的概览

自20世纪中叶开始，伴随着经济发展，教育的重要性日益显现，人们也更加关注教育的目的问题。各个国家在制定教育目的的过程中，力求使之更能与多变的时代相适应，更能体现国际性。

一、联合国教科文组织提出的教育目的

20世纪70年代以来，联合国教科文组织发表了两个对当今世界教育产生

了重要影响的报告，即《学会生存——教育世界的今天和明天》、《教育——财富蕴藏其中》。在这两份报告中，对教育目的作了具有指导意义的论述。

《学会生存——教育世界的今天和明天》是埃德加·富尔于1972年5月代表国际教育发展委员会向联合国教科文组织提交的报告。这份报告的目的是"帮助各国政府制定教育发展的国家策略"，"为各国的一系列研究和决策提供一个出发点"。① 在这份报告中，提出了科学的人文主义的教育目的。

《学会生存——教育世界的今天和明天》认为，科学的人文主义教育的基础是科学训练和培养科学精神，这是科学的人文主义的主要组成部分之一。科学的人文主义教育的使命是发展人性，这主要体现在它对培养人的创造性和培养人承担社会义务的态度两个问题的关注上。此外，它提出要把"体力、智力、情绪、伦理各个方面的因素综合起来，使他成为一个完善的人"②的目的，即"为一个新世界培养新人"。③显然，《学会生存——教育世界的今天和明天》提出的教育目的是针对现代社会中只让人获得"片段知识"和成为"理智工具"的现象，针对现代社会中青年人被割裂的支离破碎、残缺不全的现象提出的。

《教育——财富蕴藏其中》是国际21世纪教育委员会于1996年向联合国教科文组织提交的报告。该报告的核心思想是教育应使受教育者学会学习，即教育要使学习者"学会认知"、"学会做事"、"学会共同生活"、"学会生存"。这一思想一经提出就被世界各国所接受，并被称为学习化社会的"四大支柱。"

（一）学会认知（learning to know）

"知"在这里不仅是指"知识"，它还包括个体在社会化过程中需要了解的一切认识对象，因此，"认知"不仅是书本上的、课堂上的，还包括学会学习，学习各种社会规范，掌握学习的工具、求知的手段。"这种学习更多的是

---

①②③ 联合国教科文组织国际教育发展委员会编著，上海师范大学外国教育研究所译：《学会生存——教育世界的今天和明天》，上海译文出版社1979年版，第343、213、209页。

为了掌握认识的手段，而不是获得经过分类的系统化知识。"① 这就要求革除传统学习过程中一味强调死记硬背的弊端，综合发展人的多方面的认识能力，以使其能够自主地进行学习。所以，学习不能在学校教育中一次完成，求知将是一个不间断的、终身的过程。

（二）学会做事（learning to do）

将以往对掌握某种狭窄的劳动技能的关注，转向对劳动者综合能力的关注。也就是说，要求教会学生如何实践所学的知识，或者在不能完全预计到未来工作变化的情况下，如何使教育与未来的工作相适应。因此，学会做事的要旨在于培养诸如交往能力、与他人共处的能力、管理和解决冲突的能力、首创能力等个人能力，使之得到综合发展，保证人在离开学校后，能自主地进行学习，具有适应未来职业变动的应变能力和在工作中的革新能力。

（三）学会共同生活（learning to live together）

在多元的时代背景下，需要学会如何与人沟通、相处。这就要求首先要了解自身、发现他人、尊重他人。特别是要学会认识他人，只有在认识他人的基础上，才有可能去理解他人。同时也要学会与他人共同工作，做到相安无事，能够为共同的目标而奋斗。为达到这个目的，有效途径之一就是参与目标一致的社会活动，学会在各种错综复杂的社会关系中找到新的认同，确立新的共识，并从中获得实际的体验。

（四）学会生存（learning to be）

它是在学会认知、学会做事和学会共同生活的基础上提出的，是教育和学习的根本目标。它强调要关注对人的人格培养，使每个人能通过不断增强自主性、判断力和个人责任感来行动。这就意味着，学会生存的培养目标已经超越了单纯的伦理、道德意义上的"做人"的要求，而是强调要对包括适合个人和社会需要的情感、精神、交际、亲和、合作、审美、体能、想象、创造、独立判断、批评精神等多方面能力的综合发展的关注。

---

① 国际 21 世纪教育委员会向联合国教科文组织提交的报告：《教育——财富蕴藏其中》，教育科学出版社 1996 年版，第 76 页。

二、日本的教育目的

日本于1947年颁布《学校教育法》，对小学、初中和高中的培养目标分别作了规定。①

（一）小学阶段

1. 基于学校内外社会生活的经验，教育学生正确理解人与人之间的相互关系，并培养学生具有同心协力和自主、自律的精神。

2. 引导学生正确理解乡土和国家的现状及传统，并进而培养国际协作、合作的精神。

3. 培养学生对日常生活所必需的衣、食、住和生产方面具有基本的理解并掌握基本的技能。

4. 培养学生正确理解和使用日常生活所必需的国语的能力。

5. 培养学生正确理解和处理日常生活所需要的数量关系的能力。

6. 培养学生科学地观察和处理日常生活中自然现象的能力。

7. 培养学生健康、安全地幸福生活所必需的习惯，并力求其身心得到协调的发展。

8. 培养学生对于能使生活明朗快活、丰富充实的音乐、美术、文艺等具有基本的理解和技能。

（二）初中阶段

1. 进一步实现小学教育的目标，并培养学生具有作为国家和社会成员所必需的素质。

2. 培养学生将来在社会上从事职业所需要掌握的基础知识和技能，注重劳动的态度以及根据自己的个性选择出路的能力。

3. 促进学生校内外的社会性活动，对其思想感情加以正确引导，并培养公正的判断力。

---

① 国务院教育工作研讨小组办公室编：《外国教育基本法选编》，中共中央党校出版社1989年版，第139～144页。

(三) 高中阶段

1. 进一步发展和扩充初中教育的成果，培养成为国家及社会的有力的成员所应具备的素质。

2. 基于对社会必须履行自己使命的自觉，使之能够适应个性将来前进的道路，并提高一般的文化教养，掌握专门的技能。

3. 培养对社会具有广泛深入的理解和健全的批判能力并努力确定其个性。

为了推进 21 世纪的教育改革，日本在 20 世纪 90 年代召开了多次教育审议会，提出了一系列的审议报告。在这些审议报告中，相继提出了日本面向 21 世纪教育改革的基本目标，其中有代表性的是《日本教育课程标准的改善——日本教育课程审议会审议的汇总报告》。在该报告中，对教育课程标准改善的目标作了比较详尽的论述。

第一，培养学生丰富的人性和社会性以及作为在国际社会中生存的日本人的意识。

第二，培养自主学习、独立思考的能力。

第三，各学校在宽松的环境中开展教育活动时，要切实让学生掌握基础的、基本的东西，充实个性教育。

第四，各学校要发挥创造性，开展特色教育，兴办特色学校。

三、英国的教育目的

20 世纪 80 年代开始，在英国掀起了有关教育问题的大讨论。1988 年，英国颁布了《1988 年教育改革法》。该法的颁布被视为英国教育改革的里程碑，在很大程度上改变了英国的办学思想与管理模式。英国的基础教育改革的目标主要有以下几点。

第一，课程目标应当促进学生在精神、道德、社会和文化领域的发展。具体内容包括：(1) 学生精神的发展，包括自我意识的成长、发展自己的潜能、认识自身的优缺点和具有实现目标的意志；(2) 学生道德的发展，包括明辨善恶、理解道德冲突、关心他人和采取正确行动的意志；(3) 学生社会性的发展，包括理解作为家庭和社会的一员，他应当享有的权利与责任，处理人际关系的能力，为了共同的利益与他人协作的能力；（4）学生文化的发展，包括理解文化传统，具有欣赏美和表达美的能力。他们尊重自己的文化和别人的文化，表现出对别人行事方式的兴趣和对差异的好奇。

第二，课程目标应当推动学生个人、整个社会的健康与公民教育。

第三，课程目标应注重发展学生的技能，包括交流、数的处理、信息技术、合作、改进学习、解释问题六项技能。

第四，课程目标还应促进学生其他方面的发展，包括理财、经营、可持续发展与工作相关的学习几方面。

四、美国的教育目的

从20世纪50年代后期开始，由于苏联发射第一颗人造地球卫星引发了旨在提高中小学阶段学生的学术素养的"回归基础教育运动"，美国相继提出了一系列的教育改革方案，诸如美国科学促进协会提出的《美国2061计划》、布什政府的《2000年的美国教育战略》、克林顿政府的《2000年目标：美国教育法》等。

在《2000年的美国教育战略》中，明确要求在20世纪结束时实现"国家六大教育目标"，彻底改变美国中小学教育模式，从根本上提高全体美国人的知识和技能水平。"国家六大教育目标"是美国总统与各州州长们于1990年制定的，其主要内容如下：

1. 所有学龄儿童具有入学读书准备。
2. 中学生的毕业率至少应提高到90%。
3. 美国的学生在学满4、8和12年时，应当在相当难度的课程——英语、数学、科学、历史及地理等科目中，学习成绩优秀，考试合格。
4. 美国学生在数学与科学成就方面将是全球第一，名列前茅。
5. 每个成年人都具有文化知识和在国际经济活动中竞争的能力。
6. 每所学校成为无毒品、无暴力场所，还将成为秩序井然而又富有浓厚学习气氛的园地。

《2000年目标：美国教育法》在《2000年的美国教育战略》提出的"国家六大教育目标"的基础上，又增加了两个目标，即教师教育和专业提高；家长参与。此外，1996年，克林顿竞选连任获胜后，提出了其新一届政府的教育发展目标：8岁以上儿童必须具有读、写、算的能力；12岁以上青少年必须学会使用互联网；18岁以上的青年必须能够接受高等教育；成年人必须坚持并能够终身学习。

思考题

1. 名词解释：教育目的、个人本位论、社会本位论、文化本位论、生活本位论。
2. 谈谈你对教育目的体系的认识和理解。
3. 教育目的的作用是什么？谈谈你的理解。
4. 关于教育目的的价值取向，主要观点有哪些？
5. 对不同的教育目的观的异同进行比较。
6. 现代教育目的的特征是什么？
7. 谈谈你对我国教育目的的精神实质的理解。
8. 我国基础教育的培养目标是什么？
9. 联合国教科文组织提出的教育目的是什么？你是如何理解的？

第九章 教育制度

教育制度是一个国家或地区的各级各类教育机构、组织体系及其管理规则。其中，学校教育制度（即学制）是其基本组成部分，处于核心地位。为了更好地适应现代社会和教育的发展要求，我们必须把握当代学制改革与发展的基本趋势，借鉴世界主要发达国家的学制改革经验，进一步开展现行学制的改革实验。

第一节 教育制度概述

一、教育制度的概念

（一）教育制度

对"制度"的解释有两种：一是机构或组织的系统；二是机构或组织系统运行的规则。实际上，这两者是不可分的。一方面，一个机构或组织系统必须具有一套明确的、有约束力的运行和协调规则，这套规则为系统的每个要素所理解和遵守；另一方面，一定的规则总是以一定的机构或组织系统为对象，具有制约和协调机构或组织系统之间及其内部各种关系的作用。不存在没有规则的机构或组织系统，也不存在没有机构或组织系统作为实施对象的规则。

教育系统作为构成人类社会的一个重要子系统，具有其专门的机构和组织系统，并具有自身的运行规则。因此，教育系统具有自身的制度体系。

教育制度是指一个国家或地区各级各类教育机构与组织的体系及其管理规则。它包括相互联系的两个基本方面：一是各级各类教育机构与组织的体系；二是教育机构与组织体系赖以存在和运行的一整套规则。①

就教育机构与组织的体系而言，教育制度不仅包括教育的各种施教机构与组织，而且包括教育的各种管理机构与组织；教育的施教机构与组织既包括学校教育机构与组织，也包括幼儿教育机构与组织、儿童校外教育机构与组织（如少年宫、儿童影剧院、少年科技馆、儿童阅览室）、成人教育机构与组织（如文化宫、俱乐部、图书馆、展览馆、文化站），等等。所以说，教育制度是由上述这些教育机构与组织构成的系统。就教育机构与组织的规划而言，教育制度是由一系列内在相关的教育规划或教育规范构成的系统，如各种各样的教育法律、规定、条例等。这些以规则的形式构成教育机构与组织的基本教育关系，并使这些基本教育关系有序化，形成人们生活于其中的、具有稳定性和周期性的时空结构，成为人们教育交往和教育运行得以进行的规则、机制和路径。因此，教育制度一定是作为人们在教育过程中交往或互动的规则发生作用的东西，那种不表现为教育规则、不规范教育行为的东西，是不能被称为教育制度的。②

教育制度具备各种制度的一般特征，其根本特征在于规范性和系统性。制度一旦形成便具有比较浓厚的强制色彩，成为一种具有权威性和强制性的外部力量。人们逐渐认同并接受和遵守制度的过程，就是制度化的过程。制度总是人类的理性思维贯彻于实践的产物，是对时间活动的限定性或者规定性，因此，制度又带有显著的可操作性。这种可操作性，为制度提供了规范实践活动的基本依据。同时，一项制度确立后，还会在具体的实施过程中被调整、变异乃至摒弃，被另外的制度化了的内容所替代。这体现出教育制度随着时代和文化背景的变化而不断创新的历史性。此外，教育制度是有其一定的价值基础及其倾向的，社会主义教育制度应该为广大人民的利益服务，最大限度地保障和满足广大人民日益增长的文化教育需要，从而体现出它应

---

① 成有信主编：《教育学原理》，广东高等教育出版社1999年版，第125页。
② 李江源：《教育制度：概念的厘定》，《河北师范大学学报》（教育科学版）2003年第1期。

有的价值特性。

（二）学校教育制度

学校是教育系统中最基本的组织结构，学校教育制度在教育制度中居于核心地位。

学校教育制度一般被简称为学制，它主要指的是一个国家或地区各级各类学校的系统，规定学校的性质、任务、学生入学条件、学校教育的分段以及不同阶段学校之间的衔接与联系。现代学校教育制度是在现代教育日益专门化和系统化的基础上逐渐建立和完善的，具有丰富的内容。学校教育的机构或组织系统是国家对年轻一代进行教育的最严密、最有效的组织。建立正确、完善的学校教育制度，不仅可以从制度上保证教育方针、教育目的的实现及人才的培养，而且对于教育的普及和提高，巩固国家的政治、经济制度，提高社会生产力，推进精神文明建设，促进青少年身心健康发展都有重要作用。

（三）教育体制

体制与制度是紧密联系的概念。制度是社会为人们规定的共同的和根本的行为准则，具有稳定、普遍的权威性。体制是制度的具体的外在表现形式和实施方式，是有关制度主体如政治组织、社会团体以及个人的行为规范的总和。

教育体制是"教育行政管理体制"的简称。它是教育行政机构设置、隶属关系、权限划分等方面的体系和制度的总称，其中最主要的是权限划分和隶属关系。教育体制对全社会的所有教育活动都有非常重大的作用和影响，是所有教育活动存在、延续、发展的基础和条件，是决定教育如何发展的根本原因和决定因素。① 教育体制的内涵包括：教育总系统的行政管理机构设置；各级教育行政管理机构职能的规定，包括责任、权力和利益等；各级教育行政管理机构的相互关系及其活动的规范；各级教育行政管理的基本方式和方法，包括教育决策、教育行政、教育督导、教育评估的制度等。

---

① 王长乐：《"教育体制决定教育"的局限性》，《南京师大学报》（社会科学版）2000年第1期。

由于各国的政治、经济、文化等发展水平的差异，各国的教育行政管理体制也有区别。根据中央与地方之间的教育行政管理权力分配上的不同，大体可分成三种类型，即中央集权制、地方分权制、中央和地方共同合作制。

二、学校教育制度确立的依据

作为教育制度核心的学校教育制度是社会发展到一定历史阶段的产物，当今世界各国都建立了现代学制，但是各国的学制的具体内容存在着很大的差别，这是因为学制的确立受到各种因素的影响，各个国家的具体情况决定了这些国家学制的差异。[①]

具体说来，不同国家总是以以下几个方面的实际情况作为确立学制的依据，从而制定符合本国实际的学制。

（一）社会政治、经济制度

现代学校教育与国家政权有着紧密的联系，学校教育制度总是为一定的政治、经济制度所制约并为之服务的。不同的政治、经济制度决定了不同国家和不同历史时期学校教育制度的特色。社会政治、经济制度划分了不同的社会阶级和等级，居于权力中心和具有经济优势的阶级和阶层能够享受到更多的教育，他们在入学、求学过程和进入社会的各个环节都比弱势群体更具有优势。因此，在奴隶社会和封建社会中，学校教育制度体现出明显的等级差别和阶级压迫。在古希腊所设立的各种文法学校、弦琴学校、体操或体育学校，都严格禁止奴隶入学。在我国汉代和唐代，由国家所设立的各级各类学校，在入学条件上作出了严格的等级上的规定。同时，学校教育制度为各级各类学校所规定的任务，也都体现了一定的政治需要。奴隶社会和封建社会的学校主要是为统治阶级培养各级从政的士大夫和一部分为他们服务的专门人才。在资本主义社会早期，资本主义国家实行的双轨制学制明显地歧视和限制了普通产业工人家庭子女的发展。我国作为社会主义国家，始终把"坚持社会主义的办学方向"作为学校教育明确的指导思想。

---

① 南京师范大学教育系编：《教育学》，人民教育出版社1984年版，第510～513页。

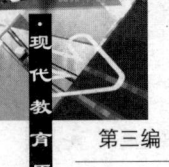

（二）生产力发展水平

学校教育制度还在一定程度上为社会生产力和科学技术发展水平所制约。从历史发展的过程看，生产力发展明显地影响着学生的修业年限、学生入学机会、学校的结构和规模。从世界历史发展看，在欧洲文艺复兴之前，自然科学的各部门还没有从哲学中分化出来，当然也就不可能出现如煤炭、电力、冶金、机械、航空等专业学校。到了资本主义社会，工人、劳动人民开始享有一定的受教育的权利，他们的教育被纳入到学校教育制度之中，这主要是由机器大生产的需要和它提供的可能性所决定。生产力的发展还要求培养各种专门人才，在学校教育系统中就出现了各种专业学校。正如马克思所指出的："工艺学校和农业学校是这场变革过程在大工业基础上自然发展起来的一个要素。"① 此外，生产力发展水平对于学校的师资、设备和教材等因素具有重要的制约作用，通过这些因素，它又对学校教育制度的某些方面，如学习年限的长短产生一定的影响。一般说来，在具有较为优越的师资、设备和教材的条件下，学校学习的年限就可以相应地缩短。

（三）教育对象的身心发展特点

不同的政治、经济制度和生产力发展水平决定着学制的变化，而教育对象的身心发展特点对于学制的决定作用则具有明显的恒定性。

一个人从初生婴儿成长为成熟青年，经历了不同年龄的发展阶段。这些阶段是连续的，同时又是互相区别的。一个阶段接着一个阶段，新的阶段代替旧的阶段。认知心理学的研究为我们了解人的不同发展阶段的特征作出了重要贡献，人的身心发展的这种客观规律成为制定学制的重要依据。人在五六岁时，脑的发育已相当成熟，从这一年龄开始，儿童即可进行书本和文字等方面的学习。以后，随着脑结构的发展，脑的工作机能通过多种活动逐步地增强。六岁至十六七岁时，接受和存储知识的能力非常强。十六七岁以后，儿童开始全面成熟。从人的生理发育、成长的自然规律来看，五六岁至十六七岁正是儿童接受和存储各种科学文化知识与全面接受教育的最佳时期。正

---

① 《马克思恩格斯全集》第 23 卷，人民出版社 1972 年版，第 535 页。

是由于这一特点,很多国家的学制虽历经改革,体系繁杂,类型多样,但儿童的在学年龄大都固定在 5~18 岁之间,同时又都强调适应人的身心发展的阶段性,把学校教育划分为小学、中学、大学等阶段,中学又大多分为初中、高中阶段。这一事实反映了学制必须适应受教育者身心的发展规律。

(四)历史经验的继承与发展

制度同一般的实践活动并不相同,它是在人们对实践活动的价值获得认识后,对未来实践活动的走向所进行的建议或规定。因此,学制总是在不断地发展变化,总是在不断地完善,以适应发展变化的情况。但是,这种发展变化总是以一定的现实条件为基础,任何国家学制的发展和革新必须立足于本国的历史,不是对过去的全盘否定,而是对过去继承基础上的发展。从中国历史看,中国近代基本上完全引进西方的现代学制,但是,新学校在很大程度上是建立在对旧学校的改造基础之上的。在社会主义制度建立后,我们彻底抛弃了旧的政治和经济制度,但是在很大程度上继承和延续了 1922 年建立起来的学制。

三、学校教育制度的基本内容

(一)小学教育制度

小学教育是基础教育的第一个阶段。从世界范围看,小学教育的入学年龄在 5~8 岁之间,其中 6 岁居多,我国规定一般情况下是 7 岁。

小学教育规定的修业年限因各国学制的不同有很大差别。比较普遍的规定是五年或者六年,如美国的"六三三"(小学六年、初中三年、高中三年)学制中,六年制小学是主要形式;在"五四三"(小学五年、初中四年、高中三年)学制中,则存在五年制的小学。现在很多国家的义务教育年限都已经延长到了中学阶段,小学教育的年限相对来说在缩短。

从学校性质上看,各国都把小学教育作为基础科学知识教育的阶段,把小学作为知识传授和文化普及的重要时期,而不涉及职业训练。

关于小学与初中的衔接问题,随着义务教育年限的延长,各国都在逐步取消小学到初中的升学考试,实行免试入学。

(二) 初中教育制度

初中教育是基础教育的第二个阶段。在义务教育制度下，大部分国家的初中教育已经和小学教育一起成为义务教育的组成部分。因此，这些国家初中的入学基本上没有限制。对于那些尚未把义务教育延长到初中的国家，还存在初中升学制度。

初中的修业年限一般为三年或者四年，在实施九年义务教育的国家，主要实行的是"六三学制"和"五四学制"，对应的初中年限为三年或者四年。有的发展中国家也存在两年制的初中。

从初中的学校性质上看，各国初级中学主要承担着基础知识传授的任务。在发展中国家，由于经济和社会发展水平的限制，初中阶段结束后存在着一个比较大的分流。因此，初中阶段也相应地进行一部分职业教育。但是，这种职业教育一般都是在不同中学中附带进行，没有专门的职业学校。

由于当前实施12年制义务教育的国家很少，大部分国家的义务教育止于初中阶段。因此，大部分国家初中到高中一般实行的是考试入学制度。

(三) 高中教育制度

高中阶段的学制相对于小学和初中要复杂得多。从学校类型上看，高中阶段除了普通高中，还有职业中学、中等专业学校、中等职业学校和成人中等教育。在欧洲的双轨制中，普通中学和职业中学有不同的任务。前者主要是进行文化知识普及和为高一级学校输送人才，后者主要是培养技术工人。现在实行双轨制的国家正逐步向单一学制过渡，职业学校的学生也可以升入大学。

高级中学一般为三年，普通高级中学是全日制，职业高级中学比较注重教学和实践的结合。

高中教育的性质因为普通高中和职业中学的区别而存在差异。大学预备教育、普及高中教育和职业教育是普通高中的三大职能，对各个职能的偏重程度在各国存在差异。

高中毕业后，学生一般都要通过考试进入大学接受教育，各国高等学校入学考试制度有很大差异：一种是将高中学习与考试紧密结合，如我国的高等学校招生考试;另一种是将高中学习和大学入学考试分开,如美国的 SAT 考试。

(四) 大学教育制度

大学不同于中小学,大学除了人才培养之外,还担负着社会服务、科学研究和知识创新的重要职能。大学学制除了具有中小学学制的一般特征外,其自身又具有明显的特色。具体说来,大学中的学术制度、教学制度、管理制度和人事制度都是其独有的。

1. 学术制度——学术自由

大学作为学术研究、交流的场所和新知识新思想的创生地,学术制度是保证学术活动开展的制度保障。学术自由是学术制度的核心和灵魂。

《简明大英百科全书》认为,学术自由是"指教师和学生不受法律、学校各种规定的限制,或公众压力的不合理的干扰而进行讲课、学习、探求知识及研究的自由"。[1] 1988 年 9 月,联合国在《利马宣言》中指出,"学术自由"是指学术共同体成员,无论个人或集体,通过探索、研究、记录、生产、创造、教学、讲演以及写作而追求、发展、传授知识的自由。

学术自由是根源于"思想自由"的一种特殊形式的自由。现代意义上的学术自由观念产生于 19 世纪的德国。深受启蒙运动和理性主义影响的柏林大学,在其初创时期,洪堡就把"尊重自由的科学研究"和"教学和学习自由"作为现代大学的基本原则,从而赋予大学教师以充分的思考、研究、发表和传授学术的自由权利。

学术自由制度对于大学发展有着重要的意义。"为了保证知识的准确和正确,学者的活动必须只服从真理的标准,而不受任何外界压力。"[2] 教师和研究者应具有充分的思想和言论自由,言论和发表权利有助于丰富和激励人们的生活,特别是使之拥有充分参与智力交流活动的机会。这种智力交流活动

---

[1] 《简明大英百科全书》,台北中华书局 1988 年版,第 56~57 页。
[2] [美] 约翰·布鲁贝克著,王承绪等译:《高等教育哲学》,浙江教育出版社 1987 年版,第 42 页。

有助于培养人的价值观，有助于人们认识世界，有助于发挥最具人性特点的思维和想象力。言论自由是公民重要的社会权利。言论自由对于实现大学的使命至关重要。因为学术自由不只是社会保障言论自由的一种反映形式，而且是捍卫大学和学者利益的一个必要前提。能否享有言论和写作自由的权利，对教师和学者来说关系重大，因为他们的一生都在致力于发展和阐述新思想。大学如果失去言论自由，其聘任最具创造力的科学家和学者的工作就会受阻。对大学的横加干涉最终会危及其对社会所作出的最具特色的贡献——知识的探索和新的发现。①

当然，学术自由制度所规定的自由权利是被限制在学术研究的领域内，这并不是说大学和大学教师就不受到其他社会规范的制约。因此，学术自由是一种相对的自由，有其自身的"度"。

2. 教学制度——学校自治

学术自由侧重于高等教育的教师（或学生）要求享有学术自由的权利。学校自治则主要针对高等教育机构要求享有自治权。"自治"是指高等教育机构在国家和其他社会力量面前的独立性，在其内部管理、财务、行政方面作出决定，并制定其教育、研究、附属部门工作以及其他相关活动方面的政策。学校自治最重要的方面是教授治学。

大学的教学与中小学不同，不管是在集权制还是分权制的国家，中小学的教学活动都受到比较大的规范和约束，而世界各国的大学在教学方面都有比较大的自主权，学校可以在法律范围内根据自己的实际开设课程和专业，从而形成自己的学科特色和教学风格，这是保证大学自身特色的重要条件。

如何实现学校自治中的教授治学？中国高校在20世纪的早期已经作出了有益的探索。例如20世纪20～30年代的北大、清华以及后来的西南联大，在多年实践中形成了一套由教授会、评议会和校务会议组成的校内领导体制。这套体制的核心是教授自己选出评议会，学校成立教授会——教授会由全体

---

① 徐小洲：《博克的学术自由与大学自治观》，《浙江大学学报》（人文社会科学版）2002年第11期。

教授、副教授组成；全校教授会选举评议员、教务长，审定全校课程，讨论向评议会建议事项；各系教授会推举本系主任。评议会由校长、教务长、教授会推选的若干名评议员组成，职权包括：规定全校的教育方针，讨论、决定各系及校内各机关的设立、废止及变更，制定校内各种规则，委任财务、训育、出版、建筑等各种常务委员会，审定预算决算，授予学位，讨论、决定教授、讲师与行政部门各主任的任免。

3. 管理制度——管理自主

管理自主是学术自由思想在学校管理中的体现。管理自主是对学术权利的重视。学术自由的思想高度尊重学术权利的地位，强调要把学术权利从行政权利中分离出来，以学术主导模式代替行政主导模式，完善和健全教师参与大学学术管理的组织机制，充分发挥学术权利在决策管理中的作用。

从世界范围看，国家高等教育管理体制存在着中央集权制、分权制和两者结合这三种制度。分权制国家中的高校都具有比较大的管理自主权，而相对来说，中央集权制国家中的高校的管理自主权利相对要小。从当前世界教育改革趋势看，各国高校都在逐步实现管理自主。

随着我国高等教育体制改革的不断深入，我国高校如何依法自主办学已越来越受到重视。《中华人民共和国高等教育法》对高等学校办学自主权作出了明确的规定。概括起来，我国高校主要拥有以下七个方面的自主权：招生权、专业设置权、教学权、科学研究权、对外交往权、校内人事权、财产权。

4. 人事制度——岗位管理

高校教师和研究者是推动科学发展和知识创新的重要力量，是一个国家宝贵的人力资源。合理的人事制度能够充分发挥高校教师的积极性，岗位管理是高校人事管理的基本制度。

岗位管理是相对于"身份管理"而言的。简单地说，岗位管理就是"以岗定人，人员聘用"，岗位的设定要因事而定，不是以人设岗、以权设岗。学校不是根据每个教师能干什么而相应开设什么课程，而是根据岗位需要选择合适的人。每个岗位规定了在岗人员的权责，做到权责统一。岗位的责任是由岗位本身来决定的，有权无责就会滥用权力，有责无权则难以尽责。只有责权明晰，责权相辅，才能调动教师的积极性，使其尽职尽责，提高效益。

岗位管理的本质是对人的管理，真正做到"能者上，庸者下"。岗位管理采用的是人才聘用制度，应聘者通过公开竞争上岗，他必须完成该岗位应该完成的工作任务，否则就有被解聘的危险。因此，这对于打破教师（特别是教授）对于学校重要岗位的垄断，打破论资排辈的思想，发掘新人有着重要意义，有利于学术创新和知识创新。

四、学校教育制度的发展趋势

（一）学制形态的发展方向

在20世纪初，西欧双轨学制中的一轨只有小学，另一轨则只有中学和大学。后来随着义务教育的上延，教育机会均等原则的实施，双轨学制从小学开始向上与中等教育衔接。二战以后，德国、法国、英国等国家先后实行了统一的初等教育，初等教育终于并轨了。

第二次世界大战后，西欧各国的普及教育逐步延长到了十年左右，延长到了中学的第一阶段。过去，同是接受义务教育，有的在高学术水平的完全中学的第一阶段进行，有的则在新发展起来的低学术水平的初级中学里进行，机会很不均等。于是，英国、法国、德国等国家采用了综合中学的形式把初中的两轨并在一起。英国发展最快，20世纪80年代初综合中学的学生数已超过学生总数的90％以上。这样，西欧的双轨学制事实上已变成分支型学制了，即小学、初中单轨，其后多轨。

（二）各个教育阶段学制的重大变化

1. 幼儿教育阶段

在当代，很多国家已把幼儿教育列入学制系统，这是现代学制的一个重要特点，也是现代学制向终身教育制度发展的重要标志之一。幼儿教育机构也发生了重要变化：一是幼儿教育的结束期有提前的趋势，提前到了6岁或5岁；二是加强小学和幼儿教育的衔接，有的把幼儿园的大班作为小学预备班（学前班）。法国从5岁起把幼儿学校和小学结合起来编班，英国则把5～7岁的幼儿学校当做义务教育的最初阶段。

2. 小学教育阶段

随着整个社会生产力水平、教育科学水平和小学教师水平的提高，发达国家小学教育的结构有了一系列变化：小学入学年龄提前到6岁甚至5岁；小学和初中直接衔接。

3. 初中教育阶段

在很多国家，义务教育早已延长到了初中阶段，初中阶段已成为科学基础教育的重要阶段，其学制变化主要有：一是初中学制延长；二是把初中阶段看做普通教育的中间阶段，中间学校即由此而来；三是不把初中作为中学的初级阶段，而是把它和小学连接起来，统一进行文化科学基础知识教育，取消小学和初中之间的考试，加强初中结束时的结业考试，把这个阶段看做基础教育阶段，而后再进行分流。

4. 高中教育阶段

高中阶段学制的多类型，即高中阶段教育结构的多样化，是现代学制的一个重要特点。在世界范围内，由于对高中教育的定位不同，它们分别肩负着不同的任务，主要有以下三种类型：仅仅肩负升入大学预备教育单项任务的西欧高中，同时肩负大学预备教育和普及高中文化科学知识教育两项任务的苏联高中，肩负大学预备教育、普及高中教育和进行职业教育的美国综合高中。这三类高中有其共同点，它们都有进行大学预备教育的任务。其中，苏联高中和美国综合高中的共同点更多一些，因为两者都负有普及高中教育的任务。

5. 高等教育阶段

19世纪至20世纪初的高等学校是文化和科学的"金字塔"，那时的大学和生产技术的联系还不十分密切，主要进行3~4年的本科教育，其他层次或者没有，或者比例很小。其后，特别是第二次世界大战以后，高等教育有了重大发展，与生产力及科学技术的联系日益密切，其教育结构和类型发生了很大变化：一是多层次。过去主要有本科一个层次，而现在则有大专、本科、硕士、博士和博士后研究等多个层次；二是多类型。现代高等学校的类型十分繁多，除普通大学外，还有半工半读的高等学校、广播电视大学、函授及网络学院等。高等学校与社会、生产、科学技术、社会生活各个方面的联系越来越密切,出现了科学与人文相互融合、文理渗透以及多学科交叉综合的趋势,促使单科性大学向综合性大学发展。

（三）当代教育制度的发展趋势

人类社会进入20世纪中期以来,面临着社会变化加速、科学与技术进步、人口增长及其寿命延长、人们闲暇时间增多等诸多挑战。这些挑战在一定程度上改变了人的生存条件和社会命运,同时也影响了人们对外部世界和自身行为的传统认识方式,这样,人们对已有的教育制度产生了强烈的变革要求。终身教育作为一种最有影响的教育思潮引起了世界各国的重视,并为不同社会制度的国家普遍接受。不少国家制定了保证终身教育实施的法律,很多国家正结合各自的国情把终身教育从理念和政策转向实际应用,并把终身教育体系纳入学习型社会的建设中。终身教育对当代世界教育实践的影响越来越强烈,教育正在向终身教育方向迈进。终身教育是在人的各阶段中所受各种教育的总和,它具有民主性（普及性）、形式多样性、所受教育的连贯性与一致性、尊重个人发展的自主性等特性。显然,终身教育并不是终身学校教育,在时间和空间上,它承认社区中所有的学习机构、过程和人员。因而,它强调的是学习者在一生的任何阶段、任何场合都可以接受教育,也注重教育的连续过程和不同阶段之间的联系。①

第二节　世界主要发达国家的学校教育制度

一、英国的学校教育制度

英国的现行公立教育制度包括初等教育、中等教育、继续教育和高等教育等。除公立教育制度外,英国还有属于私立性质的独立学校系统,包括私立幼儿园、预备学校和公学。公立教育制度和独立学校系统各自为政。英国

---

① 郑金洲:《教育通论》,华东师范大学出版社2000年版,第225～266页。

的现行学制如图 9-1 所示。

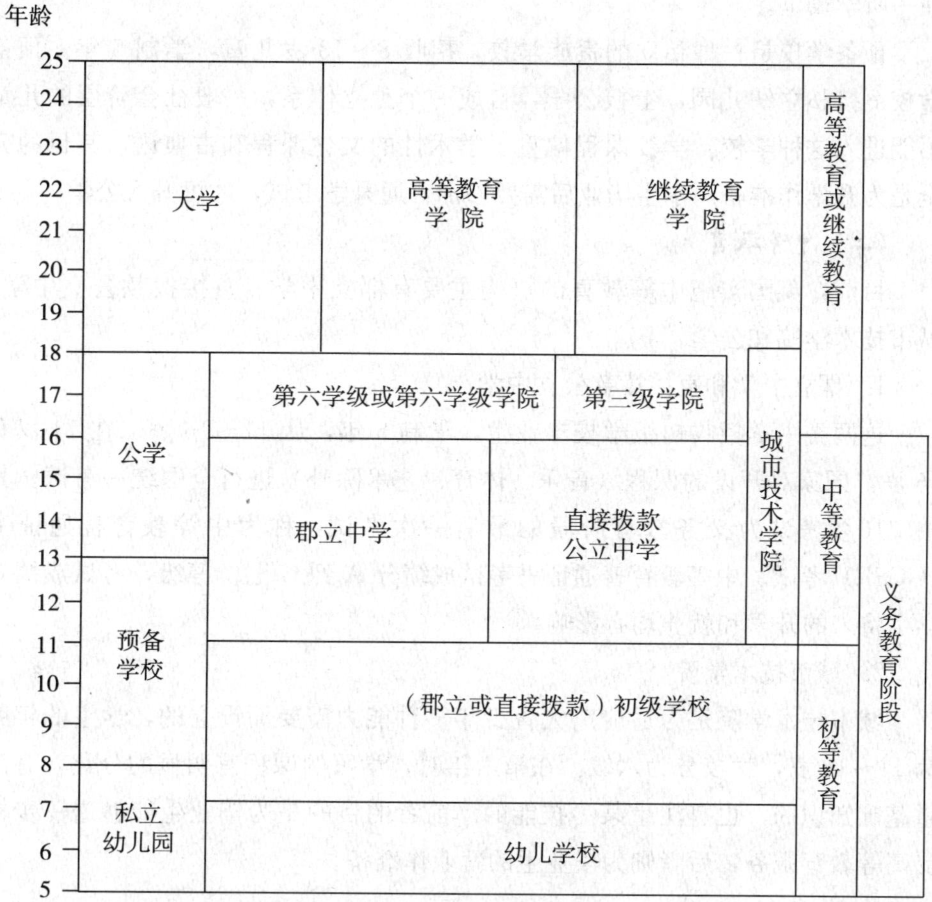

图 9-1　英国现行学制图 ①

（一）初等教育

英国实施初等教育的机构是小学和独立学校系统的预备学校。

小学分为两个阶段。第一阶段为幼儿学校或小学附设的幼儿班，招收 5～7 岁的儿童，学制为 2 年。这类学校与幼儿园相似。第二阶段为初级学校，招

---

① 吴文侃、杨汉清主编：《比较教育学》，人民教育出版社 1999 年版，第 310 页。

收 7～11 岁儿童，学制 4 年。幼儿学校和初级学校可以分设，但大部分合设在一所学校里。

预备学校是一种私立的贵族学校，招收 8～13 岁儿童，学制 5 年。预备学校下接私立幼儿园，上接公学，自成一个独立体系，一般社会阶层的儿童不能进入这种学校。学校课程偏重于学术性的文化课程和古典语，其目的完全是为升学作准备。学生毕业后需要参加普通升学考试，才可升入公学。

（二）中等教育

目前，英国实施中等教育的机构主要有郡立中学、直接拨款公立中学、城市技术学院和公学。

1. 郡立中学和直接拨款公立中学

这两类中学招收初级学校毕业生，学制 5 年，从 11～16 岁。在 14 岁和 16 岁，国家对开设的课程（音乐、体育、艺术除外）进行全国统一考试。其中，16 岁考试为义务教育阶段的最后一次考试，称为中等教育普通证书（GCSE）考试。中等教育普通证书考试成绩分 A 到 G 七个等级，考试成绩对学生将来的升学和就业均有影响。①

2. 城市技术学院

城市技术学院是为适应广大青少年多种能力需要而设立的，学生的年龄为 11～18 岁，学校分为六级。在第六年时，学习的课程有明显的分化，有注重基础知识的，也有注重某一技能的。前者的目的是为毕业生能够进一步接受高等教育服务，后者则为毕业生的就业作准备。

3. 公学

公学是英国最古老的一种私立学校，有 400 年以上的历史。在现行学制中，公学是一种自成体系的独特学校，学制 5 年，招收预备学校毕业后经过严格考试的 12～13 岁学生，以培养领袖人物和学术人才为目的。

（三）继续教育

继续教育指的是义务教育结束后进行的除高等教育以外的所有教育，包

---

① 李家永：《当今英国教育概览》，河南教育出版社 1994 年版，第 86～94 页。

括 16~18 岁全日制教育、16 岁以后的部分时间制教育、18 岁以后修习除大学学位课程之外文凭的全日制教育。

继续教育的实施机构主要有：公立中学附设的第六学级、第六学级学院、第三级学院、城市技术学院以及继续教育学院。目前，第六学级和第六学级学院的课程主要以高级水平普通教育证书课程和高级补充水平普通教育证书为主，也开设一些职业资格课程。第三级学院主要是将 16 岁以后的教育集中在一起进行，开设的课程既有面向升大学的，也有进行各类职业技术教育的。继续教育学院主要开设职业技术文凭课程。

（四）高等教育

英国的高等教育，一部分为大学，另一部分是大学以外的高等教育机构。大学是指古典大学、近代大学、新大学、开放大学和苏格兰的八所大学；大学以外的高等教育机构是指多科技术学院、继续教育学院和教育学院等，其中以多科技术学院为主体。

1. 古典大学

古典大学主要是指牛津大学和剑桥大学。这是两所闻名于世的创办于中世纪的大学，被视为英国大学系统的金字塔顶端。招收的学生都是学习最优秀者，大多数是公学的毕业生，一部分是文法中学的优秀毕业生，以培养高级官员和学术人才为目的。

2. 近代大学

近代大学是 19 世纪末建立起来的传统大学，包括伦敦大学和其他市立大学，主要招收文法中学的毕业生，培养高级科技人才和管理人才。伦敦大学还设有校外学位，学生即使未在伦敦大学注册，但只要学完伦敦大学规定的课程并通过考试（在世界一些地区设有考试中心），就可以申请伦敦大学的校外学位。

3. 新大学

这是在 20 世纪 60 年代由国家创办的有权授予学位的大学。与传统大学相比，除培养目标、招生办法等相近外，还有许多新特点，例如拥有组织结构与教学各环节自治的权利，实行学院导师制，加强对学生的管理，开设新的跨学科课程，规定学生参加实践的时间等。

4. 开放大学

开放大学是英国20世纪70年代初设立的独立自治的现代化大学，主要是通过函授、广播和面授等方式进行教学的成人高等教育机构。学生入学不受年龄、社会地位及学历的限制。英国的开放大学在世界各国影响深远，被誉为"英国教育史上的一次伟大革新"，许多国家都设立了与英国开放大学性质相近而名称各异的大学。

5. 多科技术学院

这类学院在1992年后改称大学，是为使教学与工商业有更加紧密的联系而设立的高等学校。多科技术学院包括艺术系、技术系和商业系，有几所多科技术学院也设有教育系。多科技术学院有全日制、部分时间制和工读轮换制等多种形式。以教学为重点，也开展一定的科学研究，但研究一般都以满足地方工业需要为出发点。

二、德国的学校教育制度

由于二战后的分裂，德国东、西部的教育曾经走过不同的道路。1990年10月德国统一以后，原民主德国地区的教育开始按原联邦德国的模式进行改革，逐步与原联邦德国教育制度一致。德国现行学制如图9-2所示。

（一）学前教育

德国的学前教育绝大部分由教会、福利组织或私人开办，主要包括幼儿园和学校附设的幼儿园（或学前班）。幼儿园招收3~5岁的儿童，学校附设的幼儿园是专为身体与智力发育不良或到6月30日未满6周岁的儿童设立的，目的是使这些儿童得到进入基础学校的准备。

德国的幼儿园实行混合年龄编班，年龄大的儿童带领年龄小的儿童活动，教学以自由活动为主。

（二）初等教育

在德国西部，实施初等教育的机构是基础学校，招收6月30日满6岁的儿童，学习4年，属于义务教育的范围。在德国东部，初等教育和中等教育集中在 10 年制普通—综合技术学校中进行。初等教育的主要目的是通过学习知识来取代游戏，学会并练习有关读、写、算等方面的基础知识。

（三）中等教育

1. 定向阶段

这一阶段的名称各州不同，实施形式也有区别。其实施形式基本上有两种，一种隶属于各类中学，一种独立于各类中学之外。基础学校毕业的学生不经选拔就可以进入独立式的定向阶段，而要进入隶属于各类中学的定向阶段则需要通过一定的选拔程序方可入学。

2. 主体中学

学制 5 年，一般为 5～9 年级。招收基础学校的毕业生，毕业后大部分学生进入职业学校，继续接受 3 年的职业教育；或者进入全日制的补习中学等第二条途径，取得高等学校的入学资格。

3. 实科中学

修业年限为 4 年或 6 年，培养目标是为农、工、商和手工业等部门培养中等技术人员和管理人员。实科中学强调对学生进行基本训练，重点讲授实用学科，并侧重实践。实科中学毕业生的出路有三个：就业；升入专门职业学校、中专和专科学校；转入完全中学的 11 年级。

4. 完全中学

完全中学招收定向阶段的学生，学制 7 年，教学质量高，是德国传统的学术性中学，它主要为学生升入大学作准备。整个 7 年分初中和高中两个阶段，初中修业 4 年，以基础知识的教学为主；高中修业 3 年，注重进行科学研究方法的训练，以便为学生升入高等学校作准备。

5. 综合中学

它是主体中学、实科中学、完全中学的合并，可分为一体化综合中学（通过能力分组教学，开设必修科目与选修科目，使学生获得不同的资力和资格）与合作式综合中学（仍保持三种类型的中学）。不少州已经把综合中学作为正规学校，但在有些州仍把它作为一种试验性质的学校。目前，对此争议还很大，它在整个学校系统中占的比例很小。

第三编 现代教育与现代社会发展

年龄					学年	
25					20	第三教育领域
24	学术性高等学校	高等专科学校	继续教育		19	
23					18	
22					17	
21					16	
20					15	
19					14	
18	完全中学高级阶段	全日制职业学校	双重制部分时间制职业学校		13	中等教育领域 第二阶段
17					12	
16					11	
15	完全中学	综合中学	实科中学	主体中学	特殊学校	10	中等教育领域 第一阶段
14						9	
13						8	
12						7	
11	定向阶段					6	
10						5	
9	基础学校					4	初等教育领域
8						3	
7						2	
6						1	
5	学前教育机构						初级教育领域
4							
3							

图 9-2 德国学制简图①

———————————
① 吴文侃、杨汉清主编：《比较教育学》，人民教育出版社 1999 年版，第 238 页。

(四) 高等教育

德国的高校分为大学、艺术学院和高等专科学校三类。大学包括普通大学、技术大学、综合高等学校、教育学院、神学院、医学院等,它们都要求学生持有中学毕业证书,提供4～5年的学术训练,并有权授予学位。艺术学院包括音乐、美术、影视、设计等,入学者要求有能力证明或通过资格考试,学制4～5年。高等专科学校的入学要求是专科高中毕业,学制3年。高等专科学校还有一种特殊的形式,名叫"公共行政学院",是联邦和州用来培养中级职员的。

三、法国的学校教育制度

法国的现行学制在19世纪末开始产生,直到20世纪80年代才基本形成和稳定。整个制度结构主要包括学前教育、初等教育、中等教育和高等教育四个阶段(参见图9-3)。

(一) 学前教育

在法国,学前教育属于初等教育的组成部分,它的主要任务是促进儿童身体、智力、性格和情感的全面发展。法国的学前教育不属于义务教育,但实行免费制,所有2～5岁儿童均可就近入园。法国实施学前教育的主要机构是母育学校和小学附设的母育班。

(二) 初等教育

法国实施初等教育的主体机构是小学,小学教育与学前教育衔接,属于义务教育的基础阶段,其任务是使儿童掌握认识的基础工具,发展智力、艺术灵感和手工及运动技能,与家庭共同进行道德和公民教育。

儿童6岁开始入学,学制5年,分三个阶段:预备阶段1年,初级阶段2年,中级阶段2年。原则上小学毕业可不经考试直接升入中学。学习结束时,教师根据平时情况,给学生一个总的评价,记入"学习档案",成绩合格者,授予初等教育证书。

(三) 中等教育

法国的中等教育分为初中和高中两个阶段,具有结构多样、灵活以及普通教育与职业教育相互渗透、相互结合的特点。

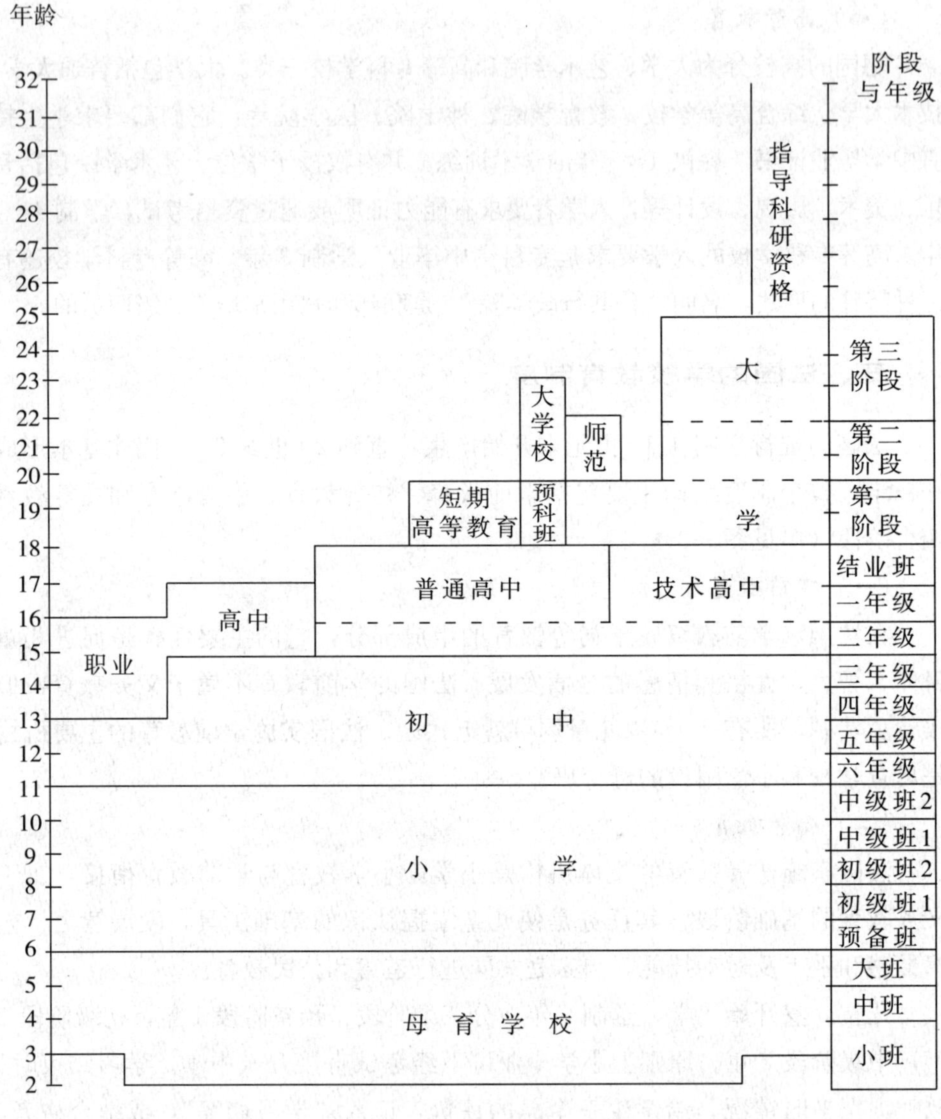

第三编 现代教育与现代社会发展

图 9-3 法国学制图①

① 安双宏、白彦茹主编：《比较教育学》，哈尔滨工业大学出版社 1997 年版，第 73 页。

初中学制4年，按法国习惯分别称为六、五、四、三年级。法国初中按全国统一的教学计划和大纲组织教学。前两年称为"观察阶段"，其主要任务是通过教学观察学生的能力和爱好，为以后的方向指导作准备；后两年称为"方向指导阶段"，其主要任务是根据前两年观察的结果进行升学就业方向指导。

高中分为普通、技术、职业三类，前两者之间的界限越来越模糊，有时统称为普通和技术高中或高中。

普通高中、技术高中学制都是3年，分别称为二年级、一年级和结业班。第一年是基础阶段，不分科。高中第二年和第三年，学生分为不同的学科组。学生经过三年学习，参加由大学区组织的中学毕业会考，合格者可直接升入大学或就业。

职业高中分二年制和三年制两种。二年制职业高中招收初中毕业生，结业时经考核获得职业学习证书；三年制职业高中招收初中"观察阶段"学习结束的学生，结业时经考核可获得职业能力证书。职业高中学生一般都直接就业，只有极少数转入技术高中，再经两年学习后参加技术员会考或技术员资格考试。

（四）高等教育

法国高等教育的根本任务是1968年《高等教育法》提出的创造与传播知识，发展科学研究和培养人才，并由此促进社会朝着使每个人对自己的命运具有更大责任感的方向发展。法国的高等教育主要由大学、大学校和一些短期高等教育机构实施。

大学，即综合大学，是历史悠久、专业人员最全、学生最多、教师水平最高、影响最大的高等教育的主体，其培养目标主要是教师和科研人员。

法国的大学分阶段进行教学。第一阶段为两年，属于基础理论教育阶段，不分专业，成绩合格者可获得"大学普通文凭"（简称DEVG）；第二阶段为两年，属于专业基础教育阶段。第一年学业合格者获学士学位，第二年学业合格者获硕士学位，相当于其他国家的本科毕业；第三阶段是进行科研和深造阶段，相当于其他国家的研究生阶段。在第三阶段中，第一年以学习为主，

成绩合格者获得"深入学习文凭"（简称 DEA）或"同等专业学习文凭"（简称 DESS），后两年进行科学研究，准备论文，通过答辩者获得博士学位。在获得博士学位后，边工作边准备论文，再用至少六七年时间才能获得法国的不是学位的最高资格——"指导科研资格"。

大学校，即高等专业学校（院），是法国高等教育领域中具有特殊地位的专业机构，是培养法国高级官员、高级管理人才和高科技人才的摇篮。这些院校分属政府各部管辖，也有私立的，主要集中于工商两科。它的特点是规模小、招生条件高、师资和设备比一般大学优越、教学专业性强，因而，这类学校在法国享有极高的声誉。

大部分大学校是从设在著名国立中学里的预科班中招收优秀学生，这些学生在预科班学习 2~3 年，经过竞争性考试合格才能升入大学校。最近几年，为了缩小大学校与其他高等院校之间的鸿沟，某些大学校按照同等学历转入的办法，也从综合大学和短期技术大学中招收少量成绩优秀者入学。大学校的学制各不相同，工程师学院和商业学校一般为 3 年，高等师范学院为 4 年，其他学院则 1~3 年不等。毕业不授予学位，只颁发本院毕业文凭。

此外，法国将高中毕业后读两年的学校称为短期高等教育机构，主要形式是大学技术学院和高级技术员班。大学技术学院的任务是培养高级技术员，这类学院招收中学毕业会考证书持有者，侧重招收技术员会考证书和技术员资格证书持有者，对经过两年学习并通过毕业考试的学生颁发高级技术员文凭。高级技术员班的培养目标和录取方式与大学技术学院相同，教学组织也相似。所不同的是，它们附设在一些技术中学内，一部分为私立，专业划分更细，教学更具体、实用，通过年终考试评定成绩，毕业生获得高级技术员文凭。

四、日本的学校教育制度

日本的现行学制为"六三三四"单轨学制，即小学六年、初中三年、高中三年、大学四年（医科和口腔科六年），所有学校均分为国立、公立和私立三种类型。现行学制如图 9-4 所示。

(一) 学前教育

日本的学前教育机构包括幼儿园和保育所。前者属于学校教育制度的组成部分，招收3~6岁幼儿，由文部省领导；后者属于福利机关，招收母亲有工作的、从出生到6岁的幼儿，隶属厚生省。按照1990年日本开始实施的《教育要领》，幼儿园的教育目的是：保育儿童，提供适当的环境，促进儿童的身心发展。保育所3岁以上幼儿的活动与幼儿园基本相同。

(二) 初等教育

日本实施初等教育的机构是单一的六年制小学，儿童满6周岁入学，12周岁毕业，属于义务教育阶段。小学以适应儿童的身心发展、实施初等普通教育为目的。目标的实现主要通过八门普通学科（包括国语、社会、算术、理科、音乐、图画—手工、家政、体育）、道德教育和课外活动来完成。一、二年级的社会和理科合并成了"生活科"。

(三) 中等教育

日本的中等教育分为初中和高中两个阶段，分别修业三年，也有六年一贯制中学。

初中属于义务教育，是所有12~15岁的学生都必须接受的教育。《学校教育法》规定，初中的教育目的是根据儿童的身心发展，在小学教育的基础上给予普通教育。具体目标为：培养国家和社会的建设者所必需的素质；培养学生掌握社会需要的职业基础知识和技能、尊重劳动的态度和根据个性选择未来出路的能力；开展校内外的社会活动，正确地激发情感，培养公正的判断能力。

高中不属于义务教育。《学校教育法》规定高中教育的目的是在初中教育的基础上，适应学生的身心发展，给他们以普通和专业的教育。日本的高中分为普通高中、职业高中、定时制高中以及函授制高中，修业三年，以普通高中和全日制高中为主。

(四) 高等教育

日本的高等教育机构包括大学本科、研究生院、短期大学和高等专科学校等几个层次。

大学本科是以学术为中心，在传授广博知识的同时，教授和研究高深的专门学术，发展学生的智力、道德和应用能力。大学招收高中毕业生，修业年限一般为四年，医科与口腔科为六年。日本的大学主要由综合大学、单科大学、混合型大学组成，各有其特色。一般说来，前两者水平较高，并兼设研究生院。

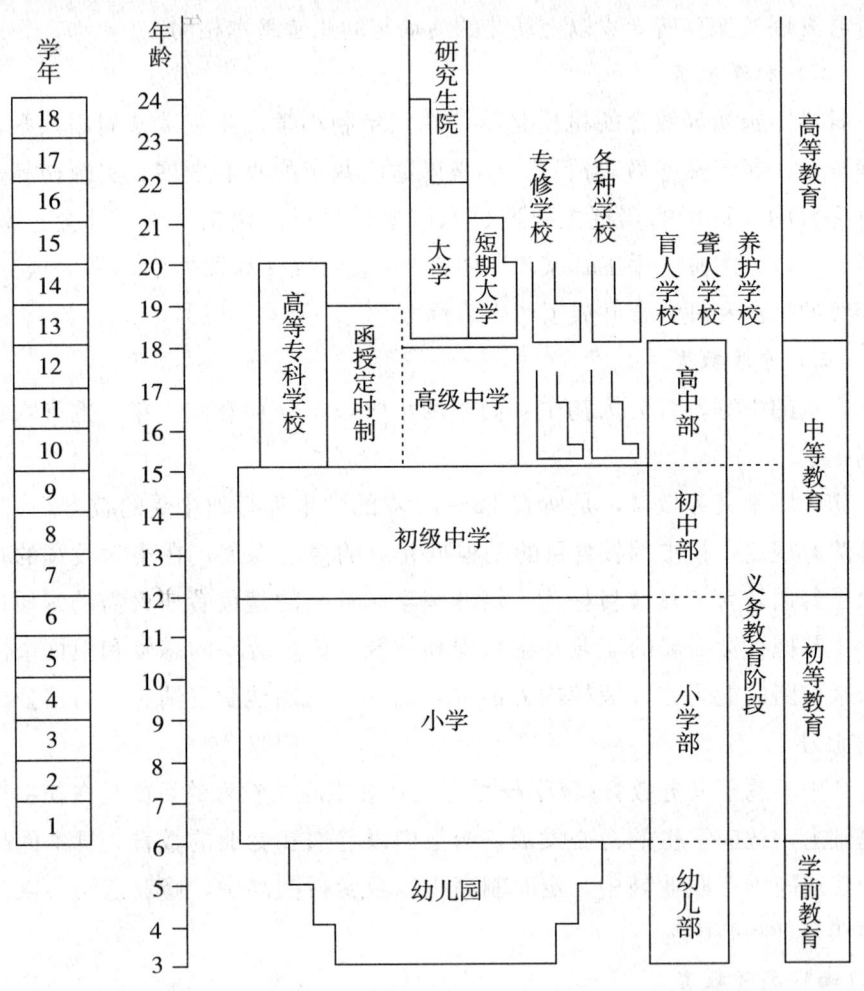

图 9-4　日本学制图

研究生院是以传授和深入研究学术理论及其应用并对文化作出贡献为目的。研究生院大多分设在一些著名的综合大学和单科大学之中，培养硕士和博士。硕士学位需学习两年，经过论文和考试合格方能获得。博士学位需在硕士学位之上再学三年，经过论文和考试方能获得。

短期大学是以传授和研究高深的专门学术技艺、培养职业上或者实际生活中所必需的能力为目的，招收高中毕业生，修业2~3年。短期大学的特点是与地区社会的需要联系密切。

高等专科学校是为了适应企业对中级技术人才的需求，以传授较深的专门的科学知识和技艺、培养各种职业所必需的工作能力为目的。招收初中毕业生，学习五年，大多为国立和公立性质，并以工科为主。

专门学校是专修学校中的一种学校或课程，招收高中毕业生，学制一般为两年，另有从一年到四年半的多种学制。专门学校以私立为主，其学科、专业众多，社会需要和人才市场需要的专业应有尽有，而国立和公立的专门学校一般只有医疗卫生学科。

五、美国的学校教育制度

美国的学制在20世纪初已基本定型，后来又不断地进行调整和改进，形成了现行的以"六三三制"为主体，"六六制"、"八四制"并存的多样性的学制，包括学前教育、初等教育、中等教育、高等教育（参见图9-5）。

（一）学前教育

美国学前教育的实施机构主要有保育学校（招收3~4岁儿童）、幼儿园（招收5~6岁儿童）和日托中心（招收3个月至5岁的儿童）三种。其宗旨是通过各种活动，帮助儿童养成良好的生活习惯及行为准则和道德规范，学会读、写、算等基本常识，培养一定的能力，增强独立性、责任感和成就感。

（二）初等教育

美国的初等教育由小学实施，属于义务教育阶段。美国小学大多为公立，6岁入学，修业年限大多为6年，在人口较少地区则大多为8年。也有四年制的小学，与中间学校相衔接。

美国的初等教育以增进儿童身心健康、发展儿童对社会和自然的理解能力、培养儿童的创造能力和社会活动能力为宗旨。小学一般采取分年级教学，也允许根据志愿和能力同时学习几个年级的科目。此外，还实行"弹性升级制"，特别优秀的学生可以个别升级或跳级。

（三）中等教育

美国的中等教育以"三三制"为主。凡受过小学教育、年满12岁的儿童，即可进入各种中学。美国的中学以综合中学为主体，兼有普通教育和职业技术教育，也有单独设立的普通中学、职业技术中学、特科中学和其他中学。

关于中学教育的目的，迄今为止，最有影响的是1918年美国中等教育改革委员会提出的"七大原则"：（1）保持身心健康；（2）成为家庭有效成员；（3）掌握学习基本技能；（4）养成就业技能；（5）胜任公民职责；（6）善于利用闲暇时间；（7）具有良好道德品质。

（四）高等教育

美国的高等教育十分发达，其主要特点是数量多、层次多、类型多、形式多。18~24岁的适龄青年有一半以上能够接受高等教育。当然，这里包括多种形式的短期高等教育和成人高等教育。

美国的高等院校分为三类：第一类为研究生院，是以培养研究生和进行科学研究为主的名牌大学；第二类是以本科教育为主，兼有研究生教育的四年制文理学院和综合大学，这类大学以教学为主，主要培养一般科技人才、学术人才和专业人才；第三类是二年制或三年制的社区学院和初级学院，这类学院主要培养医科、牙科、护理、工程技术和商业会计等方面的实用人才，毕业后授予副学士学位。

美国高等教育的宗旨是：（1）为了每个人以及他人和社会的利益，帮助他们把能力发挥到最大程度；（2）通过研究及学术成就扩展人类之知识和幸福；（3）通过相应的和适应的服务，满足社会的需要。这三大目标形成了美国高等院校的教学、科研、服务三大任务。

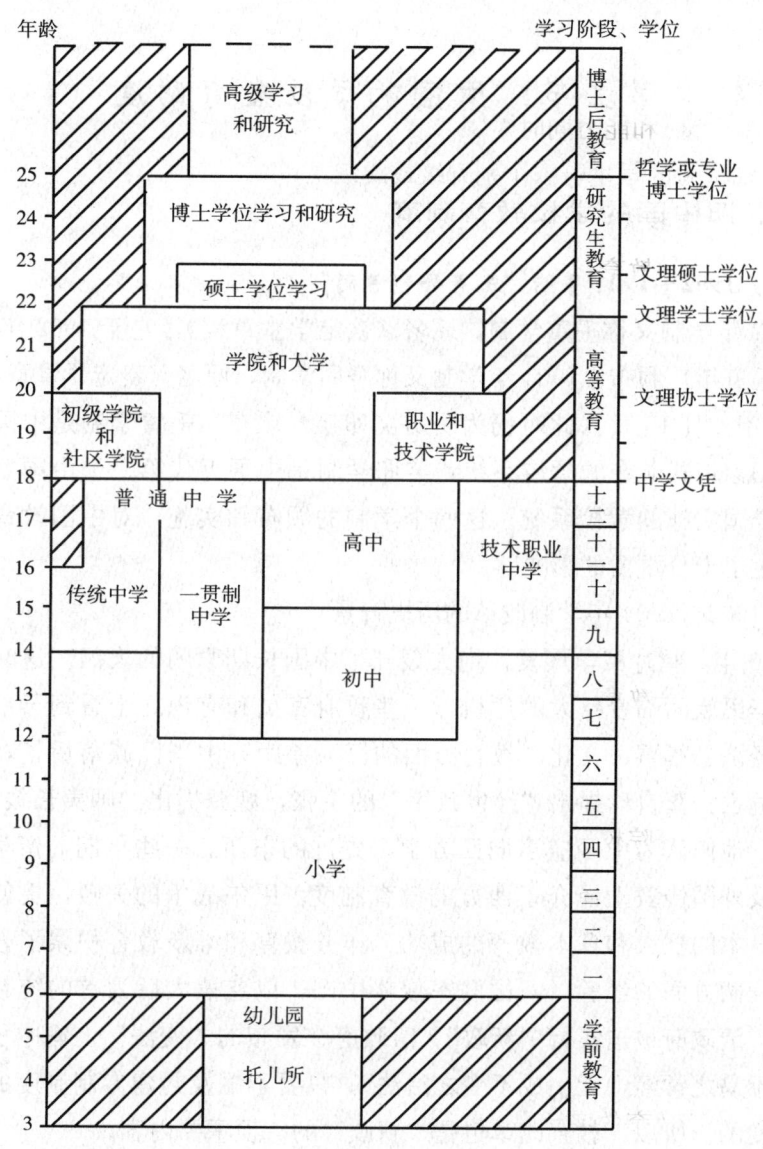

图 9-5 美国学制图①

---

① [英]埃德蒙·金著,王承绪等译:《别国的学校和我们的学校——今日比较教育》,人民教育出版社 2001 年版,第 292 页。

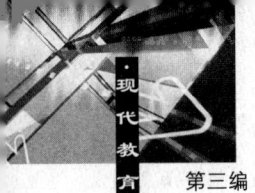

第三节 中国的学校教育制度

一、旧中国的学校教育制度

(一) 1902～1904年的"壬寅癸卯学制"

1902年学制又称壬寅学制,原名《钦定学堂章程》,它于1902年8月15日(即壬寅年)颁布。1904年学制又称癸卯学制,原名《奏定学堂章程》,它于1904年1月13日(此时仍为阴历癸卯年)颁布。壬寅学制是中国近代第一个由国家正式颁布的学校系统,癸卯学制是中国近代第一个由国家正式颁布并在全国实施的学校系统。这两个学制的颁布和实施,对中国教育近代化进程产生了十分重要的影响。

1. 1902～1904年学制改革的历史背景

1840年,鸦片战争爆发,炮火轰开了中国长期紧闭的大门。这时内忧外患,中华民族面临着巨大的危机,一些政府官员和有识之士看到了中西方在政治、经济、军事、文化、教育方面的巨大差距。中华民族落后了,如何挽救民族危亡?龚自珍提出"经世致用"的主张,魏源提出"师夷长技以制夷"的思想,他们认为中国应当向西方学习先进的东西。一些早期的留学生、外交人员及外国传教士译介了西方的教育制度。甲午战争的失败,更使中国人看到了日本的强大和日本教育的成功。洋务教育和维新教育积累了教育改革的正、反两方面的经验。八国联军侵略中国,以慈禧太后为首的统治集团摇摇欲坠,清政府被迫实行"新政"。清政府在发布的"变法"上谕中承认"世有万古不易之常经,无一成不变之治法",只要不触及封建专制制度的,就是可以改变的。所以,教育改革也是"新政"的一项重要内容。

洋务运动和维新运动时期,为培养大量急需的外交、军事、技术方面的人才,一些语言学堂、军事学堂、技术学堂和普通学堂等新式学堂相继建立。由于办学者的观念不同,培养目标不同,各个学堂在学堂章程、规章制度、课程设置、修业年限、入学条件、学业水平等方面都自成体系,各自为政,缺乏统一的规范与管理,学堂之间也几乎没有联系,相互不衔接。为此,制定统一的学制,规范学校的课程设置、修业年限、学业水平、入学条件等成为教育发展的迫切需要。1901年5月,《教育世界》面世,这是中国最早的教育专业刊物。它论述了教育改革的重要性和迫切性,介绍了许多外国的教育思想、教育制度、教育法规、课程设置等。值得一提的是,它系统地翻译和介绍了日本的教育方针、教育法规条例、教育系统、经费来源和教科书等,为新学制的制定提供了参照蓝本和人才准备。①

2. 1902～1904年的学校系统和课程设置

(1) 壬寅学制。1902年,在管学大臣张百熙主持下拟定了一系列的学制系统文件,包括《京师大学堂章程》、《考选入学章程》、《高等学堂章程》、《中学堂章程》、《小学堂章程》、《蒙养堂章程》。8月15日,张百熙向朝廷进呈了《学堂章程折》,经朝廷批准后,以《钦定学堂章程》颁行,史称"壬寅学制",它是中国有史以来第一个由国家正式颁布的学校系统。

壬寅学制主要是模仿日本学制而制定的。学制主系列分为三段七级。第一阶段为初等教育,分为三级,包括蒙学堂四年、寻常小学堂三年、高等小学堂三年。儿童自六岁起进入蒙学堂。第二阶段是中等教育,实行中学堂四年一贯制。第三阶段为高等教育,分为三级。第一级为高等学堂或大学预科三年;第二级为大学堂三年,由第一级升入,设政治、文学、商务、农业、格致、工艺、医术七科;第三级为大学院,年限不定,以研究为主,是整个学校教育系统的最高级别。除大学院外,整个学制年限共计20年。学制主系列外,与高等小学堂平行的有简易实业学堂;与中学堂平行的有中等实业学堂、师范学堂;与高等学堂平行的有高等实业学堂、师范馆、仕学馆等。

(2) 癸卯学制。由于张百熙资望不足,屡遭非议,以及壬寅学制制定比较仓促,还存在很多不足之处,所以该学制并未实行。清政府于1903年命张百熙、张之洞、荣庆协同修订壬寅学制。1904年1月13日,清政府公布了由

---

① 钱曼倩、金林祥:《中国近代学制比较研究》,广东教育出版社1996年版,第4～9页。

他们主持重新拟定的一系列学制系统文件，史称《奏定学堂章程》。因公布时在阴历癸卯年，又称"癸卯学制"，这是中国近代由中央政府颁布并首次得到实行的全国性法定学制系统，比壬寅学制更为系统完备。

癸卯学制主系列分为三段七级。第一阶段为初等教育，分三级，包括蒙养院四年、初等小学堂五年和高等小学堂四年。第二阶段为中等教育，设中学堂一级五年。第三阶段为高等教育，分为三级。第一级为高等学堂或大学预科三年；第二级为大学堂三至四年，分为经学、政法、文学、商业、格致、工业、农业、医术共八科；第三级为通儒院五年，属研究性质。全学程共计25～26年。在主系列外，还有实业教育和师范教育。师范教育分为与中等教育平行的初级师范学堂、与高等教育平行的优级师范学堂。实业教育有与高等小学堂平行的初等实业学堂、与中等教育平行的中等实业学堂、与高等教育平行的高等实业学堂。此外，还有译学馆、方言学堂、实业教员讲习所等。

初等小学堂设修身、读经、中国文学、中国历史、算学、地理、格致、体操八科，另以图画、手工两门为随意科。高等小学堂则增加一门图画，格致中增加矿物和理化知识，并以手工、商业、农业为随意科。中学堂设有修身、读经讲经、中国文学、外国语、历史、地理、博物、图画、体操、理化、法制及理财等十二门。[①]

3. 癸卯学制的特点

癸卯学制是效仿日本学制而制定的，它是学习日本教育、学习外国教育制度的结果。之所以效仿日本，是有原因的。首先，日本是中国的近邦，实行君主立宪制，与中国的封建专制制度存在某种程度上的相似。其次，日本在明治维新后，国力大大增强，部分取决于其教育的成功，而日本提倡学习西政西学。再次，日本的学制是比较完善的，有着与新学制相配套的从初等教育到高等教育各阶段、各科目完整的学校教材，便于引入。[②]

癸卯学制是向外国教育学习的系统性成果，但学制的指导思想是"中学

---

① 孙培青主编：《中国教育史》，华东师范大学出版社2000年版，第343～345页。
② 李华兴：《民国教育史》，上海教育出版社1997年版，第81页。

为体,西学为用",不可避免地带有半资本主义性和半封建性。它一方面不能动摇封建专制制度的基础,另一方面又极力效仿外国学制,这使得它本身存在着不可调和的矛盾。在课程设置上,这一矛盾得到了体现。癸卯学制的课程设置是以"忠君"、"尊孔"、"读经"为指导思想的,学生必须耗费大量时间学习儒家经典,接受封建伦理道德知识的灌输。读经讲经课在初等小学堂占课程总时数的五分之二,在高等小学堂占三分之一,在中学堂占四分之一。在学习中学的同时,学生必须学习算学、外国语、法制、理财、理化等西学知识。一方面必须以中学为本,另一方面又强调学习西学,学生学习任务繁重,学制偏长。① 另外,学制中保留了科举制的残余,广大妇女被排斥在学校教育之外,这也体现了癸卯学制的封建性。

癸卯学制重视师范教育与实业教育。学制的制定者认为,教育是国家发展的根本,师范教育是国家谋求进取的基础之基础。学制明确规定,各地应按实力兴办师范学堂,并实行官费教育制度,以尽可能多地鼓励并招收有志于教育事业的学子。为促进中国实业教育的发展,这一学制还规定,各省至少设立一所完全制的实业学堂,并由地方督抚考察当地情况后,就本省"最相需最得益"之实业门类,选派学生出国留学。

癸卯学制还十分注重教学法的改进,注重书本与实践的结合。班级授课制是其基本的教学管理和教学组织形式。

(二) 1912~1913 年的"壬子癸丑学制"

1. 壬子癸丑学制产生的历史背景

1911 年的辛亥革命,推翻了清朝的封建统治,宣告了封建专制制度的结束。1912 年元旦,孙中山宣誓就任中华民国临时大总统。1 月 9 日,教育领域的最高行政机关教育部成立,蔡元培出任第一任教育总长。同年 7 月,在蔡元培的主持下,召开了临时教育会议,制定了《教育宗旨》、《学校系统》、《小学校令》、《中学校令》、《大学令》等一系列法令,对旧的教育宗旨和教育制度提出了比较全面的改革方案。南京临时政府在教育方面的改革,主要有

---

① 孙培青主编:《中国教育史》,华东师范大学出版社 2000 年版,第 343~345 页。

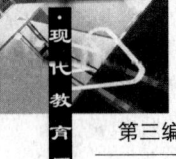

三个方面：一是废除了"忠君"、"尊孔"的反动教育宗旨，拟定了新的教育宗旨，即"注重道德教育，以实利主义教育、军国民教育辅之，更以美感教育完成其道德"；二是壬子癸丑学制的制定；三是设置了新的课程。

中华民国成立，政体已变更，改革学制势在必行，蔡元培邀请教育界知名人士至教育部，拟定新的学制。1912年9月，中华民国第一个《学校系统令》公布，史称"壬子学制"。以后，又陆续颁布各级各类学校法令，直到1913年，逐步形成了一个新的学校系统，史称"壬子癸丑学制"。

2. 壬子癸丑学制的学校系统和课程设置

壬子癸丑学制主系列分为三段四级。第一阶段是初等教育，分初等小学校和高等小学校两级，共七年。其中，初等小学校四年，高等小学校三年。小学入学年龄为六周岁，不分设男校、女校。教育部公布的《小学校令》中称"小学教育以留意儿童身心之发育，培养国民道德之基础，并授以生活所必需之知识技能为宗旨"。小学正、副教员，均须正规师范院校毕业，或经小学教员检定委员会检定合格者；第二阶段是中等教育，设中学校一级，共四年。《中学校令》中称"中学校以完足普通教育，造成健全国民为宗旨"。女子中学校单独设立。中学校入学资格，为高小毕业生及同等学历者；第三阶段是高等教育，分为预科、本科、大学院三个层次。预科为三年，本科为三至四年，分为文、理、法、商、医、农、工七科。本科之后设大学院，不定年限，以研究学术为主。这个学制总年限为17~18年。

除主系列外，还有师范教育与实业教育。师范教育分两级，分别是师范学校与高等师范学校，分别相当于中等教育和高等教育阶段。师范学校又分为第一部师范学校和第二部师范学校。《师范教育令》中提出：师范学校以造就小学校教员为目的；女子师范学校以造就小学校教员及蒙养园保姆为目的；高等师范学校以造就中学校、师范学校教员为目的；女子高等师范学校以造就女子中学校、女子师范学校教员为目的。实业教育主要有乙种实业学校和甲种实业学校，分别与高等小学校与中学校平行。实业学校有农业学校、工业学校、商业学校、商船学校、实业补习学校等。实业学校以教授农工商业必需之知识、技能为目的。

在课程设置上，初等小学校开设修身、国文、算术、手工、图画、唱歌、体操七门课程，女生加缝纫课，三年级起加授珠算。高等小学校开设修身、国文、算术、手工、图画、唱歌、体操、本国史地和理科，男生外加农业，女生加授缝纫，共十门课程。如遇不得已之情况，手工、唱歌可暂缺。中学校开设修身、国文、外国语、历史、地理、数学、博物、物理、化学、法制经济、图画、手工、乐歌、体操，共十四门课程。女子中学校加授家事、园艺、缝纫。外国语以英语为主，但遇地方特别情形，可任择法、德、俄语一种。读经讲经课取消，大学也停开了经学科。①

3. 壬子癸丑学制的特点

由于学制制定人员认为欧美学制不适合中国的实际，而且缺乏欧美学制方面的专业人员，对欧美学制缺乏深入了解，壬子癸丑学制仍然是仿效日本学制而制定的。壬子癸丑学制在癸卯学制的基础上制定，继承与发展了癸卯学制的合理性，在形式上与癸卯学制基本相同。但它们之间也有不同，癸卯学制带有半封建、半资本主义性质，本质上是为封建专制制度服务的。而壬子癸丑学制则带有资产阶级的性质，是为资产阶级服务的，它废除了癸卯学制中根据学生的表现和学业程度奖励相应的科举功名的办法，废除了教育中的封建等级制度，废除了读经讲经等封建教育的内容，女子也得到了很大程度上的受教育权，体现了资产阶级"人人平等"、"男女平等"的思想。

壬子癸丑学制缩短了学制年限，规定初等小学阶段为义务教育。该学制较癸卯学制共缩短了三年，初小、高小、中学各缩短了一年。初等教育和中等教育学习年限的缩短，虽然是为了迅速培养资本主义生产所需要的劳动力，但是它在一定程度上也反映了劳动人民争取教育权的要求。

壬子癸丑学制增设了初等小学补习科、高等小学补习科，各二年毕业。这主要是为初等小学、高等小学毕业生作学习上的补习，或为职业上的预备，同时也为年长失学者提供了入学的机会，有利于普及教育。中学文实不分科。取消了高等学堂，改设大学预科，特设专门学校，与大学平行。

---

① 孙培青主编：《中国教育史》，华东师范大学出版社2000年版，第361~362页。

壬子癸丑学制是中华民国的第一个学制，反映了资产阶级对教育的要求，它较癸卯学制有了一定的进步，例如取消了读经讲经课，缩短了学制年限，注重美育和体育，开放女子教育等。但是，这一学制仍有很多不足，比如学制各阶段划分不够合理，小学七年稍长，中学四年太短，大学要花费六至七年，中学阶段要兼顾升学与就业，课程繁重，修业时间又短。壬子癸丑学制是第一个资产阶级的学制，超越了传统教育制度，标志着外国教育制度在我国的基本确定。

（三）1922年的"壬戌学制"

1. 壬戌学制产生的历史背景和形成过程

壬子癸丑学制制定以后，又在局部上进行了一些调整，如初等教育由单轨制改为双轨制，大学预科由原来的3年改成2年，大学本科由原来的3~4年改成4年。但是，该学制仍存在着诸多不足，如小学年限过长，中学年限过短；中等教育兼顾升学与就业，导致课程繁重；过于强调整齐划一而灵活性不够；模仿外国学制的痕迹较深，没有充分考虑到本国的国情等。该学制已不适应日益发展的社会、政治、经济生活和生产的需要，因而孕育着一场新的改革。

1915年，以陈独秀等人为代表的激进民主主义者发起了一场声势浩大的新文化运动，西方教育理论、教育方法、教育制度、教育模式被大量引进。军国民教育、实利主义教育、国民教育、美感教育、科学教育、平民教育等各种教育思想此起彼伏。一些教育团体也纷纷成立，如全国教育联合会、中国科学社、中华职业教育社、中华教育改进社、中华平民教育促进会等。1922年的这次学制改革是由教育团体发起，与教育部联合，最后由教育部公布实行。

另外，由于美国对华政治、经济的影响日益加剧，留美学者也日渐增多，美国教育的影响越来越大。杜威和孟禄相继来华讲学，对新一轮学制的改革起了很大作用。

1915年，全国教育联合会成立，并召开了第一届年会。湖南省教育会提出的《改革学校系统案》受到高度的重视，这是改革旧学制的先声。随着美国教育的影响加大，许多学者提倡借鉴美国学制。1919年全国教育联合会第五届年会开始讨论修改学制系统，1920年该会年会再次讨论，1921年该会年会决定以广东提出的学制系统草案为基础，征求全国意见。1922年9月，教育部召开全国学制会议,最重要的内容是讨论学校系统改革案,对全国教育联合会提出的学制系统稍作修改,并交全国教育联合会第八届年会征求意见,最终于11月1日以大总统令公布了《学校系统改革案》,这就是1922年学制,又称"壬戌学制"。

2. 壬戌学制制定的标准和学校系统

壬戌学制依据七项标准制定,这七项标准是:适应社会进步之需要;发挥平民教育精神;谋个性之发展;注意国民经济力;注意生活教育;使教育易于普及;多留各地方伸缩余地。

壬戌学制采用美国的"六三三"分段法。下面对其各阶段的教育作出说明。

(1) 初等教育。小学修业年限为六年,分初、高两级,前四年为初级,得单设之。义务教育年限暂以四年为准,各地方至适当时期得延长之。义务教育入学年龄,各省区得依地方情形自定之。小学课程,得于较高年级,斟酌地方情形,增置职业准备之教育。初级小学修完后,得予以相当年期之补习教育。幼稚园收受六岁以下之儿童。对于年长失学者,宜设补习学校。

(2) 中等教育。中学校修业年限为六年,分为初、高两级,初级三年,高级三年,但依设科性质,得定为初级四年,高级两年,或初级两年,高级四年,初级中学得单设之;高级中学应与初级中学并设,但有特别情形时,得单设之。初级中学实行普通教育,但得视地方需要,兼设各种职业科。高级中学分普通、农、工、商、师范、家事等科,但得酌量地方情形,单设一科,或兼设数科,中等教育得用选科制。各地方得设中等程度之补习学校或补习科。其补习种类及年限,视地方情形定之。职业学校之期限及程度,得酌量各地方实际需要情形定之。为推广职业教育计,得于相当学校内,酌设职业教育养成科。师范学校修业年限为六年,师范学校得单设,后两年或后三年,收受初级中学毕业生。师范学校后三年,得酌行分组选修制。

(3) 高等教育。大学设数科或一科均可,其单设一科者,称某科大学校。大学校修业年限为四至六年,各科得按其性质之繁简,于此限度内斟酌定之,大学校采用选科制。学校及地方特殊情形,得设专门学校,高级中学毕业生

入之，修业年限为三年以上，年限与大学同者，待遇亦同。大学校及专门学校，得附设专修科，修业年限不等，凡志愿修习某种学业或职业而有相当程度者入之。为补充初级中学之不足，得设两年之师范专修科，附设于大学校教育科或师范大学校，亦得设于师范学校或高级中学，收受师范学校及高级中学毕业生。大学院为大学毕业及具有同等程度者研究之所，年限不定。

3. 壬戌学制的特点

壬戌学制具有以下特点。

（1）该学制采用"六三三"分段法，比较符合学龄儿童身心发展的规律。这种分段法在中国学制发展史上还是第一次。

（2）缩短了小学年限，由七年改为六年。小学分为两级，初级小学四年为义务教育阶段，高级小学为两年，有利于初等教育的普及。

（3）中等教育阶段是学制改革的核心，是新学制的精粹。中学由四年一贯制改成三三制，克服了旧学制中学只有四年而造成的基础知识不足的缺点，改善了中学与大学的衔接关系。中学分成初中、高中两级，并实行选科制和分科制，学生有了选择的余地。

（4）大学取消了预科，实行选科制。

（5）新学制加强了职业教育，其最明显的特点就是兼顾了升学和就业。

（6）在师范教育方面，种类增多，程度相应提高，设置灵活。

壬戌学制效仿美国学制而定，但并非完全照搬照抄，而是充分考虑了中国的实际，经过教育界长期酝酿讨论，并经许多省市认真试行，最终集思广益的结果。这一学制是针对旧学制的不足而进行的一次改革，其性质是资产阶级学制，是我国近代学制发展史上的一大进步。[①]

二、当代中国的学校教育制度

（一）新中国成立以来的学制改革

1. 1951 年的学制改革

[①] 王建军、陈汉才、周德昌：《中国教育史纲》，广东高等教育出版社 2000 年版，第 310~314 页。

中央人民政府政务院于1951年颁布了《关于改革学制的决定》，明确规定了中华人民共和国的新学制。这是我国学制发展的一个新阶段。首先，这个学制吸收了老解放区的经验、壬戌学制和苏联学制的合理因素，发扬了我国单轨学制的传统，使各级各类学校互相衔接，保证了劳动人民子女受教育的权利；其次，职业教育在新学制中占有重要地位，体现了重视培养各种建设人才和为生产建设服务的方针，体现了我国学制向分支型学制方向的发展；再次，重视工农干部的速成教育和工农群众的业余教育，坚持了面向工农和向工农开门的方向，初步体现了我国学制由学校教育机构系统向包括幼儿教育和成人教育在内的现代教育施教机构系统的发展。① 这次学制改革的主要内容是：(1) 幼儿教育：幼儿园；(2) 初等教育：包括实行五年一贯制的小学和工农速成初等学校、业余初等学校等；(3) 中等教育：包括实行三三分段制的中学（中学六年，分初、高两级，各为三年）、工农速成中学、业余中学、中等专业学校等；(4) 高等教育：包括大学、专门学院和专科学校等；(5) 各种政治学校和政治训练班。此外，还有函授学校以及聋、哑、盲等特殊学校。

2. 1958年的学制改革

1958年，中共中央和国务院发布了《关于教育工作的指示》，明确指出：现行的学制是需要积极妥当地加以改革的。各省、市、自治区党委和政府有权对新学制积极地进行典型实验，并报告中央教育部。经过典型实验取得充分经验之后，应当规定全国通行的新学制。随后，许多地区开展了学制改革实验，如入学年龄提前，进行了六岁入学的实验；为了缩短年限，进行了中小学十年一贯制的实验；为了贯彻"两条腿走路"的方针，采取了多种形式办学，创办了农业中学、半工半读学校，进一步发展了业余学校。但是，由于"左"的影响，由于急躁冒进和盲目发展，不仅使学制改革实验不可能在正常的教学秩序下进行，而且一大批新创办的各级各类学校，由于师资、设

---

① 全国十二所重点师范大学联合编写：《教育学基础》，教育科学出版社2002年版，第101页。

备跟不上,也难以维持。

同时,《关于教育工作的指示》也指出,为了多快好省地发展教育事业,必须采取"三个结合",实行"六个并举",办好三类学校。第一个结合是统一性与多样性相结合,在统一的教育目标下,办学形式应是多种多样的,即实行"六个并举"——国家办学与厂矿、企业、农业合作社办学并举;普通教育与职业(技术)教育并举;免费的教育与不免费的教育并举;全日制学校与半工半读、业余学校并举;学校教育与自学(包括函授学校、广播学校)并举;成人教育与儿童教育并举。第二个结合是普及与提高相结合,在全日制、半工半读制、业余制三类学校中,有一部分要担负提高的任务,同时,用大量发展业余的文化技术学校和半工半读学校的形式来普及教育。第三个结合是全面规划与地方分权相结合,由中央集中领导,统一规划和平衡,既发挥中央各部门的积极性,又发挥地方的积极性。①

3. 1985年的教育体制改革

1985年,《中共中央关于教育体制改革的决定》明确指出,必须从教育体制入手,有系统地进行改革。这次教育体制改革的主要内容包括:(1)加强基础教育,有步骤地实施九年义务教育。义务教育是依法律规定,适龄儿童和青少年都必须接受,国家、社会和家庭必须予以保证的国民教育。《中共中央关于教育体制改革的决定》将全国划分为经济发达地区、中等发展程度的地区和经济落后地区等三类地区,提出了相应的普及任务。(2)调整中等教育结构,大力发展职业技术教育。(3)改革高等教育招生与分配制度,扩大高等学校办学的自主权。在招生和分配上实行三种办法。一是国家计划招生,其分配实行在国家计划指导下,本人选报志愿、学校推荐、用人单位择优录取的制度;二是用人单位委托招生;三是学校可以在国家计划外招收少数自费生。(4)对学校教育实行分级管理。基础教育管理权属于地方,省、市(地)、县、乡分级管理的职责划分,由省、自治区、直辖市决定;中等职业

---

① 参见何东昌主编:《中华人民共和国重要教育文献》(1949~1975),海南出版社1998年版,第859~860页。

技术教育主要由地方负责；高等教育实行中央、省（自治区、直辖市）、中心城市三级办学的体制，中央部门和地方办的高等学校，要优先满足主办部门和地方培养人才的需要，同时要发挥潜力，接受委托，为其他部门和单位培养学生，积极倡导部门、地方之间的联合办学。(5) 保证教育经费的"两个增长"，即在今后一定时期内，中央和地方政府教育拨款的增长要高于财政经常性收入的增长，并使在校学生人均教育费用逐步增长。

4. 1993年的教育体制改革

中共中央、国务院于1993年2月13日印发了《中国教育改革和发展纲要》，其中有关教育制度改革的内容主要有：(1) 确定了20世纪末21世纪初我国教育发展的总目标是基本普及九年义务教育，基本扫除青壮年文盲；要全面贯彻党的教育方针，全面提高教育质量；要建设好一批重点学校和一批重点学科。这些简称为"两基"、"两全"、"两重"。(2) 调整教育结构。基础教育是提高民族素质的奠基工程，必须大力加强；职业技术教育是现代化教育的重要组成部分，是工业化和生产社会化、现代化的重要支柱，要积极发展；高等教育担负着培养高级专门人才、发展科学技术文化和促进现代化建设的重要任务；成人教育是传统学校教育向终身教育发展的一种新型教育制度。另外，还要重视和扶持少数民族教育事业，重视和支持残疾人教育事业，积极发展广播电视教育。(3) 改革办学体制。改变政府包揽办学的格局，逐步建立以政府办学为主体、社会各界共同办学的体制。(4) 改革高校的招生和毕业生就业制度。(5) 改革和完善投资体制。逐步提高国家财政性教育经费支出占国民生产总值的比例，20世纪末达到4％。切实贯彻"三个增长"，即中央和地方政府教育拨款的增长要高于财政经常性收入的增长，并使按在校学生人数平均的教育费用逐步增长，切实保证教师工资和生均公用经费逐年有所增长。

(二) 我国现行的教育构成

1. 我国现行教育的基本构成

(1) 教育形态构成：学校教育、家庭教育和社会教育

学校教育是教育者根据一定社会的要求和受教育者身心发展的规律，在

专门的教育机构进行的一种有目的、有计划、有组织的培养人的活动，其目的是要把受教育者培养成为一定社会服务的人。它不仅包括全日制的学校教育，也包括半日制的、业余的学校教育，函授教育和广播电视学校的教育等。

学校教育是最基本、最主要的教育形式，它具有以下基本特征：①有明确的目的，即培养目标；②有明确的教育内容（主要体现为教材）；③有固定的教育组织形式（以班级为基础）；④有精心组织的教育活动；⑤有专门的教育者和适龄的教育对象；⑥有教育场地和教育设施；⑦有稳定的教育周期。

随着现代生产、现代科技的发展和人类文明程度的提高，学校教育又出现了许多新的特征：突破了传统的时空范围，出现了多类型、多层次、多规格的办学形式；教育普及化程度提高，接受学校教育的人数日益增多；学校与社会生活的联系越来越广泛、越来越密切，逐渐成为开放式的系统。近年来，学校教育有了很大发展。到2004年，我国有普通高等学校1 731所，本科、研究生在校生1 333.5万人；普通高中15 998万所，在校生2 220.37万人；初中63 757万所，在校生6 527.51万人；小学39.42万所，在校生11 246.23万人。另外，全国有幼儿园11.64万所，特殊教育学校1 551所。

家庭教育是指父母或其他年长者在家庭里通过言传身教或其他教育形式、方法对子女及其家庭成员实行的各种积极影响。家庭教育的特点是启蒙性、个别性、终身性。

广义的社会教育是指整个社会生活、社会环境对人的身心发展的教育影响。狭义的社会教育则是指通过学校或家庭以外的社会文化教育机构，以及有关的社会团体或组织，对社会成员特别是青少年所进行的培养思想品德、增进知识、发展智能、健全体魄的教育活动。

我国近几年社会教育有了很大发展，社会教育机构的类型增多，按担负的具体任务划分，主要有提高和普及两大类。担负提高任务的社会教育机构有青少年宫、各种科技站（馆）、业余体校等。这类机构的任务在于配合学校培养青少年和儿童的优良道德品质，帮助他们巩固课堂知识，发展多方面的兴趣和才能，促进全面发展。担负普及任务的社会教育机构有文化馆（站）、博物馆、纪念馆、图书馆、俱乐部、体育场、电影院、公园、广播电台、电视台等，这些机构的充分利用，可以使青少年接受积极的影响，汲取最新的知识和信息，有利于身心的健康发展，对社会进步也将起到促进作用。

(2) 教育阶段构成：学前教育、学龄教育和继续教育

①学前教育。学前教育即幼儿教育，它是根据一定的培养目标和幼儿的身心特点，对入小学前的幼儿所进行的有计划、有组织的教育。学前教育是教育结构系统的重要组成部分，是学校教育的基础。

当前，世界各国学前教育迅速发展，许多国家都认识到学前教育在培养人才中的重要作用，把学前教育作为整个国民教育体系中不可缺少的一环，并大力发展托儿所、幼儿园和各种学前教育机构。一些国家还把学前教育列入国家正式教育计划中，制定有关的法令，以保证入园率的提高，加速学前教育的普及工作。

②学龄教育。学龄教育是指在学龄期进行的学校教育，它包括初等教育、中等教育、高等教育。

初等教育即小学教育，是使儿童打下文化知识基础和做好初步生活准备的教育，是学龄教育中的第一个阶段，对提高民族素质极为重要。因此，各国在其经济、文化发展的一定历史阶段都把它确定为实施义务教育或普及教育的目标。在我国，初等教育的对象一般为6~12岁的儿童，它的任务是给儿童以德、智、体、美、劳全面发展的基础。

中等教育是在初等教育的基础上继续实施的中等普通教育和专业教育，它在整个学龄教育中有承上启下的作用。当前我国的中等教育包括：(a) 全日制普通中学，修业年限为6~7年，三三分段或四三分段。它担负着为国家建设培养劳动后备力量以及为高一级学校培养合格新生的双重任务。(b) 中等专业学校，包括中等技术学校和中等师范学校，招收初中或高中毕业生，修业年限为3~4年。它的任务是培养中级专门建设人才和熟练的技术工人。(c) 职业中学、农业中学或半工（农）半读中学，招收初中毕业生，修业年限为3年。它的任务是为国家培养劳动后备力量，为城市、农村培养各种急需人才。各类中等教育的办学情况，直接关系着国家建设和劳动力的培养质量，影响着国家各方面的发展。新中国成立五十多年来，我国中等教育有了

很大的发展,特别是职业技术教育事业,在原来薄弱的基础上有了较大发展,扭转了中等教育结构单一化的倾向。

高等教育是学龄教育的高级阶段,是建立在中等教育基础之上的各种专业教育,一般分为专科、本科和研究生三个层次。我国现行高等教育的学制,本科修业年限多数为4年,医学院和少数理工科院校为5~6年;高等专科学校的修业年限为2~3年;研究生分为硕士和博士学位两个阶段,修业年限各为2~3年。高等教育承担着培养各种高级人才和发展先进科学技术的任务。目前,我国高等教育的发展方针是,坚持走内涵发展的道路,努力提高办学质量和效益。

③继续教育。继续教育是正规学龄教育的延伸和发展,是指通过业余、脱产或半脱产的途径,使那些已经在工作岗位上工作的科技人员、管理人员等继续接受知识和技术更新的教育。近年来,我国的继续教育有了很大的发展,逐渐显示出针对性和效益性,促进了社会经济的发展。

(3) 教育形式构成:全日制学校、半日制学校和业余学校

全日制学校包括全日制大、中、小学和中等专业学校,是我国学校的主体。它有完备的课程,以教学为主,学生一周五天全日在校上学。

半日制学校,又称半工半读学校或半农半读学校,学生一面参加劳动,一面接受学校教育,教学与生产劳动时间安排比较灵活,可通过不同方式进行,一般是教学与劳动并重。

业余学校是指学生接受教育完全在业余时间进行。这类学校的学习年限一般较长,课程设置和教学方式都很灵活。

(4) 受教育方式构成:面授教育、函授教育、远距离教育和自学考试

①面授教育。面授教育是教育者按照确定的教学计划,在一定的时间内,按照一定的进度,对受教育者直接进行的教育。它是目前我国教育结构中一种最主要、最普遍的方式。小学、中学、全日制大学、全脱产的成人教育(如管理干部学院和教育学院脱产班)、广播电视大学的辅导班以及各级各类的半工半读学校、业余学校,都是以面授教育的方式为主。

面授教育是随着学校教育的产生而产生的,与其他教育方式相比,具有

突出的特点：这种教育方式是教师当面讲授，可以充分发挥教师的主导作用，具有明确的目的性和计划性，有利于调动学生的积极主动性。在教育过程中，教师和学生都可以直接地、及时地得到反馈信息。教师可以根据学生的反馈信息，了解学生接受教育的情况，对学生进行具体指导，并有的放矢地调整自己的教育方式。学生也可以通过教师的反馈信息，正确地评价自己，不断努力。面授教育是师生共同参与的双边活动，师生的思想、品德、个性等都可以直接地相互影响。这是面授教育的主要特点，也是其他教育方式不可能具有的特点。

②函授教育。函授教育是运用通讯方式进行的教育，其实施机构是函授学校或全日制高等、中等专业学校的函授部。学生利用业余时间，以自学函授教材为主，由函授学校给予辅导和考核，并在一定时间进行短期的集中面授辅导。

函授教育的特点是：学生可以充分利用业余时间，在教师的书面指导下，按照函授学校相应专业的教学计划和教学大纲进行学习；专业设置针对性强，函授教育不仅可以通过办本科、专科培养高级专门人才，也可以开设若干单科，供学员选学，还可以开设一些新技术学科，为在职人员提供新的科学技术教育的机会；学习形式灵活机动，受时间、地域等方面的限制较少，学习方式灵活，以业余自学为主，工学矛盾少；函授教育投资少，不需要新建校舍，可以充分利用现有的师资和各种教育设施。

③远距离教育。远距离教育是通过广播、电视等多种媒体，在较远的距离范围进行教学的一种开放型教育形式。

远距离教育的前身是19世纪中叶发展起来的函授教育。进入20世纪以来，现代电子信息技术迅速发展，大量电教媒体不断涌现，为发展远距离教育创造了条件。随着20世纪30年代有声电影和录音技术的发展，50年代电视、程序教学机、电子计算机的问世，70年代以来录像、电视、卫星传播教学系统的广泛应用，远距离教育相继在各国创办。

我国面向全国的中央广播电视大学是1979年创建的，创建以来，已经形成了从中央到省、市（地）、县的远距离教育体系。1986年10月1日，中国教育电视台正式开播,主要内容是中小学教师进修中师、师专的课程和电大课程,以及教育专题节目。1990年4月,国家教委决定在中央广播电视大学内设立"中国燎原广播电视学校",并于7月1日开播。

④自学考试。自学是人们根据主观的需要,在自我计划、自我制约下,有目标、有系统地进行的学习活动。自学,尤其是在团体或专人指导下的自学,在任何教育体系中都具有无可替代的价值。

在我国,自学活动发展迅速,特别是1981年高等教育自学考试制度的建立,使无组织的自学活动发展成为有组织、有领导的自学,得到国家的承认,并把自学作为一种接受教育的方式纳入到教育结构之中。高等教育自学考试制度是通过群众自学高等学校一定专业的有关课程,然后经国家考试选拔专门人才的办法。它是个人自学、社会助学和国家考试相结合的一种新的教育形式。

实行自学考试制度,是实现"鼓励自学成才"的一项重要措施,是教育结构的进一步完善,在当今成人教育中具有特别重要的价值和意义。

2. 我国现行教育的体系构成

学校教育体系的构成可以从纵、横两个维度去认识,即横向的层次结构和纵向的类别结构,二者合一,称为学校教育结构。

学校教育结构是指学校教育的总体中各个部分的比例关系和组合方式。任何学校教育系统都包含一定的组成部分,它们的不同层次和类别以某种方式组合起来,并形成一定的关系,就是学校教育结构。

(1) 基础教育体系

基础教育是我国提高民族素质的奠基工程,是我国教育发展中的"重中之重",在教育中处于基础性的地位。基础教育的基础性,不仅指其学历层次上的塔基地位,还包括基础教育是为学生提供进一步学习的基础、学会做人的基础、学会生存的基础等。基础教育包括学前教育和普通中小学教育。

(2) 职业技术教育体系

职业技术教育是现代教育的重要组成部分,是工业化和生产社会化、现代化的重要支柱,曾被称为德国在二战后迅速崛起的"秘密武器"。对于我国这样的发展中大国,急需大量中高级专门人才,因此,必须根据各地实际,积极发展职业技术教育，并切实实行"先培训、后就业"的制度。职业技术教育机构包括技工学校、职业中学、中等专业学校和专业技术学院。

（3）高等教育体系

高等教育体系包括综合大学、专门学院、专科学校、研究生院等，也包括职工大学、农民大学、广播电视大学、函授大学等各种成人高等教育机构。它是培养高级专门人才的教育，反映着一个国家的科学文化发展水平。

高等教育担负着培养高级专门人才、发展科学技术文化和促进现代化建设的重要任务。当前高等教育的发展，要坚持走内涵发展为主的道路，由重视扩大数量转为重视提高质量和效益。由于历史的原因，我国高等教育形成了专科和研究生教育薄弱、本科所占比重过大的"纺锤形"结构。今后要加强和发展地区性的专科教育，特别注重发展面向广大农村、中小企业、乡镇企业和第三产业的专科教育，努力扩大研究生的培养数量，并基本稳定基础学科的规模，适当发展新兴和边缘学科，重点发展应用学科。

（4）成人继续教育体系

成人继续教育体系包括独立设置的职工大学、农民大学、干部管理学院、行政干部学院，也包括普通高校中设立的继续教育学院、成人教育学院等。这是专门为走上工作岗位以后的成人设置的教育机构，为成人再次接受学校教育提供机会，不断提高职工与干部素质，以适应知识不断更新的时代要求。

成人教育是适应终身教育发展的一种新型的教育制度，面向社会在业人员，对于不断提高国民素质、促进经济和社会发展具有重要意义，需要积极发展。要把开展岗位培训和继续教育作为重点，重视从业人员的知识更新。在农村，要积极办好乡镇成人文化技术学校，抓紧扫除青壮年文盲。对于成人学历教育，要努力提高函授、广播电视大学等成人教育院校的质量，完善自学考试制度和其他国家组织的文凭考试，大力发展远距离教育。

（5）教师教育体系

教师教育体系是指幼儿师范、中等师范、师范专科学校、师范学院和师范大学，综合大学里专门培养师资的教育学院、师范学院以及各省市的教育学院等。

(6) 党政干部教育体系

党政干部教育体系包括各级干部学校和管理学院等。

长期以来，在类别结构上，我国过多地重视了高等教育，忽视了其他方面。为此，党的十五大报告提出要发挥各方面的积极性，大力普及九年义务教育，扫除青壮年文盲，积极发展各种形式的职业教育和成人教育，稳步发展高等教育。现阶段，要坚持教育的低重心发展战略，确立"两基"为教育事业发展中的"重中之重"，职业教育和成人教育要认真研究当前经济结构和产业结构的调整、国有企业深化改革的形势以及在岗、转岗、下岗人员技术培训的要求，积极面向市场，面向企业，面向基层，培养和培训大批适应生产第一线需要、具有较高素质的中高级实用性人才。高等教育要稳步发展，适应现代化建设规模和速度的要求，处理好规模、结构、质量、效益之间的关系。

三、我国目前的学制改革实验

（一）当前学制改革的背景

《中国教育改革和发展纲要》指出：世界范围的经济竞争、综合国力竞争，实质上是科学技术的竞争和民族素质的竞争。从这个意义上说，谁掌握了21世纪的教育，谁就能在21世纪的国际竞争中处于战略主动地位。由此可见教育在国家发展中的重要地位。但是，教育不是一成不变的，它必须随着时代的进步、社会的发展而不断改进和完善。改革开放以来，我国经济飞速发展，综合国力显著增强，人们的生活水平大大提高。在新的技术革命推动下，现代生产的大发展对教育提出了许多新要求，因而在全世界范围内正在酝酿着一场新的教育改革，其中也包含着新的学制改革。

《中共中央关于教育体制改革的决定》对当前我国的学制改革具有指导意义。《中共中央关于教育体制改革的决定》中指明了我国重视幼儿教育，促进幼儿教育学制进一步发展的方向；基础教育学制分段多样化的方向；中等教育学制结构多样化和综合化的方向；高等教育学制结构上多层次、多类型的方向。也指明了把成人教育包括在我国学制结构系统中是我国学制的一个重要特征。

我国目前实行的九年义务教育属于基础教育。其中，前六年为小学教育阶段，后三年为初中教育阶段。这种九年教育学制一般称为六三学制。我国目前一小部分地区还存在着五四学制和五三学制这两种义务教育学制。按1999年的统计，全国实行五四学制的学校占5％。我国目前的基础教育是以六三学制为主，五三学制、五四学制、九年一贯制等多种学制并存的局面。六三学制是由全国教育联合会1922年制定的壬戌学制演变而来的，其间经过小修小补，一直沿用至今。新中国成立后，由于我国社会经济的迅速发展，特别是经历了二十多年来改革开放的巨大变化，这种已实行80年之久的目前最主要的学制显然不能完全满足当前我国社会经济发展的现实需要，因此，有必要对它进行改革。

《中共中央关于教育体制改革的决定》为我们进行基础教育学制改革提供了依据。《中共中央关于教育体制改革的决定》提出把发展基础教育的责任交给地方，规定了我国基础教育在管理体制上的地方分权性质。九年义务教育的普及分为经济发达地区、中等发展程度的地区和经济落后地区等三类地区，指出了我国实施普及义务教育的不平衡性质。这就意味着义务教育分段应该多样化，以适应不同地区在同一时期普及义务教育的不同需要。比如，在城市和经济发达地区可以采取九年一贯制、六三分段、五四分段、四五分段等，也可以采取几种分段同时并存的做法。在还不能普及九年义务教育的经济落后地区，则可以根据能力采取不同的分段办法。比如，某地区目前普及义务教育实行五年，即可实行五四分段；另一地区目前普及义务教育实行四年，即可实行四五分段；等等。显然，已经实行了九年义务教育的地区，应该取消两段之间的升学考试。在基础教育阶段实行每个年级教学内容基本统一条件下的多样化分段的学制，有利于加快基础教育的普及。[①]

（二）六三学制改革实验

1. 六三学制的优点

六三学制是我国目前的主导学制。它在我国最早可以追溯到1922年的学

[①] 成有信：《现代教育论集》，人民教育出版社2002年版，第32页。

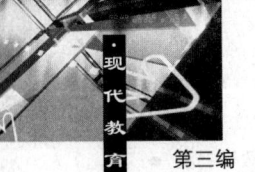

制改革，新中国成立后一直被实施而且很有影响，目前大多数学校实行这一学制，它已成为我国的基本学制，也是当今世界最通行的一种学制，不宜改变，应保持相对稳定性。

六三学制对于普及九年义务教育最为有利。我国广大农村存在着大量的五三学制（小学五年，初中三年）学校，要实现普及九年义务教育，就必须改五三学制为六三学制。在小学阶段增加一年，困难最小。义务教育是为提高全民素质而要求青少年必须接受的国民基础教育，这一性质决定了初中不应办成普通型与职业型的混合，否则，两者夹杂，只能造成学制上的混乱。

六三学制存在的一些诸如小学六年时间过长、初中三年课程梯度大和难点多等问题，其成因是复杂的，不能仅仅归因于该学制，其中还有小学基础差、师资水平不高、教育思想不端正、办学条件差等原因。因此，应当在加强教育改革和实验上予以解决。

2. 六三学制改革实验的具体实施

六三学制实行小学六年、初中三年的学制，必须以普通教育为主，注重为学生德、智、体等全面发展奠定基础，重视文化科学基础知识的传授和基本技能的训练，发展学生的体力和智力，养成良好的思想品质。

充分利用小学六年较为宽裕的时间，全面安排课程。不但要开齐全部课程，而且要重视音乐、美术、体育等课程，并在其高年级开设英语、计算机等课程。

初中三年是学生长身体、学知识、发展智力、养成品德的重要时期，必须发挥教师的主导作用，认真而紧凑地安排好课程，努力提高课堂教学质量，开展丰富多彩的校园文化活动，优化育人环境，全面提高学生的素质。

由于我国幅员广阔，各地区经济、文化发展不平衡，各学校条件不同，因此，各地区、各学校应当根据自己的实际情况，因地制宜，积极而稳妥地开展学制改革实验。①

---

① 柳海民：《教育原理》，中国人民大学出版社1999年版，第184～185页。

(三) 五四学制改革实验

1. 五四学制的优点

（1）五四学制有利于形成办学规模，普及义务教育。在经济不发达的农村地区，教育经费短缺，人民经济状况差，而且边远和少数民族地区的人口居住分散，需要增加和分散小学教学点。若将小学教育年限缩短一年，则同样的教育资金可以增加更多的小学教学点，从而满足贫困、边远和少数民族地区农村小学教育的需求。

（2）有利于素质教育的开展。实行六三学制，初中阶段时间短，教学内容多，学生课业负担重，不利于学生全面发展。初中改为四年后，学习时间相对宽松，有利于强化德育及音、体、美、劳等学科教学，有利于增加学生选修和自学课时，开展丰富多彩的课外活动，有利于学生整体素质的提高，并使其个性、特长得以发挥。同时，小学六年相对较长，事实证明，小学六年的教学内容是可以在五年之内以很好的效果完成的。

（3）可以推动职业教育的发展。有些农村地区迫切希望提高劳动者的素质，也需要大量的技术人才，但由于输送出去的大学生一般不肯回来，回来的中学生又无专业，缺少技能，所以，必须在普通教育阶段引进职业技术教育。但是，六三学制的初中，课程梯度大，难点多，学校大多疲于完成文化课的教学任务，无力进行职业技术教育，学生无暇学习和掌握一定的生产技能。所以，延长初中学习年限，引入一定的职业技术教育内容，分散到四个学年中，是必要而且可行的。

信息高度发达的现代社会为儿童的早期智力开发提供了条件，富裕的物质生活和良好的教育环境加快了儿童身心发展的进程，促进了儿童的成长，他们可以提早进入中学。而且心理学和教育学的研究表明，让少年、儿童及早进入初中阶段学习，有利于开发他们的智力，早出人才，快出人才。小学缩短、初中延长是世界基础教育发展的趋势，五四学制正顺应了这一学制改革的趋势。

2. 五四学制改革实验及其经验

北京市燕山地区在1991年初，开始了由六三学制向五四学制转变的实

验，到 1994 年暑假，燕山地区的小学已全部改为五年制。1994 年 9 月，五年级学生全部进入中学，开始了四年制初中改革实验。同年，内蒙古一机厂教育处所属的八所小学和四所中学，也开始实行五四分段，该单位所属的各中小学成为我国北部和西北边疆地区首家实行五四学制改革的单位。1992 年，太原钢铁公司教育处开始着手向五四学制转变，并于 1996 年在全处所有中小学全面实行五四学制。1996 年，黑龙江讷河市也完成了六三学制向五四学制的过渡。

学制改革一般需要三个阶段。一是宣传、筹备阶段。这一阶段的主要任务是更新观念，提高认识，建立机构，准备师资、校舍、设备等。二是过渡实验阶段。这一阶段的主要任务是针对五四学制进行教材、课程的调整，为下一步大范围进行改革总结经验。三是全面实施阶段。在试点成功后，总结经验，就可以在更大的范围内推广。

（1）强化管理是进行学制改革的保证。学校应成立学制改革领导小组，了解教育改革的趋势，不断更新教育观念，提高思想认识，形成一支具有较新教育思想和较高管理水平的领导队伍。另外，要加强对教师的管理考核，奖优罚劣。

（2）设施、设备配套是进行学制改革的前提。在五四学制改革方面，初中面临着学生骤增，班组增加，需要更多的校舍、教学设备、实验设备及图书资料等问题。这些准备工作必须做好。

（3）加强师资队伍建设是进行学制改革的根本。由六三学制转向五四学制，意味着小学教师要在五年内完成以往在六年才能完成的任务，为此，必须改进教学方法，才能适应新的需要。同时，初中将面临师资缺乏的问题，学校必须补充师资队伍。

（4）改革课堂教学是进行学制改革的基础。转制后的五四制小学，六年的任务五年完成，内容增加而课时又不能相应地增加，因此，必须改革课堂教学，提高课堂教学效率。在中学，由于学生年龄变小，教师的教学方法也必须改进，同时要注重素质教育，促进学生在身、心两方面都能得到发展。

附：学制图

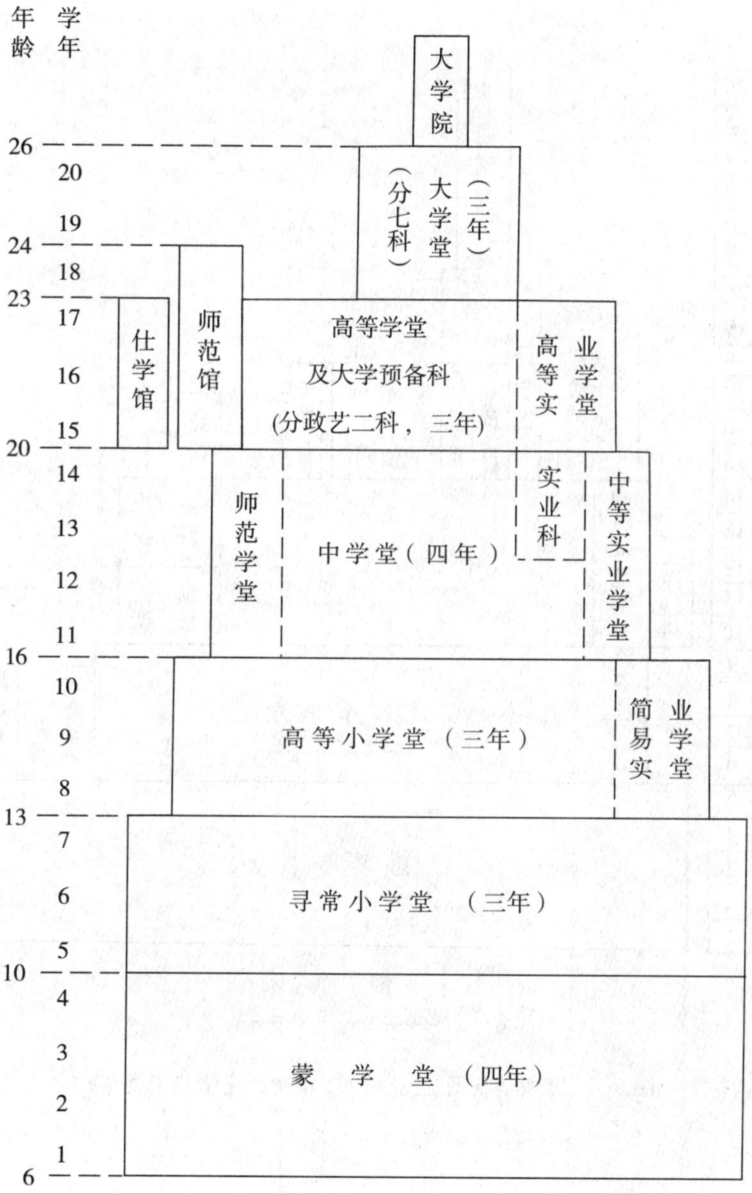

图 9-6 壬寅学制系统图（1902年，光绪二十八年）

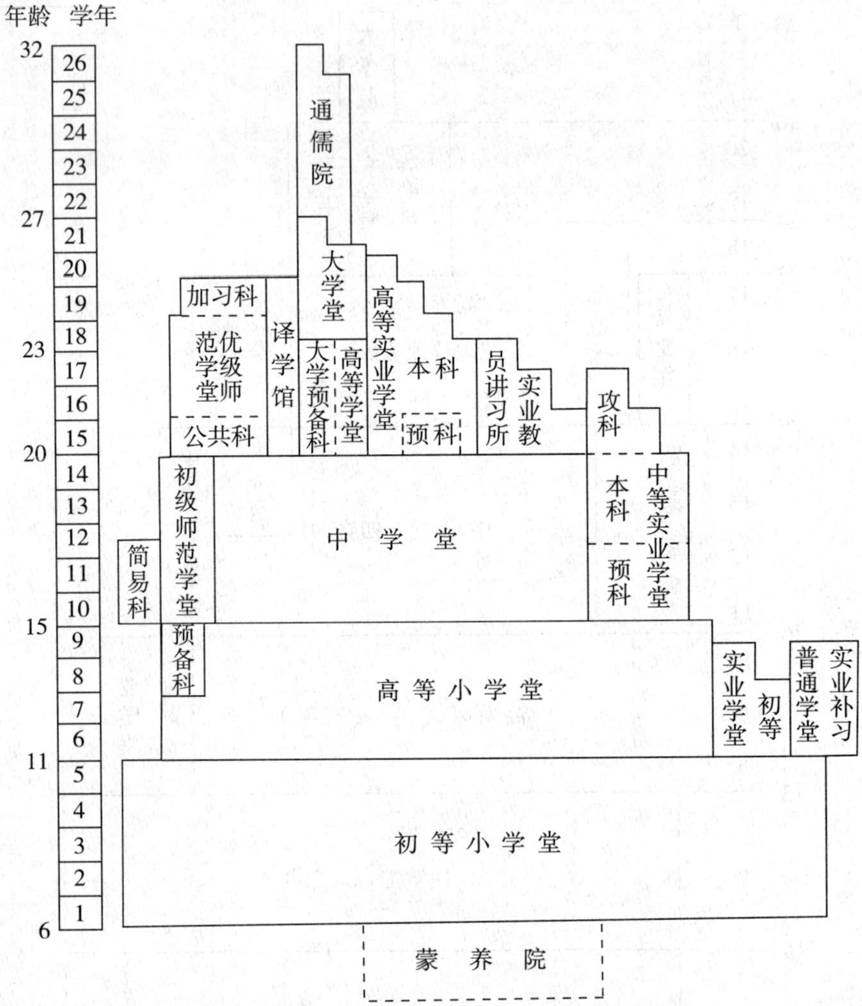

第三编　现代教育与现代社会发展

图 9-7　癸卯学制系统图（1904年初，光绪二十九年）

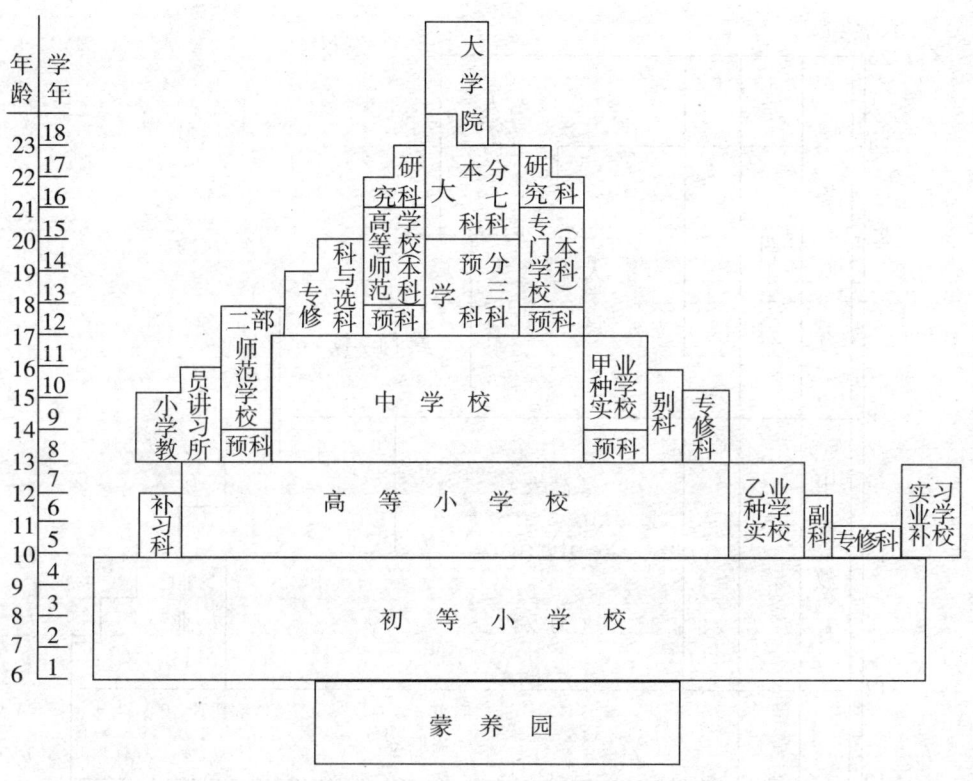

图 9-8 壬子癸丑学制系统图（1912～1913 年）

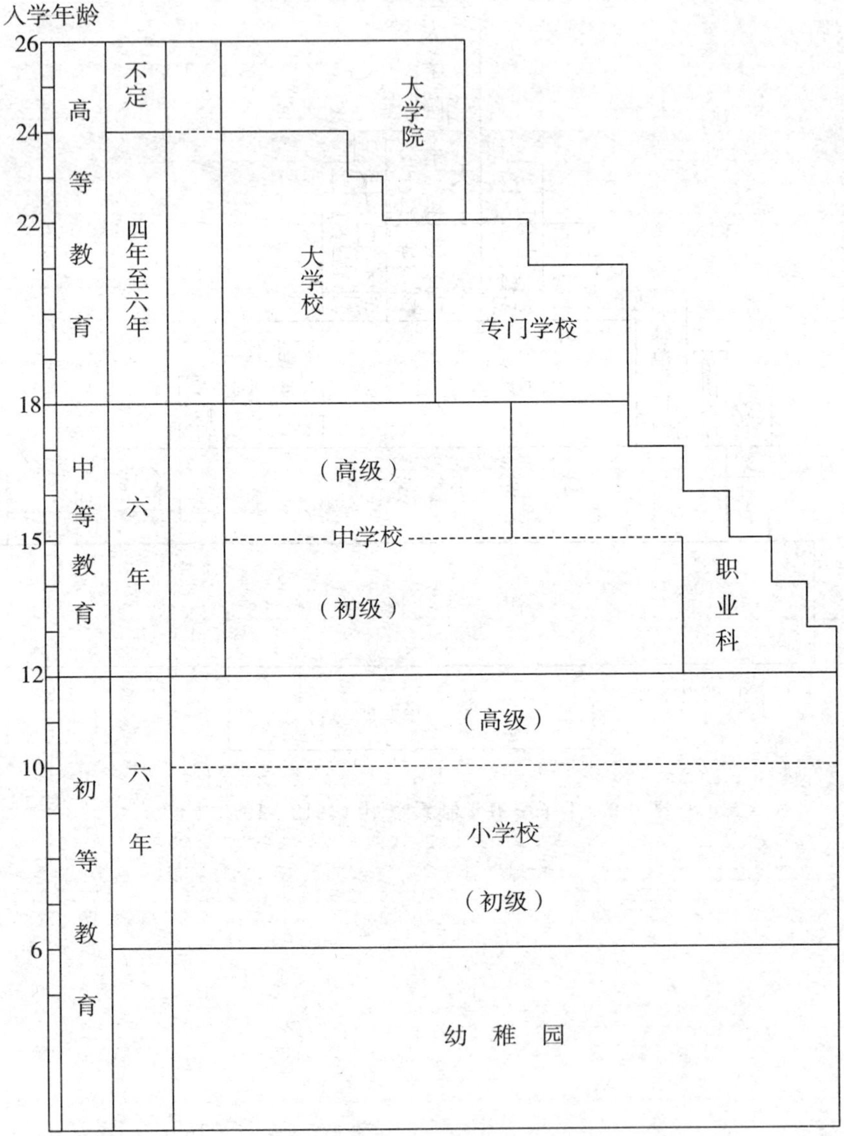

图 9-9 壬戌学制系统图（1922年）

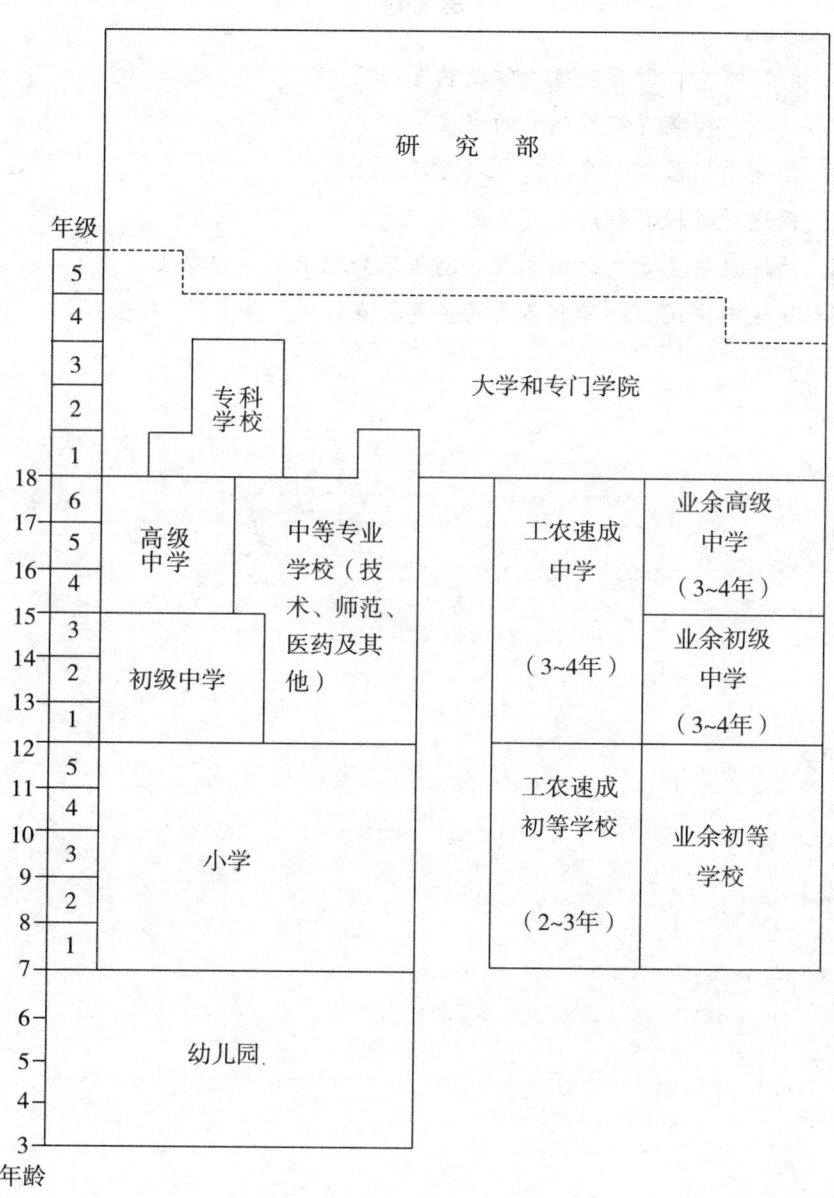

图 9-10 中华人民共和国学校系统图（1951 年）

思考题

1. 解释概念：教育制度、学校教育制度。
2. 简述学校教育制度确立的依据。
3. 简述学校教育制度的基本内容及其性质。
4. 简述学校教育制度的发展趋势。
5. 简述世界主要发达国家在学制年限分段上的主要特点。
6. 简述旧中国三个学制各自的主要特点。

第十章 教育内容

我国的教育目的是培养德、智、体等方面全面发展的社会主义事业的建设者和接班人。这样的教育目的，只有通过全面发展的教育内容才能实现。在我国，全面发展的教育内容主要由体育、智育、德育和美育等部分构成，并具体体现在课程计划、课程标准和教科书之中。

第一节 教育内容概述

一、教育内容的概念

教育内容是为实现教育目的，在教育活动过程中经过选择而传授给学生的知识、技能、价值观念、行为规范等的总和。它主要包括对学生进行体、智、德、美等方面教育的内容。

教育内容有广义和狭义之分。广义的教育内容既包括校内教育（正规的）和校外教育（非正规的）的内容，也包括非正式的教育和"平行教育"的内容。狭义的教育内容特指学校教育内容。学校教育内容按照活动的途径可分为课堂教学内容、课外活动内容、校外活动内容等；按照对受教育者影响的性质可分为智育内容、德育内容、体育内容、美育内容等。我们这里所说的教育内容是指狭义的教育内容。

教育内容具有社会历史性，随着社会发展而变化。从人的发展结构看，包括体、智、德、美等方面；从社会结构看，包括政治、经济、文化、科技、军事等方面；从涉及的范围看，包括人类社会各个领域的知识、技能和经验；

从表现形态来看，有物质的、精神的、符号的、行为的。现代教育内容正在逐步拓宽，反映当代世界性问题的新教育内容不断涌现，如有关环境、和平与民主、经济新秩序、人口等方面的内容。有关价值观的新教育内容有面向大众媒介的、关于闲暇和旅游的、现代经济与家庭的、精神或价值哲学的教育内容等。

一般来说，与非学校教育相比，学校教育在内容上更注意全面性与系统性，更注意目的与内容之间的吻合。与非学校教育的影响相比，学校教育内容具有以下几个特征。

（一）明确的目的指向性和充分的预定性

教育内容受教育目的的制约，是为教育目的服务的。它直接反映着不同时代、不同社会、不同国家、不同阶层、不同层次和类别学校的人才培养目标。不同时代、不同社会、不同国家、不同阶层、不同层次和类别的学校对人才的具体要求、具体规格存在着差异，因此，教育内容也就有所不同。我国目前中小学教育中开设的语文、数学、外语等课程，都是为学生的发展奠定良好的知识基础，其目的是把学生培养成为体、智、德、美等方面全面发展的社会主义事业的建设者和接班人。

学校教育内容不仅具有明确的目的指向性，还具有充分的预定性。学校教育内容通常是在教育活动开展之前就已经准备就绪，良好的教学秩序和有序的教学活动的开展不允许存在无充分准备的、或随机捕捉的、或偶然决定的教育内容。

（二）高度的信息含量和严密的逻辑性

学校教育内容是人类经验的浓缩和积淀，学校教育的基本职能是人类经验的传承。人类社会发展至今所创造积累的各类经验（包括直接经验和间接经验）浩如烟海，学校教育受教育目的、社会需要、学生在校学习时间的有限性等诸多条件的限制，只能从中筛选出典型的、有限的、基本的经验构成教育内容。因此，学校教育内容必须具有高度的信息含量。也就是说，学校教育内容必须是经过反复筛选的理性知识，是各门学科知识中的基本概念、原理、规则、公理等，而不是具体的经验。

学校教育内容的排列组合是根据人的身心发展特点和科学知识本身的逻辑顺序进行的，而不能仅仅根据知识本身发展的自然历史顺序进行编排。知识的逻辑顺序和人的认知发展阶段的吻合使教育内容的编排富于高度的科学性和严密的逻辑性，从而使学生能够遵循着由浅入深、由表及里、由具体到抽象、由现象到本质的逻辑轨道，高效率地获得人类积累的大量经验，并创造出新的科学文明，推动社会向前发展。

（三）高度的科学性和灵活性

学校教育内容不仅是经过严格筛选的科学知识、科学定理、科学成果、科学真理，而且其内容构成和贯穿其中的教学思想都必须符合科学的要求。任何违背科学理性的封建迷信等内容都不能进入教学过程。

学校传授教育内容遵循的宗旨是必须有利于学生身心的健康发展。凡有悖于学生健康发展的教育内容都是教育活动所不允许的，这也是任何教育管理、教育理论对教师的基本要求。

（四）内容的连续性和载体的多样性

与科学知识的发展过程相比，教育内容呈现出螺旋递进、持续不断的特征。教育内容一般通过课程的形式来体现。因此，任何一门课程内容的编排，都必须根据学生的身心发展规律来考虑知识在教材中的先后逻辑顺序，即教育内容的编排要体现由易到难、由简到繁、由浅入深的螺旋递进的指导思想。学校教育内容遵循的是学生身心发展的规律和科学知识构成的逻辑顺序的有机结合，前面内容是后面内容的基础，后面内容是前面内容的逻辑展开和继续。教育内容的螺旋递进表明了知识的层级递进、难度渐增的特点，连续性则表明了教育内容的前后相继和各种知识的有机联系。

学校教育内容的主要载体是教材。除此之外，各种报刊杂志、声像资料、激光视盘、微缩胶卷等也承载着与教材相关的教育内容。教师自身也是一个重要的载体。教师的口头语言和书面语言中都含有大量的信息，有助于学生消化、理解、吸收教育内容。

(五）价值的全面性和全面的教育性

学校教育内容不仅具有认识价值，还具有发展价值。学校教育内容传授的直接结果是不断丰富学生的知识宝库，提高学生的认知能力，即提高学生的观察力、注意力、记忆力、判断力、思维力、想象力，使他们由无知到有知，正确认识自我、自然和社会以及过去、现在和未来。教育内容最终消融在学生的认识之中，构成学生的认识基础。借助教育内容的学习，学生不仅可以认识世界，而且还可以获得或养成改造世界的能力，即分析问题和解决问题的能力。学校教育的目标不仅要让学生知，而且要让学生行，实现知行统一、理论与实践结合，才能最终完成教学任务。

在学校教育活动中，教师和学生都是主体。这是教育界经过反复的理论探索和不断的实践检验所取得的共识。在教育活动中，教师对教育内容虽然是已知的，但他们还必须从教师的教和学生的学的角度，即如何使学生掌握、运用教育内容，并转化为学生个体认识的角度重新研究、掌握和运用教育内容，以实现教育目的。学生对教育内容是未知的或知之不多、不系统，他们对教育内容的掌握是为了认识世界，并在此基础上改造世界。因此，学校教育内容的构成与结构必须考虑教与学两方面的可能和需要。在教育过程中，师生双方借助教育内容使自身获得发展。

二、教育内容的意义

(一) 教育内容是培养人才、实现教育目的的基本保证

教育目的是社会对教育所要造就的社会个体的质量规格的总的设想或规定。教育目的的实现，一个重要的方面就是教育内容的选择与确定。教育内容是实现教育目的、完成人才培养的重要载体。教育目的与教育内容之间有着密切的关系：教育目的是教育内容选择的依据和标准，有什么样的教育目的就会有什么性质的教育内容，教育目的制约着教育内容；教育内容是教育目的的科学体现，教育内容的选择、确定等是否科学，反过来影响着教育目的的实现，教育内容的动态补充和不断更新，将有助于教育目的更符合当下时代与社会发展的需要。

（二）教育内容是教师教学的基本依据和准绳

教师在教学中既要丰富学生的知识，又要发展学生的能力，这一切都要借助一定的教育内容来完成。好的教育内容可以使教育活动更富有计划性、组织性、创造性和发展性，它不仅是教师课前钻研、准备的依据，也是教学过程中知识传授的基本素材和教学结束后教学效果考评的重要参照。教学是一种有组织、有准备、有目的的活动。有了教育内容，教师就可以开展计划、安排、准备等一系列活动，就可以查阅、补充、思考与教育内容有关的材料，以丰富教育内容，使教学更生动活泼、更丰满，效果更好，质量更高。

（三）教育内容是学生学习科学知识的重要来源

学生学习科学知识、学生知识量的扩大，主要是借助教育内容来完成的。科学完善的教育内容可以使学生由无知到有知，由认识主观世界到认识客观世界，不断提高自己的认识能力和分析问题、解决问题的能力。不仅如此，学生对教育内容的获得也为他们知识领域的扩展奠定了坚实的基础。通过对教育内容的学习，学生把知识由书本扩展到社会，由课内扩展到课外，由校内扩展到校外。

（四）教育内容是检查教师教学质量和学生学习质量的重要依据

教师教学质量和学生学习质量的好坏，主要通过教育内容来检查。教育内容的安排要对国家负责，也要对学生负责。国家通过对学生掌握教育内容的情况的检查，既可以检查教师的教学质量和业务能力，促进其提高教育水平，也可以检查学生的学习结果，促进其奋发向上，还可以检查学校的教育质量，促进其改进工作。

三、教育内容的制约因素

（一）生产力和科学技术的发展

生产力和科学技术的发展是制约教育内容的根本因素。生产力和科学技术的发展水平，直接影响着教育内容的安排。在原始社会，教育内容主要以生产经验和生活经验为主。奴隶社会和封建社会的教育内容主要以维系和处理人与人之间关系的社会生活经验即社会典章制度为主。近现代社会，人类从蒸汽时代进入电力时代，从电力时代进入电子时代，又从电子时代进入信息时代，生产力和科学技术飞速发展。科学技术的发展，不仅推动了生产力的进步，而且也为学校教育内容提供了多方面的素材，反映科学技术发展成果的数学、物理、化学、生物等内容开始逐渐进入教育内容之中。生产力的迅猛发展，科学技术发展成果的急剧增加，促使学校课程不断改革，教育内容不断更新。未来社会是知识化、信息化的社会，伴随着知识经济和信息社会的来临，社会对人才素质的要求将会发生变化。知识基础宽厚、素质优良、创新能力强的人才，将成为未来社会需要的主要趋势。教育作为培养人的事业，在教育目标、教育内容上必然作出新的调整，以适应未来社会发展的需要。从教育内容上着手来达到此目的，是发挥教育的社会功能的一个重要方面。教育要适应并促进社会的发展，在教育内容的选择上必须要考虑未来社会的发展趋势。

（二）社会政治、经济的需要

社会政治、经济的需要是教育内容的决定因素。在阶级社会中，教育是为统治阶级的利益服务的，教育内容是统治阶级利益的集中体现。生产力和科学技术为教育内容的丰富提供了可能，这种可能能否变成现实，则取决于统治阶级的需要。在人类历史上，生产力和科学技术发展水平大致相似的国家，其教育内容不尽相同，主要原因就是社会政治、经济需要的不同所致。中世纪的欧洲，把神学视为教育内容的王冠，是因为当时统治西方社会最强有力的力量是教会。因此，学校教育内容也都集中在宗教和道德学习上。中国封建社会的教育目的是造就封建统治的继承人，学校教育内容便把"四书五经"奉为至宝。在当代西方社会的一些主要资本主义国家，资产阶级为了其自身的利益，一方面开设了以文化基础知识和生产技术为内容的课程，以便为他们创造更多的利润和培养劳动力；另一方面开设了以阶级统治和管理国家为内容的课程，以便维护他们的统治。我国社会主义的政治、经济要求教育培养为社会主义现代化建设服务的体、智、德、美等方面全面发展的社会主义事业的建设者和接班人。

(三) 文化传统的影响

文化传统不同，也使教育内容有所不同。由于文化传统不同，即使生产力、科学技术发展水平、政治经济制度相近的一些国家，在教育内容的具体规定上也存在差异性，体现出各国的特色。教育内容属于观念形态的文化，任何社会的文化都是民族的文化。教育内容具有历史继承性，各个时代的教育内容都是那个时代人类文化的缩影，体现了人类世代积累起来的成果。同时，各国的学校教育内容也都有着本民族的历史传统和特色。例如东方国家的教育注重培养个人对社会的责任感和义务感，而欧美国家则突出个人的自由发展；一些资本主义国家出于宗教信仰的需要在学校中开设了宗教课程，而我国由于重伦理道德则开设了思想品德课程。

(四) 教育对象身心发展的规律和水平

教育是一种培养人的社会活动。人是教育的对象，人的身心发展规律和水平是影响或制约教育活动的一个重要因素。教育内容的深度、广度及组织安排，既要符合受教育者的身心发展规律和水平，又要促进他们的积极思维活动；既要保证在有限的时间内接受大量的人类文明成果，又要保证他们获得丰富的感性认识；既要继承前人的文化遗产，又要学会批判吸收。教育内容从根本上讲是为教育对象服务的，并且最终为教育对象所掌握。因此，判断教育内容选择是否科学合理的标准之一，就是看其是否能够适应并促进教育对象的身心发展。教育对象的身心发展具有顺序性、阶段性、个别差异性，因此，在教育内容选择上要考虑教育对象的年龄特征和认知发展水平，循序渐进地促进其身心发展。如果教育内容的选择放弃了这一依据，教育内容被接受或获得的程度就会受到影响，教育效果必将大大降低。

四、教育内容的发展趋势

教育内容受生产力、科学技术、社会政治经济、文化传统、教育对象身心发展规律和水平等因素的影响或制约，形成之后具有一定的稳定性。但是，随着上述影响或制约因素的发展和变化，社会发展的需要和教育内容之间的差距就会形成尖锐的矛盾。怎样根据科学知识的增长和发展特点以及社会发展的需要来改革学校教育内容,已成为当代教育改革的一个重点。学校教育内容只有随之作出新的调整,才能适应未来社会发展和培养人才的需求。

(一) 教育内容的现代化、综合化

由于科技的飞速发展,知识更新速度加快,社会对教育提出了越来越高的要求。"教育正处在十字路口:它应该彻底抛弃僵化、尖子主义、封闭性和在学生面前放置的人为障碍;它应该勇敢地接受新的内容、原则和方法。"① 社会生产力和现代科学技术高速发展,知识更新速度不断加快,信息量持续迅速增加,对教育内容也产生了深刻的影响。"未来的教育不应仅限于给学习者坚实的知识和培养他们对继续学习的兴趣。它还应该培养人的行为和能力并深入精神生活之中。包括明智、责任感、宽容或敏锐、自立精神在内的行为与包括洞察实质、确切概括、区分目的与手段和确定原因与结果等的智能同样重要。"② 世界各国纷纷构建科学的教育内容体系,摒弃学科中那些被科学发展超越的东西,补充现代和未来科学中具有基础意义的新内容;采纳以未来为导向的动态的学习材料,取代传统教育内容中以过去为指向的静态的学习材料,让学生学习和掌握那些具有应用潜力和再生作用,并能为学生适应未来变化、创造未来生活、服务未来社会作技术准备的知识信息;注重学科间的交叉渗透和综合,强调理论联系实际、学以致用。

另外,随着全球化趋势的日益明显,人类面临着许多共同的问题,如环境问题、贫困问题、和平与民主问题、战争冲突、新经济秩序、高科技带来的人类精神生活和道德取向的变革。这些世界性的问题引起各国的重视,被越来越多地充实到教育内容中。在教育内容的选择和安排上,使教育内容能够为学生终身学习奠定良好的基础,使学生学会学习,学会生存和做人。因此,教育内容应该删除陈旧的内容,吸纳反映现代科技成果的新内容,尽量缩小教育内容与最新科技成果之间的差距。例如泰国早在 1978 年就开始了这方面的实践,把原来的社会、理科组合成"生活经验课",把原来的文艺、体

---

①② [伊朗] S. 拉塞克、[罗马尼亚] G. 维迪努著,马胜利等译:《从现在到 2000 年教育内容发展的全球展望》,教育科学出版社 1996 年版,第 117、144 页。

育等科目合并为"个性教育课",把原来的家事、图画、手工等科目合在一起,开设了"作业经验课",国语、算术两科组合成了"基础技能课"。

(二)注重基础知识、基本技能和知识的结构化

美国促进科学协会提交的《美国2061计划》指出,目前教学大纲中的科学和数学内容过多过滥,弄得学生和教师不知所措,难以跟上科学、数学和技术的发展趋势,难以把握科学、数学和技术的基本内涵。它建议:改变课程,减少教学内容的绝对数,软化各学科的界限,强调各科之间的相互联系和衔接。日本在《关于面向21世纪我国教育的发展方向》咨询报告中强调:在教育内容中要沿着基础知识和基本能力的方向,开展使学生容易理解并能提高他们生动活泼学习愿望的教学,从培养学生的"生存能力"这个角度来精选教育内容,使每个学生都能切实掌握基础知识和基本能力,并建议把精选教育内容作为今后学校教育内容改革的原则。

基于现代科技的发展、知识总量的增加而一个人在学校学习知识的时间有限这一情况,教育内容的基础知识和基本技能的取向体现在知识的结构化和课程设置的综合化趋势上。知识的结构化表现在对教育内容去粗取精,缩减描述性和经验性的知识,增强知识的理论性和概括性,突出知识之间的联系,把基本概念、基本定理、基本原理等内容教授给学生,保证在减轻学生负担的同时,使学生掌握基础知识和基本技能。课程设置的综合化则包括以下两方面的内容。第一,合并若干学科,开设一些综合性课程。例如美国新编的《统一现代数学》,打破了算术、代数、几何、三角的分科体系,用现代数学的集合、关系、映射、群、环等基本概念重新组成综合新体系。日本基础教育中开设了"数理课",包括综合数学、计算机数学、综合物理、综合化学、综合生物、综合地学等,同时在一些学校试验"综合性学习"、"合科性学校"。第二,课程结构综合化,综合设置一些灵活多样的课程,打破单一僵化的课程结构。例如普通教育课程与职业教育课程并举,基础课程与应用课程并举,必修课与选修课并举,传统学科与新兴学科并举,社会科学与自然科学渗透。

(三) 注重能力培养

随着科学技术的飞速发展，"知识正在不断地变革，革新正在不断地日新月异……教育应该较少地致力于传递和储存知识（尽管我们要留心，不要过于夸大这一点），而应该更努力寻求获得知识的方法（学会如何学习）"。①"教育，如果像过去一样，局限于按照某些预定的组织规划、需要和见解去训练未来社会的领袖，或想一劳永逸地培养一定规格的青年，这是不可能的了。教育已不再是某些杰出人才的特权或某一特定年龄的规定活动；教育正在日益向着包括整个社会和个人终身的方向发展。"②随着终身教育理念的扩展，人类正步入学习化社会，培养适应社会变迁的基本能力、培养自我教育能力成为学校的主要任务，也成为当代教育内容的重点问题之一。

在现代社会中，"人们越来越认识到培养与发展学习能力及首创精神的重要"。③当今社会，知识爆炸，信息横流，21 世纪的人才必须懂得学习，能够根据需要去辨别、组织和使用一切学习资源，具有分析问题、解决问题的能力。在具体的教学中，要改变对问题不分巨细的解释和给定现成的结论，代之以科学方式引导学生对问题进行思考和假设。例如在讲授"种子萌芽"这一内容时，不是直接告诉学生种子萌芽需要的条件，而是安排实验让学生亲自动手去做，通过观察、比较、记录、总结，亲身得出种子萌芽所需要的温度、湿度、空气、阳光等诸项条件。这样做，不仅可以使学生学得扎实，而且还培养了他们的能力。为此，我们必须改变单纯传授书本知识的旧习，调整专业、学科结构，在培养专才的基础上，实现跨学科、基础厚、宽口径，培养一专多能的通才，使学生具有开阔的视野、坚实的基础知识和丰富的创造能力，以适应未来社会的需要。

---

①② 联合国教科文组织国际教育发展委员会编著，华东师范大学比较教育研究所译：《学会生存——教育世界的今天和明天》，教育科学出版社 1996 年版，第 12、199~200 页。

③ ［伊朗］S. 拉塞克、［罗马尼亚］G. 维迪努著，马胜利等译：《从现在到 2000 年教育内容发展的全球展望》，教育科学出版社 1996 年版，第 5 页。

（四）关注道德教育

科学技术的进步和世界经济的发展给人类带来了物质文明，但也给人类带来了许多社会问题。在西方国家，青少年吸毒、少女怀孕、犯罪率上升且年龄趋小、性混乱、贪图享受、缺乏社会义务感和责任感，成了普遍存在的问题。在第三世界国家，不少青少年向往西方的生活方式，民族观念淡薄，导致了道德水准的严重滑坡和道德危机的出现。因此，加强青少年和儿童的道德教育，使他们成为具有社会道德规范的合格公民，已成为近年来各国中小学教育改革的一个共同趋势。其特点包括：（1）加强基本的传统道德价值观的教育；（2）注重弘扬本民族的文化和历史的优良传统；（3）培养积极健康的人生观和生活观；（4）在新的国际形势下，拓展德育的内容。

日本为实现面向21世纪的教育目标，认为必须振兴德育，把"智、德、体"的顺序改为"德、智、体"，以突出德育的重要地位。为充实中小学的道德教育，文部省鼓励使用适当的补充教材，加强道德教育的指导，向都道府县和市町村教育委员会及各中小学发放作为教师用的正式教材——《道德教育指导提纲》及录像带。美国则针对青少年犯罪现象，加强了对青少年进行价值观和道德教育，提出了各种关于加强道德教育的措施。在1989年美国课程发展与管理协会关于加强道德教育的报告中指出，道德教育是学校整体教育的组成部分，要同父母、大众传播媒体等密切联系，使学生参与道德实践，教师要承担起责任。

（五）重视个别差异

由于学生之间在兴趣、爱好、需要以及能力、基础等方面存在着一定的差异，因此，教育内容的安排和组织显得十分重要。"教育内容的确定问题大概从来没有像今天这样复杂和迫切。面对现代世界和其中发生的各种迅速变化向教育体系提出的日益增多的要求，如何避免课程的超载和教育各层次和各类型中（尤其是一般教学中）科目和学科的增殖？在各种情况下，应按照哪些标准来选择教学的科目和学科？怎样在看起来都很重要的各科目之间，根据哪些标准来保证合理的平衡？怎样为每个科目选定最基本的、首要的内容和较次要的内容，以便赋予课程一种最低限度的'生命的希望'，并避免过于频繁而仓促的修改？跨学科有些什么好处、贯彻办法和局限性？终身教育的前景和教育内容的民主化会产生一些什么影响？各层次和各类型课程的个性化有哪些可能性和局限性？在教育内容中加强理论和实际之间的联系可以采取哪些途径和方法？怎样组织课程和教材的改革和修正而不致损害教育过程的必要的延续性？怎样在大众带来的信息增殖及其影响的情况下设计教育内容？"①

因此，课程标准应有较大的弹性，既有群体共有的形式和内容，也有个别化的形式和内容，以适应不同学生的需要和充分发挥教师的创造性，便于对学生进行个别指导。例如有的国家在普通班内为超常儿童增加了课程的广度和深度；有的国家在普通中学中开设一定数量的选修课，即便是必修课，有的学科如数学、物理、化学在课程计划和教材编写上也分为不同的类型，一种偏重于理论，一种偏重于实际，以适应学生的不同兴趣、爱好和需求。

第二节 我国教育内容的构成

社会主义全面发展的教育目的要通过全面发展教育来实现。全面发展教育是教育者根据社会主义的政治、经济要求和人的身心发展的规律，有目的、有计划、有组织地对受教育者实施的旨在促进人的全面、和谐、充分发展的系统教育。社会主义全面发展教育是由体育、智育、德育、美育等部分构成的。

一、体育

（一）体育的意义

体育是授予学生身体锻炼、卫生保健等方面的知识和技能，以增强学生的体质，发展机体素质和运动能力，养成良好的卫生、保健习惯的教育。体

---

① ［伊朗］S. 拉塞克、［罗马尼亚］G. 维迪努著，马胜利等译：《从现在到2000年教育内容发展的全球展望》，教育科学出版社1996年版，第202页。

育是全面发展教育的重要组成部分之一。学校体育应当以增强学生体质为主，以面向全体学生普及为主，以经常锻炼和预防保健为主。

1. 体育可以促进学生身体的生长发育，增强学生的体质

良好的营养是青少年身体生长发育的重要条件之一。但是，如果缺少体育锻炼，就无法保证发育正常、身体健壮。经常进行科学的体育锻炼，可以促进身体各部分器官的健康发展，增强器官的功能，促进新陈代谢，使身体各器官的机能达到更高的水平。

2. 体育可以促进学生智力的发展

身体是人类自身发展的物质前提，既是智力活动及一切精神生活的基础，更是体力活动不可缺少的条件。青少年学生体质强健、精力充沛，才能为学习科学文化知识奠定必要的物质基础，才能有利于学习任务的完成。学习之余参加一定的体育活动，可以消除大脑疲劳，缓解紧张状态，提高神经系统的活动能力，使大脑更加健康和灵活。

3. 体育对培养学生良好的道德品质具有重要作用

体育具有极为丰富的思想教育因素，如克服困难、刻苦耐劳、勇敢顽强、灵活机智、团结友爱、互相合作、热爱集体等。开展多种多样的体育活动，可以促进这些良好品质的形成。

4. 体育有助于培养学生正确的审美观

体育锻炼不仅可以使学生身体健壮，而且可以使学生具有优美的体形，从而有利于培养学生正确的审美观。艺术体操、舞蹈等更是体现了体育与美育的有机结合。

5. 体育可以为劳动技术教育提供身体条件

通过体育锻炼，增强学生的体质，可以为进行劳动技术教育提供身体条件。

(二) 体育的主要任务

1. 增强学生的体质是学校体育的基本任务

通过体育运动使学生具有健壮的体格，不仅可以使之生长发育良好，而且可以形成健美的体形和正确的姿态。全面发展学生体能，能够为以后的生

活、工作、学习奠定必要条件，提高学生对自然环境的适应能力。

2. 掌握体育的基本知识和技能技巧

教师应该根据各级各类学校的体育课程标准，使学生掌握一定的体育基本知识、技能技巧，使学生了解科学锻炼身体的原则、方法及预防疾病的各种手段。在坚持参加学校组织的早操、课间操、体育课、课外体育活动的基础上，养成科学锻炼身体的良好习惯。在掌握卫生保健知识的前提下，养成良好的卫生习惯，并在日常生活中注意维护身体健康。

3. 培养坚强的意志和良好的品德

体育是人类精神文明的重要领域，它锻炼着个人身心的各个方面。通过体育，可以培养学生热爱集体、遵守纪律、勇敢顽强、团结友爱、努力进取的精神，培养学生坚强的意志和良好的品德。

（三）体育的内容

1. 田径运动

田径运动是由人类日常生活中走、跑、跳跃、投掷等活动所组成的一项运动，是各项运动的基础，是学校体育运动的重要内容。经常从事田径运动，可以促进人体的新陈代谢，全面发展身体的素质；改善和提高内脏器官的机能；有助于培养学生勇敢顽强、坚忍不拔、吃苦耐劳、不怕困难等优良品质和集体主义精神。中小学田径运动的内容主要是各种不同距离的快速跑、耐力跑、障碍跑，不同形式的跳高、跳远，以及各种投掷（如铅球、标枪、铁饼等）。

2. 体操与游泳

体操是体育运动的重要项目之一。它的特点是，可以根据不同年龄、不同健康状况和不同对象的特点，锻炼身体，增进健康，增强体质。体操的内容丰富，范围广泛，有队列队形的操练、徒手操、器械操、保健操、自由体操、吊环、单杠、双杠、鞍马、支撑跳跃等项目。经常从事体操运动，可以增强骨骼、肌肉、关节、韧带的力量，提高灵敏、柔韧和协调平衡的能力，还可以培养学生勇敢、果断、机智、灵活、遵守纪律、服从指挥、团结互助等优良品质。

游泳是结合自然因素进行的全身运动。游泳对人体的肌肉、骨骼、内脏器官等的生长发育以及各种身体素质的发展都有着重要的作用。充分利用江河湖海开展群众性游泳活动，可以培养学生不畏风险、勇敢顽强的意志。

3. 球类与游戏

球类活动是青少年学生普遍喜爱的一种体育活动。它是综合运用各项基本技能的运动，不仅要求学生具备良好的跑、跳、投等基本活动能力，而且要求熟练地综合运用各项球类的专门技术。球类的项目很多，有篮球、足球、乒乓球、排球、羽毛球、手球等。长期坚持球类运动，有利于提高人体身体技能和基本活动能力，有利于促进身体的协调发展，有利于促进身体素质的全面发展；同时，对于培养学生的集体主义、自觉纪律和机智果断等品质有很好的作用。

游戏是青少年学生喜闻乐见的一种集体体育活动。它具有一定的竞赛因素，思想性强，形式生动活泼，内容丰富，简单易行。中小学体育常常把游戏配合基本教材使用，使体育活动更加形式多样，增强了学生对体育活动的兴趣。游戏可以全面发展学生的身体素质，提高基本活动技能，还可以在轻松愉快的气氛中对学生进行思想道德教育。

4. 武术与军事体育活动

武术是一种具有民族风格的体育项目。武术的内容丰富多彩，动作舒展大方、刚劲有力、动静分明。武术的特点是讲究手法、身法、步法、腿法、眼法等，整套动作起伏转折、连续多变，不受场地、季节、年龄、性别、设备等条件的限制，易于在学校开展。通过武术活动，可以提高身体的各种素质，增强内脏器官和中枢神经系统的机能，培养勇敢顽强、机智果断、坚忍不拔、刻苦耐劳的意志和民族自豪感。

军事体育活动是一项比较特殊的运动，也是一种重要的体育活动。军事体育活动对学生的要求更加严格，形式更加多样，如射击、划船、跳伞、驾驶、投弹、越野跑等。学生参加军事体育活动，不仅可以增强体质，加强战备观念，锻炼坚强的意志，而且还有助于掌握科学知识和技能。

二、智育

(一) 智育的意义

智育是教育者以科学知识和技能武装学生,发展学生智力的教育。智育是学校教育的极为重要的组成部分。从人类教育产生的时候起,智育就占据着整个教育活动的中心位置。在现代社会的教育中,智育的地位显得更为重要。

1. 智育对社会文明的进化起着重要的促进作用

智育的职能在于把人类的知识和智力成果一代一代地传递下去,继承人类创造的一切文明,并在此基础上丰富、发展和创造新的文明成果,从而推动人类文明的不断进化。没有智育,人类创造的一切物质财富和精神财富都不可能延续、发展,人类自身的发展也会停滞。智育通过科学知识的传播和科技人才的培养,可以促进生产力和科学技术的发展。

2. 智育为社会主义现代化建设提供人才基础

智育是开发人的智力,培养社会主义现代化建设所需要的各级各类人才的重要手段。现代化建设需要大批掌握现代科学技术和具有创造性才能的劳动者。培养这些劳动者,需要进行智力开发,通过智育向学生传授现代科学知识、发展智力,使他们具备从事现代化建设的本领,为现代化建设服务。

3. 智育能够促进人的全面发展

在人的发展中,人的世界观、人生观、价值观、道德观、劳动观、保健观、审美观等的形成、发展都离不开一定的智力和相应的知识。智育实质上是一种科学知识和人类智力的再生产的过程,是把人类千百年积累起来的物质文化、精神文化转化为个体知识和智力的过程。因此,人的全面发展离不开智育。智育在人的全面发展中发挥着十分重要的作用。

(二) 智育的主要任务

1. 授予学生系统的科学知识

知识是人类对客观事物及其规律的反映,是人类在长期社会实践中积累起来的认识成果。科学是建立在实践的基础上,经过实践检验,具有严密逻辑的、反映客观事物本质和规律的知识体系。任何一种科学都是知识，但不是任何知识都称得上科学。系统的科学知识是合乎逻辑系统，有着一定的逻辑联系，经过严密的、充分的论证的确凿的知识，而不是许多概念、范畴、命题的孤立堆积，更不是虚假的知识。智育的任务就是以系统的科学知识武装学生，在浩如烟海的知识中选择最基础的科学知识传授给学生。

2. 形成学生基本的技能技巧

技能是通过练习而形成的顺利完成某种任务所必需的活动方式。在人的头脑中借助内部言语反映事物映像，以极简约的形式进行智力活动的方式叫智力技能，如默读、构思、心算等。由一系列外部动作构成，通过外部机体运动完成的合乎规则要求的随意活动方式叫操作技能，如唱歌、跳舞等。技能通过进一步的练习达到自动化、定型化，便成为技巧。形成学生基本的技能技巧，就是要指导学生掌握从事智力活动和体力活动经常要用到的那些具体活动方式。技能技巧的形成是智育的重要任务，它与知识的掌握是在智育过程中统一进行的。

3. 发展学生的智力

在学生掌握知识、形成技能技巧的同时，有计划地指导学生发展智力是智育的一项特别重要的任务。智力是人的一般能力，包括注意力、记忆力、观察力、思维力和想象力。发展智力与掌握知识、形成技能技巧是密切联系在一起的。发展智力是一个通过掌握知识，提高认识能力的过程。智力的发展以掌握知识为前提，以技能技巧的形成为中介，与知识掌握、技能技巧的形成互相促进。

（三）智育的内容

实现智育的任务，必须有相应的智育内容。智育任务的性质和要求决定了智育内容的性质和要求。中小学生的学习是为进一步学习和参加劳动打下坚实的基础。智育在知识、技能以及智力的发展方面，都要考虑其全面性、基础性。因此，要求授予各方面的基本知识、基本技能。各方面的基本知识和基本技能，包括关于自然的、社会的、思维的知识和技能。"基本"的含义是指：（1）中小学生日后参加社会生产、进入社会生活中经常要用到的那些知识和技能;(2)有许多知识、技能虽然不一定能直接用于生产、生活,却是学生进一步学习的基础,或者是作为现代社会成员必须具有的一般文化修养。总之,基本知识应是千百年来被实践证明了的、比较稳定的、具有普遍意义的规律性的知识。

智育的内容具体体现在各门学科中,应按照学习阶段发挥各门学科的教育作用。小学阶段,应通过语文、数学、科学以及思想品德课,用自然、历史、社会诸方面的事实说明有关的规律,培养学生观察、想象、思维、记忆等方面的能力。中学阶段要充分发挥思想政治、语文、历史、地理、数学、物理、化学等学科的教育作用,重视培养学生的理论思维能力,教会他们辩证地思考。

三、德育

(一)德育的意义

德育是教育者按照一定社会或阶级的要求,有目的、有计划、有系统地对受教育者施加的思想、政治和道德影响,以形成他们的品德和自我修养能力的教育活动。德育是我国全面发展教育的一个重要组成部分。我国社会主义的学校德育包括道德品质教育、政治教育和思想教育三个有机组成部分。德育对于青少年身心发展、社会的稳定和进步都具有重要的功能。

1. 加强德育是学校教育的重要任务

社会主义的教育目的是培养德、智、体等方面全面发展的社会主义事业建设者和接班人。然而,近年来,由于受到片面追求升学率的冲击,忽视德育、德育实效性不高的状况一直没有得到很好地改变。为此,党中央十分重视,先后颁行了一系列的文件,对中小学德育工作面临的形势、任务以及德育工作的指导思想、任务、内容、途径、方法、领导体制等重要问题提出了明确的要求。这一系列文件的颁行,充分说明了党中央对学校德育的重视,也充分表明了德育在学校各项工作中的意义和地位。因此,我们必须切实把德育放在学校工作的重要位置,坚持正确的育人方向,坚持社会主义教育的培养目标,并把德育工作的各项目标、任务、措施渗透到教学、管理和其他一切活动之中，重视学校教育、家庭教育和社会教育的结合，形成校内外协调一致的德育工作网络。

2. 加强德育是社会主义现代化建设的必然要求

社会主义现代化建设需要安定团结的稳定局面。目前，社会主义现代化建设取得了举世瞩目的辉煌成就，正满怀信心地向第三步战略目标迈进，全面建设小康社会。然而，国际局势动荡不安，世界风云变幻莫测。国际国内的反动势力总是利用我国进行社会主义建设之机，千方百计地采取政治的、经济的、思想文化的种种手段进行渗透、蛊惑、破坏和颠覆活动。享乐主义、拜金主义、个人主义等资产阶级腐朽思想沉渣泛起，不断腐蚀青少年一代，不断侵袭教育阵地。当前的青少年肩负着未来社会主义现代化建设的历史重任和神圣使命，要使青少年一代真正成为现代化建设所需要的人才，就必须通过卓有成效的德育工作，培养他们崇高的理想、高尚的道德、坚定的信念以及分辨真、善、美与假、恶、丑的能力，最终成为社会主义事业的建设者。

3. 加强德育是年轻一代身心发展的需要

青少年正处于成长阶段，可塑性极大。通过德育培养学生的正确思想和良好的道德品质，才能使他们逐步成长为积极向上、文明幸福的新一代。德育是全面发展教育的重要内容，在全面发展中占有重要地位。可以说，学校德育工作的好坏，关系着能否把学生培养成社会主义现代化的建设者，关系着社会主义事业的成败，关系着国家和民族的前途和命运。

（二）德育的主要任务

1. 在思想上，逐步提高学生的思想道德修养和形成高尚的道德情操

有目的、有计划地引导学生掌握社会主义的理论和道德规范，自觉地身体力行，在社会生活实践中不断积累经验，逐步学会用道德规范调节自己的行为，形成基本的社会主义道德观点、信念，逐步养成高尚的道德情操。

2. 在政治上，培养学生坚定的政治立场和社会主义、共产主义世界观

引导学生在道德认识和实践活动中，激发道德需要，形成正确的道德价值观，培养爱憎分明的政治态度、坚定的政治立场，自觉坚持四项基本原则，热爱祖国，热爱人民，全心全意为人民服务，用马克思列宁主义、毛泽东思

想、邓小平理论和"三个代表"重要思想武装头脑，形成正确的社会主义、共产主义世界观。

3. 在道德品质上，养成学生良好的道德行为习惯

引导学生进行实际的道德锻炼和行为规范的训练，既要使他们学会自觉地运用社会主义道德规范调节自己的行为，还要使他们的道德行为在反复的实践活动中达到自动化，形成道德行为习惯，成为个人的品德。

(三) 德育的内容

1. 爱国主义、集体主义教育

爱国主义是人民在祖国土地上长期生活、劳动和奋斗中形成的对祖国的深厚感情或热爱态度。虽然在不同的历史时期有不同的内容，但各个历史时期的爱国主义也有共同的内容，例如建设祖国，发展民族文化；维护民族团结与国家统一；抗击侵略，保卫祖国的独立与领土完整。我国新时期的爱国主义，主要是热爱社会主义祖国，热爱中国共产党，争取实现祖国统一，反对霸权主义，维护世界和平。爱国主义是团结全国各族人民的巨大内聚力，是全国人民和青少年学生应具备的最基本的品德。具体而言，爱国主义教育应加强以下几个方面：(1) 从小培养热爱祖国的深厚感情；(2) 增强国家和民族的意识；(3) 为实现社会主义现代化而奋斗；(4) 发扬国际主义，维护世界和平。

个人与集体、社会的关系，从来都是道德的基本问题。如何解决这个问题，历史上不同的阶级持有不同的道德原则与态度。剥削阶级总是奉行利己主义，把个人利益摆在第一位，使社会的、他人的利益服从于个人的利益。无产阶级与剥削阶级的道德原则有根本区别，要求一切从人民的利益出发，把集体利益看得高于一切，坚持集体主义。但是，这并不意味着社会主义就无视个人利益、个人价值，相反，它鼓励人们发扬国家利益、集体利益与个人利益相结合的社会主义的集体主义精神，既要维护集体和国家的利益，也要调动个人的积极性与创造性。具体而言，集体主义教育应加强以下几个方面：(1) 关心热爱集体，成为集体的积极一员；(2) 用集体主义精神来调节言行；(3) 养成尊重群众的观点。

2. 革命理想与革命传统、人道主义和社会公德教育

理想是青少年学生对美好未来的向往和追求，是他们前进的动力，也是他们形成人生观、世界观的起点。只有引导他们树立正确远大的理想，才能给他们前进的正确方向和巨大力量，为正确的人生观、世界观打下良好的基础。每个青少年都可以有自己的理想，但又应当以现阶段我国各族人民的共同理想——建设中国特色的社会主义，把我国建设成为高度文明、高度民主的社会主义现代化国家，作为个人理想的基础。革命理想教育与革命传统教育有着密切的联系。老一辈革命家在为实现创建社会主义新中国的理想而长期斗争的过程中形成的不怕困难和牺牲、艰苦朴素、英勇奋斗的精神，是青少年学生应当继续发扬的光荣传统。具体而言，革命理想与革命传统教育应加强以下几个方面：（1）激励学生有个人的理想和追求；（2）进行正确引导，提高学生分辨正确理想与错误理想的能力；（3）继承和发扬革命传统。

人类在长期的共同生活和交往中逐步形成了公共的道德风尚，主要有文明行为与人道主义等。这些道德是人类共有的基本美德，既是人类自身发展和自我完善的道德基础，也是社会发展与进步的重要条件和标志。人道主义是一种重要的公德，它主张尊重人、信赖人，提倡人与人之间的友爱、平等与互助，重视人的价值和地位，强调发扬人性。在过去，我们比较重视青少年学生的政治教育、思想教育，而对人道主义和基本公德教育有所忽视。这导致了青少年的基本道德素养的下降，不文明和冷漠的行为增多，不少学生根本不知道要讲人道主义。这种状况无法适应社会主义精神文明建设的要求，必须改变。具体而言，人道主义和社会公德教育应加强以下几个方面：（1）发扬社会主义人道主义精神；（2）培养文明行为；（3）养成良好的品质。

3. 劳动教育

劳动创造了人类的物质文明与精神文明，促进了社会的发展，是人类幸福之源。但自从脑力劳动与体力劳动分工以后，劳动和劳动人民便遭到统治阶级的轻视。为了改变这种不合理的现象，社会主义不仅要消灭剥削阶级，缩小脑力劳动与体力劳动的差别，而且要讲劳动光荣，调动人民的劳动热情，让他们用辛勤的劳动来建设美好的生活。在社会主义现代化建设时期，劳动

在社会建设和个人发展中的价值已大大提高。人们期望通过劳动来发展个人的才智，施展个人的抱负，达到个人实现，为生产发展、社会进步和科学发明作出贡献。然而，在和平环境和幸福生活中成长的年轻一代（尤其是独生子女），有的被父母娇生惯养，劳动观念和习惯较差。这种状况若任其发展，势必影响我国未来的劳动者的培养。具体而言，劳动教育应加强以下几个方面：(1) 养成热爱劳动的习惯；(2) 培养社会主义的劳动新风尚；(3) 勤奋学习，为参加现代化建设作好准备；(4) 爱护公共财物和劳动成果。

4. 民主、纪律与法制教育

高度的民主是社会主义的伟大目标之一。在人类历史上，新兴资产阶级和劳动人民在反对封建专制的斗争中形成了民主的观念，这是历史上的进步。但资产阶级民主是为维护资本主义制度服务的，只有社会主义民主才能充分实现人民当家做主，把民主推向新的历史高度。社会主义的社会生活和现代化建设，都需要高度的民主，需要人民积极参与和发挥创造性。没有民主，就没有社会主义现代化。然而，民主和纪律、法制是不可分的。只有用严格的纪律和法制来调节人们的行为，才能保障民主，保护人民的合法权利，使社会各部门的劳动、工作、学习与生活有节奏地进行，推进经济建设和全面改革，维护国家的长治久安。加强社会主义民主和法制建设的根本问题是教育人，要从小学开始对青少年学生进行民主、纪律与法制教育，把他们培养成为社会主义的公民。具体而言，民主、纪律与法制教育应加强以下几个方面：(1) 培养民主思想和参与意识；(2) 提高对纪律的认识，加强纪律性；(3) 掌握法律常识，严格遵纪守法。

5. 正确的人生观与科学世界观教育

人生观是人们对人生的根本看法，它包括对人生的目的、意义、理想、价值和态度以及人性的看法。最根本的是人活着为了什么、人应当怎样活着，对这些问题的不同回答，直接影响着人们的思想与行为，影响着他们的人生方向与道路。人生观是世界观的一个组成部分，受世界观的影响。世界观是人们对整个世界的根本看法。它对人的思想与行为起着最高层次的调节作用，给人生观以观点、方法上的指导。对于青少年学生来说，形成正确的人生观和科学的世界观，都是十分重要的。特别是在改革开放和社会主义市场经济时期，西方国家的思想、生活方式等也随之而入，这些都对青少年学生产生了极大的影响。为了给青少年学生指明人生的正确方向和道路，端正对世界、对社会发展的看法，我们必须对他们进行正确的人生观和科学世界观教育。具体而言，应加强以下几个方面：（1）提高理论修养，为形成正确的人生观、科学的世界观奠定基础；（2）端正对人生的认识和态度；（3）逐步学会运用马克思主义的观点、方法看问题。

四、美育

（一）美育的意义

美育又称审美教育，是培养学生正确的审美观点和感受美、鉴赏美、创造美的能力的教育。美育是全面发展教育的必要组成部分。美育的功能在于引导学生的审美活动，激发他们对美的热爱和追求，满足他们的审美需要，增进他们的审美意识、审美情感、审美能力，逐步养成心灵美、语言美、行为美，学会在生活中发现美、表现美，最终能够创造美好的事物。

1. 美育可以扩大学生的知识视野，发展他们的智力和创造力

人们认识世界有多种方式，有科学的方式，也有艺术的方式。艺术通过可感的艺术形象再现现实生活的情景，能够帮助人们生动鲜明地认识世界。在对美的感知和情感体验中，也有助于学生观察力、注意力、想象力、思维力、创造力的发展。把美育和智育结合起来，会使学生的脑力劳动更富有活力，更富有创造力。

2. 美育具有净化心灵、陶冶情操、完善品德的教育功能

在全面发展教育中，美育和德育是相辅相成的。美育利用美的形象进行教育，提高分辨是非、美丑、善恶的能力，并深刻地影响学生的思想情感，引起内心共鸣，使学生爱美弃丑、从善拒恶，抵制各种低级、颓废、庸俗的思想的侵蚀，自觉养成高尚的品德和情操。

3. 美育可以促进学生的身体健康发展

在体育运动中，除了遵循力量、速度、灵敏、柔韧、节律等特有的要求

外，还要运用对称、和谐、统一、节奏等形式美的法则，做到造型优美、技巧娴熟、动作舒展而有节奏。在体育中讲求美学，可以提高运动艺术的审美价值，不仅使学生锻炼了身体，还可以怡情养性。

4. 美育有助于学生劳动观点的树立、劳动技能的形成

劳动对象、生产资料和物质产品都有审美价值，尤其是在科学技术革命时代，随着劳动美学、技术美学的普及，美育与劳动技术相结合将会推动科学技术的发展。

（二）美育的主要任务

1. 培养学生正确的审美观，提高审美能力

审美观是人们在审美活动中所持的态度和观点。由于人们的经济地位、生活经历、文化背景、审美素养不同，他们的审美观也不相同。即使对同一美的现象或艺术作品，人们也会有不同的审美判断和审美评价。

学生在审美活动中，都会自觉或不自觉地持有某种审美观。有的正确，有的不正确；有的高尚，有的低级。有的人以洋、奇、奢为美，甚至把一些格调低下的艺术作品、腐朽的生活方式、庸俗的思想作风当做时髦追求，这些都是因为缺乏正确的审美观所致。所以，学校美育的首要任务就在于培养学生正确的审美观，使他们能够对现实生活和艺术作品作出正确的审美判断。

当然，要鉴赏美，仅有审美观是不够的，还要有审美能力，包括感受美、理解美、欣赏美、评价美的能力。这就需要授予学生必要的艺术基础知识，包括美学、文学、音乐、美术等方面的知识，了解艺术表现的手法和技巧，提高艺术素养。同时，还要引导学生参加艺术欣赏活动，观察自然，分析社会生活，培养对美的感受能力、想象能力和评价能力，加深对美的理解。

2. 培养学生健康的审美情趣，激发他们对美的热爱和追求

人们对美的欣赏往往带有感情色彩。但是，美的形象所激起的情绪体验可能是积极的，也可能是消极的，不一定都是健康的、高尚的、有益于身心的。

引导学生欣赏各种形态的美，激发他们对美的事物的愉悦、爱好的情感，对丑恶事物的厌恶、憎恨的情感，养成健康的审美情趣、高尚的情操和为实现美好理想而奋发向上的创造精神。"不培养美的情趣，不可能形成一个时代

艺术的高峰。""对正在成长的中小学生加强审美教育，选择适合他们智力的内容，诱导青年学生早期地、较广泛地接触文艺，使他们的精神生活得到正当的寄托和健康的发展，这无疑是一件影响深远的大事。"①

3. 发展学生表现美和创造美的能力

爱美是人的天性。人爱美的天性不仅表现在对美的事物和艺术美的兴趣爱好上，还表现在在社会实践中极力地表现美和创造美。美育应当在完成以上两个任务的同时，发展学生表现美和创造美的能力。

一方面，要引导学生在社会生活和日常生活中处处体现美。在生活中，注意环境的美化；在行为上，举止文明，仪表端庄，打扮得体；在待人接物上，自然大方，谦逊有礼。另一方面，组织学生参加艺术欣赏、创作活动，在艺术实践中发展表现美和创造美的能力。对于有艺术才能的学生，尤其要注意培养他们对艺术的爱好和特长。

(三) 美育的内容

1. 自然美

自然美是以大自然为审美对象所感受和体验到的美。大自然造就的千姿百态、色彩缤纷的世界，气势磅礴的山川河流，茂密青翠的莽莽林海，山清水秀的田园小村，千姿百态的飞禽走兽，巧夺天工的人文景观，各具其美。通过大自然进行美育，可以增长学生的知识，发展他们的观察力、想象力和情感，使他们认识自然美，欣赏自然美，开阔他们的胸襟，激发他们对祖国的热爱，还有助于他们深刻理解和评价反映自然的艺术作品。

欣赏自然美可以通过多种多样的形式进行。组织学生远足、旅行、露营等活动，结合自然景物、名胜古迹讲解科学知识、风土人情、神话传说、历史故事、名人诗词，以帮助学生认识、理解自然景物，深入体会有关的艺术作品，激发学生更大的兴趣，加深对美的感受。也可以指导学生写生、摄影、采集标本、创作诗文、撰写游记，以加强印象，提高鉴赏美的能力和创造美

---

① 王道俊、王汉澜主编：《教育学》（新编本），人民教育出版社1989年版，第423页。

的才能。还可以通过科学、生物、地理等自然学科的教学进行美育，把对自然美的直接感知与艺术作品的欣赏结合起来，使美育的自然手段和艺术手段都得到加强。

2. 生活美

生活中处处充满了美。在日常生活中进行美育的重要形式是组织学生参加一定的社会活动和生产劳动。通过这些实践活动，使学生感受和鉴别社会生活中的美与丑，体验劳动生活和劳动人民思想感情的美、社会主义建设和社会生活的美。加深对复杂社会生活的认识和体验，能使学生更深刻地感受反映社会生活的艺术作品，提高鉴赏艺术作品的能力。学生参加劳动和社会活动也是一种创造美的活动，有助于培养学生创造性地运用他们的审美才能。

学生的审美情趣和习惯是在优美的物质环境和社会环境中形成的，因而学校环境和周围环境的美化，对美育有重要的意义。美丽的校园，朴素大方的服饰，文明礼貌的言行举止，良好的习惯，都能使学生从中受到美的熏陶。家庭也应该为学生创设良好的生活环境，父母带领孩子游览、欣赏音乐、艺术作品，父母的教育方式、衣着打扮、言谈举止等对学生的审美情趣都有很大影响。

3. 艺术美

艺术美是以艺术家创作的艺术作品为对象所感受到、体验到的美。艺术美是反映自然美和社会美的，具有高度的集中性、典型性、理想性、思想性和艺术性。其内容丰富多彩，形式多种多样，有音乐、美术、文学、舞蹈等。艺术美不仅能增进学生对美的感受能力，培养学生对美的鉴赏能力，而且能发展美的创造才能。

在我国中小学中，艺术美可以通过音乐、美术、文学、舞蹈等进行。音乐和舞蹈符合学生的年龄特征，对他们感染性强，吸引力大，能使他们振奋精神、激发热情，提高他们的审美能力，有助于养成积极、乐观、豪放和集体主义等优秀品质，促进学生的体态匀称而健美的发展，形成学生优美的言行举止。美术可以培养学生细致入微的观察能力、丰富生动的想象能力、深刻全面的分析综合能力，也有助于学生加深对现实生活的体验。各种有价值的美术作品，可以使学生从形象和色调中体验到愉快和某种感情，还可以从内在的意境和隐含的思想中加深对生活的认识，从而激发他们对生活的热爱。文学可以从各个方面影响和教育学生，使学生获得广泛的生活知识和经验，学会区别真伪、善恶、美丑，陶冶美的心灵，激发美的想象和憧憬，追求美好的未来，创造美好的生活。

五、教育内容的相互关系

人们对全面发展的教育内容的构成至今没有达成一致的认识，主要存在着"四育说"和"五育说"两种看法。"五育说"坚持认为教育是由智育、德育、美育、体育、劳动技术教育（综合技术教育）构成，至今在教育界占有很大的市场。但是，"四育说"认为，心理学一般把人的心理活动分为三个组成部分，即认知、情感、意志。认知与知识、智慧相连，追求的是"真"；意志与思想品德等相连，追求的是"善"；情感与情绪、态度等相连，追求的是"美"。而身体主要与体格、健康等相连，是作为知、情、意的载体而出现的。正是从这个角度出发，"四育说"认为教育是由智育、德育、美育、体育构成（参见图 10-1）。而且，从上面的分析可以看出：就人的心理特征来分析，所谓的劳动技术教育（综合技术教育）的存在是没有心理学方面的证据的，它更多的是达到其他诸育的一种手段。例如，学生在从事生产劳动中，锻炼和增强的体质属于体育，学习的一些生产劳动知识属于智育，养成的思想品德属于德育，经受的美的陶冶则属于美育。"五育说"提出的合理性何在？其依据是什么？坚持"五育说"的研究者至今尚未给出令人信服的解答。

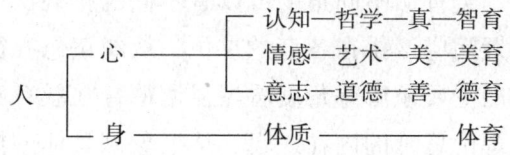

图 10-1　全面发展教育的构成

长期以来，人们对体、智、德、美的相互关系的理解十分混乱，许多人把它们并列起来，因而也就割裂开来；相当多的人将它们与学科教育等同起来，结果整体的教育过程被肢解。在体、智、德、美的排列顺序上也摇摆不定，强调突出政治时将德育放在第一位，强调提高教学质量时又把智育提到首位，而当发现学生体质下降，强调要保证青少年身体健康发育时，又把体育排列到第一位。当前，在对体、智、德、美关系的理解中，还有两种较为普遍的模糊认识必须加以澄清：其一是把体、智、德、美与学科教育等同起来，认为数学、语文、自然等学科是智育，思想品德课、团队活动是德育，音乐、美术课是美育，体育课是体育。这种把体、智、德、美分割开来的错误观念，其认识论根源在于把理论思维中的抽象范畴实体化了。其实，体、智、德、美并不是互不相关的具体教育内容或形式，而是统一的教育整体活动中的构成要素，只有在理论研究的科学抽象中才可以将体、智、德、美加以区分，而在现实的教育教学活动中，则无法将它们分割开来。不同的课程尽管在知识内容上有所分工，但在教育的目的和效果方面则应是体、智、德、美的综合，否则势必违背教育规律。其二是把体、智、德、美并列起来（所谓的诸育并举），同时也就割裂开来。体、智、德、美是对全面发展教育进行理论研究时的科学抽象，因而不能并列地阐述它们的关系，只有在思维中从抽象到具体的综合过程中，才能全面、深刻地理解和把握它们的关系。尤其需要指出的是，体、智、德、美不属于同一层次，而是分别属于身体发展和心理发展两个不同的抽象层次。

从促进受教育者心理发展的抽象层次来看，教育内容包括智育、德育和美育。智育、德育、美育从不同角度可以有不同的排列次序。德育是各育的灵魂和方向，毫无疑问应该排在各育的首位。从纠正忽视德育造成的严重后果和当前教育存在的主要矛盾等角度看，强调德育在教育工作中的首要地位是必要的。但若从理论思维的内在逻辑、从抽象到具体的概念演进过程来排列，则应遵循智育、德育、美育的排列次序。按这样的次序排列，尽管智育排在前面，但绝不意味着它最重要，而是因为它最抽象、最普遍。不仅在德、智、美三育中智育是最普遍、最抽象的，全面发展的教育内容中的任何一育也都内在地包含了智育，并应以智育为前提和基础。智育、德育、美育三者是互相渗透的，就各自的特点而言，德育是各育的灵魂与方向，智育是各育的前提和基础，美育是前两者的桥梁及各育的内在动力。当理论研究从抽象走向具体、从对心理发展的抽象分析进入对身心发展的综合研究时，体育与智育、德育、美育的关系也就清楚了。生理基础是心理发展的前提和物质基础。在现实教育中，必须把受教育者身心的和谐发展作为一个整体来把握。现代学校体育的内涵是指促进受教育者身心的和谐发展，因此，体育不仅内在地包含着智、德、美三育，而且从体育的基本内容和主要任务来看，应该是营养、保健、身体技能技巧和身心健康发展这四个方面的有机统一，是培养身心全面发展的现代人的基础和重要途径。

第三节 教育内容的组织

一、课程的基本概念

课程是人们经常使用的概念，而对于课程是什么却没有统一的界定。虽然国内外许多学者对这个问题作了大量的探讨，但至今尚无一个为大家广泛接受的定义。在我国，"课程"一词始见于唐代。孔颖达在《五经正义》里为"奕奕寝庙，君子作之"一句注疏："教护课程，必君子监之，乃得依法制也。"朱熹在《朱子全书·论学》中也有"宽著期限，紧著课程"、"小立课程，大作功夫"等论述。这里的课程含有学习的范围、进程、计划的程式等意思。西方的课程（curriculum）一词源于拉丁文 currcle，即 race course，意为"跑道"或"民族经验"，即将民族先辈的经验选择后传给下一代，使其通过学习达到一定的社会要求。

课程是一个发展的概念。20世纪60年代以后，课程的含义扩大了，以学科为中心的课程观受到了挑战，学校教育中那些非学科的经验也受到了重视，这些经验对学生的态度、动机、价值观的形成和发展也有明显的作用。当代课程观注重学习者在学校环境中的全面经验。同时，把课程主要看做教程而不重视学程的静态课程观也受到了挑战，课程不再被看做单向的传递过程，而是双向的流动实践过程。

顾明远主编的《教育大辞典》将课程界定为"为实现学校教育目标而选择的教育内容的称谓"。①联合国教科文组织在《教育技术用语词汇》中指出："课程即指在某一特定学科或层次的学习的组织。"②世界经济合作与发展组织则把课程定义为"囊括儿童在校学习期间应具备的全部经验，并包含教育目标、教育目的、课程、教学活动、师生关系、人力物力资源以及所有影响学校师生关系的调查"。③美国学者奥利弗把"课程"的不同界定按照从广义到狭义的顺序，列出了七种解释。④康纳利和兰茨归纳出九种有代表性的定义。⑤美国的蔡斯列举了六种有代表性的课程概念。⑥我国学者施良方也归纳出六种典型的课程定义，它们分别是：（1）课程即教学科目，即把课程等同于所教的科目。这种理解强调向学生传授学科的知识体系，但容易忽视学生的情感陶冶、个性培养和师生的相互作用。（2）课程即有计划的教学活动，即把教学的范围、序列和进程，甚至教学方法和教学设计等作为课程。这种理解把课程的重点放在有计划的教学活动安排上，容易忽视教学活动对学生学习过程和个性品质的影响。（3）课程即预期的学习结果，即强调课程不是指向活动，而应该直接关注预期的学习结果或目标。这种理解把课程的重点放在预期的学习结果上，往往会忽略非预期的学习结果和学生之间所存在的不同差异。（4）课程即学习经验，即强调课程应关注学生实际学到什么而不

---

①④ 顾明远主编：《教育大辞典》（增订合编本），上海教育出版社1998年版，第892页。

②③ ［伊朗］S. 拉塞克、［罗马尼亚］G. 维迪努著，马胜利等译：《从现在到2000年教育内容发展的全球展望》，教育科学出版社1996年版，第125页。

⑤ ［瑞典］托斯顿·胡森、纳维尔·波斯特尔斯威特主编，江山野主编译：《简明国际教育百科全书·课程》，教育科学出版社1991年版，第65页。

⑥ ［美］蔡斯著，李一平、陆忻译：《课程的概念与课程领域》，参见瞿葆奎主编，陆亚松、李一平选编：《教育学文集·课程与教材》（上册），人民教育出版社1988年版，第245～268页。

是教师做了什么。这种理解把课程的重点从教材转向个人,但因为现实中存在的学生独特性和统一要求的矛盾,难以真正实施。(5)课程即社会文化的再生产,即强调课程应反映社会需要,使学生顺应现实的社会。这种理解把课程的重点从教材、学生转向社会,而社会文化本身并非是完善的,也需要不断的变化。(6)课程即社会改造,即强调课程不是要使学生适应社会文化,而是要帮助学生摆脱现存社会制度的束缚。这种理解过于激进,存在着片面地夸大教育在社会变革中的作用的倾向。①

由此可见,课程是各级各类学校为实现培养目标而规定的所有学科(即教学科目)及其目的、内容、范围、活动、进程等的总和。它主要体现在课程计划、课程标准和教科书中。对课程的定义,大体是从三个标准考虑的:一是计划水准(意图、记述、文件等);二是实施水准(儿童实际的学习内容与学习经验);三是结果水准(计划中所期待的结果)。其中,注重实施水准的课程观被人们广泛接受。

二、课程的主要类型

(一)学科课程与活动课程

学科课程是依据教育目标和受教育者的身心发展水平从各门学科中选择内容组成学科,以学科的逻辑体系组织学科内容的课程。学科课程有着悠久的历史,我国古代的"六艺"、古希腊的"七艺"(即文法、修辞、辩证法、算术、几何、天文、音乐)都可以说是最早的学科课程。

学科课程具有几个优点。第一,以学科严谨的逻辑结构为中心进行课程编排,易于学生进行学习,效率较高。第二,按照学科组织课程,系统性较强。第三,高度浓缩人类文化的精华,具有较强的简约性,易于组织教学,也易于进行评价。

学科课程的不足主要表现在几个方面。第一,注重逻辑系统,教学时容

---

① 施良方:《课程理论——课程的基础、原理与问题》,教育科学出版社1996年版,第3~7页。

易重记忆轻理解，重知识接受轻能力培养，重整齐划一轻个别差异。第二，较少考虑学科之间的相互联系，加深了学科分离，限制了学科交叉，成为课程现代化的障碍。第三，禁锢学生的思维，不利于培养学生的社会生活能力；限制了学生的主体性，不利于学生生动活泼的全面发展。

活动课程也称为"经验课程"、"生活课程"、"学生（儿童）中心课程"，是以生活中学生（儿童）的主体性活动和经验为中心，围绕学生（儿童）从事某种活动的动机组织的课程。它源于19世纪末20世纪初杜威提出的进步主义教育。

活动课程具有几个优点。第一，突破了学科界限，重视直接经验，把科学知识与生活实际相联系，综合性较强，有利于培养学生的社会适应性。第二，以学生的兴趣与动机为中心组织课程，有利于培养学生的主体性和独立个性。第三，以学生生活社区的课题为题材，通过解决面临的各种问题，重构经验。

活动课程的不足主要表现在以下几个方面。第一，学生获得的知识不系统、不完整，不利于高效率地获得人类文明遗产。第二，以学生的需要和兴趣为基础编排课程，难以保证为生活作充分的准备。第三，活动课程内部缺乏确定的水平结构和连续性。

（二）核心课程与综合课程

核心课程是指所有学生都必须学习的一部分学科或学科内容，它以人类社会的基本活动为中心，围绕某个核心组织教学内容和教学活动。

核心课程的优点主要表现在以下几个方面。第一，强调学习内容的统一性和实用性，学习中强调理解问题、分析问题、解决问题的能力，对学生和社会具有较强的适用性。第二，课程内容来自周围的社会生活和人类不断出现的问题，学生学习积极性高，具有强烈的学习动机。第三，有利于学生学会以积极的方式认识社会和改造社会。

核心课程的缺点主要表现在以下几个方面。第一，课程的范围、顺序等没有明确的规定，内容可能是零散的、琐碎的或肤浅的。第二，知识的逻辑性、系统性和统一性难以保证。第三，内容的无组织性使文化遗产不可能得到充分体现,还可能背离家长的期望和学校的要求。

综合课程又叫"广域课程"、"统合课程",它采取综合相关学科或相邻领域的学科的办法,减少教学科目,把几门学科的教育内容组织在一门综合的学科之中。

综合课程的优点主要表现在以下几个方面。第一,克服了学科课程分科过细的缺点,比较容易贴近社会现实和实际生活。第二,强化了学生的学习动机,丰富和拓宽了学习内容的内涵和外延。第三,培养了学生的迁移能力,提高了学习效率。

综合课程面临以下几个方面的问题。第一,教材编写问题。通晓各学科的人才稀少,教材的编写有一定难度。第二,师资问题。受专业细分的影响,学科教师难以胜任综合课程的教学。

(三) 潜在课程

潜在课程是相对于显在课程(显性课程)而言的。显在课程是学校教育中有计划、有组织地实施的课程。上述学科课程、活动课程、核心课程、综合课程等都是显在课程。潜在课程(亦称"隐性课程")的概念产生于20世纪60~70年代,自提出以后,引起了课程研究者的极大兴趣,并迅速为人们所接受。我国有意识地研究潜在课程是从20世纪80年代中期开始的,自此以后逐渐成为当代课程研究的一个热点问题。

潜在课程是指学校或班级情境中以间接的、内隐的方式呈现的对学生发展起潜移默化影响的内容。为了更好地理解潜在课程,我们有必要对潜在课程与显在课程的区别作些分析。潜在课程与显在课程的区分,可以从以下三个方面来考察。第一,在学生学习的结果上,学生在潜在课程中得到的主要是非学术性知识,而在显在课程中获得的主要是学术性知识。第二,在计划性上,潜在课程是无计划的学习活动,学生在学习过程中大多是无意识地接受隐含于其中的经验,而显在课程则是有计划、有组织的学习活动,学生有意识参与的成分很大。第三,在学习环境上,潜在课程是通过学校的自然环境和社会环境进行的,而显在课程则主要是通过课堂教学的知识传递进行的。

从潜在课程所包含的意蕴及发挥作用的机制来看,从课程的表现形式或

者影响学生的方式上区分潜在课程与显在课程更为合理。只有这样，才能真正体现潜在课程与显在课程的对立，才更有利于在实践中认识、把握这两种课程。

与显在课程相比，潜在课程具有以下特点。

第一，潜在性与隐蔽性。与显在课程的外显性、明确性不同，潜在课程以间接的、内隐的、不明确的方式，在潜移默化中，使学生不知不觉地受到教育。"润物细无声"常被频频用于描绘潜在课程。潜在课程在存在形式上的潜在性，以及结果形成中的长期性、渐进性，使其功能也相对隐蔽，往往被显在课程遮掩，短时间内难以显现出来，不易被确认或觉察。

第二，广域性与多样性。潜在课程在内容上包括学校生活中除显在课程之外的方方面面，在空间上几乎涉及学校的每个角落，在人员上容纳了所有的师生员工。由于学校生活的丰富多彩，实践活动的多种多样，渗透于其中的潜在课程也呈现出多样化的态势。

第三，难量化性。潜在课程的隐蔽性、多样性等特点，都使得潜在课程难以用量化法来确定，而更多的是需要进行定性研究。

第四，特色性与本然性。显在课程因其计划性、政策性而较易于统一，潜在课程则因其潜在以及少受外在的强制、约束等更呈现出一种特色，自在地映现于学校生活中，因此也就更少了一些人为因素，多了一些原色和本然，更能自然地起到教育作用。

（四）国家课程、地方课程与校本课程

1. 国家课程

国家课程亦称为"国家统一课程"，它是自上而下由中央政府负责编制、实施和评价的课程。负责国家课程的课程编制中心一般具有如下特征。（1）权威性。课程编制中心的权威性来自政府赋予它的职责以及法律赋予它的合法性。（2）多样性。课程编制中心可以为整个教育系统编制课程，也可以为某些地区编制课程；可以为某个教育阶段或几个教育阶段编制课程，也可以为某类学校或几类学校编制课程，还可以为某类学科或几类学科编制课程。（3）强制性。在绝大多数国家，课程编制中心负责编制的课程是强制执行的，其中

包括课程标准、教材、教师用书、习题集等。

在我国，国家课程是由教育部根据不同阶段教育的性质和基本任务而制定的，它同时也规定了基础教育阶段课程的设置、各类课程的基本标准以及合理的课程比例等。从课程实施的性质上说，国家课程是一种集权制的课程开发与管理模式，它集中体现了国家的教育目的、培养目标、民族的需求和社会经济发展的需要，可以确保国家所实施的课程能够反映国家意志。国家课程对教育提出的基本要求和共同的质量标准具有较强的权威性和一定的强制性，概括起来，它具有以下一些特点。

第一，基础性。所谓基础性，是指国家课程开发者在课程的内容设置、课程的目标和整个课程体系上倾向于把最根本、最基础的知识、技能传授给学生，通过精选对学生终身学习必备的课程内容，协调社会进步与课程内容不断更新之间的矛盾，使学生获得身心的健康发展。比如，我国的国家课程的基础性体现在对传统文化教育的重视，对社会主义思想道德教育的重视，对学生的创新意识和科技教育的重视，等等。国家课程体系中所涉及的共同的国民价值等根本性、长期性和基础性的内容对培养新一代人才的基本素质至关重要，这也是地方课程和学校课程无法企及的。

第二，指导性。所谓指导性，实质上是指国家课程的功能性特征，即中央教育机构在制定国家课程的框架时具有一定的灵活度，对地方课程与校本课程的开发与管理具有一定的指导意义，使地方和学校既能从中选择、改编或变革课程实施的具体内容和要求，又能制定适合地方和学校具体情况的课程计划。国家课程无论是从课程理念、课程整体计划，还是从课程内容的设置与编排，都内在地体现了一种价值导向的功能。正是这种暗含在国家课程体系内部的价值导向功能，使之对地方课程和校本课程的开发具有指导意义。

第三，统一性。所谓统一性，是指国家课程依据国家的具体情况、民族的传统文化以及社会发展的客观需要而对课程体系所作出的规范性、全局性的选择，这也是国家课程本质要求的反映。国家课程的统一性特征，对国家与民族的长期的可持续发展，对我国传统文化精神的秉承，对学生基本素质中共同的道德观、价值观、人生观的形成等都有着极其重要的意义。

第四，综合性。所谓综合性，是指国家课程在课程的目标选择上、在课程的类型设置上以及在课程的客观结构上所体现的全面的、统筹的、综合的特点。由于基础教育阶段本身的需要，国家课程应该通过其综合性特点来实现学生的全面、和谐的发展，这一点与地方课程或校本课程的针对性、时效性、实践性等特点是截然不同的。比如，在学科课程的层面上，我国中小学国家课程的宏观结构对社会学科、自然学科、技术学科、体艺学科以及它们在必修与选修的课程比例上都作出了相应的规定，体现了国家课程的综合性特征。

第五，稳定性。所谓稳定性，是指国家课程体系一旦确立，不易受时代的变化和现实的短期需求而随意更改，整个体系的时间跨度较大，运作的周期较长。由于大量的教育行政人员、课程专家以及课程实践人员直接参与国家课程体系的建立，这种体系能够科学地反映基础教育阶段课程实施和管理的基本规律。因此，稳定性的国家课程有利于正常教学活动的开展和学生基本素质的培养。

2. 地方课程

地方课程又称为地方本位课程，是指地方各级教育主管部门根据国家课程政策，以国家课程标准为基础，在一定的教育思想和课程观念的指导下，根据地方经济、政治、文化的发展水平及其对学生发展的特殊需要，充分利用地方课程资源而开发、设计、实施的课程。它是不同地区对国家课程的补充，反映了地方和社区对学生素质发展的基本要求，具有鲜明的地域色彩。

地方课程作为国家基础教育宏观课程结构中的重要组成部分，它既是国家课程的有机补充，又是校本课程的重要依据，具有自身突出的特征。

第一，地域性。地方课程是不同地区根据特定地域或社区社会发展及其对学生发展的特殊要求，以及特定的课程资源而设计的课程。因而，在适用范围上具有鲜明的地域性，特定的地方课程只适用于特定的地方和社区中小学。我国幅员辽阔，地区经济、文化发展水平差异很大，不同地方或社区社会发展的要求迥异，不同地域可资利用的课程资源也不尽相同。这就要求各地方、各社区的教育主管部门要研究地方实际，开发适合本地、本社区的地方课程，以便优化中小学宏观课程结构。改革开放以来，我国社会历史条件发生了巨大的变化，开发地方课程成为不同经济、文化发展水平的地区对课程建设的时代要求。因而，要充分研究地区社会历史条件和现实状况，挖掘地方课程资源，设计体现地域特色的课程。

第二，民族性。地方课程根据不同的地域文化制定，这就使其不可避免地带上了民族性的特征。不同的民族，其历史、文化、教育都有其特点，民族聚居区不同，其具体面临的现实问题也有不小的差别。地方课程的开发一定要注意民族性，在坚持国家教育的基本目标与尊重民族习俗、关注本民族现状之间走出一条新路。我国是一个多民族的国家，西部的民族构成更为复杂，不同民族的聚居点也相对集中。这就要求各地，特别是西部地区的教育主管部门认真关注和研究不同民族的文化特色，开发出既适应当地需要，又符合不同民族实际的地方课程，以培养既符合国家教育标准，又能满足特定民族需要的多民族人才，从而切实促进各个民族的共同进步和发展。

第三，文化性。地方课程是依照地方的经济、文化发展水平而制定的，各个地区在长期的历史变迁及特定地理环境的作用下，必然会形成具有浓郁地方特色的文化资源。经过课程开发者认真辨析与加工过的文化资源，最终会直接进入课程领域，从而使地方课程呈现出浓郁的文化性特征。进入课程中的文化资源应符合国家的教育标准，它应当具有先进性，能够代表地方文化中先进的、适应现代化发展需要的、能够满足人们更高尚精神追求的那部分内容；它应当具有育人性，能够培养和塑造学习者的文化个性与审美文化情怀；它应当具有发展性，能够促进当地或本社区的学生群体与学生个体的全面、和谐的发展；它应当具有可接受性，能够符合学生实际，可以为学生所理解和接受。

第四，适切性。从课程内容上看，地方课程不同于国家课程中的学科课程，它不刻意追求理论知识的系统性、连贯性和深刻性，而是特别强调课程内容的适切性。所谓适切性，包含以下两个方面：一是注重课程的时代性；二是注重课程的现实性。地方课程要密切学生与社会生活和社区发展的联系，体现地方特色，促进学生认识社会，了解社会，关心社会发展，参与社会生活。在内容设计上,地方课程应具有突出的现实性,以专题和综合的形式组织内容。地方课程的内容应以地方社会生活和社区发展的现实为依据加以系统设计,要体现鲜活的现实,要向学生传授参与社会生活和社区发展应具有的价值观念、思想意识,以及关于地方和社区的基本知识,如地方或社区的乡土历史、乡土地理、社区结构、地域经济、传统文化等,还应向学生传授参与社会生活的基本能力,如进行社区研究、社区服务、社区发展规划等公益活动的能力。总之,地方课程要具有鲜活的现实性。

第五,探究性。地方课程的根本目的是培养学生的社会责任感,以及参与社会生活的能力,培养和发展学生适应地方或社区发展需要的基本素质。因而,在地方课程实施中,学生的学习活动方式不应是接受式的,而应是探究式的、实践式的。学生在学习关于地方和社区基本知识的基础上,研究社区现实问题,形成每个社会成员适应社区发展需要应具有的基本素质。同时,通过参与社区生活、社区服务等各种活动,在实践中培养学生参与社会实践活动的能力。

3. 校本课程

校本课程是由学校教师编制、以本校学生为实施对象的课程。具体来说,它是某一类学校或某一级学校的个别教师、部分教师或全体教师,根据学校教育改革的需要,在分析本校外部环境和内部环境的基础上,针对本校、本年级或本班级特定的学生群体而编制、实施和评价的课程。

校本课程是国家课程和地方课程的补充,有着自身的特点。

第一,校本化。校本课程是以学校为本位、以学校为基础、以学校为阵地而开发的课程。也就是说,校本课程是以学校发展为本的课程。校本课程开发的全部活动要素,从计划的制定、内容的设计到相应评价体系的建立,都是在实际的教育现场——学校中进行的。开发校本课程的目的不仅在于促进学生的发展,而且在于促进学校组织的发展,促进学校组织成员和学校自身的发展。校本课程开发受到学校自身的办学理念、校园文化、办学条件、师资队伍、自身优势等因素的制约。

第二,个性化与特色化。校本课程是一种个性化、特色化的课程。作为国家课程、地方课程的补充，校本课程的编制与开发是为了满足学生多样化的学习需求，满足学生的多种选择，促进学生多方面的发展，同时也是为了逐步形成学校的办学特色。有什么样的校本课程，就有什么样的办学特色，也就有什么样的办学水平和档次。许多成功的学校正是在开发校本课程的过程中形成了学校的办学特色和办学风格，形成了促进学生个性发展的课程体系和教学体系。

第三，学校自主性。校本课程开发赋予学校开发与编制课程的职责和权利，学校与国家、地方分享课程决策权，共同承担责任。在课程决策、编制与实施中，学校具有一定的自主权。学校不仅仅是执行课程的机构，同时也是开发、编制课程的具有专业自主权的组织。校本课程的开发，不是对外部指令的服从和执行，而是学校自主的开发行为。它不是对国家课程的无条件的执行，而是可以对国家课程进行再加工，根据学校自身特点和条件进行适当的调整、改编或整合，进行再创造，使之更符合、更适应学生、学校、社区及家长的需要。校本课程也是对国家课程的一种校本化的课程实施。校本课程开发，需要有校外专家的支持和指导，但是学校成员是开发的主体。没有学校成员的参与，就不会有校本课程。

第四，研究性。校本课程的编制与开发体现了一种行动研究的特点。它既是学校校长与教师开展行动研究的过程，又是行动研究的结果。课程编制与开发过程本身就是一种行动研究。确立什么样的课程理念，开发什么样的校本课程，在多大范围内开发校本课程，采取什么样的开发策略，如何充分利用校内外教育资源和课程资源，如何实施校本课程的教学，在开发过程中如何提高教师的专业水平和专业素质，如何发挥教师的主体作用等，这些都需要研究。在行动中研究，在研究中行动，把实际工作者与专业工作者有机结合起来，这正是校本课程的行动研究。通过校本课程的行动研究，校长和教师不断发现问题、研究问题、探索问题，提出课程创新方案，编制具有学校特色和教师特色的新课程。校本课程的行动研究，是校长和教师成长、发展的最佳途径和方式，也是校长和教师专业化的必由之路。

三、课程的规范形式

（一）课程计划

课程计划（原称教学计划）是课程安排的具体形式，是国家根据教育目的和培养目标制定的有关学校教育教学工作的指导性文件。

课程计划的基本内容由以下几个部分组成：（1）课程设置，即根据教育目的和各级各类学校的任务、培养目标和修业年限，确定学校应设置的课程；（2）课程开设顺序，即依据规定年限、各门课程的内容、课程之间的衔接、学生的发展水平，确定各门课程开设的顺序；（3）课时分配，即根据课程的性质、作用、教材的分量和难易程度分配各门课程的授课时数，包括各门课程授课的总时数、各学年（或学期）的授课时数和周学时等；（4）学年编制和学周安排，即学年阶段的划分、各学期的教学周数、学生参加生产劳动的时间、假期和节日的规定等。

课程计划的核心内容是课程设置。基础教育的课程设置通常是由国家行政部门制定的。随着课程改革的发展，它在统一要求的前提下，也呈现出多元灵活的特征。选择与编制课程的基本要求有以下几点。（1）合目的性。合目的性要求选择与编制课程应首先把教育目的具体化为各级各类教育的明确目标，围绕目标设置课程。（2）合科学性。合科学性要求编制课程应正确地设计各门学科和课程内容，符合科学体系要求，重视各学科、各课程之间的内在联系。（3）合发展性。合发展性主要指课程选择、编制应与青少年儿童身心发展的规律相一致。

（二）课程标准

课程标准是根据课程计划制定的有关学科教学的目的、水准、结构与教学要求的纲领性文件。它整体上规定着某门课程的性质及其在课程体系中的地位、内容选编的依据及教学法上的建议，是教材编写、教学、评估的依据，是国家管理和评价课程的基础。它具有法定性质，注重的是课程目标、课程改革的基本理念和课程设计思路，关注的是学生的学习过程和方法以及随之产生的积极情感体验和正确的价值观。一个国家课程标准的制定，与其教育政策有关。

为了更好地理解课程标准，以下几点是很重要的。第一，课程标准主要是对学生在经过某一学段之后的学习结果的行为描述，而不是对教学内容的具体规定（如课程计划或教科书）。第二，它是国家（或地方）制定的某一学段共同的、统一的基本要求，而不是最高要求。第三，学生学习结果行为的描述应该尽可能是可理解的、可达到的、可评估的，而不是模糊不清的、可望而不可及的。第四，它隐含着教师不是教科书的执行者，而是教学方案（课程）的开发者，即教师是"用教科书教，而不是教教科书"。第五，课程标准的范围应该涉及作为一个完整个体发展的三个领域——认知、情感与动作技能，而不仅仅是知识方面的要求。

国际比较研究表明，不同国家或地区颁布的课程标准，其体例、结构、表述与呈现方式等方面差异巨大，但同一个国家或地区内颁布的课程标准，在上述各个方面则具有惊人的相似性。各学科课程标准根据各自特定的要求，在具体体例、风格上也存在一定的差异。

我国目前的课程标准包括以下几个方面的内容。（1）前言（说明）。对课程的性质、价值与功能作定性描述，阐述各学科课程领域改革的基本理念，并对课程标准的设计思路进行详细说明。（2）课程目标。明确各门学科在知识与技能、过程与方法、情感态度与价值观等三个方面共同而又各具特点的课程总目标和学段目标。（3）内容标准。按照学习领域、主题或目标要素阐述学生在不同阶段应实现的具体学习目标。对于学生的学习结果，尽可能用清晰的、便于理解的及可操作的行为动词从课程目标的三个方面进行描述。（4）实施建议。包括教与学的建议、教材编写建议、评价建议、课程资源开发与利用建议等。各项建议力图体现课程改革的基本理念，为改善教学行为、变革学习方式、提高教材编写质量、体现评价的发展性功能提供指导。（5）附录（术语解释）。对课程标准中出现的一些重要术语进行解释与说明，有利于使用者更好地理解与实施标准。它主要包括术语解释和典型案例。

课程标准是课程目标与教科书之间的中介，所以，它既是目标具体化的关键，也是教科书规范化的关键，是教与学的依据。

第一，研究本学科的发展水平、结构、概念体系、基本理论，掌握本学科的基础知识和基本技能以及相应的思想观念、态度、情感、价值、智力、能力等。

第二，研究课程体系中本学科的性质、意义、功能范畴，明确本学科的目标、内容范围。

第三，研究学生学习本学科的心理准备和心理特点，探寻本学科的逻辑顺序与学生学习的心理顺序之间的最佳结合方式。

第四，从大课程体系角度研究本学科与其他学科的关系，研究本学科不同课程类型的综合功能，在分量、程度、程序方面进行限制。

（三）教科书

教科书又称课本，是依据课程标准和学生接受能力编写的、系统反映学科内容的教学用书。它是为一定年级的学生掌握某一门学科的基本知识而编写的书籍，通常按学年或学期分册，划分单元或章节。教科书一般由目录、课文、习题、实验、图表、注释、附录等部分构成。课文是主要部分。

教科书是学生在学校获得系统知识、进行学习的主要材料。它可以帮助学生掌握教师讲授的内容，便于学生预习、复习、完成作业，进一步扩大学生的知识领域。所以，要教会学生如何有效地使用教科书，发挥其最大的作用。教科书也是教师进行教学的主要依据，它为教师的备课、上课、布置作业、学生学习情况的评定等提供了基本材料。熟练地掌握教科书的内容，是教师顺利完成教学任务的重要条件。

编写教科书的改革是课程改革的一个重要方面，实现统一的教学目标可以有多种教学用书。在当代的课程改革中，改革的思想观念往往要求有与之相适合的教科书，而教科书又往往与特定的教学方法相一致，这样就出现了内容与形式多样的教科书。

第一，教科书的编排形式要有利于学生的学习，符合卫生学、教育学、心理学和美学的要求。教科书的内容阐述要层次分明，文字表述要简练、精确、生动、流畅，篇幅要详略得当。标题和结论要用不同的字体或符号标出，使之鲜明、醒目。封面、图表、插图等，要力求清晰、美观。字体大小要适宜，装订要坚固耐用，规格大小、厚薄要合适，便于携带。

第二，多样化的教学改革必然要求有多样化的教科书。布鲁纳的课程改革被称为结构课程，因此教科书依照学科基本结构编写，它适合于发现法教学；赞科夫的教学改革被称为发展性教学，要求着眼于学生的一般发展编写教科书，它适合于赞科夫提出的新教学原则和方法。

第三，教科书的内容应具有时代特征。布鲁纳强调以学科基本结构为核心编写教科书，充分关注了体现科技进步与发展的内容；赞科夫的改革明确主张以现代科学技术的基础知识代替传统教科书。我国的教科书受传统课程稳定性、基础性要求的制约，长期以来，改革进程迟缓，这种情况在当代正发生着重大改变，教科书建设已经成为课程改革研究的重点。当代教科书的内容选择，不只是关注知识体系，而是充分关注与其直接关联的智力价值、发展价值，重视态度、情感、动机的价值。因此，在编写教科书时，要注意兼顾理智和情感，更新内容。

第四，教科书编写的形式发生了较大变化。以往的教科书编写形式往往比较单一，当代教科书的变革首先是革命性地突破了以语言文字符号编写"书"的局限性，现代化教育技术创造出了全新的另一类教科书，如录音、录像、软件、多媒体一类的教科书正成为高效教学的重要选择或重要补充。另外，许多教科书突出了可操作性、实践性、问题性，形式更为灵活。

第五，教科书编写正在由"教程"式向"学程"式发展。我国教科书的传统是关心教的需要。当代教科书编写正在吸取和借鉴国外以学生需要为着眼点的思路，一改传统的只关心教的需要，更加注重学的需要，更加注重教科书与学生生活的内在联系，从而对"学法"更加重视，教程正在成为学程。

思考题

1. 解释概念：教育内容、体育、智育、德育、美育、课程、课程计划、课程标准、学科课程、活动课程、核心课程、综合课程、潜在课程、国家课程、地方课程、校本课程。

2. 简述学校教育内容的特征。
3. 论述体育的意义、任务和内容。
4. 简述智育的任务和内容。
5. 论述德育的意义、任务和内容。
6. 论述美育的意义、任务和内容。
7. 论述德育、智育、体育和美育之间的关系。
8. 简述课程计划、课程标准和教科书的作用。

第十一章 教育形态

形态是指事物在一定条件下的形状和表现形式。教育形态是指教育的客观存在形式和表现状态。依据教育活动的规范程度、教育活动的存在形式和教育活动的存在范围等,可以对教育形态进行不同的分类。

第一节 教育形态的分类

一、正规教育与非正规教育

根据教育活动的规范程度,教育形态可分为正规教育和非正规教育。

(一)正规教育

正规教育是指由教育部门认可的教育机构(学校)所提供的有目的、有组织、有计划、由专职人员承担的,以影响入学者的身心发展为直接目标的全面系统的训练和培养活动,它有一定的入学条件和规定的毕业标准,通常在教室(课堂)环境中进行,使用规定的教学大纲、教材,其特点是统一性、连续性、标准化和制度化。①正规教育也称为"正式教育",与"非正规教育"、"不正规教育"相区别,一般指学校教育。1986年,菲利普·库姆斯发表了《世界教育危机:系统分析》一文,他根据教育目的、职能和形式的不同,把教育划分为正规教育、非正规教育和不正规教育。正规教育是从人类社会有实施专门教育的场所——学校产生后开始的,在现代社会,它已经成

---

① 陈乃林、孙孔懿:《非正规教育与终身教育》,《教育研究》2000年第4期。

为人们适应社会生产和社会生活,实现个体社会化的一种重要活动。正规教育的年限随着社会发展的需要而逐渐延长。一个国家只有正规教育发达,并与实际生活相结合,才能够更好地推动社会经济的发展。①现代社会既普遍重视正规的学校教育,又辅之以工作和生活的实际教育。

正规教育是人类教育的高级形态,它的出现是人类教育的一大进步,也积极推动了人类总体文明的进步。今天我们所谈论的种种教育和教育改革,基本上是指这种正规教育。从总体上来看,正规教育具有以下特点:有固定的校舍;有稳定的教育周期;有统一的学制和人才培养目标;有固定的教师和学生。正规教育相当于当今学校教育中的学历教育。

(二) 非正规教育

非正规教育是相对于正规教育而言的,是指在正规教育体制以外所进行的有目的、有计划、有组织的教育和培训活动。在古代社会中,学校产生以前的教育就属于这种非正规教育。即使在人类社会已形成一个高度复杂网络的今天,非正规教育也仍然存在,只是它在个体发展和整个教育系统中的地位和作用已经非常有限了。

第二次世界大战以后,一些国家在办学思想、教育体制、教育结构、教育目标等方面,只是单纯地适应高等院校的要求,满足学生从事白领工作和专业性工作的期望,忽视了把学生培养成胜任农业或工业化劳动的成员,致使教育严重脱离了社会经济发展的需求。这样,学校教育难以满足社会的需要,它既不能传授人一生所需要的全部知识和经验,也不能满足人们因社会经济发展而产生的多种教育需求。针对这种情况,联合国教科文组织国际教育规划研究所第一任所长菲利普·H.库姆斯最早提出了非正规教育的倡议,认为相当一部分正规学校教育的不足之处,可以通过促进非正规教育的迅速扩展而得以解决。他的观点是:非正规教育具有很大的潜力,并给个人和国家的发展以很快和很大的贡献。②由此可见,非正规教育是针对学校教育(正

---

① 顾明远主编:《教育大辞典》第 1 卷,上海教育出版社 1990 年版,第 313 页。
② 《国际教育百科全书》第 6 卷,贵州教育出版社 1990 年版,第 406 页。

规教育)的困境,主张以非正规教育去完成部分正规教育所忽视的和不能完成的目标任务而提出的。①与正规教育一样,非正规教育也同样涉及教育的各个层次和类型。

非正规教育是在正规教育体系之外所进行的有组织的、有系统的教育活动。它主要以失去正规教育机会的人为对象,特别注重为处境不利的地区以及处境不利的人们提供补偿教育。尽管非正规教育难以使受教育者获得全面而系统的科学文化知识,但作为一种补偿教育,它适应了特定人群接受教育的需要。非正规教育以受教育者的实际需求为导向,注重具体经验,强调职业和技术。通过非正规教育,人们可以学到所需要的特定的职业技能,更好地参与生产、生活和创造,提高自己的社会地位和生存价值。非正规教育是有组织的,但不是充分制度化的;是系统的,但不是完全常规化的,它在教学内容和教学方法上具有较大的灵活性。非正规教育对受教育者一般没有年龄、资历的限制,对教育者也没有固定不变的资格标准要求。非正规教育的费用较低,对于办学者来说,可以借用其他教育机构的校舍、设施和师资,一般不需要兴建专门的场所,因而能降低办学成本;对于受教育者个人来说,由于可以利用业余时间参加学习,基本上不影响工作或生产劳动,这不仅能够大大降低个人的教育成本,而且能够从学习中获得某种收益。更为重要的是,非正规教育是全社会的事情,并不只是教育部门的事情,其他各种社会机构都可以举办非正规教育。正是由于非正规教育具有其优越性,所以它在成人扫盲教育、职业教育、继续教育和闲暇教育等方面都发挥了重要作用。

二、实体教育与虚拟教育

实体教育和虚拟教育是按照教育活动的存在形式而划分的两种不同的教育形态。随着科学技术、信息技术的发展,人们开展教育活动的形式不再仅仅局限于传统的课堂教学,广播、电视、多媒体、网络技术的广泛应用,对传统教育(实体教育)提出了新的挑战,从而产生了一种全新的教育形

---

① 陈乃林、孙孔懿:《非正规教育与终身教育》,《教育研究》2000年第4期。

态——虚拟教育。实体教育和虚拟教育都是一定社会发展的产物，都是在社会政治、经济和文化发展到一定阶段而产生的，它们对于一定社会的教育发展都具有重要的作用。比较起来，实体教育和虚拟教育各有其优势和特点，但同时也都存在着一些不足。

（一）实体教育

实体教育是指在一个现实的空间里，根据现实空间的要求来规范人们的行为的一种教育。从实体这个词本身来理解，"实"和"虚"是相对的，实体指的是具体的独立存在的事物。实体是相对于属性和关系而被理解的，是指自在自为的具体事物。因此，实体教育是指在一个现实、具体的环境中具备承担教育者角色的人们对那些需要接受教育和进行学习的人的身心实施的一种符合一定社会环境和历史进程的、体现一定阶级利益的活动。从某种角度讲，它基本上包含了在信息时代到来以前的所有教育形态（学校教育、家庭教育以及社会教育）。

在实体教育中，主要是教师与学生面对面地进行交流。上课时，教师的语言、形体动作、手势、板书、示范等影响着学生，也就是说，教师的一举一动、一言一行都可能成为学生模仿和学习的对象。教师的治学态度和方法、才能、人品、世界观等都会对学生产生潜移默化的影响。教师在传授知识的同时，以其自身的人格魅力为学生树立了学习的榜样。在这个方面，虚拟教育是无法比拟的。虚拟环境是一个相对自闭的环境，纯粹的网络和虚拟空间学习是通过一套网络设备完成相互交流，人与人之间直接交往的机会急剧减少，人与人之间的关系是一种虚拟的人际关系。但是，虚拟并不等于现实。实体教育能够提供给学生一个真实的环境，学生在真实的环境中发展他们的操作能力和交际技能，学生的能力在教师的引导下可以得到全面发展。在虚拟教育中，学习者面对的是毫无感情的机器，唯一能操作的是机器控制键。通过这种虚拟教育培养出的只是具有高智力的学生，而不可能是一个全面发展的人。

虽然实体教育具有自己的优势和特色，但是，在知识经济时代，它的缺陷也逐渐暴露出来。当前，人们接受教育不再仅仅局限于青少年时期的学校教育，而是逐渐发展到终身教育。在这种情况下，对于那些由于工作原因而不能亲自到真实环境中接受教育的人来说，虚拟教育的作用和优势就大大超过了实体教育。此外，实体教育要求学生规规矩矩地坐在教室里，认真地倾听教师按照固定的教学大纲和教学计划而实施的教学活动，无法照顾到学生的个体差异，学习的积极性和主动性受到一定的限制。与之不同，虚拟教育中的信息传递不受时间和地点的限制，学习内容可以重复，可以采用交互的方式进行学习，学生可以自主安排学习进度。

（二）虚拟教育

随着生产力的发展和社会的进步，人类进入了信息社会，特别是互联网给我们的社会带来了一些新的特点和挑战，人们的生活空间比过去更大了。以多媒体和国际互联网为代表的当代信息技术，正在以惊人的速度改变着人们的生存方式和学习方式，一些发达国家和地区的教育越来越表现出网络化、虚拟化、国际化、个性化等特征。虚拟教育就是在这样的社会背景下产生的。它是以信息为中心、网络为媒介、校园为舞台，实现各种信息资源共享的最大化、信息资源配置的最优化、信息资源利用的合理化的一种新型的教育形态。

虚拟教育意味着教育活动可以在很大程度上脱离物理空间和时间的限制，它是一种以先进的电子技术、信息技术以及网络空间为媒介而开展的一种教育活动形态。虚拟教育与实体教育不同，其教育教学过程是在一种虚拟化的教育环境中进行，包括虚拟教室、虚拟实验室、虚拟校园、虚拟图书馆等。实体教育中的良好的学习环境、浓厚的学习氛围、融洽的师生关系、亲密的同学之情，这些都是虚拟教育所不具有的。

通过上面的分析我们可以看出，虚拟教育的缺陷正好是实体教育的优越性之所在，而虚拟教育的优势又恰恰是实体教育的局限性之所在，因此，实现虚拟教育与实体教育的有机结合，达到优势互补，将会给人类教育带来新的活力和新的希望。在信息社会中，只有实体教育或者只有虚拟教育，都是不可取的。在未来的教育中，虚拟教育不可能完全取代实体教育，而是两种教育形态的相互渗透、融合发展。充分开发网络的虚拟教育功能，做到虚拟

教育与实体教育相互结合、校内教育与校外教育相互贯通,这是未来教育的发展方向。

三、家庭教育、学校教育与社会教育

从教育活动的存在范围看,可以将教育形态划分为家庭教育、学校教育和社会教育三种类型。这种划分最早出现在苏联的一些教育学著作中,我们一直沿用至今。关于这三种教育形态的产生及其基本特征,我们将会在下面的几节中进行具体分析。这里要强调的是,家庭教育是指以家庭为单位进行的教育活动;学校教育是指以学校为单位进行的教育活动;社会教育是指在广泛的社会生活和生产过程中所进行的教育活动。

家庭教育是指父母或者其他年长者在家庭中自觉地、有意识地对子女进行的教育。① 家庭是一个基本的社会单位,承担了大量的教育任务。在今天,家庭教育的作用变得越来越重要,特别是在培养青少年的健全人格方面,更是学校所无法取代的。由于当今学校教育面临的问题越来越多,人们对家庭教育的重视程度也有较大的提高,在某些国家和地区甚至出现了"家庭学校"这种新型的教育形态。

学校教育实际上是我们今天从狭义角度来解释的教育,即社会通过学校对受教育者的身心所施加的一种有目的、有计划、有组织的影响,以使受教育者发生预期变化的活动。学校教育是一种社会现象,当它成为一种独立的形态以后,也不可能脱离社会而存在。它有着专门的教育机构,有对青少年施加教育影响的专业的工作者(教师),有精心设计、安排的课程和教学计划,等等。正是由于学校教育具有自己的独特性,它才成为了当前主导性的教育形态。学校教育培养了一代又一代的建设者和接班人,维系着人类社会的发展和进步。在今天,学校教育日益成为人类社会中不可缺少的组成部分,它与整个社会发生了更为普遍、更为紧密的联系。

社会教育从广义上讲是指一切社会生活影响个人身心发展的教育;狭义

---

① 《中国大百科全书·教育》,中国大百科全书出版社1985年版,第140页。

的社会教育则是指学校教育以外的一切文化教育设施对青少年、儿童和成人进行的各种教育活动。①社会教育作为一种教育形态,是伴随着人类社会的产生而出现的,原始社会的人们定期举行的各种宗教仪式或者各种礼仪活动,都具有社会教育的意义。从上述广义的社会教育的含义来看,社会教育实际上包括了家庭教育和学校教育,它将所有的教育形态都包含在内。家庭是社会的一个细胞,当然属于社会生活的一部分;学校也不能够脱离社会生活而独立存在,它也是社会生活的一个组成部分。无论是学校教育还是家庭教育,都是隶属于社会的,用社会教育这一概念似乎完全可以替代学校教育和家庭教育。基于这种原因,我们将社会教育涵盖的内容加以分解,把它区分为职业组织教育、文化组织教育、社区教育。②职业组织教育主要是由各种职业部门承担,从事职业技能的训练等;文化组织教育主要是由文化机构,诸如少年宫、图书馆、博物馆等来承担;社区教育主要是由社区机构特别是社区领导机构承担。

第二节 家庭教育

家庭教育和学校教育、社会教育一样,是一种基本的教育形态,是整个教育体系的重要组成部分。家庭教育是学生接受教育和影响的重要途径之一,在他们的发展中具有重要的作用。尤其是随着社会的发展而出现了一系列的社会问题,使得家庭教育越来越受到人们的重视。

一、家庭教育的含义

家庭是进行家庭教育的实体,它是一种特殊的社会组织形式,是以婚姻为基础、以血缘为纽带而形成的社会生活的基本单位,是社会中最小的细胞。家庭具有教育功能,它是儿童初步掌握母语,养成一定的生活习惯,自然接

---

① 《中国大百科全书·教育》,中国大百科全书出版社1985年版,第313页。
② 郑金洲:《教育通论》,华东师范大学出版社2000年版,第20页。

受亲情之爱，从而奠定人格和个体社会化基础的最初场所。

家庭教育的含义有广义和狭义之分。广义的家庭教育是指在家庭生活中，家庭构成人员之间的持续不断的一种教育和影响活动。它既包括家庭成员之间自觉的或非自觉的、经验的或意识的、有形的或无形的多重水平上的影响，又包括家庭的社会背景、家庭的生活方式和家庭环境因素对其成员产生的影响。①狭义的家庭教育是指父母或者其他年长者在家庭中自觉地、有意识地对子女进行的教育。它是家庭生活的重要内容，是父母的一种永恒的社会义务和责任。它贯穿于日常生活之中，是一种有计划和无计划相结合的教育。

二、家庭教育的性质

家庭教育的性质是指家庭教育区别于其他教育形态的根本属性。家庭教育是一种特殊的教育形态，是一种非正规的私人教育。它虽然有一定的目的，但不是有组织、有领导、有严密计划的教育，教育者绝大多数不具备专门的教育知识和教育能力，教育和训练没有固定的模式、时间和地点。家庭教育是为了满足个人的愿望和利益，教育方法、教育内容取决于教育者的个人意志，社会和他人无法对家庭教育进行干预。同时，家庭教育也是学校教育的基础。

首先，家庭教育是一种建立在一定婚姻关系、血缘关系或收养关系基础之上的教育。在家庭教育中，教育者和受教育者之间不仅是一种教育和受教育的关系，而且是一种血缘关系、隶属关系和情感关系，家庭教育是为了充分地满足家庭成员的个人愿望并实现其利益需求的活动。

其次，家庭教育是一种融于家庭生活之中、自然而然地进行的教育。家庭是人类社会生活的基本组织形式。在家庭中进行的一切活动，都是从生活的角度出发，以生活需要为中心进行的，因此，可以说家庭教育是一种生活教育。此外，家庭教育是一种在家庭中分散和随机进行的非形式化教育，没

---

① 杨保忠：《大教育视野中的家庭教育》，社会科学文献出版社2003年版，第86页。

有统一的课程计划和教学内容，没有固定的模式、时间和地点，一般由教育者随机而教。

再次，家庭教育是一个终生的教育过程。人最初所接受的教育就是家庭教育，这个教育过程要一直延续到他告别这个世界为止。这种长期的终生的教育，对一个人的人格的形成能够产生强烈的、持久的影响。

三、家庭教育的特点及其优越性和局限性

一般来讲，事物的性质决定着事物的特点。家庭教育作为一种特殊的教育形态，具有自身独特的特点和优势。

（一）家庭教育的特点

第一，从实施教育的环境来看，家庭是以婚姻为基础、以血缘为纽带而自然形成的社会组织形式，这种自然形成的生活环境，对人们的思想品德和行为习惯的影响既深刻又持久。而且家庭教育随着环境的变化而变化，具有社会性和时代性。不同的社会形态、不同的历史时期，家庭教育具有不同的特点。

第二，从教育者和受教育者的关系来看，他们不是单纯的师生关系，而首先是父母和子女、长辈和晚辈的关系，他们之间具有天然的血缘关系。从社会学角度来看，家庭中的教育者和受教育者都是双重社会地位、双重社会角色。

第三，从教育者的条件来看，家长一般都没有接受过专门的职业训练，缺乏教育理论修养和教育知识，也未经过考核，因此，家庭教育的效果并不是在所有家庭里都能够得到保证的。

第四，从确定培养目标的依据来看，家庭教育没有统一的、固定的目标和目的。家庭教育的培养目标在很大程度上取决于家长的意志，受他们的思想觉悟、文化素养等方面的影响。每个家庭的情况不同，每个家庭的追求不同，期望实现的价值不同，因而它的目标和目的也会不同。在许多家庭中，社会对青少年的要求和家长的期望同时并存，形成双重培养目标。

第五，在教育内容上，家庭教育具有随机性。家庭教育以单个家庭为施教单位，以特定的家庭成员为既定的施教对象，实施的教育活动也不是集中的、规范的、系统的教育。因此，家庭教育一般没有固定的、系统的教育内

容，较为灵活，具有随机性。家庭教育的内容和方法主要由家长来确定，相机而教。

第六，在教育的过程、途径和方法上，家庭教育具有非规范化和非程序化的特点。家庭教育没有固定的时间，也没有严格的计划，而是在日常生活中，通过家长的言传身教和家庭生活实践，随时随地地分散进行。而且家庭教育一般都是个别教育、个别指导，这在独生子女家庭中尤其明显。

第七，在组织管理方面，家庭教育具有非制度化的特点。家庭教育是由家长在各自的家庭中对自己的子女进行的，是在道德的力量、亲情的支撑下实施的。国家、社会和学校都无法直接干涉每个家庭的教育，家庭教育的具体内容、方式和方法等，主要取决于家长的个人意志。家庭教育没有相应的专门行政部门直接领导和管理，有很大的自主权和很强的独立性，国家、社会希望家庭如何教育子女，进行什么样的教育，不能强制推行，只能进行宣传教育。①

（二）家庭教育的优越性

1. 范围的广泛性

家庭是社会的细胞，凡是有子女的家庭，毫无例外的都是教育下一代的场所，有家庭就会有家庭教育的存在。家庭教育这种极为广泛的群众性，是其他教育形态所无法比拟的。而且家庭教育的场所、教育的内容以及所采用的教育方法和手段也都是非常广泛的。

2. 强烈的感染性

家庭是一种以婚姻为基础、以血缘为纽带的社会组织形式，因此，家庭教育必然会带有浓厚的情感色彩。一般来说，家长的情感感染力的大小，与家长和子女之间感情的亲密程度有直接关系。

3. 特殊的权威性

家庭教育是在物质供养和深厚情感相结合的情况下进行的，子女在物质上、情感上依赖于父母，因此，与其他教育形态相比，家庭教育具有特殊的

---

① 赵忠心：《家庭教育学》，人民教育出版社2001年版，第93页。

权威性。

4. 天然的连续性

家庭教育是一个连续不断的、终生的教育过程,因此,家庭教育是一种终身教育。这种终身性不仅指不间断的教育过程,而且意味着家庭教育的影响具有长期性的特点。

5. 特有的继承性

一般来说,子女从父母和长辈那里接受的教育和影响也会影响他们自己的后代。家庭教育的这种性质突出地表现在"家风"和"家传"两个方面。

6. 内容的丰富性

在家庭教育中,凡是与人生有关的一切知识,都包含在其教育内容之中。而且,当今的社会生活越来越复杂,这种变化也会使家庭生活更加复杂,因而,家庭教育不可避免地具有复杂性和多样性的特点。为了适应未来的多元社会,家长都希望子女具有多方面的能力。

7. 形式和方法的灵活多样性

家庭教育不像学校教育那样受到多方面因素的限制。在学校教育中,要求教材统一、培养目标一致、教育场所和教学时间固定化等,而家庭教育没有固定的模式,随时随地可以进行,而且父母对子女的情况一般都比较了解,能够因材施教。因此,父母采取的具体的教育方式和方法易于为子女所接受和理解。

8. 家庭教育影响的持久性

家庭是儿童获取知识的第一环境,在这个环境中他们获得的知识和经验对其一生具有深刻的影响,对他们个性的发展以及价值观的形成都会起到至关重要的作用。而且在他们走入社会之后,仍然在很多方面受到家庭教育的影响。

(三) 家庭教育的局限性

在社会生活中,家庭教育的条件很不平衡,在条件比较好的家庭里,其教育内容、教育方法等方面大都比条件相对较差的家庭更丰富。而且,家长所具有的知识、经验、能力、技能的深度和广度总是有限的,家庭成员之间的道德面貌、文化素养和教育能力也常常不一致、不平衡。社会和儿童是不断发展的，不同年龄的少年儿童的要求是复杂多样的，家长特别是独生子女的父母往往缺乏教育经验。家长对子女进行教育时，往往容易感情用事、操之过急，不能达到理想的家庭教育效果。①

四、家庭教育的作用

（一）个体社会化与个性化的作用

家庭教育的主要目的是使家庭成员能够适应生活，并不断地促进自身的发展。因此，家庭教育在实现家庭成员从生物个体转变为社会个体以及形成个性的过程中具有其他教育形态不可比拟的作用。

1. 家庭教育是个体社会化的起点和基础

家庭教育在一定程度上决定着个体社会化的方向、速度和水平，是个体实现社会化不可或缺的一个环节。家庭是儿童进入社会的桥梁，家庭教育是儿童认识世界的第一个阶段，他们对世界的认识往往是从对父母的认识开始的，通过父母的言行来认识周围的世界。家庭教育不仅教给儿童最基本的知识、生活经验和技能，掌握最基本的社会规范，而且在指导他们树立正确的生活目标、远大的理想以及培养高尚的道德情操等方面起着重要的作用。

2. 家庭教育还具有促进个体个性化的功能

家庭教育不仅影响着个体的个性品质、心理特征和自我意识的形成，还在一定程度上决定着其发展的方向和水平。家庭在物质上为儿童的身心健康发展提供了可能，而家庭教育则是使这种可能性转变为现实的关键因素。父母不仅给予了子女先天的遗传素质，也提供了儿童后天发育成长的环境和条件。要使儿童发展的可能变为现实，必须通过家庭教育才能实现。家长的期望、爱抚、教养态度等因素，对儿童性格的形成至关重要。儿童的性格在很大程度上取决于他们与各个家庭成员之间的关系。家庭教育的影响与儿童主观能动性之间的交互作用，构成了极其复杂的心理、生理影响。这些影响作

---

① 赵忠心：《家庭教育学》，人民教育出版社2001年版，第127页。

用于具有不同遗传素质的儿童身上,就会引起他们不同的行为反应,从而塑造出儿童不同的个性特征。

(二) 对其他社会要素的作用

家庭是整个社会得以存在的基础,因此,它必然会对其他社会要素产生重要的影响。

首先,从社会经济的角度来看,社会的进步和发展需要大量的精英人才和专业人才。良好的家庭教育能够从社会需要出发,不仅可以有效地促进儿童智力的发展,而且它还能够与学校教育和社会教育积极配合,促进儿童得到全面、和谐的发展,从而为其日后成长为专业人才打下良好的基础。

其次,从社会政治的角度来看,家庭教育通过调节人与人之间的关系,能够起到稳定社会的作用。在家庭教育中,家长都会对自己的子女进行一定的社会伦理道德教育,使其与社会生活相适应。因此,家庭教育是一种维护社会政治稳定的重要手段。

再次,从社会文化的角度来看,家庭教育本身内含着特有的继承性和天然的连续性,它能够使社会文化传统得以有效的传递和保存,并使之进一步发展。而且,家庭往往对子女传授本民族特有的价值观念、风俗习惯等,使之对本民族文化具有强烈的认同感和归属感。同时,家庭教育在指导子女继承积极、优秀的文化以及剔除消极、腐朽的文化等方面也起着重要的作用。①

综上所述,家庭教育不仅具有促进个体社会化和个性化的功能,而且还对促进社会政治、经济和文化的发展发挥着重要的社会功能。尤其是在当今社会,家庭结构发生了很大的变化,青少年的学业压力越来越大,学校教育中的各种问题不断出现,因此,家庭教育在未来的社会发展中将会具有越来越重要的作用。

---

① 杨保忠:《大教育视野中的家庭教育》,社会科学文献出版社2003年版,第240~251页。

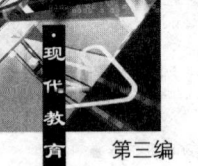

第三节 学校教育

一、学校教育的定义

关于学校教育的定义多种多样。南京师范大学教育系编写的《教育学》把学校教育定义为："教育者按照一定的社会要求，向受教育者的身心施加有目的、有计划、有组织的影响，以使受教育者发生预期变化的活动。"[①]叶澜在《教育概论》一书中对学校教育的定义作了新的阐释，她指出："学校教育是由专职人员和专门机构承担的有目的、有系统、有组织的，以影响入学者的身心发展为直接目标的社会活动。"[②]她认为，教育的概念并非一成不变，而是随着教育活动的发展变化而变化，也随着人们对教育活动认识的深化而变化。此外，还有学者提出，学校教育是以学校为单位进行的教育活动，是指在学校这一特定社会背景下发生的促使学生的社会化和社会的个体化的实践活动。[③]

基于以上理解，我们认为，学校教育是指在学校这一特定的社会组织中促进学生的社会化与个性化的实践活动。

社会组织是人们为了合理、有效地达到自己的目标，有计划、有组织地建立起来的一种社会群体。学校是一种特定的、正式的社会组织，它根据一定的目标，为社会培养合格人才，有科研任务和一定的校舍、设备，招收一定数量的学生，并配备教职员工，制定规章制度，建立领导体制。

组织的目标是一个社会组织的核心要素，没有目标就不可能形成社会组织。组织的目标是识别一个社会组织的性质、类别和职能的重要标志。学校

[①] 南京师范大学教育系编：《教育学》，人民教育出版社1984年版，第19页。
[②] 叶澜：《教育概论》，人民教育出版社1991年版，第9页。
[③] 全国十二所重点师范大学联合编写：《教育学基础》，教育科学出版社2003年版，第4、8页。

这一社会组织的目标是促使受教育者社会化和个性化，并以此促进社会的发展，这是学校与其他社会组织的根本区别。学校的目标主要是由社会决定的，受到社会历史发展条件的制约，并呈现出一定的时代特征和民族文化特征。

组织的职能是指一个组织所能担负的任务和在社会生活中所能起到的作用。学校最基本的职能在于通过文化传递，培养合格的社会成员，提高人们的基本素质。也就是说，一方面，促进年轻一代的社会化，把年轻一代的身心发展与社会需要联系起来；另一方面，促进年轻一代的个性化，发展学生的个性，为帮助学生找到适合自己的社会位置而开辟道路、创造条件。

学校教育能够有效地促进学生的社会化与个性化。学校教育可以培养学生具备适应社会生活的各种态度、价值观念以及处理人与人之间关系的能力。这种社会化功能的根本意义在于促使个体适应现实社会，保持社会的和谐与稳定，具有担当未来社会角色的责任感以及相应的能力。如果说促进学生的社会化主要表现为按照社会要求对个体进行教化、定向和控制，那么，促进学生的个性化则表现为按照他们身心发展的年龄特征、发展水平及其发展规律，培养和发展学生的个性品质。从这个意义上说，学生的个性化就是促使学生从社会化的对象（即客体的我）转变成为个性化的主体（即主体的我），从而使学生的社会化与个性化的发展相统一。

二、学校教育的产生

（一）古代的学校教育

教育是一种与人类社会同时出现的社会活动，而学校作为一个有组织、有目的、有计划的专门教育机构，则是社会和教育发展到一定阶段的产物。学校产生的必要条件，按照最通俗的道理，一是要有人来学、有人来教；二是要有东西可学、有东西可教。随着社会生产力的发展，剩余产品的积累逐渐增多，这样就可以使一部分人脱离社会生产劳动，去专门从事教和学。同时，随着社会的发展和进步，教育的内容逐渐丰富，那些不能在生产和生活过程中完成的教育任务，必须要有专门的场所或机构来开展教育活动。特别是文字的产生，大大促进了经验和知识的积累，也改变了原始的教育形式，这样，学校教育的产生就成为必然的结果。

我国古代文献中记载的最早的学校类型有两种。第一种是"成均"，这是传说中五帝时代的学校。"成均"的本义是指平坦、宽阔的场地，并且是经过人工整修的，很可能是原始氏族部落居住区内的广场。这种广场在夏秋收获季节用于堆积收获物，同时，也是全体氏族成员聚会、娱乐、举行某种规模较大的宗教祭祀活动，或者向氏族成员宣告氏族首领教令及决定的场所。"成均"的教育内容以乐教为主，音乐是氏族举行祭祀典礼所必需的。由此可见，学校是由社会公共活动和宣教场所演化而来。

第二种是"庠"，被认为是传说中舜虞时代的学校，兼作养老、储存谷物之处。养老是氏族社会在生产有剩余产品后的必然举措。氏族将富有生产经验和社会生活知识的老人集中起来，由集体供养。据《礼记·王制》记载："有虞氏养国老于上庠，养庶老于下庠。"按《礼记·明堂位》的解释："米廪，有虞氏之庠也。"当然，老人也不是白吃闲饭，他们要将自己丰富的阅历、经验和技能传授给下一代。这样，"庠"后来成为学校的名称之一。由此可见，学校是由传授生产、生活经验和知识的养老场所演化而来。

最初的学校并不是教育专用场所，这不但在我国如此，而且在西方国家也是如此。"学校"的英语单词是 school，源于拉丁语 schola，它的原意是闲暇、休息。这表明，"闲暇"是与学校教育相联系的，如果人没有闲暇和休息，就不会有学校教育。由此我们也就不难理解传说中舜虞时代的学校兼作养老之处。

目前世界上较早有文字记载的学校，是在伊拉克卡迪西亚省尼普尔以南的苏美尔学校。1902~1903年，通过考古发现的大量资料，为我们提供了苏美尔学校的基本情况。

苏美尔学校的校长叫做"尤米亚"，是一个"专家"、"教授"，也被称为"学校之父"；学生叫做"学校之子"；助教叫做"老大哥"，他的任务是书写新的泥板，以供学生誊写，并检查学生的抄写作业，以及听学生背诵功课。其余的教员，有的教绘画，有的教苏美尔语。此外，还有一些导生，他们负责考勤，其中有一人负责鞭打，主要负责纪律问题。

苏美尔学校的学生自制了许多泥板，例如数学泥板，以及自编各种复杂的数学题并附上答案。在语言学方面，学习苏美尔语语法的情况在泥板中得到了记载，有一批刻着名词复数形式和动词形式的表格，显示了当时的人们对语法已经有了相当的了解。在纪律方面，教师经常鞭打学生。尽管当教师鼓励学生时，可能会采用赞誉和表扬的手段，教导他们好好学习。但是，教师在学校里主要是依靠棍棒来纠正学生的过错和不当行为。学生缺少自由时间，每天从早到晚都生活在学校里。

（二）现代学校教育的产生

现代学校教育产生于近代英国资产阶级革命以后，尤其是18世纪80年代前后的工业革命时期。

1640年，英国的资产阶级革命掀开了世界历史新的一页，人类社会开始由古代封建社会进入近代资本主义社会。继英国资产阶级革命以后，北美、欧洲以及亚洲的一些国家先后进行了资产阶级革命，极大地推动了资本主义社会的发展。到19世纪后期，这些国家基本上确立了资本主义的经济、政治制度。同时，这些国家为适应政治和经济发展的需要，也对教育提出了新的要求，逐步建立了近代资本主义学校教育体系。

18世纪80年代前后，英国首先开始了工业革命。工业革命引起了英国社会的巨大变化，社会生产力得到快速发展，大工业城市相继出现，人口增长迅速，工厂制度逐步建立，英国一跃成为近代社会高度工业化的国家。在这一时期，英国的教育有了新的发展和变化。首先出现的是"星期日学校"（sunday school）。1781年，格勒斯特郡的报馆经理、慈善家R.雷克斯出资为工人子弟兴办了一所学校，这所学校主要是利用星期日传授读、写、算的知识和宗教知识，因而被称为"星期日学校"。学校在星期日把工人子弟组织起来学习，既可以对儿童进行一定的知识教育，又可以减少社会秩序的混乱，因而，星期日学校很快在英国各地得到了发展。1785年，英国建立了"星期日学校协会"。18世纪末，英国有25万名儿童在星期日学校里学习。到19世纪初，就学人数已达一百多万。

与此同时，英国出现了另一种导生制学校，极大地促进了初等教育的发展。这种学校由英国国教会的教师 A. 贝尔和公谊会的教师 J. 兰卡斯特创立。在导生制学校里,一个大教室里有一排排长桌,每排约十多个学生,其中由一个年长、学习好的学生做导生。教师先教导生,然后由导生教几百甚至上千个学生。导生制学校的出现,在一定程度上缓解了学生多、教师少的矛盾,引起了社会的重视。到 19 世纪初,导生制学校得到了较快的发展。

随着工业革命的发展,英国政府开始实施国家管理教育的政策。1833 年以后,英国政府每年增加拨款,逐步加强对教育工作的监督和管理,使教育发生了明显的变化:教育由原来的一种宗教行为或民间行为开始向一种国家行为转变,国家控制教育开始成为英国教育发展的一项重要内容。①

18 世纪中后期是法国政治、经济发展的重要时期,也是法国教育思想发展的重要时期。在启蒙运动中,法国接受和发展了英国资产阶级革命时期的思想家洛克的学说,出现了伏尔泰、孟德斯鸠、爱尔维修、狄德罗、卢梭等一批资产阶级启蒙思想家,他们的思想尽管差异较大,但都反对蒙昧主义,反对封建专制,倡导理性,倡导民主与自由,奠定了法国资产阶级大革命和教育改革的思想基础。其中,卢梭发表了教育小说《爱弥儿》,提出了自然主义教育以及培养资产阶级新人的主张;狄德罗拟定了一份新的教育计划。他们的思想对法国的教育改革和发展产生了重要的影响。

19 世纪末 20 世纪初,世界主要资本主义国家先后进入垄断资本主义经济发展阶段,为了应对这一变化,各国都进行了一系列政治、经济和社会改革,同时也对学校教育作了大幅度的调整与变革。历经半个多世纪的改革和发展,逐步形成并建立起了现代学校教育体系。虽然由于各国的教育传统、经济条件和发展水平不同而有所差异,但当时的学校教育也呈现出一些共同的特征,这主要表现为:各国政府更加重视和加强对学校教育的领导,普遍实施了中等义务教育;积极发展职业教育和高等教育;考试制度日益加强;依法治教更加完善;教学内容不断丰富,教学方法更加多样。这样,整个学校教育发展呈现出了现代化、民主化、科学化和国际化的态势。

---

① 刘德华主编:《中外教育简史》,广东高等教育出版社 1999 年版,第 346 页。

我国现代学校教育的产生落后于西方资本主义国家,它产生于清代末年和中华民国初期。

从1840年第一次鸦片战争开始,外国列强凭着"船坚炮利"打开了我国清政府闭关自守的大门,我国开始从封建社会逐渐沦为半殖民地、半封建社会。大约在19世纪70年代,我国已经有一部分商人、地主和官僚投资于新兴工业,开始向资产阶级转化;同时,也开始出现了中国人自办的资产阶级性质的新型学校和早期的改良主义教育思想。到19世纪末20世纪初,我国的民族资本主义有了初步的发展,外国列强的疯狂侵略加剧了民族危机,于是产生了资产阶级维新运动和资产阶级民族革命运动以及为之服务的新的文化教育——现代学校教育。

鸦片战争之前,外国传教士在我国沿海一带开始设立学校,为向我国大陆进行传教活动作准备。例如,一个名叫马利逊的英国人于1818年在马六甲创办了英华学院,该校的主要任务是为宣传基督教而学习英文和中文。1839年,美国传教士布朗在广州创办一所小学,不久被当地人赶走,被迫迁往澳门,在他自己的家中创办了马利逊学校,上午学英文,下午学中文。1841年,我国近代第一位留美学生容闳就曾经在这所学校学习。

鸦片战争之后,外国传教士在我国创办的学校越来越多。1844年,由英国"东方女子教育协进社"派遣的女传教士爱尔德赛在宁波创办了中国最早一所教会办的女子学校。据1877年"在华基督教传教士大会"的报告,从1842~1877年,基督教会在我国创办的教会学校有350所,学生有5 975人。

我国近代最早由国家设立的新学校是京师同文馆,开始只重视学习英语,后来逐渐增加了俄、日、法、德等国语种。1866年,该馆增设天文、算学馆,学习科目逐渐扩大,包括算学、天文、化学、物理、万国公法、医学、生理等科目。1878年,在上海由张焕伦创办的"正蒙书院",是我国第一所由私人创办的新型分科设教的普通学校。中日甲午战争以后,在维新变法运动的影响下,清朝的官僚买办也创办了一些新型的公立普通学校。其中比较有名的有盛宣怀于1895年在天津创办的西学学堂和1897年在上海创办的南洋公学。西学学堂分头等学堂(高等学校)和二级学堂(中学)两级。南洋公学包括四种新型学校教育：（1）师范院，这是一所我国最早的新型师范学校；（2）南洋公学外院，这是师范院的附属小学，学满三年后升入中院；（3）南洋公学中院，这是中学性质的学堂；（4）南洋公学上院，这是大学性质的学堂。

我国新的学制系统产生于清朝末年。1902年，清政府颁布了《钦定学堂章程》，又称为"壬寅学制"。1904年初，清政府颁布了《奏定学堂章程》，这是我国近代第一个正式颁布并在全国实施的学制，又称为"癸卯学制"。它对旧中国的学校教育体系影响很大，清末民初的学校教育制度主要以此为依据。

三、学校教育的类型

（一）国外历史上出现的学校类型

在人类社会发展历史上，由于东西方文化的差异，出现了不同类型的学校。从下列简表中，我们可以知道西方国家在社会历史的不同阶段曾经出现的学校类型。

表 11-1　西方学校发展概况①

历史时期	教育目标	教学人员或机构	学　生	教学方法	课　程
古希腊时期	雅典：培养和谐发展的个人 斯巴达：塑造士兵和军事领导人	雅典：私人教师、学校的智者和哲学家 斯巴达：军事教师、教练	年龄在7～20岁之间的男性公民	初等学校中主要是训练、背诵和记忆；高等学校中主要是讲座、讨论和对话	雅典：读、写、算、戏剧、音乐、体育、文学、诗歌 斯巴达：训练、军歌和谋略

---

① 郑金洲：《教育通论》，华东师范大学出版社2000年版，第59～60页。

续表

历史时期	教育目标	教学人员或机构	学　生	教学方法	课　程
古罗马时期	培养管理和军事技能，增强对帝国的责任感	私立学校和私人教师	年龄在7～20岁之间的男性公民	训练、记忆、背诵、演说	读、写、算、十二铜表法、法律、哲学
中世纪时期	形成宗教信仰，重新确立社会秩序	教区、教堂和主教学校，大学，师徒制，骑士	来自上层阶级或主教区的男性儿童，教区的妇女，年龄在7～20岁	初等学校中以训练、背诵、记忆、唱圣歌为主；大学中以情景分析和辩论为主	读、写、算、自由艺术、哲学、神学、技术、军事谋略、"骑士七技"
文艺复兴时期	培养人文主义者和朝臣	古典人文学科的教师和拉丁文法学校、"吕克昂"	年龄在7～20岁的上层社会和贵族家庭的男性公民	对希腊、罗马古典学科的记忆、翻译和分析	拉丁语、希腊语、古典文学、诗歌、艺术
宗教改革时期	形成对特定宗教教义的信仰	平民学校和文科中学	平民学校是年龄为7～12岁的儿童；文科中学是来自上层社会的7～12岁的儿童	平民学校中以记忆、训练、灌输、问答为主；文科中学中以翻译、古典文学分析为主	阅读、书写、数学、教义问答、宗教观念与仪式、拉丁语和希腊语、神学

除了该表列出的学校类型之外，还必须说明以下一些基本情况。

1. **古代社会和中世纪的学校**

（1）贵族学校。公元前五世纪前后，雅典、斯巴达等城邦国家在希腊纷纷出现，彼此在爱琴海地区角逐争雄。雅典采取民主政体，国家最高决策机构是民会（公民总会）。公民要参与政治就得有必要的教养，这个工作被委之于各自的家庭。在雅典的公民家庭中，儿童7岁的时候在被称为教仆的奴隶侍从的陪伴下，到私立的文法学校和弦琴学校去上学，从识字开始，再学习荷马①、赫西奥德②的诗篇，接受音乐训练。同时，文法、修辞学、逻辑学作为辩论术的基础而受到重视，加上算术、几何、天文、音乐，构成了后来被称为"七艺"的自由教育的内容。它所贯穿的一个教育思想是摒弃实用性教育，把重点放在贵族教育所追求的人格培养上。

由于民主政治的盛行，在他人面前发表自己主张的思维方法（逻辑学）、辩论术、修辞术（修辞学）等内容受到人们的重视，这样，被称为诡辩家的职业教师便应运而生。他们开设私塾，训练青少年。与此相对应的是，斯巴达的教育是一种由国家实施的严酷的训练主义的教育。

（2）寺院学校。欧洲进入中世纪以后，形成了由僧侣、骑士、农民三大阶级组成的封建社会，教会成了民众精神的主宰。教会在各地的总寺院（大教堂）开设寺院学校，作为培养僧侣的教育机构，由大教堂长老——主教进行监督。巴黎大学就是在这种寺院学校的基础上逐渐发展起来的。另外，在寺院和僧院设有附属学校（斯科勒），从事教区内学童的教育。

2. 近代庶民学校的创立

（1）欧美的庶民学校。欧美的庶民学校是在摆脱了封建领主的政治束缚的自由城邦里，随着商品经济的发展，适应其需要而建立起来的，最初被称为公民学校。进入16世纪，宗教改革的浪潮使人们痛感到，要使基督教信仰成为民众自身的东西，就得使一切人都有阅读《圣经》的能力。于是，在新教普及的瑞士、荷兰、普鲁士、苏格兰，政府负责创立了免费的公立学校。1642年，哥达公国领主恩斯特·德尔·弗罗梅公爵颁布教育令，这是世界上

---

① 荷马，古希腊诗人，他撰写的《伊利阿斯》和《奥德赛》被誉为古希腊两大史诗，是古希腊神话与传说的集大成。

② 赫西奥德，古希腊诗人，著有《工作和时间》、《神谱》等长诗。

第一个规定普及义务教育制度的法令。同年，美国的麻萨诸塞州也制定了包括对清教徒在内的人们实施义务教育条款的《麻萨诸塞教育法》。这一时期，在普鲁士，腓烈大帝颁布了《地方学校通则》；在俄国，卡得琳娜二世女王要求创办免费的二年制小学；在法国，路易十四公布教育令，规定了儿童双亲的教育义务并充实教会学校；在奥地利，玛利亚·特里萨颁布了《一般学校规定》，致力于充实庶民学校。

（2）日本的庶民学校。日本的庶民教育，源于中世纪时期一些地方的小寺院对儿童进行的世俗教育。进入近代社会以后，随着商品经济的发展，这些小寺院发展成为寺子屋。采用的教科书，早期以习字和道德教育为内容，后来扩展到实用技术和社会科学教育。从寺子屋的时代变迁看，18世纪前半叶，在江户、京都、大阪等大城市及其近郊逐渐普及，从18世纪后半叶至19世纪初，在一些地方城市及商品经济发达的农村地区开始普及。19世纪中叶，几乎普及于全国。除寺子屋之外，乡学、私塾也从19世纪开始得到广泛普及。这样，在19世纪中叶大体奠定了近代国民教育制度的基础。①

3. 公立与私立二元学校类型

最初的教育是以父母对儿女的教育为基础，以个体为对象。随着产业革命的兴起，在国家、公共地方团体的干预下，教育逐渐被纳入了公共教育制度的范畴。由于近代教育制度的建立是在国家强权的主导作用之下进行的，所以，近代社会的学校教育是以国立、公立学校为主体来实施的，私立学校只是起到了弥补国立、公立学校不足的作用。此后，一些国家制定的教育基本法和学校教育法原则上允许设立私立学校，并制定了私立学校法，私立学校的自主性得到了尊重，"公共性"也得到了发挥。这样，私立学校开始与国立、公立学校并驾齐驱，共同担负着学校教育的重任。一般认为，具有"公共性质"的学校，即在国家、地方公共团体及学校法人设立的学校中实施的教育，就是公共教育。在这个意义上，私立学校也被看做公共教育的重要

---

① ［日］筑波大学教育学研究会编，钟启泉译：《现代教育学基础》，上海教育出版社1986年版，第17～19页。

构成。

从某种意义上讲，私立学校与国立、公立学校一样，也具有"公共性质"，因此，一些国家对私立学校实施了公费补助。这些补助措施主要有：①对学校法人的补助；②对各级学生的补助；③税制上的优厚待遇。其中，主体是对学校法人的补助。

4. 现代实验学校与替代性学校

（1）杜威创办的实验学校。1896年，杜威在芝加哥大学为了实践"教室是学习的实验室"的思想而创办了实验学校。在20世纪20~30年代，实验学校成了许多郊区和城市学校实践进步主义教育的典型。在这一时期，杜威提出了以儿童为中心的课程观、教学应符合儿童的兴趣以及儿童是学校教育的中心等教育思想。因此，实验学校的主要任务是引导学生学习如何在民主社会中发挥作用，强调学生在学习过程中是积极主动的而不是被动消极的。此后，杜威的追随者创立了进步主义教育协会，对美国的教育产生了很大影响。

（2）可供选择的替代性学校。替代性学校既可以是公立的，也可以是私立的。替代性学校的出现，为家长们提供了更多的选择余地，同时也为那些有特殊需要但在主流的公立教育中得不到满足的孩子提供了选择。也就是说，替代性学校的主要目的是为了帮助那些在主流学校中学习有困难的学生。这样，有破坏倾向的学生或者在传统的学校里不适应的学生可以被安置在替代性学校，那里的日常生活组织有序，而且是个人化的教育指导。在替代性学校里，许多项目可以为学生提供个人和集体咨询，这种特别的关心有助于儿童获得成功并体会到成就感。

当代的替代性学校更加重视学生的个别需要。例如，吸引力学校（magnet school）是公立学校体系中的一种重要的替代性学校，它设置了一些特殊课程，以吸引社区内有才能、有天赋的学生。吸引力学校的名额是有限的，所有申请的学生必须参加一个专门的测验，按成绩录取入学。最初的吸引力学校是为了鼓励人们自发地反对种族歧视运动而建立的，它通过提供科学、数学或表演艺术等方面的特殊训练，努力吸引郊区的学生到市中心来上学和学习，因此，这种城市学校被给予"吸引力"的称呼。

另一种替代性学校是特许学校（charter school），这种学校强调促进社区和学校之间的积极的、合作的关系。特许学校授予教师和家长权利，教师、学校领导、家长和社区代表同地方学校委员会或其他一些管理机构签订合同，从而使他们在规划和管理自己的学校时享有独立的权利，即那些束缚传统公立学校的规则和条例对特许学校是不起作用的。这样做的最基本的原因是，那些签订合同的人比中心办公室的官员更了解他们学生的需要。①

（二）我国历史上出现的学校类型

我国有着悠久的文化教育历史，在不同的社会发展阶段，也产生了相应的学校教育类型（参见表11-2）。

表11-2 我国学校发展概况②

朝代	学校类型	教　师	学　生	学习内容
夏	校、序、庠			以习射为主
商	庠、序、学、大学（右学）、小学（左学）、瞽宗			"六艺"（礼、乐、射、御、书、数），教育初具形态
周	国学	大司乐、乐师、师氏、保氏、大胥、小胥、大师、小师等		"六艺"（礼、乐、射、御、书、数），教育相对完备
	小学		8～15岁的贵族子弟	

---

① ［美］费奥斯坦·费尔普斯著，王建平等译：《教师新概念》，中国轻工业出版社2002年版，第273～274页。

② 郑金洲：《教育通论》，华东师范大学出版社2000年版，第61～63页。

续表

朝代	学校类型	教师	学生	学习内容
周	大学（"辟雍"，又称"大池"或"射卢"、"泮宫"）		15~20岁的贵族子弟	
	乡学		大司徒、小司徒、乡师、乡大夫、州长、党正、父师、少师等	
	庠、序、塾			
春秋	官学废弛，私学兴起	士	贵族及平民子弟	形式多样，其中儒家主张学习《诗》、《书》、《礼》、《易》、《乐》、《春秋》
汉	官学 太学、鸿都门学和官邸学（中央），郡国学校（地方）	博士	年龄在18~60岁，称为"博士弟子"、"诸生"	经书（今文经学派）
	私学 书馆（又称书舍）、经馆（又称精舍、精庐，程度相当于太学）	书师、经师	8~9岁入学，及门弟子（又称授业弟子）、著录弟子	《急就篇》《仓颉篇》、《论语》、《孝经》等经书

续表

朝代	学校类型		教师	学生	学习内容
魏晋	官学	太学、国子学、专科学校（史学、文学、律学、书学、佛学、道学等）、郡国学校	国子祭酒、博士、助教	弟子、门人、寄学、散住	《论语》、《诗》、《周易》、《尚书》、《礼记》、《春秋公羊传》等
	私学				多样化
隋唐	官学（中央）	国子学、太学、四门学、书学、算学、律学、医学、弘文馆、崇文馆	祭酒、博士、助教、学官、学士（大学士、直学士、学士）	入学年龄为14~25岁，入学资格有严格的等级限制。学生称为生徒、贡生、俊士等。一般修业年限为9年	因形式多样，学习内容各不相同。四门学以上学习《周礼》、《礼记》、《仪礼》等；书学学习《说文》、《字林》；算学学习《九章》、《孙子》等；律学学习律令；弘文馆学习书法、经史等；医学学习《本草》、《脉经》等
	官学（地方）	京都学、都督府学、州学、县学			主要修习经学、医学
	私学				多样化

续表

朝代	学校类型		教师	学生	学习内容
宋	官学	与隋唐大致相同，增设画学、武学、宗学，并出现"小学"	学官、学士、博士、助教等	小学入学年龄为8～12岁，其余为14岁以上。入学资格限制放宽	《三经新义》等
	私学	以蒙学为主，又称蒙馆、家塾、冬学		入学年龄为8～12岁	
	书院			无明确的年龄限制	经书（重义理阐发）
元明	国学、地方乡学、社学、私学、书院		博士、助教等	15岁以下入私学或社学，其中8岁进入蒙学学习阶段，称为"小学"或"义学"等	"四书"、"五经"、《三字经》、《百家姓》、《千字文》等
清	国子监、州府县学、社学、私学、书院		博士、助教、学正、学录等	国子监的学生有"监生"、"贡生"、"荫生"之分，入学是取得身份的重要途径	"四书"、"五经"、性理、习字等

1. 古代学校的类型

（1）培养官僚的学校。中国很早就建立了中央集权的国家政权，拥有自身的统治机构——严密的官僚组织，并创办了各种类型的学校，以培养施政的官僚。在古代中国鼎盛的唐代，培养官僚的学制和录用官吏的科举制度都已经十分完备，其教育内容以经学、历史、诗歌、管弦、书法等为中心。唐代的律令制度的推行，使中央集权的政治体制逐渐完备。为了培养贯彻这种律令制度的各级官僚，设立了国子学、太学、四门学、律学、书学、算学等不同类型的学校。官僚的选考制度是科举制。

（2）书院。书院是我国封建社会的一种重要的教育机构，其目的在于自由研究学问，讲求身心修养，是理学家或学者的讲学之所。书院的设立，始于五代而初盛于宋代。宋代著名的书院有六处：①白鹿洞书院，在江西庐山，当时称为白鹿洞国学；②石鼓书院，在湖南衡阳；③岳麓书院，在湖南长沙岳麓山下；④嵩阳书院，在河南登封县太室山下；⑤应天府书院，在河南商丘；⑥茅山书院，在江苏江宁。从总体来说，除官学化的书院之外，私人设立的或地方设立的书院，特别是当有社会声望的学者讲学之时，书院都表现出了一种批评现实、攻击朝政的斗争精神。①

2. 现代学校教育的类型

长期以来，我国的学校教育被划分为四大块，即普通教育、职业教育、高等教育、成人教育。这种划分违背了概念划分的基本逻辑原则，导致不同子项之间采用的标准或依据不一样，内容标准、层次标准、年龄标准等混杂在一起。

首先，从纵向上看，学校教育可以分为学前教育、初等教育、中等教育、高等教育。这里的学前教育主要由幼儿园实施，初等教育由儿童就近入学的小学承担，中等教育包括普通中学和职业中学，高等教育包括专科、本科和研究生层次的高等院校，其中有多学科多层次的综合性大学和单科性大学。

其次，从横向上看，学校教育的类型是由社会的人才结构决定的。在整体上，人才可以分为三大类：第一类是丰富人类精神生活、创造精神产品的人才，与之相适应的是普通文化教育或通识教育；第二类是探索社会、自然以及人自身的客观规律的学术性人才，与之相适应的是学术教

---

① 毛礼锐等编：《中国古代教育史》，人民教育出版社1979年版，第350、356页。

育。这种教育虽然贯穿于各个教育阶段,但主要是体现在高等教育阶段,在高等教育以前主要体现为普通文化教育;第三类是将科学原理运用于实践,将其转化为具体的物质形态的应用型、实用型人才,与之相适应的是职业教育。

再次,从受教育者的学习时间来看,学校教育可以分为全日制学校、半工半读学校和业余学校。此外,还可以从学校所属体制划分为公办学校和民办学校等。

我国的高等教育主要有两种类型:普通高等教育和成人高等教育。普通高等教育是指以符合规定要求并尚未就业的青年人为主要培养对象,以全日制为主要施教形式的各级高等教育;成人高等教育则是指对符合规定入学标准的在业或非在业成年人实施的高等教育,旨在满足成年人提高自身素质或适应职业要求的需要,是培养专门人才的重要途径之一。成人高等教育的特点是办学和教学形式的多样化,它分为学历教育与非学历教育两种。因此,实施高等教育的机构也分为两类:(1)普通高等学校。它是以实施全日制高等教育为主的教育机构,以通过国家规定的专门入学考试的高级中学毕业生为主要培养对象;(2)成人高等学校。它是为在职人员举办的高等学历或非学历教育的机构,包括干部管理学院、职工大学、农民业余大学、广播电视大学、函授大学以及普通高等学校中的成人教育学院和继续教育学院等。

四、学校教育的特点

(一) 较强的目的性、系统性和组织性

学校教育是在一定的统治阶级或者统治集团的操纵和控制下,以培养为一定社会的政治、经济和文化服务的人才为目的。学校教育有特定的教育目的,有明确的教育方向。同时,学校教育也是社会大系统中的一个子系统,它有自己的组织机构和相关的职能部门,具有严格的组织纪律性。与其他教育形态相比较而言,这是学校教育的一个重要特征。

（二）较强的可控性

学校教育是在一定社会的政治、经济、文化条件下，依据统治阶级的要求，以促进受教育者的身心发展为直接目标的一种有目的、有计划、有组织和有系统的社会活动。学校教育的对象是青少年，教育者是在正规的师范院校中受过专业训练的、具备一定教育学和心理学知识的专业人员。因此，教育对象和教育者都具有很强的可控性。此外，学校教育具有社会性，学校处于一定的社会环境之中，必然受到来自社会方方面面的积极影响和消极影响，学校必须充分利用社会的积极影响，同时对社会的消极影响加以控制，从而净化教育环境，突出学校教育的积极性和正面性。

（三）教育的专业性

学校教育是由专门的机构和专业人员来承担的，其主要任务是培养社会需要的各级各类人才。学校中的教师闻道在先，术业有专攻，他们都具有丰富的教育教学经验和科学的教学方法，并由不同学科的教师相互配合，协同工作，从而有利于促进学生的全面发展。学校教育不仅有自己专门的管理机构，诸如教务处、学生处、团委等来保证学校教育朝着良性的方向运转，而且还有政府教育部门来管理、监督学校的教育工作，它们共同推动着学校教育的健康发展。在学校中，为了搞好教书育人、管理育人、服务育人的工作，对教师及其相关人员的专业化水平和综合素质都有很高的要求。

（四）教育内容的主客体复合性

从学校教育中的教育者、受教育者与教育内容之间的关系来分析，教育活动中的主客体关系具有特殊复杂性，我们把它称为教育主客体的复合性。这主要体现在以下两个方面。一方面，学校教育内容被两个处于不同地位而又密切联系的主体共同利用。在学校教育活动中，教师虽然对教育内容是已知的，但他还必须从教的角度，即从如何引导学生掌握、运用并促进学生成长的角度来重新研究、掌握和运用教育内容，从而实现教育目的；学生对教育内容是未知的或者知之不多、知之不系统的，他们对教育内容的掌握是为了认识世界，促进自己的成长。因此，学校教育内容的组成与结构必须考虑教与学两方面的可能与需要。另一方面，学校教育的内容在教与学这两种活动中，分别与学生、教师组成复合客体。在教的过程中，教师把教育内容与学生都首先作为认识对象来处理，两者构成复合客体。而后，教师又把学生作为实施对象，把内容作为中介，开展教的工作；在学的过程中，学生则把教育内容与教师作为自己的学习对象，他们又构成了一组复合客体。这一特点反映了教育内容与教育中两个主体的不同相互关系。①

(五) 教育时空的集中性和效率性

对于受教育者来说，接受学校教育集中在人生的早期阶段，其成长的关键时期主要是在学校中度过。同时，学校、班级也都被限定在一定的时空之中。通过学校对入学者的考试选择，把入学者分类别、分层次集中到各级各类学校中，接受一定的教育，有效地促进他们身心的发展。在学校教育中，课程设置、教材编写都立足于浓缩人类科学文化知识的精华，教师运用科学、合理的教学方法进行知识的传授，引导受教育者在相对短的时间里高效率地掌握系统的科学文化知识以及一定的道德观念，从而使学校教育表现出较之于非正规教育的高效率。

第四节 社会教育

随着社会的发展和进步，知识经济在全球范围内悄然兴起，传统教育日益显现出其局限性，难以适应当今社会的快速变迁。学习型社会、终身教育就是在这种社会背景下涌现出来的新的教育观念，从根本上改变了人们对教育的传统看法。在这种状况下，人们开始重新认识社会教育，用更新、更深刻的眼光来审视当前的社会教育。

一、社会教育的概念

社会教育的概念有广义和狭义之分。就广义而言，社会教育泛指一切增

---

① 叶澜：《教育概论》，人民教育出版社1991年版，第17页。

进人们的知识、技能、身体健康以及形成或者改变人们思想意识的活动。这说明社会教育是与社会政治、经济、文化等并列的一种社会实践活动。这是一种"大教育"观，它不仅包括狭义的社会教育，同时也包括家庭教育和学校教育。也就是说，社会教育的广义概念等同于教育的广义概念，两者是完全相同的关系。①

狭义的社会教育则是指学校教育和家庭教育之外的一切社会文化机构以及有关的社会团体或组织对社会成员（学生和人民群众）所进行的教育。它是一种全民教育和终身教育，是学校教育和家庭教育的延续和补充。②也就是说，社会教育是指学校教育和家庭教育之外的一切社会文化机构对学生或人民群众实施的教育，它可以使学校教育、家庭教育从封闭走向开放，使学校教育与整个社会系统发生密切的联系，有利于培养学生的社会适应性和社会活动能力，有利于培养他们的创新能力和探索精神。

社会教育活动与人类历史一样悠久，但是，狭义的社会教育却是工业革命的产物。1835年，德国社会教育学家狄斯特威格第一次提出"社会教育"的概念，并亲自创办了社会教育机构。一个多世纪过去了，目前，社会教育在各个国家开展得如火如荼，社会教育学的理论研究也达到了系统化、科学化的水平。

在我国，"社会教育"这个概念直到辛亥革命以后才出现。1912年，蔡元培在中华民国临时政府教育部设立"社会教育司"，开创了我国社会教育的先河。后来，晏阳初倡导的"平民教育"、陶行知推行的"社会教育运动"，特别是中国共产党在革命根据地和解放区大力开展的农村社会教育运动，促进了我国社会教育的蓬勃发展。在新中国成立之后，社会教育受到党和政府的高度重视。目前，我国的社会教育对象日益扩大，内容日益丰富，手段日益现代化。

二、社会教育的形式

社会教育的形式是指以社会的教育机构和教育设施作为媒介和手段，对

---

①② 王冬桦、王非：《社会教育学概论》，教育科学出版社1992年版，第69页。

社会成员进行教育的方式,它是社会教育构成的重要因素和开展社会教育的必要途径。社会教育形式的多样化是一个国家社会教育事业发展水平的重要标志,丰富多彩的社会教育形式,推动着社会教育活动的发展。社会教育发展到现在,经过人们一百多年的实践,证明行之有效的社会教育形式主要有以下几种。

(一) 勤工俭学活动

勤工俭学有广义和狭义之分。广义的勤工俭学是指学校的办学方式,学生在学习期间从事一定的劳动,学校以学生的劳动收入来补充办学资金。狭义的勤工俭学是指学生的求学方式,学生利用学习以外的时间参加劳动,把劳动所得作为学习和生活费用。它是第一次世界大战期间及其以后一段时间我国在法国留学的一些青年所采取的一种求学方式。在不同的时代、不同的国家,勤工俭学活动的内容虽然不同,但其本质特点是利用学习以外的时间参加劳动,把劳动收入作为办学、学习和生活的费用。

勤工俭学作为具有中国特色教育制度的重要组成部分,在我国教育事业发展中曾经作出过不可磨灭的重要贡献。其基本途径是,在学习过程中抽出一定的时间或者利用假期,教师带领学生到附近地区的一些工厂、农村参加力所能及的劳动,获得一定的劳动收入,以减轻学习中的经济困难,同时也锻炼学生吃苦耐劳的精神。在当前,只要我们立足于当地的实际情况,敢于探索,勇于实践,勤工俭学的路子就会越来越宽,从而充分发挥其他教育资源不可替代的重要作用,在实施素质教育及其教育改革的伟大实践中作出更大的贡献。

(二) 社会调查、社会实践活动以及社会公益劳动

在社会教育中,学校可以结合课堂教学,组织学生走出校门,走向社会,有针对性地确定调查的课题,让学生通过实地考察来了解社会,分析一些社会问题存在的症结,提出解决的办法。学校还可以组织学生开展争做好事的活动,学校或者班级与附近的街道办事处、居委会等单位建立长期的联系,由学生提供一定的服务,如帮助孤寡老人料理日常生活、节假日协助维持交通秩序等。在这种社会活动中,有助于培养学生热心助人的道德情操。

（三）参观、访问和游览

参观、访问和游览是一种群众性的社会教育活动。学校可以组织学生参观有典型教育意义的纪念馆、博物馆、烈士陵园等，也可以组织学生游览，使学生接触大自然，从而扩大他们的视野，培养热爱祖国的感情，激发建设祖国、振兴中华的雄心壮志。此外，还可以组织学生采集植物、矿物、动物标本，进行野外写生、写游记、创作诗歌，收集乡土资料，考察山川地形等，这些都有利于促进学生的全面发展。

（四）革命纪念日活动

在一些重大的纪念日举办晚会、报告会、游园会以及展览会等，可以有效地对学生进行思想品德教育。这种活动既要注意思想性，又要力求丰富多彩、生动活泼。举办革命纪念日活动，有助于学生了解革命战争的艰苦历程和人民的英勇献身精神，从而激发他们对祖国、对社会主义、对中国共产党的无限热爱。

（五）墙报和黑板报

这是一种重要的宣传教育工具。我们应认真组织、积极鼓励人民群众和学生自办、自写、自编墙报和黑板报，反映现实生活，传播科学技术知识，宣传党的路线、方针和政策，指导人民群众和学生的学习生活及其劳动。墙报、黑板报的内容要短小精悍，符合当前的教育目的和要求，趣味性强，能够吸引读者。

（六）文娱活动

开展一些群众性的文娱活动，如举办演唱会、歌舞会、话剧演出等，有助于培养人们的审美情趣、艺术欣赏能力和创造能力，丰富人们的精神生活，同时还可以提高人们的身体素质，愉悦身心，普及卫生保健和安全保护知识。

（七）其他的社会教育形式

除了上面提到的一些主要的社会教育形式之外，还包括通过广播、电视、报纸、杂志以及群众性的文化馆、文化站、文化宫、图书馆、电影院等开展多种形式的社会教育活动。此外，国家的法制教育机构，诸如工读学校、劳动教养管理机构等也属于社会教育的范畴。

三、社会教育的作用

教育是一种人类社会特有的实践活动,它一方面可以传递人类社会长期积累的生产生活知识和科学技术,另一方面还可以传递思想观念、道德意识。社会教育是教育的重要组成部分,它在现代社会生活中具有广泛而重要的作用。

(一)扩展学生的知识领域,促进全面发展

随着科学技术的迅猛发展和各种社会信息的不断增加,人们单纯依靠学校和课堂教学来传授知识,已经远远不能适应当今时代的需要了。当今的学生迫切希望通过广播、电视、电影、网络等途径来获取新的知识,渴望通过社会教育来丰富自己的精神生活。只有这样,学生才能够在更大的范围内了解关于自然和社会的知识,开拓视野,获得多方面的信息,提高自己的社会实践活动能力。

在学校里对学生进行理想教育、道德教育、纪律教育,培养他们具有坚定的政治方向、无产阶级世界观和共产主义的高尚道德品质固然十分重要和必要,但是,仅仅依靠这一条途径是远远不够的,还必须同时利用社会教育的各种形式对学生进行思想政治教育和道德教化,从而取得良好的教育效果。

总之,社会教育既可以扩展学生的知识领域,又可以巩固和加深他们在学校和课堂教学中所学的知识,在此基础上促进他们在各个方面获得生动活泼的发展。

(二)培养学生的兴趣、爱好,发展个性特长

社会教育是一个广阔的天地,每个社会成员可以根据自己的兴趣、爱好和特点,积极主动地进行学习,培养自己的个性和特长。在社会教育中,学生有机会把已经掌握的知识运用于社会实践之中,积极开动脑筋,进行各种设计和操作,这不仅可以深化和巩固课堂中所学的知识,而且可以把所学的各种知识综合地加以运用,有利于发展学生的个性和特长,培养他们理论联系实际、分析问题和解决问题的能力。

社会教育不像学校教育那样受到课程计划、教学大纲的限制，也不受班级教学统一化、同步化、标准化的束缚，具有更大的灵活性和针对性。因此，它可以提供给学生发展爱好特长、施展聪明才智的机会。一种非常普遍的现象是，有些学生在学校表现平平，但是在少年宫、俱乐部、业余体校、少年科技馆中却有良好的表现，这充分显示出了社会教育的优势和潜力。

（三）适应学生的多种需要，丰富精神生活

当今的学生活泼好动、精力充沛，他们对精神生活的需求是多种多样的。他们不仅有学习知识的需要，而且还有社会交往的需要；不仅有求真的需要，还有求善和求美的需要。在这一方面，学校教育不可能完全满足学生这些多方面的需要，只有通过丰富多彩的社会教育，才能够从多个方面来满足学生的各种需要，从而促使他们更加热爱生活，充满青春活力。

事物的成长发展往往是多种因素促成的，而不是单向度的因素能够决定的。学生的身心发展不仅要通过学校教育，还必须接受社会的教育和熏陶。社会教育能够让学生从繁重的学校生活中解放出来，在科技、体育、艺术等诸多活动中获得丰富的情感体验，激发求知欲，陶冶情操，磨炼意志，从而满足自我发展的各种需要。

四、社会教育的特点

第二次世界大战以后，人类社会进入了一个崭新的时期，社会教育也伴随着人类社会的现代化和信息化进程的加快而出现了一些新的特点。

（一）自愿性和自主性

社会教育活动是由学生自愿选择、自愿参加的活动，它能够适应不同学生的兴趣、需要和爱好。在社会教育中，学生可以根据自己的兴趣、喜好以及个性和特长进行自由选择。在这个过程中，虽然也有教师或者辅导员的指导，但是，它的前提和基础是学生的自主性。社会教育注重培养学生独立工作的能力，倡导学生自己动手、自己设计、自己组织，有利于发挥学生的主动性、积极性和创造性。

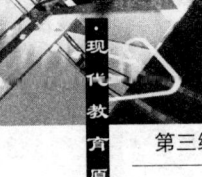

（二）伸缩性和灵活性

社会教育不像学校教育那样受到严格的限制，其范围可宽可窄，就像弹簧一样具有很强的伸缩性。社会教育的内容丰富多彩，能够丰富学生的知识，扩大他们的视野，发展他们的个性和特长，培养他们的实际动手能力。

社会教育活动既可以在室内进行，也可以在室外进行；既可以以集体的方式进行，也可以以个别的方式进行。此外，社会教育可以根据学生的年龄特征、实际能力和不同需要，灵活地采取不同的形式。总之，社会教育具有极大的灵活性。

（三）持久性和巩固性

社会教育活动往往是在成员之间关系比较亲密的群体之中进行的，他们容易在心理上相互感染、相互影响、相互促进，从而取得良好的教育效果。社会教育贯穿于学生的日常生活之中，形象生动，易于被学生所接受。这些都是学校教育所不具备的优势和特点。

第五节 家庭教育、学校教育与社会教育的统合

一、家庭教育、学校教育与社会教育统合的意义

（一）"三教"统合的含义

所谓"三教"统合，是指实现家庭教育、学校教育和社会教育三位一体，通过不同的侧面、不同的渠道和方法，对学生进行教育，突出各自的教育特点，增强三者各自的教育力度，融合三者之间的关系，形成一个既有分工又能协调一致的教育网络。①在整个培养人的过程中，家庭教育、学校教育和社会教育相互影响、相互促进、相互配合。它们之间不存在任何隶属关系，各

---

① 赵琴主编：《学校教育与家庭、社会教育》，广东高等教育出版社2003年版，第211页。

有自己相对独立的地位和独特的功能，但从总体上看，三者都是为了教育人、培养人，有着共同的教育目标。

(二)"三教"统合的必要性

当今社会是一个不断变化和发展的社会，随着社会政治、经济和科学技术的发展，我国的教育也逐步由单一、封闭的传统教育体系向多元、开放的现代教育体系发展。现代教育体系的发展，不仅在时间上将扩展到人的一生，实现人的终身教育，而且在空间上也将扩展到全社会，逐步实现普及教育，使全体社会成员都有受教育的机会。现代社会不仅强调学校教育的开放性，还强调家庭教育、社区教育的发展，倡导整个社会都要担负起教育的责任。在这种发展趋势下，人们必须更新教育观念，不能把教育仅仅看做单一的学校教育，而应该把它作为一个整体，家庭教育、学校教育和社会教育则是这个整体中相互作用、相互依赖、相互促进的有机组成部分。因此，家庭教育、学校教育和社会教育的统合是现代社会和现代教育发展的必然趋势和内在要求。

从整个教育系统来看，教育是一项包括家庭教育、学校教育和社会教育在内的全方位的系统工作。每种教育形态都是整个教育系统中的一个组成部分，缺少任何一个方面，都会影响教育的效果。从三种教育形态之间的关系来看，家庭教育是学校教育、社会教育的基础，学校教育、社会教育是家庭教育的拓展和深化，社会教育则是促进未成年人实现社会化和实现个性化必不可少的条件，同时也是成年人实现继续社会化的重要途径。在现代社会中，这三种教育形态互相补充、互相依存，从根本上打破了封闭的传统教育模式，使各方面的教育相互融通，形成了纵横交错、彼此协调的开放的教育系统。在青少年的成长过程中，家庭、学校和社会分别从不同的方面起着不同的作用，家庭教育、学校教育和社会教育也各自承担着独特的教育职能。因此，家庭教育、学校教育和社会教育只有各尽其职、相互协调，才能保证整个教育系统的协调运行，这是教育中的一个不容忽视的客观规律。另外，家庭教育、学校教育和社会教育各有优势，又各有其局限性。如果三种教育配合不好，不仅会使它们的作用由于相互抵消而减弱，影响学校教育的质量和效果，而且也会影响儿童未来的健康发展。因此，要达到教育的预期目的和长远目标，必须充分发挥整个教育系统的合力作用，高度重视家庭教育、学校教育和社会教育相互结合的问题。

在当代社会，校园暴力、青少年学生违法犯罪等都是学校教育必须面对并加以解决的问题，这些问题产生于社会、家庭，单凭学校的力量是无法完成的，它必须通过学校、家庭和社会的通力合作才能够解决。从家庭教育、学校教育和社会教育统合的现状来看，目前还存在许多问题，也存在很多矛盾，它们之间的合作大多流于形式。在教育实践中，家庭教育、学校教育和社会教育之间在不同程度上存在着不协调现象，例如很多地区没有统一的管理机构进行切实有力的领导，三方面的相互配合不到位，普遍存在着重视学校教育、家庭教育而忽视社会教育的问题。为了改变这种状况，必须加强家庭教育、学校教育和社会教育统合的教育观念，确立共同的教育目标，充分发挥它们各自的独特作用，促进学生的身心得到健康的发展。因此，我们必须充分重视家庭教育、学校教育和社会教育各自的独特作用，使之从相互脱节、脱离社会实际的封闭状态转变为相互联系、与社会实际相符合的开放状态，使之各尽其职，优势互补，实现家庭教育、学校教育和社会教育的一体化，从而发挥其合力作用，保证良好的教育效果。

二、家庭教育、学校教育与社会教育的统合原则

（一）统一性原则

我国的教育一直存在着重视学校教育、家庭教育而忽视社会教育的弊端。不少人认为，教育孩子主要是教师和父母的事。但是，当前困扰青少年思想道德建设的诸多问题，并不是学校教育和家庭教育就能够解决的。比如，"黑网吧"的存在，社会公共文化娱乐场所和设施的缺乏。这在客观上要求充分发挥社会各方面的积极性，努力优化育人环境。

从表面上看，学校、家庭和社会各有其不同的特点，并承担着其独特的教育职能。但是，从总体上看，家庭教育、学校教育和社会教育是整个教育体系的有机组成部分，三者是一致的。它们有共同的教育目标——为社会培

养出合格的、高素质的人才；有统一的指导思想——根据国家的教育方针，培养德、智、体全面发展的人才，为社会主义现代化建设服务。因此，家庭教育、学校教育和社会教育在根本上是统一的。

（二）主导性原则

在家庭教育、学校教育和社会教育中，学校教育起着主导作用。学校是专门的教育机构，有专门的教学人员，有统一的组织领导，并有目的、有计划、有组织地对受教育者施加教育影响。同时，学校教育在整个教育体系中起着控制调节的作用，它可以对家庭教育和社会教育进行调节和指导，从而使家庭教育、学校教育和社会教育密切配合。因此，学校教育应担负起协调责任，对家庭教育进行指导，争取家庭教育的配合，并主动与社会进行沟通，取得社会的支持。

（三）双向性原则

实现家庭教育、学校教育和社会教育的一体化，必须遵循双向服务的原则，充分发挥其合力作用。首先，家庭、社会应全力支持学校教育，为学校教育的进行创造良好的条件。比如，为学生提供多方面的实践机会，帮助学校建立校外教育基地等。学校应积极为家庭教育提供有效的指导，在为社会服务的过程中不断获得新的信息，提高教育质量，培养合格人才。同时，社会教育也应努力为家庭教育和学校教育提供良好的外部条件，从而提高教育的整体效果。

（四）多样性原则

学校、家庭和社会是不同的教育实体，在整个教育体系中各有侧重，呈现出不同的特点。而且，由于各个地区的条件不同，家庭教育、学校教育和社会教育的统合在不同的地区也会存在着很大的差异。因此，在家庭教育、学校教育和社会教育统合的过程中，应从实际出发，采取多种形式，因地因时制宜。比如，可以进行教育社会化的统合，也可以进行社会教育化的统合，还可以进行以家长学校为中心的"三教"统合等，在此基础上充分发挥其合力作用，提高教育的整体效果。

三、实现家庭教育、学校教育与社会教育统合的基本策略

(一) 建立组织，统筹安排

树立学校、家庭和社会相互配合、共同负责的新的教育观念，建立适合各地实际情况的学校—家庭—社会合作的教育体制，制定相应的规章制度，使之在组织和制度上得到保证。首先，发挥学校的主导作用。学校应主动组织教师和家长共同分析学生在学校、家庭和社会中的表现，研究家庭教育、学校教育和社会教育中存在的矛盾和分歧，并采取相应的措施进行协调。其次，开展社区教育。根据社区的实际情况，加强社区对各类教育的统筹协调，建立学校、家庭和社会一体化的教育体系，促进社会各部门对教育的支持，逐步改善办学条件。通过社区教育，改变学校教育与社会实际相脱节的状况，促进学校教育与社会同步、协调发展。在具体实施过程中，一方面，建立社区教育的协调、领导组织，以该组织为主来协调家庭教育、学校教育和社会教育之间的关系；另一方面，建立社区学院、社区学校等教育实体，通过各个教育实体的活动，把家庭、学校资源与社会资源充分利用起来。①再次，举办家长学校。通过举办家长学校，有助于家庭教育知识得到更广泛的普及并系统化，提高家长的教育水平，促使家庭教育和学校教育、社会教育相互配合，优化社会环境，从而收到良好的教育效果。

(二) 实现学校教育与家庭教育的互补

学校和家庭之间要及时交流思想，协调行动，共同促进儿童在德、智、体等方面的全面发展。对于学校教育而言，应积极对家庭教育进行指导。学校可以定期召开家长会，对学生进行家访，与家长共同研究教育学生的方法；与家长建立密切的联系，向他们介绍正确的教育方法，从而为学生的健康发展创设良好的氛围。对于家长而言，应主动与学校联系，反映孩子在家庭中的表现，了解孩子在学校中的学习情况，并采取有针对性的教育措施。

---

① 程方平主编：《中国教育问题报告》，中国社会科学出版社2002年版，第253~254页。

(三) 实现学校教育与社会教育的互补

社区与学校之间的关系实质上表现为教育的社会功能与社会的教育功能之间的相互渗透、相互影响。随着社会的发展与进步，学校教育与社会教育之间的关系将会发生根本性的变化，要通过广泛的宣传活动，使社会各界充分认识到社会教育的重要性。同时，学校与社会各个部门之间要相互支持，扬长避短，建立以课堂教学为基础的课内和课外、校内和校外相结合的新的教育体系，发挥学校教育的主导作用。一方面，学校要端正办学指导思想，纠正片面追求升学率的不良倾向，努力减轻学生的课业负担，改变封闭的办学模式，积极支持学生参加各种社会实践活动，并动员社会各方面的人力、物力和财力，建立校外教育基地。另一方面，社会教育机构的工作人员应深入到学校之中，熟悉学校的情况，了解学生的特点，使社会教育密切配合学校教育，组织更多的具有教育意义的社会活动。同时，主动向学校介绍学生在社会实践活动中的表现，向学校提供相关信息，配合学校教育学生。在此基础上，实现学校教育与社会教育的双向融合、相互促进。

(四) 实现家庭教育与社会教育的互补

在信息时代，青少年学生接受信息的途径是多元的，信息内容也十分庞杂。家长对子女进行教育时，应坚持正面教育的原则，引导他们全面了解社会，了解现实社会的发展规律，并帮助他们对所接受的信息进行正确的选择和判断。在这一过程中，家长应充分认识到青少年学生接受、加工社会信息的过程是一个自主活动的过程，只有通过他们积极主动地进行比较、分析和概括，才能形成他们自己的价值观念。此外，青少年学生大多具有一种强烈的归属心理，他们往往自觉或不自觉地依附于一定的非正式群体，群体的规范力量有时比其他教育力量都要强。因此，家长应充分利用整个社会的力量，充分挖掘社会的教育资源，为孩子的健康成长创造良好的外部环境。

第三编 现代教育与现代社会发展

思考题

1. 解释概念：教育形态、正规教育、非正规教育、实体教育、虚拟教育、家庭教育、学校教育、社会教育。
2. 简述家庭教育的特点。
3. 论述家庭教育的优越性及其局限性。
4. 简述学校教育产生的历程。
5. 概述学校教育的类型。
6. 学校教育有哪些特点？
7. 简述社会教育的形式。
8. 论述社会教育的作用。
9. 如何实现家庭教育、学校教育与社会教育的统合？

第十二章 教育途径

第一节 教育途径概述

教育途径是实现教育目的的渠道,是教育活动的基本构成要素之一。在教育活动过程中,教育途径发挥着十分重要的作用。

一、教育途径的概念

教育途径是促进受教育者获得发展的渠道、方式的总称。从教师的角度而言,教育途径是教师施加教育影响于学生的渠道与方式;从学生的角度而言,教育途径是学生获得发展的渠道与方式。

教育途径是保证教育目的得以实现、教育内容得以传授的基本渠道。如果缺少或没有选择恰当的教育途径,再好的教育蓝图也无法实现。教育途径从根本上说是教育者设计、组织的让学生参加的各种教育活动。学生通过参加活动,知识得到了丰富,技能得到了提高,智力得到了发展,品德得到了养成。总之,学生全面、和谐发展的目标是通过各种各样的教育途径实现的。

教育途径是教育活动的重要组成部分,它随教育的产生而产生,并随教育的发展而发展。一定社会的教育途径总是与该社会的生产力发展水平及其对人才的需求相适应的。在原始社会,社会生产力水平低,几乎没有对专门人才的需求,教育主要表现为传递社会生产和生活经验,以维持个人生存和社会延续。当时的社会生产和生活经验的传递主要是在社会生产与生活过程中进行的,因而教育途径也主要表现为社会生产和生活实践活动。进入阶级社会以后，随着社会分工的产生及文字的出现，专门的教育机构——学校就产生了。教育从此走上了与社会生产劳动相分离的道路，学校教学就成了教育最主要的途径了。不过教学也经过了不同的发展阶段，最初的教学是个别教学，其效率十分低下。随着资本主义生产方式的产生，社会需要大批懂技术的工人从事工业生产，因而教育规模不断扩大，于是产生了班级授课制。教育发展到今天，其形式在不断地丰富与拓展，教育途径也在不断地变化与革新，目前已经形成了以教学为主，教学、课外活动、咨询与辅导等并举的崭新格局。随着教育的不断改革以及现代教育技术的不断更新，教育途径也将不断地得到丰富与发展。

二、教育途径的意义

教育作为一种有目的地培养人的社会活动，通过对受教育者个体施加积极影响，发挥着促进个体发展与社会发展的双重功能，以实现教育的目的。教育过程的实施，总是教育者运用一定的教育途径、教育内容、教育手段，在一定的环境中进行的。因此，教育途径在教育过程中具有十分重要的意义。

（一）教育途径是教育活动的基本构成要素之一

探讨教育的构成要素是研究教育这一复杂社会问题的起点，不同的学者对这一问题的理解不尽相同。有人认为构成教育的基本要素有三个，即教育者、受教育者、教育资料。然而，这是从静态角度而言的，对教育要素的认识如果仅停留在这个层面，还远远不够，因为只有这三个要素，教育活动并不能发生。也有人认为，教育活动是由如下六个要素构成：教育者、受教育者、教育内容、教育途径、教育手段及教育环境。"六因素说"能够较好地解释整个教育过程，我们认为它较切合教育实际。从"六因素说"中我们可以发现，教育途径是教育活动的基本构成要素之一。也就是说，任何教育活动，都是教育者通过一定的教育途径将教育内容传递给受教育者并促使其发生积极变化的过程。没有教育途径，教育将无从展开，教育影响也无从实施，因此，我们可以说教育途径是教育活动不可或缺的构成要素。

（二）教育途径是教育活力的根本保证

教育作为一种培养人的活动，作为人类社会特有的现象，是人类有意识地依照自觉设定的目的进行的对象性活动。它是有目的、有计划、有组织地进行的。教育目的是教育活动的出发点与归宿。每一项教育活动都有它预期的结果，这种预期的结果是教育目的具体化的表现。只有通过各种各样的教育活动，每一项教育活动的目标才能达成。只有达成具体的教育目标，才能实现总体的教育目的。教育途径作为教育活动的基本要素之一，与其他要素协同作用，从而实现总体教育目的。要培养德、智、体等方面全面发展的人才，就必须使每个学生在知识与技能、过程与方法、情感态度与价值观等方面得到发展。实现这种发展，除了要采用一定的教育内容、教育手段外，还要通过一定的教育途径才能圆满完成。

（三）教育途径是影响教育质量与效果的重要因素

实现教育目的，培养社会主义事业的建设者与接班人，必须把好教育质量关与教育效果关。提高教育质量与教育效果的手段与方法是多种多样的，如教育目标是否现实与合理、教育者的业务素质与责任心如何、教育内容的科学化与现代化程度、受教育者的主观能动性如何、教育手段是否合理等等。当然，教育途径也是影响教育质量与教育效果的重要因素。同样的教育内容，采用不同的教育途径，其效果可能差异悬殊。无论是学校教学，还是课外活动和咨询与辅导，都同样肩负着提升受教育者素质、实现个体全面发展的任务。它们在教育过程中的作用不尽相同，各有其侧重点，但又相互配合与补充。针对不同的教育内容和教育目的，必须采用与之相对应的教育途径，使教育途径与教育过程达到最优的组合，教育质量与效果才能最大化。

从本质上说，教育途径承载着学校发起、组织与实施的各种教育性活动。学生通过积极主动地参与这种教育性活动，智能得到锻炼，情意得到发展，人格得到完善。也就是说，学生在这种教育性活动中获得了身心的丰富与发展。学校教育的主要目的就是促进学生的健康发展。由此可见，发起与组织教育性活动，即教育途径的创设、选择与运用，是学校的重要工作。在当前的学校教育中，教育途径是丰富多样的。其中，教学、课外活动、咨询与辅

导是较为基本的途径，它们在当今的人才培养中有十分重要的作用。我们必须注意各种途径的相互配合使用，以实现功能互补，发挥各种途径的整体协同效应，进而实现培养高素质人才的教育目的。

第二节 教 学

教学是学校教育最基本的途径。学生的发展主要是通过教学这种途径实现的，教学对学生的影响最广泛、最深刻。教师和学生在学校从事的活动绝大部分是教学活动，学校的主要工作是教学工作，学校的其他工作也主要围绕教学工作来展开。因此，组织开展好教学工作，对学生和学校的发展具有十分重要的意义。

一、教学的概念

（一）教学概念的形成与发展

教学作为一种实践活动，与教育同时产生。在原始社会，教学与生活融为一体，教育、教学与生活的界限十分模糊。随着学校教育的产生，教学就进入了专门化的历程。在教育发展史上，人们对教学的理解是同教育的发展联系在一起的。

我国早在商朝已出现了"教"字，如郭沫若在其编写的《殷契粹编》中指出，甲骨文中已有"丁酉卜，其呼以多方小子小臣其教戒"。①甲骨文中也出现了"学"字，如胡厚宣撰写的《战后京津所获甲骨集》中有"任子卜，弗酒小求，学"的记载。②但此时的"教"与"学"是分开的。"教学"二字连用为一词，最早见于《尚书·兑命》："□（教）学半。"《学记》将之作为"教学相长"的依据，并提出"学然后知不足，教然后知困。知不足，然后能

---

① 参见孟宪承等编：《中国古代教育史资料》，人民教育出版社1961年版，第15页。

② 参见沈灌群：《中国古代教育和教育思想》，湖北人民出版社1956年版，第5页。

自反也。知困，然后能自强也"。不过，这里的"教学"不是作为复合词使用，不具有师生双边活动的含义，而是分别用其各自的意义。《学记》开篇就说："建国君民，教学为先。"这里的"教学"已含有教育者与学习者双方活动的意思，但这里的教学含义宽泛，几乎同"教育"等义，与我们通常所说的"教学"相去甚远。据考证，宋代欧阳修作胡瑗先生墓表："先生之徒最盛，其在湖州学，弟子来去常数百人，各以其经传相传授，其教学之法最备，行之数年，东南之士，莫不以仁义礼乐为学。"明末清初，王夫之对此曾作如下解释："推学者之见而广之，以引之于远大之域者，教者之事也。引教者之意而思之，以反求于致此之由者，学者之事也。"意思是教的工作在不断增长学生之见识，学为认真思考教师教导的道理。由此可见，其中的"教学"二字，才正式指教师的"教"与学生的"学"。[①]在中国古代，"教"有教授、教诲、教化、教训、告诫等含义。许慎在《说文解字》中说："教，上所施，下所效也。"其中，"施"就是操作、演示，即传授占卜的技巧；"效"就是模仿、仿效，即学习占卜的技能技巧。后来，由于人们过于强调"施"，从而弱化了"效"，"教学"一词也就变得与"教授"同义了。

在英语国家，与"教"对应的词为"teaching"，与"学"对应的词是"learning"。在20世纪，由于人们强调"教"与"学"的统一，一般用"instruction"来指称教学活动。

不论是在东方还是西方，历史的传统是重视"教"而忽视"学"，只是在近代才重视学生的学。不过，在西方曾经有一段时间由于过于重视"学"而导致对教师的"教"的忽视。

在当代中国，人们对教学的理解不再仅局限于"教"或者"学"，一般都将其理解为教师与学生共同的、双边的或统一的活动。即使在这一观点下，人们对教学的理解仍有所不同。一种观点是从教师的角度来定义教学，认为教学是由教师引起与维持的师生共同的活动，强调教师在教学中的作用，例

[①] 参见周德昌：《中国古代教育思想的批判继承》，教育科学出版社1982年版，第133页。

如，"教学即教师引起、维持、促进学生学习的所有行为方式。教师行为方式包括主要行为（如呈示、对话、辅导等）和辅助行为（如激发动机、教师期望、课堂交流和课堂管理等）两大类别"。①另一种观点是从学生的角度来定义教学，认为教学是在充分尊重学生主体性的前提下开展的师生共同活动，强调学生在教学中的主体地位，例如，"教学是一种尊重学生理性思维能力，尊重学生自由意志，把学生看做独立思考和行动的主体，在与教师交往和对话中，发展个体的智慧潜能、陶冶个体的道德性格，使每个学生都达到自己最佳发展水平的活动"。②还有一种观点将师生置于平等的地位，强调教师的活动与学生的活动是教学活动的两个方面，例如，"所谓教学，乃是教师教、学生学的统一活动；在这个活动中，学生掌握一定的知识和技能，同时，身心获得一定的发展，形成一定的思想品德"。③

（二）教学的含义

教学是指学生在教师有目的的组织指导下，积极主动地参与教师组织的或教师指导学生组织的各项学习活动而获得全面发展的过程，是实现教育目的的基本途径。

要正确地理解教学的含义，必须把握以下几点。

第一，从静态角度分析，教学都包含三个基本要素：教师（教育者）、学生（学习者、受教育者）与内容（课程）。其中，内容是教师与学生发生相互作用的中介。

第二，教与学是相互依存的，统一是其"应然"，但不是必然。教学中的行为主要包括教师的"教"与学生的"学"，"教"与"学"是有区别的，其行为的主体不同，目的与指向也有别。"教"与"学"两种行为是可以相对分离的，它们的统一不是必然的统一，而是"应然"的统一。现实生活中我们

---

① 袁振国主编：《当代教育学》（2004年修订版），教育科学出版社2004年版，第163页。

② 全国十二所重点师范大学联合编写：《教育学基础》，教育科学出版社2002年版，第174~175页。

③ 王策三：《教学论稿》，人民教育出版社1985年版，第88页。

可以发现教师的"教"不一定导致学生的"学",不一定导致学生的良好发展,即使是同一教师的教,对不同的学生的影响程度也是不一样的。况且,如果将教学的视角放宽一些,我们还可以发现"教"离不开"学",因为如果没有学的教便不能构成"教",但"学"在一定的条件下却可以离开教。教是一种外化与转化行为,学是一种内化与固化行为。所以在教学中,"教"不能代替"学","学"也不能代替"教"。但在学校教学中,"教"与"学"是相对而存在的,没有"教",便没有"学";没有"学","教"也将失去存在的意义。理想的教学应是"教"与"学"的统一,这种统一不是简单相加,而是有机地统一。

第三,强调教师与学生在教学过程中的主体地位。在教学中,教师要发挥教的主体作用,他主导着教学活动的性质与方向,为学生的学习创造良好的条件,使学习活动快速有效;学生要发挥学的主体作用,因为学生是学习的主人,教师不能包办学生的学。教师只能指导学生的学而不能代替学生的学,学生只有在教师的指导下才能更好地学习。教师与学生都是教学的主体,他们应该合作、对话、共同探讨,使教学活动卓有成效。

第四,教学的目的是促进学生的全面发展。学生的身心健康成长,离不开教学的积极影响。教学不仅促使学生掌握一定的知识和技能,拥有良好的身心素质,而且要培养学生科学的人生观与世界观,使学生具有一定的创造精神与实践能力,具有健全的个性,使每个学生的潜能得到最大的发展。教学是促进学生全面发展的最有效的手段,不过,教学对学生发展的促进作用有其特殊性:教学以促进学生智力发展为主,同时注意促进学生非智力因素(情意、价值观、人格等)的发展;教学是以间接经验学习为主并配以直接经验学习促进学生全面发展的过程;教学是在教师的指导下,通过学生主动参与活动来促进学生的发展。

(三) 相关概念辨析

教学与教育是一种部分与整体的关系。教学是教育的主要组成部分,是教育的基本途径,教育包括教学。除教学外,教育还可以通过课外活动、咨询与辅导、生产劳动、社会实践活动等多种途径来实现。在这些途径中,教

学是最基本的途径。

教学与智育既有联系又有区别。智育作为教育的一个组成部分，主要是通过传递系统的科学文化知识促进学生智力的发展，它主要通过教学来达到其目的。但是不能将二者等同。一方面，教学也是德育、体育、美育与劳动技术教育的途径；另一方面，智育也要通过课外活动等其他途径得以实现。将教学等同于智育，不利于全面发挥教学促进学生全面发展的功能。

教学与发展相互促进。教学不等于发展，但教学与发展相互促进。当代教学一个十分重要的特点是特别关注学生的发展，并将学生的发展摆到了重要地位。许多教学改革均是围绕如何促进学生的有效发展展开，赞科夫的"教学与儿童发展"教学改革实验、巴班斯基的教学过程最优化理论、布鲁纳的结构课程论、洛扎诺夫的暗示教学法以及当今世界各国进行的教育教学改革，都是围绕学生发展提出的。教学要促进学生的"一般发展"（包括个性发展），而不能仅仅是"特殊发展"。① 教学与发展互为条件，教学能促进学生发展，而学生的良好发展又是进一步教学的条件与动力。教学可以促进发展，并不是说凡是教学都可以促进学生发展。根据苏联教育家维果茨基的理论，处在学生"最近发展区"的教学才能很好地促进学生的发展。

二、教学的作用

教学在学校工作中、在学生发展中起着十分重要的作用。学校要卓有成效地实现培养目标，造就创造性人才，就必须以教学为主，并围绕教学工作统筹安排其他工作，建立学校正常的工作秩序。

教学的重要作用主要表现在以下几个方面。

（一）教学是促进学生发展的有效形式

教学是一种专门组织起来的以传授知识、进行思维训练为主的活动，通

---

① "一般发展"与"特殊发展"是赞科夫在《教学与发展》一书中提出的两个概念。"一般发展"是指整个个性的发展；"特殊发展"是指知识和技能的发展。参见王策三：《教学论稿》，人民教育出版社1985年版，第15页。

过教学可以较简捷地将人类长期积累起来的科学文化知识转化为学生个人的精神财富，有效地促进学生身心发展，使青少年学生的个体发展能在较短的时期内达到"类水平"（人类已有的发展水平），并为其超越"类水平"铺平道路，从而保证社会的延续与发展。今天，这种作用尤其重要，因为社会的发展加速、知识技术猛增，信息社会、知识经济已经来临。在这种情况下，如何使青少年在进入社会工作之前就掌握人类创造的巨大知识财富的精华是教育面临的重大课题。无疑，这只有通过加强和改进教学、不断提高教学的功效才能做到。青少年时期是创造力发展与个性发展的关键时期，教学除了传递知识和技能之外，还应有效地培养学生的创新能力与实践能力，培养学生的积极情感体验，促进个性的健康发展。

（二）教学是实现教育目的的基本途径

教学能够有目的、有计划地将教育的各个组成部分包括德育、智育、体育、美育、劳动技术教育的基础知识与基本技能传授给学生，为他们的全面发展奠定基础、指明方向，因而教学是学校对学生进行全面发展教育的基本途径。除了知识目标外，技能、方法、情感态度与价值观等的形成与改变也必须依靠教学，因为这些素质的获得大多是与知识的传授与学习相伴而发生的。只有提高教学质量，才能提高教育质量、保证人才质量；只有以教学为主，才能保证教育质量。

（三）教学是社会延续与发展的重要手段

教学是受社会及其发展水平制约的，但它并不是完全被动的，它对社会发展有着巨大的反作用，这种反作用主要表现为它是解决个体经验与人类社会历史经验之间矛盾的强有力的工具。

人类社会要延续与发展，必须有一代又一代的新人，在这一代又一代的新人中，他们必须掌握前人的知识经验并能超越这些知识经验，才能保证社会的不断进化。这就要求应在较短的时间内将人类社会在其历史发展过程中积累的经验、知识、科学、伦理、政治、美德等一代代地传下去。如果不能传递或传递得不够好，不能为下一代充分利用，他们走入社会后就要从头学起，对先辈走过的路重新摸索一遍，那将会延缓社会的发展。需要指出的是，在人类历史经验与个体经验之间是有矛盾的，即个体精力的有限性与人类经验的无限性之间的矛盾，在今天这个信息化社会中表现尤为突出。这种矛盾主要表现为个体往往不能很好地掌握人类的历史经验，不能适应社会发展的新要求，最终导致社会也不能得到很好的发展。这个矛盾处理得当，就能成为社会发展的动力。处理好这个矛盾是教学的天然使命。通过教学，可以对人类的经验进行筛选、加工，使之适合年轻一代学习，并在学习的过程中培养学生使用文化与创新文化的能力，从而实现社会的延续与发展。

教学的重要性决定了它是学校的中心工作。教学是实现教育目的的最基本的途径，它对学生全面发展的影响作用最全面、最深刻、最系统，它占用了学生学校生活的绝大多数时间，所以，学校应将教学作为学校的中心工作。新中国成立以来，我国的教育经验从正反两个方面证明了学校必须坚持以教学为主的原则。学校的工作除了教学外，还有总务、人事、行政及劳动等，但这些工作均应以教学为中心，为教学服务。一所学校的办学水平如何，主要由教学质量决定。教学工作是学校的中心工作应作为学校工作的一条基本规律，否则将会受到惩罚，在这一方面我们是有过深刻教训的。在教育的多种途径中，也应以教学为基本途径，否则，教育的质量将无法保证。当然，这并不是说教学以外的工作与途径就不重要了。

三、教学的形式

教学的形式也就是教学的实现方式。在17世纪以前，教学的形式比较单一，主要是个别教学。自班级授课制（即"课堂教学"）诞生后，教学形式便呈现出多元化的局面。随着教学改革的不断深入，教学形式也在不断地丰富与发展。就目前的教学而言，其形式主要有课堂教学、复式教学、现场教学、网络教学等。

（一）课堂教学

1. 课堂教学的概念

课堂教学（又叫"班级授课制"）是教学的基本组织形式，是随着资本主义生产方式的确立而产生的。16世纪的欧洲，资本主义工商业和科学技术已有很大发展，经济的发展客观上要求扩大教育规模、扩充教育内容，在这种背景下，课堂教学应运而生。课堂教学萌芽于16世纪西欧的一些国家，兴起于17世纪乌克兰兄弟会学校，经捷克教育家夸美纽斯的总结、改进和理论升华，初步形成了课堂教学制度。1632年，夸美纽斯的《大教学论》对课堂教学作了理论上的阐述与论证，课堂教学便正式确立了起来，后经赫尔巴特及其弟子的改进，再经过苏联教育家的完善，今天它已具有了较为完备的形态。1862年，我国的京师同文馆率先采用课堂教学，并在癸卯学制中以法令的形式确定下来，随之在全国范围内推广。

课堂教学是指把一定数量的学生按年龄与能力程度编成相对固定的班级，根据周课表和作息时间表，安排教师有计划地向全班学生集体上课的一种教学组织形式。在课堂教学中，同一个班的学生的学习内容与学习进度必须一致。开设的各门课程，特别是在高年级，一般由具有不同专业知识的教师分别担任。

2. 课堂教学的特点

与个别教学相比，课堂教学具有学生固定、内容固定、时间固定和教师固定等几个特点，具体表现在以下几个方面。

一是把学生按年龄和发展水平分别编成相对固定的班级。同一个教学班的学生年龄与发展程度大致相当，并且各班人数相对固定。教学是以班为单位进行的，教师同时对整个班集体中的每个学生进行同样内容的教学。

二是教学内容是以课为单位进行组织的。在课堂教学中，教师根据一定的要求将教学内容划分为相对小的独立组块，每一组块的知识、技能的密集度大致相当。每一组块采用一定的教学手段、方法。这样一个组块的教学活动便构成一课。教学是一课接一课进行的，同一学科的课与课之间保持一定的连续性。

三是每一课是在相对固定的单位时间内完成的。这一单位时间一般称为"一课时"，其长短一般为30～50分钟不等。课与课之间有一定的休息时间。

四是相应的科目一般由固定的教师执教。在课堂教学中，不论是分科教

学还是综合教学，至少在一学期内某一科目的教学一般是由同一教师完成的。

3. 课堂教学的优缺点

课堂教学自诞生以来，在不断地进行着改革，同时也不断地受到批评，但直至今天，它仍是最主要的一种教学形式。了解其优缺点，有助于加深我们对它的认识，进而更好地利用它、改进它。

课堂教学的优越性主要表现在以下几个方面。第一，它扩大了教学规模。一位教师在同一时间内可以面对几十人讲课，使全体学生共同前进，扩大了教育规模，提高了教学的效率。如果利用网络技术，课堂教学中学生的规模可以无限增长。课堂教学的这个特点对人才的培养、教育的普及以及实现教育的平等有着不可磨灭的贡献。第二，它提高了教学的速度。它将教学内容进行适当的处理与安排，使内容更适合于学生的学习。同时，每门课的教学都有专门的教师负责，各个教师既分工又协作，使学生在较短的时间内掌握大量的人类文明成果，为学生的进一步发展奠定了基础。第三，它能使学生获得系统的知识。课堂教学使教学活动循序渐进地进行，从而能保证知识学习的系统性与组织性。课堂教学对于知识的学习有着其他教学形式不可替代的作用。第四，它实现的教学任务比较全面。课堂教学既可以传授知识、技能，也可以对学生进行世界观、人生观的教育；既可以发展学生的智力因素，也可以促进非智力因素的发展。它是促进学生全面发展的主要途径。第五，它可以充分利用集体的教育作用。在课堂教学中，学生按共同的目的与共同的活动集结在一起组成班集体，学生之间可以相互学习、相互激励、相互帮助，从而可以使学生在集体中受到教育。

虽然课堂教学适应了社会发展的需要，对迅速培养人才起到了重要的作用，但课堂教学也不是完美无缺的。特别是在今天这个对创造性人才需求日渐迫切的信息化社会，课堂教学的缺点更加明显。概括地说，课堂教学的不足之处主要表现在以下几个方面。第一，学生的主体地位受到限制。在课堂教学中，教学活动主要是由教师组织与运作，学生在教师的组织安排下进行学习，其主体性往往会因教学任务的繁重或教师的僭越而得不到较好的发挥。第二，难以发挥学生的创造性。课堂教学多以现成的结论作为教学内容，难以培养学生的创造意识与能力。第三，难以照顾到学生的个别差异。课堂教学是以统一的步伐进行教学的，这样，学生的个别差异势必难以顾及。第四，灵活性差。在课堂教学中，教学内容、时间、进度等的安排都被固定化，灵活性有限。第五，它割裂了知识的整体性。由于课堂教学是在固定的时间段内完成特定的教学任务，以课为单位进行教学，所以为了便于教学，它往往将整体性的知识进行分割，以适应课堂，但分割的结果往往又破坏了知识的整体性。第六，实践性不强。课堂教学人数较多，所以教学多以"传授—接受"为主，学生很少有充分的机会与时间相互讨论、动手操作及进行社会实践。

正是由于课堂教学有许多优点，所以它至今是最主要的教育途径。但同时我们也应该看到，它也有自身的局限，所以不能将之作为唯一的教育途径。在对人才素质的要求不断提高的今天，应采用包括课堂教学在内的多样化的教育途径培养学生。与此同时，还应对课堂教学进行改造，使之适合时代要求，使之能为新时期人才的培养作出更大的贡献。

4. 课堂教学的结构与类型

课堂教学的结构是指课堂教学的基本成分及各成分之间的联系。从课堂教学作为一个完整的教学过程的缩影而言，其基本成分包括以下几个方面。

（1）组织教学。组织教学是保证课内师生活动正常进行的条件。组织教学的目的是让学生作好上课的物质上和心理上的准备，吸引学生的注意，创设一种积极的课堂情境与氛围。组织教学不仅应在新课开始时进行，而且应贯穿于一堂课的始终。

（2）检查复习。检查复习的目的在于检查已学过的内容，了解学生对已学知识的学习及复习情况，找到学生知识体系中与本节课相关的内容，为新知识的学习寻找固着点（结合点）并引出新课题。同时，检查复习也可以使学生养成课后及时复习的良好学习习惯。

（3）学习新课。这通常是一堂课最主要的部分。它主要是让学生理解和掌握新知识、新技能，以完成新的学习任务。在学习新课时，教师要注意调动学生学习的主动性、积极性与创造性，打开学生的思路，使学生的思维处于活跃状态。

（4）巩固新知。巩固新知的目的在于使学生对本节课所学的内容当堂理解、当堂消化、初步巩固，并为完成作业作好准备。

（5）布置作业。它的目的是进一步巩固所学的知识，培养学生运用所学知识和技能分析问题、解决问题的能力，并初步检查学生本节课的学习状况。

上述几个成分是一节典型而完整的综合课的基本结构。不论在课堂教学的哪个教学程序上，教师都要注意使学生的知识、技能、体验、方法、情感、态度与价值观等都得到全面的发展，不能只重知识与技能而忽略其他方面的发展。在具体教学中，由于每堂课不一定都是综合课，所以，课堂教学的结构可能只有上述所列的一个或几个成分，这主要根据每堂课的教学任务及实际需要而定，并且课堂教学的次序不一定非得按上述顺序进行。

课堂教学的类型是指有效完成教学任务的课堂活动的种类。了解了课堂教学的类型，教师就可以根据教学任务选择正确的教学活动形式。课堂教学主要有综合课与单一课两大类型。综合课是指在一节课内要完成两种或两种以上的教学任务的课，如既要学习新知，又要复习新知。单一课是指在一节课内主要完成一种教学任务的课。它可分为新授课、复习课、练习课、实验课、考查课、讨论课及自学课等。

（二）复式教学

复式教学是课堂教学的一种变体，它保留了课堂教学的关键特征，但同时又对课堂教学的某些特征进行了改革。从积极方面说，复式教学是对课堂教学进行改革的结果。从消极方面说，这种改革也是不得已而为之，因为它主要是为了完成特定条件下的教学任务而提出的。不论如何，复式教学在我国的教育发展中扮演了重要的角色，并且日后可能还将继续发挥它特有的作用。

1. 复式教学的概念

复式教学是指一个教师在同一节课内向两个或两个以上的不同年级的学生同时进行教学的组织形式。它是班级授课制（课堂教学）的一种变式，或者说是它的一种特殊形式。

复式教学在我国的教育发展中有着特殊的地位。清末民初，复式教学从日本引进，至今未曾间断。它适用于学生少、教师不足、教学设备较差的地区。我国面积广阔，农村所占面积较大，并且很多农村地区人口稀少，在这种落后且人口密度小的农村地区，复式教学对于提高当地的人口素质与发展当地的经济有重要作用。目前，随着计划生育政策的落实，农村人口呈逐年减少趋势，进行复式教学的区域还将不断扩大，所以，这种教学形式还将大有用武之地，它可以节约人力、物力、财力及教育资源。

2. 复式教学的特征

它具有课堂教学的基本特征，如分班教学、按学科教学、每节课有固定的时间等。所不同的是，教师在同一节课内要同时巧妙地组织两个或两个以上年级的教学活动。与课堂教学相比，复式教学具有以下特点：教师在同一节课内要对两个或两个以上的班级进行交替教学；同一个班的学生在同一节课内是直接教学与自动作业交替进行。

复式教学的特殊性决定了在组织实施时不同于课堂教学。在进行复式教学时，要注意组织与设计好以下各项任务。一是要合理编班。合理编班是搞好复式教学的前提性工作。复式教学中包括的年级多少不等，所以，编班时应区别对待。一般在编班时有单班多级式编班、两级复式编班、三级复式编班等几种形式。采用何种形式，要根据学生的多少、教室的大小及教师的多少等全面考虑，灵活掌握。总之，在编班时要考虑尽量减少班级间的相互影响。例如，在三级复式编班中，可以将一、三、五三个年级编在一个班，二、四、六三个年级编在一个班。二是要合理排课。在制定复式教学课表时，主要是处理好直接教学与自动作业之间的搭配关系，安排好教学顺序。在复式教学中，直接教学的时间短，对某个年级而言，直接教学与自动作业是交替进行的。因此，处理好二者的关系是十分重要的。一般来说，要处理好以下几方面的关系：（1）各门课程之间的关系，如语文与数学的搭配；（2）新课与复习课之间的关系；（3）同一堂课中同一个年级直接教学与自动作业之间的关系，主要是顺序及次数安排；（4）年级之间不同科目的搭配关系，最好采用"同堂异科"的方式，这样可以减少相互干扰。三是要培养小助手。在复式教学中，培养与合理使用小助手，不仅可以减轻教师的负担，增加直接教学时间，同时也可以培养学生的工作能力和为集体服务的意识。教师可以使用小助手帮助检查课前准备情况，领导全班学生复习，维持课堂教学秩序等，甚至还可以用小助手进行新课的学习。教师在使用小助手时要对他严格要求，帮助他树立威信，不能使他有骄傲自满情绪，同时要给予一定的权力。四是要建立常规。在复式教学中，教师要特别注意建立良好的课堂学习常规，如对自动作业时的纪律要求，部分学生自动作业完成了以后应该做什么等。教师还要与小助手之间相互配合，如教师讲解时，小助手的活动就应尽量用文字、手势、表情、动作来表示。

实践证明，如果组织得当，复式教学效果并不比单式教学（即上文所说的"课堂教学"）差，并且这种课堂中的学生的自学能力与自制力比单式教学中的学生强。不过，复式教学也有自身的缺陷，如教师直接教学的时间较单式教学少，学生学习所受的干扰也较多，难以组织多样化的教学活动等，所以，复式教学对教师的素质要求较高，它要求教师要做好各方面的准备和组织工作。

（三）现场教学

现场教学也可以看做课堂教学的一种变式，它有利于加强理论与实践的联系，让学生从现场学习新知识、新事物，对于学生的全面发展有着重要的作用。

1. 现场教学的概念

现场教学是根据一定的教学任务与目的，组织学生到相关的生产单位和生活情境中，通过听取讲解、观察、调查或实际操作进行学习的一种教学组织形式。现场教学与见习和实习不同，见习、实习主要是以运用知识、培养学生解决问题的能力为目的，而现场教学是以现场为课堂，以更好地学习新知识与技能为目的。

现场教学对于加强学习与社会、生活的联系，加强理论与实际的联系，扩大学生的信息来源等具有重要的意义。现场教学有利于学生把观察到的自然现象与社会现象同书本知识联系起来，了解课堂所学知识与技能的运用情境，增强知识的智慧性；现场教学扩大了学生信息来源的渠道，改变了信息的性质（从实物、场景中获取信息），丰富了学生的经验与体验；现场教学有助于学生走出校门，开阔学生的眼界；现场教学还可以激发学生的学习兴趣与好奇心，使学生了解知识的实际用途，增强学习的主动性与自觉性。在教学实践中，并不是每门学科都可以进行现场教学，再加上教学时限、其他部门的配合等因素的限制，教师不可能大量组织现场教学，况且现场教学费时费力，成本较高，所以它不可能代替课堂教学。由于现场教学具有重要的价值，所以在教学实践中只要条件允许，就应尽可能多地运用。

2. 现场教学的特征

现场教学保留了课堂教学的一些特点，如主要以班级为单位进行同步教学等（当然，它也可以打破年级界限进行教学，但这在现实中较少使用），但它更多地表现为对课堂教学的突破。

一是教学地点的突破，教学的地点不是在教室，而是在事物发生、发展的现场。

二是施教人员的突破，施教人员不限于教师，可以是现场的工作人员、技术人员、其他内行人员以及他们与教师的联合体。

三是课时的突破，它不限于一节课，教学时间可长可短。

四是教学内容的突破，它不是以书本知识为教学内容，而是以现场的事物及其发展为教学内容。

五是学习方式的突破，现场教学除采用听取讲解的学习方式外，主要采用观察、操作、实验、体验等学习方式。

（四）网络教学

网络教学是现代技术特别是计算机及网络技术在教学领域中应用的结果，它是一种独特的教学形式，它的出现对课堂教学的改进与变革提出了新的要求与挑战，对改革教育教学、提高教学质量、培养新型人才具有重要作用。网络教学是教学的未来发展趋势之一。

1. 网络教学的概念①

网络教学又叫"以网络为基础的教学"或"基于网络的教学",是以互联网(Internet)为教学信息交流的主要媒介,运用现代信息技术手段(如多媒体技术、数据库技术和通讯技术等),利用网上资源所进行的教学活动。

网络教学与多媒体教学既相互联系又相互区别。多媒体教学是指在学习理论的指导下,根据教学目标,通过多媒体的方式传递教学内容而实现的教学。多媒体是指可以同时传递多种形式的信息(如声音的、图像的,静态的、动态的等)的事物或手段,它可以以网络为基础,也可以不以网络为基础。由此可见,二者有相互重叠的部分,但不完全相等,多媒体教学不必然要用到网络,但网络教学一般会用到多媒体。

网络教学在发展过程中会呈现出三种不同的形态:一是"以传统教学为主,以网络教学为辅"的形态,它主要是以传统的课堂教学为主,适当辅以网络终端学习;二是"以网络教学为主,以传统教学为辅"的形态,它以网络终端学习为主,适当辅以传统的课堂教学;三是完全的网络教学形态,从教学、辅导到成绩考核等全过程都在网络终端进行。我国目前的网络教学,特别是学校的网络教学主要以第一种形态为主,但网络教学的发展趋势是由第一种形态到第三种形态,网络教学是一种面向未来的教学。

2. 网络教学的特征

与传统教学相比,网络教学主要是实现了教学的灵活性、学习的个性化。网络教学具有以下特征。

一是教学时空的广延性。从时间维度看,网络教学没有时间限制,学生可以根据自己的意愿与实际情况来确定或改变学习时间和进度,进行弹性的、循序渐进的学习。网络教学为学生自主地、异步地学习提供了可能。从空间维度看,网络教学能突破校园教学环境的空间限制,使教学可以发生在任何网络终端上,教学的空间将大大拓展,并且具有灵活性与选择性。

---

① 参见石鸥、张豫:《超越时空的教学——网络教学再论》,《湖南师范大学社会科学学报》2002年第3期。

二是教学影响的丰富性。在网络教学中,学生所受影响不再像校园那样单纯,而是具有复杂性。一方面,学生将受到教师与网络的双重影响,并且网络的影响有时比教师的影响还要强。另一方面,网络对学生的影响具有双重性。由于学生自主权的增加,学生在网络终端上进行学习时,不仅仅受教学的影响,还会受到教学以外各种网络资源因素的影响。所以,网络教学更要注重培养学生的自制力。

三是教学内容的复杂性。在多媒体网络教学系统中,存储着专家、教师和教育技术工作者共同开发的大量数据、资料和教学软件等,形成了一个特大型的教学信息资源库。网络教学可以将世界各地的教学资源连接成一个整体,供学生学习,其内容超越了课本或教材的范围,教学内容表现出无限性。由于学校对网络资源不可监控,因而,网络上不仅有积极的教学内容,也有消极的教学内容,从而使教学内容的性质呈现出两面性。这对教学提出了严峻的挑战,要求学生应具有较强的批判思维能力。网上的教学内容不再像教材那样线性排列,而是呈非线性的关联状态,它可以促进学生的"随机通达式"学习①,但也可能导致学生思维混乱。网络教学内容能及时更新,保证教学内容随时代的发展而不断变化,保证了教学内容的新颖性。网络教学内容的呈现表现出多维性,它不仅可以呈现文本信息,而且可以呈现非文本信息,如声音的、动画的等;不仅可以呈现静态信息,也可以呈现动态信息。

四是教学方式的灵活性。网络教学可以是同步教学,也可以是异步教学。网络同步教学可以采用视频系统实现像传统的课堂教学那样的即时型同步教学,也可以实现像网络聊天式的延缓型同步教学。在网络同步教学中,教师要对学习时间等作统一规定。网络异步教学主要是学生自己下载相关的教学内容进行自主的、个性化的学习,或者是学生个人直接在网上学习,教师对学习时间等不作统一规定。在网络教学中,学生学习的自主性相当大,他完

---

① 建构主义提出的一种学习方式,它认为要达到获取高级知识(掌握理解的复杂性和为迁移作准备)的目标,对同一知识的学习应在不同的时间内,从不同的角度、不同的方面、不同的侧重点多次进行。

全可以根据自己的需要选择适合自己的教学内容、学习方式，并可以随意发表自己的见解。在网络学习中，学生之间的合作范围将会扩大，学生不仅可以与同班同学进行合作，还可以与对他的学习内容感兴趣的任何人进行合作。学生获得帮助的途径也十分广泛，不再局限于教师或家长。

五是教学过程的开放性。在网络教学中，施教者不限于教师，任何人都可以充当施教者，甚至可以不需要直接的施教者；学习者也不限于学生，任何想学的人都可以学习。所以，整个教学过程是开放的，任何想了解教学过程的人都可以随时了解，同时，教学过程将受到更多人的关注。

网络教学有许多优点，但同其他的教学一样，也有着自身不可克服的局限。首先是学生主要生活在虚拟世界中，其情感交流将被虚拟化，这对学生的情感领域的发展不利。其次是学生的动手能力、实践能力不易培养。再次是学生容易沉溺于网络，不利于心理健康的发展；等等。

四、教学的基本步骤及其要求

（一）教学的准备

教学的准备也叫备课。它是上课的准备工作，只有备好了课，才能上好课。备课主要是对教学进行设计，对教学过程进行周密的思考。教学设计应为上课留有创造的空间，而不能是一个刚性的计划。在备课中一般要做好以下工作：钻研课程标准、教学要求和教学目标；钻研教材，确定教学的重点、难点；研究有关教学参考资料，并对其进行选择与组织；了解学生的知识经验基础和心理特点；选择教学方法与教学手段；拟订教学活动计划，设计教学结构；课件的准备与制作及教学资源的开发与利用（如多媒体资源、社会资源等）。

（二）教学的实施

教学的实施即上课，它是将教学计划付诸实施的过程，是整个教学活动的中心环节。在上课时应注意以下几点：要尽量运用启发式教学，避免灌输式教学；要注意运用多种教学方法促进学生的发展；要努力调动学生的主动性、积极性，不能搞教师"一言堂"；要注意培养学生的创造性思维，不能只关注知识的传授与技能的培养；要注意随课堂的变化采取相应的教学措施，不局限于教学计划；要培养学生的自学能力；等等。

(三) 作业与辅导

布置学生做作业是教学的重要组成部分，它有助于巩固教学效果，提高教学效能，培养学生运用所学知识解决实际问题的能力。在布置作业时，要注意作业的代表性，尽量反映教学内容的全貌，但要少而精，注意减轻学生过重的课业负担。教学辅导的目的在于为学生提供有针对性的帮助，主要是对学困生提供特殊指导，也包括对其他学生的个别化指导。个别化指导旨在保证教学效果，使每个学生的发展达到最大化。

(四) 教学评价和反思

教学评价主要是对教师的教学状况及学生的学习状况进行诊断，以判断教学效果，为教学调控提供信息，为下一周期的教学提供参照。在对教学进行评价时，要注意灵活运用诊断性评价、形成性评价与总结性评价，定量评价与定性评价，即时评价与延缓评价，以促进学生的发展；要避免评价方式的单一性；要注意发挥评价对教学的促进与改进功能。

教学反思是教学评价的重要方式，它对于改进教学、提升教师的教学智慧、促进教师的专业发展具有特别重要的作用。教学反思可分为展望性反思、过程性反思与结果性反思。展望性反思主要是对教学过程、教学结果、教学情境的预期；过程性反思是在教学过程中进行的即时反思，以达到对教学过程的即时监控与调整；结果性反思是在教学完成后进行的反思，主要目的在于对自己的教学状况及教学过程中采取的措施的适当性进行反思，以便在下一个教学周期进行改进。在教学中，教师应具有反思意识，要善于利用不同的反思来为教学服务。

第三节 课外活动

由学校组织的课外活动是教育的重要内容，也是实现对学生进行教育的

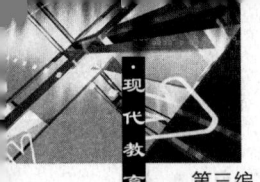

重要途径。本节拟对作为教育途径的课外活动进行阐述。

一、课外活动的概念

（一）课外活动的内涵

在教育史上早就有组织学生课外活动的教育实践。《学记》中有"大学之教也，时教必有正业，退息必有居学"的记载，说明我国古代就有课内、课外两种教育形式。夸美纽斯在《大教学论》中规定：国语学校每天上课不得超过四次，上午两次，下午两次，其余的时间用于家事或某种形式的娱乐。① 我国在20世纪初兴新学制以后，在1904年颁布的《奏定初等小学堂章程》中将游戏列入学校的工作范围。1939年颁布的《训育纲要》将各学科的自动探究、课余娱乐活动作为训育的重要内容。新中国成立后，十分注重学生课外活动的展开，还在全国建立了青少年宫、儿童公园等校外教育机构。进入20世纪80年代后，人们普遍地将课外活动作为教育改革的一项重要内容进行了理论探讨与实践创新，甚至有人提出了"第二课堂"的概念。现代社会科学技术发展迅速，社会交往日益频繁，课外活动中孕育的教育因素越来越丰富，对学生的影响也日渐深刻与广泛。现代教育理论和教育实践都十分重视课外活动的发展价值。

课外活动是学校在课堂教学以外组织学生参加的各种教育性活动的总称。课外活动与校外活动不同。校外活动是由校外教育机构领导和组织，旨在对青少年进行教育的活动，虽然它在形式和内容上与课外活动有类似之处，但它属于社会教育的范畴。课外活动也不同于学生在课外完全自主（没有学校的引导与指导）参加的各种活动，这类活动实际上是生活活动，主要不属于学校教育范畴。课外活动可以发生在校内，也可以发生在校外，主要是看这种活动是否由学校发动、部署和组织。在我国，课外活动一般是由学校、教师、少先队、团委、学生会等发起与组织的，但它往往又需要得到社会相关

---

① ［捷］夸美纽斯著，傅任敢译：《大教学论》，教育科学出版社1999年版，第218页。

人员及机构的配合与协调。

　　课外活动不是课堂教学活动的延伸,不是为完成作业而开辟的领域,它主要是通过活动的形式促进学生的全面发展。虽然它对课堂学习有一定的促进作用,但不是其主要旨趣。课外活动在学生的发展中有其本体性的功能,也就是说,课外活动在学生的发展中有其独特的价值。

(二) 课外活动的特点

　　课外活动与其他教育途径一样,是为了实现教育目的,促进学生健康发展。课外活动作为一种教育途径,与课堂教学相比,它具有如下特点。

　　1. 灵活性

　　教学是根据课程计划、课程标准、教材和课表进行的,有相对稳定的内容和形式。课外活动不同,它不拘一格,灵活生动。活动的项目众多,内容丰富多彩;形式活泼,讲求实效,重在学生参与;活动人数可多可少,时间可长可短,方式可以集中也可以分散。活动的指导者可以是教师,也可以是有专长的家长或社会人士,甚至可以是学有特长的学生。这些活动有动有静,灵活多变。活动效果的检查与评价方式也是多样的,它一般不采用课堂教学那样记分的方式,而是采用汇报表演、娱乐竞赛、成果展示、讨论会和报告会等形式。课外活动从形式到内容、从实施到评价都具有极大的灵活性。所以,课外活动可以及时将社会的新发展、新变化纳入其中,使学生获得最新的信息。

　　2. 开放性

　　与课堂教学相比,课外活动不受课程计划和学校围墙的限制。凡是符合教育要求、有利于学生身心发展的事物,均可创造条件将其纳入课外活动的范畴。课外活动的内容与形式比课堂教学更接近日常生活现实,具有较大的包容性。因此,课外活动为学生拓宽了生活的领域,比课堂教学具有更大的开放性,它能容纳丰富的内容、多样的形式。

　　3. 综合性

　　与课堂教学以学科为中心进行组织不同的是,课外活动是以活动与学生为中心进行组织的。因此,它提供的场景是综合的,能够为学生提供同时运

用多种知识、展示多种才能的机会。即使是学科性质的课外活动，它也要求学生能综合运用该学科的知识、技能进行活动。学生在课外活动中获得的发展也是综合性的，而不仅仅是知识与技能的发展。因此，在课外活动中，要注意组织综合性的学习活动，促进学生全身心地参与，获得丰富的体验与发展。

4. 兴趣性

课外活动一般不像课堂教学那样要求人人参加，它要求学生根据自己的兴趣、爱好自愿选择所喜欢的活动。课外活动的形式、内容是丰富多彩的，它们多是学生喜闻乐见的活动，具有吸引力，能够引起学生浓厚的兴趣，激发他们探究的心理与欲望。学生的兴趣在课外活动中可以得到最大的满足，从而使学生的特长、爱好得到较好地发展，而这又增强了学生进一步参加课外活动的动机与兴趣。

5. 自主性

学生在课外活动中比在课堂教学中有更大的自主权。富有成效的课外活动，大多是在教师及相关人员的指导下，由学生独立组织、自主开展的。在活动过程中，教师不可能也没有必要像课堂教学那样牵着学生走。可以说，课外活动是学生自己的活动，学生才是课外活动的主人，教师在课外活动中只能起辅助作用。

6. 探究性

课外活动的内容、形式、方法等都具有较大的不确定性，它不像课堂教学那样绝大部分内容都以定论的形式呈现。正是这种不确定性，课外活动对学生才具有吸引力。它将学生的好奇心牢牢扣住，而学生又天生具有极强的好奇心。这二者的结合，课外活动就充满了探险、充满了乐趣。课外活动能够培养学生的探究兴趣及初步的探究意向。

二、课外活动的作用

课外活动是实现教育目的的重要途径之一。它的主要任务是组织灵活多样的学生喜欢参与的活动，培养学生的能力、独创性与个性，使学生获得全面而又生动活泼的发展。同时，课外活动对社会的发展也具有一定的价值。课外活动的独特作用主要表现在以下几个方面。

（一）促进学生全面而又生动的发展

青少年学生正处在长身体、长知识的阶段，精力充沛，兴趣广泛。他们不仅好奇，有了解自然和社会、获取知识的愿望，而且好动，有参加各种活动的需要。组织丰富多彩的课外活动，可以使学生的课余生活更充实、更活泼、更有乐趣。学生参加这种活动，可以使他们得到最大的发展，同时他们的精力得到了适当的利用，免遭社会不良习气的影响，有利于学生健康地发展。课堂教学对学生的发展主要集中在知识与技能上，而课外活动主要关注的是学生的能力及智慧。一方面，通过课外活动可以获得智慧；另一方面，它可以将课堂教学中获得的知识转化为智慧。

（二）培养学生的创新精神

课外活动是根据学生的特点和需要组织的。他们可以根据自己的兴趣、爱好，有选择地参加自己喜欢的活动，这样可以使他们的兴趣与特长得到发展。更重要的是，课外活动充满了不确定性与趣味性，能够激起学生的探究欲望。课外活动给学生提供了广阔的天地，可以让学生独立地运用自己的知识、智慧来发现问题、分析问题与解决问题，使学生的主体性、创造性得到检验与激发，使学生在锻炼中成长。学生的许多小发明、小制作甚至专利，大都是通过课外活动这条途径实现的。

（三）加强理论与实践之间的联系

课外活动可以缩小理论知识与生活实际的距离。通过组织各种各样的课外活动，可以促使学生将在学校所学的知识与技能应用于生产生活实际，从而理解知识的价值，进一步增强学习的主动性。另外，学生通过课外活动，能够获得对社会与自然的一种直接体验，增加学生的直接经验，为进一步学习理论知识打下一定的实践基础。

（四）为社会提供服务

通过组织课外活动，不仅能使学生获得发展，而且还能为社会提供一定的服务，产生一定的社会效益。例如组织学生为孤寡老人服务、义务植树、

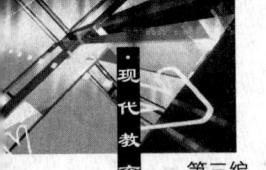

组织学生假期"三下乡"等活动,除对学生的发展产生了积极作用外,还产生了良好的社会效益。

三、课外活动的形式

课外活动在实践中有多种组织形式,不同形式的活动具有自己的一些特点。

(一)群众性活动

群众性活动是以一个或几个班为单位组织的课外活动。它可以吸收大批学生参加,活动规模大、人数多,有利于活动的普及与提高,具有鲜明的教育性。群众性的课外活动通常有以下几种形式:报告和讲座,各种集会,各种竞赛,参观和访问,调查和旅行,社会公益活动,各种纪念活动,办墙报和黑板报等。

(二)小组活动

小组活动是课外活动的基本组织形式,它大多是建立在学生兴趣、爱好和自愿组合的基础上。它灵活机动、小型多样,能使学生获得学习和实践各个专项活动的机会,有助于扩大和加深某些方面的知识,发展学生的特殊爱好与才能。课外小组活动可以根据学生的需要与学校的条件进行组织。小组的人数不宜过多,成员应是对这一活动有特长或兴趣的学生,采取自愿加入的方式招纳组员,活动由有特长的教师或社会上的其他专业人士组织。小组活动一般应有一定的规章制度,有固定的组织形式、连续性的内容、适宜的活动场地等,并应及时总结,展示成果,以增强组员的信心与动力。小组课外活动通常有以下一些形式:学科兴趣小组活动、技术实践小组活动、艺术小组活动、体育小组活动、主题研究小组活动等。

(三)个人活动

这是学生在教师指导下进行的独立性课外活动,一般是在教师指导下学生个人自主地进行,如课外阅读、课外小制作、小型调查研究、艺术创作等。这种活动能充分发挥每个学生的积极性与创造性,锻炼他们独立工作的能力。教师要积极组织个人课外活动成果的交流,如读书交流会、成果展示会等,使学生的经验得到共享，使学生得到激励，并提高学生活动的信心。

四、组织课外活动的基本要求

为了使课外活动能够取得实效，对学生的发展起到实实在在的作用，在组织课外活动时应注意以下几点。

（一）坚持教育性原则

课外活动是学校教育活动的重要组成部分。开展课外活动必须有利于学生的德、智、体、美、劳全面发展，有利于学生健康成长。

坚持教育性原则要求课外活动要着眼于学生的实际，从学生发展角度进行计划与组织，而不是仅仅为了学校的某项工作的需要（如迎接上级检查）才组织课外活动。它要求学校应十分重视课外活动，做到课外活动与课堂教学相得益彰，不能认为课外活动可有可无。课外活动要尽量使学生接触新事物，了解国内国外形势，了解科学技术的新发展，不断拓展学生的视野。课外活动的组织要注意内容健康、格调高尚，防止不健康的情调对学生的消极影响。在活动中要注意培养学生的自制力、独立办事的能力及合作意识。在课外活动中，教师要善于发现特殊人才，以便进行个别化的教育。课外活动要符合学生的心理、年龄特征，使每个学生的特殊才能得到最大的发展，使每个学生的情感、态度、价值观等得到健康的发展，使学生成长为社会有用之才。

（二）活动要富有吸引力

青少年学生兴趣广泛，求知欲强，富于幻想。因此，课外活动应具有科学性、趣味性，形式要多样，内容要丰富，使他们能动手动脑，这样才能吸引学生参加，满足学生各方面的需求，使他们的兴趣、爱好向积极方面发展。

课外活动与课堂教学不同，它主要以活动的形式进行教育，因此，学生只有参加了活动才能获得发展。学生参与活动是以自愿的原则进行的，如果活动没有吸引力，其教育作用将会减弱。这就要求课外活动的设计与组织要考虑学生的年龄特点与需要，以学生为中心。另外，学生的兴趣易变，在组织课外活动时还要注意对学生的兴趣进行引导以及培养学生新的兴趣，使学生参加各种各样的活动。

(三) 充分发挥学生的积极性与创造性

课外活动的主体是学生。他们根据自己的兴趣、爱好自由参加活动，根据自己的理解与意愿独立自主地进行活动。因此，能否激发学生的积极主动性与创造精神，能否发挥学生的主体作用，是课外活动能否取得实效的关键。

发挥学生在活动中的主体作用和创造精神，除了活动要能引发学生的兴趣外，最主要的是要让他们在活动中动手动脑、独立思考，参加活动的设计、实施、管理与评价的全过程。通过运用知识、深化知识来提高技能、增长才干，使学生真正成为活动的主人。强调学生的主体作用和创造精神，并不意味着忽视教师的作用。教师是活动的指导者，他应当帮助学生选择参加适当的活动，为学生的活动提供条件，并在活动中给学生以启发诱导，从各方面给学生以辅导，帮助学生解决疑难。课外活动不是要削弱教师的作用，而是要求教师改变领导方式，由课堂教学中的直接领导为主转变为间接领导为主。要信任学生，学生自己能完成的活动，教师就不要插手，若在活动中教师越俎代庖、包办代替，则学生的主动性、积极性、创造性将会受到影响。

(四) 充分发挥学校的组织领导作用

课外活动虽然是由学生自愿参加的活动，但自愿不等于放任自流，学校要加强对课外活动的组织与领导。学校要将课外活动列入整体工作计划，做好组织筹划工作；配备指导教师，加强对活动的指导；为开展活动提供必要的人力、物力、财力，购置必要的设备；做好与其他部门的协调工作，为课外活动的开展提供必要的条件；充分利用丰富的资源，包括社会上的物质资源及人力资源。

第四节　咨询与辅导

社会的高速运转及生活节奏的不断加快，使人们的生活适应问题和心理问题日渐突出，学生的心理及其发展问题也引起了社会和教育界的广泛关注。

现在人们逐渐认识到，一个人要想成为真正的人才，除具备扎实的基础知识、基本技能和较强的创造才能外，还必须是心胸豁达、头脑开放、意志坚强、适应能力强的人。在这种背景下，咨询与辅导（这里所说的咨询与辅导主要是指学校教育情境中的咨询与辅导）也成为了学校教育的重要途径。

一、咨询与辅导的概念

从发展过程来看，咨询与辅导的内涵发展经历了三个阶段。第一阶段是在20世纪30年代以前，当时的学校教育十分重视对学生进行听、说、读、写、计算、推理等基本技能的培养，因此，这时的咨询与辅导主要表现为学习指导，即让学生正确地学习，掌握更多的知识与技能。第二阶段是二战结束至20世纪80年代，这时国际形势发生了重大变化，国际竞争日趋激烈，各国都十分重视创造人才的培养，重视学生的发展。这时的咨询与辅导不仅重视基础知识与技能的掌握，而且十分重视学生潜能的开发和创造力的培养。因此，此时的咨询与辅导主要表现为以学生的发展为本。第三阶段是20世纪80年代以后，随着信息化社会的到来，社会生活节奏的加快，在学生掌握知识、技能的同时，如何增强他们的心理承受能力，培养健全的人格，使他们成长为身心和谐的人成为咨询与辅导的重要课题。此时的咨询与辅导成为心理健康教育的重要组成部分。在当代西方教育中，咨询与辅导也是其重要内容，例如加拿大教育学者马克斯·范梅南在论述教学机智时认为，欧洲的教育学"也包括了如下的专门化领域如咨询、治疗、心理参考、社会工作的方方面面，等等"。[①]在我国，咨询与辅导已引起人们广泛的关注并具备了一定的基础。

严格来说，咨询与辅导是有区别的。咨询是学生觉得自己存在某种困惑并且主动找到学校专业工作人员请求帮助时，学校专业人员提供的一种个性化的协助，目的是帮助学生解决人际上、生活上、心理上的问题，帮助学生

---

① ［加］马克斯·范梅南著，李树英译：《教学机智——教育智慧的意蕴》，教育科学出版社2001年版，第39页。

作出抉择，建立生活目标。辅导是学校中的教育人员主动对学生提供的一种协助，目的是帮助学生自我了解、自我实现、自我发展。辅导涉及的学生范围要大，可以面向全体学生，而咨询的范围则相对小些，主要是针对自己觉得有困惑并且主动请求帮助的学生。对教育者而言，辅导应是教育者主动对学生作出的，而咨询则是相对被动，是应受教育者的要求而作出的。从涉及的心理深度而言，辅导是浅层次的协助，咨询则是深层次的协助，涉及学生的内心深处。从专业化的程度而言，咨询比辅导更专业。虽然咨询与辅导区别较大，但在学校教育中，二者往往渗透使用，而且咨询往往是进行辅导的一种重要方式，所以这里对二者暂不作区分，将咨询与辅导看做学校教育的一条重要途径。因此，我们认为，咨询与辅导是教育者有目的、有计划地给受教育者提供的一种学习上、生活上、发展上的协助，它以良好的人际关系为前提，以协助学生自我了解为起点，以促进学生自我实现与发展为目的。

二、咨询与辅导的意义

（一）预防和解决学生心理问题的有效方式

随着社会生活节奏的加快、学习压力的增加及生活环境的变化（如单亲家庭的增多等），学生的心理问题日益突出。近年来，神经衰弱、考试焦虑、离校出走、行为过激等现象在校园里时有发生。更有甚者，有的学生因不堪承受生活和学习的压力而自杀或杀死父母。学生出现心理障碍和行为问题的原因很复杂，有的是由家庭造成的，如父母不良习气的影响、缺乏关爱、过分溺爱等；有的是由社会造成的，如社会上不良风气的影响、不良同辈群体的影响等；有的是由学生自己造成的，如恋爱问题等；也有的是由学校造成的，如教师对学生的讥讽、课业负担过重等。学校作为一种专门的教育机构，一方面有能力将各方面的力量协调起来，使学生生活在一种良好的环境中；另一方面，可以对学生出现的心理问题进行积极干预，提高学生的自我协调与发展的能力。通过咨询与辅导，学校可以对学生已出现的心理问题进行治疗，对还未出现心理问题的学生进行预防，从而达到减少甚至消除心理障碍、提高心理素质的目的。

（二）提高思想政治教育效果的重要手段

虽然咨询与辅导同思想政治教育工作分属两种体系，它们在起源、理论基础、目的、任务、内容、方法及人员素质方面都存在较大的区别，但它们同是做人的工作，都关涉到学生的心灵。再加上咨询与辅导因其理念、方法都体现了人文关怀，注重学生个体的特殊需要，因而可以在一定程度上弥补思想政治工作无法涉及的某些方面，如性教育的空白与青少年对生理、性问题的认识需求之间的矛盾。在学生成长的各个不同阶段，都会有许多具体的心理不适与困惑，如小学生的多动症、中学生的青春期困惑、大学生"大一综合征"等，这些问题表面看来似乎是思想或道德行为问题，其实这些都是与心理有关的问题。因此，我们不应简单地将学生消极的学习态度归因于没有理想，将不爱与人交往归因于不善团结，将行为障碍归因于有意识破坏纪律，将个别性格变态者归因于思想意识有问题等，这样不但不能解决问题，反而加重其心理负担。总之，咨询与辅导工作和德育工作在培养合格人才的目标下，可以相互配合，相互渗透，相得益彰。通过运用咨询与辅导的某些原则和方法，可以使思想政治教育工作更具实效性。

（三）实施素质教育的重要举措

学生的心理素质教育是素质教育的重要内容，也是学生其他素质发展的基础和前提，咨询与辅导正是针对提高学生的心理素质而产生的。通过咨询与辅导，可以为学生的全面发展奠定基础，有利于学生智能、情意、人格等和谐发展。同时，通过咨询与辅导的辐射效应（向社会辐射），有助于人们克服消极心理状态，促进健康心理的形成，振奋精神；有助于缓解人际冲突，改善交往环境，增进社会稳定；有助于人们进行自我认识、自我教育、自我完善，从而塑造良好的个性，发展健全的品格，提高人们的道德水平。总之，咨询与辅导不仅可以提高学生的整体素质，而且可以提高整个国民的素质。

三、咨询与辅导的形式

对学校教育而言，咨询与辅导的形式主要有心理咨询与辅导、学习生活辅导、职业指导。

（一）心理咨询与辅导

随着素质教育的开展及人们对素质认识的深化，心理咨询与辅导已被纳入到教育中并受到广泛的重视。

1. 心理咨询与辅导的内涵

心理咨询与辅导是指以心理学、行为科学等多种学科理论为依据的一种新的教育方式。心理咨询与辅导的目的都是促进学生健康发展，主要着眼点是学生的心理。但严格地说，学校心理咨询与辅导是有区别的。学校心理咨询是指对学生在学校教育过程中产生或出现的心理问题及人格障碍等不适应表现进行心理援助和教育指导的一种方式，通过与他们心灵的交流，相互理解，促使学生自我意识发生变化，人格得到健全发展；学校心理辅导以了解学生为基础，以创设和谐气氛与良好关系为前提，通过测试调查、班级活动、个别谈话，使学生了解自己、了解环境，从而身心得到健康的成长和发展。它是对学生成长的心理协助、服务，是充满爱心的合作和诱导。心理咨询指向心理障碍及适应问题，目的是对心理问题进行治疗，它涉及的学生主要是有心理障碍的学生；心理辅导指向促使学生形成正确的自我意识与自我调节能力，促使学生更好地发展。它意在增强学生的心理适应能力和调节能力，它面向全体学生而不是只针对有心理障碍的学生。有研究者将学校心理辅导分为三个层次：一是发展性心理辅导，它是面向全体学生进行的心理保健工作，以提高全体学生的心理素质，如帮助学生正确评价自己，使自己成为一个受欢迎的学生等；二是预防性心理辅导，它面向部分学习上、生活上及心理上有可能出现问题及刚出现问题的学生，以提高他们的适应能力，如有的学生出现了学习兴趣减退，教师帮助其分析兴趣减退的原因，采取恰当的措施恢复原有的学习兴趣等；三是治疗性心理辅导，它主要面向特定的心理问题较严重的学生（这类学生通常是出现了重大心理问题，如恐怖症、抑郁症等）采取适当的方法进行治疗。第一层次对应于上述的心理辅导；第二层次对应于心理咨询；第三层次对应于心理治疗，其工作主要通过专门的心理治疗机构进行和实施，学校所起的作用较小。①

　　这里对心理咨询与辅导及其层次暂不作严格的区分，认为心理咨询与辅导就是学校采取的促进学生心理健康发展的一切教育措施的总和，是在一种新型的建设性的人际关系中，学校辅导人员运用心理学的知识和技能，给学生以恰当的服务与协助，帮助学生正确地了解自己与周围环境的关系，促使其克服成长中的障碍，调整自己的行为，增强社会适应能力，根据自身条件确立有利于个人发展和社会进步的生活目标，充分发挥自己的潜能。它可能是发展性的，也可能是预防性的，还可能是治疗性的。

　　心理辅导与思想品德教育存在着一定联系，但又有明显区别，不能将二者等同。两者之间的联系表现在根本目标上具有一致性，都指向教育目标的实现，都是为了促进学生个性的健康发展。两者之间的区别主要有以下几点。一是任务不同。思想品德教育是要解决学生的思想问题，包括政治态度、思想品质等，主要是关心学生的社会化问题，而心理辅导主要是解决学生的心理问题、个性健康发展问题，如情绪问题、交往问题、性心理卫生问题等。二是理论基础不同。思想品德教育是以伦理学、教育学、政治学、法学等学科理论为基础，而心理辅导主要是以心理学、教育学知识为基础。三是基本方法不同。思想品德教育多采用规范与说服、劝导以及表扬与批评等方法，心理辅导重在讨论、协商、建议，最终让学生自己认识自己的问题，自己找到解决问题的办法，自己作出选择与决断，自己对自己负责。在实际工作中，我们不能将二者混为一谈。思想品德教育可以而且应该借鉴心理辅导的某些原则与方法来提高教育效果，但心理辅导很少采用思想品德教育的方法。正因为二者各有其不同的任务，所以我们不能认为心理辅导就是思想品德教育，否则就弱化了心理辅导的意义与价值。

2. 心理咨询与辅导的内容

　　对学生进行心理咨询与辅导，就学校教育而言，主要有以下几方面的

---

　　① 徐光兴：《学校心理学——心理辅导与咨询》，华东师范大学出版社2000年版，第19页。

内容。

(1) 发展性咨询与辅导。主要是关心全体学生全面发展的相关问题，是对全体学生进行的心理保健工作，目的在于提高全体学生的心理素质，其中包括人生观、价值观、生活观的正确确立以及对自我潜能的正确理解与把握、对自我的人生设计、青春期心理、交友、升学就业、人际关系等进行指导与咨询。

(2) 适应性问题的咨询与辅导。它主要是对学生在生活中的一些不适应症状进行扶助与干预，目的在于使学生走上正常的发展轨道。这类问题主要有行为问题（包括偷窃、暴力等较为严重的行为问题和失眠、注意力不集中等轻微的行为问题）和人格问题（如神经症等较严重的人格问题和自卑、懒惰等较轻的人格问题），其中有些十分严重的心理问题（如癔症、强迫症等）必须通过专门的心理治疗机构进行配合治疗。

(3) 学习心理问题的咨询与辅导。主要是对学习过程中产生的心理问题（如缺乏学习兴趣、注意力不集中、多动症等）进行分析并帮助学生找到解决的对策。

(二) 学习生活辅导

学习生活辅导是学校教育的重要途径之一。现代教育已注意到，要使学生卓有成效地学习，仅仅传授学科知识、进行技能训练是不能全部奏效的。现代教学不仅要使学生掌握知识和技能，提高自己的主体能力，而且还要使学生能用较快速度进行学习，使学生愿学、乐学、善于学，从而增强学生学习的主动性，这是学习生活辅导的重要内容。

1. 学习生活辅导的内涵

学习生活辅导是指教师通过对学生学习活动、学习过程的指导，引导学生会学、乐学，将学习当做一种精神需求的过程。学习生活辅导主要不是对学生的学业进行辅导，这主要是教学的任务；学习生活辅导也不是对学生心理问题进行辅导，这是学校心理咨询的任务。学习生活辅导主要是对与学习相关的问题进行指导，它可能是心理的，也可能是行为习惯的，它主要是解决学习效率、兴趣、动机等问题。

2. 学习生活辅导的内容

学习生活辅导的内容十分丰富，主要包括学习态度辅导、学习动机辅导、学习策略辅导、学习习惯辅导等几方面。

(1) 学习态度辅导。学习态度主要是指影响学生对学习活动、学习内容作出行为选择的稳定的内部准备状态和行为反应倾向。学习态度不是学习行为本身，而是对学习行为作出选择的意向。学习态度对学习的影响是深远的，一个具有良好智力的人可能因为没有良好的学习态度而最终一事无成。学习态度辅导主要是让学生树立正确的学习态度，使学生认识到学习是人生发展不可逾越的阶段，并且是为人生发展打基础的阶段。这个阶段的发展程度将影响整个人生的发展状况，所以，必须重视学习。同时还必须让学生认识到，学习并不是一件轻松的事，它要求人们付出艰辛的努力。学习态度辅导一方面要帮助学生树立良好的学习态度，另一方面要帮助学生转变原有的不良的学习态度。

学习态度辅导的内容主要包括以下几点。一是要帮助学生正确认识学习，使学生认识到学习的重要性，认识到学习是一种艰苦的脑力劳动，要想学习好，必须付出努力。二是要培养学生学习的积极情感。首先，教师要关怀学生，在学习上给予学生适当的帮助，使学生对教师产生一种仰慕、热爱的情感。其次，培养学生对课程学习的良好情感，使学生对科学世界产生好奇心。再次，培养学生坚强的意志。要实现自己的理想，必须具有不怕困难、敢于知难而上的勇气。同时，让学生作好克服一切困难的心理准备。

(2) 学习动机辅导。学习动机主要是指发动并维持学习活动的倾向，它表现为引发某种学习行为，使这种学习行为指向一定目标并持续一段时间的种种内部状态和过程。奥苏伯尔认为，学校情境中学生的学习动机主要有认知内驱力、自我提高内驱力和附属内驱力。认知内驱力是一种系统地掌握知识与解决问题的需要。自我提高内驱力主要是指通过学习赢得相应地位的需要。附属内驱力是通过学习赢得长者（或其他人）赞赏与认可的需要。一般来说，低年级学生的学习动机大多是附属内驱力，他们学习多半是为了得到老师或父母的表扬；中年级学生的学习动机多半是自我提高内驱力，他们学习主要是为了名次靠前、评上优秀学生等；高年级学生的学习动机大多是认知内驱力，学习的主要目的是掌握知识。这样的划分并不绝对，同一个学生可能同时具有两种甚至三种学习动机。三种内驱力的强度与持续时间由大到小依次是认知内驱力、自我提高内驱力、附属内驱力。在进行学习动机辅导时，要注意引导学生的学习动机朝正确的方向发展。

学习动机辅导主要包括以下内容。一是要帮助学生树立远大的理想。使学生明白他想成为一个什么样的人，并要有为实现这种理想而不懈努力的思想准备。二是要培养学生的学习兴趣。学习兴趣有直接兴趣与间接兴趣之分。直接兴趣是对学习活动过程的兴趣，是对获得知识与技能的兴趣，它是一种内部兴趣；间接兴趣是对学习结果的兴趣，如对分数的兴趣、对获奖的兴趣等，它是一种外部兴趣。在培养学生的学习兴趣时，要注意培养学生的内部兴趣，即培养学生对科学知识的兴趣、对世界进行探究的兴趣。三是要满足学生的学习需要。不同学生的学习需要是不同的，只有每个学生的学习需要都得到满足后，学生才会有进行下一步学习的动力和积极性，所以，教师要给不同学习能力的学生以不同的学习帮助，使学生的学习需要得到最大满足，这种满足又会成为后续学习的动力。四是要对学习障碍进行诊断与辅导。及时发现学生的学习困难以及学习过程中潜在的问题，如考试焦虑、注意力不集中等，并帮助学生找到解决的办法。

（3）学习策略辅导。学习策略是为了提高学习效率而采用的相对系统、稳定的方法体系。研究学习策略的目的在于提高学习效率与效果，它可以分为信息加工策略、调控策略、资源管理策略等。学习策略的恰当使用，可以使学习达到事半功倍的效果。

对学生进行学习策略辅导主要包括以下内容。一是帮助学生了解自己的特征。使学生对自己的体力、智力、性格等有较清醒的认识，找到适合自己的学习目标与方法。二是培养学生的批判性思维能力和创造性思维能力。让学生学会对自己及他人的结论进行反思，不轻易相信他人的结论，也不要固执己见，在学习上要有开阔的胸襟。要让学生学会创造性思维方法，增强思维的灵活性。三是使学生学会如何根据自身的情况采用恰当的学习策略，学会对自己的学习进行监控与调节。使学生学会分析学习任务的性质,并有针对性地采取措施,学会根据学习的进展状况采取调节手段,增强学习的效果。四是让学生学会寻求学习支持。让学生学会在遇到学习困难、自己又无法很好地解决时,积极寻求帮助与支持。这种帮助与支持可能来源于其他材料,如教辅资料、网络资源等,也可以来源于他人,如教师、家长、同学以及其他懂得该学习内容的人。

(4) 学习习惯辅导。学习习惯是在学习过程中惯用的行为方式,良好的学习习惯可以使学生终身受益。许多学生的学习之所以难以取得进展,主要原因在于没有形成良好的学习习惯。

学习习惯辅导主要包括以下内容。一是使学生养成有规律地进行学习的习惯,科学地安排学习时间,合理地组织学习活动,以提高学习效率。二是对学生闲暇生活的指导。使学生学会劳逸结合,并选择积极健康的休闲方式,减少学习压力与学习疲劳。三是取得家长的配合与支持。学生学习习惯的养成不仅仅是学校的事,要使家长认识到,学生获得健康的发展,需要各方面力量的配合。为此,应让家长对自己的孩子有一个正确的认识,并能采取积极措施督促孩子养成良好的学习习惯。

(三) 职业指导

学生的职业生涯指导在我国的教育中长期未能受到应有的重视,一般都没有将之视为学校教育(尤其是基础教育)的一部分,其主要原因在于对社会主义制度的片面认识以及计划经济体制的影响。在以往,我们曾认为失业的根源在于生产资料私有制,社会主义在实行生产资料公有制以后,经济可以有计划、按比例地发展,此时就不会存在也不应该存在失业现象。在这种观念的影响下,我国实行统包统分就业制度与固定工资制度。由于这种原因,职业指导失去了它应有的地位与价值。改革开放后,我国的所有制结构、产业结构及劳动用工制度发生了巨大的变化,特别是民营、合资企业的出现,打破了传统的用人制度。1983年,中华职业教育社领导孙起孟等人多次提出应重视职业指导工作,并主持召开专门会议商讨与推动职业指导工作。社会主义市场经济体制建立后,职业指导工作日益受到相关部门的重视。1994年

9月，国家教委基础教育司下发了《关于印发〈普通中学职业指导纲要〉的通知》，对初中、高中职业指导的原则、目标和内容、途径与方法及领导与管理等都作了具体的规定，使中学职业指导工作逐步走向正轨。20世纪90年代末，我国正式打破了统分统包的就业格局，实行双向选择、自主择业，职业指导受到了人们越来越多的关注。

1. 职业指导的内涵

职业指导涉及政治、经济、教育、劳动、人事等诸多领域，是关系到社会发展和稳定的一项系统工程，它包括预测和分析人才需求、汇集和传递人才就业信息、组织人才交流及开展劳动就业咨询等一系列的综合性社会服务活动。全美职业教育协会认为，职业指导"是帮助个人准备职业、选择职业、获得职业和转换职业的一种过程"。①这一观点强调职业指导是一个过程，但这一过程需要社会各部门协同作用才能完成。作为学校教育的重要内容或教育的一种途径，职业指导有其特定的范围。华东师范大学金一鸣教授曾提出职业指导是一个动态的教育过程的观点，主张职业指导应渗透到整个教育过程，要有意识地发展学生的职业意识、职业兴趣与职业能力，其目标是通过系统的教育，使学生在毕业时能根据社会需要与个人特点自觉地择定生活目标，确定升学与就业方向，在毕业前作好升学与就业准备，以适应未来的学习与工作。②

所以，我们可以把学校职业指导定义为：学校职业指导是指培养学生的职业意识、职业道德和职业能力的教育过程，使学生学会根据社会的需求与个人特点自觉地确定未来的生活目标、发展方向，并为将来的升学与就业作好准备，以便能迅速适应未来的学习或工作。这里所说的职业指导主要是指学校职业指导。

学校的职业指导不仅要在大中专院校进行，而且要渗透到整个教育过程

---

① 参见朱启臻：《职业指导理论与方法》，人民教育出版社1996年版，第2页。
② 金一鸣等：《关于普通中学开展职业指导的几个问题》，《教育研究》1990年第4期。

中，因为职业意识的形成、职业素质的培养不是一天两天造就的，必须尽早使学生了解社会、了解自己，为自己未来的发展早作规划。职业指导的目的是帮助学生选择和确定未来的发展方向，并为自己的未来发展作好准备，所以，它包括职业性指导和升学性指导。

职业指导与职业教育是两个相互区别而又相互联系的概念。职业教育是指在职业教育机构（如职业技术学校、大学及职业培训机构）中进行的以专业技能教育为主、以提高学生（或学员）的职业能力为主的教育活动，它主要是提高学生的专业素质。而职业指导主要是对学生的职业意识、职业学习的主动性、职业思想等进行培养。职业教育主要在职业教育机构中进行，而职业指导可以在任何教育机构中进行。在职业教育中，一般都涵盖了职业指导，但在普通教育中同样可以而且也应该对学生进行职业指导。所以，职业指导应该贯穿于所有学校的教育中。

2. 职业指导的内容

学校职业指导的内容，可以概括为以下几个方面。

(1) 职业知识的了解。让学生了解什么是职业，职业是如何产生、发展变化的，我国的职业发展状况、趋势及大致的分类，世界上的职业发展状况及趋势等。

(2) 社会实情的了解。让学生了解社会政治、经济、文化的发展状况及发展趋势；了解社会产业的构成，包括第一、二、三产业及高新技术产业的比例及发展趋势；了解各产业的就业状况及其对人才素质的需求等。

(3) 职业与人生教育。使学生认识到职业对人生的重要性——凡是有劳动能力的人都要通过正当职业获取报酬，以维持生计，自我价值的实现也是通过职业来体现的。职业的选择关系到个人前途、家庭幸福，也关系到社会的稳定与发展。使学生认识到职业是实现人生价值的舞台，是人生理想的阶梯。使学生认识到学生阶段是职业生涯的准备阶段，好好学习是未来职业成功的基础。

(4) 职业与个性教育。首先要使学生明确职业与兴趣的关系，最好的职业是自己感兴趣的职业。这样，个人价值才能得到最大的实现。其次要使学生明确职业与能力的关系，认识到职业既需要一般能力，也需要特殊能力。

了解自己的潜能，并能进行自我开发。再次要使学生明确职业与个性心理的关系，了解自己的气质与性格特点，知道最适合自己的职业是什么样的职业，并能塑造良好的性格。

（5）职业理想教育。职业理想是人生理想的重要组成部分，是对未来职业的向往和追求，是建功立业的动力。职业指导必须使学生树立崇高的职业理想，并将之作为学习的动力。很多人从事的并获得了巨大成就的职业往往是其小时候梦寐以求的职业。所以，在教育中要重视对学生进行职业理想教育。一是要帮助学生树立正确的职业理想；二是要引导学生为了实现职业理想而努力奋斗。

（6）职业道德教育。职业道德包括一般道德和职业特殊道德，是人们在职业生活中应遵循的行为准则。通过职业道德教育，使学生明白职业道德在职业发展中的作用，并能根据职业道德来规范自己的行为。

（7）职业定向教育。帮助学生树立正确的职业观、择业观，根据自己的能力及潜力选择职业（包括升学）方向，确定未来的大致发展方向。

（8）职业能力教育。职业能力是指从事职业所必需的知识与技能，它包括普通能力和职业特殊能力。对学生进行职业能力教育，可以开设专门的职业技能课，也可以渗透在学科教学过程中进行，如上化学课时可以讲解一些化工生产原理等。

四、咨询与辅导的实施途径

在对学生进行咨询与辅导时，应采用灵活多样的方式进行，以增强咨询与辅导的成效。下面介绍几种咨询与辅导中常用的方式。

（一）系统传授式

这是一种专门开设一门咨询与辅导课，列入常规教学课程并配备一定的教材，每周用一定的课时系统地向学生传授心理卫生知识和提高心理素质的方法，并要求学生尝试运用。这种方式比较适合中学和小学高年级。在使用这种方式时，要针对不同学段的学生进行差异性的、系统而连续的指导。从小学、初中、高中到大学的辅导要体现出层次性和连续性。其优点是，学生可以比较系统地掌握相关知识和自我调控策略,既知道应该怎样做,也知道为什么要这样做;其缺点是,咨询与辅导的针对性不够强,理论与实践容易脱节,难以发挥立竿见影的效果。

(二) 专题讲座式

作为对系统传授式的拓展与补充,咨询与辅导也可以采用专题讲座式,定期或不定期地举行一些咨询与辅导讲座,每次就学习、生活中的一两个问题进行专题指导(例如"怎样提高心理承受能力"、"怎样养成课前预习、课后复习的好习惯"、"如何制定学习发展规划"等等)。这种方式比较适合中高年级,可以以班为单位进行,也可以以年级为单位进行。其优点是针对性比较强,形式比较灵活;其缺点是容易受到其他活动的冲击,难以做到经常化、系统化。

(三) 学科渗透式

它是由各个学科的任课教师根据本学科的特点和教学内容,在教学过程中有意识地渗透对学生的咨询与辅导。学科渗透式咨询与辅导的优点是既符合学生实际,又具有学科特点,针对性很强;其缺点是,学生所获取的知识与方法比较零星、分散,难以形成完整的体系。

(四) 诊断治疗式

它是通过对学生的心理状况进行调查研究、诊断,对学生的心理障碍进行深入分析,然后针对每个人的具体情况进行有针对性的指导。这种方式是针对不同学生的实际情况进行指导、提供帮助的过程,由于它因人而异,因而可以收到一把钥匙开一把锁之功效。从沟通方式的角度看,个别咨询与辅导实际上是一种师生之间的双向交流过程。在这一过程中,教师通过观察、交谈、心理调查等方式(比如心理测量、心理烦恼自诉等方式)来了解学生的心理状态,发现他们可能存在的心理问题,然后通过个别辅导,帮助他们解决问题。在进行个别咨询与辅导的过程中,要遵循尊重人、理解人、平等交流、帮人自助的原则,遵循自愿的原则,让学生主动找心理教师进行咨询,而不是心理教师去找学生进行指导。要善于聆听学生的宣泄,并给予恰当的疏导。其优点是,真正做到了个别指导和因材施教,能及时有效地解决一些学生学习上的问题;其缺点是,适用范围小,对指导教师的要求较高(特别

是教育学、心理学理论的素养方面），难以大面积推广。

（五）经验交流式

它通过主题班会、学习经验交流会或座谈会、结对子或一帮一等活动，让学生的学习经验和成长心得体会得以交流和传播。其优点是，学生中的典型为他们所熟悉，生动具体，真实可信，说服力强，容易被学生接受，不仅可以起到示范作用，而且具有激励作用；其缺点是，限于本身的水平，学生的经验一般缺乏理论上的总结和概括，其科学性与有效性都难以确定，不宜作为咨询与辅导的主要方式。

（六）环境熏陶式

它是通过学校宣传栏、班级墙报、名人语录等学习环境的布置，以及良好的校风、学校传统、人际氛围、正确的舆论导向、良好的班风等所形成的巨大教育力量，引导集体中的每一个人，帮助学生树立正确的学习动机，养成良好的学习习惯，掌握高效的学习方法，使学生体会到集体的温暖与关怀。其优点是，可以在潜移默化中达到刻意追求所难以达到的效果；其缺点是，如果班集体比较薄弱，正气不强，就容易放任自流。所以，采用这种方式的前提是必须有一个强有力的、风气正的班集体。

（七）协作辅导式

学生心理问题虽然表现在日常的学习、生活中，但其成因往往十分复杂，其中家庭环境不良与家教方法不当以及社会不良因素的影响是导致中小学生产生心理问题的重要原因。因此，在对中小学生进行心理教育中要实行"综合治理"，把家庭力量、学校力量和社会力量结合起来。在对学生进行咨询与辅导时，要通过开设家长心理讲座，引导家长关心孩子的心理健康，向家长普及心理学知识，指导家长掌握科学的家教方法，帮助家长提高家教水平。学校应在定期召开的家长会上向家长通报学校心理教育工作情况，以获得家长的支持、理解与配合。特别是对某些需要特殊帮助的学生，学校一定要取得家庭、社会的配合，并对家庭和社会进行引导。有时遇到心理疾患比较严重的学生时，可以请求校外咨询机构予以协助。这种方式的优点是，看到了心理问题根源的复杂性，强调各方教育力量的一致性；其不足是社会力量有时难以被学校统整。

五、咨询与辅导的基本要求

（一）尊重学生

尊重是咨询与辅导过程中应遵循的基本原则。尊重，就是尊重学生的人格与尊严，尊重每个学生应有的权利，承认他是不同于其他人的独立个体，承认学生是需要帮助的成长过程中的人（而不是有"问题"的人）。之所以要求尊重学生，一是因为这是对待任何人的基本准则，对于成长中的学生，尊重尤为重要；二是因为只有当教师尊重学生时，学生才能体验到自己真正的存在，才会尊重自己，珍惜自己的成绩和进步，关心自己的荣辱，体验到做人的尊严。自尊、自重是咨询与辅导所追求的重要目标之一；三是从咨询与辅导的策略来讲，如果学生感觉到被老师尊重和理解，他就会信任老师，愿意向老师倾吐内心的忧虑、惶恐、苦闷。由尊重所带来的和谐的师生关系，是咨询与辅导获得成效的基本条件。在对学生进行心理咨询与辅导时，要以学生为中心，以学生为主体，从而达到"肯定的尊重，共感的理解"。

尊重学生，要求在咨询与辅导过程中要相信学生，充分发挥学生的主体性。在对学生进行咨询与辅导时，教师要帮助学生对自己的需要、个性、能力进行正确的评估，根据自身特点与社会需求自主地确定自己的发展方向，培养学生独立地计划、选择与决定自己前途的能力。

（二）面向全体学生

学校咨询与辅导的功能在于通过对学生的引导、指导、协助与服务，促进学生的健康成长和发展。作为教育的重要途径，咨询与辅导是教育活动的重要内容，也是其他教育活动的有力配合和合理补充，因此，应该面向全体学生。它既不像"应试教育"观念指导下的教学那样，以少数所谓"尖子"学生为工作对象；也不像单纯的心理治疗那样，以存在心理障碍的极少数学生为服务对象。只有当全体学生的咨询与辅导工作做得有成效时，个别学生的问题才较少发生，或更易于解决，所以，在制定咨询与辅导计划时要着眼于全体学生，确定辅导活动的内容时要考虑大多数学生的共同需要与普遍存在的问题，组织团体辅导活动时要创造条件，让尽可能多的学生参与其中，特别是要给那些内向、腼腆、害羞、表达能力差、不大引人注意的学生提供参与和表现的机会。面向全体学生并不是说要给每位学生以同样的辅导，而是说在辅导时要关注所有的学生，促进全体学生的健康发展。当然，不同的学生要给予与其发展相适应的指导。

（三）要有耐心

心理问题不是一天就出现的，它是经过积累的结果，咨询与辅导工作很少能取得立竿见影的效果，有时甚至还有反复现象，所以，在对学生进行咨询与辅导的过程中，教师要有足够的耐心，要长期地、不断地给学生以扶持与引导，并对学生进行长期的跟踪观察，及时给予必要的帮助。学生良好的学习方式、职业意向要经过长期的实践与教育才能形成，所以，教师对学生的成长要不断地给予关注，能够在适当的时候提供及时的帮助。有耐心还要求教师对学生永远不要失望，相信学生一定可以健康地成长，只不过是需要帮助而已。

（四）坚持具体性原则

咨询与辅导的目的主要是促进学生个性的健康发展，因此，在进行咨询与辅导时，要结合学生的具体情况进行。因为每个学生的生活环境、个性及行为方式是不一样的，只有适合某个学生的方式方法，没有普遍适用的方式方法，所以，教师在对学生进行咨询与辅导时，一定要具体问题具体分析。在对学生的学习策略、学习方法进行指导时，还要结合具体的学习任务进行指导，因为最有效的学习策略是在具体学习过程中形成的，很少具有广泛适应性的学习策略。

（五）具有前瞻性

不论是心理咨询与辅导、学习生活指导还是职业指导，教师的工作都应具有前瞻性、预见性，也就是说，不要等到问题出现了以后才想起应该对学生进行咨询与辅导。就学校心理辅导而言，它兼有矫治、预防与发展三种层次，不过从整体上看，应该是预防、发展重于矫治。这是因为预防、发展比矫治更具有积极意义。任何严重的心理疾患与行为偏差的产生都有一个发展过程，在未发生时进行预防比在发生后进行矫治更有利于学生发展，也更容易。这一原则要求教师不要等到出现问题了才采取措施,而是要有敏锐的目光,在问题还未出现的情况下就采取相应的措施,将问题消灭在萌芽状态。

(六) 具有整体性

整体性原则要求必须把咨询与辅导作为一项系统工程,从整体与普遍联系中把握影响学生心理发展的一切因素与条件,充分发挥每一种因素的作用,保证学生健康地发展。一是咨询与辅导的内容要具有完整性,各阶段的内容要具有连续性与统一性,引导学生对自己及自己与周围的关系有一个整体的认识。二是指导的协调性。学校教师、各部门在对学生进行咨询与辅导时要协调一致,同时要取得家庭、社会的支持与配合。三是目的的一致性。目的的一致性要求咨询与辅导从小学到大学,从学校到家庭、社会,咨询与辅导的目的都要有利于学生的健康发展。四是要求教师在对学生进行咨询与辅导时,应综合运用各种技术与方法,利用各种有利的条件(如取得家长与社会的支持与配合)与资源来促进学生的发展。五是要求教师在对学生进行心理咨询与辅导时,应追求学生的整体性发展,既要重视德、智、体全面发展,又要关注知、情、意、行的协调发展,不仅要注重学生当前的发展,还要重视学生的可持续发展。

思考题

1. 解释概念:教学、课堂教学、复式教学、现场教学、网络教学、课外活动。
2. 试论教学的作用。
3. 以学科论的观点分析课堂教学的优点和弊端。
4. 简述课堂教学的结构和类型。
5. 简述课堂教学与复式教学、现场教学、网络教学的关系。
6. 论述课外活动的特点与作用。
7. 简述咨询与辅导的形式。
8. 简述咨询与辅导的实施途径。
9. 简述咨询与辅导的基本要求。

主要参考文献

1. [古希腊]亚里士多德著，吴寿彭译：《政治学》，商务印书馆1965年版。
2. [英]柯林武德著，何兆武、张文杰译：《历史的观念》，商务印书馆1997年版。
3. [德]恩斯特·卡西尔著，甘阳译：《人论》，上海译文出版社1985年版。
4. [法]马克·布洛赫著，张和声、程郁译：《历史学家的技艺》，上海社会科学院出版社1992年版。
5. （汉）许慎撰，（宋）徐铉校定：《说文解字》，中华书局1963年版。
6. 高清海等著：《人的"类生命"与"类哲学"》，吉林人民出版社1998年版。
7. [美]赫根汉著，文一、郑雪等编译：《现代人格心理学历史导引》，河北人民出版社1988年版。
8. 陈琦主编：《当代教育心理学》，北京师范大学出版社1997年版。
9. 叶浩生主编：《西方心理学的历史与体系》，人民教育出版社1998年版。
10. 刘金花主编：《儿童发展心理学》，华东师范大学出版社1997年版。
11. 岑国桢编著：《学校心理辅导基础》，广西教育出版社1999年版。
12. 徐光兴主编：《学校心理学——心理辅导与咨询》，华东师范大学出版社2000年版。
13. [美]约翰·布鲁贝克著，王承绪、郑继伟等译：《高等教育哲学》，浙江教育出版社1987年版。
14. [美]杜威著，赵祥麟、任钟印等译：《学校与社会·明日之学校》，人民教育出版社1994年版。
15. [英]约翰·怀特著，李永宏等译：《再论教育目的》，教育科学出版社1992年版。
16. [英]埃德蒙·金著，王承绪、李克兴等译：《别国的学校和我们的学校——今日比较教育》，人民教育出版社2001年版。
17. [德]沃尔夫冈·布列钦卡著，胡劲松译：《教育科学的基本概念》，华东师范大学出版社2001年版。
18. [德]雅斯贝尔斯著，邹进译：《什么是教育》，生活·读书·新知三联书店1991年版。

19. ［苏］巴班斯基主编，李子卓等译：《教育学》，人民教育出版社1986年版。
20. ［瑞典］托斯顿·胡森主编，江山野主编译：《简明国际教育百科全书·课程》，教育科学出版社1991年版。
21. ［伊朗］S. 拉塞克、［罗马尼亚］G. 维迪努著，马胜利等译：《从现在到2000年教育内容发展的全球展望》，教育科学出版社1996年版。
22. 联合国教科文组织国际教育发展委员会编著，华东师范大学比较教育研究所译：《学会生存——教育世界的今天和明天》，教育科学出版社1996年版。
23. 毛礼锐、沈灌群主编：《中国教育通史》（1～6卷），山东教育出版社1985～1989年版。
24. 毛礼锐等编：《中国古代教育史》，人民教育出版社1979年版。
25. 王炳照、阎国华主编：《中国教育思想通史》（1～8卷），湖南教育出版社1994年版。
26. 孙培青、李国钧主编：《中国教育思想史》，华东师范大学出版社1995年版。
27. 孙培青主编：《中国教育史》，华东师范大学出版社2000年版。
28. 陈学恂主编：《中国近代教育史教学参考资料》，人民教育出版社1986年版。
29. 戴本博主编：《外国教育史》（上、中、下），人民教育出版社1990年版。
30. 滕大春著：《外国教育史和外国教育》，河北大学出版社1998年版。
31. 王天一等编著：《外国教育史》（上、下），北京师范大学出版社1995年版。
32. 季苹编著：《西方现代教育流派史论》，北京师范大学出版社1995年版。
33. 张焕庭主编：《西方资产阶级教育论著选》，人民教育出版社1979年版。
34. 王承绪等编译：《西方现代教育论著选》，人民教育出版社2001年版。
35. 吴杰主编：《外国现代主要教育流派》，吉林教育出版社1989年版。
36. 瞿葆奎主编，瞿葆奎、沈剑平选编：《教育学文集·教育与教育学》，人民教育出版社1993年版。
37. 瞿葆奎主编，陈桂生、丁证霖等选编：《教育学文集·教育与社会发展》，人民教育出版社1989版。
38. 瞿葆奎主编，丁证霖、瞿葆奎选编：《教育学文集·教育目的》，人民教育出版社1989年版。
39. 瞿葆奎主编，陆亚松、李一平选编：《教育学文集·课程与教材》（上册），人民教育出版社1988年版。
40. 瞿葆奎主编，徐勋、施良方选编：《教育学文集·教学》（上册），人民教育出版社

1988 年版。

41. 南京师范大学教育系编：《教育学》，人民教育出版社 1984 年版。
42. 王道俊、王汉澜主编：《教育学》（新编本），人民教育出版社 1989 年版。
43. 孙喜亭著：《教育原理》，北京师范大学出版社 1993 年版。
44. 陈桂生著：《教育原理》，华东师范大学出版社 2000 年版。
45. 黄济、王策三主编：《现代教育论》，人民教育出版社 1996 年版。
46. 王策三著：《教学论稿》，人民教育出版社 1985 年版。
47. 成有信主编：《教育学原理》，广东高等教育出版社 1999 年版。
48. 成有信著：《现代教育论集》，人民教育出版社 2002 年版。
49. 李秉德主编：《教学论》，人民教育出版社 1991 年版。
50. 金一鸣著：《教育原理》，高等教育出版社 2002 年版。
51. 厉以贤主编：《现代教育原理》，北京师范大学出版社 1988 年版。
52. 胡德海著：《教育学原理》，甘肃教育出版社 1998 年版。
53. 叶澜著：《教育概论》，人民教育出版社 1991 年版。
54. 柳海民著：《教育原理》，东北师范大学出版社 2000 年版。
55. 冯建军著：《生命与教育》，教育科学出版社 2004 年版。
56. 郑金洲著：《教育通论》，华东师范大学出版社 2000 年版。
57. 袁振国主编：《当代教育学》，教育科学出版社 2000 年版。
58. 钟启泉编著：《现代课程论》，上海教育出版社 1989 年版。
59. 施良方著：《课程理论——课程的基础、原理与问题》，教育科学出版社 1996 年版。
60. 陈玉琨等著：《课程改革与课程评价》，教育科学出版社 2001 年版。
61. 赵忠心著：《家庭教育学》，人民教育出版社 2001 年版。
62. 王冬桦、王非主编：《社会教育学概论》，教育科学出版社 1992 年版。
63. 扈中平著：《挑战与应答——20 世纪的教育目的观》，山东教育出版社 1995 年版。
64. 中国教育与人力资源问题报告课题组编：《从人口大国迈向人力资源强国》，高等教育出版社 2003 年版。